JavaScript
O guia definitivo

F583j Flanagan, David.
JavaScript : o guia definitivo / David Flanagan ; tradução: Francisco Araújo da Costa ; revisão técnica : Luciana Nedel. – 7. ed. – Porto Alegre : Bookman, 2026.
xx, 684 p. : il. ; 25 cm.

ISBN 978-85-8260-699-5

1. Ciência da computação. 2. Linguagem de programação – JavaScript. I. Título.

CDU 004.438JavaScript

Catalogação na publicação: Karin Lorien Menoncin CRB 10/2147

David Flanagan

JavaScript
O guia definitivo

Domine a Linguagem de Programação Mais Usada do Mundo

7ª Edição

Tradução
Francisco Araújo da Costa

Revisão técnica
Luciana Nedel
Doutora em Ciência da Computação pela École Polytechnique Fédérale de Lausanne, Suíça.
Professora titular no Instituto de Informática da Universidade Federal do Rio Grande do Sul (UFRGS).

bookman

Porto Alegre
2026

Obra originalmente publicada sob o título *JavaScript: The Definitive Guide*, 7th Edition
ISBN 9781491952023

Authorized Portuguese translation of the English edition of *JavaScript: The Definitive Guide*, 7E
ISBN 9781491952023

Gerente editorial: *Alberto Schwanke*

Editora: *Simone de Fraga*

Preparação de originais: *Denise Weber Nowaczyk*

Leitura final: *Mirela Favaretto*

Capa (arte sobre a capa original): *Kaéle Finalizando Ideias*

Editoração: *Clic Editoração Eletrônica Ltda.*

Rua Ernesto Alves, 150 – Bairro Floresta
90220-190 – Porto Alegre – RS
Fone: (51) 3027-7000

SAC 0800 703 3444 – www.grupoa.com.br

IMPRESSO NO BRASIL
PRINTED IN BRAZIL

Sobre o autor

David Flanagan programa em JavaScript e escreve sobre o tema desde 1995. Mora com sua esposa e filhos na região noroeste do Pacífico, entre as cidades de Seattle, Washington, Vancouver e British Columbia. David é formado em ciência da computação e engenharia pelo Massachusetts Institute of Technology e trabalha como engenheiro de *software* na VMware.

Sobre a capa

O animal que aparece na capa da 7ª edição deste livro é um rinoceronte-de-java (*Rhinoceros sondaicus*). Todas as cinco espécies de rinoceronte são conhecidas por seu enorme tamanho, couro espesso como uma armadura, pés com três dedos e um ou dois chifres no focinho. O rinoceronte-de-java lembra e é parente próximo do rinoceronte-das-índias e, assim como na outra espécie, seus machos têm um único chifre. Contudo, os rinocerontes-de-java são menores e possuem texturas da pele diferenciadas. Embora hoje estejam presentes apenas na Indonésia, os rinocerontes-de-java costumavam habitar todo o Sudeste Asiático. Eles vivem nas florestas tropicais, onde pastam as folhas e gramíneas que são abundantes nesses hábitats. Para se esconder de insetos nocivos, como as moscas hematófagas, eles ficam com água ou lama até o focinho.

Em média, o rinoceronte-de-java tem cerca de 1,80 m de altura e até 3 m de comprimento, e os adultos pesam até 1.360 kg. Assim como os rinocerontes-das-índias, sua pele cinza parece estar separada em placas, algumas das quais com texturas. Estima-se que a expectativa de vida natural de um rinoceronte-de-java seja de 45 a 50 anos. As fêmeas dão à luz a cada 3 a 5 anos, após um período de gestação de 16 meses. Os filhotes nascem com cerca de 45 kg e são protegidos pelas mães por até 2 anos.

Os rinocerontes são animais relativamente abundantes, capazes de se adaptar a diversos hábitats e sem predadores naturais quando chegam à idade adulta. Contudo, a caça pelos seres humanos quase os levou à extinção. Diz o folclore que o chifre do rinoceronte possui poderes mágicos e afrodisíacos e, por causa disso, esses animais são alvo da caça predatória. A população de rinocerontes-de-java é a mais precária: em 2020, os cerca de 70 animais que restavam dessa espécie viviam, sob guarda, no Parque Nacional de Ujung Kulon, em Java, na Indonésia. Por ora, a estratégia parece estar ajudando a garantir a sobrevivência desses rinocerontes, pois o censo de 1967 havia contado apenas 25 membros da espécie.

Muitos dos animais nas capas dos livros da O'Reilly, que publicou a edição original deste livro, estão em extinção, e todos são importantes para o planeta.

A ilustração colorida da capa é obra de Karen Montgomery, com base na gravura em preto e branco da Dover Animals. As fontes da capa são Gilroy e Guardian Sans. A fonte do texto é Adobe Minion Pro, a dos títulos é Adobe Myriad Condensed e a do código é Ubuntu Mono, da Dalton Maag.

Para os meus pais, Donna e Matt, com amor e gratidão.

Agradecimentos

Muitas pessoas me ajudaram na criação deste livro. Gostaria de agradecer à minha editora, Angela Rufino, por me manter nos trilhos e pela paciência com os muitos prazos estourados. Agradeço também aos meus revisores técnicos: Brian Sletten, Elisabeth Robson, Ethan Flanagan, Maximiliano Firtman, Sarah Wachs e Schalk Neethling. Seus comentários e sugestões ajudaram a criar um livro melhor.

A equipe de produção da O'Reilly fez um excelente trabalho, como sempre: Kristen Brown gerenciou o processo de produção, Deborah Baker foi a editora de produção, Rebecca Demarest desenhou as figuras e Judy McConville criou o índice.

Os editores, revisores e colaboradores das edições anteriores deste livro foram: Andrew Schulman, Angelo Sirigos, Aristotle Pagaltzis, Brendan Eich, Christian Heilmann, Dan Shafer, Dave C. Mitchell, Deb Cameron, Douglas Crockford, Dr. Tankred Hirschmann, Dylan Schiemann, Frank Willison, Geoff Stearns, Herman Venter, Jay Hodges, Jeff Yates, Joseph Kesselman, Ken Cooper, Larry Sullivan, Lynn Rollins, Neil Berkman, Mike Loukides, Nick Thompson, Norris Boyd, Paula Ferguson, Peter-Paul Koch, Philippe Le Hegaret, Raffaele Cecco, Richard Yaker, Sanders Kleinfeld, Scott Furman, Scott Isaacs, Shon Katzenberger, Terry Allen, Todd Ditchendorf, Vidur Apparao, Waldemar Horwat e Zachary Kessin.

Escrever esta 7ª edição deste livro me manteve afastado de minha família por muitas madrugadas. Todo o meu amor para eles e meus agradecimentos por suportarem minhas ausências.

— David Flanagan

Prefácio

Este livro abrange a linguagem JavaScript e as APIs JavaScript implementadas pelos navegadores Web e por Node. Eu o escrevi para os leitores com pelo menos alguma experiência prévia em programação que queiram aprender JavaScript e também para programadores que já utilizam JavaScript, mas querem aumentar seu conhecimento e realmente dominar a linguagem. Meu objetivo com este livro é documentar de forma ampla e definitiva a linguagem JavaScript e oferecer uma introdução aprofundada às APIs do lado do cliente e do lado do servidor disponíveis para programas JavaScript. Como resultado, ele é grande e detalhado. Contudo, espero que sua leitura cuidadosa seja recompensadora e que o tempo investido nela seja facilmente recuperado em forma de maior produtividade ao programar.

As edições anteriores deste livro incluíam uma seção de referência abrangente. Na minha opinião, não faz mais sentido incluir esse material em forma impressa quando é tão rápido e fácil encontrar materiais de referência atualizados na Internet. Se precisar buscar qualquer informação sobre a linguagem JavaScript básica ou do lado do cliente, recomendo que visite o *site* da MDN (https://developer.mozilla.org)*. Para APIs do Node no lado do servidor, recomendo que vá diretamente à fonte e consulte a documentação de referência do Node.js (https://nodejs.org/api)**.

Convenções usadas neste livro

Utilizo as seguintes convenções tipográficas neste livro:

Itálico
: Utilizado para dar ênfase e para indicar o primeiro uso de um termo. Itálico também é usado para endereços de email, URLs, nomes de arquivo e estrangeirismos.

`Largura constante`
: Utilizada em todo código JavaScript, listagens CSS e HTML, e de modo geral para tudo que seria digitado literalmente ao se programar.

`Itálico de largura constante`
: Utilizado ocasionalmente para explicar a sintaxe de JavaScript.

*A manutenção e a disponibilização da página https://developer.mozilla.org (em inglês) são de responsabilidade da MDN.

**A manutenção e a disponibilização da página https://nodejs.org/api (em inglês) são de responsabilidade da Node.js.

`Negrito de largura constante`

Mostra comandos ou outros textos que devem ser digitados literalmente pelo usuário.

Este elemento indica uma observação geral.

Este elemento indica um aviso ou alerta.

Exemplo de código

O material complementar deste livro (exemplos de código-fonte, exercícios etc.) está disponível para *download* no seguinte endereço:

*https://oreil.ly/javascript_defgd7**

Este livro está aqui para ajudá-lo em seu trabalho. De maneira geral, você pode usar os códigos em seus programas e documentação. Não é preciso entrar em contato com a editora para pedir permissão, a não ser que esteja reproduzindo uma parte significativa de código. Por exemplo, não é necessária permissão para escrever um programa que utilize vários trechos de código deste livro. Vender ou distribuir exemplos extraídos de livros exige permissão. Responder a uma pergunta mencionando este livro e citando um exemplo de código não exige permissão. Incorporar um volume significativo de código de exemplo deste livro na documentação de seu produto exige permissão.

Apreciamos, mas em geral não exigimos, crédito. O crédito normalmente inclui título, autor, editora e ISBN. Por exemplo: “JavaScript: O Guia Definitivo, 7ª Edição, de David Flanagan (Bookman). Copyright 2020 David Flanagan, 978-1-491-95202-3”.

*A manutenção e a disponibilização da página https://oreil.ly/javascript_defgd7 (em inglês) são de responsabilidade da O'Reilly

Elogios para JavaScript: O guia definitivo, 7ª edição

"Este livro é tudo que você não sabia que queria saber sobre JavaScript. Eleve o nível da sua produtividade e da qualidade do seu código em JavaScript. O conhecimento de David sobre a linguagem, seus detalhes e armadilhas, é incrível, e transparece neste guia absolutamente definitivo para a linguagem JavaScript".

—Schalk Neethling, Engenheiro de Front-End Sênior, MDN Web Docs

"David Flanagan guia os leitores em um giro por JavaScript que apresenta uma imagem completa da linguagem e do seu ecossistema".

—Sarah Wachs, Desenvolvedora de Front-End e Lead da Women Who Code de Berlim

"Qualquer desenvolvedor interessado em ser produtivo em bases de código desenvolvidas durante a existência de JavaScript (incluindo recursos recentes e emergentes) terá muito a ganhar com a jornada profunda e reflexiva oferecida por este livro abrangente e definitivo".

—Brian Sletten, Presidente, Bosatsu Consulting

Sumário

CAPÍTULO 1

Introdução a JavaScript

JavaScript é a linguagem de programação da Web. A esmagadora maioria dos *sites* modernos usa JavaScript, e todos os navegadores modernos – em computadores de mesa, consoles de jogos, *tablets* e *smartphones* – incluem interpretadores JavaScript, tornando-a a linguagem de programação mais amplamente distribuída da história. Ao longo da última década, o Node.js permitiu a programação com JavaScript fora dos navegadores Web, e o sucesso impressionante do Node significa que JavaScript agora também é a linguagem de programação mais utilizada entre os desenvolvedores de *software*. Esteja você começando do zero ou já usando JavaScript profissionalmente, este livro o ajudará a dominar a linguagem.

Se você já conhece outras linguagens de programação, talvez ajude saber que JavaScript é uma linguagem de alto nível, dinâmica e interpretada, conveniente para estilos de programação orientados a objetos e funcionais. As variáveis de JavaScript são não tipadas. Sua sintaxe é vagamente baseada na linguagem Java, mas, fora isso, não há outra relação entre as duas. JavaScript deriva suas funções de primeira classe de Scheme e da herança baseada em protótipos de Self, uma linguagem de programação pouco conhecida. Mas você não precisa conhecer nenhuma dessas linguagens, nem estar familiarizado com esses termos para utilizar este livro e aprender JavaScript.

Na verdade, o nome "JavaScript" é muito enganoso. A não ser pela semelhança sintática superficial, JavaScript é completamente diferente da linguagem de programação Java. E JavaScript já deixou para trás suas raízes como linguagem de *script* há muito tempo, tornando-se uma linguagem de uso geral robusta e eficiente, adequada para engenharia de *software* séria e projetos com grandes bases de código.

JavaScript: nomes, versões e modos

JavaScript foi criada na Netscape na fase inicial da Web e, tecnicamente, "JavaScript" é marca registrada, licenciada pela Sun Microsystems (agora Oracle), usada para descrever a implementação da linguagem pelo Netscape (agora Mozilla). A Netscape enviou a linguagem para a European Computer Manufacturer's Association (ECMA) para padronização e, devido a questões relacionadas à marca registrada, a versão padronizada manteve o nome estranho "ECMAScript". Na prática, todo mundo simplesmente chama a linguagem de JavaScript. Este livro usa o nome "ECMAScript" e a abreviatura "ES" para se referir ao padrão da linguagem e a versões desse padrão.

Durante quase toda a década de 2010, a versão 5 do padrão ECMAScript foi suportada por todos os navegadores Web. Este livro trata a ES5 como a base de compatibilidade e não aborda versões anteriores da linguagem. A ES6 foi lançada em 2015 e adicionou novos recursos importantes (incluindo a sintaxe de módulos e classes) que transformaram JavaScript, antes uma linguagem de *scripts*, em uma linguagem de programação de propósito geral séria, adequada para engenharia de *software* em larga escala. Desde a ES6, a especificação ECMAScript passou a adotar uma cadência de lançamento anual, e as versões da linguagem (ES2016, ES2017, ES2018, ES2019 e ES2020) hoje são identificadas pelo ano de lançamento.

À medida que JavaScript evolui, os projetistas da linguagem tentam corrigir falhas das versões anteriores (pré-ES5). Para manter a compatibilidade reversa, não é possível remover recursos legados, por mais falhos que sejam. Mas na ES5 e em versões posteriores, os programas podem optar pelo *modo restrito* do JavaScript, no qual diversos erros de versões anteriores da linguagem foram corrigidos. O mecanismo para utilizar essa opção é a diretiva "*use strict*", descrita na Seção 5.6.3. A seção também resume as diferenças entre JavaScript legada e JavaScript estrita. Na ES6 e em especificações posteriores, o uso dos novos recursos da linguagem muitas vezes chama implicitamente o modo restrito. Por exemplo, se você usar a palavra-chave `class` da ES6 ou criar um módulo ES6, todo o código dentro da classe ou do módulo será automaticamente estrito, e os recursos mais antigos e falhos não estarão disponíveis nesses contextos. Este livro abrangerá recursos legados de JavaScript, mas tomará cuidado para salientar quando não estiverem disponíveis no modo restrito.

Para ser útil, toda linguagem deve ter ou uma plataforma ou uma biblioteca padrão para fazer coisas como entrada e saída básicas. A linguagem JavaScript básica define uma API mínima para trabalhar com números, texto, *arrays*, conjuntos, mapas e assim por diante, mas não inclui funcionalidade alguma de entrada ou saída. Entrada e saída (da mesma forma que recursos mais sofisticados, como conexão em rede, armazenamento e gráficos) são responsabilidade do "ambiente hospedeiro" dentro do qual JavaScript está incorporada.

O ambiente hospedeiro original de JavaScript era um navegador Web, e este ainda é o ambiente de execução mais comum para código JavaScript. O ambiente de navegador permite que o código JavaScript obtenha entrada do usuário por meio de *mouse* e teclado, além de fazer requisições HTTP. Ele também permite que o código JavaScript exiba saídas para o usuário usando HTML e CSS.

Desde 2010, há outro ambiente hospedeiro disponível para código JavaScript. Em vez de limitar JavaScript a trabalhar com as APIs fornecidas por um navegador Web, o Node oferece a JavaScript acesso a todo o sistema operacional, permitindo que programas JavaScript leiam e escrevam arquivos, enviem e recebam dados pela rede e façam e atendam requisições HTTP. O Node é uma opção popular para a implementação de servidores Web e uma ferramenta prática para escrever *scripts* utilitários simples como alternativa aos *scripts* de *shell*.

A maior parte deste livro enfoca a linguagem JavaScript em si. O Capítulo 11 documenta a biblioteca padrão de JavaScript, o Capítulo 15 apresenta o ambiente hospedeiro do navegador Web, e o Capítulo 16 apresenta o ambiente hospedeiro Node.

Este livro inicia com os fundamentos de baixo nível e, a partir deles, avança para abstrações mais avançadas e de nível mais alto. Os capítulos se destinam a serem lidos mais ou menos em ordem. No entanto, aprender uma nova linguagem de programação nunca é um processo linear, e a descrição de uma linguagem também não é linear: cada recurso da linguagem se relaciona com outros recursos, e este livro está repleto de referências cruzadas – às vezes anteriores e às vezes posteriores – a materiais relacionados. Este capítulo introdutório faz um giro rápido pela linguagem, apresentando recursos importantes que tornarão mais fácil entender o tratamento aprofundado dos capítulos seguintes. Se você já é um programador experiente em JavaScript, provavelmente pode pular este capítulo (embora talvez goste de conferir o Exemplo 1-1 ao final antes de seguir em frente).

1.1 Explorando JavaScript

Ao se aprender uma nova linguagem de programação, é importante testar os exemplos do livro e, então, modificá-los e testá-los novamente para avaliar seu entendimento da linguagem. Para isso, você precisa de um interpretador de JavaScript.

A forma mais fácil de testar algumas linhas de JavaScript é abrir as ferramentas do desenvolvedor do seu navegador Web (com F12, Ctrl-Shift-I ou Command-Option-I) e selecionar a guia Console. Assim, você pode inserir o código na linha de *prompt* e ver os resultados enquanto digita. As ferramentas do desenvolvedor aparecem como painéis na parte inferior ou direita da janela do navegador, mas alguns permitem abri-las como janelas separadas (conforme ilustrado na Figura 1-1), o que costuma ser bastante conveniente.

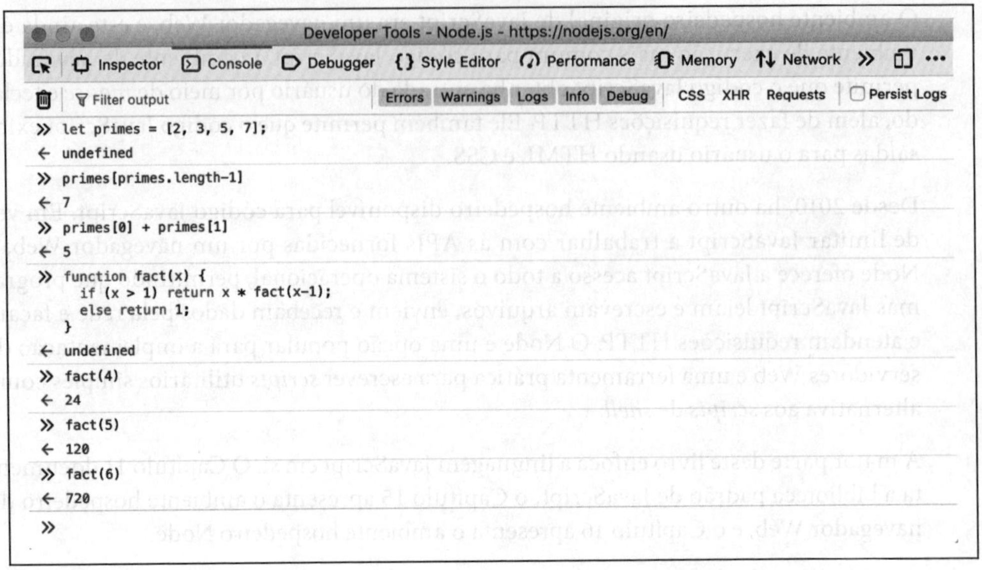

FIGURA 1-1 A *console* JavaScript nas ferramentas do desenvolvedor do Firefox.

Outra maneira de testar código JavaScript é baixar e instalar o Node do endereço *https://nodejs.org*. Após instalar o Node em seu sistema, você pode simplesmente abrir uma janela Terminal e digitar **node** para iniciar uma sessão de JavaScript como esta:

```
$ node
Welcome to Node.js v12.13.0.
Type ".help" for more information.
> .help
.break     Sometimes you get stuck, this gets you out
.clear     Alias for .break
.editor    Enter editor mode
.exit      Exit the repl
.help      Print this help message
.load      Load JS from a file into the REPL session
.save      Save all evaluated commands in this REPL session to a file

Press ^C to abort current expression, ^D to exit the repl
> let x = 2, y = 3;
undefined
> x + y
5
> (x === 2) && (y === 3)
true
> (x > 3) || (y < 3)
false
```

1.2 Hello World

Quando estiver pronto para começar a experimentar com trechos de código mais longos, esses ambientes interativos linha por linha podem não ser mais apropriados, e você provavelmente vai preferir escrever o código em um editor de texto. A partir dele, você pode copiar e colar na *console* JavaScript ou em uma sessão Node. Você também pode salvar o código em um arquivo (a extensão tradicional para código JavaScript é *.js*) e então usar o Node para executar o arquivo com o código JavaScript:

```
$ node snippet.js
```

Se usar o Node de forma não interativa, como neste caso, ele não exibirá automaticamente o valor de todo o código que você executar, então será preciso que você mesmo faça isso. Você pode usar a função `console.log()` para exibir texto e outros valores JavaScript na janela do terminal ou na *console* de ferramentas do desenvolvedor de um navegador. Assim, por exemplo, se criar um arquivo *hello.js* contendo a seguinte linha de código:

```
console.log("Hello World!");
```

e executar o arquivo com `node hello.js`, você verá a mensagem "Hello World!" reproduzida.

Se quiser ver a mesma mensagem reproduzida na *console* JavaScript de um navegador Web, crie um novo arquivo *hello.html* e insira o seguinte texto nele:

```
<script src="hello.js"></script>
```

A seguir carregue *hello.html* no seu navegador Web usando um URL `file://` como segue:

```
file:///Users/username/javascript/hello.html
```

Abra a janela ferramentas do desenvolvedor para ver a saudação na *console.*

1.3 Um giro pelo JavaScript

Esta seção apresenta uma introdução, por meio de exemplos de código, à linguagem JavaScript. Após este capítulo introdutório, entraremos no nível mais baixo de JavaScript: o Capítulo 2 explica coisas como comentários em JavaScript, pontos e vírgulas e o conjunto de caracteres Unicode. O Capítulo 3 começa a ficar mais interessante: ele explica as variáveis em JavaScript e os valores que podem ser atribuídos a elas.

Aqui está um exemplo de código para ilustrar os destaques desses dois capítulos:

```
// Tudo que vem após barras normais duplas é um comentário em linguagem natural.
// Leia os comentários atentamente: eles explicam o código JavaScript.

// Uma variável é um nome simbólico para um valor.
// As variáveis são declaradas com a palavra-chave let:
let x;                    // Declara uma variável chamada x.
```

```
// Valores podem ser atribuídos às variáveis com o sinal =
x = 0;                      // Agora a variável x tem o valor 0
x                           // => 0: Uma variável é avaliada com seu valor.

// JavaScript aceita vários tipos de valores
x = 1;                      // Números.
x = 0.01;                   // Números podem ser inteiros ou reais.
x = "hello world";          // Strings de texto entre aspas.
x = 'JavaScript';           // Apóstrofos também delimitam strings.
x = true;                   // Um valor booleano.
x = false;                  // O outro valor booleano.
x = null;                   // Null é um valor especial que significa "nenhum valor".
x = undefined;              // Undefined é outro valor especial, como null.
```

Dois outros *tipos* muito importantes que programas em JavaScript podem manipular são objetos e *arrays*. Esses são os temas dos Capítulos 6 e 7, mas são tão importantes que você vai vê-los muitas vezes antes de chegar a esses capítulos.

```
// O tipo de dados mais importante de JavaScript é o objeto.
// Um objeto é uma coleção de pares nome/valor ou uma string para mapa de valores.
let book = {                // Objetos são colocados entre chaves.
    topic: "JavaScript",    // A propriedade "topic" tem o valor "JavaScript".
    edition: 7              // A propriedade "edition" tem o valor 7.
};                          // A chave marca o fim do objeto.

// Acesse as propriedades de um objeto com . ou []:
book.topic                  // => "JavaScript"
book["edition"]             // => 7: outro modo de acessar valores de propriedade.
book.author = "Flanagan";   // Crie novas propriedades por meio de atribuição.
book.contents = {};         // {} é um objeto vazio sem qualquer propriedade.

// Acessar condicionalmente propriedades com ?. (ES2020):
book.contents?.ch01?.sect1  // => undefined: book.contents não tem a propriedade ch01.

// JavaScript também aceita arrays (listas indexadas numericamente) de valores.
let primes = [2, 3, 5, 7];  // Um array de 4 valores, delimitados com [ e ].
primes[0]                   // => 2: o primeiro elemento (índice 0) do array.
primes.length               // => 4: quantidade de elementos no array.
primes[primes.length-1]     // => 7: o último elemento do array.
primes[4] = 9;              // Adiciona um novo elemento por meio de atribuição.
primes[4] = 11;             // Ou altera um elemento existente por meio de atribuição.
let empty = [];             // [] é um array vazio, sem qualquer elemento.
empty.length                // => 0

// Os arrays e objetos podem conter outros arrays e objetos:
let points = [              // Um array com 2 elementos.
    {x: 0, y: 0},           // Cada elemento é um objeto.
    {x: 1, y: 1}
];
let data = {                // Um objeto com 2 propriedades
    trial1: [[1,2], [3,4]], // O valor de cada propriedade é um array.
    trial2: [[2,3], [4,5]]  // Os elementos dos arrays são arrays.
};
```

Sintaxe dos comentários nos exemplos de código

Você pode ter notado no código da página anterior que alguns dos comentários começam com uma seta (=>). Elas mostram o valor produzido pelo código antes do comentário e são a minha tentativa de emular um ambiente JavaScript interativo, como um *console* de navegador Web, na página impressa.

Os comentários `// =>` também servem como uma *declaração*, e eu escrevi uma ferramenta que testa o código e confirma que produz o valor especificado no comentário. Espero que isso ajude a reduzir os erros no livro.

Existem dois estilos relacionados de comentário/declaração. Se ver um comentário na forma `// a == 42`, significa que após o código anterior ao comentário, a variável `a` terá o valor 42. Se ver um comentário na forma `// !`, significa que o código na linha anterior ao comentário lança uma exceção (e o resto do comentário após o ponto de exclamação geralmente explica qual tipo de exceção é lançada).

Você verá esses comentários usados ao longo do livro.

A sintaxe ilustrada aqui para listar elementos de *array* entre colchetes ou para mapear nomes de propriedades de objeto para seus respectivos valores entre chaves é conhecida como *expressão inicializadora* e é apenas um dos assuntos do Capítulo 4. Uma *expressão* é uma frase em JavaScript que pode ser *avaliada* para produzir um valor. O uso de `.` e `[]` para se referir ao valor de uma propriedade de objeto ou a um elemento de *array* é uma expressão, por exemplo.

Uma das maneiras mais comuns de formar expressões em JavaScript é usar *operadores*:

```
// Os operadores atuam sobre os valores (operandos) para produzir um novo valor.
// Os operadores aritméticos são alguns dos mais simples:
3 + 2                        // => 5: adição
3 - 2                        // => 1: subtração
3 * 2                        // => 6: multiplicação
3 / 2                        // => 1.5: divisão
points[1].x - points[0].x    // => 1: operandos mais complicados também funcionam
"3" + "2"                    // => "32": + soma números, ou concatena strings

// JavaScript define alguns operadores aritméticos de forma abreviada
let count = 0;               // Define uma variável
count++;                     // Incrementa a variável
count--;                     // Decrementa a variável
count += 2;                  // Soma 2: o mesmo que count = count + 2;
count *= 3;                  // Multiplica por 3: o mesmo que count = count * 3;
count                        // => 6: nomes de variáveis também são expressões.

// Os operadores de igualdade e relacionais testam se dois valores são iguais,
```

```
// desiguais, menores que, maiores que etc. São avaliados como verdadeiros ou falsos.
let x = 2, y = 3;          // Esses sinais = são atribuições e não testes de igualdade.
x === y                    // => falso: igualdade
x !== y                    // => verdadeiro: desigualdade
x < y                      // => verdadeiro: menor que
x <= y                     // => verdadeiro: menor ou igual a
x > y                      // => falso: maior que
x >= y                     // => falso: maior ou igual a
"two" === "three"          // => falso: as duas strings são diferentes
"two" > "three"            // => verdadeiro: "tw" é alfabeticamente maior do que "th"
false === (x > y)          // => verdadeiro: falso é igual a falso

// Os operadores lógicos combinam ou invertem valores booleanos
(x === 2) && (y === 3)     // => verdadeiro: as duas comparações são verdadeiras. && é E
(x > 3) || (y < 3)         // => falso: nenhuma das comparações é verdadeira. || é OU
!(x === y)                 // => verdadeiro: ! inverte um valor booleano
```

Se expressões JavaScript são como frases, *instruções* JavaScript são como sentenças completas. As instruções são o tema do Capítulo 5. Em linhas gerais, uma expressão é algo que calcula um valor, mas não *faz* nada: ela não altera o estado do programa de modo algum. As instruções, por outro lado, não têm um valor, mas alteram o estado. Você viu declarações de variável e instruções de atribuição anteriormente. A outra categoria abrangente de instrução são as *estruturas de controle*, como as condicionais e os laços. Exemplos aparecerão a seguir, após abordarmos as funções.

Uma *função* é um bloco de código JavaScript nomeado e parametrizado que você define uma vez e, então, pode chamar repetidamente. As funções não serão abordadas formalmente até o Capítulo 8, mas, assim como os objetos e *arrays*, você vai vê-las muitas vezes antes de chegar a esse capítulo. Aqui estão alguns exemplos simples:

```
// As funções são blocos de código JavaScript parametrizados que podemos chamar.
function plus1(x) {          // Define uma função chamada "plus1", com o parâmetro "x"
    return x + 1;            // Retorna um valor uma unidade maior do que o que foi
                             passado
}                            // As funções são incluídas entre chaves

plus1(y)                     // => 4: y é 3; portanto, essa chamada retorna 3+1

let square = function(x) {   // As funções são valores e podem ser atribuídas a variáveis
    return x * x;            // Calcula o valor da função
};                           // Um ponto e vírgula marca o fim da atribuição.
square(plus1(y))             // => 16: chama duas funções em uma única expressão
```

Na ES6 e superior, há uma sintaxe abreviada para definir funções. Essa sintaxe concisa usa => para separar a lista de argumentos do corpo da função, então as funções definidas dessa forma são chamadas de *funções de seta*. As funções de seta são usadas mais frequentemente quando queremos passar uma função sem nome como um argumento para outra função. O código anterior, quando reescrito de forma a usar funções de seta, fica assim:

```
const plus1 = x => x + 1;    // A entrada x corresponde à saída x + 1
const square = x => x * x;   // A entrada x corresponde à saída x * x
```

```
plus1(y)                    // => 4: a chamada de função é igual
square(plus1(y))            // => 16
```

Quando usamos funções com objetos, obtemos *métodos*:

```
// Quando funções recebem as propriedades de um objeto, as
// chamamos de "métodos". Todos os objetos de JavaScript têm métodos:
let a = [];                 // Cria um array vazio
a.push(1,2,3);              // O método push() adiciona elementos em um array
a.reverse();                // Outro método: inverte a ordem dos elementos

// Também podemos definir nossos próprios métodos. A palavra-chave "this" se refere ao
// objeto no qual o método é definido: neste caso, o array de pontos anterior.
points.dist = function() {  // Define um método para calcular a distância entre pontos
    let p1 = this[0];       // Primeiro elemento do array que chamamos
    let p2 = this[1];       // Segundo elemento do objeto "this"
    let a = p2.x-p1.x;      // Diferença em coordenadas x
    let b = p2.y-p1.y;      // Diferença em coordenadas y
    return Math.sqrt(a*a +  // O teorema de Pitágoras
                     b*b);  // Math.sqrt() calcula a raiz quadrada
};
points.dist()               // => Math.sqrt(2): distância entre nossos 2 pontos
```

Agora, conforme prometido, aqui estão algumas funções cujos corpos demonstram instruções de estruturas de controle JavaScript comuns:

```
// As instruções JavaScript incluem condicionais e laços que usam a sintaxe
// das linguagens C, C++, Java e outras.
function abs(x) {           // Uma função para calcular o valor absoluto
    if (x >= 0) {           // A instrução if...
        return x;           // executa este código, se a comparação for verdadeira.
    }                       // Este é o fim da cláusula if.
    else {                  // A cláusula opcional else executa seu código se
        return -x;          // a comparação for falsa.
    }                       // Chaves são opcionais quando há 1 instrução por cláusula.
}                           // Observe as instruções return aninhadas dentro de if/else.
abs(-10) === abs(10)        // => true

function sum(array) {       // Calcula a soma dos elementos de um array
    let sum = 0;            // Começa com uma soma inicial de 0.
    for(let x of array) {   // Percorre o array, atribuindo cada elemento a x.
        sum += x;           // Adiciona o valor do elemento à soma.
    }                       // Este é o fim do laço
    return sum;             // Retorna à soma.
}
sum(primes)                 // => 28: soma dos 5 primeiros números primos 2+3+5+7+11

function factorial(n) {     // Uma função para calcular fatoriais
    let product = 1;        // Começa com o produto de 1
    while(n > 1) {          // Repete as instruções que estão em {}, enquanto a
                               expressão em () for verdadeira
        product *= n;       // Atalho para product = product * n;
        n--;                // Atalho para n = n - 1
    }                       // Fim do laço
```

```
        return product;           // Retorna o produto
    }
    factorial(4)                  // => 24: 1*4*3*2

    function factorial2(n) {      // Outra versão, usando um laço diferente
        let i, product = 1;       // Começa com 1
        for(i=2; i <= n; i++)     // Incrementa i automaticamente, de 2 até n
            product *= i;         // Faz isso a cada vez. {} não é necessário para laços de
                                     1 linha
        return product;           // Retorna o fatorial
    }
    factorial2(5)                 // => 120: 1*2*3*4*5
```

JavaScript suporta um estilo de programação orientado a objetos, mas é significativamente diferente das linguagens de programação orientadas a objetos "clássicas". O Capítulo 9 abrange a programação orientada a objetos em JavaScript em detalhes, com diversos exemplos. Aqui está um exemplo muito simples que demonstra como definir uma classe JavaScript para representar pontos geométricos bidimensionais. Os objetos que são instâncias dessa classe têm um único método chamado `distance()`, que calcula a distância do ponto a partir da origem:

```
class Point {                   // Por convenção, os nomes de classes começam com letra
                                   maiúscula.
    constructor(x, y) {         // A função construtora inicializa novas instâncias.
        this.x = x;             // A palavra-chave this é o novo objeto que está sendo
                                   inicializado
        this.y = y;             // Armazena os argumentos da função como propriedades do
                                   objeto
    }                           // Não é necessário retorno em funções construtoras.
    distance() {                // Método para calcular a distância da origem até o ponto.
        return Math.sqrt(       // Retorna a raiz quadrada de x² + y²
            this.x * this.x +       // this se refere ao objeto Point no qual
            this.y * this.y         // o método distance é chamado.
        );
    }
}

// Usa a função construtora Point() com a palavra-chave "new" para criar objetos Point
let p = new Point(1, 1);   // O ponto geométrico (1,1)

// Agora usa um método do objeto Point p
p.distance()               // => Math.SQRT2
```

Essa introdução à sintaxe fundamental e às capacidades de JavaScript termina por aqui, mas o livro continua com capítulos autocontidos que abrangem recursos adicionais da linguagem:

Capítulo 10, Módulos

Mostra como o código JavaScript em um arquivo ou *script* pode utilizar funções e classes JavaScript definidas em outros arquivos ou *scripts*.

Capítulo 11, A biblioteca padrão do JavaScript
: Abrange funções e classes internas disponíveis para todos os programas JavaScript. Inclui estruturas de dados importantes, como mapas e conjuntos, uma classe de expressões regulares para comparação de padrões textuais, funções para serialização de estruturas de dados JavaScript e muito mais.

Capítulo 12, Iteradores e geradores
: Explica como o laço `for/of` funciona e como você pode tornar suas próprias classes iteráveis com `for/of`. Também abrange funções geradoras e a instrução `yield`.

Capítulo 13, JavaScript assíncrono
: Este capítulo explora de forma aprofundada a programação assíncrona em JavaScript, abrangendo retornos de chamada e eventos, APIs baseadas em Promise e as palavras-chave `asyn` e `await`. Embora a linguagem JavaScript básica não seja assíncrona, APIs assíncronas são o padrão tanto nos navegadores Web quanto no Node, e este capítulo explica as técnicas para trabalhar com essas APIs.

Capítulo 14, Metaprogramação
: Introduz diversos recursos avançados de JavaScript que podem interessar programadores que escrevem bibliotecas de código para o uso de outros programadores JavaScript.

Capítulo 15, JavaScript em navegadores Web
: Introduz o ambiente hospedeiro do navegador Web, explica como os navegadores executam código JavaScript e abrange as mais importantes das muitas APIs definidas pelos navegadores Web. É o capítulo mais longo do livro.

Capítulo 16, JavaScript do lado do servidor com Node
: Introduz o ambiente hospedeiro Node, abrangendo o modelo de programação fundamental e as estruturas de dados e APIs mais importantes.

Capítulo 17, Ferramentas e extensões de JavaScript
: Abrange as ferramentas e extensões da linguagem que merecem ser conhecidas, pois são amplamente utilizadas e podem torná-lo um programador mais produtivo.

1.4 Exemplo: Histogramas de frequência de caracteres

Este capítulo conclui com um programa JavaScript curto, mas não trivial. O Exemplo 1-1 é um programa Node que lê o texto da entrada padrão, calcula um histograma de frequência de caracteres para o texto e então exibe o histograma. Você pode chamar o programa para analisar a frequência dos caracteres do seu próprio código-fonte:

```
$ node charfreq.js < charfreq.js
T: ########### 11,22%
E: ########## 10,15%
R: ####### 6,68%
S: ###### 6,44%
A: ###### 6,16%
N: ###### 5,81%
O: ##### 5,45%
```

```
I: ##### 4,54%
H: #### 4,07%
C: ### 3,36%
L: ### 3,20%
U: ### 3,08%
/: ### 2,88%
```

O exemplo usa diversos recursos JavaScript avançados, e seu objetivo é demonstrar como são os programas JavaScript do mundo real. Não se espera que você entenda todo o código neste momento, mas saiba que tudo será explicado nos próximos capítulos.

Exemplo 1-1 Cálculo de histogramas de frequência de caracteres com JavaScript

```
/**
 * Este programa Node lê o texto a partir da entrada padrão, calcula a frequência
 * de cada letra usada no texto e exibe um histograma dos
 * caracteres mais frequentes. Ele exige Node 12 ou superior.
 *
 * Em um ambiente tipo Unix, você pode chamar o programa da seguinte forma:
 *   node charfreq.js < corpus.txt
 */

// Esta classe estende o Map de modo que o método get() retorne o valor especificado
// em vez de null quando a tecla não está no mapa
class DefaultMap extends Map {
    constructor(defaultValue) {
        super();                          // Chama o construtor da superclasse
        this.defaultValue = defaultValue; // Lembra o valor padrão
    }

    get(key) {
        if (this.has(key)) {              // Se a tecla já está no mapa
            return super.get(key);        // retorna o seu valor da superclasse.
        }
        else {
            return this.defaultValue;     // Caso contrário, retorna o valor padrão
        }
    }
}

// Esta classe calcula e exibe os histogramas de frequência de letras
class Histogram {
    constructor() {
        this.letterCounts = new DefaultMap(0);  // Mapa das letras para as contagens
        this.totalLetters = 0;                  // Quantas letras no total
    }

    // Esta função atualiza o histograma com as letras do texto
    add(text) {
        // Remove o espaço em branco do texto e converte para maiúsculas
        text = text.replace(/\s/g, "").toUpperCase();
```

```
        // Agora itera pelos caracteres do texto
        for(let character of text) {
            let count = this.letterCounts.get(character); // Obtém contagem antiga
            this.letterCounts.set(character, count+1);    // Incrementa-a
            this.totalLetters++;
        }
    }

    // Converte o histograma em uma string que exibe um gráfico ASCII
    toString() {
        // Converte o Map em um array de arrays [key,value]
        let entries = [...this.letterCounts];

        // Classifica o array por contagem, depois em ordem alfabética
        entries.sort((a,b) => {                // Uma função para definir a ordem de
                                               classificação.
            if (a[1] === b[1]) {               // Se as contagens são iguais,
                return a[0] < b[0] ? -1 : 1;   // classifica em ordem alfabética.
            } else {                           // Se as contagens são diferentes,
                return b[1] - a[1];            // classifica pela maior contagem.
            }
        });

        // Converte as contagens para porcentagens
        for(let entry of entries) {
            entry[1] = entry[1] / this.totalLetters*100;
        }

        // Descarta qualquer entrada inferior a 1%
        entries = entries.filter(entry => entry[1] >= 1);

        // Agora converte cada entrada em uma linha de texto
        let lines = entries.map(
            ([l,n]) => `${l}: ${"#".repeat(Math.round(n))} ${n.toFixed(2)}%`
        );

        // E retorna as linhas concatenadas, separadas por caracteres de nova linha.
        return lines.join("\n");
    }
}

// Essa função async (que retorna Promise) cria um objeto Histogram,
// lê assincronamente trechos de texto a partir de entradas padrão e soma esses trechos
// ao histograma. Quando atinge o final do fluxo, retorna o seguinte histograma
async function histogramFromStdin() {
    process.stdin.setEncoding("utf-8"); // Lê strings em Unicode, não bytes
    let histogram = new Histogram();
    for await (let chunk of process.stdin) {
        histogram.add(chunk);
    }
    return histogram;
}
```

```
// Esta última linha de código é o corpo principal do programa.
// Ela cria um objeto Histogram a partir de uma entrada padrão e então
// imprime o histograma.
histogramFromStdin().then(histogram => { console.log(histogram.toString()); });
```

1.5 Resumo

Este livro explica JavaScript de baixo para cima. Isso significa que começamos com detalhes básicos, como comentários, identificadores, variáveis e tipos; depois, passamos para expressões, instruções, objetos e funções; e, então, trabalhamos abstrações de alto nível da linguagem, como classes e módulos. Eu levo a sério a palavra *definitivo* no título deste livro, e os próximos capítulos explicam a linguagem em um nível de detalhamento que pode parecer um tanto excessivo no início. Dominar JavaScript de verdade exige entender os detalhes, entretanto, e espero que você leia este livro do início ao fim, mas não quero que pense que será necessário fazer isso na sua primeira leitura. Se achar que empacou em uma seção, sugiro que simplesmente pule para a próxima. Você pode voltar e dominar os detalhes depois que tiver desenvolvido um conhecimento básico sobre a linguagem como um todo.

CAPÍTULO 2

Estrutura léxica

A estrutura léxica de uma linguagem de programação é o conjunto de regras elementares que especificam o modo de escrever programas nessa linguagem. É a sintaxe de nível mais baixo de uma linguagem; especifica como são os nomes de variáveis, os caracteres delimitadores para comentários e como uma instrução do programa é separada da seguinte, por exemplo. Este breve capítulo documenta a estrutura léxica de JavaScript.

- Diferenciação de maiúsculas e minúsculas, espaços e quebras de linha
- Comentários
- Literais
- Identificadores e palavras reservadas
- Unicode
- Ponto e vírgula opcional

2.1 O texto de um programa JavaScript

JavaScript é uma linguagem que diferencia letras maiúsculas de minúsculas. Isso significa que palavras-chave, variáveis, nomes de função e outros *identificadores* da linguagem sempre devem ser digitados com a composição compatível de letras. A palavra-chave `while`, por exemplo, deve ser digitada como "while" e não como "While" ou "WHILE"; da mesma forma, `online`, `Online`, `OnLine` e `ONLINE` são quatro nomes de variável distintos.

JavaScript ignora os espaços que aparecem entre sinais em programas. De modo geral, JavaScript também ignora quebras de linha (mas consulte a Seção 2.6 para ver uma exceção). Como é possível usar espaços e novas linhas livremente em seus programas, você pode formatar e indentar os programas de um modo organizado e harmonioso, que torne o código fácil de ler e entender.

Além do caractere de espaço normal (`\u0020`), JavaScript também reconhece tabulações, diversos caracteres de controle ASCII e vários caracteres de espaço Unicode, como espaços em branco. JavaScript reconhece nova linha, retorno de carro e uma sequência retorno de carro/avanço de linha como términos de linha.

2.2 Comentários

JavaScript aceita dois estilos de comentários. Qualquer texto entre // e o final de uma linha é tratado como comentário e é ignorado por JavaScript. Qualquer texto entre os caracteres /* e */ também é tratado como comentário; esses comentários podem abranger várias linhas, mas não podem ser aninhados. As linhas de código a seguir são todas comentários JavaScript válidos:

```
// Este é um comentário de uma linha.

/* Este também é um comentário */   // e aqui está outro comentário.

/*
 * Este é um comentário de várias linhas. Os caracteres * adicionais no início
 * de cada linha não são necessários para a sintaxe, eles só são legais!
 */
```

2.3 Literais

Um *literal* é um valor de dados que aparece diretamente em um programa. Os valores seguintes são todos literais:

```
12              // O número doze
1.2             // O número um ponto dois
"hello world"   // Uma string de texto
'Hi'            // Outra string
true            // Um valor booleano
false           // O outro valor booleano
null            // Ausência de um objeto
```

Os detalhes completos sobre literais numéricos e *string* aparecem no Capítulo 3.

2.4 Identificadores e palavras reservadas

Um *identificador* é simplesmente um nome. Em JavaScript, os identificadores são usados para dar nomes a constantes, variáveis, propriedades, funções e classes e para fornecer rótulos a certos laços no código JavaScript. Um identificador JavaScript deve começar com uma letra, um sublinhado (_) ou um cifrão ($). Os caracteres subsequentes podem ser letras, dígitos, sublinhados ou cifrões. (Os dígitos não são permitidos como primeiro caractere, para que JavaScript possa distinguir identificadores de números facilmente.) Todos estes são identificadores válidos:

```
i
my_variable_name
v13
_dummy
$str
```

Assim como qualquer linguagem, JavaScript reserva certos identificadores para uso próprio. Essas "palavras reservadas" não podem ser usadas como identificadores normais. Elas estão listadas na próxima seção.

2.4.1 Palavras reservadas

As palavras a seguir são parte da linguagem JavaScript. Muitas delas (como `if`, `while` e `for`) são palavras-chave reservadas e não devem ser usadas como nomes de constantes, variáveis, funções ou classes (embora todas possam ser usadas como nomes de propriedades em um objeto). Outras (como `from`, `of`, `get` e `set`) são usadas em contextos limitados sem ambiguidade sintática e são identificadores perfeitamente válidos. Outras palavras-chave (como `let`) não podem ser totalmente reservadas para preservar a compatibilidade reversa com programas mais antigos, de modo que há regras complexas que regem quando podem ser usadas como identificadores e quando não podem (`let` pode ser usado como nome de variável se declarado com `var` fora de uma classe, por exemplo, mas não se declarado dentro de uma classe ou com `const`). O caminho mais simples é evitar usar todas essas palavras como identificadores, exceto `from`, `set` e `target`, que são seguras e já estão em uso comum.

```
as       const     export    get         null     target   void
async    continue  extends   if          of       this     while
await    debugger  false     import      return   throw    with
break    default   finally   in          set      true     yield
case     delete    for       instanceof  static   try
catch    do        from      let         super    typeof
class    else      function  new         switch   var
```

JavaScript também reserva ou restringe o uso de certas palavras-chave não utilizadas atualmente na linguagem, mas que poderão ser usadas em futuras versões:

```
enum implements interface package private protected public
```

Por motivos históricos, `arguments` e `eval` não são permitidos como identificadores em determinadas circunstâncias e é melhor evitá-los por completo.

2.5 Unicode

Os programas JavaScript são escritos com o conjunto de caracteres Unicode, e você pode utilizar qualquer caractere Unicode em *strings* e comentários. Por uma questão de portabilidade e para facilitar a edição, é comum usar apenas letras e dígitos ASCII nos identificadores. Contudo, esta é apenas uma convenção de programação, e a linguagem permite o uso de letras, dígitos e ideogramas Unicode (mas não *emojis*) nos identificadores. Isso significa que os programadores podem usar símbolos matemáticos e palavras de idiomas estrangeiros como constantes e variáveis:

```
const π = 3.14;
const si = true;
```

2.5.1 Sequências de escape Unicode

Alguns componentes de *hardware* e *software* de computador não conseguem exibir, introduzir ou processar corretamente o conjunto completo de caracteres Unicode. Para dar suporte aos programadores e sistemas que utilizam essa tecnologia mais antiga, JavaScript define sequências de escape que nos permitem escrever caracteres Unicode usando apenas caracteres ASCII. Essas sequências de Unicode começam com os caracteres `\u` e são seguidas por exatamente quatro dígitos hexadecimais (usando as letras A–F maiúsculas ou minúsculas) ou por um a seis dígitos hexadecimais entre chaves. As sequências de Unicode podem aparecer em *strings* literais, expressões regulares literais e em identificadores JavaScript (mas não em palavras-chave da linguagem). A sequência de escape Unicode para o caractere "é", por exemplo, é `\u00E9`; a seguir, vemos três maneiras diferentes de escrever um nome de variável que inclui esse caractere:

```
let café = 1;    // Define uma variável usando um caractere Unicode
caf\u00e9        // => 1; acessa a variável usando uma sequência de escape
caf\u{E9}        // => 1; outra forma da mesma sequência de escape
```

Versões anteriores de JavaScript suportavam apenas a sequência de escape de quatro dígitos. A versão com as chaves foi introduzida na ES6 para melhor suportar posições de código Unicode que exigem mais do que 16 *bits*, como os *emojis*:

```
console.log("\u{1F600}");   // Exibe um emoji de rosto sorrindo
```

As sequências de escape Unicode também pode aparecer em comentários, mas como os comentários são ignorados, elas são simplesmente tratadas como caracteres ASCII nesse contexto e não são interpretadas como Unicode.

2.5.2 Normalização Unicode

Se você utilizar caracteres não ASCII nos seus programas JavaScript, precisará estar ciente de que o Unicode permite mais de uma maneira de codificar o mesmo caractere. A *string* "é", por exemplo, pode ser codificada como o caractere Unicode `\u00E9` ou como um caractere ASCII "e" normal, seguido da marca de combinação de acento agudo `\u0301`. Essas duas codificações podem parecer exatamente a mesma quando exibidas por um editor de textos, mas têm diferentes codificações binárias, o que significa que são consideradas diferentes por JavaScript, o que pode levar a programas muito confusos:

```
const café = 1; // Esta constante se chama "caf\u{e9}"
const café = 2; // Esta constante é diferente: "cafe\u{301}"
café  // => 1: esta constante tem um valor
café  // => 2: esta constante indistinguível tem um valor diferente
```

O padrão Unicode define a codificação preferida para todos os caracteres e especifica um procedimento de normalização para converter texto em uma forma canônica conveniente para comparações. JavaScript presume que o código-fonte que está interpretando já foi normalizado e *não* tenta aplicar a própria normalização. Se você planeja usar caracteres Unicode em seus programas JavaScript, você deve garantir que o editor ou alguma outra ferramenta realize a normalização Unicode do seu código-fonte para evitar o risco de acabar com identificadores diferentes que são impossíveis de distinguir visualmente.

2.6 Ponto e vírgula opcional

Assim como muitas linguagens de programação, JavaScript usa o ponto e vírgula (;) para separar instruções (consulte o Capítulo 5). Isso é importante para tornar claro o significado de seu código: sem um separador, o fim de uma instrução pode parecer ser o início da seguinte ou vice-versa. Em JavaScript, você normalmente pode omitir o ponto e vírgula entre duas instruções, caso essas instruções sejam escritas em linhas separadas. (Você também pode omitir um ponto e vírgula no final de um programa ou se o próximo sinal do programa for uma chave de fechamento }.) Muitos programadores JavaScript (e o código neste livro) utilizam ponto e vírgula para marcar explicitamente os finais de instruções, mesmo onde eles não são obrigatórios. Outro estilo é omitir o ponto e vírgula quando possível, utilizando-o nas poucas situações que o exigem. Qualquer que seja o estilo escolhido, existem alguns detalhes que você deve entender sobre ponto e vírgula opcional em JavaScript.

Considere o código a seguir. Como as duas instruções aparecem em linhas separadas, o primeiro ponto e vírgula poderia ser omitido:

```
a = 3;
b = 4;
```

Contudo, escrito como a seguir, o primeiro ponto e vírgula é obrigatório:

```
a = 3; b = 4;
```

Note que JavaScript não trata toda quebra de linha como ponto e vírgula: ela normalmente trata as quebras de linha como ponto e vírgula somente se não consegue analisar o código sem adicionar ponto e vírgula implícito. Mais formalmente (e com três exceções, descritas posteriormente), JavaScript trata uma quebra de linha como ponto e vírgula caso o próximo caractere que não seja espaço não possa ser interpretado como a continuação da instrução corrente. Considere o código a seguir:

```
let a
a
=
3
console.log(a)
```

JavaScript interpreta esse código como segue:

```
let a; a = 3; console.log(a);
```

JavaScript trata a primeira quebra de linha como ponto e vírgula porque não pode analisar o código `let a a` sem um ponto e vírgula. O segundo `a` poderia aparecer sozinho como a instrução `a;`, mas JavaScript não trata a segunda quebra de linha como ponto e vírgula porque pode continuar analisando a instrução mais longa `a = 3;`.

Essas regras de término de instrução levam a alguns casos surpreendentes. O código a seguir parece ser duas instruções distintas, separadas por uma nova linha:

```
let y = x + f
(a+b).toString()
```

No entanto, os parênteses na segunda linha de código podem ser interpretados como uma chamada da função `f` da primeira linha, sendo que JavaScript interpreta o código como segue:

```
let y = x + f(a+b).toString();
```

Muito provavelmente, essa não é a interpretação pretendida pelo autor do código. Para funcionarem como duas instruções distintas, é necessário um ponto e vírgula explícito nesse caso.

Em geral, se uma instrução começa com (, [, /, + ou -, há a possibilidade de que possa ser interpretada como uma continuação da instrução anterior. Na prática, instruções começando com /, + e – são muito raras, mas instruções começando com `(` e `[` não são incomuns, pelo menos em alguns estilos de programação JavaScript. Alguns programadores gostam de colocar um ponto e vírgula protetor no início de uma instrução assim, para que continue a funcionar corretamente mesmo que a instrução anterior seja modificada e um ponto e vírgula, anteriormente de término, removido:

```
let x = 0                          // Ponto e vírgula omitido aqui
;[x,x+1,x+2].forEach(console.log)  // O ; protetor mantém esta instrução separada
```

Existem três exceções à regra geral de que JavaScript interpreta quebras de linha como ponto e vírgula quando não consegue analisar a segunda linha como uma continuação da instrução da primeira linha. A primeira exceção envolve as instruções `return`, `throw`, `yield`, `break` e `continue` (consulte o Capítulo 5). Essas instruções frequentemente aparecem sozinhas, mas às vezes são seguidas por um identificador ou por uma expressão. Se uma quebra de linha aparece depois de qualquer uma dessas palavras (antes de qualquer outro sinal), JavaScript sempre interpreta essa quebra de linha como um ponto e vírgula. Por exemplo, se você escreve:

```
return
true;
```

JavaScript presume que você quis dizer:

```
return; true;
```

Contudo, você provavelmente quis dizer:

```
return true;
```

Isso significa que não se deve inserir uma quebra de linha entre *return*, *break* ou *continue* e a expressão que vem após a palavra-chave. Se você inserir uma quebra de linha, seu código provavelmente vai falhar de uma maneira inesperada, difícil de depurar.

A segunda exceção envolve os operadores ++ e -- (Seção 4.8). Esses podem ser operadores prefixados, que aparecem antes de uma expressão, ou operadores pós-fixados, que aparecem depois de uma expressão. Se quiser usar um desses operadores pós-fixado, eles devem aparecer na mesma linha da expressão em que são aplicados. A terceira exceção envolve funções definidas usando a sintaxe "de seta" concisa: a seta => em si deve aparecer na mesma linha que a lista de parâmetros.

2.7 Resumo

Este capítulo mostrou como os programas JavaScript são escritos em seu nível mais básico. O próximo nos leva um passo adiante e introduz os tipos e valores primitivos (números, *strings* e assim por diante) que representam as unidades computacionais básicas para os programas JavaScript.

CAPÍTULO 3

Tipos, valores e variáveis

Os programas de computador funcionam manipulando valores, como o número 3,14 ou o texto "Hello World" ("Olá Mundo"). Os tipos de valores que podem ser representados e manipulados em uma linguagem de programação são conhecidos como tipos, e uma das características mais fundamentais de uma linguagem de programação é o conjunto de tipos que ela aceita. Quando um programa precisa manter um valor para uso futuro, ele atribui o valor (ou "armazena" o valor) a uma variável. As variáveis têm nomes e permitem o uso desses nomes em nossos programas para se referir a valores. O funcionamento das variáveis é outra característica fundamental de qualquer linguagem de programação. Este capítulo explica os tipos, os valores e as variáveis em JavaScript, a começar por uma visão geral do tema e algumas definições.

3.1 Visão geral e definições

Os tipos de JavaScript podem ser divididos em duas categorias: *tipos primitivos* e *tipos de objeto*. Os tipos primitivos de JavaScript incluem números, sequências de texto (conhecidas como *strings*) e valores lógicos (conhecidos como booleanos). Uma parte significativa deste capítulo é dedicada a uma explicação detalhada dos tipos numéricos (Seção 3.2) e de *string* (Seção 3.3) em JavaScript. Os booleanos são abordados na Seção 3.4.

Os valores especiais `null` e `undefined` de JavaScript são valores primitivos, mas não são números, nem *strings*, nem booleanos. Cada valor normalmente é considerado como membro único de seu próprio tipo especial. A Seção 3.5 tem mais informações sobre `null` e `undefined`. A ES6 adiciona um novo tipo de propósito especial, conhecido como Símbolo, que permite a definição de extensões da linguagem sem prejudicar a compatibilidade reversa. Os símbolos serão abordados brevemente na Seção 3.6.

Qualquer valor em JavaScript que não seja número, *string*, booleano, símbolo, `null` ou `undefined` é um objeto. Um objeto (i.e., um membro do tipo *objeto*) é um conjunto de *propriedades*, em que cada propriedade tem um nome e um valor (ou um valor primitivo ou um objeto). Um objeto muito especial, o *objeto global*, é estudado na Seção 3.7, mas uma abordagem mais geral e detalhada sobre objetos aparece no Capítulo 6.

Um objeto normal em JavaScript é um conjunto não ordenado de valores nomeados. A linguagem também define um tipo especial de objeto, conhecido como *array*, que representa um conjunto ordenado de valores numerados. A linguagem JavaScript contém sintaxe especial para trabalhar com *arrays*, sendo que os *arrays* têm um comportamento especial que os diferencia dos objetos normais. Os *arrays* são o tema do Capítulo 7.

Além dos objetos e *arrays* básicos, JavaScript define diversos outros tipos de objetos úteis. Um objeto Set representa um conjunto de valores. Um objeto Map representa um mapeamento de teclas que correspondem a valores. Diversos tipos de "*arrays* tipados" facilitam as operações em *arrays* de *bytes* e outros dados binários. O tipo RegExp representa padrões textuais e permite operações sofisticadas de correspondência, busca e substituição com *strings*. O tipo Date representa datas e horários e suporta operações aritméticas rudimentares com datas. O Error e seus subtipos representam erros que podem surgir quando executamos código JavaScript. Todos esses tipos são trabalhados no Capítulo 11.

JavaScript difere das linguagens mais estáticas pelo fato de que as funções e classes não são apenas parte da sintaxe da linguagem: elas também são valores que podem ser manipulados por programas JavaScript. Como qualquer outro valor JavaScript que não seja um valor primitivo, funções e classes são um tipo especializado de objeto. Elas serão trabalhadas em detalhes nos Capítulos 8 e 9.

O interpretador JavaScript realiza a coleta de lixo automática para gerenciamento de memória. Isso significa que, em geral, um programador JavaScript não precisa se preocupar com a destruição ou desalocação desses objetos ou de outros valores. Quando um valor não pode mais ser acessado – quando um programa não tem mais maneira alguma de se referir a ele –, o interpretador sabe que ele nunca mais pode ser utilizado e recupera automaticamente o espaço de memória que ele estava ocupando (às vezes, os programadores JavaScript ainda precisam garantir que os valores não permanecerão acessíveis por acidente e, logo, não recuperáveis, por mais tempo do que o necessário).

JavaScript suporta um estilo de programação orientado a objetos. Em linhas gerais, isso significa que, em vez de ter funções definidas globalmente para operar em valores de vários tipos, os próprios tipos definem métodos para trabalhar com valores. Para classificar os elementos de um *array* a, por exemplo, não passamos a para uma função `sort()`. Em vez disso, chamamos o método `sort()` de a:

```
a.sort();          // A versão orientada a objetos de sort(a).
```

A definição de método é abordada no Capítulo 9. Tecnicamente, em JavaScript apenas os objetos possuem métodos. Mas números, *strings* e valores booleanos e simbólicos se comportam como se tivessem métodos. Em JavaScript, `null` e `undefined` são os únicos valores em que métodos não podem ser chamados.

Os tipos de objeto do JavaScript são *mutáveis* e seus tipos primitivos são *imutáveis*. Um valor de um tipo mutável pode mudar: um programa JavaScript pode alterar os valores de propriedades do objeto e de elementos de *arrays*. Números, booleanos, `null` e `undefined` são imutáveis – nem mesmo faria sentido falar sobre alterar o valor de um número, por exemplo. As *strings* podem ser consideradas *arrays* de caracteres, sendo que se poderia esperar que fossem mutáveis. No entanto, em JavaScript, as *strings* são imutáveis: você pode acessar o texto de determinado índice de uma *string*, mas JavaScript não fornece uma maneira de alterar o texto de uma *string* existente. As diferenças entre valores mutáveis e imutáveis são exploradas mais a fundo na Seção 3.8.

JavaScript converte valores de um tipo para outro de forma livre. Se um programa espera uma *string*, por exemplo, e você fornece um número, ele converte o número em *string* automaticamente. Se você usa um valor não booleano onde é esperado um booleano, JavaScript faz a conversão correspondente. As regras de conversão de valor são explicadas na Seção 3.9. As regras de conversão de valor liberais de JavaScript afetam sua definição de igualdade, sendo que o operador de igualdade == realiza conversões de tipo conforme descrito na Seção 3.9.1. (Na prática, entretanto, o operador de igualdade == é desaprovado, com preferência dada ao operador de igualdade restrita ===, que não realiza conversões de tipo. Para mais informações sobre ambos os operadores, consulte a Seção 4.9.1.)

Constantes e variáveis permitem que você use nomes para se referir a valores nos seus programas. As constantes são declaradas com `const` e as variáveis são declaradas com `let` (ou com `var` no código JavaScript mais antigo). As constantes e variáveis JavaScript são *não tipadas*: as declarações não especificam que tipos de valores serão atribuídos. A declaração e a atribuição de variáveis são analisadas na Seção 3.10.

Como mostra esta longa introdução, este será um capítulo abrangente, que explicará muitos detalhes fundamentais de como os dados são representados e manipulados em JavaScript. Nosso primeiro passo será mergulhar de cabeça nos detalhes dos números e texto em JavaScript.

3.2 Números

O tipo numérico primário em JavaScript, Number, é usado para representar números inteiros e aproximar números reais. JavaScript representa números usando o formato de ponto flutuante de 64 *bits* definido pelo padrão IEEE 754[1], o que significa que pode representar números tão grandes quanto +-1,7976931348623157 × 10 ^{308} e tão pequenos quanto +-5 × 10^{-324}.

[1]Este é o formato para números do tipo `double` em Java, em C++ e na maioria das linguagens de programação modernas.

O formato numérico de JavaScript permite representar exatamente todos os inteiros entre –9.007.199.254.740.992 (-2^{53}) e 9.007.199.254.740.992 (2^{53}), inclusive. Se você usar valores inteiros maiores do que isso, poderá perder a precisão nos dígitos à direita. Note, entretanto, que certas operações em JavaScript (como indexação de *arrays* e os operadores *bit* a *bit* descritos no Capítulo 4) são efetuadas com inteiros de 32 *bits*. Se precisar representar números inteiros maiores com exatidão, consulte a Seção 3.2.5.

Quando um número aparece diretamente em um programa JavaScript, ele é chamado de *literal numérico*. JavaScript aceita literais numéricos em vários formatos, conforme descrito nas seções a seguir. Note que qualquer literal numérico pode ser precedido por um sinal de subtração (-) para tornar o número negativo.

3.2.1 Literais inteiros

Em um programa JavaScript, um inteiro de base 10 é escrito como uma sequência de dígitos. Por exemplo:

```
0
3
10000000
```

Além dos literais inteiros de base 10, JavaScript reconhece valores hexadecimais (base 16). Um literal hexadecimal começa com `0x` ou `0X`, seguido por uma sequência de dígitos hexadecimais. Um dígito hexadecimal é um dos algarismos de 0 a 9 ou as letras a (ou A) até f (ou F), as quais representam valores de 10 a 15. Aqui estão exemplos de literais inteiros hexadecimais:

```
0xff        // => 255: (15*16 + 15)
0xBADCAFE   // => 195939070
```

Em ES6 e posteriores, você também pode expressar números inteiros em formato binário (base 2) ou octal (base 8) usando os prefixos `0b` e `0o` (ou `0B` e `0O`) no lugar de `0x`:

```
0b10101     // => 21: (1*16 + 0*8 + 1*4 + 0*2 + 1*1)
0o377       // => 255: (3*64 + 7*8 + 7*1)
```

3.2.2 Literais em ponto flutuante

Os literais em ponto flutuante podem ter um ponto decimal; eles usam a sintaxe tradicional dos números reais. Um valor real é representado como a parte inteira do número, seguida de um ponto decimal e da parte fracionária do número.

Os literais em ponto flutuante também podem ser representados usando-se notação exponencial: um número real seguido da letra e (ou E), seguida por um sinal de adição ou subtração opcional, seguido por um expoente inteiro. Essa notação representa o número real multiplicado por 10, elevado à potência do expoente.

Mais sucintamente, a sintaxe é:

```
[dígitos][.dígitos][(E|e)[(+|-)]dígitos]
```

Por exemplo:

```
3.14
2345.6789
.333333333333333333
6.02e23          // 6.02 × 10^23
1.4738223E-32    // 1.4738223 × 10^-32
```

Separadores em literais numéricos

Você pode usar sublinhados em literais numéricos para dividir literais longos em blocos e assim facilitar a sua leitura:

```
let billion = 1_000_000_000;   // Sublinhado como separador de milhares.
let bytes = 0x89_AB_CD_EF;     // Como separador de bytes.
let bits = 0b0001_1101_0111;   // Como separador de nibble.*
let fraction = 0.123_456_789;  // Também funciona na parte fracionária.
```

Na época da redação deste livro, no início de 2020, os sublinhados em literais numéricos ainda não haviam sido padronizados formalmente como parte de JavaScript. Contudo, eles estão nos estágios avançados do processo de padronização e são implementados por todos os principais navegadores e pelo Node.**

3.2.3 Aritmética em JavaScript

Os programas JavaScript trabalham com números usando os operadores aritméticos fornecidos pela linguagem. Isso inclui + para adição, – para subtração, * para multiplicação, / para divisão e % para módulo (resto da divisão). A ES2016 adiciona ** para exponenciação. Mais detalhes sobre esses e outros operadores se encontram no Capítulo 4.

Além desses operadores aritméticos básicos, JavaScript aceita operações matemáticas mais complexas por meio de um conjunto de funções e constantes definidas como propriedades do objeto Math:

```
Math.pow(2,53)           // => 9007199254740992: 2 elevado à potência 53
Math.round(.6)           // => 1.0: arredonda para o inteiro mais próximo
Math.ceil(.6)            // => 1.0: arredonda para cima para um inteiro
Math.floor(.6)           // => 0.0: arredonda para baixo para um inteiro
Math.abs(-5)             // => 5: valor absoluto
Math.max(x,y,z)          // Retorna o maior argumento
Math.min(x,y,z)          // Retorna o menor argumento
Math.random()            // Número pseudoaleatório x, onde 0 <= x < 1.0
Math.PI                  // π: circunferência de um círculo / diâmetro
Math.E                   // e: A base do logaritmo natural
Math.sqrt(3)             // => 3**0.5: A raiz quadrada de 3
Math.pow(3, 1/3)         // => 3**(1/3): A raiz cúbica de 3
Math.sin(0)              // Trigonometria: também Math.cos, Math.atan etc.
Math.log(10)             // Logaritmo natural de 10
Math.log(100)/Math.LN10  // Logaritmo de base 10 de 100
```

*N. de R.T. Um "*nibble*" (ou "meia-palavra") é um termo que se refere a 4 *bits*, ou meio *byte*.

**N. de R.T. O uso de sublinhados em literais numéricos em JavaScript foi padronizado na ES2021, lançada em junho de 2021.

```
Math.log(512)/Math.LN2        // Logaritmo de base 2 de 512
Math.exp(3)                   // Math.E ao cubo
```

A ES6 define mais funções no objeto `Math`:

```
Math.cbrt(27)     // => 3: raiz cúbica
Math.hypot(3, 4) // => 5: raiz quadrada da soma dos quadrados de todos os argumentos
Math.log10(100)   // => 2: Logaritmo de base 10
Math.log2(1024)   // => 10: Logaritmo de base 2
Math.log1p(x)     // Logaritmo natural de (1+x); preciso para valores muito pequenos de x
Math.expm1(x)     // Math.exp(x)-1; o inverso de Math.log1p()
Math.sign(x)      // -1, 0 ou 1 para argumentos <, == ou > 0
Math.imul(2,3)    // => 6: multiplicação otimizada de inteiros de 32 bits
Math.clz32(0xf)   // => 28: número de bits zero à esquerda em um número inteiro de 32 bits
Math.trunc(3.9)   // => 3: trunca a parte fracionária para converter para número inteiro
Math.fround(x)    // Arredondada para o número de ponto flutuante de 32 bits mais próximo
Math.sinh(x)      // Seno hiperbólico. Também Math.cosh(), Math.tanh()
Math.asinh(x)     // Arco seno hiperbólico. Também Math.acosh(), Math.atanh()
```

A aritmética em JavaScript não gera erros em casos de estouro, estouro negativo ou divisão por zero. Quando o resultado de uma operação numérica é maior do que o maior número representável (estouro), o resultado é um valor infinito especial, que JavaScript indica como `Infinity`. Da mesma forma, quando um valor negativo se torna maior do que o valor absoluto do maior número negativo representável, o resultado é infinito negativo, indicado como `-Infinity`. Os valores infinitos se comportam conforme o esperado: somá-los, subtraí-los, multiplicá-los ou dividi-los por qualquer coisa resulta em um valor infinito (possivelmente com o sinal invertido).

O estouro negativo ocorre quando o resultado de uma operação numérica é mais próximo de zero do que o menor número representável. Nesse caso, JavaScript retorna 0. Se o estouro negativo ocorre a partir de um número negativo, JavaScript retorna um valor especial conhecido como "zero negativo". Esse valor é quase completamente indistinguível do zero normal, e os programadores JavaScript raramente precisam detectá-lo.

Divisão por zero não é erro em JavaScript: ela simplesmente retorna infinito ou infinito negativo. Contudo, há uma exceção: zero dividido por zero não tem um valor bem definido, e o resultado dessa operação é o valor especial *not-a-number*, impresso como `NaN`. `NaN` também surge se você tenta dividir infinito por infinito, extrair a raiz quadrada de um número negativo ou usar operadores aritméticos com operandos não numéricos que não podem ser convertidos em números.

JavaScript predefine as constantes globais `Infinity` e `NaN` para conter o infinito positivo e o valor *not-a-number*, que também estão disponíveis como propriedades do objeto `Number`:

```
Infinity                   // Um número positivo grande demais para ser representado
Number.POSITIVE_INFINITY   // Mesmo valor
1/0                        // => Infinity
```

```
Number.MAX_VALUE * 2         // => Infinity; estouro
-Infinity                    // Um número negativo grande demais para ser representado
Number.NEGATIVE_INFINITY     // O mesmo valor
-1/0                         // => -Infinity
-Number.MAX_VALUE * 2        // => -Infinity

NaN                          // O valor not-a-number
Number.NaN                   // O mesmo valor, escrito de outra forma
0/0                          // => NaN
Infinity/Infinity            // => NaN

Number.MIN_VALUE/2           // => 0: estouro negativo
-Number.MIN_VALUE/2          // => -0: zero negativo
-1/Infinity                  // -> -0: também 0 negativo
-0

// As propriedades de Number a seguir são definidas na ES6
Number.parseInt()         // O mesmo que a função global parseInt()
Number.parseFloat()       // O mesmo que a função global parseFloat()
Number.isNaN(x)           // x é o valor NaN?
Number.isFinite(x)        // x é um número e é finito?
Number.isInteger(x)       // x é um número inteiro?
Number.isSafeInteger(x)   // x é um número inteiro -(2**53) < x < 2**53?
Number.MIN_SAFE_INTEGER   // => -(2**53 - 1)
Number.MAX_SAFE_INTEGER   // => 2**53 - 1
Number.EPSILON            // => 2**-52: a menor diferença entre números
```

O valor *not-a-number* tem uma característica incomum em JavaScript: não é comparado como igual a qualquer outro valor, incluindo ele mesmo. Isso significa que você não pode escrever `x == NaN` para determinar se o valor de uma variável `x` é `NaN`. Em vez disso, deve escrever `x != x` ou `Number.isNaN(x)`. Essas expressões serão verdadeiras se, e somente se, `x` tiver o mesmo valor que a constante global `NaN`.

A função global `isNaN()` é semelhante a `Number.isNaN()`. Ela retorna `true` se seu argumento for `NaN` ou se esse argumento for um valor não numérico que não pode ser convertido em número. A função relacionada `Number.isFinite()` retorna `true` se seu argumento for um número que não seja `NaN`, `Infinity` ou `-Infinity`. A função global `isFinite()` retorna `true` se o seu argumento for, ou puder ser convertido em, um número finito.

O valor zero negativo também é um pouco incomum. Ele é comparado como igual (mesmo usando-se o teste restrito de igualdade de JavaScript) ao zero positivo, isto é, os dois valores são quase indistinguíveis, exceto quando usados como divisores:

```
let zero = 0;          // Zero normal
let negz = -0;         // Zero negativo
zero === negz          // => verdadeiro: zero e zero negativo são iguais
1/zero === 1/negz      // => falso: Infinity e -Infinity não são iguais
```

3.2.4 Ponto flutuante binário e erros de arredondamento

Existem infinitos números reais, mas apenas uma quantidade finita deles (18.437.736.874.454.810.627, para ser exato) pode ser representada de forma exata pelo formato de ponto flutuante de JavaScript. Isso significa que, quando se está trabalhando com números reais em JavaScript, a representação do número frequentemente será uma aproximação dele.

A representação em ponto flutuante IEEE-754 utilizada em JavaScript (e por praticamente todas as outras linguagens de programação modernas) é uma representação binária que pode descrever frações como `1/2`, `1/8` e `1/1024` com exatidão. Infelizmente, as frações que usamos mais comumente (sobretudo ao executarmos cálculos financeiros) são decimais: `1/10`, `1/100` etc. As representações em ponto flutuante binário não conseguem representar números simples como `0.1` com exatidão.

Os números em JavaScript têm muita precisão e podem se aproximar bastante de `0.1`. Mas o fato de esse número não poder ser representado de forma exata pode causar problemas. Considere este código:

```
let x = .3 - .2;      // trinta centavos menos 20 centavos
let y = .2 - .1;      // vinte centavos menos 10 centavos
x === y               // => falso: os dois valores não são o mesmo!
x === .1              // => falso: .3-.2 não é igual a .1
y === .1              // => verdadeiro: .2-.1 é igual a .1
```

Devido ao erro de arredondamento, a diferença entre as aproximações de .3 e .2 não é exatamente igual à diferença entre as aproximações de .2 e .1. É importante entender que esse problema não é específico da linguagem JavaScript: ele afeta qualquer linguagem de programação que utilize números binários em ponto flutuante. Além disso, note que os valores `x` e `y` no código anterior são *muito* próximos entre si e do valor correto. Os valores calculados são adequados para quase todas as finalidades – o problema surge quando tentamos comparar a igualdade de valores.

Se essas aproximações de ponto flutuante forem problemáticas para os seus programas, considere usar números inteiros escalados. Por exemplo, você poderia manipular valores monetários como centavos inteiros, em vez de frações de moeda.

3.2.5 Números inteiros de precisão arbitrária com BigInt

Um dos recursos mais recentes do JavaScript, definido na ES2020, é um novo tipo numérico chamado BigInt. Em 2020, o tipo já havia sido implementado no Chrome, no Firefox, no Edge e no Node, e há uma implementação sendo desenvolvida para o Safari.* Como o nome sugere, BigInt é um tipo numérico cujos valores são números inteiros. O tipo foi adicionado ao JavaScript principalmente para permitir a representação de números inteiros de 64 *bits*, necessária para a compatibilidade com muitas outras linguagens de programação e APIs. Contudo, os valores BigInt podem ter milhares ou até mesmo milhões de dígitos, caso seja preciso trabalhar com números dessa dimensão

*N. de R.T. No momento da publicação deste livro em língua portuguesa, a implementação do BigInt no Safari já estava disponível.

(observe, entretanto, que implementações de BigInt não são apropriadas para criptografia, pois não tentam impedir ataques de temporização).

Os literais BigInt são escritos como uma *string* de dígitos seguida pela letra `n` minúscula. Por padrão, estão em base 10, mas você pode usar os prefixos `0b`, `0o` e `0x` para BigInts binários, octais e hexadecimais:

```
1234n                 // Um literal BigInt não tão grande
0b111111n             // Um BigInt binário
0o7777n               // Um BigInt octal
0x8000000000000000n   // => 2n**63n: Um número inteiro de 64 bits
```

Você pode usar `BigInt()` como uma função para converter números ou *strings* JavaScript normais em valores BigInt:

```
BigInt(Number.MAX_SAFE_INTEGER)     // => 9007199254740991n
let string = "1" + "0".repeat(100); // 1 seguido por 100 zeros.
BigInt(string)                      // => 10n**100n: um googol
```

A aritmética com valores BigInt funciona como a aritmética com números JavaScript normais, exceto que a divisão elimina o resto e arredonda para baixo (na direção de zero):

```
1000n + 2000n  // => 3000n
3000n - 2000n  // => 1000n
2000n * 3000n  // => 6000000n
3000n / 997n   // => 3n: o quociente é 3
3000n % 997n   // => 9n: e o resto é 9
(2n ** 131071n) - 1n  // Um número primo de Mersenne com 39457 dígitos decimais
```

Embora os operadores padrão +, -, *, /, % e ** funcionem com BigInt, é importante entender que você não pode misturar operandos do tipo BigInt com operandos numéricos normais. Pode parecer confuso no início, mas há um bom motivo para isso. Se um tipo numérico fosse mais geral do que o outro, seria fácil definir a aritmética com operandos mistos para simplesmente retornar um valor do tipo mais geral. Contudo, nenhum dos tipos é mais geral do que o outro: BigInt pode representar valores extraordinariamente grandes, o que o torna mais geral do que números normais. Mas BigInt só pode representar números inteiros, o que torna o tipo de número regular do JavaScript mais geral. Não há como contornar esse problema, então o JavaScript simplesmente não permite operandos mistos com os operadores aritméticos.

Os operadores de comparação, por outro lado, trabalham com tipos numéricos mistos (mas consulte a Seção 3.9.1 para mais detalhes sobre a diferença entre == e ===):

```
1 < 2n     // => true
2 > 1n     // => true
0 == 0n    // => true
0 === 0n   // => false: o operador === verifica a igualdade de tipo também
```

Os operadores *bit* a *bit* (descritos na Seção 4.8.3) geralmente funcionam com operandos BigInt. Nenhuma das funções do objeto `Math` aceita operandos BigInt, entretanto.

3.2.6 Datas e horas

JavaScript define uma classe Date simples para representar e manipular números que representam datas e horários. Os Dates do JavaScript são objetos, mas também têm uma representação numérica como um *timestamp* que especifica o número de milissegundos decorridos desde 1º de janeiro de 1970:

```
let timestamp = Date.now();    // A hora atual como um timestamp (um número).
let now = new Date();          // A hora atual como um objeto Date.
let ms = now.getTime();        // Converte para um timestamp em milissegundos.
let iso = now.toISOString();   // Converte em uma string em formato padrão.
```

A classe Date e seus métodos são apresentados em mais detalhes na Seção 11.4, mas veremos os objetos Date novamente na Seção 3.9.3, quando examinarmos os detalhes das conversões de tipo do JavaScript.

3.3 Texto

Em JavaScript, o tipo para representar texto é a *string*. Uma *string* é uma sequência ordenada imutável de valores de 16 *bits*, cada um dos quais normalmente representa um caractere Unicode. O *comprimento* de uma *string* é o número de valores de 16 *bits* que ela contém. As *strings* (e seus *arrays*) de JavaScript utilizam indexação com base em zero: o primeiro valor de 16 *bits* está na posição 0, o segundo na posição 1 e assim por diante. A *string vazia* é a *string* de comprimento 0. JavaScript não tem um tipo especial que represente um único elemento de uma *string*. Para representar um único valor de 16 *bits*, basta usar uma *string* que tenha comprimento 1.

Caracteres, posições de código e *strings* em JavaScript

JavaScript usa a codificação UTF-16 do conjunto de caracteres Unicode, e as *strings* em JavaScript são sequências de valores de 16 *bits* sem sinal. Os caracteres Unicode mais comumente usados (os do "plano básico multilíngue") têm posições de código que cabem em 16 *bits* e podem ser representados por um único elemento de uma *string*. Os caracteres Unicode cujas posições de código não cabem em 16 *bits* são codificados de acordo com as regras da UTF-16 como uma sequência (conhecida como "par substituto") de dois valores de 16 *bits*. Isso significa que uma *string* JavaScript de comprimento 2 (dois valores de 16 *bits*) pode representar apenas um caractere Unicode:

```
let euro = "€";
let love = "♥";
euro.length  // => 1: este caractere tem um elemento de 16 bits
love.length  // => 2: a codificação UTF-16 de ♥ é "\ud83d\udc99"
```

Quase todos os métodos de manipulação de *strings* definidos em JavaScript operam sobre valores de 16 *bits* e não sobre caracteres. Eles não tratam pares substitutos de forma especial, não fazem a normalização da *string*, nem mesmo garantem que uma *string* seja UTF-16 bem formada.

Na ES6, entretanto, as *strings* são *iteráveis*, e se você usar o laço `for/of` ou o operador `...` com uma *string*, ele iterará os caracteres da *string* em si e não os valores de 16 *bits*.

3.3.1 *Strings* literais

Para incluir uma *string* literalmente em um programa JavaScript, basta colocar os caracteres da *string* dentro de um par combinado de aspas simples ou duplas ou crases (' ou " ou `). Os caracteres de aspas duplas e as crases podem estar contidos dentro de *strings* delimitadas por caracteres de aspas simples, e estes podem estar contidos dentro de *strings* delimitadas por aspas duplas. Aqui estão exemplos de *strings* literais:

```
""  // A string vazia: ela tem zero caracteres
'testing'
"3.14"
'name="myform"'
"Wouldn't you prefer O'Reilly's book?"
"τ is the ratio of a circle's circumference to its radius"
'"She said 'hi'", he said.'
```

Strings delimitadas por crases são um recurso da ES6 e permitem que expressões JavaScript sejam incorporadas (ou *interpoladas*) na *string* literal. Essa sintaxe de interpolação de expressões é analisada na Seção 3.3.4.

As versões originais do JavaScript exigiam que *strings* literais fossem escritas em uma única linha, e é comum encontrar código JavaScript que cria strings longas pela concatenação de *strings* de uma linha com o operador +. A partir da ES5, no entanto, pode-se dividir uma *string* literal em várias linhas, finalizando cada uma delas, menos a última, com uma barra invertida (\). Nem a barra invertida nem a terminação de linha que vem depois dela fazem parte da *string* literal. Se precisar incluir um caractere de nova linha em uma *string* literal com aspas simples ou duplas, use a sequência de caracteres `\n` (documentada na próxima seção). A sintaxe de crase da ES6 permite que *strings* sejam divididas entre múltiplas linhas e, nesse caso, os términos de linha são parte da *string* literal.

```
// Uma string representando 2 linhas escritas em uma linha
'two\nlines'

// Uma string de uma linha escrita em 3 linhas:
"one\
long\
line"

// Uma string de duas linhas escrita em duas linhas:
'the newline character at the end of this line
is included literally in this string'
```

Note que, ao usar aspas simples para delimitar suas *strings*, você deve tomar cuidado com as contrações e os possessivos do idioma inglês, como *can't* e *O'Reilly's*. Como o apóstrofo é igual ao caractere de aspas simples, deve-se usar o caractere de barra invertida (\) para fazer o "escape" de qualquer apóstrofo que apareça em *strings* com aspas simples (os escapes estão explicados na próxima seção).

Na programação JavaScript do lado do cliente, o código JavaScript pode conter *strings* de código HTML, e o código HTML pode conter *strings* de código JavaScript. Assim como JavaScript, HTML utiliza aspas simples ou duplas para delimitar suas *strings*. Assim, ao se combinar JavaScript e HTML, é uma boa ideia usar um estilo de aspas para JavaScript e outro para HTML. No exemplo a seguir, a *string* "Thank you" está entre aspas simples dentro de uma expressão JavaScript, a qual é colocada entre aspas duplas dentro de um atributo de rotina de tratamento de evento em HTML:

```
<button onclick="alert('Thank you')">Click Me</button>
```

3.3.2 Sequências de escape em *strings* literais

O caractere de barra invertida (\) tem um propósito especial nas *strings* em JavaScript. Combinado com o caractere que vem a seguir, ele representa um caractere que não pode ser representado de outra forma dentro da *string*. Por exemplo, `\n` é uma *sequência de escape* que representa um caractere de nova linha.

Outro exemplo, mencionado anteriormente, é o escape \', que representa o caractere de aspas simples (ou apóstrofo). Essa sequência de escape é útil quando se precisa incluir um apóstrofo em uma *string* literal que está contida dentro de aspas simples. Você pode ver por que elas são chamadas de sequências de escape: a barra invertida permite escapar da interpretação normal do caractere de aspas simples. Em vez de utilizá-lo para marcar o final da *string*, você o utiliza como um apóstrofo:

```
'You\'re right, it can\'t be a quote'
```

A Tabela 3-1 lista as sequências de escape em JavaScript e os caracteres que representam. Três sequências de escape são genéricas e podem ser usadas para representar qualquer caractere, especificando-se seu código de caractere Unicode como um número hexadecimal. Por exemplo, a sequência `\xA9` representa o símbolo de direitos autorais, o qual tem a codificação Unicode dada pelo número hexadecimal A9. Da mesma forma, o escape `\u` representa um caractere Unicode arbitrário especificado por quatro dígitos hexadecimais ou de um a cinco dígitos quando os dígitos estão entre chaves: `\u03c0` representa o caractere π, por exemplo, e `\u{1f600}` representa o *emoji* "rosto sorrindo".

Tabela 3-1 Sequências de escape em JavaScript

Sequência	Caractere representado
`\0`	O caractere NUL (`\u0000`)
`\b`	Retrocesso (`\u0008`)
`\t`	Tabulação horizontal (`\u0009`)
`\n`	Nova linha (`\u000A`)
`\v`	Tabulação vertical (`\u000B`)
`\f`	Avanço de página (`\u000C`)

Sequência	Caractere representado
`\r`	Retorno de carro (`\u000D`)
`\"`	Aspas duplas (`\u0022`)
`\'`	Apóstrofo ou aspas simples (`\u0027`)
`\\`	Barra invertida (`\u005C`)
`\x`*nn*	O caractere Unicode especificado pelos dois dígitos hexadecimais *nn*
`\u`*nnnn*	O caractere Unicode especificado pelos quatro dígitos hexadecimais *nnnn*
`\u{`*n*`}`	O caractere Unicode especificado pela posição de código *n*, onde *n* é um dos seis dígitos hexadecimais entre 0 e 10FFFF (ES6)

Se o caractere \ precede qualquer outro caractere que não seja um dos mostrados na Tabela 3-1, a barra invertida é simplesmente ignorada (embora, é claro, versões futuras da linguagem possam definir novas sequências de escape). Por exemplo, \# é o mesmo que #. Por fim, conforme observado anteriormente, a ES5 permite que uma barra invertida antes de uma quebra de linha divida uma *string* literal em várias linhas.

3.3.3 Trabalhando com *strings*

Um dos recursos incorporados a JavaScript é a capacidade de *concatenar strings*. Se o operador + é utilizado com números, ele os soma. Mas se esse operador é usado em *strings*, ele as une, anexando a segunda na primeira. Por exemplo:

```
let msg = "Hello, " + "world";   // Produz a string "Hello, world"
let greeting = "Welcome to my blog," + " " + name;
```

Strings podem ser comparadas aos operadores de igualdade e desigualdade padrão, === e !==: duas *strings* são iguais se, e apenas se, consistem exatamente na mesma sequência de valores de 16 *bits*. *Strings* também podem ser comparadas com os operadores <, <=, > e >=. A comparação de *strings* é simplesmente a comparação dos valores de 16 *bits* (para comparação e classificação mais robustas e que reconhecem a localidade, consulte a Seção 11.7.3).

Para determinar o comprimento de uma *string* – o número de valores de 16 *bits* que ela contém –, use sua propriedade `length`:

```
s.length
```

Além dessa propriedade `length`, JavaScript oferece uma API rica para trabalhar com *strings*:

```
let s = "Hello, world";      // Começa com algum texto.

// Obtendo partes de uma string
s.substring(1,4)             // => "ell": o 2º, 3º e 4º caracteres.
s.slice(1,4)                 // => "ell": a mesma coisa
s.slice(-3)                  // => "rld": os últimos 3 caracteres
s.split(", ")                // => ["Hello", "world"]: divide na string delimitadora
```

```
// Busca uma string
s.indexOf("l")              // => 2: posição da primeira letra l
s.indexOf("l", 3)           // => 3: posição do primeiro "l" em ou após 3
s.indexOf("zz")             // => -1: s não inclui a substring "zz"
s.lastIndexOf("l")          // => 10: posição da última letra l

// Funções de busca booleana na ES6 e posteriores
s.startsWith("Hell")        // => verdadeiro: a string começa com esses
s.endsWith("!")             // => falso: s não termina com esse caractere
s.includes("or")            // => verdadeiro: s inclui a substring "or"

// Criação de versões modificadas de uma string
s.replace("llo", "ya")      // => "Heya, world"
s.toLowerCase()             // => "hello, world"
s.toUpperCase()             // => "HELLO, WORLD"
s.normalize()               // Normalização Unicode NFC: ES6
s.normalize("NFD")          // Normalização NFD. Também "NFKC", "NFKD"

// Inspeção de caracteres individuais (16 bits) de uma string
s.charAt(0)                 // => "H": o primeiro caractere
s.charAt(s.length-1)        // => "d": o último caractere
s.charCodeAt(0)             // => 72: número de 16 bits na posição especificada
s.codePointAt(0)            // => 72: ES6, funciona para posições de código > 16 bits

// Funções de preenchimento de strings em ES2017
"x".padStart(3)             // => "  x": adiciona espaços à esquerda no total de 3
"x".padEnd(3)               // => "x  ": adiciona espaços à direita no total de 3
"x".padStart(3, "*")        // => "**x": adiciona asteriscos à esquerda no total de 3
"x".padEnd(3, "-")          // => "x--": adiciona hífens à direita no total de 3

// Funções de corte de espaço. trim() é ES5; outros ES2019
" test ".trim()             // => "test": remove espaços do início e do fim
" test ".trimStart()        // => "test ": remove espaços da esquerda. Também trimLeft
" test ".trimEnd()          // => " test": remove espaços da direita. Também trimRight

// Métodos diversos de string
s.concat("!")               // => "Hello, world!": simplesmente use o operador +
"<>".repeat(5)              // => "<><><><><>": concatena n cópias. ES6
```

Lembre-se de que as *strings* são imutáveis em JavaScript. Métodos como `replace()` e `toUpperCase()` retornam novas *strings* – eles não modificam a *string* na qual são invocados.

As *strings* podem ser tratadas como *arrays* somente para leitura e é possível acessar caracteres individuais (valores de 16 *bits*) de uma *string* usando colchetes em lugar do método `charAt()`:

```
let s = "hello, world";
s[0]                  // => "h"
s[s.length-1]         // => "d"
```

3.3.4 Literais de modelo

Na ES6 e versões posteriores, *strings* literais podem ser delimitadas com crases:

```
let s = 'hello world';
```

Trata-se de mais do que apenas outra sintaxe de *strings* literais, no entanto, pois essas *literais de modelo* podem incluir expressões JavaScript arbitrárias. O valor final de uma *string* literal entre crases é calculado pela avaliação de quaisquer expressões incluídas, convertendo os valores dessas expressões em *strings* e combinando as *strings* calculadas com os caracteres literais entre as crases:

```
let name = "Bill";
let greeting = 'Hello ${ name }.'; // greeting == "Hello Bill."
```

Tudo entre `${` e o `}` correspondente é interpretado como uma expressão JavaScript. Tudo fora das chaves é texto de *string* literal normal. A expressão entre chaves é avaliada e, então, convertida em uma *string* e inserida no modelo, substituindo o cifrão, as chaves e tudo entre eles.

Uma literal de modelo pode incluir inúmeras expressões. Ela pode usar qualquer caractere de escape que uma *string* normal pode, e pode abranger tantas linhas quanto desejado, sem necessitar do uso de escapes especiais. A literal de modelo a seguir inclui quatro expressões JavaScript, uma sequência de escape Unicode e ao menos quatro novas linhas (os valores das expressões também podem incluir novas linhas):

```
let errorMessage = '\
\u2718 Test failure at ${filename}:${linenumber}:
${exception.message}
Stack trace:
${exception.stack}
';
```

A barra invertida no final da primeira linha faz o escape da nova linha inicial, de modo que a *string* resultante começa com o caractere Unicode ✘ (`\u2718`) em vez de uma nova linha.

Literais de modelo com marcação

Um recurso poderoso, mas menos utilizado, dos literais de modelo é que, se um nome de função (ou marcação) vem logo antes da crase inicial, o texto e os valores das expressões dentro do literal de modelo são passados para a função. O valor desse “literal de modelo com marcação” é o valor de retorno da função. Ele pode ser usado, por exemplo, para aplicar escapes HTML ou SQL aos valores antes de inseri-los no texto.

A ES6 tem uma função de marcação integrada: `String.raw()`. Ela retorna o texto entre crases sem processar os escapes de barra invertida:

```
'\n'.length            // => 1: a string tem um único caractere nova linha
String.raw'\n'.length  // => 2: um caractere barra invertida e a letra n
```

Observe que apesar da parte do marcador de um literal de modelo com marcação ser uma função, não são usados parênteses na sua chamada. Neste caso bastante específico, as crases substituem os parênteses de abertura e de fechamento.

A capacidade de definir suas próprias funções de marcação de modelo é um recurso poderoso do JavaScript. Essas funções não precisam de *strings* de retorno e podem ser usadas como construtoras, como se definíssemos uma nova sintaxe de literal para a linguagem. Veremos um exemplo na Seção 14.5.

3.3.5 Comparação de padrões

JavaScript define um tipo de dados conhecido como *expressão regular* (ou RegExp) para descrever e comparar padrões em *strings* de texto. Os objetos RegExp não são um dos tipos de dados fundamentais de JavaScript, mas têm uma sintaxe literal, como números e *strings*, de modo que às vezes parecem fundamentais. A gramática da expressão regular é complexa e a API que define não é trivial. Elas estão documentadas em detalhes na Seção 11.3. No entanto, como os objetos RegExp são poderosos e utilizados comumente para processamento de texto, esta seção fornece uma breve visão geral.

O texto entre um par de barras normais constitui uma expressão regular literal. A segunda barra normal do par também pode ser seguida por uma ou mais letras, as quais modificam o significado do padrão. Por exemplo:

```
/^HTML/;              // Corresponde as letras H T M L no início de uma string
/[1-9][0-9]*/;        // Corresponde a um dígito diferente de zero, seguido de
                      // qualquer número de dígitos
/\bjavascript\b/i;    // Corresponde a "javascript" como uma palavra, sem considerar
                      // letras maiúsculas e minúsculas
```

Os objetos RegExp definem vários métodos úteis, e as *strings* também têm métodos que aceitam argumentos de RegExp. Por exemplo:

```
let text = "testing: 1, 2, 3"; // Exemplo de texto
let pattern = /\d+/g;          // Corresponde a todas as instâncias de um ou mais
                               // dígitos
pattern.test(text)             // => verdadeiro: existe uma correspondência
text.search(pattern)           // => 9: posição da primeira correspondência
text.match(pattern)            // => ["1", "2", "3"]: array de todas as correspondências
text.replace(pattern, "#")     // => "testing: #, #, #"
text.split(/\D+/)              // => ["","1","2","3"]: divide em não dígitos
```

3.4 Valores booleanos

Um valor booleano representa verdadeiro ou falso, ligado ou desligado, sim ou não. Só existem dois valores possíveis desse tipo. As palavras reservadas `true` e `false` são avaliadas nesses dois valores.

Geralmente, os valores booleanos resultam de comparações feitas nos programas JavaScript. Por exemplo:

```
a === 4
```

Esse código faz um teste para ver se o valor da variável a é igual ao número 4. Se for, o resultado dessa comparação será o valor booleano true. Se a não for igual a 4, o resultado da comparação será false.

Os valores booleanos são comumente usados em estruturas de controle em JavaScript. Por exemplo, a instrução if/else de JavaScript executa uma ação se um valor booleano é true e outra ação se o valor é false. Normalmente, uma comparação que gera um valor booleano é combinada diretamente com a instrução que o utiliza. O resultado é o seguinte:

```
if (a === 4) {
    b = b + 1;
} else {
    a = a + 1;
}
```

Esse código verifica se a é igual a 4. Se for, ele soma 1 a b; caso contrário, ele soma 1 a a.

Conforme discutiremos na Seção 3.9, em JavaScript qualquer valor pode ser convertido em um valor booleano. Os valores a seguir são convertidos (e, portanto, funcionam como) em false:

```
undefined
null
0
-0
NaN
""   // a string vazia
```

Todos os outros valores, incluindo todos os objetos (e arrays) são convertidos (e funcionam como) em true. false e os seis valores que convertem para false, às vezes são chamados de valores *falsos*, e todos os outros valores são chamados de *verdadeiros*. Sempre que JavaScript espera um valor booleano, um valor falso funciona como false e um valor verdadeiro funciona como true.

Como exemplo, suponha que a variável o contém um objeto ou o valor null. Você pode testar explicitamente para ver se o é não nulo, com uma instrução if, como segue:

```
if (o !== null) ...
```

O operador de desigualdade !== compara o com null e é avaliado como true ou como false. Mas você pode omitir a comparação e, em vez disso, contar com o fato de que null é falso e os objetos são verdadeiros:

```
if (o) ...
```

No primeiro caso, o corpo da instrução if só vai ser executado se o não for null. O segundo caso é menos rigoroso: ele executa o corpo da instrução if somente se o não é false ou qualquer valor falso (como null ou undefined). A instrução if apropriada para seu programa depende de quais valores você espera atribuir para o. Se você precisa diferenciar null de 0 e "", então deve utilizar uma comparação explícita.

Os valores booleanos têm um método `toString()` que pode ser usado para convertê-los nas *strings* "*true*" ou "*false*", mas não possuem qualquer outro método útil. Apesar da API trivial, existem três operadores booleanos importantes.

O operador `&&` executa a operação booleana E. Ele é avaliado como um valor verdadeiro se, e somente se, seus dois operandos são verdadeiros; caso contrário, é avaliado como um valor falso. O operador `||` é a operação booleana OU: ele é avaliado como um valor verdadeiro se um ou outro (ou ambos) de seus operandos é verdadeiro e é avaliado como um valor falso se os dois operandos são falsos. Por fim, o operador unário `!` executa a operação booleana NÃO: ele é avaliado como `true` se seu operando é falso e é avaliado como `false` se seu operando é verdadeiro. Por exemplo:

```
if ((x === 0 && y === 0) || !(z === 0)) {
    // x e y são zero ou z não é zero
}
```

Os detalhes completos sobre esses operadores estão na Seção 4.10.

3.5 null e undefined

`null` é uma palavra-chave da linguagem avaliada com um valor especial, normalmente utilizada para indicar a ausência de um valor. Usar o operador `typeof` em `null` retorna a *string* "objeto", indicando que `null` pode ser considerado um valor de objeto especial que significa "nenhum objeto". Na prática, contudo, `null` normalmente é considerado como o único membro de seu próprio tipo e pode ser usado para indicar "nenhum valor" para números e *strings*, assim como para objetos. A maioria das linguagens de programação tem um equivalente para o `null` de JavaScript: talvez você já o conheça como `NULL`, `nil` ou `None`.

JavaScript também tem um segundo valor que indica ausência de valor. O valor `undefined` representa uma ausência mais profunda. É o valor de variáveis que não foram inicializadas e o valor obtido quando se consulta o valor de uma propriedade de objeto ou elemento de *array* que não existe. O valor `undefined` também é o valor de retorno de funções que não retornam explicitamente um valor e o valor de parâmetros de função para os quais nenhum argumento é fornecido. `undefined` é uma constante global predefinida (e não uma palavra-chave da linguagem, como `null`, embora esta não seja uma distinção importante na prática) que é inicializada com o valor `undefined`. Se você aplicar o operador `typeof` no valor `undefined`, ele vai retornar "*undefined*", indicando que esse valor é o único membro de um tipo especial.

Apesar dessas diferenças, tanto `null` quanto `undefined` indicam uma ausência de valor e muitas vezes podem ser usados indistintamente. O operador de igualdade == os considera iguais. (Para diferenciá-los, use o operador de igualdade restrita ===.) Ambos são valores falsos – eles se comportam como `false` quando um valor booleano é exigido. Nem `null` nem `undefined` têm propriedades ou métodos. Na verdade, usar . ou [] para acessar uma propriedade ou um método desses valores causa um TypeError.

Considero que `undefined` representa uma ausência de valor em nível de sistema, inesperada ou como um erro, e `null` representa ausência de valor em nível de programa, normal ou esperada. Evito usar `null` e `undefined` quando posso, mas se preciso atribuir um desses valores a uma variável ou propriedade ou passar um desses valores de ou para uma função, em geral uso `null`. Alguns programadores se esforçam para evitar `null` completamente e usam `undefined` no seu lugar sempre que podem.

3.6 Símbolos

Os símbolos foram introduzidos na ES6 para atuarem como nomes de propriedades que não são *strings*. Para entender os símbolos, é preciso saber que o tipo de Objeto fundamental do JavaScript é uma coleção não ordenada de propriedades, sendo que cada propriedade tem um nome e um valor. Em geral, os nomes de propriedades são *strings* (e até a ES6, eram exclusivamente *strings*). Mas, na ES6 e em versões posteriores, os símbolos também podem atender a esse propósito:

```
let strname = "string name";        // Uma string para usar como nome de propriedade
let symname = Symbol("propname");   // Um Símbolo para usar como nome de propriedade
typeof strname                      // => "string": strname é uma string
typeof symname                      // => "symbol": symname é um símbolo
let o = {};                         // Cria um novo objeto
o[strname] = 1;                     // Define uma propriedade com um nome string
o[symname] = 2;                     // Define uma propriedade com um nome símbolo
o[strname]                          // => 1: acessa a propriedade com nome string
o[symname]                          // => 2: acessa a propriedade com nome símbolo
```

O tipo Symbol não tem uma sintaxe literal. Para obter um valor de símbolo, chamamos a função `Symbol()`. Essa função nunca retorna o mesmo valor duas vezes, mesmo quando chamada com o mesmo argumento. Isso significa que se você chamar `Symbol()` para obter um valor de símbolo, poderá usar tal valor como nome de propriedade para adicionar uma nova propriedade a um objeto e não precisa se preocupar com o risco de sobrescrever uma propriedade existente com o mesmo nome. Da mesma forma, se usar nomes de propriedades simbólicos e não compartilhar os símbolos, poderá ter certeza de que outros módulos de código do seu programa não sobrescreverão acidentalmente suas propriedades.

Na prática, os símbolos atuam como um mecanismo de extensão da linguagem. Quando a ES6 introduziu o laço `for/of` (Seção 5.4.4) e os objetos iteráveis (Capítulo 12), foi preciso definir o método padrão que as classes poderiam implementar para se tornarem iteráveis. Mas padronizar qualquer nome de *string* específico para esse método iterador teria arruinado o código existente, então foi usado um nome simbólico. Como veremos no Capítulo 12, `Symbol.iterator` é um valor simbólico que pode ser usado como nome de método para tornar um objeto iterável.

A função `Symbol()` recebe um argumento de *string* opcional e retorna um valor de símbolo único. Se você fornece um argumento de *string*, ela é incluída na saída do método `toString()` do símbolo. Observe, entretanto, que chamar `Symbol()` duas vezes com a mesma *string* produz dois valores simbólicos completamente diferentes.

```
let s = Symbol("sym_x");
s.toString()             // => "Symbol(sym_x)"
```

`toString()` é o único método interessante das instâncias de Symbol, mas você também deve conhecer duas outras funções relacionadas a símbolos. Às vezes, ao usar símbolos, você quer mantê-los privados ao seu próprio código para garantir que suas propriedades nunca entrarão em conflito com aquelas usadas por outros códigos. Outras vezes, entretanto, você pode querer definir um valor de Symbol e compartilhá-lo irrestritamente com outros códigos. Seria o caso, por exemplo, se estivesse definindo algum tipo de extensão na qual deseja que outros códigos possam participar, como no mecanismo `Symbol.iterator` descrito anteriormente.

Para atender a esse caso de uso, JavaScript define um registro global de símbolos. A função `Symbol.for()` recebe um argumento de *string* e retorna um valor de Symbol associado com a *string* passada. Se não há um símbolo já associado com a *string*, um novo é criado e retornado; caso contrário, o símbolo existente é retornado. Em outras palavras, a função `Symbol.for()` é completamente diferente da função `Symbol()`: `Symbol()` nunca retorna o mesmo valor duas vezes, mas `Symbol.for()` sempre retorna o mesmo valor quando chamada com a mesma *string*. A *string* passada para `Symbol.for()` aparece na saída de `toString()` para o símbolo retornado e também pode ser recuperada pela chamada de `Symbol.keyFor()` no símbolo retornado.

```
let s = Symbol.for("shared");
let t = Symbol.for("shared");
s === t           // => true
s.toString()      // => "Symbol(shared)"
Symbol.keyFor(t) // => "shared"
```

3.7 O objeto global

As seções anteriores explicaram os tipos primitivos e valores em JavaScript. Os tipos de objeto – objetos, *arrays* e funções – são abordados em seus próprios capítulos, posteriormente neste livro. No entanto, existe um valor de objeto muito importante que precisamos abordar agora. O *objeto global* é um objeto normal de JavaScript que tem um objetivo muito relevante: as propriedades desse objeto são os identificadores definidos globalmente que estão disponíveis para um programa JavaScript. Quando o interpretador JavaScript começa (ou quando um navegador Web carrega uma nova página), ele cria um objeto global e dá a ele um conjunto inicial de propriedades que define:

- Constantes globais, como `undefined`, `Infinity` e `NaN`
- Funções globais, como `isNaN()`, `parseInt()` (Seção 3.9.2) e `eval()` (Seção 4.12)

- Funções construtoras, como `Date()`, `RegExp()`, `String()`, `Object()` e `Array()` (Seção 3.9.2)
- Objetos globais, como Math e JSON (Seção 6.8)

As propriedades iniciais do objeto global não são palavras reservadas, mas merecem ser tratadas como se fossem. Este capítulo já descreveu algumas dessas propriedades globais. A maioria das outras será abordada em outras partes deste livro.

No Node, o objeto global tem uma propriedade chamada `global` cujo valor é o objeto global em si, de modo que você sempre pode se referir ao objeto global pelo nome `global` nos programas Node.

Nos navegadores Web, o objeto Window serve como objeto global para todo código JavaScript contido na janela do navegador que ele representa. Esse objeto global Window tem uma propriedade de autorreferência chamada `window` que pode ser usada para se referir ao objeto global. O objeto Window define as propriedades globais básicas, mas também define muitos outros globais que são específicos para navegadores Web e para JavaScript do lado do cliente. As *threads* Web *worker* (Seção 15.13) têm um objeto global diferente da Window à qual estão associadas. O código em um *worker* pode se referir ao seu objeto global como `self`.

A ES2020 finalmente define `globalThis` como a forma padrão de se referir ao objeto global em qualquer contexto. No início de 2020, o recurso havia sido implementado por todos os navegadores modernos e pelo Node.

3.8 Valores primitivos imutáveis e referências de objeto mutáveis

Em JavaScript existe uma diferença fundamental entre valores primitivos (`undefined`, `null`, booleanos, números e *strings*) e objetos (incluindo *arrays* e funções). Os valores primitivos são imutáveis: não há como alterar (ou "mudar") um valor primitivo. Isso é óbvio para números e booleanos – nem mesmo faz sentido mudar o valor de um número. No entanto, não é tão óbvio para *strings*. Como as *strings* são como *arrays* de caracteres, você poderia pensar que é possível alterar o caractere em qualquer índice especificado. Na verdade, JavaScript não permite isso, e todos os métodos de *string* que parecem retornar uma *string* modificada estão na verdade retornando um novo valor de *string*. Por exemplo:

```
let s = "hello";   // Começa com um texto em letras minúsculas
s.toUpperCase();   // Retorna "HELLO", mas não altera s
s                  // => "hello": a string original não mudou
```

Os valores primitivos também são comparados *por valor*: dois valores são iguais somente se têm o mesmo valor. Isso parece recorrente para números, booleanos, `null` e `undefined`: não há outra maneira de compará-los. Novamente, contudo, não é tão óbvio para *strings*. Se dois valores distintos de *string* são comparados, JavaScript os trata como iguais se, e somente se, tiverem o mesmo comprimento e se o caractere em cada índice for o mesmo.

Os objetos são diferentes dos valores primitivos. Primeiro, eles são mutáveis – seus valores podem mudar:

```
let o = { x: 1 };   // Começa com um objeto
o.x = 2;            // Muda-o, alterando o valor de uma propriedade
o.y = 3;            // Muda-o novamente, adicionando uma nova propriedade

let a = [1,2,3];    // Os arrays também são mutáveis
a[0] = 0;           // Muda o valor de um elemento do array
a[3] = 4;           // Adiciona um novo elemento no array
```

Objetos não são comparados por valor: dois objetos não são iguais mesmo que tenham as mesmas propriedades e valores. E dois *arrays* não são iguais mesmo que tenham os mesmos elementos na mesma ordem:

```
let o = {x: 1}, p = {x: 1};  // Dois objetos com as mesmas propriedades
o === p                      // => falso: objetos distintos nunca são iguais
let a = [], b = [];          // Dois arrays vazios diferentes
a === b                      // => falso: arrays diferentes nunca são iguais
```

Às vezes os objetos são chamados de *tipos de referência* para distingui-los dos tipos primitivos de JavaScript. Usando essa terminologia, os valores de objeto são *referências* e dizemos que os objetos são comparados *por referência*: dois valores de objeto são iguais se, e somente se, eles se *referem* ao mesmo objeto básico.

```
let a = [];   // A variável a se refere a um array vazio.
let b = a;    // Agora b se refere ao mesmo array.
b[0] = 1;     // Muda o array referido pela variável b.
a[0]          // => 1: a mudança também é visível por meio da variável a.
a === b       // => verdadeiro: a e b se referem ao mesmo objeto; portanto, são iguais.
```

Como você pode ver no código anterior, atribuir um objeto (ou *array*) a uma variável simplesmente atribui a referência: isso não cria uma cópia do objeto. Se quiser fazer uma nova cópia de um objeto ou *array*, você precisa copiar explicitamente as propriedades do objeto ou dos elementos do *array*. Este exemplo demonstra o uso de um laço `for` (Seção 5.4.3):

```
let a = ["a","b","c"];              // Um array que queremos copiar
let b = [];                         // Um array diferente no qual vamos copiar
for(let i = 0; i < a.length; i++) { // Para cada índice de []
    b[i] = a[i];                    // Copia um elemento de a em b
}
let c = Array.from(b);              // Na ES6, copia arrays com Array.from()
```

Da mesma forma, se quisermos comparar dois objetos ou *arrays* distintos, devemos comparar suas propriedades ou seus elementos. Este código define uma função para comparar dois *arrays*:

```
function equalArrays(a, b) {
    if (a === b) return true;                 // Arrays idênticos são iguais
    if (a.length !== b.length) return false;  // Arrays de tamanhos diferentes não são
                                              // iguais
```

```
    for(let i = 0; i < a.length; i++) {          // Itera por todos os elementos
        if (a[i] !== b[i]) return false;         // Se algum difere, os arrays não são iguais
}
    return true;                                 // Caso contrário, eles são iguais
}
```

3.9 Conversões de tipo

JavaScript é muito flexível quanto aos tipos de valores que exige. Vimos isso no caso dos booleanos: quando JavaScript espera um valor booleano, você pode fornecer um valor de qualquer tipo e ela o converte conforme for necessário. Alguns valores (valores "verdadeiros") são convertidos em `true` e outros (valores "falsos") são convertidos em `false`. O mesmo vale para outros tipos: se JavaScript quer uma *string*, ela converte qualquer valor fornecido em uma *string*. Se JavaScript quer um número, ela tenta converter o valor fornecido para um número (ou para `NaN`, caso não consiga fazer uma conversão significativa).

Alguns exemplos:

```
10 + " objects"      // => "10 objects". O número 10 é convertido em uma string
"7" * "4"            // => 28: as duas strings são convertidas em números
let n = 1 - "x";     // n == NaN: a string "x" não pode ser convertida em um número
n + " objects"       // => "NaN objects": NaN é convertido na string "NaN"
```

A Tabela 3-2 resume como os valores são convertidos de um tipo para outro em JavaScript. As entradas em negrito na tabela destacam as conversões que talvez você ache surpreendentes. As células vazias indicam que nenhuma conversão é necessária e nada é feito.

Tabela 3-2 Conversões de tipo da JavaScript

Valor	para *String*	para Número	para Booleano
`undefined`	`"undefined"`	`NaN`	`false`
`null`	`"null"`	**`0`**	`false`
`true`	`"true"`	**`1`**	
`false`	`"false"`	**`0`**	
`""` (*string* vazia)		**`0`**	**`false`**
`"1.2"` (não vazio, numérico)		`1.2`	`true`
`"one"` (não vazio, não numérico)		`NaN`	`true`
`0`	`"0"`		**`false`**
`-0`	`"0"`		**`false`**
1 (finito, não zero)	`"1"`		`true`
`Infinity`	`"Infinity"`		`true`
`-Infinity`	`"-Infinity"`		`true`

Valor	para *String*	para Número	para Booleano
NaN	"NaN"		**false**
{} (qualquer objeto)	*consulte a Seção 3.9.3*	*consulte a Seção 3.9.3*	true
[] (*array* vazio)	""	0	true
[9] (um elemento numérico)	"9"	9	true
['a'] (qualquer outro *array*)	*use o método join()*	NaN	true
function(){} (qualquer função)	*consulte a Seção 3.9.3*	NaN	true

As conversões de valor primitivo para valor primitivo mostradas na tabela são relativamente simples. A conversão para booleano já foi discutida na Seção 3.4. A conversão para *strings* é bem definida para todos os valores primitivos. A conversão para números é apenas um pouco mais complicada. As *strings* que podem ser analisadas como números são convertidas nesses números. Espaços antes e depois são permitidos, mas qualquer caractere que não seja espaço antes ou depois e que não faça parte de um literal numérico faz a conversão de *string* para número produzir NaN. Algumas conversões numéricas podem parecer surpreendentes: true é convertido em 1, e false e a *string* vazia são convertidos em 0.

As conversões de objeto para valor primitivo são um pouco mais complicadas e são o tema da Seção 3.9.3.

3.9.1 Conversões e igualdade

JavaScript tem dois operadores que testam se dois valores são iguais. O "operador de igualdade restrita", ===, não considera seus operandos iguais se não são do mesmo tipo, e este é quase sempre o operador certo para usar quando escrevemos código. Mas como JavaScript é tão flexível com conversão de tipo, também define o operador == com uma definição flexível de igualdade. Todas as comparações a seguir são verdadeiras, por exemplo:

```
null == undefined // => verdadeiro: Esses dois valores são tratados como iguais.
"0" == 0          // => verdadeiro: A string é convertida em um número antes da
                  // comparação.
0 == false        // => verdadeiro: O booleano é convertido em número antes da
                  // comparação.
"0" == false      // => verdadeiro: Os dois operandos são convertidos em 0 antes da
                  // comparação!
```

A Seção 4.9.1 explica exatamente quais conversões são realizadas pelo operador == para determinar se dois valores devem ser considerados iguais. Lembre-se de que a capacidade de conversão de um valor para outro não implica a igualdade desses dois valores. Se undefined for usado onde é esperado um valor booleano, por exemplo, ele será convertido em false. Mas isso não significa que undefined == false. Os operadores e as instruções em JavaScript esperam valores de vários tipos e fazem as conversões para esses tipos. A instrução `if` converte `undefined` em `false`, mas o operador == nunca tenta converter seus operandos para booleanos.

3.9.2 Conversões explícitas

Embora JavaScript faça muitas conversões de tipo automaticamente, às vezes será necessário realizar uma conversão explícita ou talvez você prefira usar as conversões de forma explícita para manter o código mais claro.

O modo mais simples de fazer uma conversão de tipo explícita é usar as funções `Boolean()`, `Number()` e `String()`:

```
Number("3")    // => 3
String(false) // => "false" Ou use false.toString()
Boolean([])    // => true
```

Qualquer valor que não seja `null` ou `undefined` tem um método `toString()`, e o resultado desse método normalmente é igual ao retornado pela função `String()`.

Aliás, observe que as funções `Boolean()`, `Number()` e `String()` também podem ser chamadas (com `new`) como construtoras. Se usá-las dessa forma, obterá um objeto "*wrapper*" que se comporta como um valor primitivo booleano, numérico ou *string*. Esses objetos *wrapper* são um resquício histórico das primeiras versões do JavaScript e nunca houve um bom motivo para utilizá-los.

Certos operadores de JavaScript fazem conversões de tipo implícitas e às vezes são usados explicitamente com o propósito de conversão de tipo. Se um operando do operador + é uma *string*, ele converte o outro em uma *string*. O operador unário + converte seu operando em um número. E o operador unário `!` converte seu operando em um valor booleano e o nega. Esses fatos levam aos seguintes idiomas de conversão de tipo que podem ser vistos em algum código:

```
x + ""    // => String(x)
+x        // => Number(x)
x-0       // => Number(x)
!!x       // => Boolean(x): Observe o duplo !
```

Formatar e analisar números são tarefas comuns em programas de computador, e JavaScript tem funções e métodos especializados que oferecem controle mais preciso sobre conversões de número para *string* e de *string* para número.

O método `toString()` definido pela classe Number aceita um argumento opcional que especifica uma raiz (ou base) para a conversão. Se o argumento não é especificado, a conversão é feita na base 10. Contudo, também é possível converter números em outras bases (entre 2 e 36). Por exemplo:

```
let n = 17;
let binary = "0b" + n.toString(2);  // binário == "0b10001"
let octal = "0o" + n.toString(8);   // octal == "0o21"
let hex = "0x" + n.toString(16);    // hexadecimal == "0x11"
```

Ao trabalhar com dados financeiros ou científicos, talvez você queira converter números em *strings* de maneiras que ofereçam controle sobre o número de casas decimais ou sobre o número de dígitos significativos na saída; ou ainda talvez você queira controlar o uso de notação exponencial. A classe Number define três métodos para esses tipos de conversões de número para *string*. `toFixed()` converte um número em uma *string* com um número especificado de dígitos após a casa decimal. Ele nunca usa notação exponencial. `toExponential()` converte um número em uma *string* usando notação exponencial, com um dígito antes da casa decimal e um número especificado de dígitos após a casa decimal (ou seja, o número de dígitos significativos é um a mais do que o valor especificado). `toPrecision()` converte um número em uma *string* com o número de dígitos significativos especificado. Ela usa notação exponencial se o número de dígitos significativos não for grande o suficiente para exibir toda a parte inteira do número. Note que todos os três métodos arredondam os dígitos à direita ou preenchem com zeros, conforme for apropriado. Considere os exemplos a seguir:

```
let n = 123456.789;
n.toFixed(0)           // => "123457"
n.toFixed(2)           // => "123456.79"
n.toFixed(5)           // => "123456.78900"
n.toExponential(1)     // => "1.2e+5"
n.toExponential(3)     // => "1.235e+5"
n.toPrecision(4)       // => "1.235e+5"
n.toPrecision(7)       // => "123456.8"
n.toPrecision(10)      // => "123456.7890"
```

Além dos métodos de formatação de números apresentados aqui, a classe Intl. NumberFormat define um método de formatação de números mais geral internacionalizado. Consulte a Seção 11.7.1 para mais detalhes.

Se uma *string* é passada para a função de conversão `Number()`, ela tenta analisar essa *string* como um inteiro ou literal em ponto flutuante. Essa função só trabalha com inteiros de base 10 e não permite caracteres à direita que não façam parte da literal. As funções `parseInt()` e `parseFloat()` (essas são funções globais e não métodos de qualquer classe) são mais flexíveis. `parseInt()` analisa somente inteiros, enquanto `parseFloat()` analisa inteiros e números em ponto flutuante. Se uma *string* começa com "0x" ou "0X", `parseInt()` a interpreta como um número hexadecimal. Tanto `parseInt()` como `parseFloat()` pulam espaços em branco à esquerda, analisam o máximo de caracteres numéricos que podem e ignoram tudo que vem em seguida. Se o primeiro caractere que não é espaço não faz parte de uma literal numérica válida, elas retornam `NaN`:

```
parseInt("3 blind mice")     // => 3
parseFloat(" 3.14 meters")   // => 3.14
parseInt("-12.34")           // => -12
parseInt("0xFF")             // => 255
parseInt("0xff")             // => 255
parseInt("-0XFF")            // => -255
parseFloat(".1")             // => 0.1
parseInt("0.1")              // => 0
```

```
parseInt(".1")              // => NaN: inteiros não podem começar com "."
parseFloat("$72.47")        // => NaN: números não podem começar com "$"
```

`parseInt()` aceita um segundo argumento opcional especificando a raiz (base) do número a ser analisado. Os valores válidos estão entre 2 e 36. Por exemplo:

```
parseInt("11", 2)     // => 3: (1*2 + 1)
parseInt("ff", 16)    // => 255: (15*16 + 15)
parseInt("zz", 36)    // => 1295: (35*36 + 35)
parseInt("077", 8)    // => 63: (7*8 + 7)
parseInt("077", 10)   // => 77: (7*10 + 7)
```

3.9.3 Conversões de objeto para valores primitivos

As seções anteriores explicaram como é possível converter explicitamente valores de um tipo para outro e explicaram as conversões implícitas de valores de um tipo de valor primitivo para outro tipo de valor primitivo pelo JavaScript. Esta seção abrange as regras complexas que JavaScript usa para converter objetos em valores primitivos. Ela é longa e obscura e, caso esta seja a primeira vez que lê este capítulo, você deve se sentir à vontade para pular diretamente para a Seção 3.10.

Um dos motivos para a complexidade das conversões de objeto para valores primitivos de JavaScript é que alguns tipos de objetos têm mais de uma representação primitiva. Objetos Date, por exemplo, podem ser representados como *strings* ou como *timestamps* numéricos. A especificação JavaScript define três algoritmos fundamentais para converter objetos em valores primitivos:

prefer-string
: Este algoritmo retorna um valor primitivo, dando preferência a um valor de *string*, se uma conversão para *string* for possível.

prefer-number
: Este algoritmo retorna um valor primitivo, dando preferência a um número, se tal conversão for possível.

no-preference
: Este algoritmo não expressa preferência com relação ao tipo de valor primitivo desejado, e as classes podem definir suas próprias conversões. Dos tipos internos do JavaScript, todos, exceto Date, implementam esse algoritmo no modo *prefer-number*. A classe Date implementa esse algoritmo como *prefer-string*.

A implementação desses algoritmos de conversão de objeto para valor primitivo é explicada no final desta seção. Antes, entretanto, explicamos como os algoritmos são usados em JavaScript.

Conversões de objeto para booleano

As conversões de objeto para valores booleanos são simples: todos os objetos são convertidos em `true`. Observe que essa conversão não exige o uso dos algoritmos de conversão de objeto para valor primitivo descritos anteriormente e que literalmente se aplica a *todos* os objetos, incluindo *arrays* vazios e até o objeto *wrapper* `new Boolean(false)`.

Conversões de objeto para *string*

Quando um objeto precisa ser convertido em uma *string*, JavaScript primeiro o converte em valor primitivo usando o algoritmo *prefer-string*, depois converte o valor primitivo resultante em uma *string*, se necessário, de acordo com as regras da Tabela 3-2.

Esse tipo de conversão ocorre, por exemplo, se você passa um objeto para uma função interna que espera um argumento de *string*, se você chama `String()` como uma função de conversão e quando interpola objetos em literais de modelo (Seção 3.3.4).

Conversões de objeto para número

Quando um objeto precisa ser convertido em um número, JavaScript primeiro o converte em valor primitivo usando o algoritmo *prefer-number*, depois converte o valor primitivo resultante em um número, se necessário, de acordo com as regras da Tabela 3-2.

Funções e métodos internos de JavaScript que esperam argumentos numéricos convertem argumentos que são objeto em números dessa forma, e a maioria (consulte as exceções a seguir) dos operadores JavaScript que esperam operandos numéricos também converte objetos em número dessa maneira.

Conversões de operadores de casos especiais

Os operadores são analisados em detalhes no Capítulo 4. Aqui, explicamos os operadores de casos especiais que não utilizam as conversões básicas de objeto para string e de objeto para número descritas anteriormente.

Em JavaScript, o operador + efetua adição numérica e concatenação de *strings*. Se um de seus operandos é um objeto, JavaScript os converte em valores primitivos usando o algoritmo *no-preference*. Uma vez que possui dois valores primitivos, ele verifica seus tipos. Se algum dos argumentos é uma *string*, ele converte o outro em *string* e concatena as *strings*. Caso contrário, converte ambos os argumentos em números e soma-os.

Os operadores == e != realizam testes de igualdade e desigualdade de modo a permitir conversões de tipo. Se um operando é um objeto e o outro é um valor primitivo, os operadores convertem o objeto em valor primitivo usando o algoritmo *no-preference* e então comparam os dois valores primitivos.

Por fim, os operadores relacionais <, <=, > e >= comparam a ordem dos seus operandos e podem ser usados para comparar números e *strings*. Se um operando é um objeto, este é convertido em valor primitivo usando o algoritmo *prefer-number*. Observe, no entanto, que, ao contrário da conversão de objeto em número, os valores primitivos retornados pela conversão *prefer-number* não são convertidos em números posteriormente.

Observe também que a representação numérica dos objetos Date é significativamente comparável com < e >, mas a representação da *string* não é. Para objetos Date, o algoritmo *no-preference* converte em uma *string*, então o fato de JavaScript usar o algoritmo *prefer-number* para esses operadores significa que podemos usá-los para comparar a ordem de dois objetos Date.

Os métodos toString() e valueOf()

Todos os objetos herdam dois métodos de conversão que são usados nas conversões de objeto para valor primitivo, e, antes de podermos explicar os algoritmos de conversão *prefer-string*, *prefer-number* e *no-preference*, precisamos explicar esses dois métodos.

O primeiro é chamado `toString()`, e sua tarefa é retornar uma representação de *string* do objeto. O método padrão `toString()` não retorna um valor muito interessante (mas ele será útil na Seção 14.4.3):

```
({x: 1, y: 2}).toString()   // => "[object Object]"
```

Muitas classes definem versões mais específicas do método `toString()`. O método `toString()` da classe Array, por exemplo, converte cada elemento do *array* em uma *string* e une as *strings* resultantes com vírgulas entre elas. O método `toString()` da classe Function converte funções definidas pelo usuário em *strings* de código-fonte JavaScript. A classe Date define um método `toString()` que retorna uma *string* de data e hora legível para seres humanos (e que pode ser analisada por JavaScript). A classe RegExp define um método `toString()` que converte objetos RegExp em uma *string* semelhante a um literal RegExp:

```
[1,2,3].toString()                   // => "1,2,3"
(function(x) { f(x); }).toString()   // => "function(x) { f(x); }"
/\d+/g.toString()                    // => "/\\d+/g"
let d = new Date(2020,0,1);
d.toString()  // => "Wed Jan 01 2020 00:00:00 GMT-0300 (Horário Padrão de Brasília)"
```

A outra função de conversão de objeto é chamada de `valueOf()`. A tarefa desse método não é tão bem definida: ele deve converter um objeto em um valor primitivo que represente o objeto, caso exista tal valor primitivo. Os objetos são valores compostos e a maioria deles não pode ser representada por um único valor primitivo; portanto, o método padrão `valueOf()` simplesmente retorna o próprio objeto, em vez de retornar um valor primitivo. As classes *wrapper*, como *string*, número e booleano, definem métodos `valueOf()` que apenas retornam o valor primitivo empacotado. Os *arrays*, as funções e as expressões regulares simplesmente herdam o método padrão. Chamar `valueOf()` para instâncias desses tipos simplesmente retorna o próprio objeto. A classe Date define um método `valueOf()` que retorna a data em sua representação interna: o número de milissegundos desde 1º de janeiro de 1970:

```
let d = new Date(2010, 0, 1);     // 1º de janeiro de 2010, (Hora do Pacífico)
d.valueOf()                       // => 1262332800000
```

Algoritmos de conversão de objeto em valor primitivo

Explicados os métodos `toString()` e `valueOf()`, podemos agora explicar aproximadamente como funcionam os três algoritmos de conversão de objeto em valor primitivo (os detalhes completos serão deixados para a Seção 14.4.7):

- O algoritmo *prefer-string* primeiro tenta o método `toString()`. Se o método está definido e retorna um valor primitivo, JavaScript usa esse valor primitivo (embora não seja uma *string*!). Se `toString()` não existe ou se retorna um objeto, então JavaScript tenta o método `valueOf()`. Se esse método existe e retorna um valor primitivo, JavaScript usa esse valor. Caso contrário, a conversão falha com um TypeError.

- O algoritmo *prefer-number* funciona como o algoritmo *prefer-string*, exceto que tenta `valueOf()` primeiro e `toString()` em segundo lugar.

- O algoritmo *no-preference* depende da classe do objeto que está sendo convertido. Se o objeto for um objeto Date, JavaScript usa o algoritmo *prefer-string*. Para qualquer outro objeto, JavaScript usa o algoritmo *prefer-number*.

As regras descritas aqui valem para todos os tipos internos de JavaScript e são as regras padrão para qualquer classe que você definir. A Seção 14.4.7 explica como é possível definir seus próprios algoritmos de conversão de objeto em valor primitivo para as classes que você define.

Antes de finalizarmos esse tópico, vale observar que os detalhes da conversão *prefer-number* explicam por que *arrays* vazios são convertidos no número 0 e *arrays* com um único elemento também podem ser convertidos em números:

```
Number([])      // => 0: isso é inesperado!
Number([99])    // => 99: sério?
```

A conversão de objeto em número primeiro converte o objeto em um valor primitivo usando o algoritmo *prefer-number*, depois converte o valor primitivo resultante em um número. O algoritmo *prefer-number* tenta primeiro `valueOf()`, depois recorre a `toString()`. Mas a classe Array herda o método padrão `valueOf()`, que não retorna um valor primitivo. Assim, quando tentamos converter um *array* em um número, acabamos chamando o método `toString()` do *array*. Os *arrays* vazios são convertidos na *string* vazia. E a *string* vazia é convertida no número 0. Um *array* com único elemento é convertido na mesma *string* em que esse único elemento é convertido. Se um *array* contém um único número, esse número é convertido em uma *string* e, então, de volta para um número.

3.10 Declaração de variável e atribuição

Uma das técnicas mais fundamentais da programação é o uso de nomes, ou *identificadores*, para representar valores. Ligar um nome a um valor nos dá uma forma de se referir ao valor e usá-lo nos programas que escrevemos. Quando fazemos isso, em geral dizemos que estamos atribuindo um valor a uma *variável*. O termo "variável" sugere que novos valores podem ser atribuídos: que o valor associado à variável pode mudar à medida que nosso programa é executado. Se atribuímos permanentemente um valor a um nome, chamamos esse nome de *constante* e não de variável.

Antes de utilizar uma variável em um programa JavaScript, é preciso *declará-la*. Na ES6 e posteriores, usa-se as palavras-chave `let` e `const`, que explicaremos a seguir, para isso. Antes da ES6, as variáveis eram declaradas com `var`, que é mais idiossincrática e será explicada posteriormente nesta seção.

3.10.1 Declarações com let e const

Em JavaScript moderno (ES6 e versões posteriores), as variáveis são declaradas com a palavra-chave `let`, da seguinte forma:

```
let i;
let sum;
```

Também é possível declarar várias variáveis em uma única instrução `let`:

```
let i, sum;
```

Uma boa prática de programação é atribuir um valor inicial às suas variáveis quando as declara, se possível:

```
let message = "hello";
let i = 0, j = 0, k = 0;
let x = 2, y = x*x;  // Inicializadores podem usar variáveis declaradas anteriormente
```

Se não for especificado um valor inicial para uma variável com a instrução `let`, a variável será declarada, mas seu valor será `undefined` até que o código atribua um valor a ela.

Para declarar uma constante em vez de uma variável, use `const` no lugar de `let`. `const` funciona da mesma forma que `let`, exceto que é preciso inicializar a constante quando a declara:

```
const H0 = 74;            // Constante de Hubble (km/s/Mpc)
const C = 299792.458;     // A velocidade da luz no vácuo (km/s)
const AU = 1.496E8;       // Unidade Astronômica: a distância até o Sol (km)
```

Como o nome sugere, não é possível alterar os valores das constantes, e qualquer tentativa nesse sentido causa o lançamento de um TypeError.

É uma convenção comum (mas não universal) declarar constantes usando nomes em letras maiúsculas, como `H0` ou `HTTP_NOT_FOUND`, como forma de diferenciá-las das variáveis.

Quando usar const

Há duas escolas de pensamento com relação ao uso da palavra-chave `const`. Uma abordagem é usar `const` apenas para valores que fundamentalmente não variam, como as constantes físicas apresentadas anteriormente, ou números de versões de programas, ou sequências de *bytes* usadas para identificar tipos de arquivo, por exemplo. Outra abordagem reconhece que muitas das supostas variáveis dos nossos programas nunca mudam de fato enquanto o programa é executado. Nessa abordagem, declaramos tudo com `const`, então descobrimos para quais valores realmente queremos permitir variações e, por fim, alteramos a declaração para `let`. Isso pode ajudar a prevenir *bugs*, pois evita alterações acidentais de variáveis que não pretendíamos alterar.

Em uma abordagem, usamos `const` apenas para valores que *não devem* mudar. Na outra, usamos `const` para qualquer valor que por acaso não muda. Prefiro adotar a primeira abordagem no meu próprio código.

No Capítulo 5, aprenderemos sobre as instruções de laço `for`, `for/in` e `for/of` em JavaScript. Cada um desses laços inclui uma variável de laço que recebe um novo valor a cada iteração do laço. JavaScript também nos permite declarar a variável de laço como parte da sintaxe do laço em si, e esta é outra forma comum de usar `let`:

```
for(let i = 0, len = data.length; i < len; i++) console.log(data[i]);
for(let datum of data) console.log(datum);
for(let property in object) console.log(property);
```

Pode parecer surpreendente, mas também é possível usar `const` para declarar as "variáveis" de laço para os laços `for/in` e `for/of`, desde que o corpo do laço não reatribua um novo valor. Nesse caso, a declaração `const` diz apenas que o valor é constante durante uma iteração do laço:

```
for(const datum of data) console.log(datum);
for(const property in object) console.log(property);
```

Escopo de variáveis e constantes

O *escopo* de uma variável é a região do código-fonte de seu programa em que ela está definida. Variáveis e constantes declaradas com `let` e `const` têm *escopo de bloco*, o que significa que estão definidas apenas dentro do bloco de código no qual a instrução `let` ou `const` aparece. As definições de classe e função em JavaScript são blocos, assim como os corpos das instruções `if/else`, laços `while`, laços `for` e assim por diante. Em linhas gerais, se uma variável ou constante é declarada entre chaves, estas delimitam a região do código na qual a variável ou constante está definida (embora, é claro, não seja válido fazer referência a uma variável ou constante de linhas de código executadas antes da instrução `let` ou `const` que declara a variável). Variáveis e constantes declaradas como parte de um laço `for`, `for/in` ou `for/of` têm o corpo do laço como escopo, embora tecnicamente apareçam fora das chaves.

Quando uma declaração aparece no nível superior, fora de blocos de código, dizemos que se trata de uma variável ou constante *global* e que tem escopo global. No Node e em módulos JavaScript no lado do cliente (consulte o Capítulo 10), o escopo de uma variável global é o arquivo no qual ela é definida. Em JavaScript do lado do cliente tradicional, no entanto, o escopo de uma variável global é o documento HTML no qual ela é definida. Em outras palavras, se um `<script>` declara uma variável ou constante global, esta é definida em todos os elementos `<script>` naquele documento (ou, ao menos, todos os *scripts* executados após a execução da instrução `let` ou `const`).

Declarações repetidas

É um erro de sintaxe usar o mesmo nome em mais de uma declaração `let` ou `const` no mesmo escopo. É válido (embora seja melhor evitar a prática) declarar uma nova variável com o mesmo nome em um escopo aninhado:

```
const x = 1;        // Declara x como uma constante global
if (x === 1) {
    let x = 2;      // Dentro de um bloco, x pode se referir a um valor diferente
    console.log(x); // Imprime 2
}
console.log(x);     // Imprime 1: agora voltamos ao escopo global
let x = 3;          // ERRO! Erro de sintaxe tentando redeclarar x
```

Declarações e tipos

Se você está acostumado com linguagens estaticamente tipadas, como C ou Java, pode achar que o objetivo principal das declarações de variável é especificar o tipo de valor que pode ser atribuído a uma variável. Mas, como vimos, não existe tipo algum associado às declarações de variável em JavaScript.[2] Uma variável em JavaScript pode conter um valor de qualquer tipo. Por exemplo, em JavaScript é perfeitamente válido (ainda que não seja um bom estilo de programação) atribuir um número a uma variável e posteriormente atribuir uma *string* a essa mesma variável:

```
let i = 10;
i = "ten";
```

[2] Há extensões de JavaScript, como TypeScript e Flow (Seção 17.8), que permitem que tipos sejam especificados como parte das declarações de variáveis, com sintaxe como `let x: number = 0;`.

3.10.2 Declarações de variável com var

Nas versões de JavaScript anteriores à ES6, a única maneira de declarar uma variável é com a palavra-chave `var`, e não há como declarar constantes. A sintaxe de `var` é igual à sintaxe de `let`:

```
var x;
var data = [], count = data.length;
for(var i = 0; i < count; i++) console.log(data[i]);
```

Embora `var` e `let` tenham a mesma sintaxe, há diferenças importantes no modo como funcionam:

- Variáveis declaradas com `var` não têm escopo de bloco. Em vez disso, seu escopo é o corpo da função que a contém, por mais profundamente aninhada que esteja dentro da função.

- Se você usa `var` fora do corpo de uma função, ela declara uma variável global. Contudo, variáveis globais declaradas com `var` diferem daquelas declaradas com `let` em um aspecto importante. As variáveis globais declaradas com `var` são implementadas como propriedades do objeto global (Seção 3.7). O objeto global pode ser referenciado como `globalThis`. Assim, se você escreve `var x = 2;` fora de uma função, é como se escrevesse `globalThis.x = 2;`. Observe, no entanto, que a analogia não é perfeita: as propriedades criadas com declarações `var` globais não podem ser excluídas com o operador `delete` (Seção 4.13.4). Variáveis e constantes globais declaradas com `let` e `const` não são propriedades do objeto global.

- Diferente de variáveis declaradas com `let`, é válido declarar a mesma variável múltiplas vezes com `var`. E como variáveis `var` têm escopo de função em vez de escopo de bloco, esse tipo de redeclaração é, na verdade, comum. A variável `i` é usada com frequência para valores inteiros e especialmente como a variável índice de laços `for`. Em uma função com múltiplos laços `for`, é normal que cada uma comece com `for(var i = 0; ...`. Uma vez que `var` não usa o corpo do laço para o escopo dessas variáveis, cada um dos laços redeclara e reinicializa a mesma variável (sem nenhum problema).

- Uma das características mais incomuns das declarações `var` é conhecida como *içamento*. Quando uma variável é declarada com `var`, a declaração é elevada (ou "içada") para o topo da função circundante. A inicialização da variável permanece onde você a escreveu, mas a definição dela é transferida para o topo da função. Assim, variáveis declaradas com `var` podem ser usadas, sem erros, em qualquer lugar na função circundante. Se o código de inicialização ainda não foi executado, o valor da variável pode ser `undefined`, mas você não obterá um erro se usar a variável antes que ela seja inicializada. (Isto pode ser uma fonte de *bugs* e é um dos problemas importantes que `let` corrige: se você declara uma variável com `let`, mas tenta usá-la antes da instrução `let` ser executada, você obtém um erro real em vez de apenas ver um valor `undefined`.)

Usando variáveis não declaradas

No modo restrito (Seção 5.6.3), se você tenta usar uma variável não declarada, recebe um erro de referência quando executa seu código. Fora do modo restrito, entretanto, atribuir um valor a um nome que não foi declarado com `let`, `const` ou `var`, acaba criando outra variável global. Por mais aninhada que esteja nas funções e nos blocos do seu código, ela ainda será global, o que quase certamente não seria a sua intenção, tenderá a causar *bugs* e é um dos melhores motivos para usar o modo restrito!

As variáveis globais criadas dessa forma acidental são como variáveis globais declaradas com `var`: definem propriedades do objeto global. Mas, ao contrário das propriedades definidas por declarações `var` adequadas, essas propriedades *podem* ser excluídas com o operador `delete` (Seção 4.13.4).

3.10.3 Atribuição via desestruturação

A ES6 implementa um tipo de sintaxe de atribuição e declaração composta conhecida como *atribuição via desestruturação.* Em uma atribuição por desestruturação, o valor do lado direito do sinal de igualdade é um *array* ou objeto (um valor "estruturado"), enquanto lado esquerdo especifica um ou mais nomes de variável usando uma sintaxe que imita a sintaxe de *array* e objeto literal. Quando uma atribuição via desestruturação ocorre, um ou mais valores são extraídos ("desestruturados") do valor da direita e armazenados nas variáveis nomeadas da esquerda. Possivelmente o uso mais comum da atribuição via desestruturação é inicializar variáveis como parte de uma instrução de declaração `const`, `let` ou `var`, mas ela também pode ser utilizada em expressões de atribuição normais (com variáveis que já foram declaradas). E, como veremos na Seção 8.3.5, a desestruturação também pode ser usada ao definir os parâmetros de uma função.

Aqui estão atribuições via desestruturação simples usando *arrays* de valores:

```
let [x,y] = [1,2];   // O mesmo que let x=1, y=2
[x,y] = [x+1,y+1];   // O mesmo que x = x + 1, y = y + 1
[x,y] = [y,x];       // Troca o valor das duas variáveis
[x,y]                // => [3,2]: os valores incrementados e trocados
```

Observe como a atribuição via desestruturação torna fácil trabalhar com funções que retornam *arrays* de valores:

```
// Converte coordenadas [x,y] em coordenadas polares [r,theta]
function toPolar(x, y) {
    return [Math.sqrt(x*x+y*y), Math.atan2(y,x)];
}

// Converte coordenadas polares em cartesianas
function toCartesian(r, theta) {
    return [r*Math.cos(theta), r*Math.sin(theta)];
}
```

```
let [r,theta] = toPolar(1.0, 1.0); // r == Math.sqrt(2); theta == Math.PI/4
let [x,y] = toCartesian(r,theta);   // [x, y] == [1.0, 1,0]
```

Vimos que as variáveis e constantes podem ser declaradas como parte de diversos laços `for` em JavaScript. Também é possível usar a desestruturação de variáveis nesse contexto. A seguir, vemos um código que itera os pares nome/valor de todas as propriedades de um objeto e usa a atribuição via desestruturação para converter os pares de *arrays* de dois elementos em variáveis individuais:

```
let o = { x: 1, y: 2 }; // O objeto que iteraremos
for(const [name, value] of Object.entries(o)) {
    console.log(name, value); // Imprime "x 1" e "y 2"
}
```

O número de variáveis à esquerda de uma atribuição via desestruturação não precisa corresponder ao número de elementos do *array* à direita. As variáveis extras à esquerda são configuradas como `undefined` e os valores extras à direita são ignorados. A lista de variáveis à esquerda pode incluir vírgulas extras para pular certos valores à direita:

```
let [x,y] = [1];         // x == 1; y == undefined
[x,y] = [1,2,3];         // x == 1; y == 2
[,x,,y] = [1,2,3,4];     // x == 2; y == 4
```

Se deseja coletar todos os valores não utilizados ou restantes em uma única variável quando desestrutura um *array*, use três pontos (`...`) antes do último nome de variável à esquerda:

```
let [x, ...y] = [1,2,3,4]; // y == [2,3,4]
```

Veremos os três pontos usados dessa forma novamente na Seção 8.3.2, na qual são usados para indicar que todos os argumentos de função restantes devem ser coletados em um único *array*. A atribuição via desestruturação pode ser usada com *arrays* aninhados. Nesse caso, o lado esquerdo da atribuição deve ser semelhante a um *array* literal aninhado:

```
let [a, [b, c]] = [1, [2,2.5], 3]; // a == 1; b == 2; c == 2.5
```

Um recurso poderoso da desestruturação de *arrays* é que sequer precisa de um *array*! Você pode utilizar qualquer objeto *iterável* (Capítulo 12) no lado direito da atribuição; qualquer objeto que pode ser usado com um laço `for/of` (Seção 5.4.4) também pode ser desestruturado:

```
let [first, ...rest] = "Hello";    // first == "H"; rest == ["e","l","l","o"]
```

A atribuição via desestruturação também pode ser realizada quando o lado direito é um valor de objeto. Nesse caso, o lado esquerdo da atribuição se assemelha a um objeto literal: uma lista de nomes de variáveis separados por vírgulas entre chaves:

```
let transparent = {r: 0.0, g: 0.0, b: 0.0, a: 1.0}; // Uma cor RGBA
let {r, g, b} = transparent; // r == 0.0; g == 0.0; b == 0.0
```

O próximo exemplo copia funções globais do objeto `Math` em variáveis, o que poderia simplificar um código que faça muitos cálculos trigonométricos:

```
// O mesmo que const sin=Math.sin, cos=Math.cos, tan=Math.tan
const {sin, cos, tan} = Math;
```

No código mencionado, observe que o objeto `Math` tem muitas propriedades além das três desestruturadas em variáveis individuais. As que não têm nome são simplesmente ignoradas. Se o lado esquerdo da atribuição tivesse incluído uma variável cujo nome não era uma propriedade de `Math`, essa variável seria simplesmente atribuída como `undefined`.

Em cada um desses exemplos de desestruturação de objetos, escolhemos nomes de variáveis que correspondem aos nomes de propriedades do objeto que estamos desestruturando. Isso simplifica a sintaxe e é fácil de entender, mas não é obrigatório. Cada um dos identificadores no lado esquerdo de uma atribuição por desestruturação de um objeto também pode ser um par de identificadores separados por dois-pontos, nos quais o primeiro é o nome da propriedade cujo valor será atribuído e o segundo é o nome da variável à qual atribuí-lo:

```
// O mesmo que const cosine = Math.cos, tangent = Math.tan;
const { cos: cosine, tan: tangent } = Math;
```

Na minha experiência, a sintaxe de desestruturação de objetos se torna complicada demais para ser útil quando os nomes de variáveis e os de propriedades não são iguais, e tendo a evitar a forma abreviada nesse caso. Se optar por usá-la, lembre-se de que os nomes das propriedades estão sempre à esquerda dos dois-pontos, tanto em literais de objetos quanto à esquerda de uma atribuição via desestruturação de objeto.

A atribuição via desestruturação se torna ainda mais complexa quando usada com objetos aninhados, ou *arrays* de objetos, ou objetos de *arrays*, mas ainda é válida:

```
let points = [{x: 1, y: 2}, {x: 3, y: 4}];     // Um array de dois objetos ponto
let [{x: x1, y: y1}, {x: x2, y: y2}] = points; // desestruturado em 4 variáveis.
(x1 === 1 && y1 === 2 && x2 === 3 && y2 === 4)  // => true
```

Ou, em vez de desestruturar um *array* de objetos, poderíamos desestruturar um objeto de *arrays*:

```
let points = { p1: [1,2], p2: [3,4] };          // Um objeto com 2 propriedades de array
let { p1: [x1, y1], p2: [x2, y2] } = points;    // desestruturado em 4 vars
(x1 === 1 && y1 === 2 && x2 === 3 && y2 === 4)  // => true
```

Sintaxes complexas de desestruturação como esta podem ser difíceis de escrever e de ler, e pode ser melhor simplesmente escrever suas atribuições de forma explícita com código tradicional, como `let x1 = points.p1[0];`.

Como entender uma desestruturação complexa

Se você começar a trabalhar com código que usa atribuições via desestruturação complexa, há uma regularidade útil que pode ajudá-lo a entender os casos complexos. Pense primeiro em uma atribuição normal (valor único). Depois que a atribuição é feita, pode-se pegar o nome da variável do lado esquerdo da atribuição e utilizá-lo como uma expressão em seu código, que será avaliada com o valor atribuído a ela. O lado esquerdo de uma atribuição via desestruturação se assemelha a um *array* literal ou a um objeto literal (Seção 6.2.1 e 6.10). Depois de feita a atribuição por desestruturação, o código do lado esquerdo vai funcionar como um *array* literal ou objeto literal válido em qualquer lugar de seu código. Para verificar que escreveu uma atribuição via desestruturação corretamente, tente usar o lado esquerdo no lado direito de outra expressão de atribuição:

```
// Começa com uma estrutura de dados e uma desestruturação complexa
let points = [{x: 1, y: 2}, {x: 3, y: 4}];
let [{x: x1, y: y1}, {x: x2, y: y2}] = points;

// Verifica sua sintaxe de desestruturação pela inversão da atribuição.
let points2 = [{x: x1, y: y1}, {x: x2, y: y2}];  // points2 == points
```

3.11 Resumo

Alguns tópicos importantes para lembrar deste capítulo:

- Como escrever e manipular números e *strings* de texto em JavaScript.
- Como trabalhar com os outros tipos primitivos do JavaScript: booleanos, símbolos, `null` e `undefined`.
- As diferenças entre tipos primitivos imutáveis e tipos de referência mutáveis.
- Como JavaScript converte valores implicitamente de um tipo para outro e como fazê-lo explicitamente nos seus programas.
- Como declarar e inicializar constantes e variáveis (incluindo com atribuição via desestruturação) e o escopo léxico das variáveis e constantes que você declara.

CAPÍTULO 4

Expressões e operadores

Este capítulo documenta as expressões JavaScript e os operadores com os quais muitas delas são formadas. Uma *expressão* é uma frase de código JavaScript que pode ser *avaliada* para produzir um valor. Uma constante literalmente incorporada em seu programa é um tipo de expressão muito simples. Um nome de variável também é uma expressão simples, avaliada com o valor atribuído a essa variável. Expressões complexas são formadas a partir de expressões mais simples. Uma expressão de acesso a *array*, por exemplo, consiste em uma expressão avaliada como um *array*, seguida de um colchete de abertura, uma expressão avaliada como um inteiro e um colchete de fechamento. Essa nova expressão mais complexa é avaliada com o valor armazenado no índice especificado do *array* especificado. Da mesma forma, uma expressão de chamada de função consiste em uma expressão avaliada como um objeto de função e zero ou mais expressões adicionais, utilizadas como argumentos da função.

A maneira mais comum de construir uma expressão complexa a partir de expressões mais simples é com um *operador*. Um operador combina os valores de seus operandos (normalmente, dois deles) de algum modo e é avaliado como um novo valor. O operador de multiplicação `*` é um exemplo simples. A expressão `x * y` é avaliada como o produto dos valores das expressões `x` e `y`. Por simplicidade, às vezes dizemos que um operador *retorna* um valor, em vez de "é avaliado como" um valor.

Este capítulo documenta todos os operadores JavaScript e explica as expressões (como indexação de *array* e chamada de função) que não utilizam operadores. Se você já conhece outra linguagem de programação que utiliza sintaxe estilo C, vai ver que a sintaxe da maioria das expressões e dos operadores em JavaScript é familiar.

4.1 Expressões primárias

As expressões mais simples, conhecidas como *expressões primárias*, são autônomas – elas não incluem outras expressões mais simples. Em JavaScript, as expressões primárias são valores constantes ou *literais*, certas palavras-chave da linguagem e referências a variáveis.

Os literais são valores constantes incorporados diretamente em seu programa. São como segue:

```
1.23          // Um número literal
"hello"       // Uma string literal
/pattern/     // Uma expressão regular literal
```

A sintaxe de JavaScript para números literais foi abordada na Seção 3.2. As *strings* literais foram documentadas na Seção 3.3. A sintaxe da expressão regular literal foi apresentada na Seção 3.3.5 e será documentada em detalhes na Seção 11.3.

Algumas das palavras reservadas de JavaScript são expressões primárias:

```
true          // É avaliado como o valor booleano true
false         // É avaliado como o valor booleano false
null          // É avaliado como o valor null
this          // É avaliado como o objeto "atual"
```

Aprendemos sobre `true`, `false` e `null` na Seção 3.4 e na Seção 3.5. Ao contrário das outras palavras-chave, `this` não é uma constante – ela é avaliada como diferentes valores em diferentes lugares no programa. A palavra-chave `this` é utilizada na programação orientada a objetos. Dentro do corpo de um método, `this` é avaliada como o objeto no qual o método foi chamado. Consulte a Seção 4.5, o Capítulo 8 (especialmente a Seção 8.2.2) e o Capítulo 9 para mais informações sobre `this`.

Por fim, o terceiro tipo de expressão primária é a referência a uma variável, constante ou propriedade do objeto global:

```
i             // É avaliada como o valor da variável i.
sum           // É avaliada como o valor da variável sum.
undefined     // O valor da propriedade "undefined" do objeto global
```

Quando um identificador aparece sozinho em um programa, JavaScript presume que se trata de uma variável ou constante ou propriedade do objeto global e procura seu valor. Se não existe variável alguma com esse nome, tentar acessá-la resultará em um ReferenceError.

4.2 Inicializadores de objeto e *array*

Os *inicializadores de objeto* e *array* são expressões cujo valor é um objeto ou *array* recém-criado. Essas expressões inicializadoras às vezes são chamadas de *objetos literais* e *array literais*. Contudo, ao contrário dos verdadeiros literais, elas não são expressões primárias, pois incluem várias subexpressões que especificam os valores de propriedades e elementos. Os inicializadores de *array* têm uma sintaxe um pouco mais simples e vamos começar por eles.

Um inicializador de *array* é uma lista de expressões separadas por vírgulas e contidas em colchetes. O valor de um inicializador de *array* é um *array* recém-criado. Os elementos desse novo *array* são inicializados com os valores das expressões separadas por vírgulas:

```
[]          // Um array vazio: nenhuma expressão dentro dos colchetes significa nenhum
            // elemento
[1+2,3+4]   // Um array de 2 elementos. O primeiro elemento é 3, o segundo é 7
```

As expressões de elemento em um inicializador de *array* podem ser elas próprias inicializadoras de *array*, ou seja, essas expressões podem criar *arrays* aninhados:

```
let matrix = [[1,2,3], [4,5,6], [7,8,9]];
```

As expressões de elementos em um inicializador de *array* são avaliadas sempre que o inicializador de *array* é avaliado. Isso significa que o valor de uma expressão inicializadora de *array* pode ser diferente a cada vez que for avaliada.

Elementos indefinidos podem ser incluídos em um *array* literal simplesmente omitindo-se um valor entre vírgulas. Por exemplo, o *array* a seguir contém cinco elementos, incluindo três indefinidos:

```
let sparseArray = [1,,,,5];
```

Uma única vírgula à direita é permitida após a última expressão em um inicializador de *array* e ela não cria um elemento indefinido. Contudo, qualquer expressão de acesso a *array* para um índice após o da última expressão será necessariamente avaliada como *undefined*.

As expressões inicializadoras de objeto são como as expressões inicializadoras de *array*, mas os colchetes são substituídos por chaves e cada subexpressão é prefixada com um nome de propriedade e dois-pontos:

```
let p = { x: 2.3, y: -1.2 };  // Um objeto com 2 propriedades
let q = {};                   // Um objeto vazio sem propriedades
q.x = 2.3; q.y = -1.2;        // Agora q tem as mesmas propriedades de p
```

Na ES6, objetos literais têm uma sintaxe muito mais cheia de recursos (consulte detalhes na Seção 6.10). Objetos literais podem ser aninhados. Por exemplo:

```
let rectangle = {
    upperLeft: { x: 2, y: 2 },
    lowerRight: { x: 4, y: 5 }
};
```

Vamos ver os inicializadores de objeto e de *array* novamente nos Capítulos 6 e 7.

4.3 Expressões de definição de função

Uma *expressão de definição de função* define uma função JavaScript, e o valor de tal expressão é a função recém-definida. De certo modo, uma expressão de definição de função é uma "função literal", da mesma maneira que um inicializador de objeto é um "objeto literal". Normalmente, uma expressão de definição de função consiste na palavra-chave `function` seguida de uma lista separada por vírgulas de zero ou mais identificadores (os nomes de parâmetro) entre parênteses e um bloco de código JavaScript (o corpo da função) entre chaves. Por exemplo:

```
// Esta função retorna o quadrado do valor passado a ela.
let square = function(x) { return x * x; };
```

Uma expressão de definição de função também pode incluir um nome para a função. As funções também podem ser definidas com uma instrução de função, em vez de uma expressão de função. E na ES6 e posteriores, as expressões de função podem usar uma nova e compacta sintaxe de "função de seta". Detalhes completos sobre definição de função estão no Capítulo 8.

4.4 Expressões de acesso a propriedades

Uma *expressão de acesso à propriedade* é avaliada com o valor de uma propriedade de objeto ou de um elemento de *array*. JavaScript define duas sintaxes para acesso à propriedade:

```
expressão . identificador
expressão [ expressão ]
```

O primeiro estilo de acesso à propriedade é uma expressão seguida de um ponto-final e um identificador. A expressão especifica o objeto e o identificador especifica o nome da propriedade desejada. O segundo estilo de acesso à propriedade tem outra expressão entre colchetes após a primeira (o objeto ou *array*). Essa segunda expressão especifica o nome da propriedade desejada ou o índice do elemento do *array* desejado. Aqui estão alguns exemplos concretos:

```
let o = {x: 1, y: {z: 3}}; // Um exemplo de objeto
let a = [o, 4, [5, 6]];    // Um exemplo de array que contém o objeto
o.x                        // => 1: propriedade x da expressão o
o.y.z                      // => 3: propriedade z da expressão o.y
o["x"]                     // => 1: propriedade x do objeto o
a[1]                       // => 4: elemento no índice 1 da expressão a
a[2]["1"]                  // => 6: elemento no índice 1 da expressão a[2]
a[0].x                     // => 1: propriedade x da expressão a[0]
```

Com um ou outro tipo de expressão de acesso à propriedade, a expressão anterior ao `.` ou ao `[` é avaliada primeiro. Se o valor é `null` ou `undefined`, a expressão lança uma exceção TypeError, pois esses são os dois valores de JavaScript que não podem ter propriedades. Se a expressão do objeto é seguida por um ponto e um identificador, o valor da propriedade nomeada por esse identificador é pesquisada e se torna o valor global da expressão. Se a expressão do objeto é seguida por outra expressão entre colchetes, essa segunda expressão é avaliada e convertida em uma *string*. Então, o valor global da expressão é o valor da propriedade nomeada por essa *string*. Em um ou outro caso, se a propriedade nomeada não existe, o valor da expressão de acesso à propriedade é `undefined`.

A sintaxe *.identificador* é a mais simples das duas opções de acesso à propriedade, mas note que ela só pode ser usada quando a propriedade que se deseja acessar tem um nome que é um identificador válido e quando se sabe o nome ao escrever o programa. Se o nome da propriedade contém espaços ou caracteres de pontuação, ou quando é um número (para *arrays*), deve-se usar a notação de colchetes. Os colchetes também são usados quando o nome da propriedade não é estático, mas sim o resultado de um cálculo (consulte a Seção 6.3.1 para ver um exemplo).

Os objetos e suas propriedades são abordados em detalhes no Capítulo 6 e os *arrays* e seus elementos são abordados no Capítulo 7.

4.4.1 Acesso condicional a propriedades

A ES2020 adiciona dois novos tipos de expressões de acesso à propriedade:

```
expressão ?. identificador
expressão ?.[ expressão ]
```

Em JavaScript, os valores `null` e `undefined` são os únicos dois que não têm propriedades. Em uma expressão regular de acesso à propriedade usando . ou `[]`, você recebe um TypeError se a expressão à esquerda é avaliada como `null` ou `undefined`. Você pode usar a sintaxe de ?. e ?.[] para se proteger de erros desse tipo.

Considere a expressão `a?.b`. Se `a` é `null` ou `undefined`, a expressão é avaliada como `undefined` sem nenhuma tentativa de acessar a propriedade `b`. Se `a` for algum outro valor então, `a?.b` será avaliada como o valor que `a.b` seria avaliada (e se `a` não tem uma propriedade chamada `b`, o valor mais uma vez será `undefined`).

Essa forma de expressão de acesso a propriedades também é chamada de "encadeamento opcional", pois também funciona para expressões de acesso a propriedades mais longas "encadeadas", como o exemplo a seguir:

```
let a = { b: null };
a.b?.c.d   // => undefined
```

`a` é um objeto, então `a.b` é uma expressão de acesso à propriedade válida. Entretanto, o valor de `a.b` é `null`, então `a.b.c` lançaria um TypeError. Ao usar ?. no lugar de . evitamos o TypeError, e `a.b?.c` é avaliada como `undefined`. Isso significa que `(a.b?.c).d` lança um TypeError, pois a expressão tenta acessar uma propriedade de valor `undefined`. Mas – e esta é uma parte importantíssima do "encadeamento opcional" – `a.b?.c.d` (sem os parênteses) é avaliada simplesmente como `undefined` e não lança um erro. Isso ocorre porque o acesso à propriedade com ?. está causando um "curto-circuito": se a expressão à esquerda de ?. é avaliada como `null` ou `undefined`, a expressão toda imediatamente é avaliada como `undefined` sem tentativas adicionais de acesso à propriedade.

Obviamente, se `a.b` for um objeto e se esse objeto não tiver uma propriedade chamada `c`, `a.b?.c.d` mais uma vez gerará um TypeError e vamos querer usar outro acesso condicional à propriedade:

```
let a = { b: {} };
a.b?.c?.d   // => undefined
```

O acesso condicional a propriedades também é possível com `?.[]` em vez de `[]`. Na expressão `a?.[b][c]`, se o valor de `a` é `null` ou `undefined`, toda a expressão é imediatamente avaliada como `undefined` e as subexpressões `b` e `c` sequer são avaliadas. Se qualquer uma dessas expressões tem efeitos colaterais, tal efeito não ocorre se `a` não é definida:

```
let a;              // Opa, esquecemos de inicializar esta variável!
let index = 0;
try {
    a[index++];     // Lança TypeError
} catch(e) {
    index           // => 1: incremento ocorre antes de TypeError ser lançado
}
a?.[index++]        // => undefined: porque a é indefinido
index               // => 1: não incrementado porque ?.[] causa curto-circuito
a[index++]          // !TypeError: não pode indexar undefined.
```

O acesso condicional a propriedades com `?.` e `?.[]` é um dos mais novos recursos do JavaScript. Até o início de 2020, essa nova sintaxe era suportada pelas versões atuais ou beta da maioria dos principais navegadores.

4.5 Expressões de invocação

Uma *expressão de invocação* é uma sintaxe de JavaScript para chamar (ou executar) uma função ou um método. Ela começa com uma expressão de função que identifica a função a ser chamada. A expressão de função é seguida por um parêntese de abertura, uma lista separada por vírgulas de zero ou mais expressões de argumento e um parêntese de fechamento. Alguns exemplos:

```
f(0)             // f é a expressão de função; 0 é a expressão de argumento.
Math.max(x,y,z)  // Math.max é a função; x, y e z são os argumentos.
a.sort()         // a.sort é a função; não há argumentos.
```

Quando uma expressão de invocação é avaliada, a expressão de função é avaliada primeiro e depois as expressões de argumento são avaliadas para produzir uma lista de valores de argumento. Se o valor da expressão de função não é uma função, é lançado um TypeError. Em seguida, os valores de argumento são atribuídos, em ordem, aos nomes de parâmetro especificados quando a função foi definida, e, então, o corpo da função é executado. Se a função utiliza uma instrução `return` para retornar um valor, então esse valor se torna o valor da expressão de invocação. Caso contrário, o valor da expressão de invocação é `undefined`. Detalhes completos sobre invocação de função, incluindo uma explicação sobre o que acontece quando o número de expressões de argumento não corresponde ao número de parâmetros na definição da função, estão no Capítulo 8.

Toda expressão de invocação contém um par de parênteses e uma expressão antes do parêntese de abertura. Se essa expressão é uma expressão de acesso à propriedade, então a chamada é conhecida como *invocação de método*. Nas invocações de método, o objeto ou *array* sujeito ao acesso à propriedade se torna o valor da palavra-chave `this` enquanto o corpo da função está sendo executado. Isso permite um paradigma de programação orientada a objetos no qual as funções (conhecidas por "métodos" quando usadas dessa forma) operam sobre o objeto do qual fazem parte. Consulte o Capítulo 9 para ver os detalhes.

4.5.1 Invocação condicional

Na ES2020, também é possível chamar uma função usando `?.()` em vez de `()`. Normalmente, quando chamamos uma função, se a expressão à esquerda dos parênteses é `null` ou `undefined` ou qualquer outra não função, é lançado um TypeError. Com a nova sintaxe de chamada `?.()`, se a expressão à esquerda do `?.` é avaliada como `null` ou `undefined`, toda a expressão de chamada é avaliada como `undefined` e uma exceção não é lançada.

Objetos *array* têm um método `sort()` que pode opcionalmente receber um argumento de função que define a ordem desejada para os elementos de *array*. Antes da ES2020, se desejássemos escrever um método como `sort()`, que recebe um argumento de função opcional, normalmente usaríamos uma instrução `if` para confirmar que o argumento de função foi definido antes de chamá-lo no corpo do `if`:

```
function square(x, log) {  // O segundo argumento é uma função opcional
    if (log) {             // Se a função opcional é passada
        log(x);            // Chama-a
    }
    return x * x;          // Retorna o quadrado do argumento
}
```

Com essa sintaxe de invocação condicional da ES2020, entretanto, podemos simplesmente escrever a chamada de função usando `?.()`, sabendo que a chamada só ocorrerá se de fato houver um valor a ser chamado:

```
function square(x, log) {  // O segundo argumento é uma função opcional
    log?.(x);              // Chama a função se há uma
    return x * x;          // Retorna o quadrado do argumento
}
```

Observe, no entanto, que `?.()` verifica apenas se o lado esquerdo é `null` ou `undefined`. Ele não verifica se o valor é, de fato, uma função. Assim, a função `square()` nesse exemplo ainda lançaria uma exceção se você passasse dois números para ela, por exemplo.

Assim como expressões de acesso condicional à propriedade (Seção 4.4.1), a chamada de função com `?.()` causa um curto-circuito: se o valor à esquerda de `?.` é `null` ou `undefined`, nenhuma das expressões de argumento entre parênteses é avaliada:

```
let f = null, x = 0;
try {
    f(x++); // Lança TypeError porque f é null
} catch(e) {
    x       // => 1: x é incrementado antes da exceção ser lançada
}
```

```
f?.(x++)    // => undefined: f é null, mas uma exceção não é lançada
x           // => 1: incremento é pulado devido a curto-circuito
```

As expressões de chamada condicional com ?.() funcionam tão bem para os métodos quanto para as funções. Como a chamada de método também envolve acesso a propriedades, vale dedicarmos um momento para garantir que você entendeu as diferenças entre as expressões a seguir:

```
o.m()      // Acesso normal à propriedade, invocação normal
o?.m()     // Acesso à propriedade condicional, invocação normal
o.m?.()    // Acesso normal à propriedade, invocação condicional
```

Na primeira expressão, o deve ser um objeto com uma propriedade `m` e o valor dessa propriedade deve ser uma função. Na segunda expressão, se o é `null` ou `undefined`, a expressão é avaliada como `undefined`. Mas se o tem qualquer outro valor, deve ter uma propriedade `m` cujo valor é uma função. E na terceira expressão, o não pode ser `null` nem `undefined`. Se não tem uma propriedade `m`, ou se o valor dessa propriedade é `null`, a expressão como um todo é avaliada como `undefined`.

A chamada condicional com ?.() é um dos mais novos recursos de JavaScript. Até o início de 2020, essa nova sintaxe era suportada pelas versões atuais ou beta da maioria dos principais navegadores.

4.6 Expressões de criação de objeto

Uma *expressão de criação de objeto* gera um novo objeto e chama uma função (denominada construtora) para inicializar as propriedades desse objeto. As expressões de criação de objeto são como as expressões de chamada, exceto que são prefixadas com a palavra-chave `new`:

```
new Object()
new Point(2,3)
```

Se nenhum argumento é passado para a função construtora em uma expressão de criação de objeto, o par de parênteses vazio pode ser omitido:

```
new Object
new Date
```

O valor de uma expressão de criação de objeto é o objeto recém-criado. As construtoras estão explicadas com mais detalhes no Capítulo 9.

4.7 Visão geral dos operadores

Os operadores são utilizados em JavaScript para expressões aritméticas, expressões de comparação, expressões lógicas, expressões de atribuição e muito mais. A Tabela 4-1 resume os operadores e serve como uma conveniente referência.

Note que a maioria dos operadores é representada por caracteres de pontuação, como + e =. Alguns, entretanto, são representados por palavras-chave como `delete` e `instanceof`. Os operadores de palavra-chave são operadores regulares, assim como aqueles expressos com pontuação; eles apenas têm uma sintaxe menos sucinta.

A Tabela 4-1 está organizada por precedência de operador. Os operadores listados primeiro têm precedência mais alta do que os listados por último. Os operadores separados por uma linha horizontal têm níveis de precedência diferentes. A coluna A mostra a associatividade do operador, a qual pode ser E (esquerda para a direita) ou D (direita para a esquerda), e a coluna N especifica o número de operandos. A coluna Tipos lista os tipos esperados dos operandos e (após o símbolo →) o tipo de resultado do operador. As subseções após a tabela explicam as noções de precedência, associatividade e tipo de operando. Os operadores estão documentados individualmente depois dessa discussão.

Tabela 4-1 Operadores em JavaScript

Operador	Operação	A	N	Tipos
`++`	Pré- ou pós-incremento	D	1	lval→num
`--`	Pré- ou pós-decremento	D	1	lval→num
`-`	Nega o número	D	1	num→num
`+`	Converte para número	D	1	qualquer→num
`~`	Inverte *bits*	D	1	int→int
`!`	Inverte valor booleano	D	1	bool→bool
`delete`	Remove uma propriedade	D	1	lval→bool
`typeof`	Determina o tipo de operando	D	1	qualquer→str
`void`	Retorna valor indefinido	D	1	qualquer→undef
`**`	Exponencia	D	2	num,num→num
`*, /, %`	Multiplica, divide, resto	E	2	num,num→num
`+, -`	Soma, subtrai	E	2	num,num→num
`+`	Concatena *strings*	E	2	str,str→str
`<<`	Desloca para a esquerda	E	2	int,int→int
`>>`	Desloca para a direita com extensão de sinal	E	2	int,int→int
`>>>`	Desloca para a direita com extensão zero	E	2	int,int→int
`<, <=,>, >=`	Compara em ordem numérica	E	2	num,num→bool
`<, <=,>, >=`	Compara em ordem alfabética	E	2	str,str→bool
`instanceof`	Testa classe de objeto	E	2	obj,func→bool
`in`	Testa se a propriedade existe	E	2	qualquer,qualquer→bool
`==`	Testa a igualdade não restrita	E	2	qualquer,qualquer→bool
`!=`	Testa a desigualdade não restrita	E	2	qualquer,qualquer→bool
`===`	Testa a igualdade restrita	E	2	qualquer,qualquer→bool

Operador	Operação	A	N	Tipos
!==	Testa a desigualdade restrita	E	2	qualquer,qualquer→bool
&	Calcula E *bit a bit*	E	2	int,int→int
^	Calcula XOR *bit a bit*	E	2	int,int→int
|	Calcula OU *bit a bit*	E	2	int,int→int
&&	Calcula E lógico	E	2	qualquer,qualquer→qualquer
||	Calcula OU lógico	E	2	qualquer,qualquer→qualquer
??	Escolhe 1º operando definido	E	2	qualquer,qualquer→qualquer
?:	Escolhe 2º ou 3º operando	D	3	bool,qualquer,qualquer→qualquer
=	Atribui a uma variável ou propriedade	D	2	qualquer,qualquer→qualquer
**=, *=, /=, %=, +=, -=, &=, ^=, |=, <<=, >>=, >>>=	Opera e atribui	D	2	lval,qualquer→qualquer
,	Descarta 1º operando, retorna o 2º	E	2	qualquer,qualquer→qualquer

4.7.1 Número de operandos

Os operadores podem ser classificados de acordo com o número de operandos que esperam (sua *aridade*). A maioria dos operadores JavaScript, como o operador de multiplicação *, é de *operadores binários*, que combinam duas expressões em uma mais complexa. Isto é, eles esperam dois operandos. JavaScript também aceita diversos *operadores unários*, os quais convertem uma expressão em outra mais complexa. O operador - na expressão -x é um operador unário que efetua a operação de negação no operando x. Por fim, JavaScript aceita um *operador ternário*, o operador condicional ?:, que combina três expressões em uma.

4.7.2 Tipo de operando e de resultado

Alguns operadores trabalham com valores de qualquer tipo, mas a maioria espera que seus operandos sejam de um tipo específico. E a maioria retorna (ou é avaliada como) um valor de um tipo específico. A coluna Tipos da Tabela 4-1 especifica os tipos de operando (antes da seta) e o tipo do resultado (após a seta) dos operadores.

Os operadores JavaScript normalmente convertem o tipo (consulte a Seção 3.9) de seus operandos conforme o necessário. O operador de multiplicação * espera operandos numéricos, mas a expressão "3" * "5" é válida, pois JavaScript pode converter os operandos em números. O valor dessa expressão é o número 15 e não a *string* "15", evidentemente. Lembre-se também de que todo valor em JavaScript é "verdadeiro" ou "falso"; portanto, os operadores que esperam operandos booleanos funcionarão com um operando de qualquer tipo.

Alguns operadores se comportam de formas diferentes, dependendo do tipo dos operandos utilizados. Mais notadamente, o operador + soma operandos numéricos, mas concatena operandos *string*. Da mesma forma, os operadores de comparação, como <, fazem a comparação em ordem numérica ou alfabética, dependendo do tipo dos operandos. As descrições dos operadores individuais explicam suas dependências de tipo e especificam as conversões de tipo que realizam.

Observe que os operadores de atribuição e alguns dos outros operadores listados na Tabela 4-1 esperam um operando do tipo `lval`. *lvalue* é um termo histórico que significa "uma expressão que pode aparecer de forma válida no lado esquerdo de uma expressão de atribuição". Em JavaScript, variáveis, propriedades de objetos e elementos de *arrays* são *lvalues*.

4.7.3 Efeitos colaterais dos operadores

Avaliar uma expressão simples como `2 * 3` nunca afeta o estado de seu programa, sendo que qualquer cálculo futuro que o programa efetue não vai ser afetado por essa avaliação. Contudo, algumas expressões têm *efeitos colaterais* e sua avaliação pode afetar o resultado de futuras avaliações. Os operadores de atribuição são o exemplo mais evidente: se você atribui um valor a uma variável ou propriedade, isso altera o valor de qualquer expressão que utilize essa variável ou propriedade. Os operadores ++ e -- de incremento e decremento são semelhantes, pois realizam uma atribuição implícita. O operador `delete` também tem efeitos colaterais: excluir uma propriedade é como (mas não o mesmo que) atribuir `undefined` à propriedade.

Nenhum outro operador JavaScript tem efeitos colaterais, mas as expressões de chamada de função e de criação de objeto terão efeitos colaterais se qualquer um dos operadores utilizados no corpo da função ou da construtora tiver efeitos colaterais.

4.7.4 Precedência dos operadores

Os operadores listados na Tabela 4-1 estão organizados em ordem de precedência alta para baixa, com linhas horizontais separando os grupos de operadores com o mesmo nível de precedência. A precedência dos operadores controla a ordem na qual as operações são efetuadas. Os operadores com precedência mais alta (mais próximos ao início da tabela) são executados antes daqueles com precedência mais baixa (mais próximos ao fim).

Considere a expressão a seguir:

```
w = x + y*z;
```

O operador de multiplicação * tem precedência mais alta do que o operador de adição +; portanto a multiplicação é efetuada antes da adição. Além disso, o operador de atribuição = tem a precedência mais baixa; portanto, a atribuição é realizada depois que todas as operações no lado direito são concluídas.

A precedência dos operadores pode ser anulada com o uso explícito de parênteses. Para forçar que a adição do exemplo anterior seja efetuada primeiro, escreva:

```
w = (x + y)*z;
```

Note que as expressões de acesso a propriedades e de invocação têm precedência mais alta do que qualquer um dos operadores listados na Tabela 4-1. Considere a seguinte expressão:

```
// my é um objeto com uma propriedade chamada functions cujo valor é um
// array de funções. Chamamos a função número x, passando a ela o argumento
// y, e então pedimos o tipo de valor retornado.
typeof my.functions[x](y)
```

Embora `typeof` seja um dos operadores de prioridade mais alta, a operação `typeof` é efetuada no resultado de acesso à propriedade, índice de *array* e chamada de função, todos os quais têm prioridade maior do que os operadores.

Na prática, se você não tiver certeza da precedência de seus operadores, o mais simples a fazer é utilizar parênteses para tornar a ordem de avaliação explícita. As regras importantes para se conhecer são estas: multiplicação e divisão são efetuadas antes de adição e subtração, e a atribuição tem precedência muito baixa, sendo quase sempre realizada por último.

Quando novos operadores são adicionados a JavaScript, eles nem sempre se encaixam naturalmente nesse sistema de precedência. O operador ?? (Seção 4.13.2) é apresentado na tabela como tendo precedência inferior a `||` e `&&`, mas, na verdade, sua precedência em relação a esses operadores não é definida, e a ES2020 exige que você use parênteses explicitamente se combinar ?? com `||` ou com `&&`. Da mesma forma, o novo operador de exponenciação ** não tem precedência claramente definida em relação ao operador unário de negação e é preciso usar parênteses quando combinamos negação com exponenciação.

4.7.5 Associatividade de operadores

Na Tabela 4-1, a coluna A especifica a *associatividade* do operador. Um valor E especifica associatividade da esquerda para a direita e um valor D especifica associatividade da direita para a esquerda. A associatividade de um operador define a ordem em que operações de mesma precedência são efetuadas. Associatividade da esquerda para a direita significa que as operações são efetuadas nessa ordem. Por exemplo, o operador de subtração tem associatividade da esquerda para a direita; portanto:

```
w = x - y - z;
```

é o mesmo que:

```
w = ((x - y) - z);
```

Por outro lado, as expressões a seguir:

```
y = a ** b ** c;
x = ~-y;
```

```
w = x = y = z;
q = a?b:c?d:e?f:g;
```

são equivalentes a:

```
y = (a ** (b ** c));
x = ~(-y);
w = (x = (y = z));
q = a?b:(c?d:(e?f:g));
```

pois os operadores condicionais de exponenciação, unários, de atribuição e ternários têm associatividade da direita para a esquerda.

4.7.6 Ordem de avaliação

A precedência e a associatividade dos operadores especificam a ordem em que as operações são efetuadas em uma expressão complexa, mas não especificam a ordem em que as subexpressões são avaliadas. JavaScript sempre avalia expressões rigorosamente na ordem da esquerda para a direita. Na expressão `w = x + y * z`, por exemplo, a subexpressão `w` é avaliada primeiro, seguida de `x`, `y` e `z`. Então, os valores de `y` e `z` são multiplicados, somados ao valor de `x` e atribuídos à variável ou propriedade especificada pela expressão `w`. A inclusão de parênteses nas expressões pode alterar a ordem relativa de multiplicação, adição e atribuição, mas não a ordem da esquerda para a direita da avaliação.

A ordem de avaliação só faz diferença se uma das expressões sendo avaliadas tem efeitos colaterais que afetam o valor de outra expressão. Se a expressão `x` incrementa uma variável utilizada pela expressão `z`, então o fato de `x` ser avaliada antes de `z` é importante.

4.8 Expressões aritméticas

Esta seção aborda os operadores que efetuam operações aritméticas ou outras manipulações numéricas em seus operandos. Os operadores de exponenciação, multiplicação, divisão e subtração são simples e serão abordados primeiro. O operador de adição tem sua própria subseção, pois também pode realizar concatenação de *strings* e tem algumas regras de conversão de tipo incomuns. Os operadores unários e os operadores *bit* a *bit* também são abordados em suas próprias subseções.

A maioria desses operadores aritméticos (exceto quando indicado a seguir) pode ser usada com operandos BigInt (consulte a Seção 3.2.5) ou com números regulares, desde que você não misture os dois tipos.

Os operadores aritméticos básicos são `**` (exponenciação), `*` (multiplicação), `/` (divisão), `%` (módulo: resto de uma divisão), `+` (adição) e `–` (subtração). Conforme observado, vamos discutir o operador `+` em uma seção exclusiva. Os outros cinco operadores básicos simplesmente avaliam seus operandos, convertem os valores em números, se necessário, e então calculam a potência, o produto, o quociente, o resto ou a diferença entre os valores. Operandos não numéricos que não podem ser convertidos em números são convertidos no valor NaN. Se um dos operandos é (ou é convertido em) NaN, o resultado da operação é (quase sempre) NaN.

O operador ** tem precedência mais alta do que *, / e % (que, por sua vez, têm precedência mais alta do que + e -). Ao contrário de outros operadores, ** funciona da direita para a esquerda, então 2**2**3 é o mesmo que 2**8, não 4**3. Expressões como -3**2 têm uma ambiguidade natural. Dependendo da precedência relativa do menos unário e da exponenciação, a expressão poderia significar (-3)**2 ou -(3**2). Linguagens diferentes tratam a questão de maneiras diferentes e, em vez de escolher um lado ou outro, JavaScript simplesmente considera um erro de sintaxe omitir os parênteses nesse caso, o que o força a escrever uma expressão sem ambiguidade. ** é o mais novo operador aritmético de JavaScript, adicionado à linguagem na ES2016. A função Math.pow() está disponível desde as primeiras versões de JavaScript, entretanto, e realiza exatamente a mesma operação que o operador **.

O operador / divide seu primeiro operando pelo segundo. Caso você esteja acostumado com linguagens de programação que fazem diferenciação entre números inteiros e de ponto flutuante, talvez espere obter um resultado inteiro ao dividir um inteiro por outro. Em JavaScript, contudo, todos os números são em ponto flutuante, de modo que todas as operações de divisão têm resultados em ponto flutuante: 5/2 é avaliado como 2.5 e não como 2. A divisão por zero produz infinito positivo ou negativo, enquanto 0/0 é avaliado como NaN – nenhum desses casos gera erro.

O operador % calcula o módulo do primeiro operando em relação ao segundo. Em outras palavras, ele retorna o resto da divisão de número inteiro do primeiro operando pelo segundo operando. O sinal do resultado é o mesmo do primeiro operando. Por exemplo, 5 % 2 é avaliado como 1 e -5 % 2 é avaliado como -1.

Embora o operador módulo seja normalmente utilizado com operandos inteiros, também funciona com valores em ponto flutuante. Por exemplo, 6.5 % 2.1 é avaliado como 0.2.

4.8.1 O operador +

O operador binário + soma operandos numéricos ou concatena operandos *string*:

```
1 + 2                    // => 3
"hello" + " " + "there"  // => "hello there"
"1" + "2"                // => "12"
```

Quando os valores dos dois operandos são números ou ambos são *strings*, é evidente o que o operador + faz. No entanto, em qualquer outro caso, a conversão de tipo é necessária e a operação a ser efetuada depende da conversão feita. As regras de conversões para + dão prioridade para a concatenação de *strings*: se um dos operandos é uma *string* ou um objeto que é convertido em uma *string*, o outro operando é convertido em uma *string* e é feita a concatenação. A adição é efetuada somente se nenhum dos operandos for uma *string*.

Tecnicamente, o operador + se comporta como segue:

- Se um de seus operandos for um objeto, ele o converte em um valor primitivo utilizando o algoritmo de objeto para valor primitivo descrito na Seção 3.9.3: os objetos Date são convertidos por meio de seus métodos `toString()` e todos os outros objetos são convertidos via `valueOf()`, caso esse método retorne um valor primitivo. Contudo, a maioria dos objetos não tem um método `valueOf()` útil; portanto, também são convertidos via `toString()`.
- Após a conversão de objeto para valor primitivo, se um ou outro operando for uma *string*, o outro será convertido em uma *string* e é feita a concatenação.
- Caso contrário, os dois operandos são convertidos em números (ou em `NaN`) e é efetuada a adição.

Aqui estão alguns exemplos:

```
1 + 2            // => 3: adição
"1" + "2"        // => "12": concatenação
"1" + 2          // => "12": concatenação após número para string
1 + {}           // => "1[object Object]": concatenação após objeto para string
true + true      // => 2: adição após booleano para número
2 + null         // => 2: adição após null converte em 0
2 + undefined    // => NaN: adição após undefined converte em NaN
```

Por fim, é importante notar que, quando o operador + é usado com *strings* e números, pode não ser associativo. Isto é, o resultado pode depender da ordem em que as operações são efetuadas.

Por exemplo:

```
1 + 2 + " blind mice"     // => "3 blind mice"
1 + (2 + " blind mice")   // => "12 blind mice"
```

A primeira linha não tem parênteses e o operador + tem associatividade da esquerda para a direita, de modo que os dois números são primeiro somados e a soma é concatenada com a *string*. Na segunda linha, os parênteses alteram a ordem das operações: o número 2 é concatenado com a *string* para produzir uma nova *string*. Então, o número 1 é concatenado com a nova *string* para produzir o resultado.

4.8.2 Operadores aritméticos unários

Os operadores unários modificam o valor de um único operando para produzir um novo valor. Em JavaScript, todos os operadores unários têm precedência alta e todos são associativos à direita. Todos os operadores aritméticos unários descritos nesta seção (+, -, ++ e --) convertem seu único operando em um número, se necessário. Note que os caracteres de pontuação + e - são usados tanto como operadores unários como binários.

Os operadores aritméticos unários são os seguintes:

Mais unário (+)

O operador mais unário converte seu operando em um número (ou em NaN) e retorna esse valor convertido. Quando usado com um operando que já é um número, ele não faz nada. Esse operador não pode ser usado com valores BigInt, pois estes não podem ser convertidos em números regulares.

Menos unário (-)

Quando – é usado como operador unário, ele converte seu operando em um número, se necessário, e depois troca o sinal do resultado.

Incremento (++)

O operador ++ incrementa (isto é, soma 1 ao) seu único operando, o qual deve ser um *lvalue* (uma variável, um elemento de um *array* ou uma propriedade de um objeto). O operador converte seu operando em um número, soma 1 a esse número e atribui o valor incrementado à variável, ao elemento ou à propriedade.

O valor de retorno do operador ++ depende de sua posição relativa ao operando. Quando usado antes do operando, onde é conhecido como operador de pré-incremento, ele incrementa o operando e é avaliado com o valor incrementado desse operando. Quando usado após o operando, onde é conhecido como operador de pós-incremento, ele incrementa seu operando, mas é avaliado com o valor *não incrementado* desse operando. Considere a diferença entre as duas linhas de código a seguir:

```
let i = 1, j = ++i;      // i e j são 2
let n = 1, m = n++;      // n é 2, m é 1
```

Note que a expressão ++x nem sempre é igual a x=x+1. O operador ++ nunca faz concatenação de *strings*: ele sempre converte seu operando em um número e o incrementa. Se x é a *string* "1", ++x é o número 2, mas x+1 é a string "11".

Note também que, por causa da inserção automática de ponto e vírgula de JavaScript, você não pode inserir uma quebra de linha entre o operador de pós-incremento e o operando que o precede. Se fizer isso, JavaScript vai tratar o operando como uma instrução completa e vai inserir um ponto e vírgula antes dele.

Esse operador, tanto na forma de pré-incremento como na de pós-incremento, é mais comumente usado para incrementar um contador que controla um laço for (Seção 5.4.3).

Decremento (--)

O operador -- espera um operando *lvalue*. Ele converte o valor do operando em um número, subtrai 1 e atribui o valor decrementado ao operando. Assim como o operador ++, o valor de retorno de -- depende de sua posição relativa ao operando. Quando usado antes do operando, ele decrementa e retorna o valor decrementado. Quando usado após o operando, ele decrementa o operando, mas retorna o valor *não decrementado*. Quando usado após seu operando, nenhuma quebra de linha é permitida entre o operando e o operador.

4.8.3 Operadores *bit a bit*

Os operadores *bit* a *bit* fazem manipulação de baixo nível nos *bits* da representação binária dos números. Embora não efetuem operações aritméticas tradicionais, eles são classificados como operadores aritméticos aqui porque atuam sobre operandos numéricos e retornam um valor numérico. Quatro desses operadores usam álgebra booleana nos *bits* individuais dos operandos, comportando-se como se cada *bit* de cada operando fosse um valor booleano (1=verdadeiro, 0=falso). Os outros três operadores *bit* a *bit* são usados para deslocar *bits* à esquerda e à direita. Esses operadores não são utilizados comumente em programação JavaScript e, caso não conheça a representação binária de inteiros decimais, incluindo a representação complementar dos números inteiros negativos dos dois, você provavelmente pode pular esta seção.

Os operadores *bit* a *bit* esperam operandos inteiros e se comportam como se esses valores fossem representados como inteiros de 32 *bits*, em vez de valores em ponto flutuante de 64 *bits*. Esses operadores convertem seus operandos em números, se necessário, e então forçam os valores numéricos a serem inteiros de 32 *bits*, eliminando qualquer parte fracionária e quaisquer *bits* além do 32º. Os operadores de deslocamento exigem no lado direito um operando entre 0 e 31. Após converter esse operando em um inteiro de 32 *bits* sem sinal, eles eliminam todos os *bits* além do 5º, o que gera um número no intervalo apropriado. Surpreendentemente, `NaN`, `Infinity` e `-Infinity` são convertidos em 0 quando usados como operandos desses operadores *bit* a *bit*.

Todos esses operadores *bit* a *bit*, exceto `>>>`, podem ser usados com operandos de números normais ou com operandos BigInt (consulte a Seção 3.2.5).

E bit a bit (`&`)

O operador `&` executa uma operação E booleana em cada *bit* de seus argumentos inteiros. Um *bit* só se torna 1 no resultado se o *bit* correspondente for 1 nos dois operandos. Por exemplo, `0x1234 & 0x00FF` é avaliado como `0x0034`.

OU bit a bit (`|`)

O operador `|` executa uma operação OU booleana em cada *bit* de seus argumentos inteiros. Um *bit* se torna 1 no resultado se o *bit* correspondente for 1 em um ou nos dois operandos. Por exemplo, `0x1234 | 0x00FF` é avaliado como `0x12FF`.

XOR bit a bit (`^`)

O operador `^` executa uma operação OU exclusivo booleana em cada *bit* de seus argumentos inteiros. `OU` exclusivo significa que o operando um é `true` ou o operando dois é `true`, mas não ambos. Um *bit* se torna 1 no resultado dessa operação se um *bit* correspondente for 1 em um (mas não em ambos) dos dois operandos. Por exemplo, `0xFF00 ^ 0xF0F0` é avaliado como `0x0FF0`.

NÃO bit a bit (~)

O operador ~ é um operador unário que aparece antes de seu único operando inteiro. Ele funciona invertendo todos os *bits* do operando. Devido à maneira como os inteiros com sinal são representados em JavaScript, aplicar o operador ~ em um valor é equivalente a trocar seu sinal e subtrair 1. Por exemplo `~0x0F` é avaliado como `0xFFFFFFF0` ou –16.

Deslocamento à esquerda (<<)

O operador << move todos os *bits* de seu primeiro operando para a esquerda pelo número de casas especificadas no segundo operando, o qual deve ser um inteiro entre 0 e 31. Por exemplo, na operação `a << 1`, o primeiro *bit* (o *bit* dos uns) de `a` se torna o segundo *bit* (o *bit* dos dois), o segundo *bit* de `a` se torna o terceiro etc. Um zero é usado para o novo primeiro *bit*, e o valor do 32º *bit* é perdido. Deslocar um valor para a esquerda por uma posição é equivalente a multiplicar por 2, deslocar por duas posições é equivalente a multiplicar por 4 e assim por diante. Por exemplo, `7 << 2` é avaliado como 28.

Deslocamento à direita com sinal (>>)

O operador >> move todos os *bits* de seu primeiro operando para a direita pelo número de casas especificadas no segundo operando (um inteiro entre 0 e 31). Os *bits* deslocados mais à direita são perdidos. Os *bits* preenchidos à esquerda dependem do *bit* de sinal do operando original, a fim de preservar o sinal do resultado. Se o primeiro operando é positivo, o resultado tem valores zero colocados nos *bits* de ordem mais alta; se o primeiro operando é negativo, o resultado tem valores um colocados nos *bits* de ordem mais alta. Deslocar um valor uma casa para a direita é equivalente a dividir por 2 (descartando o resto), deslocar duas casas para a direita é equivalente à divisão inteira por 4 e assim por diante. Por exemplo, `7 >> 1` é avaliado como 3 e `-7 >> 1` é avaliado como –4.

Deslocamento à direita com preenchimento de zero (>>>)

O operador >>> é exatamente como o operador >>, exceto que os *bits* deslocados à esquerda são sempre zero, não importando o sinal do primeiro operando. Isto é útil quando desejamos tratar valores de 32 *bits* com sinal como se fossem números inteiros sem sinal. Por exemplo, `-1 >> 4` é avaliado como –1, mas `-1 >>> 4` é avaliado como `0x0FFFFFFF`. Este é o único operador *bit a bit* JavaScript que não pode ser utilizado com valores BigInt. Ao contrário dos números inteiros de 32 *bits*, o BigInt não representa números negativos pela configuração do *bit* de ordem mais alta, e esse operador só faz sentido para a representação complementar daqueles dois específicos.

4.9 Expressões relacionais

Esta seção descreve os operadores relacionais de JavaScript. Esses operadores testam uma relação (como "igual a", "menor que" ou "propriedade de") entre dois valores e retornam `true` ou `false`, dependendo da existência dessa relação. As expressões relacionais sempre são avaliadas com um valor booleano, e frequentemente esse valor é utilizado para controlar o fluxo da execução do programa em instruções `if`, `while` e `for` (consulte o Capítulo 5). As subseções a seguir documentam os operadores de igualdade e desigualdade, os operadores de comparação e outros dois operadores relacionais de JavaScript, `in` e `instanceof`.

4.9.1 Operadores de igualdade e desigualdade

Os operadores == e === verificam se dois valores são os mesmos utilizando duas definições diferentes de semelhança. Os dois operadores aceitam operandos de qualquer tipo e ambos retornam `true` se seus operandos são os mesmos e `false` se são diferentes. O operador === é conhecido como operador de igualdade restrita (ou, às vezes, como operador de identidade) e verifica se seus dois operandos são "idênticos", usando uma definição restrita de semelhança. O operador == é conhecido como operador de igualdade; ele verifica se seus dois operandos são "iguais" usando uma definição mais relaxada de semelhança que permite conversões de tipo.

Os operadores != e !== testam exatamente o oposto dos operadores == e ===. O operador de desigualdade != retorna `false` se dois valores são iguais de acordo com == e, caso contrário, retorna `true`. O operador !== retorna `false` se dois valores são rigorosamente iguais; caso contrário, retorna `true`. Conforme vamos ver na Seção 4.10, o operador ! calcula a operação booleana NÃO. Isso torna fácil lembrar que != e !== significam "não igual a" e "não rigorosamente igual a".

Os operadores =, == e ===

JavaScript aceita os operadores =, == e ===. Certifique-se de entender as diferenças entre esses operadores de atribuição, igualdade e igualdade restrita e tome o cuidado de usar o correto ao codificar! Embora seja tentador ler os três operadores como "igual a", talvez ajude a diminuir a confusão se você ler "obtém ou é atribuído" para =, "é igual a" para == e "é rigorosamente igual a" para ===.

O operador == é um recurso legado de JavaScript e amplamente considerado uma fonte de *bugs*. Você deve quase sempre usar === em vez de == e !== em vez de !=.

Conforme mencionado na Seção 3.8, em JavaScript os objetos são comparados por referência e não por valor. Um objeto é igual a si mesmo, mas não a qualquer outro objeto. Se dois objetos distintos têm o mesmo número de propriedades, com os mesmos nomes e valores, eles ainda não são iguais. Da mesma forma, dois *arrays* que tenham os mesmos elementos na mesma ordem não são iguais.

Igualdade restrita

O operador de igualdade restrita === avalia seus operandos e, então, compara os dois valores como segue, não fazendo conversão de tipo:

- Se os dois valores têm tipos diferentes, eles não são iguais.
- Se os dois valores são `null` ou são `undefined`, eles são iguais.
- Se os dois valores são o valor booleano `true` ou ambos são o valor booleano `false`, eles são iguais.
- Se um ou os dois valores são `NaN`, eles não são iguais. Isso é surpreendente, mas o valor `NaN` nunca é igual a qualquer outro valor, incluindo ele mesmo! Para verificar se um valor `x` é `NaN`, use `x !== x`, ou a função global `isNaN()`.
- Se os dois valores são números e têm o mesmo valor, eles são iguais. Se um valor é 0 e o outro é -0, eles também são iguais.
- Se os dois valores são *strings* e contêm exatamente os mesmos valores de 16 *bits* (consulte o quadro na Seção 3.3) nas mesmas posições, eles são iguais. Se as *strings* diferem no comprimento ou no conteúdo, eles não são iguais. Duas *strings* podem ter o mesmo significado e a mesma aparência visual, mas ainda serem codificadas usando diferentes sequências de valores de 16 *bits*. JavaScript não faz normalização de Unicode, e duas *strings* como essas não são consideradas iguais para os operadores === ou ==.
- Se os dois valores se referem ao mesmo objeto, *array* ou função, eles são iguais. Se eles se referem a objetos diferentes, não são iguais, mesmo que os dois objetos tenham propriedades idênticas.

Igualdade com conversão de tipo

O operador de igualdade == é como o operador de igualdade restrita, mas é menos restrito. Se os valores dos dois operandos não são do mesmo tipo, ele procura fazer algumas conversões de tipo e tenta fazer a comparação novamente:

- Se os dois valores têm o mesmo tipo, testa-os quanto à igualdade restrita, conforme descrito anteriormente. Se eles são rigorosamente iguais, eles são iguais. Se eles não são rigorosamente iguais, eles não são iguais.
- Se os dois valores não têm o mesmo tipo, o operador == ainda pode considerá-los iguais. Ele usa as seguintes regras e conversões de tipo para verificar a igualdade:

  — Se um valor for `null` e o outro for `undefined`, eles são considerados iguais.

  — Se um valor for um número e o outro uma *string*, converta a *string* em número e tente a comparação novamente, usando o valor convertido.

  — Se um ou outro valor for `true`, converta-o para 1 e tente a comparação novamente. Se um ou outro valor for `false`, converta-o para 0 e tente a comparação novamente.

  — Se um valor for um objeto e o outro for um número ou uma *string*, converta o objeto em um valor primitivo usando o algoritmo descrito na Seção 3.9.3 e tente a comparação novamente. Um objeto é convertido em um valor primitivo por meio de seu método `toString()` ou de seu método `valueOf()`. As classes nativas de JavaScript básica tentam a conversão com `valueOf()` antes da conversão com `toString()`, exceto para a classe Date, que faz a conversão de `toString()`.

— Qualquer outra combinação de valor não é igual.

Como exemplo de teste de igualdade, considere a comparação:

```
"1" == true // => true
```

Essa expressão é avaliada como `true`, indicando que esses valores de aparência muito diferente na verdade são iguais. Primeiro, o valor booleano `true` é convertido no número 1 e a comparação é feita novamente. Em seguida, a *string* "1" é convertida no número 1. Como agora os dois valores são iguais, a comparação retorna `true`.

4.9.2 Operadores de comparação

Os operadores de comparação testam a ordem relativa (numérica ou alfabética) de seus dois operandos:

Menor que (<)

O operador < é avaliado como `true` se o primeiro operando é menor do que o segundo; caso contrário, é avaliado como `false`.

Maior que (>)

O operador > é avaliado como `true` se o primeiro operando é maior do que o segundo; caso contrário, é avaliado como `false`.

Menor ou igual a (<=)

O operador <= é avaliado como `true` se o primeiro operando é menor ou igual ao segundo; caso contrário, é avaliado como `false`.

Maior ou igual a (>=)

O operador >= é avaliado como `true` se o primeiro operando é maior ou igual ao segundo; caso contrário, é avaliado como `false`.

Os operandos desses operadores de comparação podem ser de qualquer tipo. Contudo, a comparação só pode ser feita com números e *strings*; portanto, os operandos que não são números ou *strings* são convertidos.

A comparação e a conversão ocorrem como segue:

- Se um ou outro operando é avaliado como um objeto, esse objeto é convertido em um valor primitivo, conforme descrito no final da Seção 3.9.3: se seu método `valueOf()` retorna um valor primitivo, esse valor é usado. Caso contrário, é usado o valor de retorno de seu método `toString()`.

- Se, após qualquer conversão necessária de objeto para valor primitivo, os dois operandos forem *strings*, as duas *strings* são comparadas usando a ordem alfabética, onde a "ordem alfabética" é definida pela ordem numérica dos valores Unicode de 16 *bits* que compõem as *strings*.
- Se, após a conversão de objeto para valor primitivo, pelo menos um operando não for uma *string*, os dois operandos são convertidos em números e comparados numericamente. 0 e -0 são considerados iguais. `Infinity` é maior do que qualquer número que não seja ele mesmo e `-Infinity` é menor do que qualquer número que não seja ele mesmo. Se um ou outro operando é (ou é convertido em) `NaN`, então o operador de comparação sempre retorna `false`. Embora operadores aritméticos não permitam que valores BigInt sejam misturados com números normais, os operadores de comparação ainda permitem comparações entre números e BigInts.
- Lembre-se de que as *strings* em JavaScript são sequências de valores inteiros de 16 *bits* e que a comparação de *strings* é apenas uma comparação numérica dos valores das duas *strings*. A ordem de codificação numérica definida pelo Unicode pode não corresponder à ordem de colação tradicional utilizada em qualquer idioma ou localidade. Note especificamente que a comparação de *strings* diferencia letras maiúsculas e minúsculas e todas as letras ASCII maiúsculas são "menores que" todas as letras ASCII minúsculas. Essa regra pode causar resultados confusos, se você não esperar por isso. Por exemplo, de acordo com o operador <, a *string* "Zoo" vem antes da *string* "aardvark".

Para ver um algoritmo de comparação de *strings* mais robusto, experimente o método `String.localeCompare()`, que também leva em conta as definições de ordem alfabética específicas da localidade. Para comparações que não diferenciam letras maiúsculas e minúsculas, você pode converter todas as *strings* para minúsculas ou todas para maiúsculas, usando `String.toLowerCase()` ou `String.toUpperCase()`. E para uma ferramenta de comparação de *strings* mais geral e mais bem localizada, use a classe Intl.Collator descrita na Seção 11.7.3.

Tanto o operador + como os operadores de comparação se comportam diferentemente para operandos numéricos e de *string*. + privilegia as *strings*: ele faz a concatenação se um ou outro operando for uma *string*. Os operadores de comparação privilegiam os números e só fazem comparação de *strings* se os dois operandos forem *strings*:

```
1 + 2          // => 3: adição
"1" + "2"      // => "12": concatenação
"1" + 2        // => "12": 2 é convertido e "2".
11 < 3         // => falso: comparação numérica
"11" < "3"     // => verdadeiro: comparação de strings
"11" < 3       // => falso: comparação numérica, "11" é convertido em 11.
"one" < 3      // => falso: comparação numérica, "one" é convertido em NaN.
```

Por fim, note que os operadores <= (menor ou igual a) e >= (maior ou igual a) não contam com os operadores de igualdade ou igualdade restrita para determinar se dois valores são "iguais". Em vez disso, o operador menor ou igual a é simplesmente definido como "não maior que", e o operador maior ou igual a é definido como "não menor que".

A única exceção ocorre quando um ou outro operando é (ou é convertido em) `NaN`, no caso em que todos os quatro operadores de comparação retornam `false`.

4.9.3 O operador in

O operador `in` espera um operando no lado esquerdo que seja uma *string*, um símbolo ou um valor que possa ser convertido em uma *string*. No lado direito, ele espera um operando que seja um objeto. Ele é avaliado como `true` se o valor do lado esquerdo é o nome de uma propriedade do objeto do lado direito. Por exemplo:

```
let point = {x: 1, y: 1};   // Define um objeto
"x" in point                // => verdadeiro: o objeto tem uma propriedade chamada "x"
"z" in point                // => falso: o objeto não tem propriedade "z".
"toString" in point         // => verdadeiro: o objeto herda o método toString

let data = [7,8,9];         // Um array com elementos (índices) 0, 1 e 2
"0" in data                 // => verdadeiro: o array tem um elemento "0"
1 in data                   // => verdadeiro: números são convertidos em strings
3 in data                   // => falso: nenhum elemento 3
```

4.9.4 O operador instanceof

O operador `instanceof` espera um objeto para o operando no lado esquerdo e um operando no lado direito que identifique uma classe de objetos. O operador é avaliado como `true` se o objeto do lado esquerdo é uma instância da classe do lado direito e é avaliado como `false` caso contrário. O Capítulo 9 explica que em JavaScript as classes de objetos são definidas pela função construtora que as inicializa. Assim, o operando do lado direito de `instanceof` deve ser uma função. Aqui estão exemplos:

```
let d = new Date();    // Cria um novo objeto com a construtora Date()
d instanceof Date      // => true: d foi criado com Date()
d instanceof Object    // => true: todos os objetos são instâncias de Object
d instanceof Number    // => falso: d não é um objeto Number
let a = [1, 2, 3];     // Cria um array com sintaxe de array literal
a instanceof Array     // => true: a é um array
a instanceof Object    // => true: todos os arrays são objetos
a instanceof RegExp    // => falso: os arrays não são expressões regulares
```

Note que todos os objetos são instâncias de `Object`. `instanceof` considera as "superclasses" ao decidir se um objeto é uma instância de uma classe. Se o operando do lado esquerdo de `instanceof` não for um objeto, `instanceof` retorna `false`. Se o lado direito não for uma classe de objetos, ele lança um `TypeError`.

Para entender como o operador `instanceof` funciona, você deve entender o "encadeamento de protótipos". Trata-se de um mecanismo de herança de JavaScript e está descrito na Seção 6.3.2. Para avaliar a expressão `o instanceof f`, JavaScript avalia `f.prototype` e depois procura esse valor no encadeamento de protótipos de `o`. Se o encontra, então `o` é uma instância de `f` (ou de uma subclasse de `f`) e o operador retorna `true`. Se `f.prototype` não for um dos valores no encadeamento de protótipos de `o`, então `o` não é uma instância de `f` e `instanceof` retorna `false`.

4.10 Expressões lógicas

Os operadores lógicos `&&`, `||` e `!` usam álgebra booleana e são frequentemente utilizados em conjunto com os operadores relacionais para combinar duas expressões relacionais em outra mais complexa. Esses operadores estão descritos nas subseções a seguir. Para entendê-los completamente, talvez você queira rever a noção de valores "verdadeiros" e "falsos" apresentada na Seção 3.4.

4.10.1 E lógico (&&)

O operador `&&` pode ser entendido em três níveis diferentes. No nível mais simples, quando utilizado com operandos booleanos, `&&` efetua a operação E booleana nos dois valores: ele retorna `true` se, e somente se, seu primeiro operando *e* seu segundo operando são `true`. Se um ou os dois operandos são `false`, ele retorna `false`.

`&&` é frequentemente usado como conjunção para unir duas expressões relacionais:

```
x === 0 && y === 0   // verdadeiro se, e somente se, x e y são 0
```

As expressões relacionais são sempre avaliadas como `true` ou `false`; portanto, quando usado desse modo, o próprio operador `&&` retorna `true` ou `false`. Os operadores relacionais têm precedência mais alta do que `&&` (e `||`); portanto, expressões como essas podem ser escritas seguramente sem os parênteses.

Mas `&&` não exige que seus operandos sejam valores booleanos. Lembre-se de que todos os valores em JavaScript são "verdadeiros" ou "falsos". (Consulte a Seção 3.4 para ver os detalhes. Os valores falsos são `false`, `null`, `undefined`, `0`, `-0`, `NaN` e `""`. Todos os outros valores, incluindo todos os objetos, são verdadeiros.) O segundo nível no qual `&&` pode ser entendido é como operador E booleano para valores verdadeiros e falsos. Se os dois operandos são verdadeiros, o operador retorna um valor verdadeiro. Caso contrário, um ou os dois operandos devem ser falsos, e o operador retorna um valor falso. Em JavaScript, qualquer expressão ou instrução que espera um valor booleano vai trabalhar com um valor verdadeiro ou falso; portanto, o fato de que `&&` nem sempre retorna `true` ou `false` não causa problemas práticos.

Observe que a descrição anterior diz que o operador retorna "um valor verdadeiro" ou "um valor falso", mas não especifica qual é esse valor. Por isso, precisamos descrever `&&` no terceiro e último nível. Esse operador começa avaliando seu primeiro operando, a expressão à sua esquerda. Se o valor à esquerda é falso, o valor da expressão inteira também deve ser falso; portanto, `&&` simplesmente retorna o valor da esquerda e nem mesmo avalia a expressão da direita.

Por outro lado, se o valor à esquerda é verdadeiro, então o valor global da expressão depende do valor do lado direito. Se o valor da direita é verdadeiro, então o valor global deve ser verdadeiro; e se o valor da direita é falso, então o valor global deve ser falso.

Assim, quando o valor da direita é verdadeiro, o operador && avalia e retorna o valor da direita:

```
let o = {x: 1};
let p = null;
o && o.x    // => 1: o é verdadeiro; portanto, retorna o valor de o.x
p && p.x    // => null: p é falso; portanto, retorna-o e não avalia p.x
```

É importante entender que && pode ou não avaliar o operando de seu lado direito. No código anterior, a variável p é configurada como null e a expressão p.x, se fosse avaliada, lançaria uma exceção TypeError. Mas o código utiliza && de maneira idiomática, de modo que p.x é avaliado somente se p é verdadeiro – não null ou undefined.

Às vezes o comportamento de && é chamado de "curto-circuito" e às vezes você pode ver código que explora esse comportamento propositalmente, para executar código condicionalmente. Por exemplo, as duas linhas de código JavaScript a seguir têm efeitos equivalentes:

```
if (a === b) stop();    // Chama stop() somente se a == b
(a === b) && stop();    // Isto faz a mesma coisa
```

De modo geral, você deve tomar cuidado ao escrever uma expressão com efeitos colaterais (atribuições, incrementos, decrementos ou chamadas de função) no lado direito de &&. Se esses efeitos colaterais ocorrem ou não depende do valor do lado esquerdo.

Apesar do funcionamento um tanto complexo desse operador, ele é mais comumente usado como operador de álgebra booleana simples, que trabalha com valores verdadeiros e falsos.

4.10.2 OU lógico (||)

O operador || efetua a operação OU booleana em seus dois operandos. Se um ou os dois operandos são verdadeiros, ele retorna um valor verdadeiro. Se os dois operandos são falsos, ele retorna um valor falso.

Embora o operador || seja mais frequentemente utilizado apenas como um operador OU booleano, assim como o operador &&, ele tem comportamento mais complexo. Ele começa avaliando o primeiro operando, a expressão à sua esquerda. Se o valor desse primeiro operando é verdadeiro, ele causa um curto-circuito e retorna esse valor verdadeiro sem avaliar a expressão à direita. Se, por outro lado, o valor do primeiro operando é falso, || avalia o segundo operando e retorna o valor dessa expressão.

Assim como no operador &&, você deve evitar operandos no lado direito que contenham efeitos colaterais, a não ser que queira propositalmente utilizar o fato de que a expressão do lado direito pode não ser avaliada.

Uma utilização idiomática desse operador é selecionar o primeiro valor verdadeiro em um conjunto de alternativas:

```
// Se maxWidth é verdadeiro, usa isso. Caso contrário, procura um valor
// no objeto preferences. Se não é verdadeiro, usa uma constante codificada.
let max = maxWidth || preferences.maxWidth || 500;
```

Observe que se 0 é um valor válido para `maxWidth`, esse código não funcionará corretamente, pois 0 é um valor falso. Consulte o operador ?? (Seção 4.13.2) para uma alternativa.

Antes da ES6, esse idioma era muito utilizado em funções para fornecer valores padrão para parâmetros:

```
// Copia as propriedades de o em p e retorna p
function copy(o, p) {
    p = p || {};   // Se nenhum objeto é passado para p, usa um objeto recém-criado.
    // o corpo da função fica aqui
}
```

Na ES6 e posteriores, entretanto, esse truque não é mais necessário, pois o valor de parâmetro padrão pode simplesmente ser escrito na definição da função em si: `function copy(o, p={}) { ... }`.

4.10.3 NÃO lógico (!)

O operador `!` é um operador unário – ele é colocado antes de um único operando. Seu objetivo é inverter o valor booleano de seu operando. Por exemplo, se `x` é verdadeiro, `!x` é avaliado como `false`. Se `x` é falso, então `!x` é `true`.

Ao contrário dos operadores `&&` e `||`, o operador `!` converte seu operando em um valor booleano (usando as regras descritas no Capítulo 3) antes de inverter o valor convertido. Isso significa que `!` sempre retorna `true` ou `false` e que é possível converter qualquer valor `x` em seu valor booleano equivalente aplicando esse operador duas vezes: `!!x` (consulte a Seção 3.9.2).

Como um operador unário, `!` tem precedência alta e se vincula fortemente. Se quiser inverter o valor de uma expressão como `p && q`, você precisa usar parênteses: `!(p && q)`. É interessante notar dois teoremas da álgebra booleana aqui, que podemos expressar usando sintaxe de JavaScript:

```
// Leis de De Morgan
!(p && q) === (!p || !q)   // => verdadeiro: para todos os valores de p e q
!(p || q) === (!p && !q)   // => verdadeiro: para todos os valores de p e q
```

4.11 Expressões de atribuição

JavaScript usa o operador = para atribuir um valor a uma variável ou propriedade. Por exemplo:

```
i = 0;        // Configura a variável i com 0.
o.x = 1;      // Configura a propriedade x do objeto o com 1.
```

O operador = espera que o operando de seu lado esquerdo seja um *lvalue*: uma variável ou propriedade de objeto (ou elemento de *array*). Ele espera que o operando de seu lado direito seja um valor arbitrário de qualquer tipo. O valor de uma expressão de atribuição é o valor do operando do lado direito. Como efeito colateral, o operador = atribui o valor da direita à variável ou propriedade da esquerda; portanto, futuras referências à variável ou propriedade serão avaliadas com o valor.

Embora as expressões de atribuição normalmente sejam muito simples, às vezes você poderá ver o valor de uma expressão de atribuição utilizado como parte de uma expressão maior. Por exemplo, é possível atribuir e testar um valor na mesma expressão com o código a seguir:

```
(a = b) === 0
```

Se fizer isso, certifique-se de saber claramente a diferença entre os operadores = e ===! Note que = tem precedência muito baixa e que normalmente parênteses são necessários quando o valor de uma atribuição será usado em uma expressão maior.

O operador de atribuição tem associatividade da direita para a esquerda, ou seja, quando vários operadores de atribuição aparecem em uma expressão, eles são avaliados da direita para a esquerda. Assim, é possível escrever código como o seguinte para atribuir um único valor a diversas variáveis:

```
i = j = k = 0;       // Inicializa 3 variáveis com 0
```

4.11.1 Atribuição com operação

Além do operador de atribuição = normal, JavaScript aceita vários outros operadores de atribuição que fornecem atalhos por combinar atribuição com alguma outra operação. Por exemplo, o operador += efetua adição e atribuição. A expressão a seguir:

```
total += salesTax;
```

é equivalente a esta:

```
total = total + salesTax;
```

Como seria de se esperar, o operador += funciona com números ou *strings*. Para operandos numéricos, ele efetua adição e atribuição; para operandos *string*, ele faz concatenação e atribuição.

Operadores semelhantes incluem -=, *=, &= etc. A Tabela 4-2 lista todos eles.

Tabela 4-2 Operadores de atribuição

Operador	Exemplo	Equivalente
+=	a += b	a = a + b
-=	a -= b	a = a - b
*=	a *= b	a = a * b

Operador	Exemplo	Equivalente
/=	a /= b	a = a / b
%=	a %= b	a = a % b
**=	a **= b	a = a ** b
<<=	a <<= b	a = a << b
>>=	a >>= b	a = a >> b
>>>=	a >>>= b	a = a >>> b
&=	a &= b	a = a & b
|=	a |= b	a = a | b
^=	a ^= b	a = a ^ b

Na maioria dos casos, a expressão:

```
a op= b
```

onde op é um operador, é equivalente à expressão:

```
a = a op b
```

Na primeira linha, a expressão a é avaliada uma vez. Na segunda, ela é avaliada duas vezes. Os dois casos vão diferir somente se a incluir efeitos colaterais, como em uma chamada de função ou um operador de incremento. As duas atribuições a seguir, por exemplo, não são iguais:

```
data[i++] *= 2;
data[i++] = data[i++] * 2;
```

4.12 Expressões de avaliação

Assim como muitas linguagens interpretadas, JavaScript tem a capacidade de interpretar *strings* de código-fonte, avaliando-as para produzir um valor. JavaScript faz isso com a função global eval():

```
eval("3+2")    // => 5
```

A avaliação dinâmica de *strings* de código-fonte é um recurso poderoso da linguagem que quase nunca é necessário na prática. Se você estiver em uma situação na qual esteja usando eval(), deve considerar com atenção se realmente precisa usá-la. Em especial, eval() pode ser um risco de segurança, e você nunca deve passar nenhuma *string* derivada de entradas do usuário para eval(). Com uma linguagem complexa como JavaScript, não há como "desinfectar" a entrada do usuário para tornar o seu uso seguro com eval(). Devido a esses problemas de segurança, alguns servidores Web usam o cabeçalho HTTP "Content-Security-Policy" para desabilitar o uso de eval() para todo o *site*.

As subseções a seguir explicam o uso básico de eval() e, em seguida, explicam duas versões restritas que têm menos impacto sobre o otimizador.

eval() é uma função ou um operador?

`eval()` é uma função, mas foi incluída nas expressões deste capítulo porque, na verdade, deveria ser um operador. As primeiras versões da linguagem definiam uma função `eval()` e, desde então, os projetistas da linguagem e os desenvolvedores de interpretadores vêm impondo restrições a ela que a tornam cada vez mais parecida com um operador. Os interpretadores de JavaScript modernos fazem muita análise e otimização de código. De modo geral, se uma função chama `eval()`, o interpretador não pode otimizar essa função. O problema de definir `eval()` como uma função é que ela pode receber outros nomes:

```
let f = eval;
let g = f;
```

Se isso for permitido, o interpretador não tem como saber com certeza quais funções chamam `eval()`, então não consegue otimizar ativamente. Esse problema poderia ser evitado se `eval()` fosse um operador (e uma palavra reservada). Vamos aprender a seguir (nas Seções 4.12.2 e 4.12.3) sobre as restrições impostas a `eval()` para torná-la mais parecida com um operador.

4.12.1 eval()

`eval()` espera um único argumento. Se for passado qualquer valor que não seja uma *string*, ela simplesmente retorna esse valor. Se for passada uma *string*, ela tenta analisar a *string* como código JavaScript, lançando uma exceção SyntaxError em caso de falha. Se conseguir analisar a *string*, então ela avalia o código e retorna o valor da última expressão ou instrução da *string* ou `undefined`, caso a última expressão ou instrução não tenha valor algum. Se a *string* avaliada lança uma exceção, essa exceção é propagada a partir da chamada a `eval()`.

O principal a saber sobre `eval()` (quando chamada desse modo) é que ela usa o ambiente da variável do código que a chama. Isto é, ela pesquisa os valores das variáveis e define novas variáveis e funções da mesma maneira como o código local faz. Se uma função define uma variável local `x` e, então, chama `eval("x")`, ela obtém o valor da variável local. Se chama `eval("x=1")`, ela altera o valor da variável local. E se a função chama `eval("var y = 3;")`, ela declarou uma nova variável local `y`. Por outro lado, se a *string* avaliada usa `let` ou `const`, a variável ou constante declarada será local à avaliação e não será definida no ambiente de chamada.

Do mesmo modo, uma função pode declarar uma função local com código como o seguinte:

```
eval("function f() { return x+1; }");
```

Se `eval()` é chamada a partir do código de nível superior, ela opera sobre variáveis globais e funções globais, evidentemente.

Note que a *string* de código passado para `eval()` deve ter sentido sintático – não se pode usá-la para analisar fragmentos de código em uma função. Não faz sentido escrever eval("return;"), por exemplo, pois return só vale dentro de funções, e o fato de a *string* avaliada usar o mesmo ambiente de variável da função chamadora não a torna parte dessa função. Se sua *string* faz sentido como um *script* independente (mesmo um muito curto, como x=0), é válido passá-la para eval(). Caso contrário, eval() vai lançar uma exceção SyntaxError.

4.12.2 eval() global

É a capacidade de eval() alterar variáveis locais que é tão problemática para os otimizadores de JavaScript. Contudo, como uma solução de contorno, os interpretadores simplesmente fazem menos otimização em qualquer função que chame eval(). Mas o que um interpretador JavaScript deve fazer se um *script* define um *alias* para eval() e depois chama essa função por outro nome? A especificação JavaScript declara que, quando eval() é chamada por qualquer outro nome que não "eval", ela deve avaliar a *string* como se fosse código global de nível superior. O código avaliado pode definir novas variáveis globais ou funções globais e pode configurar variáveis globais, mas não poderá utilizar nem modificar qualquer variável local na função chamadora e, portanto, não interferirá nas otimizações locais.

Uma "eval direta" é uma chamada da função eval() com uma expressão que utiliza o nome "eval" exato, não qualificado (que está começando a parecer uma palavra reservada). As chamadas diretas a eval() utilizam o ambiente de variável do contexto chamador. Qualquer outra chamada – uma chamada indireta – usa o objeto global como ambiente de variável e não pode ler, gravar nem definir variáveis ou funções locais. (Tanto chamadas diretas quanto indiretas somente podem definir novas variáveis com var. Usos de let e const em uma *string* avaliada criam variáveis e constantes locais à avaliação e não alteram o ambiente de chamada ou global.)

O código a seguir demonstra isso:

```
const geval = eval;                // Usar outro nome faz uma eval global
let x = "global", y = "global";   // Duas variáveis globais
function f() {                     // Esta função faz uma eval local
    let x = "local";               // Define uma variável local
    eval("x += 'changed';");       // eval direta configura variável local
    return x;                      // Retorna variável local alterada
}
function g() {                     // Esta função faz uma eval global
    let y = "local";               // Uma variável local
    geval("y += 'changed';");      // eval indireta configura variável global
    return y;                      // Retorna variável local inalterada
}
console.log(f(), x);               // Variável local alterada: imprime "localchanged global":
console.log(g(), y);               // Variável global alterada: imprime "local
                                   globalchanged":
```

Observe que a capacidade de fazer uma eval global não é apenas uma adaptação às necessidades do otimizador; na verdade, é um recurso tremendamente útil: ele permite executar *strings* de código como se fossem *scripts* de nível superior independentes. Conforme observado no início desta seção, é raro precisar realmente avaliar uma *string* de código. Mas se você achar necessário, é mais provável que queira fazer um eval global do que um eval local.

4.12.3 eval() restrita

O modo restrito (consulte a Seção 5.6.3) impõe mais restrições sobre o comportamento da função `eval()` e até sobre o uso do identificador "eval". Quando `eval()` é chamada a partir de código de modo restrito ou quando a própria *string* de código a ser avaliada começa com uma diretiva "*use strict*", `eval()` faz um eval local com um ambiente de variável privado. Isso significa que, no modo restrito, o código avaliado pode consultar e configurar variáveis locais, mas não pode definir novas variáveis ou funções no escopo local.

Além disso, o modo restrito torna `eval()` ainda mais parecida com um operador, transformando "eval" efetivamente em uma palavra reservada. Não é permitido sobrescrever a função `eval()` com um novo valor. E não é permitido declarar uma variável, função, parâmetro de função ou parâmetro de bloco de captura com o nome "eval".

4.13 Operadores diversos

JavaScript aceita diversos outros operadores, descritos nas seções a seguir.

4.13.1 O operador condicional (?:)

O operador condicional é o único operador ternário (três operandos) de JavaScript e às vezes é chamado de *operador ternário*. Esse operador às vezes é escrito como ?:, embora não apareça dessa maneira em código. Como esse operador tem três operandos, o primeiro fica antes de ?, o segundo fica entre ? e : e o terceiro fica depois de :. Ele é usado da seguinte forma:

```
x > 0 ? x : -x    // O valor absoluto de x
```

Os operandos do operador condicional podem ser de qualquer tipo. O primeiro operando é avaliado e interpretado como um valor booleano. Se o valor do primeiro operando é verdadeiro, então o segundo operando é avaliado e seu valor é retornado. Caso contrário, se o primeiro operando é falso, então o terceiro operando é avaliado e seu valor é retornado. Somente o segundo ou o terceiro operando é avaliado, nunca ambos.

Embora seja possível obter resultados semelhantes usando a instrução `if` (Seção 5.3.1), o operador ?: frequentemente oferece um atalho útil. Aqui está uma utilização típica, a qual verifica se uma variável está definida (e tem um valor verdadeiro significativo) e, se estiver, a utiliza ou, se não estiver, fornece um valor padrão:

```
greeting = "hello " + (username ? username : "there");
```

Isso é equivalente (mas mais compacto do que) à instrução `if` a seguir:

```
greeting = "hello ";
if (username) {
    greeting += username;
} else {
    greeting += "there";
}
```

4.13.2 Primeiro definido (??)

O operador primeiro definido ?? é avaliado como o primeiro operando definido: se o operando esquerdo não é `null` nem `undefined`, ele retorna esse valor. Caso contrário, retorna o valor do operando à direita. Assim como os operadores && e ||, ?? recorre a um curto-circuito: ele apenas avalia seu segundo operando se o primeiro é avaliado como `null` ou `undefined`. Se a expressão a não tem efeitos colaterais, a expressão `a ?? b` é equivalente a:

```
(a !== null && a !== undefined) ? a : b
```

?? é uma alternativa útil a || (Seção 4.10.2) quando você quer selecionar o primeiro operando *definido* e não o primeiro operando verdadeiro. Embora || seja nominalmente um operador OU lógico, também é usado idiomaticamente para selecionar o primeiro operando não falso com código como:

```
// Se maxWidth é verdadeiro, usa isso. Caso contrário, procura um valor
// no objeto preferences. Se não é verdadeiro, usa uma constante codificada.
let max = maxWidth || preferences.maxWidth || 500;
```

O problema desse uso idiomático é que zero, a *string* vazia e `false` são todos valores falsos que podem ser perfeitamente válidos em determinadas circunstâncias. Nesse exemplo de código, se `maxWidth` é zero, o valor será ignorado. Mas se alterarmos o operador || para ??, criamos uma expressão na qual zero é um valor válido:

```
// Se maxWidth é definido, usa isso. Caso contrário, procura um valor
// no objeto preferences. Se não é definido, usa uma constante codificada.
let max = maxWidth ?? preferences.maxWidth ?? 500;
```

A seguir, apresentamos mais exemplos que mostram como ?? funciona quando o primeiro operando é falso. Se o operando é falso, mas definido, ?? o retorna. É apenas quando o primeiro operando é "nulo" (ou seja, `null` ou `undefined`) que o operador é avaliado e retorna o segundo operando:

```
let options = { timeout: 0, title: "", verbose: false, n: null };
options.timeout ?? 1000     // => 0: como definido no objeto
options.title ?? "Untitled" // => "": como definido no objeto
options.verbose ?? true     // => falso: como definido no objeto
options.quiet ?? false      // => falso: propriedade não definida
options.n ?? 10             // => 10: propriedade é null
```

Observe que as expressões `timeout`, `title` e `verbose` mencionadas teriam valores diferentes se usássemos || em vez de ??.

O operador ?? é semelhante aos operadores && e ||, mas não tem precedência maior ou menor do que eles. Se usá-lo em uma expressão com qualquer um desses outros operadores, é preciso usar parênteses explícitos para especificar qual operação você quer que seja realizada primeiro:

```
(a ?? b) || c    // primeiro ??, depois ||
a ?? (b || c)    // primeiro ||, depois ??
a ?? b || c      // SyntaxError: parênteses são exigidos
```

O operador ?? foi definido pela ES2020 e, até o início de 2020, era suportado pelas versões atuais ou beta de todos os principais navegadores. Formalmente, ele é chamado de "coalescência nula" (*nullish coalescing*), mas evito esse termo porque, embora o operador selecione um dos seus operandos, não vejo nenhuma forma em que ele os "coalesce".

4.13.3 O operador typeof

`typeof` é um operador unário colocado antes de seu único operando, o qual pode ser de qualquer tipo. Seu valor é uma *string* que especifica o tipo do operando. A Tabela 4-3 especifica o valor do operador `typeof` para qualquer valor de JavaScript:

Tabela 4-3 Valores retornados pelo operador typeof

x	typeof x
`undefined`	`"undefined"`
`null`	`"objeto"`
`true` ou `false`	`"booleano"`
qualquer número ou NaN	`"número"`
qualquer BigInt	`"bigint"`
qualquer *string*	`"string"`
qualquer símbolo	`"símbolo"`
qualquer função	`"função"`
qualquer objeto que não seja função	`"objeto"`

O operador `typeof` poderia ser usado em uma expressão como a seguinte:

```
// Se o valor é uma string, coloque entre aspas; caso contrário, converta
(typeof value === "string") ? "'" + value + "'" : value.toString()
```

Note que `typeof` retorna "objeto" se o valor do operando é `null`. Se quiser diferenciar `null` de objetos, será necessário testar explicitamente esse valor de caso especial.

Embora funções em JavaScript sejam um tipo de objeto, o operador `typeof` considera que as funções são suficientemente diferentes para terem o próprio valor de retorno.

Como `typeof` é avaliado como "objeto" para todos os valores de objeto e *array* que não sejam funções, é útil apenas para distinguir objetos de outros tipos primitivos. Para diferenciar uma classe de objetos de outra, devem ser usadas outras técnicas, como o operador `instanceof` (consulte a Seção 4.9.4), o atributo `class` (consulte a Seção 14.4.3) ou a propriedade `constructor` (consulte as Seções 9.2.2 e 14.3).

4.13.4 O operador delete

`delete` é um operador unário que tenta excluir a propriedade do objeto ou elemento do *array* especificado como operando. Assim como os operadores de atribuição, incremento e decremento, `delete` é normalmente usado por seu efeito colateral de exclusão de propriedade e não pelo valor que retorna. Alguns exemplos:

```
let o = { x: 1, y: 2}; // Começa com um objeto
delete o.x;            // Exclui uma de suas propriedades
"x" in o               // => falso: a propriedade não existe mais

let a = [1,2,3];       // Começa com um array
delete a[2];           // Exclui o último elemento do array
2 in a                 // => falso: o elemento de array 2 não existe mais
a.length               // => 3: observe que o comprimento do array não muda, entretanto
```

Note que uma propriedade ou um elemento de *array* excluído não é simplesmente configurado com o valor `undefined`. Quando uma propriedade é excluída, ela deixa de existir. A tentativa de ler uma propriedade inexistente retorna `undefined`, mas é possível testar a existência de uma propriedade com o operador `in` (Seção 4.9.3). Excluir um elemento do *array* deixa um "buraco" no *array* e não altera o seu comprimento. O *array* resultante é *esparso* (Seção 7.3).

`delete` espera que seu operando seja *lvalue*. Se não for *lvalue*, o operador não faz nada e retorna `true`. Caso contrário, `delete` tenta excluir o *lvalue* especificado. `delete` retorna `true` se tem êxito em excluir o *lvalue* especificado. Contudo, nem todas as propriedades podem ser excluídas - propriedades não configuráveis (Seção 14.1) são imunes à exclusão.

No modo restrito, `delete` lança um SyntaxError se seu operando é um identificador não qualificado, como uma variável, uma função ou um parâmetro de função - ele só funciona quando o operando é uma expressão de acesso à propriedade (Seção 4.4). O modo restrito também especifica que `delete` lance um TypeError se solicitado a excluir qualquer propriedade que não possa ser configurada (ou seja, que não pode ser excluída). Fora do modo restrito não ocorre qualquer exceção nesses casos, e `delete` simplesmente retorna `false` para indicar que o operando não pode ser excluído.

Aqui estão alguns exemplos de uso do operador `delete`:

```
let o = {x: 1, y: 2};
delete o.x;     // Exclui uma das propriedades do objeto; retorna true
typeof o.x;     // A propriedade não existe; retorna "indefinido"
delete o.x;     // Exclui uma propriedade inexistente; retorna true
delete 1;       // Não faz sentido, mas apenas retorna true.
// Não pode excluir uma variável; retorna false, ou SyntaxError em modo restrito.
delete o;
// Propriedade que não pode ser excluída; retorna false, ou TypeError em modo restrito.
delete Object.prototype;
```

Vamos ver o operador `delete` novamente na Seção 6.4.

4.13.5 O operador await

await foi introduzida na ES2017 como forma de tornar a programação assíncrona mais natural em JavaScript. Será preciso ler o Capítulo 13 para entender esse operador. Resumidamente, entretanto, await espera um objeto Promise (que representa um cálculo assíncrono) como seu único operando e faz o programa se comportar como se estivesse à espera do cálculo assíncrono para completar (mas sem bloquear de fato, e não impede que outras operações assíncronas ocorram ao mesmo tempo). O valor do operador await é o valor de cumprimento do objeto Promise. É importante observar que await é válido apenas em funções que foram declaradas assíncronas com a palavra-chave async. Mais uma vez, consulte o Capítulo 13 para mais detalhes.

4.13.6 O operador void

void é um operador unário que aparece antes de seu único operando, o qual pode ser de qualquer tipo. Esse operador é incomum e pouco utilizado: ele avalia seu operando e, então, descarta o valor e retorna undefined. Como o valor do operando é descartado, usar o operador void só faz sentido se o operando tiver efeitos colaterais.

O operador void é tão obscuro que é difícil pensar em um exemplo prático do seu uso. Um caso seria quando você quer definir uma função que não retorna nada, mas também usa a sintaxe abreviada de funções de seta (consulte a Seção 8.1.3) na qual o corpo da função é uma única expressão avaliada e retornada. Se você avalia uma expressão exclusivamente devido aos seus efeitos colaterais, mas não quer retornar o seu valor, então o procedimento mais simples é usar colchetes em torno do corpo da função. Uma alternativa, no entanto, seria usar o operador void:

```
let counter = 0;
const increment = () => void counter++;
increment()    // => undefined
counter        // => 1
```

4.13.7 O operador vírgula (,)

O operador vírgula é um operador binário cujos operandos podem ser de qualquer tipo. Ele avalia o operando da esquerda, avalia o operando da direita e, então, retorna o valor do operando da direita. Assim, a linha a seguir:

```
i=0, j=1, k=2;
```

é avaliada como 2 e é basicamente equivalente a:

```
i = 0; j = 1; k = 2;
```

A expressão do lado esquerdo é sempre avaliada, mas seu valor é descartado, ou seja, só faz sentido utilizar o operador vírgula quando a expressão do lado esquerdo tem efeitos colaterais. A única situação na qual o operador vírgula costuma ser utilizado é em um laço for (Seção 5.4.3) que tenha diversas variáveis:

```
// A primeira vírgula abaixo faz parte da sintaxe da instrução let
// A segunda vírgula é o operador vírgula: ele nos permite comprimir
// duas expressões (i++ e j--) em uma instrução (o laço for) que espera uma.
for(let i=0,j=10; i < j; i++,j--) {
    console.log(i+j);
}
```

4.14 Resumo

Este capítulo abrange diversos tópicos e contém diversos materiais de referência que você vai reler à medida que aprende JavaScript. Os pontos mais importantes para você lembrar, no entanto, incluem:

- As expressões são as frases de um programa JavaScript.
- Qualquer expressão pode ser *avaliada* como um valor JavaScript.
- As expressões também podem ter efeitos colaterais (como atribuição de variável) além de produzir um valor.
- Expressões simples, como literais, referência de variável e acessos à propriedade, podem ser combinadas com operadores para produzir expressões maiores.
- JavaScript define operadores como aritméticos, de comparação, booleanos, de atribuição e de manipulação de *bits*, além de alguns operadores diversos, incluindo o operador condicional ternário.
- O operador JavaScript + é usado para somar números e para concatenar *strings*.
- Os operadores lógicos && e || têm um comportamento especial de "curto-circuito" e, às vezes, apenas avaliam um dos seus argumentos. Idiomas comuns em JavaScript exigem que você entenda o comportamento especial desses operadores.

CAPÍTULO 5
Instruções

O Capítulo 4 descreveu as expressões em JavaScript como frases. De acordo com essa analogia, *instruções* são sentenças ou comandos em JavaScript. Assim como as sentenças nos idiomas humanos são terminadas e separadas por pontos-finais, as instruções em JavaScript são terminadas com ponto e vírgula (Seção 2.6). As expressões são *avaliadas* para produzir um valor, mas as instruções são *executadas* para fazer algo acontecer.

Uma maneira de "fazer algo acontecer" é avaliar uma expressão que tenha efeitos colaterais. As expressões com efeitos colaterais, como as atribuições e as chamadas de função, podem aparecer sozinhas como instruções e, quando utilizadas dessa maneira, são conhecidas como *instruções de expressão*. Uma categoria similar de instruções é a das *instruções de declaração*, que declaram novas variáveis e definem novas funções.

Os programas JavaScript nada mais são do que uma sequência de instruções a serem executadas. Por padrão, o interpretador JavaScript executa essas instruções uma após a outra, na ordem em que são escritas. Outro modo de "fazer algo acontecer" é alterar essa ordem de execução padrão, sendo que JavaScript tem várias instruções ou estruturas de controle que fazem justamente isso:

Condicionais
: Instruções como `if` e `switch` que fazem o interpretador JavaScript executar ou pular outras instruções, dependendo do valor de uma expressão.

Laços
: Instruções como `while` e `for` que executam outras instruções repetidas vezes.

Saltos
: Instruções como `break`, `return` e `throw` que fazem o interpretador pular para outra parte do programa.

As seções a seguir descrevem as várias instruções de JavaScript e explicam sua sintaxe. A Tabela 5-1, no final do capítulo, resume a sintaxe. Um programa JavaScript é simplesmente uma sequência de instruções, separadas umas das outras por pontos e vírgulas; portanto, uma vez que você conheça as instruções de JavaScript, pode começar a escrever programas em JavaScript.

5.1 Instruções de expressão

Os tipos mais simples de instruções em JavaScript são as expressões que têm efeitos colaterais. Esse tipo de instrução foi mostrado no Capítulo 4. As instruções de atribuição são uma categoria importante de instrução de expressão. Por exemplo:

```
greeting = "Hello " + name;
i *= 3;
```

Os operadores de incremento e decremento, ++ e --, são relacionados às instruções de atribuição. Eles têm o efeito colateral de alterar o valor de uma variável, exatamente como se fosse feita uma atribuição:

```
counter++;
```

O operador `delete` tem o importante efeito colateral de excluir uma propriedade de um objeto. Assim, ele é quase sempre utilizado como uma instrução e não como parte de uma expressão maior:

```
delete o.x;
```

As chamadas de função são outra categoria importante de instrução de expressão. Por exemplo:

```
console.log(debugMessage);
displaySpinner();  // Uma função hipotética para exibir um spinner em um aplicativo Web.
```

Essas chamadas de função são expressões, mas têm efeitos colaterais que afetam o ambiente hospedeiro ou o estado do programa e são utilizadas aqui como instruções. Se uma função não tem qualquer efeito colateral, não tem sentido chamá-la, a não ser que faça parte de uma expressão maior ou de uma instrução de atribuição. Por exemplo, você não calcularia um cosseno e simplesmente descartaria o resultado:

```
Math.cos(x);
```

Mas poderia calcular o valor e atribuí-lo a uma variável para uso futuro:

```
cx = Math.cos(x);
```

Note que cada linha de código de cada um desses exemplos termina com um ponto e vírgula.

5.2 Instruções compostas e vazias

Assim como o operador vírgula (Seção 4.13.7) combina várias expressões em uma, um *bloco de instruções* combina várias instruções em uma única *instrução composta*. Um bloco de instruções é simplesmente uma sequência de instruções colocadas dentro de chaves. Assim, as linhas a seguir atuam como uma única instrução e podem ser usadas em qualquer lugar em que JavaScript espere uma única instrução:

```
{
    x = Math.PI;
    cx = Math.cos(x);
    console.log("cos(π) = " + cx);
}
```

Existem algumas coisas a observar a respeito desse bloco de instruções. Primeiro, ele *não* termina com um ponto e vírgula. As instruções primitivas dentro do bloco terminam em ponto e vírgula, mas o bloco em si, não. Segundo, as linhas dentro do bloco são recuadas em relação às chaves que as englobam. Isso é opcional, mas torna o código mais fácil de ler e entender.

Assim como as expressões frequentemente contêm subexpressões, muitas instruções JavaScript contêm subinstruções. Formalmente, a sintaxe de JavaScript em geral permite uma única subinstrução. Por exemplo, a sintaxe do laço `while` inclui uma única instrução que serve como corpo do laço. Usando-se um bloco de instruções, é possível colocar qualquer número de instruções dentro dessa única subinstrução permitida.

Uma instrução composta permite utilizar várias instruções onde a sintaxe de JavaScript espera uma única instrução. A *instrução vazia* é o oposto: ela permite não colocar nenhuma instrução onde uma é esperada. A instrução vazia é a seguinte:

```
;
```

O interpretador JavaScript não faz nada ao executar uma instrução vazia. Ocasionalmente, a instrução vazia é útil quando se quer criar um laço com corpo vazio. Considere o laço `for` a seguir (os laços `for` vão ser abordados na Seção 5.4.3):

```
// Inicializa um array a
for(let i = 0; i < a.length; a[i++] = 0) ;
```

Nesse laço, todo o trabalho é feito pela expressão `a[i++] = 0` e nenhum corpo é necessário no laço. Contudo, a sintaxe de JavaScript exige uma instrução como corpo do laço, por isso é utilizada uma instrução vazia – apenas um ponto e vírgula.

Note que a inclusão acidental de um ponto e vírgula após o parêntese da direita de um laço `for`, laço `while` ou instrução `if` pode causar *bugs* frustrantes e difíceis de detectar. Por exemplo, o código a seguir provavelmente não faz o que o autor pretendia:

```
if ((a === 0) || (b === 0)); // Opa! Esta linha não faz nada...
o = null;                    // e esta linha é sempre executada.
```

Ao se usar a instrução vazia intencionalmente, é uma boa ideia comentar o código de maneira que deixe claro que isso está sendo feito de propósito. Por exemplo:

```
for(let i = 0; i < a.length; a[i++] = 0) /* empty */ ;
```

5.3 Condicionais

As instruções condicionais executam ou pulam outras instruções, dependendo do valor de uma expressão especificada. Essas instruções são os pontos de decisão de seu código e às vezes também são conhecidas como "ramificações". Se você imaginar um interpretador JavaScript seguindo um caminho através de seu código, as instruções condicionais são os lugares onde o código se ramifica em dois ou mais caminhos e o interpretador deve escolher qual caminho seguir.

As subseções a seguir explicam a condicional básica de JavaScript, a instrução `if/else`, e abordam `switch`, uma instrução de ramificação em múltiplos caminhos, mais complicada.

5.3.1 if

A instrução `if` é a instrução de controle fundamental que permite à linguagem JavaScript tomar decisões ou, mais precisamente, executar instruções condicionalmente. Essa instrução tem duas formas. A primeira é:

```
if (expressão)
    instrução
```

Nessa forma, a *expressão* é avaliada. Se o valor resultante é verdadeiro, a *instrução* é executada. Se a *expressão* é falsa, a *instrução* não é executada. (Consulte a Seção 3.4 para ver uma definição de valores verdadeiros e falsos.) Por exemplo:

```
if (username == null)       // Se username é null ou undefined,
    username = "John Doe";  // o define
```

Ou, de modo similar:

```
// Se username é null, undefined, false, 0, "" ou NaN, fornece a ele um novo valor
if (!username) username = "John Doe";
```

Note que os parênteses em torno da *expressão* são uma parte obrigatória da sintaxe da instrução `if`.

A sintaxe de JavaScript exige uma instrução após a palavra-chave `if` e a expressão entre parênteses, mas pode-se usar um bloco de instruções para combinar várias instruções em uma só. Portanto, a instrução `if` também poderia ser como segue:

```
if (!address) {
    address = "";
    message = "Please specify a mailing address.";
}
```

A segunda forma da instrução `if` introduz uma cláusula `else`, que é executada quando a *expressão* é `false`. Sua sintaxe é:

```
if (expressão)
    instrução1
else
    instrução2
```

Essa forma da instrução executa a `instrução1` se a *expressão* é verdadeira e executa a `instrução2` se a *expressão* é falsa. Por exemplo:

```
if (n === 1)
    console.log("You have 1 new message.");
else
    console.log('You have ${n} new messages.');
```

Quando instruções `if` com cláusulas `else` forem aninhadas, é necessário um certo cuidado para garantir que a cláusula `else` combine com a instrução `if` apropriada. Considere as linhas a seguir:

```
i = j = 1;
k = 2;
if (i === j)
    if (j === k)
        console.log("i equals k");
else
    console.log("i doesn't equal j");    // ERRADO!!
```

Nesse exemplo, a instrução `if` interna forma a instrução única permitida pela sintaxe da instrução `if` externa. Infelizmente, não está claro (a não ser pela dica dada pelo recuo) com qual `if` a cláusula `else` está relacionada. E, nesse exemplo, o recuo está errado, pois um interpretador JavaScript interpreta o exemplo anterior como:

```
if (i === j) {
    if (j === k)
        console.log("i equals k");
    else
        console.log("i doesn't equal j");    // OPA!
}
```

A regra em JavaScript (assim como na maioria das linguagens de programação) é que, por padrão, uma cláusula `else` faz parte da instrução `if` mais próxima. Para tornar esse exemplo menos ambíguo e mais fácil de ler, entender, manter e depurar, deve-se usar chaves:

```
if (i === j) {
    if (j === k) {
        console.log("i equals k");
    }
} else { // Que diferença faz a posição de uma chave!
    console.log("i doesn't equal j");
}
```

Muitos programadores se habituam a colocar os corpos de instruções `if` e `else` (assim como outras instruções compostas, como laços `while`) dentro de chaves, mesmo quando o corpo consiste em apenas uma instrução. Fazer isso sistematicamente pode evitar o tipo de problema que acabamos de ver. Aconselho que você adote a prática. Neste livro impresso, me esforcei para manter os exemplos de código verticalmente compactos, e nem sempre sigo meu próprio conselho nessa área.

5.3.2 else if

A instrução `if/else` avalia uma expressão e executa um código ou outro, dependendo do resultado. Mas e quando é necessário executar um entre vários códigos? Um modo de fazer isso é com a instrução `else if`. `else if` não é realmente uma instrução JavaScript, mas apenas um idioma de programação frequentemente utilizado que resulta da repetição de instruções `if/else`:

```
if (n === 1) {
    // Executa o bloco de código #1
} else if (n === 2) {
    // Executa o bloco de código #2
} else if (n === 3) {
    // Executa o bloco de código #3
} else {
    // Se tudo falhar, executa o bloco #4
}
```

Não há nada de especial nesse código. Trata-se apenas de uma série de instruções `if`, onde cada `if` sucessivo faz parte da cláusula `else` da instrução anterior. Usar o idioma `else if` é preferível e mais legível do que escrever essas instruções em sua forma totalmente aninhada e sintaticamente equivalente:

```
if (n === 1) {
    // Executa o bloco de código #1
}
else {
    if (n === 2) {
        // Executa o bloco de código #2
    }
    else {
        if (n === 3) {
            // Executa o bloco de código #3
        }
        else {
            // Se tudo falhar, executa o bloco #4
        }
    }
}
```

5.3.3 switch

Uma instrução if causa uma ramificação no fluxo de execução de um programa, e é possível usar o idioma else if para fazer uma ramificação de vários caminhos. Contudo, essa não é a melhor solução quando todas as ramificações dependem do valor da mesma expressão. Nesse caso, é um desperdício avaliar essa expressão repetidamente em várias instruções if.

A instrução switch trata exatamente dessa situação. A palavra-chave switch é seguida de uma expressão entre parênteses e de um bloco de código entre chaves:

```
switch(expressão) {
    instruções
}
```

Contudo, a sintaxe completa de uma instrução switch é mais complexa do que isso. Vários locais no bloco de código são rotulados com a palavra-chave case, seguida de uma expressão e dois-pontos. Quando uma instrução switch é executada, ela calcula o valor da *expressão* e, então, procura um rótulo case cuja expressão seja avaliada com o mesmo valor (onde a semelhança é determinada pelo operador ===). Se encontra um, ela começa a executar o bloco de código da instrução rotulada por case. Se não encontra um case com um valor correspondente, ela procura uma instrução rotulada com default:. Se não houver um rótulo default:, a instrução switch pula o bloco de código completamente.

switch é uma instrução confusa para explicar; seu funcionamento se torna muito mais claro com um exemplo. A instrução switch a seguir é equivalente às instruções if/else repetidas, mostradas na seção anterior:

```
switch(n) {
case 1:                               // Começa aqui se n === 1
    // Executa o bloco de código #1.
    break;                            // Para aqui
case 2:                               // Começa aqui se n === 2
    // Executa o bloco de código #2.
    break;                            // Para aqui
case 3:                               // Começa aqui se n === 3
    // Executa o bloco de código #3.
    break;                            // Para aqui
default:                              // Se tudo falhar...
    // Executa o bloco de código #4.
    break;                            // Para aqui
}
```

Observe a palavra-chave break utilizada no final de cada case no código anterior. A instrução break, descrita posteriormente neste capítulo, faz o interpretador pular para o final (ou "escapar") da instrução switch e continuar na instrução seguinte. As cláusulas case em uma instrução switch especificam apenas o *ponto de partida* do código desejado; elas não especificam ponto final algum. Na ausência de instruções break, uma instrução switch começa a executar seu bloco de código no rótulo case correspondente ao valor de sua *expressão* e continua a executar as instruções até atingir o final do bloco. Em raras ocasiões, é útil escrever códigos como esse, que "passa" de um rótulo case para o seguinte, mas 99% das vezes deve-se tomar o cuidado de finalizar cada case com uma instrução break. (Entretanto, ao usar switch dentro de uma função, pode-se utilizar uma instrução return, em vez de uma instrução break. Ambas servem para finalizar a instrução switch e impedir que a execução passe para o próximo case.)

Aqui está um exemplo mais realista da instrução switch; ele converte um valor em uma *string* de um modo que depende do tipo do valor:

```
function convert(x) {
    switch(typeof x) {
    case "number":              // Converte o número para um inteiro hexadecimal
        return x.toString(16);
    case "string":              // Retorna a string colocada entre apóstrofos
        return '"' + x + '"';
    default:                    // Converte qualquer outro tipo da maneira usual
        return String(x);
    }
}
```

Note que, nos dois exemplos anteriores, as palavras-chave case são seguidas por literais numéricos e *strings* literais, respectivamente. É assim que a instrução switch é mais frequentemente utilizada na prática, mas note que o padrão ECMAScript permite que cada case seja seguido por uma expressão arbitrária.

A instrução switch avalia primeiro a expressão que vem após a palavra-chave switch e depois avalia as expressões case, na ordem em que aparecem, até encontrar um valor que coincida[1]. O case coincidente é determinado usando-se o operador de identidade === e não o operador de igualdade ==, de modo que as expressões devem coincidir sem qualquer conversão de tipo.

Como nem todas as expressões case são avaliadas sempre que a instrução switch é executada, você deve evitar o uso de expressões case que contenham efeitos colaterais, como chamadas de função ou atribuições. O caminho mais seguro é simplesmente limitar suas expressões case às expressões constantes.

Conforme explicado, se nenhuma das expressões case corresponde à expressão switch, a instrução switch começa a executar seu corpo na instrução rotulada como default:. Se não há rótulo default:, a instrução switch pula seu corpo completamente. Note que, nos exemplos anteriores, o rótulo default: aparece no final do corpo de switch, após todos os rótulos case. Esse é um lugar lógico e comum para ele, mas pode aparecer em qualquer lugar dentro do corpo da instrução.

[1] O fato de as expressões case serem avaliadas em tempo de execução torna a instrução switch de JavaScript muito diferente (e menos eficiente) da instrução switch de C, C++ e Java. Nessas linguagens, as expressões case devem ser constantes definidas em tempo de compilação e devem ser do mesmo tipo, sendo que as instruções switch com frequência podem ser compiladas em *tabelas de salto* altamente eficientes.

5.4 Laços

Para entendermos as instruções condicionais, imaginamos o interpretador JavaScript seguindo um caminho de ramificação em seu código-fonte. As *instruções de laço* são aquelas que desviam esse caminho para si mesmas a fim de repetirem partes de seu código. JavaScript tem cinco instruções de laço: `while`, `do/while`, `for`, `for/of` (e sua variante `for/await`) e `for/in`. As subseções a seguir explicam cada uma delas. Um uso comum para laços é na iteração pelos elementos de um *array*. A Seção 7.6 discute esse tipo de laço em detalhes e aborda métodos de laço especiais definidos pela classe Array.

5.4.1 while

Assim como a instrução `if` é a condicional básica de JavaScript, a instrução `while` é o laço básico da linguagem. Ela tem a seguinte sintaxe:

```
while (expressão)
    instrução
```

Para executar uma instrução `while`, o interpretador primeiro avalia a *expressão*. Se o valor da expressão é falso, o interpretador pula a *instrução* que serve de corpo do laço e vai para a instrução seguinte no programa. Se, por outro lado, a *expressão* é verdadeira, o interpretador executa a *instrução* e repete, pulando de volta para o início do laço e avaliando a *expressão* novamente. Outra maneira de dizer isso é que o interpretador executa a *instrução* repetidamente *enquanto* a *expressão* for verdadeira. Note que é possível criar um laço infinito com a sintaxe `while(true)`.

Em geral, você não quer que JavaScript execute exatamente a mesma operação repetidamente. Em quase todo laço, uma ou mais variáveis mudam a cada *iteração*. Como as variáveis mudam, as ações realizadas pela execução da *instrução* podem diferir a cada passagem pelo laço. Além disso, se a variável (ou variáveis) que muda está envolvida na *expressão*, o valor da expressão pode ser diferente a cada passagem pelo laço. Isso é importante; caso contrário, uma expressão que começasse verdadeira nunca mudaria e o laço nunca terminaria! Aqui está um exemplo de laço `while` que imprime os números de 0 a 9:

```
let count = 0;
while(count < 10) {
    console.log(count);
    count++;
}
```

Como você pode ver, a variável `count` começa em 0 e é incrementada cada vez que o corpo do laço é executado. Quando o laço tiver executado 10 vezes, a expressão se torna `false` (i.e., a variável `count` deixa de ser menor do que 10), a instrução `while` termina e o interpretador pode passar para a próxima instrução do programa. Muitos laços têm uma variável contadora como `count`. Os nomes de variável `i`, `j` e `k` são comumente utilizados como contadores de laço, embora você deva usar nomes mais descritivos se isso tornar seu código mais fácil de entender.

5.4.2 do/while

O laço do/while é como um laço while, exceto que a expressão do laço é testada no final e não no início do laço. Isso significa que o corpo do laço sempre é executado pelo menos uma vez. A sintaxe é:

```
do
    instrução
while (expressão);
```

O laço do/while é menos usado do que seu primo while – na prática, é um tanto incomum ter certeza de que se quer executar um laço pelo menos uma vez. Aqui está um exemplo de laço do/while:

```
function printArray(a) {
    let len = a.length, i = 0;
    if (len === 0) {
        console.log("Empty Array");
    } else {
        do {
            console.log(a[i]);
        } while(++i < len);
    }
}
```

Existem duas diferenças sintáticas entre o laço do/while e o laço while normal. Primeiro, o laço do exige a palavra-chave do (para marcar o início do laço) e a palavra-chave while (para marcar o fim e introduzir a condição do laço). Além disso, o laço do sempre deve ser terminado com um ponto e vírgula. O laço while não precisa de ponto e vírgula se o corpo do laço estiver entre chaves.

5.4.3 for

A instrução for fornece uma construção de laço frequentemente mais conveniente do que a instrução while. A instrução for simplifica os laços que seguem um padrão comum. A maioria dos laços tem uma variável contadora de algum tipo. Essa variável é inicializada antes que o laço comece e é testada antes de cada iteração do laço. Por fim, a variável contadora é incrementada ou atualizada de algum modo no final do corpo do laço, imediatamente antes que a variável seja novamente testada. Nesse tipo de laço, a inicialização, o teste e a atualização são as três manipulações fundamentais de uma variável de controle de laço. A instrução for codifica cada uma dessas três manipulações como uma expressão e torna essas expressões uma parte explícita da sintaxe do laço:

```
for(inicialização ; teste ; incremento)
    instrução
```

As expressões *inicialização*, *teste* e *incremento* (separadas por ponto e vírgula) são responsáveis por inicializar, testar e incrementar a variável de laço. Colocar todas elas na primeira linha do laço facilita entender o que um laço `for` está fazendo e evita erros, como esquecer de inicializar ou incrementar a variável de laço.

O modo mais simples de explicar o funcionamento de um laço `for` é mostrando o laço `while` equivalente[2]:

```
initialize;
while(teste) {
    instrução
    increment;
}
```

Em outras palavras, a expressão de *inicialização* é avaliada uma vez, antes que o laço comece. Para ser útil, essa expressão deve ter efeitos colaterais (normalmente uma atribuição). JavaScript também permite que *inicialização* seja uma instrução de declaração de variável, assim é possível declarar e inicializar um contador de laço ao mesmo tempo. A expressão *teste* é avaliada antes de cada iteração e controla se o corpo do laço é executado. Se *teste* é avaliada como um valor verdadeiro, a *instrução* que é o corpo do laço é executada. Por fim, a expressão *incremento* é avaliada. Novamente, para ser útil ela deve ser uma expressão com efeitos colaterais. De modo geral, ou ela é uma expressão de atribuição, ou ela utiliza os operadores ++ ou --.

Podemos imprimir os números de 0 a 9 com um laço `for`, como segue. Compare isso com o laço `while` equivalente mostrado na seção anterior:

```
for(let count = 0; count < 10; count++) {
    console.log(count);
}
```

É claro que os laços podem se tornar muito mais complexos do que esse exemplo simples e, às vezes, diversas variáveis são alteradas em cada iteração do laço. Essa situação é o único lugar em que o operador vírgula é comumente usado em JavaScript; ele oferece uma maneira de combinar várias expressões de inicialização e incremento em uma única expressão conveniente para uso em um laço `for`:

```
let i, j, sum = 0;
for(i = 0, j = 10 ; i < 10 ; i++, j--) {
    sum += i * j;
}
```

[2]Quando considerarmos a instrução `continue`, na Seção 5.5.3, vamos ver que esse laço `while` não é um equivalente exato do laço `for`.

Em todos os nossos exemplos de laço até aqui, a variável de laço era numérica. Isso é muito comum, mas não necessário. O código a seguir usa um laço `for` para percorrer uma estrutura de dados tipo lista encadeada e retornar o último objeto da lista (i.e., o primeiro objeto que não tem uma propriedade `next`):

```
function tail(o) {                          // Retorna a cauda da lista encadeada o
    for(; o.next; o = o.next) /* empty */ ;  // Percorre enquanto o.next é verdadeiro
    return o;
}
```

Note que esse código não tem qualquer expressão de *inicialização*. Qualquer uma das três expressões pode ser omitida de um laço `for`, mas os dois pontos e vírgulas são obrigatórios. Se você omite a expressão *teste*, o laço se repete para sempre, e `for(;;)` é outra maneira de escrever um laço infinito, assim como `while(true)`.

5.4.4 for/of

A ES6 define uma nova instrução de laço: `for/of`. Esse novo tipo de laço utiliza a palavra-chave `for`, mas é um tipo de laço completamente diferente do laço `for` normal (e é totalmente diferente do laço `for/in` mais antigo, que descreveremos na Seção 5.4.5).

O laço `for/of` funciona com objetos *iteráveis*. Explicaremos exatamente o que significa dizer que um objeto é iterável no Capítulo 12; por ora, basta saber que *arrays*, *strings*, conjuntos e mapas são iteráveis: eles representam uma sequência ou um conjunto de elementos que podemos iterar usando um laço `for/of`.

Por exemplo, aqui mostramos como usar `for/of` para iterar por meio dos elementos de um *array* de números e calcular a sua soma:

```
let data = [1, 2, 3, 4, 5, 6, 7, 8, 9], sum = 0;
for(let element of data) {
    sum += element;
}
sum       // => 45
```

Superficialmente, a sintaxe se assemelha à de um laço `for` normal: a palavra-chave `for` é seguida por parênteses que contêm detalhes sobre o que o laço deve fazer. Nesse caso, os parênteses contêm uma declaração de variável (ou, para variáveis que já foram declaradas, simplesmente o nome da variável) seguida pela palavra-chave `of` e uma expressão que é avaliada com um objeto iterável, como o *array* `data` no caso anterior. Como ocorre com todos os laços, o corpo de um laço `for/of` segue os parênteses, geralmente entre chaves.

No código mostrado anteriormente, o corpo do laço é executado uma vez para cada elemento do *array* `data`. Antes de cada execução do corpo do laço, o próximo elemento do *array* é atribuído à variável do elemento. Os elementos do *array* são iterados em ordem, do primeiro ao último.

Os *arrays* são iterados "ao vivo" – alterações ocorridas durante a iteração podem afetar o resultado da iteração. Se modificarmos o código anterior com a inclusão da linha `data.push(sum);` dentro do corpo do laço, criamos um laço infinito, pois a iteração nunca consegue chegar ao último elemento do *array*.

for/of com objetos

Os objetos não são (por padrão) iteráveis. Tentar usar `for/of` em um objeto normal lança um TypeError em tempo de execução:

```
let o = { x: 1, y: 2, z: 3 };
for(let element of o) {      // Lança TypeError porque o não é iterável
    console.log(element);
}
```

Se quiser iterar por meio das propriedades de um objeto, você pode usar o laço `for/in` (introduzido na Seção 5.4.5) ou usar `for/of` com o método `Object.keys()`:

```
let o = { x: 1, y: 2, z: 3 };
let keys = "";
for(let k of Object.keys(o)) {
    keys += k;
}
keys  // => "xyz"
```

Isso funciona porque `Object.keys()` retorna um *array* de nomes de propriedade para um objeto, e os *arrays* são iteráveis com `for/of`. Observe também que essa iteração das chaves de um objeto não é dinâmica como o exemplo de *array* anterior – alterações no objeto o realizadas no corpo do laço não afetam a iteração. Se você não se importa com as chaves de um objeto, também pode iterar por meio dos seus valores correspondentes:

```
let sum = 0;
for(let v of Object.values(o)) {
    sum += v;
}
sum  // => 6
```

E se estiver interessado nas chaves e nos valores das propriedades de um objeto, você pode usar `for/of` com `Object.entries()` e atribuição de desestruturação:

```
let pairs = "";
for(let [k, v] of Object.entries(o)) {
    pairs += k + v;
}
pairs  // => "x1y2z3"
```

`Object.entries()` retorna um *array* de *arrays*, em que cada *array* interno representa um par chave/valor para uma propriedade do objeto. Usamos a atribuição de desestruturação nesse exemplo de código para dividir os *arrays* internos em duas variáveis individuais.

for/of com *strings*

Strings são iteráveis caractere por caractere na ES6:

```
let frequency = {};
for(let letter of "mississippi") {
    if (frequency[letter]) {
        frequency[letter]++;
    } else {
        frequency[letter] = 1;
    }
}
frequency   // => {m: 1, i: 4, s: 4, p: 2}
```

Observe que *strings* são iteradas por posição de código Unicode, não por caractere UTF-16. A *string* "I ❤ 🐈" tem `.length` de 5 (pois os dois *emojis* precisam de dois caracteres UTF-16 cada para sua representação). Mas se você iterar a *string* com `for/of`, o corpo do laço será executado três vezes, uma para cada uma das posições de código "I", "❤" e "🐈."

for/of com conjuntos e mapas

As classes internas Set e Map (conjuntos e mapas) da ES6 são iteráveis. Quando você itera um conjunto com `for/of`, o corpo do laço é executado uma vez para cada elemento do conjunto. Você pode usar um código como o seguinte para imprimir as palavras únicas em uma *string* de texto:

```
let text = "Na na na na na na na na Batman!";
let wordSet = new Set(text.split(" "));
let unique = [];
for(let word of wordSet) {
    unique.push(word);
}
unique // => ["Na", "na", "Batman!"]
```

Os mapas são um caso interessante porque o iterador para um objeto Map não itera as chaves Map ou os valores Map, e sim os pares chave/valor. Em cada iteração, o iterador retorna um *array* cujo primeiro elemento é uma chave e cujo segundo elemento é o valor correspondente. Dado o mapa `m`, você pode iterar e desestruturar seus pares chave/valor da seguinte forma:

```
let m = new Map([[1, "one"]]);
for(let [key, value] of m) {
    key    // => 1
    value  // => "one"
}
```

Iteração assíncrona com for/await

A ES2018 introduz um novo tipo de iterador, conhecido como *iterador assíncrono*, e uma variante do laço `for/of`, conhecida como laço `for/await`, que funciona com iteradores assíncronos.

Será preciso ler os Capítulos 12 e 13 em ordem para entender o laço `for/await`, mas a seguir apresentamos um exemplo de como ele se encontra no código:

```
// Lê trechos de um fluxo iterável assincronamente e os imprime
async function printStream(stream) {
    for await (let chunk of stream) {
        console.log(chunk);
    }
}
```

5.4.5 for/in

Um laço `for/in` se parece muito com um laço `for/of`, com a palavra-chave `of` trocada para `in`. Enquanto um laço `for/of` precisa de um objeto iterável após `of`, um laço `for/in` funciona com qualquer objeto após `in`. O laço `for/of` é uma novidade na ES6, mas `for/in` é parte de JavaScript desde o início (motivo pelo qual sua sintaxe soa mais natural).

A instrução `for/in` itera pelos nomes de propriedade de um objeto especificado. A sintaxe é:

```
for (variável in objeto)
    instrução
```

variável normalmente nomeia uma variável, mas pode ser uma declaração de variável ou qualquer item apropriado para o lado esquerdo de uma expressão de atribuição. *objeto* é uma expressão avaliada como um objeto. Como sempre, *instrução* é a instrução ou o bloco de instruções que serve como corpo do laço.

E você pode usar um laço `for/in` da seguinte forma:

```
for(let p in o) {         // Atribui nomes de propriedade de o à variável p
    console.log(o[p]);    // Imprime o valor de cada propriedade
}
```

Para executar uma instrução `for/in`, o interpretador JavaScript primeiro avalia a expressão *objeto*. Se for avaliada como `null` ou `undefined`, o interpretador pula o laço e passa para a instrução seguinte. Agora o interpretador executa o corpo do laço, uma vez para cada propriedade enumerável do objeto. Contudo, antes de cada iteração, o interpretador avalia a expressão *variável* e atribui o nome da propriedade (um valor de *string*) a ela.

Note que a *variável* no laço `for/in` pode ser uma expressão arbitrária, desde que seja avaliada como algo adequado ao lado esquerdo de uma atribuição. Essa expressão é avaliada em cada passagem pelo laço, ou seja, ela pode ser avaliada de forma diferente a cada vez. Por exemplo, é possível usar código como o seguinte para copiar os nomes de todas as propriedades de objeto para um *array*:

```
let o = { x: 1, y: 2, z: 3 };
let a = [], i = 0;
for(a[i++] in o) /* empty */;
```

Os *arrays* em JavaScript são simplesmente um tipo de objeto especializado, e os índices de *array* são propriedades de objeto que podem ser enumeradas com um laço `for/in`. Por exemplo, colocar a linha a seguir no código anterior enumera os índices 0, 1 e 2 do *array*:

```
for(let i in a) console.log(i);
```

Uma fonte comum de *bugs* no meu próprio código é o uso acidental de `for/in` com *arrays* quando pretendia usar `for/of`. Quando trabalhar com *arrays*, você quase sempre vai querer usar `for/of` em vez de `for/in`.

O laço `for/in` não enumera todas as propriedades de um objeto. Ele não enumera propriedades cujos nomes são símbolos. E entre as propriedades cujos nomes são *strings*, ele itera somente as que são *enumeráveis* (consulte a Seção 14.1). Os vários métodos internos definidos por JavaScript básica não são enumeráveis. Todos os objetos têm um método `toString()`, por exemplo, mas o laço `for/in` não enumera essa propriedade `toString`. Além dos métodos internos, muitas outras propriedades dos objetos internos não são enumeráveis. Por padrão, todas propriedades e métodos definidos pelo seu código são enumeráveis (é possível torná-los não enumeráveis usando as técnicas explicadas na Seção 14.1).

As propriedades herdadas enumeráveis (consulte a Seção 6.3.2) também são enumeradas pelo laço `for/in`. Isso significa que se usar laços `for/in` e usar código que define propriedades herdadas por todos os objetos, seu laço poderá não se comportar como esperado. Por esse motivo, muitos programadores preferem usar o laço `for/of` com `Object.keys()` em vez de um laço `for/in`.

Se o corpo de um laço `for/in` exclui uma propriedade que ainda não foi enumerada, essa propriedade não vai ser enumerada. Se o corpo do laço define novas propriedades no objeto, essas propriedades podem ou não ser enumeradas. Consulte a Seção 6.6.1 para mais informações sobre a ordem na qual `for/in` enumera as propriedades de um objeto.

5.5 Saltos

Outra categoria de instruções de JavaScript são as *instruções de salto*. Conforme o nome sugere, elas fazem o interpretador JavaScript saltar para um novo local no código-fonte. A instrução `break` faz o interpretador saltar para o final de um laço ou para outra instrução. `continue` faz o interpretador pular o restante do corpo de um laço e voltar ao início de um laço para começar uma nova iteração. JavaScript permite que as instruções sejam nomeadas (ou *rotuladas*), sendo que `break` e `continue` podem identificar o laço de destino ou outro rótulo de instrução.

A instrução `return` faz o interpretador saltar de uma função de volta para o código que a chamou e fornece o valor resultante dessa chamada. A instrução `throw` é uma espécie de retorno temporário de uma função geradora. A instrução `throw` provoca (ou "*lança*") uma exceção e foi projetada para trabalhar com a instrução `try/catch/finally`, a qual estabelece um bloco de código de tratamento de exceção. Esse é um tipo complicado de instrução de salto: quando uma exceção é lançada, o interpretador pula para a rotina de tratamento de exceção circundante mais próxima, a qual pode estar na mesma função ou acima na pilha de chamada, em uma função invocadora.

Os detalhes de cada uma dessas instruções de salto estão nas próximas seções.

5.5.1 Instruções rotuladas

Qualquer instrução pode ser *rotulada* se for precedida por um identificador seguido de dois-pontos:

```
identificador: instrução
```

Ao rotular uma instrução, você a dá um nome que pode ser usado para se referir a ela em qualquer parte de seu programa. É possível rotular qualquer instrução, embora só seja útil rotular instruções que tenham corpos, como laços e condicionais. Dando um nome a um laço, você pode usar instruções `break` e `continue` dentro do corpo do laço para sair dele ou para pular diretamente para o seu início, a fim de começar a próxima iteração. `break` e `continue` são as únicas instruções em JavaScript que utilizam rótulos; elas são abordadas nas próximas subseções. Aqui está um exemplo de laço `while` rotulado e de uma instrução `continue` que utiliza o rótulo.

```
mainloop: while(token !== null) {
        // Código omitido...
        continue mainloop;    // Pula para a próxima iteração do laço nomeado
        // Mais código omitido...
}
```

O *identificador* utilizado para rotular uma instrução pode ser qualquer identificador JavaScript válido, que não seja uma palavra reservada. O espaço de nomes para rótulos é diferente do espaço de nomes para variáveis e funções; portanto, pode-se usar o mesmo identificador como rótulo de instrução e como nome de variável ou função. Os rótulos de instrução são definidos somente dentro da instrução na qual são aplicados (e dentro de suas subinstruções, evidentemente). Uma instrução pode não ter o mesmo rótulo de uma instrução que a contém, mas duas instruções podem ter o mesmo rótulo, desde que nenhuma delas esteja aninhada dentro da outra. As próprias instruções rotuladas podem ser rotuladas. Na prática, isso significa que qualquer instrução pode ter vários rótulos.

5.5.2 break

A instrução `break`, utilizada sozinha, faz o laço ou a instrução `switch` circundante mais interna ser abandonada imediatamente. Sua sintaxe é simples:

```
break;
```

Como ela é usada para sair de um laço ou `switch`, essa forma da instrução `break` é válida apenas dentro de uma dessas instruções.

Já vimos exemplos da instrução `break` dentro de uma instrução `switch`. Em laços, normalmente ela é utilizada para sair prematuramente, quando, por qualquer motivo, não há mais necessidade de completar o laço. Quando um laço tem condições de término complexas, com frequência é mais fácil implementar algumas dessas condições com instruções `break` do que tentar expressar todas elas em uma única expressão de laço. O código a seguir procura um valor específico nos elementos de um *array*. O laço termina normalmente ao chegar no fim do *array*; ele termina com uma instrução `break` se encontra o que está procurando no *array*:

```
for(let i = 0; i < a.length; i++) {
    if (a[i] === target) break;
}
```

JavaScript também permite que a palavra-chave `break` seja seguida por um rótulo de instrução (apenas o identificador, sem os dois-pontos):

```
break nomerótulo;
```

Quando a instrução `break` é usada com um rótulo, ela pula para o final (ou termina) da instrução circundante que tem o rótulo especificado. Se não houver qualquer instrução circundante com o rótulo especificado, é um erro de sintaxe usar `break` dessa forma. Nessa forma da instrução `break`, a instrução nomeada não precisa ser um laço ou `switch`: `break` pode "sair de" qualquer instrução circundante. Essa instrução pode até ser um bloco de instruções agrupadas dentro de chaves, com o único objetivo de nomear o bloco com um rótulo.

Não é permitido um caractere de nova linha entre a palavra-chave `break` e *nomerótulo*. Isso é resultado da inserção automática de pontos e vírgulas omitidos de JavaScript: se um terminador de linha é colocado entre a palavra-chave `break` e o rótulo que se segue, JavaScript presume que se quis usar a forma simples, não rotulada, da instrução e trata o terminador de linha como um ponto e vírgula. (Consulte a Seção 2.6.)

A forma rotulada da instrução `break` é necessária quando se quer sair de uma instrução que não é o laço nem uma instrução `switch` circundante mais próxima. O código a seguir demonstra isso:

```
let matrix = getData();         // Obtém um array 2D de números de algum lugar
// Agora soma todos os números da matriz.
let sum = 0, success = false;
// Começa com uma instrução rotulada da qual podemos sair se ocorrerem erros
```

```
computeSum: if (matrix) {
    for(let x = 0; x < matrix.length; x++) {
        let row = matrix[x];
        if (!row) break computeSum;
        for(let y = 0; y < row.length; y++) {
            let cell = row[y];
            if (isNaN(cell)) break computeSum;
            sum += cell;
        }
    }
    success = true;
}
// As instruções break desviam para cá. Se chegamos aqui com success == false,
// então algo deu errado com a matriz que recebemos.
// Caso contrário, sum contém a soma de todas as células da matriz.
```

Por fim, note que uma instrução `break`, com ou sem rótulo, não pode transferir o controle para além dos limites da função. Não se pode rotular uma instrução de definição de função, por exemplo, e depois usar esse rótulo dentro da função.

5.5.3 continue

A instrução `continue` é semelhante à instrução `break`. No entanto, em vez de sair de um laço, `continue` reinicia um laço na próxima iteração. A sintaxe da instrução `continue` é tão simples quanto a da instrução `break`:

```
continue;
```

A instrução `continue` também pode ser usada com um rótulo:

```
continue nomerótulo;
```

A instrução `continue`, tanto em sua forma rotulada como na não rotulada, só pode ser usada dentro do corpo de um laço. Utilizá-la em qualquer outro lugar causa erro de sintaxe.

Quando a instrução `continue` é executada, a iteração atual do laço circundante é terminada e a próxima iteração começa. Isso significa coisas diferentes para diferentes tipos de laços:

- Em um laço `while`, a *expressão* especificada no início do laço é testada novamente e, se for `true`, o corpo do laço é executado desde o início.
- Em um laço `do/while`, a execução pula para o final do laço, onde a condição de laço é novamente testada, antes de recomeçar o laço desde o início.
- Em um laço `for`, a expressão de *incremento* é avaliada e a expressão de *teste* é novamente testada para determinar se deve ser feita outra iteração.
- Em um laço `for/of` ou `for/in`, o laço começa novamente com o próximo valor iterado ou o próximo nome de propriedade sendo atribuído à variável especificada.

Note a diferença no comportamento da instrução `continue` nos laços `while` e `for`: um laço `while` retorna diretamente para sua condição, mas um laço `for` primeiro avalia sua expressão de *incremento* e depois retorna para sua condição. Anteriormente, consideramos o comportamento do laço `for` em termos de um laço `while` "equivalente". Contudo, como a instrução `continue` se comporta de forma diferente para esses dois laços, não é possível simular perfeitamente um laço `for` apenas com um laço `while`.

O exemplo a seguir mostra uma instrução `continue` não rotulada sendo usada para pular o restante da iteração atual de um laço quando ocorre um erro:

```
for(let i = 0; i < data.length; i++) {
    if (!data[i]) continue;     // Não pode prosseguir com dados indefinidos
    total += data[i];
}
```

Assim como a instrução `break`, a instrução `continue` pode ser usada em sua forma rotulada dentro de laços aninhados, quando o laço a ser reiniciado não é o laço imediatamente circundante. Além disso, assim como na instrução `break`, não são permitidas quebras de linha entre a instrução `continue` e seu *nomerótulo*.

5.5.4 return

Lembre-se de que as chamadas de função são expressões e de que todas as expressões têm valores. Uma instrução `return` dentro de uma função especifica o valor das chamadas dessa função. Aqui está a sintaxe da instrução `return`:

```
return expressão;
```

A instrução `return` só pode aparecer dentro do corpo de uma função. É erro de sintaxe ela aparecer em qualquer outro lugar. Quando a instrução `return` é executada, a função que a contém retorna o valor de *expressão* para sua chamadora. Por exemplo:

```
function square(x) { return x*x; } // Uma função que tem instrução return
square(2)                          // => 4
```

Sem uma instrução `return`, uma chamada de função simplesmente executa cada uma das instruções do corpo da função até chegar ao fim da função e, então, retorna para sua chamadora. Nesse caso, a expressão de invocação é avaliada como `undefined`. A instrução `return` aparece frequentemente como a última instrução de uma função, mas não precisa ser a última: uma função retorna para sua chamadora quando uma instrução `return` é executada, mesmo que ainda restem outras instruções no corpo da função.

A instrução `return` também pode ser usada sem uma *expressão*, para fazer a função retornar `undefined` para sua chamadora. Por exemplo:

```
function displayObject(o) {
    // Retorna imediatamente se o argumento for null ou undefined.
    if (!o) return;
    // O restante da função fica aqui...
}
```

Em razão da inserção automática de ponto e vírgula em JavaScript (Seção 2.6), não se pode incluir uma quebra de linha entre a palavra-chave `return` e a expressão que a segue.

5.5.5 yield

A instrução `yield` é semelhante à instrução `return`, mas usada apenas em funções geradoras da ES6 (consulte a Seção 12.3) para produzir o próximo valor na sequência gerada de valores sem retorná-lo de fato:

```
// Uma função geradora que gera um intervalo de números inteiros
function* range(from, to) {
    for(let i = from; i <= to; i++) {
        yield i;
    }
}
```

Para entender `yield`, é preciso entender iteradores e geradores, que serão abordados apenas a partir do Capítulo 12. Incluímos `yield` aqui para fins de completude (tecnicamente, no entanto, `yield` é um operador e não uma instrução, como explicado na Seção 12.4.2).

5.5.6 throw

Uma *exceção* é um sinal indicando que ocorreu algum tipo de condição excepcional ou erro. *Disparar* ou lançar uma exceção é sinalizar tal erro ou condição excepcional. *Capturar* uma exceção é tratá-la – executar as ações necessárias ou apropriadas para se recuperar da exceção. Em JavaScript, as exceções são lançadas quando ocorre um erro em tempo de execução e quando o programa lança uma explicitamente, usando a instrução `throw`. As exceções são capturadas com a instrução `try/catch/finally`, descrita na próxima seção.

A instrução `throw` tem a seguinte sintaxe:

```
throw expressão;
```

expressão pode ser avaliada com um valor de qualquer tipo. Pode-se lançar um número representando um código de erro ou uma *string* contendo uma mensagem de erro legível para seres humanos. A classe Error e suas subclasses são usadas quando o próprio interpretador JavaScript lança um erro, e você também pode usá-las. Um objeto Error tem uma propriedade `name` que especifica o tipo de erro e uma propriedade `message` que contém a *string* passada para a função construtora. Aqui está um exemplo de função que lança um objeto Error quando chamada com um argumento inválido:

```
function factorial(x) {
    // Se o argumento de entrada é inválido, lança uma exceção!
    if (x < 0) throw new Error("x must not be negative");
```

```
        // Caso contrário, calcula um valor e retorna normalmente
        let f;
        for(f = 1; x > 1; f *= x, x--) /* empty */ ;
        return f;
    }
    factorial(4)   // => 24
```

Quando uma exceção é disparada, o interpretador JavaScript interrompe imediatamente a execução normal do programa e pula para a rotina de tratamento de exceção mais próxima. As rotinas de tratamento de exceção são escritas usando a cláusula `catch` da instrução `try/catch/finally`, que está descrita na próxima seção. Se o bloco de código no qual a exceção foi lançada não tem uma cláusula `catch` associada, o interpretador verifica o próximo bloco de código circundante mais alto para ver se ele tem uma rotina de tratamento de exceção associada. Isso continua até uma rotina de tratamento ser encontrada. Se uma exceção é lançada em uma função que não contém uma instrução `try/catch/finally` para tratar dela, a exceção se propaga para o código que chamou a função. Desse modo, as exceções se propagam pela estrutura léxica de métodos de JavaScript e para cima na pilha de chamadas. Se nenhuma rotina de tratamento de exceção é encontrada, a exceção é tratada como erro e o usuário é informado.

5.5.7 try/catch/finally

A instrução `try/catch/finally` é o mecanismo de tratamento de exceção de JavaScript. A cláusula `try` dessa instrução simplesmente define o bloco de código cujas exceções devem ser tratadas. O bloco `try` é seguido de uma cláusula `catch`, a qual é um bloco de instruções que são chamadas quando ocorre uma exceção em qualquer lugar dentro do bloco `try`. A cláusula `catch` é seguida por um bloco `finally` contendo o código de limpeza que é executado, independentemente do que aconteça no bloco `try`. Os blocos `catch` e `finally` são opcionais, mas um bloco `try` deve estar acompanhado de pelo menos um desses blocos. Os blocos `try`, `catch` e `finally` começam e terminam com chaves. Essas chaves são uma parte obrigatória da sintaxe e não podem ser omitidas, mesmo que uma cláusula contenha apenas uma instrução.

O código a seguir ilustra a sintaxe e o objetivo da instrução `try/catch/finally`:

```
try {
    // Normalmente, este código é executado do início ao fim do bloco
    // sem problemas. Mas às vezes pode disparar uma exceção
    // diretamente, com uma instrução throw, ou indiretamente, pela
    // chamada de um método que lança uma exceção.
}
catch(e) {
    // As instruções deste bloco são executadas se, e somente se, o bloco
    // try dispara uma exceção. Essas instruções podem usar a variável local
    // e se referir ao objeto Error ou a outro valor que tenha sido lançado.
    // Este bloco pode tratar da exceção de algum modo, pode ignorá-la
    // não fazendo nada ou pode lançar a exceção novamente com throw.
}
```

```
finally {
    // Este bloco contém instruções que são sempre executadas, independentemente
    // do que aconteça no bloco try. Elas são executadas se o bloco
    // try terminar:
    // 1) normalmente, após chegar ao final do bloco
    // 2) por causa de uma instrução break, continue ou return
    // 3) com uma exceção que é tratada por uma cláusula catch anterior
    // 4) com uma exceção não capturada que ainda está se propagando
}
```

Note que a palavra-chave `catch` é seguida por um identificador entre parênteses. Esse identificador é como um parâmetro de função. Quando uma exceção é capturada, o valor associado à exceção (um objeto Error, p. ex.) é atribuído a esse parâmetro. O identificador associado a uma cláusula `catch` tem escopo de bloco – ele é definido apenas dentro do bloco `catch`.

Aqui está um exemplo realista da instrução `try/catch`. Ele usa o método `factorial()` definido na seção anterior e os métodos JavaScript do lado do cliente `prompt()` e `alert()` para entrada e saída:

```
try {
    // Pede para o usuário inserir um número
    let n = Number(prompt("Please enter a positive integer", ""));
    // Calcula o fatorial do número, supondo que a entrada seja válida
    let f = factorial(n);
    // Mostra o resultado
    alert(n + "! = " + f);
}
catch(ex) {     // Se a entrada do usuário não foi válida, terminamos aqui
    alert(ex);  // Informa ao usuário qual é o erro
}
```

Esse exemplo é uma instrução `try/catch` sem qualquer cláusula `finally`. Embora `finally` não seja usada com tanta frequência quanto `catch`, ela pode ser útil. Contudo, seu comportamento exige mais explicações. É garantido que a cláusula `finally` é executada se qualquer parte do bloco `try` é executada, independentemente de como o código do bloco `try` termina. Em geral, ela é usada para fazer a limpeza após o código na cláusula `try`.

No caso normal, o interpretador JavaScript chega ao final do bloco `try` e, então, passa para o bloco `finally`, o qual faz toda limpeza necessária. Se o interpretador sai do bloco `try` por causa de uma instrução `return`, `continue` ou `break`, o bloco `finally` é executado antes que o interpretador pule para seu novo destino.

Se ocorre uma exceção no bloco `try` e existe um bloco `catch` associado para tratar a exceção, o interpretador primeiro executa o bloco `catch` e depois o bloco `finally`. Se não há qualquer bloco `catch` local para tratar a exceção, o interpretador primeiro executa o bloco `finally` e depois pula para a cláusula `catch` circundante mais próxima.

Se o próprio bloco `finally` causa um salto com uma instrução `return`, `continue`, `break` ou `throw`, ou chamando um método que lança uma exceção, o interpretador abandona o salto que estava pendente e realiza o novo salto. Por exemplo, se uma cláusula `finally` lança uma exceção, essa exceção substitui qualquer outra que estava no processo de ser lançada. Se uma cláusula `finally` executa uma instrução `return`, o método retorna normalmente, mesmo que uma exceção tenha sido lançada e ainda não tratada.

`try` e `finally` podem ser usadas juntas, sem uma cláusula `catch`. Nesse caso, o bloco `finally` é apenas código de limpeza que garantidamente é executado, independentemente do que aconteça no bloco `try`. Lembre-se de que não podemos simular por completo um laço `for` com um laço `while`, pois a instrução `continue` se comporta de formas diferentes para os dois laços. Se adicionamos uma instrução `try/finally`, podemos escrever um laço `while` que funciona como um laço `for` e que trata instruções `continue` de maneira correta:

```
// Simula o corpo de for(inicialização ; teste ; incremento );
initialize ;
while( teste ) {
    try { corpo ; }
    finally { incremento ; }
}
```

Note, entretanto, que um *corpo* que contém uma instrução `break` se comporta de modo ligeiramente diferente (causando um incremento extra antes de sair) no laço `while` e no laço `for`; portanto, mesmo com a cláusula `finally`, não é possível simular completamente o laço `for` com `while`.

Cláusulas catch simples

Ocasionalmente, você pode ter que usar uma cláusula `catch` apenas para detectar e interromper a propagação de uma exceção, apesar de não se importar com o tipo ou o valor da exceção. Na ES2019 e posteriores, você pode omitir os parênteses e o identificador e usar apenas a palavra-chave `catch`. Observe o exemplo:

```
// Como JSON.parse(), mas retorna undefined em vez de lançar um erro
function parseJSON(s) {
    try {
        return JSON.parse(s);
    } catch {
        // Algo deu errado, mas não nos importa o que foi
        return undefined;
    }
}
```

5.6 Instruções diversas

Esta seção descreve as três instruções restantes de JavaScript – `with`, `debugger` e `"use strict"`.

5.6.1 with

A instrução `with` executa um bloco de código como se as propriedades de um objeto especificado fossem variáveis no escopo desse código. Ela tem a seguinte sintaxe:

```
with (objeto)
    instrução
```

Essa instrução cria um escopo temporário com as propriedades do *objeto* como variáveis e então executa a *instrução* dentro desse escopo.

A instrução `with` é proibida no modo restrito (consulte a Seção 5.6.3) e deve ser considerada desaprovada no modo não restrito: evite usá-la, quando possível. Um código JavaScript que utiliza `with` é difícil de otimizar e é provável que seja executado de forma significativamente mais lenta do que um código equivalente escrito sem a instrução `with`.

O uso comum da instrução `with` é facilitar o trabalho com hierarquias de objeto profundamente aninhadas. Em JavaScript do lado do cliente, por exemplo, talvez seja necessário digitar expressões como a seguinte para acessar elementos de um formulário HTML:

```
document.forms[0].address.value
```

Caso precise escrever expressões como essa várias vezes, você pode usar a instrução `with` para tratar as propriedades do objeto formulário como variáveis:

```
with(document.forms[0]) {
    // Acessa elementos do formulário diretamente aqui. Por exemplo:
    name.value = "";
    address.value = "";
    email.value = "";
}
```

Isso reduz o volume de digitação necessária: não é mais preciso prefixar cada nome de propriedade do formulário com `document.forms[0]`. É claro que é muito simples evitar a instrução `with` e escrever o código anterior como segue:

```
let f = document.forms[0];
f.name.value = "";
f.address.value = "";
f.email.value = "";
```

Observe que se utilizar `const` ou `let` ou `var` para declarar uma variável ou constante dentro do corpo de uma instrução `with`, isso cria uma variável normal e não define uma nova propriedade dentro do objeto especificado.

5.6.2 debugger

A instrução `debugger` normalmente não faz nada. No entanto, se um programa depurador estiver disponível e em execução, então uma implementação pode (mas não é obrigada a) executar algum tipo de ação de depuração. Na prática, essa instrução atua como um ponto de interrupção: a execução do código JavaScript para e você pode usar o depurador para imprimir valores de variáveis, examinar a pilha de chamada etc. Suponha, por exemplo, que você esteja obtendo uma exceção em sua função `f()` porque ela está sendo chamada com um argumento indefinido e você não consegue descobrir de onde essa chamada está vindo. Para ajudar na depuração desse problema, você poderia alterar `f()` de modo que começasse da seguinte forma:

```
function f(o) {
    if (o === undefined) debugger;    // Linha temporária para propósitos de depuração
    ...                               // O restante da função fica aqui.
}
```

Agora, quando `f()` for chamada sem argumentos, a execução vai parar e você poderá usar o depurador para inspecionar a pilha de chamada e descobrir de onde está vindo essa chamada incorreta.

Note que não é suficiente ter um depurador disponível: a instrução `debugger` não vai iniciar o depurador para você. Se estiver utilizando um navegador Web e estiver com as ferramentas do desenvolvedor abertas, no entanto, essa instrução causa um ponto de interrupção.

5.6.3 "use strict"

`"use strict"` é uma *diretiva* introduzida na ES5. As diretivas não são instruções (mas são parecidas o suficiente para que `"use strict"` seja documentada aqui). Existem duas diferenças importantes entre a diretiva `"use strict"` e as instruções normais:

- Ela não inclui qualquer palavra-chave da linguagem: a diretiva é apenas uma instrução de expressão que consiste em uma *string* literal especial (entre aspas simples ou duplas).
- Ela só pode aparecer no início de um *script* ou no início do corpo de uma função, antes que qualquer instrução real tenha aparecido.

O objetivo de uma diretiva `"use strict"` é indicar que o código seguinte (no *script* ou na função) é *código restrito*. O código de nível superior (não função) de um *script* é código restrito se o *script* tem uma diretiva `"use strict"`. O corpo de uma função é código restrito se está definido dentro de código restrito ou se tem uma diretiva `"use strict"`. Um código passado para o método `eval()` é código restrito se `eval()` é chamada a partir de código restrito ou se a *string* de código inclui uma diretiva `"use strict"`. Além do código declarado explicitamente como restrito, qualquer código em um corpo `class` (Capítulo 9) ou em um módulo ES6 (Seção 10.3) é automaticamente código restrito.

Isso significa que, se todo o seu código JavaScript for escrito na forma de módulos, automaticamente ele é todo restrito e nunca será preciso usar uma diretiva `"use strict"` explícita.

Um código restrito é executado no *modo restrito*. O modo restrito é um subconjunto restrito da linguagem que corrige algumas deficiências importantes e fornece verificação de erro mais forte e maior segurança. Como o modo restrito não é o padrão, códigos JavaScript antigos que ainda usam recursos legados deficientes da linguagem continuarão a ser executados corretamente. As diferenças entre o modo restrito e o modo não restrito são as seguintes (as três primeiras são especialmente importantes):

- A instrução `with` não é permitida no modo restrito.
- No modo restrito, todas as variáveis devem ser declaradas: um ReferenceError é lançado se você atribui um valor a um identificador que não é variável, função, parâmetro de função, parâmetro de cláusula `catch` ou propriedade declarada do objeto global. (No modo não restrito, isso declara uma variável global implicitamente, pela adição de uma nova propriedade no objeto global.)
- No modo restrito, as funções chamadas como funções (e não como métodos) têm o valor de `this` igual a `undefined`. (No modo não restrito, as funções chamadas como funções são sempre passadas para o objeto global como seu valor de `this`.) Além disso, no modo restrito, quando uma função é chamada com `call()` ou `apply()` (Seção 8.7.4), o valor de `this` é exatamente o valor passado como primeiro argumento para `call()` ou `apply()`. (No modo não restrito, valores `null` e `undefined` são substituídos pelo objeto global e valores que não são objeto são convertidos em objetos.)
- No modo restrito, as atribuições para propriedades não graváveis e tentativas de criar novas propriedades em objetos não extensíveis lançam um TypeError. (No modo não restrito, essas tentativas falham silenciosamente.)
- No modo restrito, um código passado para `eval()` não pode declarar variáveis nem definir funções no escopo do chamador, como acontece no modo não restrito. Em vez disso, as definições de variável e de função têm um novo escopo criado para `eval()`. Esse escopo é descartado quando `eval()` retorna.
- No modo restrito, o objeto Arguments (Seção 8.3.3) em uma função contém uma cópia estática dos valores passados para a função. No modo não restrito, o objeto Arguments tem comportamento "mágico", no qual os elementos do *array* e os parâmetros de função nomeados se referem ao mesmo valor.
- No modo restrito, um SyntaxError é lançado se o operador `delete` é seguido por um identificador não qualificado, como uma variável, uma função ou um parâmetro de função. (No modo não restrito, a expressão `delete` não faz nada e é avaliada como `false`.)

- No modo restrito, uma tentativa de excluir uma propriedade que não pode ser configurada lança um TypeError. (No modo não restrito, a tentativa falha e a expressão `delete` é avaliada como `false`.)
- No modo restrito, é erro de sintaxe um objeto literal definir duas ou mais propriedades com o mesmo nome. (No modo não restrito, não ocorre erro.)
- No modo restrito, é erro de sintaxe uma declaração de função ter dois ou mais parâmetros com o mesmo nome. (No modo não restrito, não ocorre erro.)
- No modo restrito, literais inteiros em octal (começando com um 0 que não é seguido por um x) não são permitidos. (No modo não restrito, algumas implementações permitem literais em octal.)
- No modo restrito, os identificadores `eval` e `arguments` são tratados como palavras-chave e não é permitido alterar seus valores. Você pode atribuir um valor a esses identificadores, declará-los como variáveis, utilizá-los como nomes de função, utilizá-los como nomes de parâmetro de função ou utilizá-los como o identificador de um bloco `catch`.
- No modo restrito, a capacidade de examinar a pilha de chamada é restrita. `arguments.caller` e `arguments.callee` lançam um TypeError dentro de uma função de modo restrito. As funções de modo restrito também têm propriedades `caller` e `arguments` que lançam um TypeError quando lidas. (Algumas implementações definem essas propriedades não padronizadas em funções não restritas.)

5.7 Declarações

As palavras-chave `const`, `let`, `var`, `function`, `class`, `import` e `export` não são instruções, tecnicamente, mas se assemelham muito a instruções, e este livro se refere a elas informalmente como instruções, de modo que merecem ser mencionadas neste capítulo.

Seria mais preciso descrever essas palavras-chave como *declarações*, não instruções. No início deste capítulo, afirmamos que as instruções "fazem algo acontecer". As declarações servem para definir novos valores e atribuem a eles nomes que podemos usar para nos referirmos a esses valores. Sozinhas, elas não fazem muito acontecer, mas, ao nomearem valores, em um sentido muito importante, elas definem o significado das outras instruções no seu programa.

Quando um programa é executado, suas expressões são avaliadas e suas instruções são executadas. As declarações de um programa não são "executadas" da mesma forma: em vez disso, elas definem a estrutura do programa em si. Em linhas gerais, você pode imaginar que as declarações são as partes do programa processadas antes de o código começar a ser executado.

As declarações em JavaScript são usadas para definir constantes, variáveis, funções e classes e para importar e exportar valores entre módulos. As subseções a seguir dão exemplos de todas essas declarações. Elas são trabalhadas em muito mais detalhes em outras partes deste livro.

5.7.1 const, let e var

As declarações const, let e var são abordadas na Seção 3.10. Na ES6 e posteriores, const declara constantes e let declara variáveis. Antes da ES6, a palavra-chave var era a única maneira de declarar variáveis e não havia como declarar constantes. O escopo das variáveis declaradas com var é a função, não o bloco que as contém. Esta pode ser uma fonte de *bugs* e, no JavaScript moderno, não há razão alguma para usar var em vez de let.

```
const TAU = 2*Math.PI;
let radius = 3;
var circumference = TAU * radius;
```

5.7.2 function

A declaração function é usada para definir funções, abordadas em detalhes no Capítulo 8 (também vimos function na Seção 4.3, onde foi utilizada como parte de uma expressão de função e não de uma declaração de função). Uma declaração de função tem a seguinte forma:

```
function area(radius) {
    return Math.PI * radius * radius;
}
```

Uma declaração de função cria um objeto função e atribui a ele o nome especificado – area, neste exemplo. Em outra parte do programa, podemos nos referir à função (e ao código dentro dela) usando esse nome. As declarações de função em qualquer bloco de código JavaScript são processadas antes de o código ser executado, e os nomes de função são vinculados aos objetos função em todo o bloco. Dizemos que as declarações de função são "içadas", pois é como se todas tivessem sido transportadas para o alto do escopo no qual foram definidas, seja ele qual for. O resultado é que o código que chama uma função pode existir no seu programa antes do código que declara a função.

A Seção 12.3 descreve um tipo especial de função, chamada de *geradora*. As declarações geradoras usam a palavra-chave function, mas seguida de um asterisco. A Seção 13.3 descreve funções assíncronas, que também são declaradas com a palavra-chave function, mas são prefixadas com a palavra-chave async.

5.7.3 class

Na ES6 e posteriores, a declaração class cria uma nova classe e lhe dá um nome que podemos usar para fazer referência a ela. As classes são descritas em detalhes no Capítulo 9. Uma declaração de classe simples seria assim:

```
class Circle {
    constructor(radius) { this.r = radius; }
    area() { return Math.PI * this.r * this.r; }
    circumference() { return 2 * Math.PI * this.r; }
}
```

Ao contrário das funções, as declarações de classe não são içadas e não é possível usar uma classe declarada dessa forma em trechos de código que aparecem antes da declaração.

5.7.4 import e export

As declarações `import` e `export` são usadas em conjunto para tornar os valores definidos em um módulo de código JavaScript disponível em outro. Um módulo é um arquivo de código JavaScript com seu próprio espaço de nomes global, completamente independente de todos os outros módulos. A única forma de um valor (como uma função ou classe) definido em um módulo poder ser usado em outro módulo é se o módulo definidor exportá-lo com `export` e o módulo usuário importá-lo com `import`. Os módulos são o tema do Capítulo 10, enquanto `import` e `export` são abordadas em detalhes na Seção 10.3.

`Diretivas import` são utilizadas para importar um ou mais valores de outro arquivo de código JavaScript e para lhes dar nomes no módulo atual. As diretivas `import` podem ter algumas formas diferentes. Observe os exemplos a seguir:

```
import Circle from './geometry/circle.js';
import { PI, TAU } from './geometry/constants.js';
import { magnitude as hypotenuse } from './vectors/utils.js';
```

Os valores em um módulo JavaScript são privados e não podem ser importados para outros módulos, a menos que tenham sido exportados explicitamente. É o que faz a diretiva `export`: ela declara que um ou mais valores definidos no módulo atual são exportados e, logo, estão disponíveis para serem importados por outros módulos. A diretiva `export` tem mais variantes do que a diretiva `import`. Aqui temos um exemplo:

```
// geometry/constants.js
const PI = Math.PI;
const TAU = 2 * PI;
export { PI, TAU };
```

A palavra-chave `export` pode ser usada como modificadora em outras declarações, o que produz uma espécie de declaração composta que define uma constante, variável, função ou classe e a exporta ao mesmo tempo. E quando um módulo exporta um único valor, isso normalmente ocorre com a forma especial `export default`:

```
export const TAU = 2 * Math.PI;
export function magnitude(x,y) { return Math.sqrt(x*x + y*y); }
export default class Circle { /* class definition omitted here */ }
```

5.8 Resumo das instruções JavaScript

Este capítulo introduziu cada uma das instruções da linguagem JavaScript, resumidas na Tabela 5-1.

Tabela 5-1 Sintaxe das instruções JavaScript

Instrução	Objetivo
break	Sai do laço ou `switch` mais interno ou da instrução circundante nomeada
case	Rotula uma instrução dentro de um `switch`
class	Declara uma classe
const	Declara e inicializa uma ou mais constantes
continue	Começa a próxima iteração do laço mais interno ou do laço nomeado
debugger	Ponto de interrupção de depurador
default	Rotula a instrução padrão dentro de um `switch`
do/while	Uma alternativa para o laço `while`
export	Declara valores que podem ser importados para outros módulos
for	Um laço fácil de usar
for/await	Itera assincronamente os valores de um iterador assíncrono
for/in	Enumera os nomes de propriedade de um objeto
for/of	Enumera os valores de um objeto iterável, como um *array*
function	Declara uma função
if/else	Executa uma instrução ou outra, dependendo de uma condição
import	Declara nomes para valores definidos em outros módulos
label	Dá à instrução um nome para uso com `break` e `continue`
let	Declara e inicializa uma ou mais variáveis com escopo de bloco (sintaxe nova)
return	Retorna um valor de uma função
switch	Ramificação de múltiplos caminhos para rótulos `case` ou `default:`
throw	Lança uma exceção
try/catch/finally	Trata exceções e limpeza de código
"use strict"	Aplica restrições do modo restrito em um *script* ou função
var	Declara e inicializa uma ou mais variáveis (sintaxe antiga)
while	Uma construção de laço básica
with	Amplia o encadeamento de escopo (desaprovada e proibida no modo restrito)
yield	Fornece um valor a ser iterado; usada apenas em funções geradoras

CAPÍTULO 6

Objetos

Objetos são o tipo de dados mais fundamental do JavaScript, e você já os viu muitas vezes nos capítulos anteriores. Em razão dessa importância dos objetos para a linguagem JavaScript, é necessário que você entenda os detalhes de como funcionam, os quais são apresentados neste capítulo. Ele começa com uma introdução formal aos objetos e, então, mergulha em seções práticas sobre criar objetos e consultar, configurar, excluir, testar e enumerar suas propriedades. Essas seções focadas em propriedades são seguidas por seções que explicam como estender, serializar e definir métodos importantes em objetos. Por fim, o capítulo conclui com uma longa seção sobre a nova sintaxe de objeto literal na ES6 e versões mais recentes da linguagem.

6.1 Introdução aos objetos

Um objeto é um valor composto: ele agrega diversos valores (valores primitivos ou outros objetos) e permite armazenar e recuperar esses valores pelo nome. Um objeto é um conjunto não ordenado de *propriedades*, cada uma das quais tendo um nome e um valor. Os nomes de propriedade normalmente são *strings* (mas, como veremos na Seção 6.10.3, também podem ser símbolos); portanto, podemos dizer que os objetos mapeiam *strings* em valores. Esse mapeamento de *string* em valor recebe vários nomes: você provavelmente já conhece a estrutura de dados fundamental denominada "*hash*", "tabela *hash*", "dicionário" ou "*array* associativo". Contudo, um objeto é mais do que um simples mapeamento de *strings* para valores. Além de manter seu próprio conjunto de propriedades, um objeto JavaScript também herda as propriedades de outro objeto, conhecido como seu "protótipo". Os métodos de um objeto normalmente são propriedades herdadas, e essa "herança de protótipos" é um recurso importante de JavaScript.

Os objetos JavaScript são dinâmicos – normalmente propriedades podem ser adicionadas e excluídas –, mas podem ser usados para simular os objetos e as "estruturas" estáticas das linguagens estaticamente tipadas. Também podem ser usados (ignorando-se a parte referente ao valor do mapeamento de *string* para valor) para representar conjuntos de *strings*.

Qualquer valor em JavaScript que não seja uma *string*, um número, um símbolo, ou `true`, `false`, `null` ou `undefined`, é um objeto. E mesmo que *strings*, números e valores booleanos não sejam objetos, eles se comportam como objetos imutáveis.

Lembre-se, da Seção 3.8, de que os objetos são *mutáveis* e são manipulados por referência e não por valor. Se a variável `x` se refere a um objeto e o código `let y = x;` é executado, a variável `y` contém uma referência para o mesmo objeto e não uma cópia desse objeto. Qualquer modificação feita no objeto por meio da variável `y` também é visível por meio da variável `x`.

As coisas mais comuns feitas com objetos são: criar e configurar, consultar, excluir, testar e enumerar suas propriedades. Essas operações fundamentais estão descritas nas seções de abertura deste capítulo. As próximas seções abordam temas mais avançados.

Uma *propriedade* tem um nome e um valor. Um nome de propriedade pode ser qualquer *string*, incluindo a *string* vazia (ou qualquer símbolo), mas nenhum objeto pode ter duas propriedades com o mesmo nome. O valor pode ser qualquer valor de JavaScript ou, ainda, uma função "*getter*" ou "*setter*" (ou ambas). Vamos aprender sobre as funções *getter* e *setter* na Seção 6.10.6.

Às vezes, é importante conseguir diferenciar entre propriedades definidas diretamente em um objeto e aquelas herdadas de um objeto protótipo. JavaScript usa o termo *propriedade própria* para se referir a propriedades não modificados.

Além do seu nome e seu valor, cada propriedade possui três *atributos de propriedade*:

- O atributo *gravável* especifica se o valor da propriedade pode ser alterado.
- O atributo *enumerável* especifica se o nome da propriedade é retornado por um laço `for/in`.
- O atributo *configurável* especifica se a propriedade pode ser excluída e se seus atributos podem ser modificados.

Muitos dos objetos internos do JavaScript têm propriedades apenas de leitura, não enumeráveis ou não configuráveis. Por padrão, entretanto, todas as propriedades dos objetos que você cria são graváveis, enumeráveis e configuráveis. A Seção 14.1 explica técnicas para especificar valores de atributos de propriedade não padrão para os seus objetos.

6.2 Criando objetos

Os objetos podem ser criados com objetos literais, com a palavra-chave `new` e com a função `Object.create()`. As subseções a seguir descrevem cada técnica.

6.2.1 Objetos literais

A maneira mais fácil de criar um objeto é incluir um objeto literal no código JavaScript. Em sua forma mais simples, um *objeto literal* é uma lista separada por vírgulas de pares nome:valor separados por dois-pontos, colocados entre chaves. Um nome de propriedade é um identificador JavaScript ou uma *string* literal (a *string* vazia é permitida). Um valor de propriedade é qualquer expressão JavaScript; o valor da expressão (pode ser um valor primitivo ou um valor de objeto) se torna o valor da propriedade. Aqui estão alguns exemplos:

```
let empty = {};                          // Um objeto sem propriedades
let point = { x: 0, y: 0 };              // Duas propriedades numéricas
let p2 = { x: point.x, y: point.y+1 };   // Valores mais complexos
let book = {
    "main title": "JavaScript",          // Estes nomes de propriedade incluem espaços,
    "sub-title": "The Definitive Guide", // e hífens; portanto, usam strings literais.
    for: "all audiences",                // for é uma palavra reservada, mas sem aspas.
    author: {                            // O valor dessa propriedade é
        firstname: "David",              // ele próprio um objeto.
        surname: "Flanagan"
    }
};
```

Uma vírgula à direita após a última propriedade em um objeto literal é válida, e alguns estilos de programação incentivam o uso dessas vírgulas à direita para reduzir a probabilidade de causar um erro de sintaxe caso adicione uma nova propriedade no final do objeto literal posteriormente.

Um objeto literal é uma expressão que cria e inicializa um objeto novo e diferente cada vez que é avaliada. O valor de cada propriedade é avaliado cada vez que o literal é avaliado. Isso significa que um único objeto literal pode criar muitos objetos novos, caso apareça dentro do corpo de um laço em uma função que é chamada repetidamente, e que os valores de propriedade desses objetos podem diferir uns dos outros.

Os objetos literais mostrados aqui usam uma sintaxe simples, válida desde as primeiras versões do JavaScript. Versões recentes da linguagem introduziram diversos novos recursos de objetos literais, que serão abordados na Seção 6.10.

6.2.2 Criando objetos com new

O operador `new` cria e inicializa um novo objeto. A palavra-chave `new` deve ser seguida de uma chamada de função. Uma função usada dessa maneira é chamada de *construtora* e serve para inicializar um objeto recém-criado. JavaScript contém construtoras internas para tipos internos. Por exemplo:

```
let o = new Object();  // Cria um objeto vazio: o mesmo que {}.
let a = new Array();   // Cria um array vazio: o mesmo que [].
let d = new Date();    // Cria um objeto Date representando a hora atual
let r = new Map();     // Cria um objeto Map para o mapeamento chave/valor
```

Além dessas construtoras internas, é comum definir suas próprias funções construtoras para inicializar objetos recém-criados. Isso é abordado no Capítulo 9.

6.2.3 Protótipos

Antes de podermos abordar a terceira técnica de criação de objetos, devemos fazer uma breve pausa para explicar os protótipos. Todo objeto JavaScript tem um segundo objeto JavaScript associado. Esse segundo objeto é conhecido como *protótipo*, e o primeiro objeto herda propriedades do protótipo.

Todos os objetos criados por objetos literais têm o mesmo objeto protótipo, e podemos nos referir a esse objeto protótipo em código JavaScript como `Object.prototype`. Os objetos criados com a palavra-chave `new` e uma chamada de função construtora utilizam o valor da propriedade `prototype` da função construtora como protótipo. Assim, o objeto criado por `new Object()` herda de `Object.prototype`, exatamente como acontece com o objeto criado por `{}`. Da mesma forma, o objeto criado por `newArray()` usa `Array.prototype` como protótipo e o objeto criado por `new Date()` usa `Date.prototype` como protótipo. Tudo isso pode ser confuso quando estamos começando a aprender JavaScript. Lembre-se: quase todos os objetos têm um *protótipo*, mas apenas um número relativamente pequeno de objetos tem uma propriedade `prototype`. São esses objetos com propriedades `prototype` que definem os *protótipos* para todos os outros objetos.

`Object.prototype` é um dos raros objetos que não têm protótipo: ele não herda propriedade alguma. Outros objetos protótipos são objetos normais que têm protótipo. Quase todas as funções construtoras internas (e a maioria das construtoras definidas pelo usuário) têm um protótipo que herda de `Object.prototype`. Por exemplo, `Date.prototype` herda propriedades de `Object.prototype`; portanto, um objeto Date criado por `new Date()` herda propriedades de `Date.prototype` e de `Object.prototype`. Essa série encadeada de objetos protótipos é conhecida como *encadeamento de protótipos*.

Uma explicação sobre o funcionamento da herança de propriedades aparece na Seção 6.3.2. O Capítulo 9 explica a conexão entre protótipos e construtoras com mais detalhes: ele mostra como se definem novas "classes" de objetos escrevendo uma função construtora e configurando sua propriedade `prototype` com o objeto protótipo a ser utilizado pelas "instâncias" criadas com essa construtora. E vamos aprender a consultar (e até alterar) o protótipo de um objeto na Seção 14.3.

6.2.4 Object.create()

`Object.create()` cria um novo objeto, usando seu primeiro argumento como protótipo do objeto:

```
let o1 = Object.create({x: 1, y: 2});     // o1 herda as propriedades x e y.
o1.x + o1.y                               // => 3
```

Pode-se passar `null` para criar um novo objeto que não tem protótipo, mas se você fizer isso, o objeto recém-criado não vai herdar nada, nem mesmo métodos básicos, como `toString()` (isso significa que também não funcionaria com o operador +):

```
let o2 = Object.create(null);              // o2 não herda propriedades nem métodos.
```

Se quiser criar um objeto vazio normal (como o objeto retornado por `{}` ou por `new Object()`), passe `Object.prototype`:

```
let o3 = Object.create(Object.prototype);  // o3 é como {} ou new Object().
```

A capacidade de criar um novo objeto com um protótipo arbitrário é poderosa, e usaremos `Object.create()` em diversos pontos ao longo deste capítulo (`Object.create()` também recebe um segundo argumento opcional que descreve as propriedades do novo objeto. Esse segundo argumento é um recurso avançado, abordado na Seção 14.1).

Um uso de `Object.create()` é quando você quer se precaver contra a modificação não intencional (mas não mal-intencionada) de um objeto por uma função de biblioteca sobre a qual não tem controle. Em vez de passar o objeto diretamente para a função, você pode passar um objeto que herda dela. Se a função lê as propriedades do herdeiro, vai ver os valores herdados. No entanto, se ela configurar propriedades, essas gravações não afetarão o objeto original.

```
let o = { x: "don't change this value" };
library.function(Object.create(o));  // Protege contra modificações acidentais
```

Para entender por que isso funciona, você precisa saber como as propriedades são consultadas e configuradas em JavaScript. Esses são os temas da próxima seção.

6.3 Consultando e configurando propriedades

Para obter o valor de uma propriedade, use os operadores ponto (.) ou colchete (`[]`), descritos na Seção 4.4. O lado esquerdo deve ser uma expressão cujo valor é um objeto. Se for usado o operador ponto, o lado direito deve ser um identificador simples que dê nome à propriedade. Se forem usados colchetes, o valor dentro deles deve ser uma expressão avaliada como uma *string* contendo o nome da propriedade desejada:

```
let author = book.author;        // Obtém a propriedade "author" de book.
let name = author.surname;       // Obtém a propriedade "surname" de author.
let title = book["main title"];  // Obtém a propriedade "main title" de book.
```

Para criar ou configurar uma propriedade, use um ponto ou colchetes, como faria para consultar a propriedade, mas coloque-os no lado esquerdo de uma expressão de atribuição:

```
book.edition = 7;                   // Cria uma propriedade "edition" de book.
book["main title"] = "ECMAScript";  // Altera a propriedade "main title".
```

Ao usarmos a notação de colchetes, dizemos que a expressão dentro dos colchetes deve ser avaliada como uma *string*. Um enunciado mais preciso é que a expressão deve ser avaliada como uma *string* ou como um valor que possa ser convertido em uma *string* ou em um símbolo (Seção 6.10.3). No Capítulo 7, por exemplo, vamos ver que é comum usar números dentro dos colchetes.

6.3.1 Objetos como *arrays* associativos

Conforme explicado na seção anterior, as duas expressões JavaScript a seguir têm o mesmo valor:

```
object.property
object["property"]
```

A primeira sintaxe, usando o ponto e um identificador, é como a sintaxe utilizada para acessar um campo estático de uma estrutura ou um objeto em C ou Java. A segunda sintaxe, usando colchetes e uma *string*, parece acesso a *array*, mas a um *array* indexado por *strings* e não por números. Esse tipo de array é conhecido como *array associativo* (ou *hash* ou mapa ou dicionário). Os objetos JavaScript são *arrays* associativos, e esta seção explica por que isso é importante.

Em C, C++, Java e linguagens semelhantes fortemente tipadas, um objeto só pode ter um número fixo de propriedades e os nomes dessas propriedades devem ser definidos antecipadamente. Como JavaScript é uma linguagem pouco tipada, essa regra não se aplica: um programa pode criar qualquer número de propriedades em qualquer objeto. No entanto, quando se usa o operador . para acessar uma propriedade de um objeto, o nome da propriedade é expresso como um identificador. Os identificadores devem ser digitados literalmente em seu programa JavaScript – eles não são um tipo de dados, de modo que não podem ser manipulados pelo programa.

Por outro lado, ao se acessar uma propriedade de um objeto com a notação de *array* [], o nome da propriedade é expresso como uma *string*. As *strings* são tipos de dados em JavaScript, de modo que podem ser manipuladas e criadas enquanto um programa está em execução. Assim, por exemplo, você pode escrever o seguinte código em JavaScript:

```
let addr = "";
for(let i = 0; i < 4; i++) {
    addr += customer['address${i}'] + "\n";
}
```

Esse código lê e concatena as propriedades `address0`, `address1`, `address2` e `address3` do objeto `customer`.

Esse breve exemplo demonstra a flexibilidade do uso da notação de *array* para acessar propriedades de um objeto com expressões de *string*. O código anterior poderia ser reescrito com a notação de ponto, mas existem casos em que somente a notação de *array* resolve. Suponha, por exemplo, que você esteja escrevendo um programa que utiliza recursos de rede para calcular o valor atual dos investimentos no mercado de ações feitos pelo usuário. O programa permite que o usuário digite o nome de cada ação que possui, assim como o número de quotas de cada ação. Você poderia usar um objeto chamado `portfolio` para conter essas informações. O objeto teria uma propriedade para cada ação. O nome da propriedade é o nome da ação, e o valor da propriedade é o número de quotas dessa ação. Assim, por exemplo, se um usuário tem 50 quotas de ações da IBM, a propriedade `portfolio.ibm` tem o valor `50`.

Parte desse programa poderia ser uma função para adicionar uma nova ação no portfólio:

```
function addstock(portfolio, stockname, shares) {
    portfolio[stockname] = shares;
}
```

Como o usuário insere nomes de ação em tempo de execução, não há como saber os nomes de propriedade antecipadamente. Como você não pode saber os nomes de propriedade ao escrever o programa, não há como usar o operador `.` para acessar as propriedades do objeto `portfolio`. Contudo, é possível usar o operador `[]`, pois ele utiliza um valor de *string* (que é dinâmico e pode mudar em tempo de execução), em vez de um identificador (que é estático e deve ser codificado no programa), para nomear a propriedade.

O Capítulo 5 apresentou o laço `for/in` (e vamos vê-lo outra vez em breve, na Seção 6.6). O poder dessa instrução JavaScript se torna claro quando se considera seu uso com *arrays* associativos. É assim que você o utilizaria ao calcular o valor total de um portfólio:

```
function computeValue(portfolio) {
    let total = 0.0;
    for(let stock in portfolio) {        // Para cada ação no portfólio:
        let shares = portfolio[stock];   // obtém o número de quotas
        let price = getQuote(stock);     // pesquisa o preço da quota
        total += shares * price;         // soma o valor da ação no valor total
    }
    return total;                        // Retorna o valor total.
}
```

Objetos em JavaScript normalmente são usados como *arrays* associativos, como apresentado aqui, e é importante entender como isso funciona. Na ES6 e em versões posteriores, entretanto, a classe Map descrita na Seção 11.1.2 quase sempre é uma opção melhor do que usar um objeto comum.

6.3.2 Herança

Os objetos em JavaScript têm um conjunto de "propriedades próprias" e herdam um conjunto de propriedades de seus objetos protótipos. Para entendermos isso, devemos considerar o acesso à propriedade com mais detalhes. Os exemplos desta seção utilizam a função `Object.create()` para criar objetos com protótipos especificados. No Capítulo 9, entretanto, veremos que sempre que você cria uma instância de uma classe com `new`, está criando um objeto que herda propriedades de um objeto protótipo.

Suponha que você consulte a propriedade x no objeto o. Se o não tem uma propriedade própria com esse nome, o objeto protótipo de o[1] é consultado em busca da propriedade x. Se o objeto protótipo não tem uma propriedade própria com esse nome, mas tem seu próprio protótipo, consulta-se o protótipo do protótipo. Isso continua até a propriedade x ser encontrada ou até um objeto com um protótipo null ser buscado. Como vemos, o atributo prototype de um objeto cria um encadeamento ou uma lista interligada da qual as propriedades são herdadas:

```
let o = {};                  // o herda métodos de objeto de Object.prototype
o.x = 1;                     // e agora tem uma propriedade própria x.
let p = Object.create(o);    // p herda propriedades de o e Object.prototype
p.y = 2;                     // e tem uma propriedade própria y.
let q = Object.create(p);    // q herda propriedades de p, o e...
q.z = 3;                     // ... Object.prototype e tem uma propriedade própria z.
let f = q.toString();        // toString é herdado de Object.prototype
q.x + q.y                    //=> 3: x e y são herdados de o e p
```

Agora, suponha que você atribua um valor à propriedade x do objeto o. Se o já tem uma propriedade própria (não herdada) chamada x, então a atribuição simplesmente altera o valor dessa propriedade já existente. Caso contrário, a atribuição cria uma nova propriedade chamada x no objeto o. Se o herdou a propriedade x anteriormente, essa propriedade herdada é agora oculta pela propriedade própria recém-criada de mesmo nome.

A atribuição de propriedades examina o encadeamento de protótipos para determinar se a atribuição é permitida. Se o herda uma propriedade somente de leitura chamada x, por exemplo, então a atribuição não é permitida (detalhes sobre quando uma propriedade pode ser configurada aparecem na Seção 6.3.3). Contudo, se a atribuição é permitida, ela sempre cria ou configura uma propriedade no objeto original e nunca modifica o encadeamento de protótipos. O fato de a herança ocorrer ao se consultar propriedades, mas não ao configurá-las, é um recurso importante de JavaScript, pois isso nos permite anular propriedades herdadas seletivamente:

```
let unitcircle = { r: 1 };              // Um objeto do qual herdar
let c = Object.create(unitcircle);      // c herda a propriedade r
c.x = 1; c.y = 1;                       // c define duas propriedades próprias
c.r = 2;                                // c anula sua propriedade herdada
unitcircle.r                            // => 1: o protótipo não e afetado
```

Há uma exceção à regra de que uma atribuição de propriedade ou falha, ou cria ou configura uma propriedade no objeto original. Se o herda a propriedade x e essa propriedade é uma propriedade de acesso com um método *setter* (consulte a Seção 6.10.6), então esse método *setter* é chamado, em vez de criar uma nova propriedade x em o. Note, entretanto, que o método *setter* é chamado no objeto o e não no objeto protótipo que define a propriedade; portanto, se o método *setter* define qualquer propriedade, ele vai fazer isso em o e, novamente, vai deixar o encadeamento de protótipos intacto.

[1] Lembre-se: quase todos os objetos têm um protótipo, mas a maioria não tem uma propriedade chamada prototype. A herança em JavaScript funciona mesmo se você não pode acessar o objeto protótipo diretamente. Consulte a Seção 14.3 se quiser aprender a fazer isso.

6.3.3 Erros de acesso a propriedades

As expressões de acesso a propriedades nem sempre retornam ou configuram um valor. Esta seção explica o que pode dar errado ao se consultar ou configurar uma propriedade.

Não é um erro consultar uma propriedade que não existe. Se a propriedade `x` não é encontrada como uma propriedade própria ou como uma propriedade herdada de `o`, a expressão de acesso à propriedade `o.x` é avaliada como `undefined`. Lembre-se de que nosso objeto *book* tem uma propriedade "*sub-title*", mas não uma propriedade "*subtitle*":

```
book.subtitle    // => indefinida: a propriedade não existe
```

No entanto, é um erro tentar consultar uma propriedade de um objeto que não existe. Os valores `null` e `undefined` não têm propriedades e é um erro consultar propriedades desses valores. Continuando o exemplo anterior:

```
let len = book.subtitle.length;    // !TypeError: undefined não tem uma propriedade
                                   // length
```

As expressões de acesso a propriedades falham se o lado esquerdo do . é `null` ou `undefined`. Assim, quando você escreve uma expressão como `book.author.surname`, você deve tomar cuidado caso não tenha certeza se `book` e `book.author` foram definidas de fato. A seguir, vemos duas maneiras de se proteger desse tipo de problema:

```
// Uma técnica prolixa e explícita
let surname = undefined;
if (book) {
    if (book.author) {
        surname = book.author.surname;
    }
}

// Uma alternativa concisa e idiomática para obter surname ou null ou undefined
surname = book && book.author && book.author.surname;
```

Para entender por que essa expressão idiomática funciona na prevenção de TypeError, talvez você queira rever o comportamento de "curto-circuito" do operador `&&`, na Seção 4.10.1.

Como descrito na Seção 4.4.1, a ES2020 suporta o acesso à propriedade condicional com ?., o que nos permite reescrever a expressão de atribuição anterior como:

```
let surname = book?.author?.surname;
```

Tentar configurar uma propriedade em `null` ou `undefined` também causa um TypeError. A tentativa de configurar propriedades em outros valores também nem sempre é bem-sucedida: algumas propriedades são somente de leitura e não podem ser modificadas e certos objetos não permitem a adição de novas propriedades. No modo restrito (Seção 5.6.3), um TypeError é lançado sempre que uma tentativa de configurar uma propriedade falha. Fora do modo restrito, essas falhas normalmente são silenciosas.

As regras que especificam quando uma atribuição de propriedade é bem-sucedida e quando falha são intuitivas, mas difíceis de expressar resumidamente. Uma tentativa de configurar uma propriedade p de um objeto o falha nas seguintes circunstâncias:

- o tem uma propriedade própria p que é somente de leitura: não é possível configurar propriedades somente de leitura.
- o tem uma propriedade herdada p que é somente de leitura: não é possível ocultar uma propriedade somente de leitura herdada com uma propriedade própria de mesmo nome.
- o não tem uma propriedade própria p; o não herda uma propriedade p com um método *setter* e o atributo *extensível* de o (consulte a Seção 14.2) é `false`. Se p ainda não existe em o e se não há qualquer método *setter* para chamar, então p deve ser adicionada em o. Mas se o não é extensível, então nenhuma propriedade nova pode ser definida nele.

6.4 Excluindo propriedades

O operador `delete` (Seção 4.13.4) remove uma propriedade de um objeto. Seu operando deve ser uma expressão de acesso à propriedade. Surpreendentemente, `delete` não opera no valor da propriedade, mas na própria propriedade:

```
delete book.author;          // Agora o objeto book não tem a propriedade author.
delete book["main title"];   // Agora também não tem "main title".
```

O operador `delete` exclui apenas as propriedades próprias, não as herdadas. (Para excluir uma propriedade herdada, você deve excluí-la do objeto protótipo em que ela é definida. Fazer isso afeta todo objeto que herda desse protótipo.)

Uma expressão `delete` é avaliada como `true` se a exclusão é bem-sucedida ou se a exclusão não tem efeito (como a exclusão de uma propriedade inexistente). `delete` também é avaliada como `true` quando usada (sem sentido) com uma expressão que não é uma expressão de acesso à propriedade:

```
let o = {x: 1};    // o tem a propriedade própria x e herda a propriedade toString
delete o.x         // verdadeiro: exclui a propriedade x
delete o.x         // => verdadeiro: não faz nada (x não existe), mas verdadeiro ainda
                   // assim
delete o.toString  // => verdadeiro: não faz nada (toString não é uma propriedade própria)
delete 1           // => verdadeiro: não faz sentido, mas verdadeiro ainda assim
```

`delete` não remove propriedades que tenham o atributo *configurável* `false`. Certas propriedades de objetos internos não são configuráveis, como as propriedades do objeto global criado pela declaração de variável e pela declaração de função. No modo restrito, a tentativa de excluir uma propriedade não configurável causa um TypeError. No modo não restrito, `delete` é simplesmente avaliado como `false` nesse caso:

```
// No modo restrito, todas essas exclusões lançam TypeError em vez de retornar false
delete Object.prototype  // => falso: propriedade não é configurável
var x = 1;               // Declara uma variável global
```

```
delete globalThis.x       // => falso: não pode excluir esta propriedade
function f() {}           // Declara uma função global
delete globalThis.f       // => falso: também não pode excluir esta propriedade
```

Ao excluir propriedades configuráveis do objeto global no modo não restrito, você pode omitir a referência ao objeto global e simplesmente colocar o nome da propriedade após o operador `delete`:

```
globalThis.x = 1;         // Cria uma propriedade global configurável (sem let ou var)
delete x                  // => verdadeiro: essa propriedade pode ser excluída
```

No modo restrito, no entanto, `delete` dispara um SyntaxError se seu operando for um identificador não qualificado, como `x`, e é preciso ser explícito sobre o acesso à propriedade:

```
delete x;                 // SyntaxError no modo restrito
delete globalThis.x;      // Isto funciona
```

6.5 Testando propriedades

Os objetos em JavaScript podem ser entendidos como conjuntos de propriedades e frequentemente é útil poder testar a existência de uma propriedade nesse conjunto – ou seja, verificar se um objeto tem uma propriedade com determinado nome. Isso é feito com o operador `in`, com os métodos `hasOwnProperty()` e `propertyIsEnumerable()` ou simplesmente consultando-se a propriedade. Todos os exemplos apresentados aqui usam *strings* como nomes de propriedade, mas também funcionam com símbolos (Seção 6.10.3).

O operador `in` espera um nome de propriedade em seu lado esquerdo e um objeto à sua direita. Ele retorna `true` se o objeto tiver uma propriedade própria ou uma propriedade herdada com esse nome:

```
let o = { x: 1 };
"x" in o              // => verdadeiro: o tem uma propriedade própria "x"
"y" in o              // => falso: o não tem uma propriedade "y"
"toString" in o       // => verdadeiro: o herda uma propriedade toString
```

O método `hasOwnProperty()` de um objeto testa se esse objeto tem uma propriedade própria com o nome dado. Ele retorna `false` para propriedades herdadas:

```
let o = { x: 1 };
o.hasOwnProperty("x")          // => verdadeiro: o tem uma propriedade própria x
o.hasOwnProperty("y")          // => falso: o não tem uma propriedade y
o.hasOwnProperty("toString")   // => falso: toString é uma propriedade herdada
```

O método `propertyIsEnumerable()` é uma versão mais refinada do `hasOwnProperty()`. Ele retorna `true` somente se a propriedade nomeada é uma propriedade própria e seu atributo *enumerável* é `true`. Certas propriedades internas não são enumeráveis. As propriedades criadas por código JavaScript normal são enumeráveis, a menos que você tenha usado uma das técnicas mostradas na Seção 14.1 para torná-las não enumeráveis.

```
let o = { x: 1 };
o.propertyIsEnumerable("x") // => verdadeiro: o tem uma propriedade própria enumerável x
```

```
o.propertyIsEnumerable("toString")  // => falso: não é uma propriedade própria
Object.prototype.propertyIsEnumerable("toString")  // => falso: não enumerável
```

Em vez de usar o operador `in`, em geral é suficiente apenas consultar a propriedade e usar `!==` para certificar-se de que não é indefinido:

```
let o = { x: 1 };
o.x !== undefined              // => verdadeiro: o tem uma propriedade x
o.y !== undefined              // => falso: o não tem uma propriedade y
o.toString !== undefined       // => verdadeiro: o herda uma propriedade toString
```

Há uma coisa que o operador `in` pode fazer que a técnica simples de acesso à propriedade mostrada anteriormente não pode. `in` pode distinguir entre propriedades que não existem e propriedades que existem mas foram configuradas como `undefined`. Considere este código:

```
let o = { x: undefined };      // A propriedade é configurada explicitamente como
undefined
o.x !== undefined              // => falso: a propriedade existe, mas é undefined
o.y !== undefined              // => falso: a propriedade sequer existe
"x" in o                       // => verdadeiro: a propriedade existe
"y" in o                       // => falso: a propriedade não existe
delete o.x;                    // Exclui a propriedade x
"x" in o                       // => falso: não existe mais
```

6.6 Enumerando propriedades

Em vez de testar a existência de propriedades individuais, às vezes queremos fazer uma iteração por todas as propriedades de um objeto ou obter uma lista delas. Há algumas maneiras diferentes de fazer isso.

O laço `for/in` foi abordado na Seção 5.4.5. Ele executa o corpo do laço uma vez para cada propriedade enumerável (própria ou herdada) do objeto especificado, atribuindo o nome da propriedade à variável de laço. Os métodos internos herdados pelos objetos não são enumeráveis, mas as propriedades que seu código adiciona nos objetos são enumeráveis por padrão. Por exemplo:

```
let o = {x: 1, y: 2, z: 3};            // Três propriedades próprias enumeráveis
o.propertyIsEnumerable("toString")     // => falso: não enumerável
for(let p in o) {                      // Itera pelas propriedades
    console.log(p);                    // Imprime x, y e z, mas não toString
}
```

Para se proteger contra a enumeração de propriedades herdadas com `for/in`, você pode adicionar uma verificação explícita dentro do corpo do laço:

```
for(let p in o) {
    if (!o.hasOwnProperty(p)) continue;        // Pula as propriedades herdadas
}

for(let p in o) {
    if (typeof o[p] === "function") continue; // Pula todos os métodos
}
```

Como alternativa ao uso de um laço `for/in`, muitas vezes é mais fácil obter um *array* de nomes de propriedade para um objeto e então iterar por um *array* com um laço `for/of`. Há quatro funções que você pode usar para obter um *array* de nomes de propriedade:

- `Object.keys()` retorna um *array* de nomes de propriedades próprias enumeráveis de um objeto. Ela não inclui propriedades não enumeráveis, propriedades herdadas ou propriedades cujo nome é um símbolo (consulte a Seção 6.10.3).
- `Object.getOwnPropertyNames()` funciona como `Object.keys()`, mas também retorna um *array* com os nomes de propriedades próprias não enumeráveis, desde que seus nomes sejam *strings*.
- `Object.getOwnPropertySymbols()` retorna propriedades próprias cujos nomes são símbolos, sejam eles enumeráveis ou não.
- `Reflect.ownKeys()` retorna todos os nomes de propriedade, enumeráveis e não enumeráveis, e tanto *strings* quanto símbolos (consulte a Seção 14.6.)

Há exemplos do uso de `Object.keys()` com um laço `for/of` na Seção 6.7.

6.6.1 Ordem de enumeração de propriedades

A ES6 define formalmente a ordem na qual as propriedades próprias de um objeto são enumeradas. `Object.keys()`, `Object.getOwnPropertyNames()`, `Object.getOwnPropertySymbols()`, `Reflect.ownKeys()` e métodos relacionados, como `JSON.stringify()`, listam as propriedades na seguinte ordem, sujeita às suas próprias restrições adicionais sobre se listam propriedades não enumeráveis ou propriedades cujos nomes são *strings* ou símbolos:

- Propriedades do tipo *string* cujos nomes são números inteiros não negativos são listadas primeiro, em ordem numérica crescente. Essa regra garante que *arrays* e objetos semelhantes a um *array* terão suas propriedades enumeradas em ordem.
- Depois que todas as propriedades que se assemelham a índices de *array* são listadas, todas as propriedades restantes com nomes do tipo *string* são listadas (incluindo propriedades que se parecem com números negativos ou números de ponto flutuante). Essas propriedades são listadas na ordem em que foram adicionadas ao objeto. Para propriedades definidas em um objeto literal, a ordem corresponde à sequência em que aparecem no literal.
- Por fim, as propriedades cujos nomes são objetos símbolo são listadas na ordem em que foram adicionadas ao objeto.

A ordem de enumeração no laço `for/in` não é especificada tão rigidamente quanto nas funções de enumeração, mas as implementações normalmente enumeram as propriedades próprias na ordem descrita anteriormente, então sobem no encadeamento de protótipos, enumerando propriedades na mesma ordem para cada objeto protótipo. Observe, contudo, que uma propriedade não será enumerada se uma propriedade do mesmo nome já tiver sido enumerada, ou mesmo se uma propriedade não enumerável com o mesmo nome já tiver sido considerada.

6.7 Estendendo objetos

Uma operação comum em programas JavaScript é copiar as propriedades de um objeto para outro, o que é fácil de fazer com código como o do exemplo a seguir:

```
let target = {x: 1}, source = {y: 2, z: 3};
for(let key of Object.keys(source)) {
    target[key] = source[key];
}
target  // => {x: 1, y: 2, z: 3}
```

Como esta é uma operação comum, diversos *frameworks* JavaScript têm funções utilitárias definidas, muitas vezes chamadas `extend()`, para realizar essa operação. Por fim, na ES6, essa capacidade entrou na base da linguagem JavaScript na forma de `Object.assign()`.

`Object.assign()` espera dois ou mais objetos como seus argumentos. Ela modifica e retorna o primeiro argumento, que é o objeto-alvo, mas não altera o segundo argumento ou qualquer argumento subsequente, que é o objeto-fonte. Para cada objeto-fonte, ela copia as propriedades próprias enumeráveis do objeto (incluindo aquelas cujos nomes são símbolos) para o objeto-alvo. Ela processa os objetos-fonte na ordem da lista de argumentos para que as propriedades no primeiro objeto-fonte anulem as propriedades de mesmo nome no objeto-alvo e as propriedades no segundo objeto-fonte (se houver) anulem propriedades com o mesmo nome no primeiro objeto-fonte.

`Object.assign()` copia propriedades com operações de obtenção e configuração de propriedades normais; então, se um objeto-fonte tem um método *getter* ou o objeto-alvo tem um método *setter*, estes serão chamados durante a cópia, mas eles próprios não serão copiados.

Um motivo para atribuir propriedades de um objeto para outro é quando temos um objeto que define valores padrão para muitas propriedades e desejamos copiar tais propriedades padrão para outro objeto caso uma propriedade de mesmo nome já não exista no objeto. Simplesmente usar `Object.assign()` não faz o que você quer:

```
Object.assign(o, defaults);  // Sobrescreve tudo em o com padrão
```

Em vez disso, o que você pode fazer é criar um novo objeto, copiar os valores padrão para ele e então sobrescrever esses valores com as propriedades em `o`:

```
o = Object.assign({}, defaults, o);
```

Veremos na Seção 6.10.4 que você também pode expressar essa operação de copiar e anular objeto usando o operador de espalhamento `...` da seguinte forma:

```
o = {...defaults, ...o};
```

Também poderíamos evitar a sobrecarga da criação e cópia de um objeto adicional escrevendo uma versão de `Object.assign()` que copia as propriedades apenas se elas estiverem ausentes:

```
// Como Object.assign(), mas não anula as propriedades existentes
// (também não lida com propriedades símbolo)
function merge(target, ...sources) {
    for(let source of sources) {
        for(let key of Object.keys(source)) {
            if (!(key in target)) { // É diferente de Object.assign()
                target[key] = source[key];
            }
        }
    }
    return target;
}
Object.assign({x: 1}, {x: 2, y: 2}, {y: 3, z: 4})      // => {x: 2, y: 3, z: 4}
merge({x: 1}, {x: 2, y: 2}, {y: 3, z: 4})   // => {x: 1, y: 2, z: 4}
```

É simples escrever outros utilitários de manipulação de propriedades como esta função `merge()`. Uma função `restrict()` poderia excluir propriedades de um objeto caso não apareçam em outro objeto modelo, por exemplo. Ou uma função `subtract()` poderia remover todas as propriedades de um objeto de um segundo objeto.

6.8 Serializando objetos

Serialização de objeto é o processo de converter o estado de um objeto em uma *string* a partir da qual ele pode ser restaurado posteriormente. As funções `JSON.stringify()` e `JSON.parse()` serializam e restauram objetos JavaScript. Essas funções utilizam o formato de troca de dados JSON. JSON significa "JavaScript Object Notation" (notação de objeto JavaScript) e sua sintaxe é muito parecida com a de objetos e *array* literais em JavaScript:

```
let o = {x: 1, y: {z: [false, null, ""]}}; // Define um objeto de teste
let s = JSON.stringify(o); // s == '{"x":1,"y":{"z":[false,null,""]}}'
let p = JSON.parse(s);     // p == {x: 1, y: {z: [false, null, ""]}}
```

A sintaxe JSON é um *subconjunto* da sintaxe JavaScript e não pode representar todos os valores de JavaScript. Objetos, *arrays*, *strings*, números finitos, `true`, `false` e `null` são suportados e podem ser serializados e restaurados. `NaN`, `Infinity` e `-Infinity` são serializados como `null`. Os objetos Date são serializados como *strings* de data com formato ISO (consulte a função `Date.toJSON()`), mas `JSON.parse()` os deixa na forma de *string* e não restaura o objeto Date original. Objetos Function, RegExp e Error e o valor `undefined` não podem ser serializados nem restaurados. `JSON.stringify()` serializa somente as propriedades próprias enumeráveis de um objeto. Se um valor de propriedade não pode ser serializado, essa propriedade é simplesmente omitida da saída convertida em *string*. Tanto `JSON.stringify()` como `JSON.parse()` aceitam segundos argumentos opcionais que podem ser usados para personalizar o processo de serialização e/ou restauração, especificando uma lista de propriedades a serem serializadas, por exemplo, ou convertendo certos valores durante o processo de serialização ou conversão em *string*. A documentação completa dessas funções está na Seção 11.6.

6.9 Métodos de objeto

Conforme discutido, todos os objetos em JavaScript (exceto aqueles explicitamente criados sem protótipo) herdam propriedades de `Object.prototype`. Essas propriedades herdadas são principalmente métodos e, como estão disponíveis universalmente, são especialmente interessantes para programadores JavaScript. Já vimos os métodos `hasOwnProperty()` e `propertyIsEnumerable()`, por exemplo (e também já abordamos muitas funções estáticas definidas na construtora `Object`, como `Object.create()` e `Object.keys()`). Esta seção explica vários métodos universais de objeto definidos em `Object.prototype`, mas destinados a serem substituídos por outras implementações mais especializadas. Nas seções a seguir, mostramos exemplos de como definir esses métodos em um único objeto. No Capítulo 9, você aprenderá a definir esses métodos de forma mais geral para toda uma classe de objetos.

6.9.1 O método toString()

O método `toString()` não recebe argumentos; ele retorna uma *string* que de algum modo representa o valor do objeto em que é chamado. JavaScript chama esse método de um objeto quando precisa converter o objeto em uma *string*. Isso ocorre, por exemplo, quando se usa o operador + para concatenar uma *string* com um objeto ou quando se passa um objeto como parâmetro para um método que espera uma *string*.

O método `toString()` padrão não é muito informativo (embora seja útil para determinar a classe de um objeto, como veremos na Seção 14.4.3). Por exemplo, a linha de código a seguir é simplesmente avaliada como a *string* "[objeto Object]":

```
let s = { x: 1, y: 1 }.toString();  // s == "[object Object]"
```

Como esse método padrão não exibe muitas informações úteis, muitas classes definem suas próprias versões de `toString()`. Por exemplo, quando um *array* é convertido em uma *string*, você obtém uma lista dos elementos do *array*, cada um deles convertido em uma *string*, e quando uma função é convertida em uma *string*, você obtém o código-fonte da função. Você pode definir seu próprio método `toString()` da seguinte forma:

```
let point = {
    x: 1,
    y: 2,
    toString: function() { return `(${this.x}, ${this.y})`; }
};
String(point)    // => "(1, 2)": toString() é usado para conversões de strings
```

6.9.2 O método toLocaleString()

Além do método básico `toString()`, todos os objetos têm um método `toLocaleString()`. O objetivo desse método é retornar uma representação localizada do objeto em *string*. O método `toLocaleString()` padrão definido por Object não faz localização alguma sozinho: ele simplesmente chama `toString()` e retorna esse valor. As classes Date e Number definem versões personalizadas de `toLocaleString()` que tentam formatar números, datas e horas de acordo com as convenções locais. Array define um método `toLocaleString()` que funciona como `toString()`, exceto que formata os elementos do *array* chamando seus métodos `toLocaleString()`, em vez de seus métodos `toString()`. Você poderia fazer a mesma coisa com um objeto `point` assim:

```
let point = {
    x: 1000,
    y: 2000,
    toString: function() { return '(${this.x}, ${this.y})'; },
    toLocaleString: function() {
        return '(${this.x.toLocaleString()}, ${this.y.toLocaleString()})';
    }
};
point.toString()              // => "(1000, 2000)"
point.toLocaleString()        // => "(1,000, 2,000)": observe os separadores de milhares
```

As classes de internacionalização documentadas na Seção 11.7 podem ser úteis quando implementamos um método `toLocaleString()`.

6.9.3 O método valueOf()

O método `valueOf()` é muito parecido com o método `toString()`, mas é chamado quando JavaScript precisa converter um objeto em algum tipo primitivo que não seja uma *string* – normalmente um número. JavaScript chama esse método automaticamente se um objeto é usado em um contexto em que é exigido um valor primitivo. O método `valueOf()` padrão nada faz de interessante, mas algumas das classes internas definem seus próprios métodos `valueOf()`. A classe Date define `valueOf()` para converter datas em números, o que permite que objetos Date sejam comparados cronologicamente com < e >. Seria possível fazer algo semelhante com um objeto ponto, definindo um método `valueOf()` que retorna a distância entre a origem e o ponto:

```
let point = {
    x: 3,
    y: 4,
    valueOf: function() { return Math.hypot(this.x, this.y); }
};
Number(point)    // => 5: valueOf() é usado para conversões para números
point > 4        // => true
point > 5        // => falso
point < 6        // => true
```

6.9.4 O método toJSON()

`Object.prototype` não define realmente um método `toJSON()`, mas o método `JSON.stringify()` (consulte a Seção 6.8) procura um método `toJSON()` em todo objeto que é solicitado a serializar. Se esse método existe no objeto a ser serializado, ele é chamado, sendo que o valor de retorno é serializado em vez do objeto original. A classe Date (Seção 11.4) define um método `toJSON()` que retorna uma representação em *string* da data que pode ser serializada. Poderíamos fazer o mesmo para o nosso objeto ponto:

```
let point = {
    x: 1,
    y: 2,
    toString: function() { return `(${this.x}, ${this.y})`; },
    toJSON: function() { return this.toString(); }
};
JSON.stringify([point])      // => '["(1, 2)"]'
```

6.10 Sintaxe de objeto literal estendida

Versões recentes do JavaScript estenderam a sintaxe para objetos literais de diversas formas úteis. As subseções a seguir explicam essas extensões.

6.10.1 Propriedades abreviadas

Imagine que você tenha valores armazenados nas variáveis `x` e `y` e que deseje criar um objeto com propriedades chamadas `x` e `y` que contém esses valores. Com a sintaxe de objeto literal básica, você acabaria repetindo cada identificador duas vezes:

```
let x = 1, y = 2;
let o = {
    x: x,
    y: y
};
```

Na ES6 e posteriores, você pode eliminar os dois-pontos e uma cópia do identificador e obter um código muito mais simples:

```
let x = 1, y = 2;
let o = { x, y };
o.x + o.y   // => 3
```

6.10.2 Nomes de propriedade calculados

Às vezes, é preciso criar um objeto com uma propriedade específica, mas o nome dessa propriedade não é uma constante em tempo de compilação tal que você possa digitar literalmente no seu código-fonte. Em vez disso, o nome da propriedade que você precisa está armazenado em uma variável ou é o valor de retorno de uma função que você chama. Não é possível usar um objeto literal básico para esse tipo de propriedade. Em vez disso, é preciso criar um objeto e, então, adicionar as propriedades desejadas em um passo adicional:

```
const PROPERTY_NAME = "p1";
function computePropertyName() { return "p" + 2; }

let o = {};
o[PROPERTY_NAME] = 1;
o[computePropertyName()] = 2;
```

É muito mais simples configurar um objeto como esse usando um recurso da ES6 conhecido como *propriedades calculadas*, que lhe permite mover os colchetes do código anterior diretamente para o objeto literal:

```
const PROPERTY_NAME = "p1";
function computePropertyName() { return "p" + 2; }

let p = {
    [PROPERTY_NAME]: 1,
    [computePropertyName()]: 2
};

p.p1 + p.p2  // => 3
```

Com essa nova sintaxe, os colchetes delimitam uma expressão JavaScript arbitrária. Essa expressão é avaliada e o valor resultante (convertido em uma *string*, se necessário) é usado como o nome de propriedade.

Uma situação na qual você poderia querer usar propriedades calculadas é quando você tem uma biblioteca de código JavaScript que espera ser passada para objetos com um conjunto específico de propriedades e os nomes dessas propriedades estão definidos como constantes nessa biblioteca. Se você estiver escrevendo um código para criar objetos que serão passados para esta biblioteca, você poderia codificar diretamente os nomes das propriedades, mas correria o risco de gerar *bugs* caso digitasse errado o nome da propriedade em algum lugar e de encontrar possíveis problemas de incompatibilidade de versão caso uma nova versão da biblioteca altere os nomes de propriedade exigidos. Em vez disso, seu código pode se tornar mais robusto usando a sintaxe de propriedades calculadas com as constantes de nomes de propriedade definidas pela biblioteca.

6.10.3 Símbolos como nomes de propriedade

A sintaxe de propriedade calculada permite outro recurso importantíssimo para objetos literais. Na ES6 e posteriores, os nomes de propriedade podem ser *strings* ou símbolos. Se você atribui um símbolo a uma variável ou constante, você pode usar esse símbolo como nome de propriedade usando a sintaxe de propriedade calculada:

```
const extension = Symbol("my extension symbol");
let o = {
    [extension]: { /* dados de extensão armazenados neste objeto */ }
};
o[extension].x = 0;    // Isto não entrará em conflito com outras propriedades de o
```

Como explicado na Seção 3.6, os símbolos são valores opacos. Não é possível fazer nada com eles além de usá-los como nomes de propriedades. Todo símbolo é diferente de todos os outros símbolos, o que significa que eles são úteis para criar nomes de propriedade únicos. Para criar um novo símbolo, chame a função de fábrica `Symbol()` (símbolos são valores primitivos, não objetos, então `Symbol()` não é uma função construtora que chamamos com `new`). O valor retornado por `Symbol()` não é igual a qualquer outro símbolo ou outro valor. Você pode passar uma *string* para `Symbol()`, e essa *string* será usada quando o símbolo for convertido em uma *string*. Contudo, isso é apenas um auxílio à depuração: dois símbolos criados com o mesmo argumento de *string* ainda são diferentes um do outro.

A intenção dos símbolos não é segurança e sim definir um mecanismo de extensão seguro para objetos em JavaScript. Se você obtém um objeto de código de terceiros que não controla e precisa adicionar algumas das suas próprias propriedades ao objeto, mas quer garantir que as suas propriedades não entrarão em conflito com nenhuma propriedade que já possa existir no objeto, os símbolos podem ser utilizados com segurança como nomes de propriedade. Se fizer isso, você também pode ter certeza de que o código de terceiros não alterará suas propriedades com nomes simbólicos por acidente (o código de terceiros poderia, é claro, usar `Object.getOwnPropertySymbols()` para descobrir os símbolos que está usando e então alterar ou excluir suas propriedades; é por isso que símbolos não são um mecanismo de segurança).

6.10.4 Operador de espalhamento

Na ES2018 e em versões posteriores, é possível copiar as propriedades de um objeto existente para um novo objeto usando o "operador de espalhamento" ... dentro de um objeto literal:

```
let position = { x: 0, y: 0 };
let dimensions = { width: 100, height: 75 };
let rect = { ...position, ...dimensions };
rect.x + rect.y + rect.width + rect.height   // => 175
```

Nesse código, as propriedades dos objetos `position` e `dimensions` são "espalhadas" para o objeto literal `rect` como se tivessem sido escritas literalmente dentro das chaves. Observe que essa sintaxe de ... costuma ser chamada de "operador de espalhamento", mas não é um operador JavaScript verdadeiro, não em qualquer sentido. Em vez disso, trata-se de uma sintaxe especial, disponível apenas dentro de objetos literais (três pontos são usados para outros fins em outros contextos em JavaScript, mas objetos literais são o único contexto no qual os três pontos causam esse tipo de interpolação de um objeto em outro).

Se o objeto que é espalhado e o objeto para o qual ele está sendo espalhado têm uma propriedade com o mesmo nome, o valor da propriedade será aquele que vem por último:

```
let o = { x: 1 };
let p = { x: 0, ...o };
p.x  // => 1: o valor do objeto sobrescreve o valor inicial
let q = { ...o, x: 2 };
q.x  // => 2: o valor 2 sobrescreve o valor anterior de o.
```

Observe também que o operador de espalhamento somente espalha as propriedades próprias de um objeto, não as propriedades herdadas:

```
let o = Object.create({x: 1});  // o herda a propriedade x
let p = { ...o };
p.x                             // => undefined
```

Por fim, vale observar que, apesar de ser apenas três pontinhos no seu código, o operador de espalhamento pode representar uma quantidade substancial de trabalho para o interpretador JavaScript. Se um objeto tem *n* propriedades, o processo de espalhá-las para outro objeto provavelmente será uma operação *O(n)*. Isso significa que se usar ... em um laço ou uma função recursiva como forma de acumular dados em um grande objeto, é possível que você esteja escrevendo um algoritmo ineficiente $O(n^2)$ que não escalará bem à medida que *n* crescer.

6.10.5 Métodos abreviados

Quando uma função é definida como uma propriedade de um objeto, chamamos essa função de *método* (teremos muito mais a dizer sobre métodos nos Capítulos 8 e 9). Antes da ES6, um método era definido em um objeto literal usando uma expressão de definição de função, assim como definiríamos qualquer outra propriedade de um objeto:

```
let square = {
    area: function() { return this.side * this.side; },
    side: 10
};
square.area()  // => 100
```

Na ES6, contudo, a sintaxe de objeto literal (assim como a sintaxe de definição de classe que veremos no Capítulo 9) foi estendida para permitir um atalho no qual a palavra-chave `function` e os dois-pontos são omitidos, o que resulta em código assim:

```
let square = {
    area() { return this.side * this.side; },
    side: 10
};
square.area()   // => 100
```

As duas formas de código são equivalentes: ambas adicionam uma propriedade chamada `area` ao objeto literal e ambas configuram o valor da propriedade à função especificada. A sintaxe abreviada deixa mais claro que `area()` é um método e não uma propriedade de dados como `side`.

Quando escrevemos um método usando essa sintaxe abreviada, o nome da propriedade pode assumir qualquer uma das formas válidas em um objeto literal: além de um identificador JavaScript normal, como o nome `area` citado antes, também podemos usar *strings* literais e nomes de propriedades calculadas, o que pode incluir nomes de propriedade do tipo símbolo:

```
const METHOD_NAME = "m";
const symbol = Symbol();
let weirdMethods = {
    "method With Spaces"(x) { return x + 1; },
    [METHOD_NAME](x) { return x + 2; },
    [symbol](x) { return x + 3; }
};
weirdMethods["method With Spaces"](1)   // => 2
weirdMethods[METHOD_NAME](1)            // => 3
weirdMethods[symbol](1)                 // => 4
```

Usar um símbolo como nome de método não é tão estranho quanto parece. Para tornar um objeto iterável (para que possa ser usado com um laço `for/of`), é preciso definir um método com um nome simbólico `Symbol.iterator`. Há exemplos disso no Capítulo 12.

6.10.6 Métodos *getter* e *setter* de propriedades

Todas as propriedades de objeto discutidas até aqui neste capítulo são *propriedades de dados* com um nome e um valor normal. JavaScript também suporta *propriedades de acesso*, que não têm um único valor, e sim um ou dois métodos de acesso: um *getter* e/ou um *setter*.

Quando um programa consulta o valor de uma propriedade de acesso, JavaScript chama o método *getter* (sem passar argumentos). O valor de retorno desse método se torna o valor da expressão de acesso à propriedade. Quando um programa configura o valor de uma propriedade de acesso, JavaScript chama o método *setter*, passando o valor do lado direito da atribuição. Esse método é responsável por "configurar", de certo modo, o valor da propriedade. O valor de retorno do método *setter* é ignorado.

Se uma propriedade tem um método *getter* e um método *setter*, ela é uma propriedade de leitura/gravação. Se ela tem somente um método *getter*, ela é uma propriedade somente de leitura. E se ela tem somente um método *setter*, ela é uma propriedade somente de gravação (algo que não é possível com propriedades de dados), e as tentativas de lê-la são sempre avaliadas como `undefined`.

As propriedades de acesso podem ser definidas como uma extensão da sintaxe de objeto literal (ao contrário de outras extensões da ES6 que vimos aqui, *getters* e *setters* foram introduzidos na ES5):

```
let o = {
// Uma propriedade de dados normal
dataProp: value,
// Uma propriedade de acesso definida como um par de funções
get accessorProp() { return this.dataProp; },
set accessorProp(value) { this.dataProp = value; }
};
```

As propriedades de acesso são definidas como um ou dois métodos cujo nome é igual ao nome da propriedade. Estas se parecem com os métodos normais definidos usando a forma abreviada da ES6, exceto que as definições de *getter* e *setter* são prefixadas por `get` ou `set` (na ES6, também podemos usar nomes de propriedade calculados quando definimos *getters* e *setters*; basta substituir o nome de propriedade após `get` ou `set` com uma expressão entre colchetes).

Os métodos de acesso definidos antes simplesmente obtêm e configuram o valor de uma propriedade de dados e não há motivo para preferir a propriedade de acesso em relação à de dados. Para um exemplo mais interessante, considere o objeto a seguir, que representa um ponto cartesiano bidimensional. Ele tem propriedades de dados normais para representar as coordenadas *x* e *y* do ponto e tem propriedades de acesso para as coordenadas polares equivalentes do ponto:

```
let p = {
    // x e y são propriedades de dados de leitura-gravação normais.
    x: 1.0,
    y: 1.0,

    // r é uma propriedade de acesso de leitura-gravação com métodos getter e setter.
    // Não se esqueça de colocar uma vírgula após os métodos de acesso.
    get r() { return Math.hypot(this.x, this.y); },
    set r(newvalue) {
        let oldvalue = Math.hypot(this.x, this.y);
        let ratio = newvalue/oldvalue;
        this.x *= ratio;
        this.y *= ratio;
    },

    // theta é uma propriedade de acesso somente para leitura, apenas com o método getter.
    get theta() { return Math.atan2(this.y, this.x); }
};
p.r       // => Math.SQRT2
p.theta   // => Math.PI / 4
```

Observe o uso da palavra-chave `this` nos métodos *getter* e *setter* do exemplo. JavaScript invoca essas funções como métodos do objeto no qual são definidas, ou seja, dentro do corpo da função, this se refere ao objeto ponto p. Assim, o método *getter* da propriedade r pode se referir às propriedades x e y como this.x e this.y. Os métodos e a palavra-chave this são abordados com mais detalhes na Seção 8.2.2.

As propriedades de acesso são herdadas, assim como as propriedades de dados; portanto, pode-se usar o objeto p definido anteriormente como protótipo para outros pontos. Os novos objetos podem receber suas próprias propriedades x e y e eles vão herdar as propriedades r e theta:

```
let q = Object.create(p);    // Um novo objeto que herda métodos getter e setter
q.x = 3; q.y = 4;            // Cria as propriedades de dados próprias de q
q.r                          // => 5: // as propriedades de acesso herdadas funcionam
q.theta                      // => Math.atan2(4, 3)
```

O código anterior usa propriedades de acesso para definir uma API que fornece duas representações (coordenadas cartesianas e coordenadas polares) de um único conjunto de dados. Outras razões para usar propriedades de acesso incluem o teste de sanidade ao atribuir valores a propriedades e o retorno de valores diferentes a cada leitura da propriedade:

```
// Este objeto gera números seriais estritamente crescentes
const serialnum = {
    // Esta propriedade de dados contém o próximo número serial.
    // O _ no nome da propriedade sugere que se trata de uma propriedade privada.
    _n: 0,

    // Retorna o valor atual e o incrementa
    get next() { return this._n++; },

    // Configura um novo valor para n, mas somente se for maior do que o atual
    set next(n) {
        if (n > this._n) this._n = n;
        else throw new Error("serial number can only be set to a larger value");
    }
};
serialnum.next = 10;    // Configura o número serial inicial
serialnum.next          // => 10
serialnum.next          // => 11: valor diferente todas as vezes que obtemos next
```

Por fim, aqui está mais um exemplo que usa um método *getter* para implementar uma propriedade com comportamento "mágico".

```
// Este objeto tem propriedades de acesso que retornam números aleatórios.
// A expressão "random.octet", por exemplo, gera um número aleatório
// entre 0 e 255 sempre que é avaliada.
const random = {
    get octet() { return Math.floor(Math.random()*256); },
    get uint16() { return Math.floor(Math.random()*65536); },
    get int16() { return Math.floor(Math.random()*65536)-32768; }
};
```

6.11 Resumo

Este capítulo documentou os objetos JavaScript detalhadamente, abrangendo tópicos como:

- Terminologia básica relativa a objetos, incluindo o significado de termos como *enumerável* e *propriedade própria*.
- Sintaxe de objeto literal, incluindo os muitos novos recursos da ES6 e versões posteriores.
- Como ler, gravar, excluir, enumerar e verificar a presença das propriedades de um objeto.
- Como a herança baseada em protótipos funciona em JavaScript e como criar um objeto que herda de outro objeto com `Object.create()`.
- Como copiar propriedades de um objeto para outro com `Object.assign()`.

Todos os valores em JavaScript que não são valores primitivos são objetos. Isso inclui os *arrays* e as funções, que são os temas dos próximos dois capítulos.

CAPÍTULO 7

Arrays

Este capítulo documenta os *arrays*, um tipo de dados fundamental em JavaScript e na maioria das outras linguagens de programação. Um *array* é um conjunto ordenado de valores. Cada valor é chamado de *elemento* e cada elemento tem uma posição numérica no *array*, conhecida como *índice*. Os *arrays* em JavaScript são *não tipados*: um elemento do *array* pode ser de qualquer tipo e diferentes elementos do mesmo *array* podem ser de tipos diferentes. Os elementos podem ser até objetos ou outros *arrays*, o que permite a criação de estruturas de dados complexas, como *arrays* de objetos e *arrays* de *arrays*. Os *arrays* em JavaScript são *baseados em zero* e usam índices de 32 *bits*: o índice do primeiro elemento é 0 e o índice mais alto possível é 4294967294 ($2^{32} - 2$), para um tamanho de *array* máximo de 4.294.967.295 elementos. Os *arrays* em JavaScript são *dinâmicos*: eles crescem ou diminuem conforme o necessário e não é preciso de declarar um tamanho fixo para o *array* ao criá-lo ou realocá-lo quando o tamanho muda. Os *arrays* em JavaScript podem ser *esparsos*: os elementos não precisam ter índices contíguos e pode haver lacunas. Todo *array* em JavaScript tem uma propriedade `length`. Para *arrays* não esparsos, essa propriedade especifica o número de elementos no *array*. Para *arrays* esparsos, a propriedade `length` é maior do que o maior índice de qualquer dos seus elementos.

Arrays em JavaScript são uma forma especializada de objeto, e os índices de *array* são, na verdade, pouco mais do que nomes de propriedade que por acaso são inteiros. Vamos falar mais sobre as especializações de *arrays* em outra parte deste capítulo. As implementações normalmente otimizam os *arrays*, de modo que o acesso aos elementos indexados numericamente em geral é muito mais rápido do que o acesso às propriedades de objetos normais.

Os *arrays* herdam propriedades de `Array.prototype`, que define um conjunto rico de métodos de manipulação de *array*, abordados na Seção 7.8. A maioria desses métodos é *genérica*, ou seja, funcionam corretamente não apenas para *arrays* verdadeiros, mas para qualquer "objeto semelhante a um *array*". Vamos discutir os objetos semelhantes a *arrays* na Seção 7.9. Por fim, as *strings* em JavaScript se comportam como *arrays* de caracteres, como veremos na Seção 7.10.

A ES6 introduz um novo conjunto de classes de *arrays*, conhecidas coletivamente como "*arrays* tipados". Ao contrário dos *arrays* normais em JavaScript, os *arrays* tipados têm comprimento fixo e um tipo numérico de elemento fixo. Eles oferecem alto desempenho e acesso em nível de *byte* a dados binários e serão analisados na Seção 11.2.

7.1 Criando *arrays*

Há várias maneiras de criar *arrays*. As subseções a seguir explicam como criar *arrays* com:

- *Arrays* literais
- O operador de espalhamento `...` em um objeto iterável
- A construtora `Array()`
- Os métodos fábrica `Array.of()` e `Array.from()`

7.1.1 *Arrays* literais

Sem dúvida alguma, a maneira mais simples de criar um *array* é com um *array* literal, que é simplesmente uma lista de elementos de *array* separados por vírgulas dentro de colchetes. Por exemplo:

```
let empty = [];                 // Um array sem elementos
let primes = [2, 3, 5, 7, 11];  // Um array com 5 elementos numéricos
let misc = [ 1.1, true, "a", ]; // 3 elementos de vários tipos + vírgula à direita
```

Os valores de um *array* literal não precisam ser constantes. Podem ser expressões arbitrárias:

```
let base = 1024;
let table = [base, base+1, base+2, base+3];
```

Os *array* literais podem conter objetos literais ou outros *arrays* literais:

```
let b = [[1, {x: 1, y: 2}], [2, {x: 3, y: 4}]];
```

Se um *array* literal contém múltiplas vírgulas em sequência, sem valores entre elas, este *array* é esparso (consulte a Seção 7.3). Elementos de *array* para os quais os valores são omitidos não existem, mas aparecem como `undefined` quando os consultamos:

```
let count = [1,,3]; // Elementos nos índices 0 e 2. Não há elemento no índice 1
let undefs = [,,];  // Um array sem elementos, mas comprimento igual a 2
```

A sintaxe de *array* literal permite uma vírgula opcional à direita; portanto, `[,,]` tem comprimento 2, não 3.

7.1.2 O operador de espalhamento

Na ES6 e em versões posteriores, é possível usar o "operador de espalhamento" (...) para incluir elementos de um *array* em um *array* literal:

```
let a = [1, 2, 3];
let b = [0, ...a, 4];   // b == [0, 1, 2, 3, 4]
```

Os três pontos "espalham" o *array* a para que seus elementos se tornem elementos do *array* literal que está sendo criado. É como se o `...a` fosse substituído pelos elementos do *array* `a`, listados literalmente como parte do *array* literal resultante (observe, entretanto, que embora chamemos esses três pontos de operador de espalhamento, este não é um operador verdadeiro, pois apenas pode ser usado em *arrays* literais e, como veremos posteriormente neste livro, chamadas de função).

O operador de espalhamento é uma forma conveniente de criar uma cópia (rasa) de um *array*:

```
let original = [1,2,3];
let copy = [...original];
copy[0] = 0;   // Modificar a cópia não altera o original
original[0]    // => 1
```

O operador de espalhamento funciona em qualquer objeto iterável (são pelos objetos *iteráveis* que o laço `for/of` itera; o encontramos pela primeira vez na Seção 5.4.4 e veremos muito mais sobre ele no Capítulo 12). As *strings* são iteráveis, então você pode usar um operador de espalhamento para transformar qualquer *string* em um *array* de *strings* de apenas um caractere:

```
let digits = [..."0123456789ABCDEF"];
digits  // => ["0","1","2","3","4","5","6","7","8","9","A","B","C","D","E","F"]
```

Objetos Set (Seção 11.1.1) são iteráveis; então, uma maneira fácil de remover elementos duplicados de um *array* é converter o *array* em um conjunto e imediatamente convertê-lo de volta em um *array* usando o operador de espalhamento:

```
let letters = [..."hello world"];
[...new Set(letters)]   // => ["h","e","l","o"," ","w","r","d"]
```

7.1.3 A construtora *Array*()

Outro modo de criar um *array* é com a função construtora `Array()`. Essa construtora pode ser chamada de três maneiras distintas:

- Chamada sem argumentos:

  ```
  let a = new Array();
  ```

  Esse método cria um *array* vazio sem elementos e é equivalente ao *array* literal `[]`.

- Chamada com um único argumento numérico, o qual especifica um comprimento:

  ```
  let a = new Array(10);
  ```

Essa técnica cria um *array* com o comprimento especificado. Essa forma da função construtora `Array()` pode ser usada para fazer a alocação prévia de um *array* quando se sabe antecipadamente quantos elementos serão necessários. Note que valor algum é armazenado no *array* e que as propriedades de índice "0", "1" etc. do *array* nem mesmo são definidas para o *array*.

- Especificação explícita de dois ou mais elementos do *array* ou de apenas um elemento não numérico para o *array*:

```
let a = new Array(5, 4, 3, 2, 1, "testing, testing");
```

Nesta forma, os argumentos da construtora se tornam os elementos do novo *array*. Usar um *array* literal é quase sempre mais simples do que essa utilização da construtora `Array()`.

7.1.4 Array.of()

Quando é chamada com um argumento numérico, a função construtora `Array()` usa esse argumento como comprimento do *array*. Quando chamada com mais de um argumento numérico, no entanto, ela trata esses argumentos como elementos para o *array* a ser criado. Isso significa que a construtora `Array()` não pode ser usada para criar um *array* com um único elemento numérico.

Na ES6, a função `Array.of()` resolve esse problema: trata-se de um método fábrica que cria e retorna um novo *array*, usando seus valores de argumento (independentemente de quantos são) como os elementos do *array*:

```
Array.of()        // => []; retorna um array vazio sem argumentos
Array.of(10)      // => [10]; pode criar arrays com um único argumento numérico
Array.of(1,2,3)   // => [1, 2, 3]
```

7.1.5 Array.from()

`Array.from` é outro método fábrica de *array* introduzido na ES6. Ele espera um objeto iterável ou semelhante a um *array* como seu primeiro argumento e retorna um novo *array* contendo os elementos do objeto. Com um argumento iterável, `Array.from(iterable)` funciona como o operador de espalhamento `[...iterável]`. Também é uma forma simples de criar uma cópia de um *array*:

```
let copy = Array.from(original);
```

`Array.from()` também é importante, pois define uma maneira de criar um *array* verdadeiro que é cópia de um objeto semelhante a um *array*. Objetos semelhantes a *arrays* são objetos que não são *arrays* mas que têm uma propriedade *length* numérica e valores armazenados com propriedades cujos nomes são números inteiros. Quando trabalhamos com JavaScript do lado do cliente, os valores de retorno de alguns métodos de navegadores Web são semelhantes a *arrays*, e pode ser mais fácil trabalhar com eles se antes os convertermos em *arrays* verdadeiros:

```
let truearray = Array.from(arraylike);
```

`Array.from()` também aceita um segundo argumento opcional. Se passar uma função como segundo argumento, quando o novo *array* é construído, cada elemento do objeto de origem é passado para a função que você especifica e o valor de retorno da função é armazenado no *array* em vez do valor original (isso é muito parecido com o método `map()` de *array*, que será introduzido posteriormente neste capítulo, mas é mais eficiente realizar o mapeamento enquanto o *array* está sendo construído do que construir o *array* e então mapeá-lo para outro *array*).

7.2 Lendo e gravando elementos de *arrays*

Um elemento de um *array* pode ser acessado com o operador `[]`. Uma referência ao *array* deve aparecer à esquerda dos colchetes. Uma expressão arbitrária que tenha um valor inteiro não negativo deve ficar dentro dos colchetes. Essa sintaxe pode ser usada tanto para ler como para gravar o valor de um elemento de um *array*. Assim, todas as instruções JavaScript a seguir são válidas:

```
let a = ["world"];      // Começa com um array de um elemento
let value = a[0];       // Lê o elemento 0
a[1] = 3.14;            // Grava o elemento 1
let i = 2;
a[i] = 3;               // Grava o elemento 2
a[i + 1] = "hello";     // Grava o elemento 3
a[a[i]] = a[0];         // Lê os elementos 0 e 2, grava o elemento 3
```

O que há de especial com os *arrays* é que, quando se utiliza nomes de propriedade que são inteiros não negativos menores do que $2^{32} - 1$, o *array* mantém automaticamente o valor da propriedade `length`. Anteriormente, por exemplo, criamos um *array* `a` com um único elemento. Então, atribuímos valores nos índices 1, 2 e 3. A propriedade `length` do *array* mudou quando fizemos isso:

```
a.length        // => 4
```

Lembre-se de que os *arrays* são um tipo especializado de objeto. Os colchetes usados para acessar elementos do *array* funcionam exatamente como os colchetes usados para acessar propriedades dos objetos. JavaScript converte o índice numérico especificado no *array* em uma *string* – o índice `1` se torna a *string* `"1"` – e, então, usa essa *string* como um nome de propriedade. Não há nada de especial na conversão do índice, de número para *string*: isso também pode ser feito com objetos normais:

```
let o = {};     // Cria um objeto comum
o[1] = "one";   // O indexa com um inteiro
o["1"]          // => "one"; nomes de propriedade numérica e da string são iguais
```

É útil distinguir claramente um *índice de array* de um *nome de propriedade de objeto*. Todos os índices são nomes de propriedade, mas somente nomes de propriedade que são inteiros entre 0 e $2^{32} - 2$ são índices. Todos os *arrays* são objetos e pode-se criar propriedades de qualquer nome neles. Contudo, se forem usadas propriedades que são índices de *array*, os *arrays* terão o comportamento especial de atualizar suas propriedades `length` quando necessário.

Note que um *array* pode ser indexado usando-se números negativos ou não inteiros. Quando se faz isso, o número é convertido em uma *string* e essa *string* é utilizada como nome de propriedade. Quando o nome não é um inteiro não negativo, ele é tratado como uma propriedade de objeto normal e não como um índice de *array*. Além disso, se você indexa um *array* com uma *string* que não seja um inteiro não negativo, ela se comporta como um índice de *array* e não como uma propriedade de objeto. O mesmo acontece se você usa um número em ponto flutuante que é igual a um inteiro:

```
a[-1.23] = true;  // Isso cria uma propriedade chamada "-1.23"
a["1000"] = 0;    // Esse é o 1001º elemento do array
a[1.000] = 1;     // Índice de array 1. O mesmo que a[1] = 1;
```

O fato de os índices de *array* serem simplesmente um tipo especial de nome de propriedade de objeto significa que os *arrays* em JavaScript não têm a noção de erro do tipo "fora do limite". Quando você tenta consultar uma propriedade inexistente de qualquer objeto, não obtém um erro, mas simplesmente `undefined`. Isso vale tanto para *arrays* como para objetos:

```
let a = [true, false]; // Este array tem elementos nos índices 0 e 1
a[2]                   // => undefined. Nenhum elemento nesse índice.
a[-1]                  // => undefined. Nenhuma propriedade com esse nome.
```

7.3 *Arrays* esparsos

Um *array esparso* é aquele no qual os elementos não têm índices contíguos começando em 0. Normalmente, a propriedade `length` de um *array* especifica o número de elementos no *array*. Se o *array* é esparso, o valor da propriedade `length` é maior do que o número de elementos. Os *arrays* esparsos podem ser criados com a função construtora `Array()` ou simplesmente pela atribuição de um índice de *array* maior do que a propriedade `length` atual do *array*.

```
let a = new Array(5);  // Nenhum elemento, mas a.length e 5.
a = [];                // Cria um array sem elementos e comprimento = 0.
a[1000] = 0;           // A atribuição adiciona um elemento, mas configura o comprimento
                       // como 1001.
```

Veremos posteriormente que também é possível transformar um *array* em esparso com o operador `delete`.

Arrays suficientemente esparsos em geral são implementados de uma maneira mais lenta e usam a memória de modo mais eficiente do que os *arrays* densos, sendo que buscar elementos em um *array* assim levará praticamente o mesmo tempo que uma busca de propriedade em um objeto normal.

Observe que, quando você omite um valor em um *array* literal (repetindo vírgulas como em [1,,3]), o *array* resultante é esparso e os elementos omitidos simplesmente não existem:

```
let a1 = [,];           // Este array tem 0 elementos e comprimento 1
let a2 = [undefined];   // Este array tem um elemento undefined
0 in a1                 // => falso: a1 não tem elemento com índice 0
0 in a2                 // => verdadeiro: a2 tem o valor undefined no índice 0
```

Entender os *arrays* esparsos é importante para compreender a verdadeira natureza dos *arrays* em JavaScript. Na prática, contudo, em sua maioria, os *arrays* em JavaScript com que você vai trabalhar não serão esparsos. E, caso você tenha que trabalhar com um *array* esparso, seu código provavelmente vai tratá-lo como trataria um *array* não esparso com elementos `undefined`.

7.4 Comprimento do *array*

Todo *array* tem uma propriedade `length` e é essa propriedade que torna os *arrays* diferentes dos objetos normais de JavaScript. Para *arrays* densos (i.e., não esparsos), a propriedade `length` especifica o número de elementos no *array*. Seu valor é um a mais do que o índice mais alto no *array*:

```
[].length              // => 0: o array não tem elementos
["a","b","c"].length   // => 3: o índice mais alto é 2, o comprimento é 3
```

Quando um *array* é esparso, a propriedade `length` é maior do que o número de elementos e podemos dizer a respeito dele que garantidamente `length` é maior do que o índice de qualquer elemento do *array*. Ou então, falando de outro modo, um *array* (esparso ou não) nunca terá um elemento cujo índice é maior ou igual à sua propriedade `length`. Para manter isso invariável, os *arrays* têm dois comportamentos especiais. O primeiro foi descrito anteriormente: se você atribui um valor para um elemento do *array* cujo índice `i` é maior ou igual à propriedade `length` atual do *array*, o valor da propriedade `length` é definido como `i+1`.

O segundo comportamento especial que os *arrays* implementam para manter o comprimento invariável é que, se você configura a propriedade `length` com um inteiro não negativo `n` menor do que seu valor atual, todos os elementos do *array* cujo índice é maior ou igual a `n` são excluídos do *array*:

```
a = [1,2,3,4,5];       // Começa com um array de 5 elementos.
a.length = 3;          // agora a é [1,2,3].
a.length = 0;          // Exclui todos os elementos. a é [].
a.length = 5;          // O comprimento é 5, mas não há elementos, como new Array(5)
```

A propriedade `length` de um *array* também pode ser configurada com um valor maior do que seu valor atual. Fazer isso não adiciona novos elementos no *array*, simplesmente cria uma área esparsa no final do *array*.

7.5 Adicionando e excluindo elementos de *arrays*

Já vimos o modo mais simples de adicionar elementos em um *array*: basta atribuir valores a novos índices:

```
let a = [];            // Começa com um array vazio.
a[0] = "zero";         // E adiciona elementos nele.
a[1] = "one";
```

Você também pode usar o método push() para adicionar um ou mais valores no final de um *array*:

```
let a = [];                // Começa com um array vazio
a.push("zero");            // Adiciona um valor no final. a = ["zero"]
a.push("one", "two");  // Adiciona mais dois valores. a = ["zero", "one", "two"]
```

Inserir um valor em um *array* a é o mesmo que atribuir o valor a a[a.length]. O método unshift() (descrito na Seção 7.8) pode ser usado para inserir um valor no início de um *array*, deslocando os elementos existentes no *array* para índices mais altos. O método pop() é o contrário de push(): ele remove o último elemento do *array* e o retorna, reduzindo o comprimento do *array* em 1. Da mesma forma, o método shift() remove e retorna o primeiro elemento do *array*, reduzindo o comprimento em 1 e deslocando todos os elementos para um índice uma unidade menor do que seu índice atual. Consulte a Seção 7.8 para mais informações sobre esses métodos.

Os elementos de um *array* podem ser excluídos com o operador delete, exatamente como se exclui propriedades de objeto:

```
let a = [1,2,3];
delete a[2];   // agora a não tem elemento no índice 2
2 in a         // => falso: nenhum índice do array 2 está definido
a.length       // => 3: delete não afeta o comprimento do array
```

Excluir um elemento de um *array* é semelhante a (mas sutilmente diferente de) atribuir undefined a esse elemento. Note que usar delete em um elemento de *array* não altera a propriedade length e não desloca para baixo os elementos com índices mais altos, a fim de preencher a lacuna deixada pela propriedade excluída. Se um elemento de um *array* é excluído, o *array* se torna esparso.

Como vimos anteriormente, você também pode simplesmente configurar a propriedade length para o novo comprimento desejado e, assim, remover elementos de uma extremidade do *array*.

Por fim, splice() é o método de uso geral para inserir, excluir ou substituir elementos de um *array*. Ele altera a propriedade length e desloca os elementos do *array* para índices mais altos ou mais baixos, conforme for necessário. Consulte a Seção 7.8 para ver os detalhes.

7.6 Iterando em *arrays*

Na ES6, a forma mais fácil de iterar através de cada um dos elementos de um *array* (ou qualquer objeto iterável) é com o laço for/of, abordado em detalhes na Seção 5.4.4:

```
let letters = [..."Hello world"];   // Um array de letras
let string = "";
for(let letter of letters) {
    string += letter;
}
string  // => "Hello world"; remontamos o texto original
```

O iterador de *array* embutido que o laço `for/of` usa retorna os elementos de um *array* em ordem crescente. Ele não tem nenhum comportamento especial para *arrays* esparsos e simplesmente retorna `undefined` para qualquer elemento de *array* que não exista.

Se você quer usar um laço `for/of` para um *array* e precisa saber o índice de cada elemento do *array*, use o método `entries()` do *array*, junto com a atribuição de desestruturação, da seguinte forma:

```
let everyother = "";
for(let [index, letter] of letters.entries()) {
    if (index % 2 === 0) everyother += letter;    // letras em índices pares
}
everyother  // => "Hlowrd"
```

Outra boa maneira de iterar em *arrays* é com `forEach()`. Não se trata de uma nova forma de laço `for`, e sim um método de *array* que oferece uma abordagem funcional à iteração em *arrays*. Você passa uma função para o método `forEach()` de um *array* e `forEach()` chama a sua função em cada elemento do *array*:

```
let uppercase = "";
letters.forEach(letter => {  // Observe a sintaxe de função de seta aqui
    uppercase += letter.toUpperCase();
});
uppercase  // => "HELLO WORLD"
```

Como esperado, `forEach()` itera o *array* em ordem, e de fato passa o índice do *array* para a sua função como um segundo argumento, o que pode ser útil. Ao contrário do laço `for/of`, `forEach()` está ciente dos *arrays* esparsos e não chama sua função para elementos que não existem.

A Seção 7.8.1 documenta o método `forEach()` em mais detalhes e trabalha métodos como `map()` e `filter()`, que realizam tipos especiais de iteração em *arrays*.

Você também pode iterar através dos elementos de um *array* com o bom e velho laço `for` (Seção 5.4.3):

```
let vowels = "";
for(let i = 0; i < letters.length; i++) {    // Para cada índice no array
    let letter = letters[i];                 // Obtém o elemento nesse índice
    if (/[aeiou]/.test(letter)) {            // Usa um teste de expressão regular
        vowels += letter;                    // Se é uma vogal, lembra dela
    }
}
vowels  // => "eoo"
```

Em laços aninhados ou em outros contextos em que o desempenho é fundamental, às vezes você poderá ver esse laço de iteração básico em *array* escrito de modo que o comprimento do *array* seja pesquisado apenas uma vez, em vez de a cada iteração. Ambas as formas do laço `for` a seguir são idiomáticas, embora não particularmente comuns, e com interpretadores JavaScript modernos, não está claro se têm algum impacto no desempenho:

```
// Salva o comprimento do array em uma variável local
for(let i = 0, len = letters.length; i < len; i++) {
    // o corpo do laço permanece o mesmo
}

// Itera retroativamente do final do array até o início
for(let i = letters.length-1; i >= 0; i--) {
    // o corpo do laço permanece o mesmo
}
```

Esses exemplos presumem que o *array* é denso e que todos os elementos contêm dados válidos. Se esse não for o caso, você deve testar os elementos do *array* antes de usá-los. Se quiser pular elementos indefinidos ou inexistentes, você pode escrever o seguinte:

```
for(let i = 0; i < a.length; i++) {
  if (a[i] === undefined) continue; // Pula elementos indefinidos + inexistentes
    // corpo do laço aqui
}
```

7.7 *Arrays* multidimensionais

JavaScript não suporta *arrays* multidimensionais de verdade, mas é possível ter algo parecido, usando *arrays* de *arrays*. Para acessar um valor em um *array* de *arrays*, basta usar o operador [] duas vezes. Por exemplo, suponha que a variável `matrix` seja um *array* de *arrays* de números. Todo elemento em `matrix[x]` é um *array* de números. Para acessar um número específico dentro desse *array*, você escreveria `matrix[x][y]`. Aqui está um exemplo concreto que utiliza um *array* bidimensional como tabuada de multiplicação:

```
// Cria um array multidimensional
let table = new Array(10);          // 10 linhas da tabela
for(let i = 0; i < table.length; i++) {
    table[i] = new Array(10);   // Agora cada linha tem 10 colunas
}

// Inicializa o array
for(let row = 0; row < table.length; row++) {
    for(let col = 0; col < table[row].length; col++) {
        table[row][col] = row*col;
    }
}

// Usa o array multidimensional para calcular 5*7
table[5][7]    // => 35
```

7.8 Métodos de *array*

As seções anteriores enfocaram a sintaxe JavaScript básica para trabalhar com *arrays*. Em geral, no entanto, são os métodos definidos pela classe Array que são os mais poderosos. As seções a seguir documentam esses métodos. Enquanto lê sobre esses métodos, mantenha em mente que alguns deles modificam o *array* no qual são chamados, ao passo que outros mantêm o *array* inalterado. Diversos métodos retornam um *array*: às vezes, trata-se de um *array* novo, mantendo o original inalterado. Em outras, um método modifica o *array* no próprio local e retornará uma referência para o *array* modificado.

Cada uma das subseções a seguir abrange um grupo de métodos de *array* relacionados:

- Os métodos iteradores iteram pelos elementos de um *array*, em geral chamando uma função que você especifica em cada um dos elementos.
- Métodos de pilha e de fila adicionam e removem elementos do início e do final de um *array*.
- Métodos *subarray* permitem extrair, excluir, inserir, preencher e copiar regiões contíguas para um *array* maior.
- Métodos de pesquisa e classificação servem para localizar elementos em um *array* e para classificar os elementos de um *array*.

As subseções a seguir também abrangem os métodos estáticos da classe Array e alguns métodos diversos para concatenar *arrays* e para converter *arrays* em *strings*.

7.8.1 Métodos iteradores em *arrays*

Os métodos descritos nesta seção iteram por *arrays* passando seus elementos, em ordem, para uma função fornecida por você, e oferecem maneiras convenientes de iterar, mapear, filtrar, testar e reduzir *arrays*.

Entretanto, antes de explicarmos os métodos em detalhes, é interessante fazermos algumas generalizações a respeito deles. Primeiro, todos esses métodos aceitam uma função como primeiro argumento e chamam essa função uma vez para cada elemento (ou para alguns elementos) do *array*. Se o *array* é esparso, a função passada não é chamada para os elementos inexistentes. Na maioria dos casos, a função fornecida é chamada com três argumentos: o valor do elemento do *array*, o índice do elemento e o *array* em si. Frequentemente, apenas o primeiro desses valores de argumento é necessário, e o segundo e terceiro valores podem ser ignorados.

A maioria dos métodos iteradores descritos nas subseções a seguir aceita um segundo argumento opcional. Se ele for especificado, a função é chamada como um método desse segundo argumento. Isto é, o segundo argumento passado se torna o valor da palavra-chave `this` dentro da função passada como primeiro argumento. O valor de retorno da função passada normalmente é importante, mas diferentes métodos tratam o valor de retorno de diferentes maneiras. Nenhum dos métodos descritos aqui modifica o *array* em que é chamado (embora a função passada possa modificar o *array*, evidentemente).

Todas essas funções são chamadas com uma função como seu primeiro argumento, e é muito comum definir essa função em linha como parte da expressão de chamada de método em vez de usar uma função existente definida em outro lugar. A sintaxe de funções de seta (consulte a Seção 8.1.3) funciona particularmente bem com esses métodos; ela será usada nos exemplos a seguir.

forEach()

O método `forEach()` itera por um *array*, chamando uma função especificada por você para cada elemento. Conforme descrito, a função é passada como primeiro argumento para `forEach()`. Então, `forEach()` chama a função com três argumentos: o valor do elemento do *array*, o índice do elemento e o *array* em si. Se você só tem interesse no valor do elemento do *array*, pode escrever uma função com apenas um parâmetro – os argumentos adicionais serão ignorados:

```
let data = [1,2,3,4,5], sum = 0;
// Calcula a soma dos elementos do array
data.forEach(value => { sum += value; });           // sum == 15

// Agora incrementa cada elemento do array
data.forEach(function(v, i, a) { a[i] = v + 1; });  // data == [2,3,4,5,6]
```

Note que `forEach()` não provê uma maneira de terminar a iteração antes que todos os elementos tenham sido passados para a função. Isto é, não há equivalente algum da instrução `break` que é usada com um laço `for` normal.

map()

O método `map()` passa cada elemento do *array* no qual é invocado para a função especificada por você e retorna um *array* contendo os valores retornados pela sua função. Por exemplo:

```
let a = [1, 2, 3];
a.map(x => x*x)   // => [1, 4, 9]: a função recebe a entrada x e retorna x*x
```

A função passada para `map()` é chamada da mesma maneira que uma função passada para `forEach()`. Contudo, para o método `map()`, a função passada deve retornar um valor. Note que `map()` retorna um novo *array*: ele não modifica o *array* em que é chamado. Se esse *array* for esparso, sua função não será chamada para os elementos ausentes, mas o *array* retornado vai ser esparso da mesma maneira que o *array* original: ele terá o mesmo comprimento e os mesmos elementos ausentes.

filter()

O método `filter()` retorna um *array* contendo um subconjunto dos elementos do *array* no qual é chamado. A função passada para ele deve ser um predicado: uma função que retorna `true` ou `false`. O predicado é invocado exatamente como para `forEach()` e `map()`. Se o valor de retorno é `true` ou um valor que pode ser convertido em `true`, então o elemento passado para o predicado é membro do subconjunto e é adicionado no *array* que se tornará o valor de retorno. Exemplos:

```
let a = [5, 4, 3, 2, 1];
a.filter(x => x < 3)         // => [2, 1]; valores menores do que 3
a.filter((x,i) => i%2 === 0) // => [5, 3, 1]; valores alternados
```

Note que `filter()` pula elementos ausentes em *arrays* esparsos e que seu valor de retorno é sempre denso. Para fechar as lacunas de um *array* esparso, você pode fazer o seguinte:

```
let dense = sparse.filter(() => true);
```

E para fechar as lacunas e remover elementos indefinidos e nulos, você pode usar `filter` como segue:

```
a = a.filter(x => x !== undefined && x !== null);
```

find() e findIndex()

Os métodos `find()` e `findIndex()` são como `filter()` no sentido de iterarem através do seu *array* em busca dos elementos para os quais a sua função de predicado retorne um valor verdadeiro. Ao contrário de `filter()`, no entanto, esses dois métodos param de iterar na primeira vez que o predicado encontra um elemento. Quando isso ocorre, `find()` retorna o elemento correspondente e `findIndex()` retorna o índice do elemento correspondente. Se um elemento correspondente não é encontrado, `find()` retorna `undefined` e `findIndex()` retorna -1:

```
let a = [1,2,3,4,5];
a.findIndex(x => x === 3)  // => 2; o valor 3 aparece no índice 2
a.findIndex(x => x < 0)    // => -1; não há números negativos no array
a.find(x => x % 5 === 0)   // => 5: este é um múltiplo de 5
a.find(x => x % 7 === 0)   // => undefined: não há múltiplos de 7 no array
```

every() e some()

Os métodos `every()` e `some()` são predicados de *array*: eles aplicam uma função de predicado especificada por você nos elementos do *array* e, então, retornam `true` ou `false`.

O método `every()` é como o quantificador matemático "para todo" ∀: ele retorna `true` se, e somente se, sua função de predicado retornar `true` para todos os elementos do *array*:

```
let a = [1,2,3,4,5];
a.every(x => x < 10)       // => verdadeiro: todos os valores < 10.
a.every(x => x % 2 === 0)  // => falso: nem todos os valores são pares.
```

O método `some()` é como o quantificador matemático "existe" ∃: ele retorna `true` se existe pelo menos um elemento no *array* para o qual o predicado retorne `true`, e retorna `false` se, e somente se, o predicado retornar `false` para todos os elementos do *array*:

```
let a = [1,2,3,4,5];
a.some(x => x%2===0)   // => verdadeiro: a tem alguns números pares.
a.some(isNaN)          // => falso: a não tem não números.
```

Note que tanto `every()` como `some()` param de iterar pelos elementos do *array* assim que sabem qual valor devem retornar. `some()` retorna `true` na primeira vez que o predicado retorna <code>true</code> e só itera pelo *array* inteiro se o predicado sempre retorna `false`. `every()` é o oposto: ele retorna `false` na primeira vez que o predicado retorna `false` e só itera por todos os elementos se o predicado sempre retorna `true`. Note também que, por convenção matemática, `every()` retorna `true` e `some` retorna `false` quando chamados em um *array* vazio.

reduce() e reduceRight()

Os métodos `reduce()` e `reduceRight()` combinam os elementos de um *array* usando a função especificada por você para produzir um valor único. Essa é uma operação comum em programação funcional e é conhecida pelos nomes "injetar" e "dobrar". Exemplos ajudam a ilustrar como isso funciona:

```
let a = [1,2,3,4,5];
a.reduce((x,y) => x+y, 0)           // => 15; a soma dos valores
a.reduce((x,y) => x*y, 1)           // => 120; o produto dos valores
a.reduce((x,y) => (x > y) ? x : y)  // => 5; o maior valor
```

`reduce()` recebe dois argumentos. O primeiro é a função que efetua a operação de redução. A tarefa dessa função de redução é combinar de algum modo ou reduzir dois valores a um único e retornar esse valor reduzido. Nos exemplos anteriores, as funções combinam dois valores somando-os, multiplicando-os e escolhendo o maior. O segundo argumento (opcional) é um valor inicial a ser passado para a função.

As funções usadas com `reduce()` são diferentes das usadas com `forEach()` e `map()`. O valor conhecido, o índice e os valores do *array* são passados como segundo, terceiro e quarto argumentos. O primeiro argumento é o resultado acumulado da redução até o momento. Na primeira chamada da função, esse primeiro argumento é o valor inicial passado como segundo argumento para `reduce()`. Nas chamadas subsequentes, é o valor retornado pela chamada anterior da função. No primeiro exemplo anterior, a função de redução é primeiro chamada com argumentos 0 e 1. Ela os soma e retorna 1. Então, ela é chamada novamente com argumentos 1 e 2 e retorna 3. Em seguida, ela calcula 3+3=6, depois 6+4=10 e, finalmente, 10+5=15. Esse valor final, 15, se torna o valor de retorno de `reduce()`.

Você pode ter notado que a terceira chamada de `reduce()` nesse exemplo tem apenas um argumento: não há qualquer valor inicial especificado. Quando `reduce()` é chamado assim, sem valor inicial, ele usa o primeiro elemento do *array* como valor inicial.

Isso significa que a primeira chamada da função de redução terá o primeiro e o segundo elementos do *array* como primeiro e segundo argumentos. Nos exemplos de soma e produto anteriores, poderíamos ter omitido o argumento de valor inicial.

Chamar `reduce()` em um *array* vazio sem argumento de valor inicial causa um TypeError. Se for chamado com apenas um valor – um *array* com um único elemento e valor inicial algum ou um *array* vazio e um valor inicial –, ele retornará simplesmente esse valor único, sem jamais chamar a função de redução.

`reduceRight()` funciona exatamente como `reduce()`, exceto que processa o *array* do índice mais alto para o mais baixo (da direita para a esquerda), em vez de do mais baixo para o mais alto. Talvez você queira fazer isso se a operação de redução tiver associatividade da direita para a esquerda, por exemplo:

```
// Calcula 2^(3^4). A exponenciação tem precedência da direita para a esquerda
let a = [2, 3, 4];
a.reduceRight((acc,val) => Math.pow(val,acc))   // => 2.4178516392292583e+24
```

Note que nem `reduce()` nem `reduceRight()` aceitam um argumento opcional que especifique o valor de `this` no qual a função de redução deve ser chamada. O argumento de valor inicial opcional assume seu lugar. Consulte o método `Function.bind()` (Seção 8.7.5) caso precise que sua função de redução seja chamada como um método de um objeto em particular.

Por simplicidade, os exemplos mostrados até aqui foram numéricos, mas `reduce()` e `reduceRight()` não se destinam unicamente a cálculos matemáticos. Qualquer função que possa combinar dois valores (como dois objetos) em um valor do mesmo tipo pode ser usada como função de redução. Por outro lado, algoritmos expressos usando redução de *arrays* podem rapidamente se tornar complexos e difíceis de entender, e pode ser mais fácil ler, escrever e raciocinar sobre seu código se usar construções de laço normais para processar seus *arrays*.

7.8.2 Achatando *arrays* com flat() e flatMap()

Na ES2019, o método `flat()` cria e retorna um novo *array* contendo os mesmos elementos do *array* a partir do qual foi chamado, com a diferença de que todos os elementos que sejam eles próprios *arrays* são "achatados"* no *array* retornado. Por exemplo:

```
[1, [2, 3]].flat()      // => [1, 2, 3]
[1, [2, [3]]].flat()    // => [1, 2, [3]]
```

Quando chamado sem argumentos, `flat()` achata apenas um nível de aninhamento. Os elementos do *array* original que são eles próprios *arrays* são achatados, mas

*N. de R.T. Em JavaScript, achatar (ou nivelar) um array significa remover aninhamentos de *arrays* e criar um *array* de um único nivel, sem *arrays* dentro de *arrays*. Nenhuma das duas traduções parece adequada para substituir o termo original do inglês "*flattening*". Entretanto, optou-se por usar "achatar" neste contexto porque evita outras interpretações, como pode ser o caso com o termo "nivelar".

elementos de *array desses arrays* não são achatados. Se quiser achatar mais níveis, passe um número como parâmetro para flat():

```
let a = [1, [2, [3, [4]]]];
a.flat(1)   // => [1, 2, [3, [4]]]
a.flat(2)   // => [1, 2, 3, [4]]
a.flat(3)   // => [1, 2, 3, 4]
a.flat(4)   // => [1, 2, 3, 4]
```

O método flatMap() funciona como o método map() (consulte "map()" na página 166), exceto que o *array* retornado é achatado automaticamente como se fosse passado para flat(). Em outras palavras, chamar a.flatMap(f) é o mesmo (mas mais eficiente) que a.map(f).flat():

```
let phrases = ["hello world", "the definitive guide"];
let words = phrases.flatMap(phrase => phrase.split(" "));
words  // => ["hello", "world", "the", "definitive", "guide"];
```

Você pode imaginar que flatMap() é uma generalização de map() que permite que cada elemento do *array* de entrada mapeie qualquer quantidade de elementos do *array* de saída. Em especial, flatMap() permite que você mapeie os elementos de entrada em um *array* vazio, que é achatado para nada no *array* de saída:

```
// Mapeia números não negativos a suas raízes quadradas
[-2, -1, 1, 2].flatMap(x => x < 0 ? [] : Math.sqrt(x))  // => [1, 2**0.5]
```

7.8.3 Adicionando *arrays* com concat()

O método concat() cria e retorna um novo *array* contendo os elementos do *array* original em que concat() foi chamado, seguido de cada um dos argumentos de concat(). Se qualquer um desses argumentos é ele próprio um *array*, então são os elementos do *array* que são concatenados e não o *array* em si. Note, entretanto, que concat() não achata *arrays* de *arrays* recursivamente. concat() não modifica o *array* em que é chamado:

```
let a = [1,2,3];
a.concat(4, 5)          // => [1,2,3,4,5]
a.concat([4,5],[6,7])   // => [1,2,3,4,5,6,7]; arrays são achatados
a.concat(4, [5,[6,7]])  // => [1,2,3,4,5,[6,7]]; mas não arrays aninhados
a                       // => [1,2,3]; o array original não é modificado
```

Observe que concat() produz uma nova cópia do *array* em que é chamado. Em muitos casos, esta é a coisa certa a fazer, mas é uma operação cara. Se estiver em uma situação na qual precisa escrever código como a = a.concat(x), então você deveria considerar modificar seu *array* com push() ou splice() em vez de criar um novo.

7.8.4 Pilhas e filas com push(), pop(), shift() e unshift()

Os métodos push() e pop() permitem trabalhar com *arrays* como se fossem pilhas. O método push() anexa um ou mais elementos novos no final de um *array* e retorna o novo comprimento do *array*. Ao contrário de concat(), push() não achata os argumentos do *array*. O método pop() faz o inverso: ele exclui o último elemento de um *array*, decrementa o comprimento do *array* e retorna o valor que removeu. Note que os dois métodos modificam o *array* no local. A combinação de `push()` e `pop()` permite o uso de um *array* em JavaScript para implementar uma pilha *first-in, last-out* (primeiro a entrar, último a sair). Por exemplo:

```
let stack = [];         // stack == []
stack.push(1,2);        // stack == [1,2];
stack.pop();            // stack == [1]; retorna 2
stack.push(3);          // stack == [1,3]
stack.pop();            // stack == [1]; retorna 3
stack.push([4,5]);      // stack == [1,[4,5]]
stack.pop()             // stack == [1]; retorna [4,5]
stack.pop();            // stack == []; retorna 1
```

O método `push()` não achata um *array* para o qual é passado, mas se quiser transferir todos os elementos de um *array* para outro, você pode usar o operador de espalhamento (Seção 8.3.4) para achatá-lo explicitamente:

```
a.push(...values);
```

Os métodos `unshift()` e `shift()` se comportam quase como `push()` e `pop()`, exceto que inserem e removem elementos do início de um *array* e não do final. `unshift()` adiciona um ou mais elementos no início do *array*, desloca os elementos existentes no *array* para cima, para índices mais altos, a fim de dar espaço, e retorna o novo comprimento do *array*. `shift()` remove e retorna o primeiro elemento do *array*, deslocando todos os elementos subsequentes uma casa para baixo, para ocuparem o espaço recentemente vago no início do *array*. Você poderia usar `unshift()` e `shift()` para implementar uma pilha, mas seria menos eficiente do que usar `push()` e `pop()`, pois os elementos do *array* precisam ser deslocados para cima ou para baixo todas as vezes que um elemento é adicionado ou removido do início do *array*. Em vez disso, no entanto, é possível implementar uma estrutura de dados do tipo fila com o uso de `push()` para adicionar elementos ao fim de um *array* e `shift()` para removê-los do início do *array*:

```
let q = [];             // q == []
q.push(1,2);            // q == [1,2]
q.shift();              // q == [2]; retorna 1
q.push(3)               // q == [2, 3]
q.shift()               // q == [3]; retorna 2
q.shift()               // q == []; retorna 3
```

Há um recurso de `unshift()` que merece atenção, pois pode surpreendê-lo. Quando múltiplos argumentos são passados para `unshift()`, eles são todos inseridos de uma única vez, o que significa que acabam no *array* em uma ordem diferente da que seria se fossem inseridos um a um:

```
let a = [];             // a == []
a.unshift(1)            // a == [1]
a.unshift(2)            // a == [2, 1]
a = [];                 // a == []
a.unshift(1,2)          // a == [1, 2]
```

7.8.5 *Subarrays* com slice(), splice(), fill() e copyWithin()

Arrays definem diversos métodos que atuam em regiões contíguas, ou *subarrays* ou "fatias" de um *array*. As seções a seguir descrevem métodos para extrair, substituir, preencher ou copiar fatias.

slice()

O método `slice()` retorna um *pedaço* (ou *subarray*) do *array* especificado. Seus dois argumentos especificam o início e o fim do trecho a ser retornado. O *array* retornado contém o elemento especificado pelo primeiro argumento e todos os elementos subsequentes, até (mas não incluindo) o elemento especificado pelo segundo argumento. Se apenas um argumento é especificado, o *array* retornado conterá todos os elementos desde a posição inicial até o fim do *array*. Se um ou outro argumento for negativo, ele especificará um elemento relativo ao último elemento no *array*. Um argumento –1, por exemplo, especifica o último elemento do *array* e um argumento –2 especifica o penúltimo elemento do *array*. Note que `slice()` não modifica o *array* em que é chamado. Aqui estão alguns exemplos:

```
let a = [1,2,3,4,5];
a.slice(0,3);    // Retorna [1,2,3]
a.slice(3);      // Retorna [4,5]
a.slice(1,-1);   // Retorna [2,3,4]
a.slice(-3,-2);  // Retorna [3]
```

splice()

`splice()` é um método de uso geral para inserir ou remover elementos de um *array*. Ao contrário de `slice()` e `concat()`, `splice()` modifica o *array* no qual é chamado. Note que `splice()` e `slice()` têm nomes muito parecidos, mas efetuam operações significativamente diferentes.

`splice()` pode excluir elementos de um *array*, inserir novos elementos em um *array* ou efetuar as duas operações ao mesmo tempo. Os elementos do *array* que vêm após o ponto de inserção ou exclusão têm seus índices aumentados ou diminuídos, conforme o necessário, para que permaneçam contíguos ao restante do *array*. O primeiro argumento de `splice()` especifica a posição do *array* em que a inserção e/ou exclusão deve começar. O segundo argumento especifica o número de elementos que devem ser excluídos (removidos) do *array* (observe que há outra diferença entre esses dois métodos; o segundo argumento de `slice()` é uma posição final, enquanto o segundo argumento de `splice()` é um comprimento). Se esse segundo argumento é omitido, todos os elementos do *array*, do elemento inicial até o fim do *array*, são removidos. `splice()` retorna o *array* dos elementos excluídos ou um *array* vazio, se nenhum elemento foi excluído. Por exemplo:

```
let a = [1,2,3,4,5,6,7,8];
a.splice(4)     // => [5,6,7,8]; a agora é [1,2,3,4]
a.splice(1,2)   // => [2,3]; a agora é [1,4]
a.splice(1,1)   // => [4]; a agora é [1]
```

Os dois primeiros argumentos de `splice()` especificam quais elementos do *array* devem ser excluídos. Esses argumentos podem ser seguidos por qualquer número de argumentos adicionais, especificando os elementos a serem inseridos no *array*, começando na posição especificada pelo primeiro argumento. Por exemplo:

```
let a = [1,2,3,4,5];
a.splice(2,0,"a","b")  // => []; a agora é [1,2,"a","b",3,4,5]
a.splice(2,2,[1,2],3)  // => ["a","b"]; a agora é [1,2,[1,2],3,3,4,5]
```

Note que, ao contrário de `concat()`, `splice()` insere os próprios *arrays* e não elementos desses *arrays*.

fill()

O método `fill()` configura os elementos de um *array*, ou de uma fatia de um *array*, com um valor especificado. Ele altera o *array* no qual é chamado e também retorna o *array* modificado:

```
let a = new Array(5);   // Começa sem elementos e com comprimento igual a 5
a.fill(0)               // => [0,0,0,0,0]; preenche o array com zeros
a.fill(9, 1)            // => [0,9,9,9,9]; preenche com 9 a partir do índice 1
a.fill(8, 2, -1)        // => [0,9,8,8,9]; preenche com 8 nos índices 2, 3
```

O primeiro argumento de `fill()` é o valor com o qual configurar os elementos do *array*. O segundo argumento opcional especifica o índice inicial. Se omitido, o preenchimento inicia no índice 0. O terceiro argumento opcional especifica o índice final – elementos do *array* até este índice, não incluso, serão preenchidos. Se esse argumento é omitido, o *array* é preenchido do índice inicial até o fim. É possível especificar índices relativos ao final do *array* com a passagem de números negativos, assim como se pode fazer com `slice()`.

copyWithin()

`copyWithin()` copia uma fatia do *array* para uma nova posição dentro do mesmo *array*. Ele modifica o *array* no local e retorna o *array* modificado, mas não altera o comprimento do *array*. O primeiro argumento especifica o índice de destino para o qual o primeiro elemento será copiado. O segundo argumento especifica o índice do primeiro elemento a ser copiado. Se o segundo argumento é omitido, usa-se 0. O terceiro argumento especifica o final da fatia de elementos a ser copiada. Se omitido, o comprimento do *array* é utilizado. Elementos são copiados do índice inicial até o índice final, não incluso. É possível especificar índices relativos ao final do *array* com a passagem de números negativos, assim como se pode fazer para `slice()`.

```
let a = [1,2,3,4,5];
a.copyWithin(1)         // => [1,1,2,3,4]: copia os elementos do array uma posição
                        // para cima
a.copyWithin(2, 3, 5)   // => [1,1,3,4,4]: copia os 2 últimos elementos para o índice 2
a.copyWithin(0, -2)     // => [4,4,3,4,4]: deslocamentos negativos também funcionam
```

`copyWithin()` foi criado para ser um método de alto desempenho, particularmente útil com *arrays* tipados (consulte a Seção 11.2). O método tem como modelo a função `memmove()`, da biblioteca padrão C. Observe que a cópia funcionará corretamente mesmo se houver sobreposição entre as regiões de origem e de destino.

7.8.6 Pesquisa em *arrays* e métodos de classificação

Os *arrays* implementam os métodos `indexOf()`, `lastIndexOf()` e `includes()`, de forma semelhante aos métodos de *strings* com o mesmo nome. Além disso, os métodos `sort()` e `reverse()` reordenam os elementos de um *array*. Esses métodos são descritos nas subseções a seguir.

indexOf() e lastIndexOf()

`indexOf()` e `lastIndexOf()` procuram um elemento com um valor especificado em um *array* e retornam o índice do primeiro elemento encontrado com esse valor ou `-1`, se nenhum for encontrado. `indexOf()` pesquisa o *array* do início ao fim e `lastIndexOf()` pesquisa do fim para o início.

```
let a = [0,1,2,1,0];
a.indexOf(1)        // => 1: a[1] é 1
a.lastIndexOf(1)    // => 3: a[3] é 1
a.indexOf(3)        // => -1: nenhum elemento tem o valor 3
```

`indexOf()` e `lastIndexOf()` comparam seu argumento aos elementos do *array* usando o equivalente ao operador `===`. Se o *array* contém objetos em vez de valores primitivos, os métodos verificam se as duas referências são relativas a exatamente o mesmo objeto. Se, em vez disso, quiser analisar o conteúdo do objeto, experimente usar o método `find()` com sua própria função de predicado personalizada.

`indexOf()` e `lastIndexOf()` recebem um segundo argumento opcional que especifica o índice do *array* no qual começar a pesquisa. Se esse argumento é omitido, `indexOf()` começa no início e `lastIndexOf()` começa no fim. Valores negativos são permitidos para o segundo argumento e são tratados como um deslocamento em relação ao fim do *array*, assim como acontece no método `splice()`: um valor –1, por exemplo, especifica o último elemento do *array*.

A função a seguir pesquisa em um *array* em busca de um valor específico e retorna um *array* com *todos* os índices coincidentes. Isso demonstra como o segundo argumento de `indexOf()` pode ser usado para localizar coincidências além da primeira.

```
// Localiza todas as ocorrências de um valor x em um array a e retorna um array
// de índices coincidentes
function findall(a, x) {
    let results = [],            // O array de índices que vamos retornar
        len = a.length,          // O comprimento do array a ser pesquisado
        pos = 0;                 // A posição inicial da pesquisa
```

```
        while(pos < len) {           // Enquanto houver mais elementos para pesquisar...
            pos = a.indexOf(x, pos); // Pesquisa
            if (pos === -1) break;   // Se nada for encontrado, terminamos.
            results.push(pos);       // Caso contrário, armazena o índice no array
            pos = pos + 1;           // E começa a próxima busca no próximo elemento
        }
        return results;              // Retorna o array de índices
    }
```

Note que as *strings* têm métodos `indexOf()` e `lastIndexOf()` que funcionam como esses métodos de *array*, exceto que um segundo argumento negativo é tratado como zero.

includes()

Na ES2016, o método `includes()` aceita um único argumento e retorna `true` se o *array* contém o valor ou `false` no caso contrário. Ele não informa o índice do valor, apenas se existe. O método `includes()` é, na prática, um teste de pertencimento ao conjunto para *arrays*. Observe, entretanto, que os *arrays* não são uma representação eficiente para conjuntos, e se estiver trabalhando com mais do que um punhado de elementos, deve usar um objeto Set verdadeiro (Seção 11.1.1).

O método `includes()` é ligeiramente diferente do método `indexOf()` em um aspecto importante. `indexOf()` testa a igualdade usando o mesmo algoritmo que o operador ===, e este considera que o valor NaN (não é número) é diferente de todos os outros valores, incluindo ele mesmo. `includes()` usa uma versão ligeiramente diferente de igualdade, que considera `NaN` igual a si mesmo. Isso significa que `indexOf()` não detecta o valor `NaN` em um *array*, mas `includes()` detecta:

```
let a = [1,true,3,NaN];
a.includes(true)             // => true
a.includes(2)                // => falso
a.includes(NaN)              // => true
a.indexOf(NaN)               // => -1; indexOf não encontra NaN
```

sort()

`sort()` classifica os elementos de um *array* no local e retorna o *array* classificado. Quando `sort()` é chamado sem argumentos, ele classifica os elementos do *array* em ordem alfabética (convertendo-os temporariamente em *strings* para fazer a comparação, se necessário):

```
let a = ["banana", "cherry", "apple"];
a.sort();    // a == ["apple", "banana", "cherry"]
```

Se um *array* contém elementos indefinidos, eles são classificados no final do *array*.

Para classificar um *array* em alguma ordem diferente da alfabética, deve-se passar uma função de comparação como argumento para `sort()`. Essa função decide qual de seus dois argumentos deve aparecer primeiro no *array* classificado. Se o primeiro argumento deve aparecer antes do segundo, a função de comparação deve retornar um número menor do que zero. Se o primeiro argumento deve aparecer após o segundo no *array* classificado, a função deve retornar um número maior do que zero. E se os dois valores são equivalentes (i.e., se a ordem é irrelevante), a função de comparação deve retornar 0. Assim, por exemplo, para classificar elementos do *array* em ordem numérica e não alfabética, você poderia fazer o seguinte:

```
let a = [33, 4, 1111, 222];
a.sort();                  // a == [1111, 222, 33, 4]; ordem alfabética
a.sort(function(a,b) {     // Passa uma função de comparação
    return a-b;            // Retorna < 0, 0 ou > 0, dependendo da ordem
});                        // a == [4, 33, 222, 1111]; ordem numérica
a.sort((a,b) => b-a);      // a == [1111, 222, 33, 4]; ordem numérica inversa
```

Como outro exemplo de classificação de itens de *array*, poderia ser feita uma classificação alfabética sem considerar letras maiúsculas e minúsculas em um *array* de *strings*, passando-se uma função de comparação que convertesse seus dois argumentos em minúsculas (com o método `toLowerCase()`) antes de compará-los:

```
let a = ["ant", "Bug", "cat", "Dog"];
a.sort(); // a == ["Bug","Dog","ant","cat"]; classificação considerando letras
             maiúsculas e minúsculas
a.sort(function(s,t) {
    let a = s.toLowerCase();
    let b = t.toLowerCase();
    if (a < b) return -1;
    if (a > b) return 1;
    return 0;
});   // a == ["ant","Bug","cat","Dog"]; classificação sem considerar letras
         maiúsculas e minúsculas
```

reverse()

O método `reverse()` inverte a ordem dos elementos de um *array* e retorna o *array* invertido. Ele faz isso no local; em outras palavras, ele não cria um novo *array* com os elementos reorganizados, ele os reorganiza no *array* já existente.

```
let a = [1,2,3];
a.reverse();   // a == [3,2,1]
```

7.8.7 Conversão de array para *string*

A classe *Array* define três métodos que podem converter *arrays* em *strings*, que geralmente é algo que você faria quando cria mensagens de registro e de erro (se quiser salvar o conteúdo de um *array* em forma textual para reutilizá-lo posteriormente, serialize o *array* com `JSON.stringify()` [Seção 6.8] em vez de usar os métodos descritos aqui).

O método `join()` converte todos os elementos de um *array* em *strings* e as concatena, retornando a *string* resultante. Pode-se especificar uma *string* opcional para separar os elementos na *string* resultante. Se não for especificada qualquer *string* separadora, uma vírgula é usada:

```
let a = [1, 2, 3];
a.join()              // => "1,2,3"
```

```
a.join(" ")              // => "1 2 3"
a.join("")               // => "123"
let b = new Array(10);   // Um array de comprimento 10 sem elementos
b.join("-")              // => "---------": uma string de 9 hífens
```

O método `join()` é o inverso do método `String.split()`, que cria um *array* dividindo uma *string* em partes.

Um *array*, assim como qualquer objeto em JavaScript, tem um método `toString()`. Para um *array*, esse método funciona da mesma forma que o método `join()` sem argumentos:

```
[1,2,3].toString()          // => "1,2,3"
["a", "b", "c"].toString()  // => "a,b,c"
[1, [2,"c"]].toString()     // => "1,2,c"
```

Note que a saída não inclui colchetes nem qualquer outro tipo de delimitador em torno do valor do *array*.

`toLocaleString()` é a versão localizada de `toString()`. Ele converte cada elemento de um *array* em uma *string* chamando o método `toLocaleString()` de cada elemento individualmente e, então, concatena as *strings* resultantes usando um separador específico para a localidade (e definido pela implementação).

7.8.8 Funções de *array* estático

Além dos métodos de *array* que já documentamos, a classe *Array* também define três funções estáticas que você pode chamar por meio da construtora `Array` em vez de nos *arrays*. `Array.of()` e `Array.from()` são métodos fábrica para criar novos *arrays*, documentados nas Seções 7.1.4 e 7.1.5.

A outra função de *array* estático é `Array.isArray()`, que é útil para determinar se um valor desconhecido é ou não um *array*:

```
Array.isArray([])     // => true
Array.isArray({})     // => falso
```

7.9 Objetos semelhantes a um *array*

Como vimos, *arrays* em JavaScript têm algumas características especiais inexistentes em outros objetos:

- A propriedade `length` é atualizada automaticamente quando novos elementos são adicionados na lista.
- Configurar `length` com um valor menor trunca o *array*.
- Os *arrays* herdam métodos úteis de `Array.prototype`.
- `Array.isArray()` retorna `true` para *arrays*.

Essas são as características que tornam os *arrays* em JavaScript diferentes dos objetos normais. Mas não são estas características fundamentais que definem um *array*. Muitas vezes é perfeitamente razoável tratar qualquer objeto com uma propriedade `length` numérica e propriedades cujos nomes sejam inteiros não negativos como um tipo de *array*.

Esses objetos "semelhantes a um *array*" aparecem ocasionalmente na prática e, embora não seja possível chamar métodos de *array* diretamente neles, nem esperar comportamento especial da propriedade `length`, você ainda pode iterar por eles com o mesmo código que usaria para um *array* de verdade. Constata-se que muitos algoritmos de *array* funcionam tão bem com objetos semelhantes a um *array* como funcionariam com *arrays* reais. Isso é especialmente verdade se seus algoritmos tratam o *array* como somente de leitura ou se pelo menos deixam o comprimento do *array* inalterado.

O código a seguir pega um objeto normal, adiciona propriedades para transformá-lo em um objeto semelhante a um *array* e depois itera pelos "elementos" do *pseudoarray* resultante:

```
let a = {};   // Começa com um objeto vazio normal

// Adiciona propriedades para torná-lo "semelhante a um array"
let i = 0;
while(i < 10) {
    a[i] = i * i;
    i++;
}
a.length = i;

// Agora itera por ele como se fosse um array real
let total = 0;
for(let j = 0; j < a.length; j++) {
    total += a[j];
}
```

Em JavaScript do lado do cliente, vários métodos para trabalhar com documentos HTML (como `document.querySelectorAll()`, p. ex.) retornam objetos semelhantes a um *array*. Aqui está uma função que poderia ser usada para testar objetos que funcionam como *arrays*:

```
// Determina se o é um objeto semelhante a um array.
// Strings e funções têm propriedades length numéricas, mas são
// excluídas pelo teste de typeof. Em JavaScript do lado do cliente, os nós de texto DOM
// têm uma propriedade length numérica e talvez precisem ser excluídos
// com um teste o.nodeType != 3 adicional.
function isArrayLike(o) {
    if (o &&                            // o não é null, undefined etc.
        typeof o === "object" &&        // o é um objeto
        Number.isFinite(o.length) &&    // o.length é um número finito
        o.length >= 0 &&                // o.length é não negativo
        Number.isInteger(o.length) &&   // o.length é um inteiro
        o.length < 4294967295) {        // o.length < 2^32 - 1
        return true;                    // Então o é semelhante a um array
    } else {
        return false;                   // Caso contrário, não é.
    }
}
```

Veremos em uma seção posterior que *strings* se comportam como *arrays*. Ainda assim, testes como o anterior para objetos semelhantes a um *array* normalmente retornam `false` para *strings* – em geral, eles são mais bem manipulados como *strings* e não como *arrays*.

A maior parte dos métodos de *array* em JavaScript é definida intencionalmente para serem genéricos, de modo que funcionam corretamente quando aplicados em objetos semelhantes a um *array* e em *arrays* de verdade. Como os objetos semelhantes a um *array* não herdam de `Array.prototype`, não é possível chamar métodos de *array* neles diretamente. Contudo, é possível chamá-los indiretamente, usando o método `Function.call` (consulte a Seção 8.7.4 para mais detalhes):

```
let a = {"0": "a", "1": "b", "2": "c", length: 3};  // Um objeto semelhante a um array
Array.prototype.join.call(a, "+")                    // => "a+b+c"
Array.prototype.map.call(a, x => x.toUpperCase())    // => ["A","B","C"]
Array.prototype.slice.call(a, 0)   // => ["a","b","c"]: cópia do array de verdade
Array.from(a)                      // => ["a","b","c"]: cópia do array mais fácil
```

A penúltima linha desse código chama o método de *Array* `slice()` em um objeto semelhante a um *array* para copiar os elementos desse objeto em um objeto *array* de verdade. É um truque idiomático presente em muito código legado, mas que agora é muito mais fácil de fazer com `Array.from()`.

7.10 *Strings* como *arrays*

Strings em JavaScript se comportam como *arrays* somente para leitura de caracteres Unicode UTF-16. Em vez de acessar caracteres individuais com o método `charAt()`, pode-se usar colchetes:

```
let s = "test";
s.charAt(0)    // => "t"
s[1]           // => "e"
```

O operador `typeof` ainda retorna "*string*" para *strings*, é claro, e o método `Array.isArray()` retorna `false` se uma *string* é passada para ele.

A principal vantagem das *strings* que podem ser indexadas é simplesmente que podemos substituir chamadas para `charAt()` por colchetes, que são mais concisos, legíveis e possivelmente mais eficientes. Contudo, o fato de *strings* se comportarem como *arrays* também significa que podemos aplicar nelas métodos genéricos de *array*. Por exemplo:

```
Array.prototype.join.call("JavaScript", " ")  // => "J a v a S c r i p t"
```

Lembre-se de que *strings* são valores imutáveis; portanto, quando são tratadas como *arrays*, elas são *arrays* somente de leitura. Métodos de *array* como `push()`, `sort()`, `reverse()` e `splice()` modificam um *array* no local e não funcionam em *strings*. No entanto, tentar modificar uma *string* usando um método de *array* não causa erro: apenas falha silenciosamente.

7.11 Resumo

Este capítulo aprofundou-se nos *arrays* em JavaScript, incluindo detalhes incomuns sobre *arrays* esparsos e objetos semelhantes a um *array*. As principais lições deste capítulo são:

- *Arrays* literais são escritos como listas de valores separados por vírgulas entre colchetes.
- Elementos individuais de *array* são acessados pela especificação do índice de *array* desejado entre colchetes.
- O laço `for/of` e o operador de espalhamento `...` introduzidos na ES6 são maneiras particularmente úteis de iterar em *arrays*.
- A classe Array define um conjunto rico de métodos para manipular *arrays*, e é importante que você se familiarize com a API de Array.

CAPÍTULO 8
Funções

Este capítulo abrange funções em JavaScript. As funções são um elemento fundamental dos programas JavaScript e um recurso comum em quase todas as linguagens de programação. Talvez você já conheça a noção de função com o nome de *sub-rotina* ou *procedimento*.

Uma *função* é um bloco de código JavaScript definido uma vez, mas que pode ser executado (ou *invocado*) inúmeras vezes. As funções em JavaScript são *parametrizadas*: uma definição de função pode incluir uma lista de identificadores, conhecidos como *parâmetros*, que funcionam como variáveis locais para o corpo da função. As chamadas de função fornecem valores (ou *argumentos*) para os parâmetros da função. Frequentemente, as funções utilizam seus valores de argumento para calcular um *valor de retorno*, que se torna o valor da expressão da chamada de função. Além dos argumentos, cada chamada tem outro valor – o *contexto da chamada* – que é o valor da palavra-chave `this`.

Se uma função é atribuída a uma propriedade de um objeto, ela será conhecida como *método* desse objeto. Quando uma função é chamada *em* ou *por meio de* um objeto, esse objeto será o contexto da chamada ou o valor de `this` da função. As funções projetadas para inicializar um objeto recém-criado são denominadas *construtoras*. As construtoras foram descritas na Seção 6.2 e serão abordadas novamente no Capítulo 9.

Em JavaScript, as funções são objetos e podem ser manipuladas pelos programas. JavaScript pode atribuir funções a variáveis e passá-las como argumento para outras funções, por exemplo. Como as funções são objetos, é possível definir propriedades e até mesmo chamar métodos a partir delas.

As definições de função em JavaScript podem ser aninhadas dentro de outras funções e terão acesso a qualquer variável que esteja no escopo onde são definidas. Isso significa que as funções em JavaScript são *fechadas* em relação às suas variáveis e isso possibilita o uso de técnicas de programação importantes e poderosas.

8.1 Definindo funções

A forma mais direta de definir uma função em JavaScript é com a palavra-chave `function`, que pode ser usada como uma declaração ou como uma expressão. A ES6 define uma nova e importante maneira de definir funções sem a palavra-chave `function`: as "funções de seta" têm uma sintaxe particularmente compacta e são úteis quando passamos uma função como argumento para outra função. As subseções a seguir apresentam essas três maneiras de definir funções. Observe que alguns detalhes da sintaxe de definição de funções que envolvem parâmetros são abordados posteriormente na Seção 8.3.

Nos objetos literais e definições de classe, há uma sintaxe abreviada conveniente para definir métodos. Ela foi analisada na Seção 6.10.5 e é equivalente a usar uma expressão de definição de função e atribuir a ela uma propriedade de objeto usando a sintaxe de objeto literal básica `nome:valor`. Em outro caso especial, é possível usar as palavras-chave `get` e `set` em objetos literais para definir os métodos especiais *getter* e *setter* de propriedades. Essa sintaxe de definição de funções foi abordada na Seção 6.10.6.

Observe que as funções também podem ser definidas com a construtora `Function()`, que é o tema da Seção 8.7.7. Além disso, JavaScript define alguns tipos especializados de função. `function*` define funções geradoras (consulte o Capítulo 12) e `async function` define funções assíncronas (consulte o Capítulo 13).

8.1.1 Declarações de função

As declarações de função consistem na palavra-chave `function` seguida pelos seguintes componentes:

- Um identificador que dá nome à função. O nome é uma parte obrigatória das instruções de declaração de função: ele é usado como o nome de uma variável e o objeto função recém-definido é atribuído a esta variável.
- Um par de parênteses em torno de uma lista de zero ou mais identificadores separados por vírgulas. Esses identificadores são nomes de parâmetros da função e se comportam como variáveis locais dentro do corpo da função.
- Um par de chaves contendo zero ou mais instruções JavaScript. Essas instruções são o corpo da função: elas são executadas quando a função é chamada.

Aqui estão alguns exemplos de declarações de função:

```
// Imprime o nome e o valor de cada propriedade de o. Retorna undefined.
function printprops(o) {
    for(let p in o) {
        console.log(`${p}: ${o[p]}\n`);
    }
}
```

```
// Calcula a distância entre os pontos cartesianos (x1,y1) e (x2,y2).
function distance(x1, y1, x2, y2) {
    let dx = x2 - x1;
    let dy = y2 - y1;
    return Math.sqrt(dx*dx + dy*dy);
}

// Uma função recursiva (que chama a si mesma) que calcula fatoriais
// Lembre-se de que x! é o produto de x e todos os inteiros positivos menores do que ele.
function factorial(x) {
    if (x <= 1) return 1;
    return x * factorial(x-1);
}
```

Algo importante de entender sobre declarações de função é que o nome da função se torna uma variável cujo valor é a função em si. As instruções de declaração de função são elevadas para o topo do *script*, função ou bloco onde estão inseridas, de modo que possam ser chamadas mesmo antes de sua definição. Em outras palavras, todas as funções declaradas em um bloco de código JavaScript serão definidas por todo o bloco e serão definidas antes de o interpretador JavaScript começar a executar qualquer parte do código naquele bloco.

As funções `distance()` e `factorial()` que descrevemos foram projetadas para calcular um valor e usam `return` para retornar esse valor para suas chamadoras. A instrução `return` faz com que a função pare de ser executada e retorne o valor da sua expressão (se houver) para a chamadora. Se a instrução `return` não tem uma expressão associada, o valor de retorno da função é `undefined`.

A função `printprops()` é diferente: seu objetivo é exibir os nomes e valores das propriedades de um objeto. Não há necessidade de um valor de retorno, e a função não inclui uma instrução `return`. O valor de uma chamada da função `printprops()` é sempre `undefined`. Se uma função não contém uma instrução `return`, ela simplesmente executa cada instrução no corpo da função até atingir o fim e retorna o valor `undefined` para o chamador.

Antes da ES6, as declarações de função somente eram permitidas no nível superior em um arquivo JavaScript ou dentro de outra função. Embora algumas implementações flexibilizassem essa regra, tecnicamente não era permitido definir funções dentro do corpo de laços, condicionais ou outros blocos. No modo restrito da ES6, no entanto, as declarações de função são permitidas dentro de blocos. Uma função definida em um bloco existe apenas dentro daquele bloco, contudo, e não é visível fora dele.

8.1.2 Expressões de função

Expressões de função são muito parecidas com declarações de função, mas surgem no contexto de uma expressão ou instrução maior, e o nome é opcional. A seguir, vemos alguns exemplos de expressões de função:

```
// Esta expressão de função define uma função que eleva seu argumento ao quadrado.
// Note que a atribuímos a uma variável
const square = function(x) { return x*x; };

// As expressões de função podem incluir nomes, o que é útil para o uso de
// recursividade.
const f = function fact(x) { if (x <= 1) return 1; else return x*fact(x-1); };

// As expressões de função também podem ser usadas como argumentos de outras funções:
[3,2,1].sort(function(a,b) { return a-b; });

// Às vezes as expressões de função são definidas e chamadas imediatamente:
let tensquared = (function(x) {return x*x;}(10));
```

Note que o nome da função é opcional para funções definidas como expressões e que a maioria das expressões de função mostradas anteriormente o omite. Uma declaração de função na verdade *declara* uma variável e atribui a ela um objeto função. Uma expressão de função, por outro lado, não declara uma variável: você decide atribuir o objeto função recém-definido a uma constante ou variável se for precisar se referir a ele múltiplas vezes. Uma boa prática é usar `const` com expressões de função para que não sobrescreva suas funções por acidente ao atribuir novos valores.

É permitido um nome para funções (como na função fatorial anterior) que precisem fazer referência a si mesmas. Se uma expressão de definição de função inclui um nome, o escopo de função local dessa função vai incluir um vínculo desse nome com o objeto função. Na prática, o nome da função se torna uma variável local dentro da função. A maioria das funções definidas como expressões não precisa de nomes, o que torna suas definições mais compactas (embora nem de perto tão compactas quanto as funções de seta, descritas adiante).

Há uma diferença importante entre definir uma função `f()` com uma declaração de função e atribuir uma função à variável `f` após criá-la como uma expressão. Quando você usa a forma de declaração, os objetos função são criados antes de o código que os contém começar a ser executado e suas definições são elevadas para que você possa chamar essas funções a partir de trechos de código que aparecem antes da declaração propriamente dita. No entanto, isso não vale para funções definidas como expressões: essas funções não existem até a expressão que as define ser avaliada de fato. Além disso, para chamar uma função, você precisa ser capaz de fazer referência a ela, e não se pode fazer referência a uma função definida como uma expressão até que ela seja atribuída a uma variável; portanto, as funções definidas com expressões não podem ser chamadas antes de serem definidas.

8.1.3 Funções de seta

Na ES6, podemos definir funções usando uma sintaxe particularmente compacta conhecida como "funções de seta". Essa sintaxe lembra a notação matemática e usa uma "seta" => para separar os parâmetros da função do seu corpo. A palavra-chave `function` não é usada e, como as funções de seta são expressões e não instruções, também não há necessidade de um nome de função. A forma geral de uma função de seta é uma lista de parâmetros entre parênteses separados por vírgulas, seguida pela seta => e então pelo corpo da função entre chaves:

```
const sum = (x, y) => { return x + y; };
```

Mas as funções de seta suportam uma sintaxe ainda mais compacta. Se o corpo da função é uma única instrução `return`, é possível omitir a palavra-chave `return`, o ponto e vírgula que o acompanha e as chaves, e escrever o corpo da função como a expressão cujo valor será retornado:

```
const sum = (x, y) => x + y;
```

Além disso, se uma função de seta tiver exatamente um parâmetro, podemos omitir os parênteses em torno da lista de parâmetros:

```
const polynomial = x => x*x + 2*x + 3;
```

Observe, contudo, que uma função de seta sem nenhum argumento deve ser escrita com um par vazio de parênteses:

```
const constantFunc = () => 42;
```

Note que, quando escreve uma função de seta, você não pode colocar uma nova linha entre os parâmetros da função e a seta =. Caso contrário, você acaba com uma linha como `const polynomial = x`, que é uma instrução de atribuição sintaticamente válida por si só.

Além disso, se o corpo da sua função de seta for uma única instrução `return`, mas a expressão a ser retornada for um objeto literal, você deve colocar esse objeto entre parênteses para evitar a ambiguidade sintática entre as chaves de um corpo de função e as chaves que definem um objeto literal:

```
const f = x => { return { value: x }; };  // Bom: f() retorna um objeto
const g = x => ({ value: x });           // Bom: g() retorna um objeto
const h = x => { value: x };             // Ruim: h() não retorna nada
const i = x => { v: x, w: x };           // Ruim: Erro de sintaxe
```

Na terceira linha desse código, a função `h()` é realmente ambígua: o código que você pretendia que fosse um objeto literal pode ser interpretado como uma instrução rotulada, então cria-se uma função que retorna *undefined*. Na quarta linha, no entanto, o objeto literal mais complexo não é uma instrução válida, de modo que esse código ilegal causa um erro de sintaxe.

A sintaxe concisa das funções de seta as torna ideais para quando precisamos passar uma função como argumento de outra, algo comum de se fazer com métodos de *array* como `map()`, `filter()` e `reduce()` (consulte a Seção 7.8.1), por exemplo:

```
// Faz uma cópia de um array sem os elementos nulos.
let filtered = [1,null,2,3].filter(x => x !== null); // filtered == [1,2,3]
// Calcula o quadrado de alguns números:
let squares = [1,2,3,4].map(x => x*x);               // squares == [1,4,9,16]
```

As funções de seta diferem das funções definidas de outras maneiras em um aspecto crítico: elas herdam o valor da palavra-chave `this` do ambiente no qual são definidas em vez de definir seu próprio contexto de chamada, como fazem as funções definidas de outras formas. É um recurso importante e muito útil das funções de seta ao qual retornaremos posteriormente neste capítulo. As funções de seta também diferem das outras funções no fato de não terem uma propriedade `prototype`, o que significa que não podem ser usadas como funções construtoras para novas classes (consulte a Seção 9.2).

8.1.4 Funções aninhadas

Em JavaScript, as funções podem ser aninhadas dentro de outras funções. Por exemplo:

```
function hypotenuse(a, b) {
    function square(x) { return x*x; }
    return Math.sqrt(square(a) + square(b));
}
```

O interessante a respeito das funções aninhadas são suas regras de escopo de variável: elas podem acessar os parâmetros e as variáveis da função (ou funções) dentro das quais estão aninhadas. No código anterior, por exemplo, a função interna `square()` pode ler e gravar os parâmetros `a` e `b` definidos pela função externa `hypotenuse()`. Essas regras de escopo para funções aninhadas são muito importantes e vamos considerá-las novamente na Seção 8.6.

8.2 Chamando funções

O código JavaScript que constitui o corpo de uma função não é executado quando a função é definida, mas quando ela é chamada. Em JavaScript as funções podem ser chamadas de cinco maneiras:

- como funções
- como métodos
- como construtoras
- indiretamente, por meio de seus métodos `call()` e `apply()`
- implicitamente, por meio de recursos da linguagem JavaScript que não aparecem como chamadas de função normais

8.2.1 Chamada de função

As funções são chamadas como funções ou como métodos com uma expressão de invocação (Seção 4.5). Uma expressão de invocação consiste em uma expressão de função que é avaliada como um objeto função, seguida por um parêntese de abertura, uma lista de zero ou mais expressões de argumento separada por vírgulas e um parêntese de fechamento. Se a expressão de função é uma expressão de acesso à propriedade – se a função é a propriedade de um objeto ou um elemento de um *array* –, então ela é uma expressão de invocação de método. Esse caso vai ser explicado no exemplo a seguir. O código a seguir contém várias expressões de chamada de função normais:

```
printprops({x: 1});
let total = distance(0,0,2,1) + distance(2,1,3,5);
let probability = factorial(5)/factorial(13);
```

Em uma chamada, cada expressão de argumento (aquelas entre os parênteses) é avaliada, e os valores resultantes se tornam os argumentos passados para a função. Esses valores são atribuídos aos parâmetros nomeados na definição da função. No corpo da função, uma referência a um parâmetro é avaliada com o valor do argumento correspondente.

Para uma chamada de função normal, o valor de retorno da função torna-se o valor da expressão de invocação. Se a função retorna porque o interpretador chega no final, o valor de retorno é `undefined`. Se a função retorna porque o interpretador executa uma instrução `return`, o valor de retorno é o valor da expressão que vem após a instrução `return` ou `undefined`, caso a instrução `return` não tenha valor algum.

Chamada condicional

Na ES2020, podemos inserir `?.` após a expressão de função e antes do parêntese de abertura em uma chamada de função para chamar a função apenas se não for `null` ou `undefined`. Em outras palavras, a expressão `f?.(x)` é equivalente (pressupondo não haver efeitos colaterais) a:

```
(f !== null && f !== undefined) ? f(x) : undefined
```

Detalhes completos sobre essa sintaxe de chamada condicional se encontram na Seção 4.5.1.

Para uma chamada de função em modo não restrito, o contexto da chamada (o valor de `this`) é o objeto global. No entanto, no modo restrito o contexto da chamada é `undefined`. Observe que funções definidas com o uso da sintaxe de seta se comportam de maneira diferente: elas sempre herdam o valor de `this` válido onde são definidas.

Normalmente, as funções escritas para serem chamadas como funções (e não como métodos) não usam a palavra-chave `this`. Contudo, a palavra-chave pode ser usada para determinar se o modo restrito está em vigor:

```
// Define e chama uma função para determinar se estamos no modo restrito.
const strict = (function() { return !this; }());
```

Funções recursivas e a pilha

Uma função *recursiva* é aquela, como a função `factorial()` no início deste capítulo, que chama a si mesma. Alguns algoritmos, como aqueles que envolvem estruturas de dados baseadas em árvore, podem ser implementados de forma particularmente elegante com funções recursivas. Quando escrevemos uma função recursiva, contudo, é importante pensar sobre as limitações de memória. Quando a função A chama a função B e então a função B chama a função C, o interpretador JavaScript precisa monitorar os contextos de execução de todas as três funções. Quando a função C termina, o interpretador precisa saber onde retomar a execução da função B e, quando esta termina, precisa saber onde retomar a execução da função A. Imagine que esses contextos de execução são uma pilha. Quando uma função chama outra, um novo contexto de execução é colocado na pilha. Quando essa função retorna, seu objeto contexto de execução é tirado da pilha. Se uma função chama a si mesma recursivamente 100 vezes, a pilha terá 100 objetos, e depois os 100 objetos serão retirados da pilha. Essa pilha de chamada consome memória. Em *hardware* moderno, normalmente não há problema algum em escrever funções recursivas que chamam a si mesmas centenas de vezes. Mas, se uma função chama a si mesma dez mil vezes, é provável que causará um erro do tipo "Tamanho máximo da pilha de chamadas excedido".

8.2.2 Chamada de método

Um *método* nada mais é do que uma função JavaScript armazenada em uma propriedade de um objeto. Se você tem uma função `f` e um objeto `o`, pode definir um método chamado `m` de `o` com a linha a seguir:

```
o.m = f;
```

Tendo definido o método `m()` do objeto `o`, chame-o como segue:

```
o.m();
```

Ou então, se `m()` espera dois argumentos, você pode chamá-lo como segue:

```
o.m(x, y);
```

O código no exemplo é uma expressão de invocação: ele inclui uma expressão de função `o.m` e duas expressões de argumento, `x` e `y`. A própria expressão de função é uma expressão de acesso à propriedade e isso significa que a função é chamada como um método e não como uma função normal.

Os argumentos e o valor de retorno de uma chamada de método são tratados exatamente como descrito anteriormente para chamada de função normal. Contudo, as chamadas de método diferem das chamadas de função de uma maneira importante: o contexto da chamada. As expressões de acesso à propriedade consistem em duas partes: um objeto (neste caso, o) e um nome de propriedade (m). Em uma expressão de invocação de método como essa, o objeto o se torna o contexto da chamada e o corpo da função pode se referir a esse objeto usando a palavra-chave this. Aqui está um exemplo concreto:

```
let calculator = {  // Um objeto literal
    operand1: 1,
    operand2: 1,
    add() {          // Estamos usando a sintaxe abreviada de método para esta função
        // Note o uso da palavra-chave this para se referir a esse objeto.
        this.result = this.operand1 + this.operand2;
    }
};
calculator.add();    // Uma chamada de método para calcular 1+1.
calculator.result    // => 2
```

A maioria das chamadas de método usa a notação de ponto para acesso à propriedade, mas as expressões de acesso à propriedade que utilizam colchetes também causam chamadas de método. As seguintes são chamadas de método, por exemplo:

```
o["m"](x,y);  // Outra maneira de escrever o.m(x,y).
a[0](z)       // Também é uma chamada de método (supondo que a[0] seja uma função).
```

As chamadas de método também podem envolver expressões de acesso à propriedade mais complexas:

```
customer.surname.toUpperCase(); // Chama método em customer.surname
f().m();                        // Chama o método m() no valor de retorno de f()
```

Os métodos e a palavra-chave this são fundamentais para o paradigma da programação orientada a objetos. Qualquer função que seja utilizada como método recebe um argumento implícito – o objeto por meio do qual ela é chamada. Normalmente, um método efetua algum tipo de operação nesse objeto, e a sintaxe de chamada de método é uma maneira elegante de expressar o fato de que uma função está operando em um objeto. Compare as duas linhas a seguir:

```
rect.setSize(width, height);
setRectSize(rect, width, height);
```

As funções hipotéticas chamadas nessas duas linhas de código podem efetuar exatamente a mesma operação no objeto (hipotético) rect, mas a sintaxe da chamada de método na primeira linha transmite mais claramente a ideia de que o foco principal da operação é o objeto rect.

Encadeamento de métodos

Quando métodos retornam objetos, pode-se usar o valor de retorno de uma chamada de método como parte de uma chamada subsequente. Isso resulta em uma série (ou "encadeamento" ou "cascata") de chamadas de método como uma única expressão. Ao se trabalhar com operações assíncronas baseadas em Promises (consulte o Capítulo 13), por exemplo, é comum escrever código estruturado da seguinte maneira:

```
// Executa três operações assíncronas em sequência, tratando erros.
doStepOne().then(doStepTwo).then(doStepThree).catch(handleErrors);
```

Quando você escrever um método que não tem seu próprio valor de retorno, pense em fazê-lo retornar `this`. Se você fizer isso sistematicamente em toda sua API, permitirá um estilo de programação conhecido como *encadeamento de métodos*[1], no qual um objeto pode ser nomeado uma vez e, então, vários métodos podem ser chamados a partir dele:

```
new Square().x(100).y(100).size(50).outline("red").fill("blue").draw();
```

Note que `this` é uma palavra-chave e não uma variável ou um nome de propriedade. A sintaxe JavaScript não permite atribuir um valor a `this`.

O escopo da palavra-chave `this` não é como o das variáveis, e, exceto pelas funções de seta, as funções aninhadas não herdam o valor de `this` da função que as contém. Se uma função aninhada é chamada como um método, seu valor de `this` é o objeto em que foi chamada. Se uma função aninhada (que não é uma função de seta) é chamada como uma função, então seu valor de `this` vai ser o objeto global (modo não restrito) ou `undefined` (modo restrito). É um erro comum supor que uma função aninhada definida em um método e chamada como função pode utilizar `this` para obter o contexto da chamada do método. O código a seguir demonstra o problema:

```
let o = {                   // Um objeto o.
    m: function() {         // Método m do objeto.
        let self = this;    // Salva o valor de "this" em uma variável.
        this === o          // => "true": this é o objeto o.
        f();                // Agora chama a função auxiliar f().

        function f() {      // Uma função aninhada f
            this === o      // false: "this" é global ou undefined
            self === o      // true: self é o valor do "this" externo.
        }
    }
};
o.m();                      // Chama o método m no objeto o.
```

[1] O termo foi cunhado por Martin Fowler. Consulte o endereço *http://martinfowler.com/dslCatalog/methodChaining.html*.

Dentro da função aninhada `f()`, a palavra-chave `this` não é igual ao objeto `o`. Esta é reconhecida como uma falha da linguagem JavaScript e é importante estar ciente dela. O código da página anterior demonstra uma forma comum de contorná-la. Dentro do método `m`, atribuímos o valor de `this` a uma variável `self`, e dentro da função aninhada `f`, podemos usar `self` no lugar de `this` para nos referirmos ao objeto que a contém.

Na ES6 e em versões posteriores, outra forma de contornar o problema é converter a função aninhada `f` em uma função de seta, que herda corretamente o valor de `this`:

```
const f = () => {
    this === o  // verdadeiro, pois funções de seta herdam this
};
```

As funções definidas como expressões em vez de instruções não são elevadas, então, para que esse código funcione, a definição de função para `f` precisa ser movida dentro do método `m` para que apareça antes de ser chamada.

Outra solução é chamar o método `bind()` da função aninhada para definir uma nova função que será chamada implicitamente em um objeto especificado:

```
const f = (function() {
    this === o  // verdadeiro, pois limitamos esta função ao this externo
}).bind(this);
```

Abordaremos `bind()` novamente na Seção 8.7.5.

8.2.3 Chamada de construtora

Se uma chamada de função ou de método é precedida pela palavra-chave `new`, então trata-se de uma chamada de função construtora (as chamadas de construtora foram apresentadas na Seção 4.6 e na Seção 6.2.2, e as construtoras serão abordadas com mais detalhes no Capítulo 9). As chamadas de construtora diferem das chamadas de função e de método normais na forma como tratam os argumentos, o contexto da chamada e o valor de retorno.

Se uma chamada de função construtora inclui uma lista de argumentos entre parênteses, essas expressões de argumento são avaliadas e passadas para a função da mesma maneira como seriam para chamadas de função e de método. Não é uma prática comum, mas você pode omitir um par de parênteses vazios em uma chamada de construtora. As duas linhas a seguir, por exemplo, são equivalentes:

```
o = new Object();
o = new Object;
```

Uma chamada de construtora cria um novo objeto vazio que herda do objeto especificado pela propriedade `prototype` da construtora. Funções construtoras se destinam a inicializar objetos, sendo que o objeto recém-criado é utilizado como contexto da chamada, de modo que a função construtora pode se referir a ele com a palavra-chave `this`. Note que o novo objeto é usado como contexto da chamada, mesmo que a chamada de construtora se pareça com uma chamada de método. Isto é, na expressão `new o.m()`, o não é usado como contexto da chamada.

As funções construtoras em geral usam a palavra-chave `return`. Elas normalmente inicializam o novo objeto e então retornam implicitamente ao chegarem no final de seus corpos. Nesse caso, o novo objeto é o valor da expressão de invocação da construtora. No entanto, se uma construtora usa explicitamente a instrução `return` para retornar um objeto, então esse objeto se torna o valor da expressão de invocação. Se a construtora usa `return` sem valor algum ou se retorna um valor primitivo, esse valor de retorno é ignorado e o novo objeto é usado como valor da chamada.

8.2.4 Chamada indireta

Em JavaScript as funções são objetos e, como todos os objetos em JavaScript, elas têm métodos. Dois desses métodos, `call()` e `apply()`, chamam a função indiretamente. Os dois métodos permitem especificar explicitamente o valor de `this` para a chamada, ou seja, é possível chamar qualquer função como método de qualquer objeto, mesmo que não seja realmente um método desse objeto. Os dois métodos também permitem especificar os argumentos da chamada. O método `call()` utiliza sua própria lista de argumentos como argumentos para a função, e o método `apply()` espera que um *array* de valores seja usado como argumento. Os métodos `call()` e `apply()` estão descritos em detalhes na Seção 8.7.4.

8.2.5 Chamada de função implícita

Há vários recursos da linguagem JavaScript que não se parecem com chamadas de função, mas que fazem com que funções sejam chamadas. Tome cuidado especial ao escrever funções que possam ser chamadas implicitamente, pois *bugs*, efeitos colaterais e problemas de desempenho nessas funções são mais difíceis de diagnosticar e de consertar do que em funções normais pelo simples motivo de que pode não ser óbvio, a partir de uma inspeção rápida do seu código, que elas estejam sendo chamadas.

Os recursos de linguagem que podem causar chamada de função implícita incluem:

- Se um objeto tem métodos *getter* ou *setter* definidos, consultar ou configurar o valor das suas propriedades pode chamar tais métodos. Para mais informações, consulte a Seção 6.10.6.
- Quando um objeto é usado em um contexto de *string* (como quando é concatenado com uma *string*), seu método `toString()` é chamado. Da mesma forma, quando um objeto é usado em um contexto numérico, seu método `valueOf()` é chamado. Consulte a Seção 3.9.3 para mais detalhes.
- Quando você itera os elementos de um objeto iterável, ocorrem diversas chamadas de método. O Capítulo 12 explica como os iteradores funcionam no nível da chamada de função e demonstra como escrever esses métodos de forma que você possa definir seus próprios tipos iteráveis.

- Um literal de modelo com *tag* é uma chamada de função disfarçada. A Seção 14.5 demonstra como escrever funções que podem ser usadas em conjunto com *strings* literais de modelo.
- Os objetos Proxy (descritos na Seção 14.7) têm seu comportamento completamente controlado por funções. Praticamente qualquer operação em algum desses objetos faz com que uma função seja chamada.

8.3 Argumentos e parâmetros de função

As definições de função em JavaScript não especificam um tipo esperado para os parâmetros, e as chamadas de função não fazem qualquer verificação de tipo nos valores de argumento passados. Na verdade, as chamadas de função em JavaScript nem mesmo verificam o número de argumentos que estão sendo passados. As subseções a seguir descrevem o que acontece quando uma função é chamada com menos argumentos do que parâmetros declarados ou com mais argumentos do que parâmetros declarados. Elas também demonstram como é possível testar explicitamente o tipo dos argumentos da função, caso seja necessário garantir que uma função não seja chamada com argumentos incompatíveis.

8.3.1 Padrões e parâmetros opcionais

Quando uma função é chamada com menos argumentos do que parâmetros declarados, os parâmetros adicionais são configurados com o seu valor padrão, que normalmente é `undefined`. Frequentemente é útil escrever funções de modo que alguns argumentos sejam opcionais. Aqui está um exemplo:

```
// Anexa os nomes das propriedades enumeráveis do objeto o no
// array a e retorna a. Se a for omitido, cria e retorna um novo array.
function getPropertyNames(o, a) {
    if (a === undefined) a = [];    // Se for undefined, usa um novo array
    for(let property in o) a.push(property);
    return a;
}

// getPropertyNames() pode ser chamada com um ou dois argumentos:
let o = {x: 1}, p = {y: 2, z: 3}; // Dois objetos para teste
let a = getPropertyNames(o); // a == ["x"]; obtém as propriedades de o em um novo array
getPropertyNames(p, a);      // a == ["x","y","z"]; adiciona as propriedades de p a ele
```

Em vez de usar uma instrução `if` na primeira linha dessa função, pode-se usar o operador `||` nesta forma idiomática:

```
a = a || [];
```

Lembre-se, da Seção 4.10.2, que o operador `||` retorna seu primeiro argumento se esse argumento for verdadeiro e, caso contrário, retorna seu segundo argumento. Nesse caso, se qualquer objeto for passado como segundo argumento, a função vai usar esse objeto. Mas se o segundo argumento for omitido (ou for passado `null` ou outro valor falso), será usado em seu lugar o *array* vazio recém-criado.

Note que, ao projetar funções com argumentos opcionais, você deve certificar-se de colocar os que são opcionais no final da lista de argumentos para que eles possam ser omitidos. O programador que chamar sua função não poderá omitir o primeiro argumento e passar o segundo: ele precisaria passar `undefined` explicitamente para o primeiro argumento.

Na ES6 e posteriores, você pode definir um valor padrão para cada um dos seus parâmetros diretamente na lista de parâmetros da função. Simplesmente coloque um sinal de igual e o valor padrão a ser usado após o nome da função quando não é fornecido um argumento para o parâmetro:

```
// Anexa os nomes das propriedades enumeráveis do objeto o no
// array a e retorna a. Se a for omitido, cria e retorna um novo array.
function getPropertyNames(o, a = []) {
    for(let property in o) a.push(property);
    return a;
}
```

As expressões padrão dos parâmetros são avaliadas quando a função é chamada, não quando é definida, então todas as vezes que a função `getPropertyNames()` é chamada com um argumento, um novo *array* vazio é criado e passado como argumento.[2] Provavelmente é mais fácil raciocinar sobre funções se os padrões de parâmetro são constantes (ou expressões literais como `[]` e `{}`). Mas isso não é obrigatório: você pode usar variáveis, ou chamadas de função, por exemplo, para computar o valor padrão de um parâmetro. Um caso interessante é que, para funções com múltiplos parâmetros, você pode usar o valor de um parâmetro anterior para definir o valor padrão de parâmetros subsequentes:

```
// Esta função retorna um objeto que representa as dimensões de um retângulo.
Se apenas a largura é fornecida, faz a altura ser o dobro da largura.
const rectangle = (width, height=width*2) => ({width, height});
rectangle(1)  // => { width: 1, height: 2 }
```

Este código demonstra que valores padrão para parâmetros funcionam com funções de seta. O mesmo vale para funções de atalho para métodos e para todas as outras formas de definição de funções.

8.3.2 Parâmetros *rest* e listas de argumento de comprimento variável

Valores padrão para parâmetros nos permitem escrever funções que podem ser chamadas com menos argumentos do que parâmetros. Os *parâmetros rest* permitem o caso oposto: eles nos permitem escrever funções que podem ser chamadas arbitrariamente com mais argumentos do que parâmetros definidos. Observe um exemplo que espera um ou mais argumentos numéricos e retorna o maior:

[2] Se você conhece Python, observe que é diferente do que ocorre naquela linguagem, na qual toda chamada compartilha o mesmo valor padrão.

```
function max(first=-Infinity, ...rest) {
    let maxValue = first;  // Começa por pressupor que o primeiro arg é o maior
    // Depois itera através do resto dos argumentos, procurando pelo maior
    for(let n of rest) {
        if (n > maxValue) {
            maxValue = n;
        }
    }
    // Retorna o maior
    return maxValue;
}

max(1, 10, 100, 2, 3, 1000, 4, 5, 6)  // => 1000
```

Um parâmetro *rest* é precedido por três pontos e deve ser o último parâmetro em uma declaração de função. Quando você chama uma função com um parâmetro *rest*, os argumentos que você passa são antes atribuídos aos parâmetros não *rest*, e então os argumentos restantes (ou seja, o "resto" dos argumentos) são armazenados em um *array* que se torna o valor do parâmetro *rest*. Esse último ponto é importante: no corpo de uma função, o valor de um parâmetro *rest* sempre será um *array*. O *array* pode ser vazio, mas um parâmetro *rest* nunca será `undefined` (logo, nunca é útil nem válido definir um valor padrão de parâmetro para um parâmetro rest).

Funções como a do exemplo anterior, que podem aceitar qualquer número de argumentos, são chamadas de *funções variádicas*, *funções de aridade variável* ou *funções varargs*. Este livro utiliza o termo mais coloquial, *varargs*, que remonta aos primórdios da linguagem de programação C.

Não confunda o ... que define um parâmetro *rest* em uma definição de função com o operador de espalhamento ..., descrito na Seção 8.3.4, que pode ser usado em chamadas de função.

8.3.3 O objeto Arguments

Os parâmetros *rest* foram introduzidos em JavaScript na ES6. Antes dessa versão da linguagem, funções *varargs* eram escritas usando o objeto Arguments: dentro do corpo de uma função, o identificador `arguments` se refere ao objeto Arguments para essa chamada. O objeto Arguments é um objeto semelhante a um *array* (consulte a Seção 7.9) que permite aos valores de argumento passados para a função serem recuperados por número, em vez de por nome. Aqui temos a função `max()` anterior, reescrita para usar o objeto Arguments em vez de um parâmetro rest:

```
function max(x) {
    let maxValue = -Infinity;
    // Itera através de argumentos, procurando (e lembrando) o maior.
    for(let i = 0; i < arguments.length; i++) {
        if (arguments[i] > maxValue) maxValue = arguments[i];
    }
```

```
    // Retorna o maior
    return maxValue;
}

max(1, 10, 100, 2, 3, 1000, 4, 5, 6)   // => 1000
```

O objeto Arguments remonta aos primórdios de JavaScript e traz consigo uma bagagem histórica estranha, que o torna ineficiente e difícil de otimizar, especialmente fora do modo restrito. Talvez você ainda encontre código que use o objeto Arguments, mas deve evitar o seu uso quando escrever código novo. Ao refatorar código antigo, se encontrar uma função que usa `arguments`, você muitas vezes pode substituí-lo por um parâmetro *rest* `...args`. Parte da herança infeliz do objeto Arguments é que, em modo restrito, `arguments` é tratado como uma palavra reservada, então não é possível declarar um parâmetro de função ou uma variável local com esse nome.

8.3.4 O operador de espalhamento para chamadas de função

O operador de espalhamento ... é usado para desempacotar, ou "espalhar", os elementos de um *array* (ou qualquer outro objeto iterável, como *strings*) em um contexto no qual valores individuais são esperados. Vimos o operador de espalhamento usado com *arrays* literais na Seção 7.1.2. O operador pode ser usado da mesma forma em chamadas de função:

```
let numbers = [5, 2, 10, -1, 9, 100, 1];
Math.min(...numbers)        // => -1
```

Observe que ... não é um operador de fato, no sentido de que não pode ser avaliado para produzir um valor. Em vez disso, trata-se de uma sintaxe especial de JavaScript que pode ser utilizada em *arrays* literais e em chamadas de função.

Quando usamos a mesma sintaxe de ... em uma definição de função em vez de uma chamada de função, produzimos o efeito oposto ao do operador de espalhamento. Como vimos na Seção 8.3.2, usar ... em uma definição de função reúne múltiplos argumentos de função em um *array*. Os parâmetros *rest* e o operador de espalhamento muitas vezes são úteis juntos, como na função a seguir, que toma um argumento de função e retorna uma versão instrumentada da função para teste:

```
// Esta função recebe uma função e retorna uma versão empacotada
function timed(f) {
    return function(...args) {  // Reúne args em um array de parâmetros rest
        console.log(`Entering function ${f.name}`);
        let startTime = Date.now();
        try {
            // Passa todos os nossos argumentos para a função empacotada
            return f(...args);  // Espalha os args de volta
        }
        finally {
            // Antes de retornarmos o valor de retorno empacotado, imprime o tempo
            // decorrido.
            console.log(`Exiting ${f.name} after ${Date.now()-startTime}ms`);
        }
```

```
    };
}
// Calcula a soma dos números entre 1 e n por força bruta
function benchmark(n) {
    let sum = 0;
    for(let i = 1; i <= n; i++) sum += i;
    return sum;
}

// Agora chama a versão cronometrada da função de teste
timed(benchmark)(1000000)  // => 500000500000; esta é a soma dos números
```

8.3.5 Desestruturando argumentos de função em parâmetros

Quando você chama uma função com uma lista de valores de argumento, esses valores acabam sendo atribuídos aos parâmetros declarados na definição da função. Essa fase inicial da chamada da função se assemelha muito a uma atribuição de variável. Assim, não deve surpreender que possamos usar as técnicas de atribuição via desestruturação (consulte a Seção 3.10.3) com funções.

Se você define uma função com nomes de parâmetro entre colchetes, está dizendo à função para esperar que um valor de *array* seja passado para cada par de colchetes. Como parte do processo de chamada, os argumentos de *array* serão desempacotados em parâmetros nomeados individualmente. Por exemplo, suponha que estamos representando vetores bidimensionais como *arrays* de dois números, no qual o primeiro elemento é a coordenada X e o segundo é a coordenada Y. Com essa estrutura de dados simples, poderíamos escrever a seguinte função para somar dois vetores:

```
function vectorAdd(v1, v2) {
    return [v1[0] + v2[0], v1[1] + v2[1]];
}
vectorAdd([1,2], [3,4])  // => [4,6]
```

O código seria mais fácil de entender se desestruturássemos os dois argumentos de vetor em parâmetros com nomes mais claros:

```
function vectorAdd([x1,y1], [x2,y2]) {  // Desempacota 2 argumentos em 4 parâmetros
    return [x1 + x2, y1 + y2];
}
vectorAdd([1,2], [3,4])  // => [4,6]
```

Da mesma forma, se você está definindo uma função que espera um objeto como argumento, é possível desestruturar os parâmetros deste objeto. Vamos usar um exemplo vetorial novamente, mas, desta vez, vamos supor que representamos vetores como objetos com parâmetros x e y:

```
// Multiplica o vetor {x,y} por um valor escalar
function vectorMultiply({x, y}, scalar) {
    return { x: x*scalar, y: y*scalar };
}
vectorMultiply({x: 1, y: 2}, 2)  // => {x: 2, y: 4}
```

Esse exemplo de desestruturação de um único argumento objeto em dois parâmetros é relativamente claro, pois os nomes de parâmetro que usamos correspondem aos nomes de propriedade do objeto que chega. A sintaxe é mais prolixa e mais confusa quando precisamos desestruturar propriedades com um nome em parâmetros com nomes diferentes. Observe o exemplo de soma de vetores novamente, implementado para vetores baseados em objetos:

```
function vectorAdd(
    {x: x1, y: y1},    // Desempacota o 1º objeto nos parâmetros x1 e y1
    {x: x2, y: y2}     // Desempacota o 2º objeto nos parâmetros x2 e y2
)
{
    return { x: x1 + x2, y: y1 + y2 };
}
vectorAdd({x: 1, y: 2}, {x: 3, y: 4})  // => {x: 4, y: 6}
```

O complicado em uma sintaxe de desestruturação como `{x:x1, y:y1}` é lembrar quais são os nomes de propriedade e quais os nomes de parâmetro. A regra que não podemos esquecer para a atribuição de desestruturação e para chamadas de função de desestruturação é que variáveis ou parâmetros declarados são colocados onde você esperaria que valores fossem colocados em um objeto literal. Assim, os nomes de propriedade ficam sempre no lado esquerdo dos dois-pontos, enquanto os nomes de parâmetro (ou variável) ficam à direita.

Você pode definir padrões de parâmetro com parâmetros desestruturados. O exemplo a seguir é uma multiplicação de vetores que funciona com vetores bidimensionais e tridimensionais:

```
// Multiplica o vetor {x,y} ou {x,y,z} por um valor escalar
function vectorMultiply({x, y, z=0}, scalar) {
    return { x: x*scalar, y: y*scalar, z: z*scalar };
}
vectorMultiply({x: 1, y: 2}, 2)  // => {x: 2, y: 4, z: 0}
```

Algumas linguagens (como Python) permitem que o chamador de uma função invoque uma função com argumentos especificados na forma `nome=valor`, conveniente quando há muitos argumentos opcionais ou quando a lista de parâmetros é longa o suficiente para que seja difícil lembrar a ordem correta. JavaScript não permite isso diretamente, mas é possível aproximá-lo pela desestruturação de um argumento objeto em seus parâmetros de função. Considere uma função que copia um número especificado de elementos de um *array* para outro com deslocamentos iniciais especificados de maneira opcional para cada *array*. Como há cinco parâmetros possíveis, alguns dos quais têm padrões, e como seria difícil para o chamador lembrar a ordem na qual passar os argumentos, podemos definir e chamar a função `arraycopy()` da seguinte forma:

```
function arraycopy({from, to=from, n=from.length, fromIndex=0, toIndex=0}) {
    let valuesToCopy = from.slice(fromIndex, fromIndex + n);
    to.splice(toIndex, 0, ...valuesToCopy);
    return to;
}
let a = [1,2,3,4,5], b = [9,8,7,6,5];
arraycopy({from: a, n: 3, to: b, toIndex: 4})  // => [9,8,7,6,1,2,3,5]
```

Quando você desestrutura um *array*, você pode definir um parâmetro *rest* para os valores adicionais dentro do *array* que é desempacotado. O parâmetro *rest* entre colchetes é completamente diferente do parâmetro *rest* verdadeiro para a função:

```
// Esta função espera um argumento do tipo array. Os dois primeiros elementos desse
// array são desempacotados nos parâmetros x e y. Todos os elementos restantes
// são armazenados no array coords. E qualquer argumento após o primeiro
// é empacotado no array rest.
function f([x, y, ...coords], ...rest) {
    return [x+y, ...rest, ...coords];   // Obs.: o operador de espalhamento aqui
}
f([1, 2, 3, 4], 5, 6)   // => [3, 5, 6, 3, 4]
```

Na ES2018, você também pode usar um parâmetro *rest* quando desestrutura um objeto. O valor do parâmetro *rest* será um objeto que tenha qualquer número de propriedades que não tenham sido desestruturadas. Os parâmetros *rest* dos objetos muitas vezes são úteis com o operador de espalhamento do objeto, também um novo recurso da ES2018:

```
// Multiplica o vetor {x,y} ou {x,y,z} por um valor escalar, mantém outras propriedades
function vectorMultiply({x, y, z=0, ...props}, scalar) {
    return { x: x*scalar, y: y*scalar, z: z*scalar, ...props };
}
vectorMultiply({x: 1, y: 2, w: -1}, 2)   // => {x: 2, y: 4, z: 0, w: -1}
```

Por fim, lembre-se de que além de *arrays* e objetos como argumento, você também pode desestruturar *arrays* de objetos, objetos que tenham propriedades de *arrays* e objetos que tenham propriedades de objeto, basicamente em qualquer profundidade. Considere o código gráfico que representa círculos com as propriedades `x`, `y`, `radius` e `color`, em que a propriedade `color` é um *array* de componentes cromáticos vermelhos, verdes e azuis. Você poderia definir uma função que espera que um único objeto círculo seja passado como argumento, mas o desestrutura em seis parâmetros diferentes:

```
function drawCircle({x, y, radius, color: [r, g, b]}) {
    // Ainda não implementada
}
```

Se a desestruturação de argumento de função for mais complexa do que isso, na minha experiência o código se torna mais difícil de ler e não mais simples. Às vezes, tudo fica mais claro quando explicitamos o acesso à propriedade do objeto e a indexação de *arrays*.

8.3.6 Tipos de argumento

Os parâmetros de método em JavaScript não têm tipos declarados e não é feita verificação de tipo nos valores passados para uma função. Você pode ajudar a autodocumentar seu código escolhendo nomes descritivos para argumentos de função e documentando-os com cuidado nos comentários de cada função (ou você pode consultar a Seção 17.8 e conhecer uma extensão da linguagem que permite sobrepor uma verificação de tipo sobre o JavaScript básico).

Conforme descrito na Seção 3.9, JavaScript faz conversão de tipo de forma livre, quando necessário. Assim, se você escreve uma função que espera um *string* como argumento e então chama essa função com um valor de algum outro tipo, o valor passado é simplesmente convertido em *string* quando a função tenta utilizá-lo como *string*. Todos os tipos primitivos podem ser convertidos em *strings* e todos os objetos têm métodos `toString()` (se não outros necessariamente úteis), de modo que nunca ocorre erro nesse caso.

Contudo, isso nem sempre é verdade. Considere outra vez o método `arraycopy()` mostrado anteriormente. Ele espera um ou dois *arrays* como argumentos e falha se os argumentos forem do tipo errado. A não ser que você esteja escrevendo uma função privada que somente será chamada de partes próximas do seu código, pode ser interessante adicionar código para verificar os tipos dos argumentos. É melhor que uma função falhe imediata e previsivelmente quando são passados valores incompatíveis do que comece a executar e falhe com uma mensagem de erro que provavelmente não será clara. Aqui está um exemplo de função que faz verificação de tipo:

```
// Retorna a soma dos elementos de um objeto iterável a.
// Todos os elementos de a devem ser números.
function sum(a) {
    let total = 0;
    for(let element of a) {  // Lança TypeError se a não é iterável
        if (typeof element !== "number") {
            throw new TypeError("sum(): elements must be numbers");
        }
        total += element;
    }
    return total;
}
sum([1,2,3])     // => 6
sum(1, 2, 3);    // !TypeError: 1 não é iterável
sum([1,2,"3"]);  // !TypeError: elemento 2 não é um número
```

8.4 Funções como valores

As características mais importantes das funções são que elas podem ser definidas e chamadas. Definição e chamada de função são recursos sintáticos em JavaScript e na maioria das outras linguagens de programação. Em JavaScript, no entanto, as funções não são apenas sintaxe, mas também valores, ou seja, podem ser atribuídas a variáveis, armazenadas nas propriedades de objetos ou nos elementos de *arrays*, passadas como argumentos para funções etc.[3]

Para entender como as funções podem ser tanto dados como uma sintaxe em JavaScript, considere a seguinte definição de função:

```
function square(x) { return x*x; }
```

[3]Esse ponto pode não parecer especialmente interessante, a menos que você conheça linguagens mais estáticas, nas quais as funções fazem parte de um programa, mas não podem ser manipuladas pelo programa.

Essa definição cria um novo objeto função e o atribui à variável `square`. O nome de uma função é irrelevante; é simplesmente o nome de uma variável que se refere ao objeto função. A função pode ser atribuída a outra variável e ainda funcionar da mesma maneira:

```
let s = square;  // Agora s se refere à mesma função que square
square(4)        // => 16
s(4)             // => 16
```

As funções também podem ser atribuídas a propriedades de objeto, em vez de a variáveis. Como já vimos, chamamos as funções de "métodos" quando fazemos isso:

```
let o = {square: function(x) { return x*x; }};  // Um objeto literal
let y = o.square(16);                           // y == 256
```

As funções nem mesmo exigem nomes, assim como quando são atribuídas a elementos de *array*:

```
let a = [x => x*x, 20];  // Um array literal
a[0](a[1])               // => 400
```

A sintaxe deste último exemplo parece estranha, mas ainda assim é uma expressão de invocação de função válida!

Como exemplo de como pode ser útil tratar funções como valores, considere o método `Array.sort()`. Esse método classifica os elementos de um *array*. Como existem muitas ordens de classificação possíveis (numérica, alfabética, por data, crescente, decrescente etc.), opcionalmente o método `sort()` recebe uma função como argumento para saber como fazer a classificação. Essa função tem uma tarefa simples: para quaisquer dois valores passados, ela retorna um valor especificando qual elemento aparece primeiro em um *array* classificado. Esse argumento de função torna `Array.sort()` perfeitamente geral e infinitamente flexível; o método pode classificar qualquer tipo de dado em qualquer ordem concebível. Exemplos aparecem na Seção 7.8.6.

O Exemplo 8-1 demonstra as coisas que podem ser feitas quando as funções são usadas como valores. Esse exemplo pode ser um pouco complicado, mas os comentários explicam o que está acontecendo.

Exemplo 8-1 Usando funções como dados

```
// Definimos algumas funções simples aqui
function add(x,y) { return x + y; }
function subtract(x,y) { return x - y; }
function multiply(x,y) { return x * y; }
function divide(x,y) { return x / y; }

// Aqui está uma função que recebe uma das funções anteriores
// como argumento e a chama em dois operandos
function operate(operator, operand1, operand2) {
    return operator(operand1, operand2);
}
```

```
// Poderíamos chamar essa função como segue, para calcularmos o valor (2+3) + (4*5):
let i = operate(add, operate(add, 2, 3), operate(multiply, 4, 5));

// Para ajudar no exemplo, implementamos as funções simples novamente,
// desta vez dentro de um objeto literal;
const operators = {
    add:      (x,y) => x+y,
    subtract: (x,y) => x-y,
    multiply: (x,y) => x*y,
    divide:   (x,y) => x/y,
    pow:      Math.pow  // Também funciona para funções predefinidas
};

// Esta função recebe o nome de um operador, procura esse operador
// no objeto e, então, o chama nos operandos fornecidos. Observe
// a sintaxe usada para chamar a função operator.
function operate2(operation, operand1, operand2) {
    if (typeof operators[operation] === "function") {
        return operators[operation](operand1, operand2);
    }
    else throw "unknown operator";
}

operate2("add", "hello", operate2("add", " ", "world"))  // => "hello world"
operate2("pow", 10, 2)  // => 100
```

8.4.1 Definindo suas próprias propriedades de função

Em JavaScript, funções não são valores primitivos, mas sim um tipo de objeto especializado, ou seja, elas podem ter propriedades. Quando uma função precisa de uma variável "estática" cujo valor persiste entre as chamadas, muitas vezes é conveniente utilizar uma propriedade da função em si. Por exemplo, suponha que se queira escrever uma função que, ao ser chamada, retorne um inteiro único. A função nunca deve retornar o mesmo valor duas vezes. Para conseguir isso, a função precisa monitorar os valores que já retornou, e essa informação deve persistir entre as chamadas de função. Você poderia armazenar essa informação em uma variável global, mas isso é desnecessário, pois a informação é usada apenas pela própria função. É melhor armazená-la em uma propriedade do objeto Function. Aqui está um exemplo que retorna um inteiro único quando a função é chamada:

```
// Inicializa a propriedade counter do objeto function.
// As declarações de função são içadas, de modo que podemos
// fazer esta atribuição antes da declaração da função.
uniqueInteger.counter = 0;

// Esta função retorna um inteiro diferente cada vez que é chamada.
// Ela usa uma propriedade dela mesma para lembrar o próximo valor a ser retornado.
function uniqueInteger() {
    return uniqueInteger.counter++; // Incrementa e retorna a propriedade counter
}
uniqueInteger()         // => 0
uniqueInteger()         // => 1
```

Como outro exemplo, considere a função `factorial()` a seguir, que usa propriedades dela mesma (tratando a si mesma como um *array*) para colocar na memória *cache* os resultados calculados anteriormente:

```
// Calcula fatoriais e coloca os resultados na cache como propriedades da própria função.
function factorial(n) {
    if (Number.isInteger(n) && n > 0) {         // Somente números inteiros positivos
        if (!(n in factorial)) {                // Se não houver resultado na cache
            factorial[n] = n * factorial(n-1);  // Calcula e o coloca na cache
        }
        return factorial[n];                    // Retorna o resultado da cache
    } else {
        return NaN;                             // Se a entrada for inválida
    }
}
factorial[1] = 1;  // Inicializa a cache para conter esse caso básico.
factorial(6)   // => 720
factorial[5]   // => 120; a chamada acima coloca este valor na cache
```

8.5 Funções como espaço de nomes

Variáveis declaradas em uma função não são visíveis fora da função. Por esse motivo, às vezes é útil definir uma função para agir simplesmente como espaço de nomes (*namespace*) temporário, no qual é possível definir variáveis sem poluir o espaço de nomes global.

Suponha, por exemplo, que você tenha um bloco de código JavaScript que deseja usar em vários programas JavaScript diferentes (ou, para JavaScript do lado do cliente, em várias páginas Web diferentes). Suponha que esse código, assim como a maioria, define variáveis para armazenar os resultados intermediários de seu cálculo. O problema é que, como esse bloco será usado em muitos programas diferentes, você não sabe se as variáveis que ele cria vão entrar em conflito com as variáveis utilizadas pelos programas que o usam. A solução é colocar o código em uma função e, então, chamar esta função. Desse modo, as variáveis que seriam globais se tornam locais à função:

```
function chunkNamespace() {
    // Bloco de código vai aqui
    // Qualquer variável definida no bloco é local a esta função
    // em vez de congestionar o espaço de nomes global.
}
chunkNamespace();   // Mas não se esqueça de chamar a função!
```

Esse código define apenas uma variável global: o nome de função `chunkNamespace`. Mas, se definir mesmo uma única propriedade for demasiado, você pode definir e chamar uma função anônima em uma única expressão:

```
(function() {   // função chunkNamespace reescrita como uma expressão não nomeada
                // Bloco de código vai aqui
}());           // Finaliza a função literal e a chama agora.
```

Essa técnica de definir e chamar uma função em uma única expressão é utilizada com frequência suficiente para se tornar idiomática e recebeu o nome de "expressão de função invocada imediatamente". Observe o uso de parênteses no código anterior. O parêntese de abertura antes de `function` é exigido porque, sem ele, o interpretador JavaScript tenta analisar a palavra-chave `function` como uma instrução de declaração de função. Com o parêntese, o interpretador reconhece isso corretamente como uma expressão de definição de função. O parêntese de abertura também ajuda os leitores humanos a reconhecerem quando uma função está sendo definida para ser chamada imediatamente em vez de definida para uso posterior.

Esse uso de funções como espaços de nomes se torna muito útil quando definimos uma ou mais funções dentro da função de espaço de nomes usando variáveis internas a esse espaço de nomes, e então as retornamos como o valor de retorno da função de espaço de nomes. Funções como essa são chamadas de *closures* e serão o tópico da próxima seção.

8.6 *Closures*

Assim como a maioria das linguagens de programação modernas, JavaScript utiliza *escopo léxico*. Isso significa que as funções são executadas usando o escopo de variável que estava em vigor ao serem definidas e não o escopo de variável que estava em vigor ao serem chamadas. Para implementar escopo léxico, o estado interno de um objeto função em JavaScript deve incluir não apenas o código da função, mas também uma referência ao escopo no qual a definição da função aparece. Essa combinação de objeto função e um escopo (um conjunto de vinculações de variáveis) no qual as variáveis da função são solucionadas é chamada de *closure* na literatura da ciência da computação.

Tecnicamente, em JavaScript todas as funções são *closures*; mas como a maioria das funções é chamada a partir do mesmo escopo no qual são definidas, normalmente não importa que exista uma *closure* envolvida. As *closures* se tornam interessantes quando são chamadas a partir de um escopo diferente daquele no qual foram definidas. Isso acontece mais comumente quando um objeto função aninhada é retornado da função dentro da qual foi definido. Existem várias técnicas de programação poderosas que envolvem esse tipo de *closures* de função aninhada, e seu uso se tornou relativamente comum na programação JavaScript. As *closures* podem parecer confusas quando você as encontra pela primeira vez, mas é importante entendê-las bem para utilizá-las com segurança.

O primeiro passo para entender as *closures* é examinar as regras do escopo léxico para funções aninhadas. Considere o código a seguir:

```
let scope = "global scope";           // Uma variável global
function checkscope() {
    let scope = "local scope";        // Uma variável local
    function f() { return scope; }    // Retorna o valor de scope aqui
    return f();
}
checkscope()                          // => "local scope"
```

A função checkscope() declara uma variável local e então define e chama uma função que retorna o valor dessa variável. Deve estar claro para você o motivo da chamada de checkscope() retornar "*local scope*". Agora, vamos alterar o código ligeiramente. Você consegue dizer o que esse código vai retornar?

```
let scope = "global scope";          // Uma variável global
function checkscope() {
    let scope = "local scope";       // Uma variável local
    function f() { return scope; }   // Retorna o valor de scope aqui
    return f;
}
let s = checkscope()();              // O que isso retorna?
```

Nesse código, um par de parênteses foi movido de dentro de checkscope() para fora. Em vez de chamar a função aninhada e retornar seu resultado, checkscope() agora retorna apenas o próprio objeto função aninhada. O que acontece quando chamamos essa função aninhada (com o segundo par de parênteses na última linha de código) fora da função em que ela foi definida?

Lembre-se da regra fundamental do escopo léxico: em JavaScript as funções são executadas usando o escopo no qual foram definidas. A função aninhada f() foi definida em um escopo no qual o escopo da variável scope estava vinculado ao valor "*local scope*". Esse vínculo ainda está em vigor quando f é executada, de onde quer que seja executada. Assim, a última linha do código anterior retorna "*local scope*" e não "*global scope*". Essa, em poucas palavras, é a natureza surpreendente e poderosa das *closures*: elas capturam os vínculos de variável local (e o parâmetro) da função externa dentro da qual são definidas.

Na Seção 8.4.1, definimos uma função uniqueInteger() que usava uma propriedade da própria função para monitorar o próximo valor a ser retornado. Uma desvantagem dessa estratégia é que um código "bugado" ou mal-intencionado poderia zerar o contador ou configurá-lo com um valor não inteiro, fazendo a função uniqueInteger() violar a parte "único" ou a parte "inteiro" de seu contrato. As *closures* capturam as variáveis locais de uma única chamada de função e podem usar essas variáveis como estado privado. Aqui está como poderíamos reescrever a função uniqueInteger() usando uma expressão de função chamada imediatamente para definir um espaço de nomes e uma *closure* que usa esse espaço de nomes para manter o seu estado privado:

```
let uniqueInteger = (function() {  // Define e chama
    let counter = 0;               // Estado privado da função abaixo
    return function() { return counter++; };
}());
uniqueInteger()  // => 0
uniqueInteger()  // => 1
```

Para entender esse código é preciso lê-lo atentamente. À primeira vista, a primeira linha de código parece estar atribuindo uma função à variável `uniqueInteger`. Na verdade, o código está definindo e chamando (conforme sugerido pelo parêntese de abertura na primeira linha) uma função; portanto, o valor de retorno da função é que está sendo atribuído a `uniqueInteger`. Agora, se estudarmos o corpo da função, vemos que seu valor de retorno é outra função. É esse objeto função aninhada que é atribuído a `uniqueInteger`. A função aninhada tem acesso às variáveis que estão no seu escopo e pode usar a variável `counter` definida na função externa. Quando essa função externa retorna, nenhum outro código pode ver a variável `counter`: a função interna tem acesso exclusivo a ela.

Variáveis privadas como `counter` não precisam ser exclusivas de uma única *closure*: é perfeitamente possível duas ou mais funções aninhadas serem definidas dentro da mesma função externa e compartilharem o escopo. Considere o código a seguir:

```
function counter() {
    let n = 0;
    return {
        count: function() { return n++; },
        reset: function() { n = 0; }
    };
}

let c = counter(), d = counter();   // Cria duas variáveis contadoras
c.count()                           // => 0
d.count()                           // => 0: elas contam independentemente
c.reset();                          // os métodos reset() e count() compartilham estado
c.count()                           // => 0: pois zeramos c
d.count()                           // => 1: d não foi zerada
```

A função `counter()` retorna um objeto "contador". Esse objeto tem dois métodos: `count()` retorna o próximo inteiro e `reset()` zera o estado interno. A primeira coisa a entender é que os dois métodos compartilham o acesso à variável privada `n`. A segunda é entender que cada chamada de `counter()` cria um novo escopo, independente dos escopos usados por chamadas anteriores, e uma nova variável privada dentro desse escopo. Portanto, se você chama `counter()` duas vezes, obtém dois objetos contadores com diferentes variáveis privadas. Chamar `count()` ou `reset()` em um objeto contador não tem efeito algum no outro.

Vale notar aqui que é possível combinar essa técnica de *closure* com métodos *getters* e *setters* de propriedades. A versão da função `counter()` a seguir é uma variação do código que apareceu na Seção 6.10.6, mas utiliza *closures* para estado privado, em vez de contar com uma propriedade de objeto normal:

```
function counter(n) {  // O argumento da função n é a variável privada
    return {
        // O método getter da propriedade retorna e incrementa a variável privada counter.
        get count() { return n++; },
        // O método setter da propriedade não permite que o valor de n diminua
```

```
        set count(m) {
            if (m > n) n = m;
            else throw Error("count can only be set to a larger value");
        }
    };
}

let c = counter(1000);
c.count             // => 1000
c.count             // => 1001
c.count = 2000;
c.count             // => 2000
c.count = 2000;     // !Erro: count só pode ser definida para um valor maior
```

Note que essa versão da função `counter()` não declara uma variável local, mas apenas utiliza seu parâmetro `n` para conter o estado privado compartilhado pelos métodos de acesso à propriedade. Isso permite que o chamador de `counter()` especifique o valor inicial da variável privada.

O Exemplo 8-2 é uma generalização do estado privado compartilhado, por meio da técnica de *closures* que demonstramos aqui. Esse exemplo define uma função `addPrivateProperty()` que define uma variável privada e duas funções aninhadas para configurar e obter o valor dessa variável. Ela adiciona essas funções aninhadas como métodos do objeto especificado:

Exemplo 8-2 Métodos de acesso a propriedades privadas usando *closures*

```
// Esta função adiciona métodos de acesso para uma propriedade com
// o nome especificado no objeto o. Os métodos são denominados get<name>
// e set<name>. Se é fornecida uma função predicado, o método setter
// a utiliza para testar a validade de seu argumento antes de armazená-lo.
// Se o predicado retorna false, o método setter lança uma exceção.
//
// O incomum nessa função é que o valor de propriedade
// manipulado pelos métodos getter e setter não é armazenado no
// objeto o. Em vez disso, o valor é armazenado apenas em uma variável local
// nessa função. Os métodos getter e setter também são definidos
// localmente nessa função e, portanto, têm acesso a essa variável local.
// Isso significa que o valor é privado para os dois métodos de acesso e
// não pode ser configurado nem modificado, a não ser por meio do método setter.
function addPrivateProperty(o, name, predicate) {
    let value;  // Essa é a propriedade value

    // O método getter simplesmente retorna o valor.
    o[`get${name}`] = function() { return value; };

    // O método setter armazena o valor ou lança uma exceção se
    // o predicado rejeita o valor.
    o[`set${name}`] = function(v) {
        if (predicate && !predicate(v)) {
            throw new TypeError(`set${name}: invalid value ${v}`);
```

```
        } else {
            value = v;
        }
    };
}
// O código a seguir demonstra o método addPrivateProperty().
let o = {};  // Aqui está um objeto vazio

// Adiciona métodos de acesso a propriedade getName e setName()
// Garante que somente valores do tipo string sejam permitidos
addPrivateProperty(o, "Name", x => typeof x === "string");

o.setName("Frank");          // Configura a propriedade value
o.getName()                  // => "Frank"
o.setName(0);                // !TypeError: tenta configurar um valor com o tipo errado
```

Vimos vários exemplos nos quais duas *closures* são definidas no mesmo escopo e compartilham o acesso à mesma variável (ou variáveis) privada. Essa é uma técnica importante, mas também é importante reconhecer quando as *closures* compartilham inadvertidamente o acesso a uma variável que não deveriam compartilhar. Considere o código a seguir:

```
// Esta função retorna uma função que sempre retorna v
function constfunc(v) { return () => v; }

// Cria um array de funções constantes:
let funcs = [];
for(var i = 0; i < 10; i++) funcs[i] = constfunc(i);

// A função no elemento 5 do array retorna o valor 5.
funcs[5]()  // => 5
```

Quando se trabalha com um código como esse, que cria várias *closures* usando um laço, é um erro comum tentar colocar o laço dentro da função que define as *closures*. Pense no código a seguir, por exemplo:

```
// Retorna um array de funções que retornam os valores 0-9
function constfuncs() {
    let funcs = [];
    for(var i = 0; i < 10; i++) {
        funcs[i] = () => i;
    }
    return funcs;
}

let funcs = constfuncs();
funcs[5]()  // => 10; Porque não retorna 5?
```

Esse código cria 10 *closures* e as armazena em um *array*. Todas as *closures* são definidas dentro da mesma chamada da função; portanto, elas compartilham o acesso à variável `i`. Quando `constfuncs()` retorna, o valor da variável `i` é 10 e todas as 10 *closures* compartilham esse valor. Portanto, todas as funções no *array* de funções retornado retornam o mesmo valor, e isso não é o que queríamos. É importante lembrar que o escopo associado a uma *closure* é "dinâmico". As funções aninhadas não fazem cópias privadas do escopo nem instantâneos estáticos dos vínculos de variável. Fundamentalmente, o problema é que as variáveis declaradas com `var` são definidas ao longo de toda a função. Nosso laço `for` declara a variável de laço com `var i`, então a variável `i` é definida ao longo de toda a função em vez de ter um escopo mais restrito, limitado ao corpo do laço. O código demonstra uma categoria comum de *bugs* na ES5 e em versões anteriores, mas a introdução de variáveis com escopo de bloco na ES6 resolve a questão. Se simplesmente substituirmos `var` por um `let` ou um `const`, o problema desaparece. Como `let` e `const` têm escopo de bloco, cada iteração do laço define um escopo independente dos escopos de todas as outras iterações, e cada um desses escopos tem seu próprio vínculo independente de `i`.

Outra coisa a lembrar ao escrever *closures* é que `this` é uma palavra-chave de JavaScript, não uma variável. Conforme discutido, as funções de seta herdam o valor de `this` da função que as contém, mas as funções definidas com a palavra-chave `function` não fazem o mesmo. Assim, se estiver escrevendo uma *closure* que precisa usar o valor de `this` da função que a contém, você deve usar uma função de seta ou chamar `bind()` na *closure* antes de retorná-la, ou atribuir o valor externo de `this` a uma variável que sua *closure* herdará:

```
const self = this;  // Disponibiliza o valor de this para funções aninhadas
```

8.7 Propriedades de função, métodos e construtora

Vimos que nos programas JavaScript as funções são valores. O operador `typeof` retorna a *string* "*function*" quando aplicado a uma função, mas na verdade as funções são um tipo especializado de objeto em JavaScript. Como as funções são objetos, podem ter propriedades e métodos, exatamente como qualquer outro objeto. Existe até uma função construtora `Function()` para criar novos objetos função. As subseções a seguir documentam as propriedades `length`, `name` e `prototype`; os métodos `call()`, `apply()`, `bind()` e `toString()`; e a construtora `Function()`.

8.7.1 A propriedade length

A propriedade somente de leitura `length` de uma função especifica a *aridade* da função, ou seja, o número de parâmetros que ela declara em sua lista de parâmetros, que normalmente é o número de argumentos esperados pela função. Se uma função tem um parâmetro *rest*, este não é contado para os fins dessa propriedade `length`.

8.7.2 A propriedade name

A propriedade somente de leitura `name` de uma função especifica o nome usado quando a função foi definida, se foi definida com um nome ou o nome da variável ou propriedade à qual uma expressão de função sem nome foi atribuída quando foi criada. Essa propriedade é útil principalmente quando escrevemos mensagens de erro ou de depuração.

8.7.3 A propriedade prototype

Toda função, exceto as funções de seta, tem uma propriedade `prototype` que se refere a um objeto conhecido como *objeto protótipo*. Cada função tem um objeto protótipo diferente. Quando uma função é usada como construtora, o objeto recém-criado herda propriedades do objeto protótipo. Os protótipos e a propriedade `prototype` foram discutidos na Seção 6.2.3 e serão abordados novamente no Capítulo 9.

8.7.4 Os métodos call() e apply()

`call()` e `apply()` permitem chamar (Seção 8.2.4) uma função indiretamente como se fosse um método de algum outro objeto. O primeiro argumento de `call()` e de `apply()` é o objeto no qual a função vai ser chamada; esse argumento é o contexto da chamada e se torna o valor da palavra-chave `this` dentro do corpo da função. Para chamar a função `f()` como um método do objeto `o` (não passando argumento algum), você poderia usar `call()` ou `apply()`:

```
f.call(o);
f.apply(o);
```

As duas linhas de código são semelhantes ao seguinte (que presume que `o` ainda não tem uma propriedade chamada `m`):

```
o.m = f;        // Torna f um método temporário de o.
o.m();          // Chama-o, sem passar argumentos.
delete o.m;     // Remove o método temporário.
```

Lembre-se de que as funções de seta herdam o valor de `this` do contexto no qual são definidas, o que não pode ser anulado com os métodos `call()` e `apply()`. Se você chama qualquer um desses métodos em uma função de seta, o primeiro argumento é, na prática, ignorado.

Quaisquer argumentos para `call()`, após o primeiro argumento de contexto da chamada, são os valores passados para a função que é chamada (e esses argumentos não são ignorados para funções de seta). Por exemplo, para passar dois números para a função `f()` e chamá-la como se fosse um método do objeto `o`, você poderia usar o código a seguir:

```
f.call(o, 1, 2);
```

O método `apply()` é como o método `call()`, exceto que os argumentos a serem passados para a função são especificados como um *array*:

```
f.apply(o, [1,2]);
```

Se uma função é definida para aceitar um número de argumentos arbitrário, o método `apply()` permite chamar essa função no conteúdo de um *array* de comprimento arbitrário. Na ES6 e nas versões posteriores, podemos simplesmente usar o operador de espalhamento, mas você pode encontrar código da ES5 que usa `apply()` no seu lugar. Por exemplo, para encontrar o maior número em um *array* de números sem usar o operador de espalhamento, você poderia usar o método `apply()` para passar os elementos do *array* para a função `Math.max()`:

```
let biggest = Math.max.apply(Math, arrayOfNumbers);
```

A função `trace()` definida a seguir é semelhante à função `timed()` definida na Seção 8.3.4, mas funciona para métodos em vez de funções. Ela usa o método `apply()` em vez de um operador de espalhamento e, no processo, consegue chamar o método encapsulador com os mesmos argumentos e o mesmo valor de `this` que o método encapsulador:

```
// Substitui o método denominado m do objeto o por uma versão que registra
// mensagens antes e depois de chamar o método original.
function trace(o, m) {
    let original = o[m];          // Lembra do método original na closure.
    o[m] = function(...args) {    // Agora define o novo método.
        console.log(new Date(), "Entering:", m);  // Registra a mensagem.
        let result = original.apply(this, args);  // Chama original.
        console.log(new Date(), "Exiting:", m);   // Registra a mensagem.
        return result;                            // Retorna result.
    };
}
```

8.7.5 O método bind()

O principal objetivo de `bind()` é *vincular* uma função a um objeto. Quando o método `bind()` é chamado em uma função `f` e um objeto o é passado, o método retorna uma nova função. Chamar a nova função (como função) chama a função original `f` como método de o. Os argumentos passados para a nova função são passados para a função original. Por exemplo:

```
function f(y) { return this.x + y; }  // Esta função precisa ser vinculada
let o = { x: 1 };                      // Um objeto ao qual vincularemos
let g = f.bind(o);                     // Chamar g(x) chama f() em o
g(2)                                   // => 3
let p = { x: 10, g };                  // Chama g() como método desse objeto
p.g(2)                                 // => 3: g ainda está vinculado a o, não a p.
```

As funções de seta herdam seu valor de `this` do ambiente onde foram definidas, e esse valor não pode ser sobrescrito com `bind()`, então se a função `f()` no código mostrado fosse definida como uma função de seta, o vínculo não funcionaria. O caso de uso mais comum para chamar `bind()` é fazer funções que não são de seta se comportarem como funções de seta; então, essa limitação de vinculação em funções de seta não é um problema na prática.

O método `bind()` faz mais do que apenas vincular uma função a um objeto, no entanto. Ele também faz aplicação parcial: os argumentos passados para `bind()` após o primeiro são vinculados junto com o valor de `this`. Esse recurso de aplicação parcial de `bind()` não funciona com funções de seta. A aplicação parcial é uma técnica comum na programação funcional e às vezes é chamada de *currying*. Aqui estão alguns exemplos do método `bind()` usado para aplicação parcial:

```
let sum = (x,y) => x + y;          // Retorna a soma de 2 argumentos
let succ = sum.bind(null, 1);      // Vincula o primeiro argumento a 1
succ(2)  // => 3: x está vinculado a 1 e passamos 2 para o argumento y

function f(y,z) { return this.x + y + z; }
let g = f.bind({x: 1}, 2);         // Vincula this e y
g(3)    // => 6: this.x está vinculado a 1, y está vinculado a 2 e z é 3
```

A propriedade `name` da função retornada por `bind()` é a propriedade nome da função na qual `bind()` foi chamada, prefixada pela palavra "bound".

8.7.6 O método toString()

Em JavaScript, assim como todos os objetos, as funções têm um método `toString()`. A especificação ECMAScript exige que esse método retorne uma *string* que siga a sintaxe da instrução de declaração de função. Na prática, a maioria (mas não todas) das implementações desse método `toString()` retorna o código-fonte completo da função. Funções internas normalmente retornam uma *string* que inclui algo como "[código nativo]" como corpo da função.

8.7.7 A construtora Function()

Como funções são objetos, há uma função construtora `Function()` que pode ser usada para criar novas funções:

```
const f = new Function("x", "y", "return x*y;");
```

Essa linha de código cria uma nova função, mais ou menos equivalente a uma função definida com a sintaxe familiar:

```
const f = function(x, y) { return x*y; };
```

A construtora `Function()` espera qualquer número de argumentos de *string*. O último argumento é o texto do corpo da função; ele pode conter instruções arbitrárias em JavaScript, separadas umas das outras por ponto e vírgula. Todos os outros argumentos da construtora são *strings* que especificam os nomes de parâmetros da função. Se estiver definindo uma função que não recebe argumentos, basta passar uma única *string* – o corpo da função – para a construtora.

Observe que a função construtora `Function()` não recebe argumento algum especificando um nome para a função que cria. Assim como as funções literais, a construtora `Function()` cria funções anônimas.

Existem alguns pontos importantes para entender a respeito da construtora `Function()`:

- Ela permite que funções JavaScript sejam criadas dinamicamente e compiladas em tempo de execução.
- Ela analisa o corpo da função e cria um novo objeto função cada vez que é chamada. Se a chamada da construtora aparece dentro de um laço ou de uma função chamada frequentemente, esse processo pode ser ineficiente. Em contraste, as funções aninhadas e as expressões de função que aparecem dentro de laços não são recompiladas cada vez que são encontradas.
- Um último ponto muito importante sobre a construtora `Function()` é que as funções que ela cria não usam escopo léxico; em vez disso, são sempre compiladas como se fossem funções de nível superior, como o código a seguir demonstra:

```
let scope = "global";
function constructFunction() {
    let scope = "local";
    return new Function("return scope");    // Não captura o escopo local!
}
// Esta linha retorna "global", pois a função retornada pela
// construtora Function() não usa o escopo local.
constructFunction()()    // => "global"
```

É melhor pensar na construtora `Function()` como uma versão de `eval()` com escopo global (consulte a Seção 4.12.2) que define novas variáveis e funções em seu próprio escopo privado. Você provavelmente nunca precisará usar essa construtora em seu código.

8.8 Programação funcional

JavaScript não é uma linguagem de programação funcional, como Lisp ou Haskell, mas o fato de ela poder manipular funções como objetos significa que podemos usar técnicas de programação funcional em JavaScript. Os métodos de *array* como `map()` e `reduce()` são especialmente adequados para um estilo de programação funcional. As seções a seguir demonstram técnicas de programação funcional em JavaScript. Elas se destinam a expandir a sua mente em relação ao poder das funções de JavaScript e não pretendem prescrever um bom estilo de programação.

8.8.1 Processando *arrays* com funções

Suponha que temos um *array* de números e queremos calcular a média e o desvio-padrão desses valores. Poderíamos fazer isso no estilo não funcional, como segue:

```
let data = [1,1,3,5,5];     // Este é nosso array de números

// A média é a soma dos elementos dividida pelo número de elementos
let total = 0;
for(let i = 0; i < data.length; i++) total += data[i];
let mean = total/data.length;    // mean == 3; A média de nossos dados é 3

// Para calcularmos o desvio-padrão, primeiramente somamos os quadrados do
// desvio de cada elemento em relação à média.
total = 0;
for(let i = 0; i < data.length; i++) {
    let deviation = data[i] - mean;
    total += deviation * deviation;
}
let stddev = Math.sqrt(total/(data.length-1));    // stddev == 2
```

Podemos efetuar esses mesmos cálculos no estilo funcional conciso, usando os métodos de array `map()` e `reduce()`, como segue (consulte a Seção 7.8.1 para rever esses métodos):

```
// Primeiramente, defina duas funções simples
const sum = (x,y) => x+y;
const square = x => x*x;

// Então, usa essas funções com os métodos Array para calcular a média e o desvio-padrão
let data = [1,1,3,5,5];
let mean = data.reduce(sum)/data.length;    // mean == 3
let deviations = data.map(x => x-mean);
let stddev = Math.sqrt(deviations.map(square).reduce(sum)/(data.length-1));
stddev  // => 2
```

Esta nova versão do código parece muito diferente da primeira, mas ainda chama métodos em objetos, então ainda mantém as mesmas convenções da programação orientada a objetos. Vamos escrever versões funcionais dos métodos `map()` e `reduce()`:

```
const map = function(a, ...args) { return a.map(...args); };
const reduce = function(a, ...args) { return a.reduce(...args); };
```

Com essas funções `map()` e `reduce()` definidas, nosso código para calcular a média e o desvio-padrão agora é como segue:

```
const sum = (x,y) => x+y;
const square = x => x*x;

let data = [1,1,3,5,5];
let mean = reduce(data, sum)/data.length;
let deviations = map(data, x => x-mean);
let stddev = Math.sqrt(reduce(map(deviations, square), sum)/(data.length-1));
stddev   // => 2
```

8.8.2 Funções de alta ordem

Uma *função de alta ordem* é uma função que opera sobre funções, recebendo uma ou mais funções como argumentos e retornando uma nova função. Aqui está um exemplo:

```
// Esta função de alta ordem retorna uma nova função que passa seus
// argumentos para f e retorna a negação lógica do valor de retorno de f;
function not(f) {
    return function(...args) {           // Retorna uma nova função
        let result = f.apply(this, args); // que chama f
        return !result;                   // e nega seu resultado.
    };
}

const even = x => x % 2 === 0;   // Uma função para determinar se um número é par
const odd = not(even);           // Uma nova função que faz o oposto
[1,1,3,5,5].every(odd)           // => verdadeiro: todo elemento do array é ímpar
```

Essa função `not()` é uma função de alta ordem, pois recebe um argumento que é uma função e retorna uma nova função. Como outro exemplo, considere a função `mapper()` a seguir. Ela recebe um argumento que é uma função e retorna uma nova função que mapeia um *array* em outro, usando essa função. Essa função usa a função `map()` definida anteriormente. É importante entender por que as duas funções são diferentes:

```
// Retorna uma função que espera um argumento de array e aplica f em
// cada elemento, retornando o array de valores de retorno.
// Compare isso com a função map() anterior.
function mapper(f) {
    return a => map(a, f);
}

const increment = x => x+1;
const incrementAll = mapper(increment);
incrementAll([1,2,3])  // => [2,3,4]
```

Aqui está outro exemplo, mais geral, que recebe duas funções `f` e `g` e retorna uma nova função que calcula `f(g())`:

```
// Retorna uma nova função que calcula f(g(...)).
// A função retornada h passa todos os seus argumentos para g, então passa
// o valor de retorno de g para f e, em seguida, retorna o valor de retorno de f.
// Tanto f como g são chamadas com o mesmo valor de this com que h foi chamada.
function compose(f, g) {
    return function(...args) {
        // Usamos a chamada de f porque estamos passando um único valor e
        // aplicamos em g porque estamos passando um array de valores.
        return f.call(this, g.apply(this, args));
    };
}

const sum = (x,y) => x+y;
const square = x => x*x;
compose(square, sum)(2,3)  // => 25; o quadrado da soma
```

As funções `partial()` e `memoize()`, definidas nas seções a seguir, são mais duas importantes funções de alta ordem.

8.8.3 Aplicação parcial de funções

O método `bind()` de uma função `f` (Seção 8.7.5) retorna uma nova função que chama `f` em um contexto especificado e com um conjunto de argumentos especificado. Dizemos que ele vincula a função a um objeto e aplica os argumentos parcialmente. O método `bind()` aplica parcialmente os argumentos da esquerda – isto é, os argumentos passados para `bind()` são colocados no início da lista de argumentos passada para a função original. Mas também é possível aplicar parcialmente os argumentos da direita:

```
// Os argumentos dessa função são passados na esquerda
function partialLeft(f, ...outerArgs) {
    return function(...innerArgs) { // Retorna esta função
        let args = [...outerArgs, ...innerArgs];  // Constrói a lista de argumentos
        return f.apply(this, args);               // Então chama f com ela
    };
}

// Os argumentos dessa função são passados na direita
function partialRight(f, ...outerArgs) {
    return function(...innerArgs) { // Retorna esta função
        let args = [...innerArgs, ...outerArgs];  // Constrói a lista de argumentos
        return f.apply(this, args);               // Então chama f com ela
    };
}

// Os argumentos dessa função servem como modelo. Os valores indefinidos
// na lista de argumentos são preenchidos com valores do conjunto interno.
function partial(f, ...outerArgs) {
    return function(...innerArgs) {
        let args = [...outerArgs]; // cópia local do modelo de args externos
        let innerIndex=0;    // qual arg interno é o próximo
        // Itera pelos args, preenchendo os valores indefinidos com os args internos
        for(let i = 0; i < args.length; i++) {
            if (args[i] === undefined) args[i] = innerArgs[innerIndex++];
        }
        // Agora anexa os argumentos internos restantes
        args.push(...innerArgs.slice(innerIndex));
        return f.apply(this, args);
    };
}

// Aqui está uma função com três argumentos
const f = function(x,y,z) { return x * (y - z); };
// Observe como essas três aplicações parciais diferem
partialLeft(f, 2)(3,4)          // => -2: Vincula o primeiro argumento: 2 * (3 - 4)
partialRight(f, 2)(3,4)         // => 6: Vincula o último argumento: 3 * (4 - 2)
partial(f, undefined, 2)(3,4)   // => -6: Vincula o argumento do meio: 3 * (2 - 4)
```

Essas funções de aplicação parcial nos permitem definir facilmente funções interessantes a partir de funções que já definimos. Aqui estão alguns exemplos:

```
const increment = partialLeft(sum, 1);
const cuberoot = partialRight(Math.pow, 1/3);
cuberoot(increment(26))  // => 3
```

A aplicação parcial se torna ainda mais interessante quando a combinamos com outras funções de mais alta ordem. Aqui, por exemplo, está uma maneira de definir a função `not()` mostrada anteriormente, usando composição e aplicação parcial:

```
const not = partialLeft(compose, x => !x);
const even = x => x % 2 === 0;
const odd = not(even);
const isNumber = not(isNaN);
odd(3) && isNumber(2)  // => true
```

Também podemos usar composição e aplicação parcial para refazer nossos cálculos de média e desvio-padrão no estilo funcional extremo:

```
// as funções sum() e square() são definidas acima. A seguir, mais algumas:
const product = (x,y) => x*y;
const neg = partial(product, -1);
const sqrt = partial(Math.pow, undefined, .5);
const reciprocal = partial(Math.pow, undefined, neg(1));

// Agora calcula a média e o desvio-padrão.
let data = [1,1,3,5,5];     // Nossos dados
let mean = product(reduce(data, sum), reciprocal(data.length));
let stddev = sqrt(product(reduce(map(data,
                                     compose(square,
                                             partial(sum, neg(mean)))),
                                 sum),
                          reciprocal(sum(data.length,neg(1)))));
[mean, stddev]  // => [3, 2]
```

Observe que esse código para calcular a média e o desvio-padrão consiste apenas em chamadas de função, sem envolver operadores, e o número de parênteses é tão grande que esse exemplo de JavaScript está começando a se parecer com código em Lisp. Mais uma vez, não defendo esse estilo para uso na programação em JavaScript, mas é um exercício interessante para entender como o código JavaScript pode ser profundamente funcional.

8.8.4 Memoização

Na Seção 8.4.1, definimos uma função de fatorial que colocava na *cache* os resultados calculados anteriormente. Em programação funcional, esse tipo de uso de *cache* é denominado *memoização*. O código a seguir mostra uma função de ordem mais alta, `memoize()`, que aceita uma função como argumento e retorna uma versão memoizada da função:

```
// Retorna uma versão memoizada de f.
// Só funciona se todos os argumentos de f tem representações de string distintas.
function memoize(f) {
    const cache = new Map();  // Cache de valores armazenada na closure.

    return function(...args) {
        // Cria uma versão de string dos argumentos para usar como chave de cache.
        let key = args.length + args.join("+");
        if (cache.has(key)) {
            return cache.get(key);
        } else {
            let result = f.apply(this, args);
            cache.set(key, result);
            return result;
        }
    };
}
```

A função `memoize()` cria um novo objeto para usar como *cache* e atribui esse objeto a uma variável local, de modo que é privado da (na *closure* da) função retornada. A função retornada converte seu *array* de argumentos em uma *string* e usa essa *string* como nome de propriedade do objeto *cache*. Se um valor existe na *cache*, ela o retorna diretamente. Caso contrário, ela chama a função especificada para calcular o valor para esses argumentos, coloca esse valor na cache e o retorna. Aqui está como podemos usar `memoize()`:

```
// Retorna o máximo divisor comum de dois inteiros, usando o algoritmo
// euclidiano: http://en.wikipedia.org/wiki/Euclidean_algorithm
function gcd(a,b) {  // A verificação de tipo para a e b foi omitida
    if (a < b) {           // Garante que a >= b quando começamos
        [a, b] = [b, a];   // Atribuição de desestruturação para trocar variáveis
    }
    while(b !== 0) {       // Este é o algoritmo de Euclides para MDC
        [a, b] = [b, a%b];
    }
    return a;
}

const gcdmemo = memoize(gcd);
gcdmemo(85, 187)  // => 17

// Note que, quando escrevemos uma função recursiva que vai ser memoizada,
// normalmente queremos aplicar recursividade na versão memoizada e não na original.
const factorial = memoize(function(n) {
    return (n <= 1) ? 1 : n * factorial(n-1);
});
factorial(5)   // => 120: também coloca na cache os valores para 4, 3, 2 e 1.
```

8.9 Resumo

Alguns tópicos importantes para lembrar sobre este capítulo:

- Você pode definir funções com a palavra-chave `function` e com a sintaxe de seta da ES6, =>.
- Você pode chamar funções, que podem ser usadas como métodos e construtoras.
- Alguns recursos da ES6 permitem que você defina valores padrão para parâmetros opcionais de funções, reunir múltiplos argumentos em um *array* usando um parâmetro *rest* e desestruturar objetos e argumentos de *arrays* em parâmetros de função.
- Você pode usar o operador de espalhamento ... para passar os elementos de um *array* ou outros objetos iteráveis como argumentos em uma chamada de função.
- Uma função definida dentro de e retornada por uma função circundante mantém acesso ao seu escopo léxico e pode, portanto, ler e gravar as variáveis definidas dentro da função externa. Funções usadas dessa forma são chamadas de *closures*, e esta é uma técnica que vale a pena entender.
- Funções são objetos que podem ser manipulados por JavaScript, o que permite um estilo funcional de programação.

CAPÍTULO 9

Classes

Os objetos de JavaScript foram abordados no Capítulo 6. O capítulo tratou cada objeto como um conjunto de propriedades único, diferente de cada outro objeto. Contudo, muitas vezes é útil definir uma *classe* de objetos que compartilham certas propriedades. Os membros ou as *instâncias* da classe têm suas propriedades próprias para conter ou definir seu estado, mas também têm métodos que definem seu comportamento. Esses métodos são definidos pela classe e compartilhados por todas as instâncias. Imagine uma classe chamada Complex para representar e efetuar operações aritméticas em números complexos, por exemplo. Uma instância de Complex teria propriedades para armazenar as partes (estado) real e imaginária do número complexo. E a classe Complex definiria métodos para efetuar a adição e a multiplicação (comportamento) desses números.

Em JavaScript, as classes utilizam a herança baseada em protótipos: se dois objetos herdam propriedades (em geral, propriedades com valor de função, ou métodos) do mesmo protótipo, dizemos que eles são instâncias da mesma classe. É assim, em suma, que funcionam as classes em JavaScript. Os protótipos e a herança de JavaScript foram abordados na Seção 6.2.3 e na Seção 6.3.2, sendo que, para compreender este capítulo, é preciso estar familiarizado com o material dessas seções. Este capítulo aborda os protótipos na Seção 9.1.

Se dois objetos herdam do mesmo protótipo, normalmente (mas não necessariamente) isso significa que eles foram criados e inicializados pela mesma função construtora ou função fábrica. As construtoras foram abordadas na Seção 4.6, na Seção 6.2.2 e na Seção 8.2.3. Neste capítulo, há mais informações na Seção 9.2.

JavaScript sempre permitiu a definição de classes. A ES6 introduziu uma nova sintaxe (incluindo uma palavra-chave `class`) que facilita ainda mais a criação de classes. Essas novas classes de JavaScript funcionam da mesma forma que as classes antigas, e este capítulo começa por uma explicação da forma antiga de criar classes, pois demonstra mais claramente o que acontece nos bastidores para garantir o funcionamento das classes. Depois de explicarmos os fundamentos, passaremos a usar a nova e mais simples sintaxe de definição de classe.

Se você conhece linguagens de programação orientadas a objeto fortemente tipadas, como Java ou C++, vai notar que em JavaScript as classes são muito diferentes das classes dessas linguagens. Existem algumas semelhanças sintáticas e é possível simular muitos recursos das classes "clássicas" em JavaScript, mas é melhor saber logo que as classes e o mecanismo de herança baseado em protótipos de JavaScript são significativamente diferentes das classes e do mecanismo de herança baseado em classes de Java e de linguagens semelhantes.

9.1 Classes e protótipos

Em JavaScript, uma classe é um conjunto de objetos que herdam propriedades do mesmo objeto protótipo. Portanto, o objeto protótipo é o principal recurso de uma classe. O Capítulo 6 abordou a função `Object.create()`) que retorna um objeto recém-criado e herda de um objeto protótipo especificado. Se definimos um objeto protótipo e depois usamos `Object.create()` para criar objetos que herdam dele, definimos uma classe em JavaScript. Normalmente, as instâncias de uma classe exigem mais inicialização e é comum definir uma função para criar e inicializar o novo objeto. O Exemplo 9-1 demonstra isso: ele define um objeto protótipo para uma classe que representa um intervalo de valores e define uma *função fábrica*, que cria e inicializa uma nova instância da classe.

Exemplo 9-1 Uma classe JavaScript simples

```
// Esta é uma função fábrica que retorna um novo objeto range.
function range(from, to) {
    // Usa Object.create() para criar um objeto que herda do
    // objeto protótipo definido a seguir. O objeto protótipo é armazenado
    // como uma propriedade dessa função e define os métodos compartilhados (comportamento)
    // de todos os objetos range.
    let r = Object.create(range.methods);

    // Armazena os pontos inicial e final (estado) desse novo objeto range.
    // Essas são propriedades não herdadas exclusivas desse objeto.
    r.from = from;
    r.to = to;

    // Finalmente retorna o novo objeto
    return r;
}

// Este objeto protótipo define métodos herdados por todos os objetos range.
range.methods = {
    // Retorna true se x está no intervalo; caso contrário, false
```

```
    // Este método funciona tanto para intervalos textuais e Date como para numéricos.
    includes(x) { return this.from <= x && x <= this.to; },
    // Uma função geradora que cria instâncias da classe iterable.
    // Note que só funciona para intervalos numéricos.
    *[Symbol.iterator]() {
        for(let x = Math.ceil(this.from); x <= this.to; x++) yield x;
    },

    // Retorna uma representação de string do intervalo
    toString() { return "(" + this.from + "..." + this.to + ")"; }
};

// Aqui estão exemplos de uso de um objeto range.
let r = range(1,3);      // Cria um objeto range
r.includes(2)            // => verdadeiro: 2 está no intervalo
r.toString()             // => "(1...3)"
[...r]                   // => [1, 2, 3]; converte em um array através de um iterator
```

O código no Exemplo 9-1 merece algumas considerações:

- O código define uma função fábrica `range()` para criar novos objetos Range.
- Ele usa a propriedade `methods` dessa função `range()` como um local conveniente para armazenar o objeto protótipo que define a classe. Não há nada de especial ou de idiomático em colocar o objeto protótipo aqui.
- A função `range()` define as propriedades `from` e `to` em cada objeto Range. Estas são as propriedades não compartilhadas e não herdadas que definem o estado exclusivo de cada objeto Range individual.
- O objeto `range.methods` usa a sintaxe abreviada da ES6 para definir métodos, motivo pelo qual a palavra-chave `function` não é usada (para consultar a sintaxe de método abreviada para objetos literais, consulte a Seção 6.10.5).
- Um dos métodos no protótipo tem o nome computado (Seção 6.10.2) `Symbol.iterator`, o que significa que está definindo um iterador para objetos Range. O nome desse método é prefixado com `*`, o que indica que é uma função geradora e não uma função normal. Os iteradores e geradores são abordados em detalhes no Capítulo 12. Por ora, o importante é saber que instâncias dessa classe Range podem ser usadas com o laço `for/of` e com o operador de espalhamento `...`.
- Todos os métodos herdados e compartilhados que foram definidos em `range.methods` usam as propriedades `from` e `to` inicializadas na função fábrica `range()`. Para se referir a elas, esses métodos usam a palavra-chave `this` para se referir ao objeto através do qual foram chamados. Esse uso de `this` é uma característica fundamental dos métodos de qualquer classe.

9.2 Classes e construtoras

O Exemplo 9-1 demonstra um modo simples de definir uma classe em JavaScript. Contudo, essa não é a maneira idiomática de fazer isso, pois não define uma *construtora*. Uma construtora é uma função destinada à inicialização de objetos recém-criados. As construtoras são chamadas usando-se a palavra-chave `new`, conforme descrito na Seção 8.2.3. As chamadas de construtora que utilizam `new` criam o novo objeto automaticamente, de modo que a construtora em si só precisa inicializar o estado desse novo objeto. A característica fundamental das chamadas de construtora é que a propriedade `prototype` da construtora é usada como protótipo do novo objeto. A Seção 6.2.3 apresentou os protótipos e enfatizou que, embora quase todos os objetos tenham protótipos, apenas alguns poucos têm uma propriedade `prototype`. Por fim, podemos esclarecer o seguinte: são os objetos função que têm uma propriedade `prototype`. Isso significa que todos os objetos criados com a mesma função construtora herdam do mesmo objeto e, portanto, são membros da mesma classe. O Exemplo 9-2 mostra como poderíamos alterar a classe *range* do Exemplo 9-1 para usar uma função construtora em vez de uma função fábrica. O Exemplo 9-2 demonstra o modo idiomático de criar uma classe em versões de JavaScript que não suportam a palavra-chave `class` da ES6. Embora `class` tenha bom nível de suporte atualmente, ainda há muito código JavaScript mais antigo que define classes dessa maneira e é preciso se familiarizar com o idioma para que você consiga ler código mais antigo e entender o que acontece "nos bastidores" quando usa a palavra-chave `class`.

Exemplo 9-2 Uma classe Range usando uma construtora

```
// Esta é a função construtora que inicializa novos objetos Range.
// Note que ela não cria nem retorna o objeto. Ela apenas inicializa this.
function Range(from, to) {
    // Armazena os pontos inicial e final (estado) desse novo objeto range.
    // Essas são propriedades não herdadas exclusivas desse objeto.
    this.from = from;
    this.to = to;
}

// Todos os objetos Range herdam desse objeto.
// Note que o nome de propriedade deve ser "prototype" para que isso funcione.
Range.prototype = {
    // Retorna true se x está no intervalo; caso contrário, false
    // Este método funciona tanto para intervalos textuais e Date como para numéricos.
    includes: function(x) { return this.from <= x && x <= this.to; },

    // Uma função geradora que cria instâncias da classe iterable.
    // Note que só funciona para intervalos numéricos.
    [Symbol.iterator]: function*() {
        for(let x = Math.ceil(this.from); x <= this.to; x++) yield x;
    },
```

```
    // Retorna uma representação de string do intervalo
    toString: function() { return "(" + this.from + "..." + this.to + ")"; }
};
// Aqui estão exemplos de uso de uma nova classe Range
let r = new Range(1,3);   // Cria um objeto Range; observe o uso de new
r.includes(2)             // => verdadeiro: 2 está no intervalo
r.toString()              // => "(1...3)"
[...r]                    // => [1, 2, 3]; converte em um array através de um iterator
```

É interessante comparar o Exemplo 9-1 com o Exemplo 9-2 com bastante atenção e notar as diferenças entre essas duas técnicas de definição de classes. Primeiro, note que mudamos o nome da função fábrica `range()` para `Range()` quando a convertemos em uma construtora. Essa é uma convenção de codificação muito comum: de certo modo, as funções construtoras definem classes e as classes têm nomes que (por convenção) começam com letras maiúsculas. As funções e os métodos normais têm nomes que começam com letras minúsculas.

Em seguida, note que a construtora `Range()` é chamada (no final do exemplo) com a palavra-chave `new`, ao passo que a função fábrica `range()` foi chamada sem ela. O Exemplo 9-1 utiliza chamada de função normal (Seção 8.2.1) para criar o novo objeto, e o Exemplo 9-2 utiliza chamada de construtora (Seção 8.2.3). Como a construtora `Range()` é chamada com `new`, não precisa chamar `Object.create()` nem executar qualquer ação para criar um novo objeto. O novo objeto é criado automaticamente antes que a construtora seja chamada e está acessível como valor de `this`. A construtora `Range()` apenas precisa inicializar `this`. As construtoras nem mesmo precisam retornar o objeto recém-criado. A chamada de construtora cria um novo objeto automaticamente, chama a construtora como um método desse objeto e retorna o novo objeto. O fato de essa chamada de construtora ser tão diferente da chamada de função normal é outro motivo para darmos às construtoras nomes que começam com letras maiúsculas. As construtoras são escritas para serem chamadas como construtoras, com a palavra-chave `new`, e normalmente não funcionam corretamente se são chamadas como funções normais. Uma convenção de atribuição de nomes que mantém as funções construtoras distintas das funções normais ajuda os programadores a saberem quando devem usar `new`.

Construtoras e new.target

Dentro de um corpo de função, é possível saber se a função foi chamada como uma construtora com a expressão especial `new.target`. Se o valor da expressão é definido, então você sabe que a função foi chamada como construtora, com a palavra-chave `new`. Quando discutirmos as subclasses na Seção 9.5, veremos que `new.target` não é sempre uma referência à construtora na qual ele é utilizado, podendo se referir também à função construtora de uma subclasse.

Se `new.target` é `undefined`, então a função que a contém foi chamada como uma função, sem a palavra-chave `new`. Os diversos construtores de erro de JavaScript podem ser chamados sem o uso de new, e se você quiser emular esse recurso nas suas próprias construtoras, pode escrevê-las da seguinte maneira:

```
function C() {
if (!new.target) return new C();
// código de inicialização vai aqui
}
```

Essa técnica só funciona para construtoras definidas dessa forma antiquada. As classes criadas com a palavra-chave `class` não permitem que suas construtoras sejam chamadas sem `new`.

Outra diferença fundamental entre os Exemplos 9-1 e 9-2 é o modo de o objeto protótipo ser nomeado. No primeiro exemplo, o protótipo era `range.methods`. Esse era um nome conveniente e descritivo, mas arbitrário. No segundo exemplo, o protótipo é `Range.prototype`, e esse nome é obrigatório. Uma chamada da construtora `Range()` usa `Range.prototype` automaticamente como protótipo do novo objeto Range.

Por fim, observe também as coisas que não mudam entre os Exemplos 9-1 e 9-2: os métodos *range* são definidos e chamados da mesma maneira para as duas classes. Como o Exemplo 9-2 demonstra a maneira idiomática de criar classes em versões de JavaScript anteriores à ES6, ele não usa a sintaxe abreviada de método da ES6 no objeto protótipo e descreve explicitamente os métodos com a palavra-chave `function`. Ainda assim, vemos que a implementação dos métodos é a mesma em ambos os exemplos.

É importante observar que nenhum dos dois exemplos de *range* usa funções de seta quando define construtoras ou métodos. Voltando à Seção 8.1.3, lembre-se de que as funções definidas dessa forma não têm uma propriedade `prototype` e, logo, não podem ser usadas como construtoras. Além disso, as funções de seta herdam a palavra-chave `this` do contexto no qual são definidas em vez de configurá-la com base no objeto através do qual foram chamadas; isso as torna inúteis para métodos, pois a característica que os define é que os métodos usam `this` para se referir à instância na qual foram chamados.

Felizmente, a nova sintaxe de classe da ES6 não permite a opção de definir métodos com funções de seta, então não é um erro que você pode cometer acidentalmente quando usa essa sintaxe. Abordaremos a palavra-chave `class` da ES6 em breve, mas antes precisamos trabalhar mais alguns detalhes sobre as construtoras.

9.2.1 Construtoras, identidade de classe e instanceof

Como vimos, o objeto protótipo é fundamental para a identidade de uma classe: dois objetos são instâncias da mesma classe se, e somente se, herdam do mesmo objeto protótipo. A função construtora que inicializa o estado de um novo objeto não é fundamental: duas funções construtoras podem ter propriedades `prototype` que apontam para o mesmo objeto protótipo. Então, as duas construtoras podem ser usadas para criar instâncias da mesma classe.

Mesmo as construtoras não sendo tão fundamentais quanto os protótipos, a construtora serve como face pública de uma classe. Assim, o nome da função construtora normalmente é adotado como nome da classe. Dizemos, por exemplo, que a construtora `Range()` cria objetos Range. Mais fundamentalmente, no entanto, as construtoras são usadas como o operando do lado direito do operador `instanceof` ao se testar a participação de objetos como membros de uma classe. Se temos um objeto `r` e queremos saber se ele é um objeto Range, podemos escrever:

```
r instanceof Range    // => verdadeiro: r herda de Range.prototype
```

O operador `instanceof` foi descrito na Seção 4.9.4. O operando do lado esquerdo deve ser o objeto que está sendo testado, e o operando do lado direito deve ser uma função construtora que dá nome a uma classe. A expressão `o instanceof c` é avaliada como `true` se o herda de `C.prototype`. A herança não precisa ser direta. Se o herda de um objeto que herda de um objeto que herda de `C.prototype`, a expressão ainda vai ser avaliada como `true`.

Tecnicamente, no exemplo de código anterior, o operador `instanceof` não verifica se `r` foi inicializada de fato pela construtora `Range`. Em vez disso, ele verifica se `r` herda de `Range.prototype`. Se definirmos uma função `Strange()` e configurarmos seu protótipo como o mesmo que `Range.prototype`, os objetos criados com `new Strange()` serão considerados objetos do tipo Range no que diz respeito ao operador `instanceof` (na realidade, eles não funcionam como objetos Range, pois suas propriedades `from` e `to` não foram inicializadas):

```
function Strange() {}
Strange.prototype = Range.prototype;
new Strange() instanceof Range    // => true
```

Embora `instanceof` não possa de fato verificar o uso de uma construtora, ele ainda usa uma função construtora como seu lado direito porque as funções construtoras são a identidade pública de uma classe.

Se quiser testar o encadeamento de protótipos de um objeto para um objeto protótipo específico e não quiser a função construtora como intermediária, você pode usar o método `isPrototypeOf()`. No Exemplo 9-1, por exemplo, definimos uma classe sem uma função construtora, então não há como usar `instanceof` com essa classe. Em vez disso, poderíamos testar se um objeto `r` é membro de uma classe sem construtora com o seguinte código:

```
range.methods.isPrototypeOf(r);   // range.methods é o objeto protótipo.
```

9.2.2 A propriedade constructor

No Exemplo 9-2, configuramos `Range.prototype` como um novo objeto que continha os métodos da nossa classe. Embora isso fosse conveniente para expressar esses métodos como propriedades de um único objeto literal, na verdade não era necessário criar um novo objeto. Qualquer função de JavaScript (excluindo funções de seta, funções geradoras e funções assíncronas) pode ser usada como construtora, e as chamadas de construtora precisam de uma propriedade `prototype`. Portanto, toda função de JavaScript[1] tem automaticamente uma propriedade `prototype`. O valor dessa propriedade é um objeto que tem uma única propriedade `constructor` não enumerável. O valor da propriedade `constructor` é o objeto função:

```
let F = function() {}; // Este é um objeto função.
let p = F.prototype;   // Este é o objeto protótipo associado a F.
let c = p.constructor; // Esta é a função associada ao protótipo.
c === F                // => verdadeiro: F.prototype.constructor === F para qualquer F
```

A existência desse objeto protótipo predefinido com sua propriedade `constructor` significa que os objetos normalmente herdam uma propriedade `constructor` que se refere às suas construtoras. Como as construtoras servem como identidade pública de uma classe, essa propriedade *constructor* fornece a classe de um objeto:

```
let o = new F();       // Cria um objeto o da classe F
o.constructor === F    // => verdadeiro: a propriedade constructor especifica a classe
```

A Figura 9-1 ilustra essa relação entre a função construtora, seu objeto protótipo, a referência de volta do protótipo para a construtora e as instâncias criadas com a construtora.

Observe que a Figura 9-1 usa nossa construtora `Range()` como exemplo. Na verdade, contudo, a classe Range definida no Exemplo 9-2 sobrescreve com um objeto próprio o objeto `Range.prototype` predefinido. E o novo objeto protótipo que ela define não tem uma propriedade `constructor`. Assim, as instâncias da classe Range, conforme definidas, não têm uma propriedade `constructor`. Podemos resolver esse problema adicionando uma construtora no protótipo explicitamente:

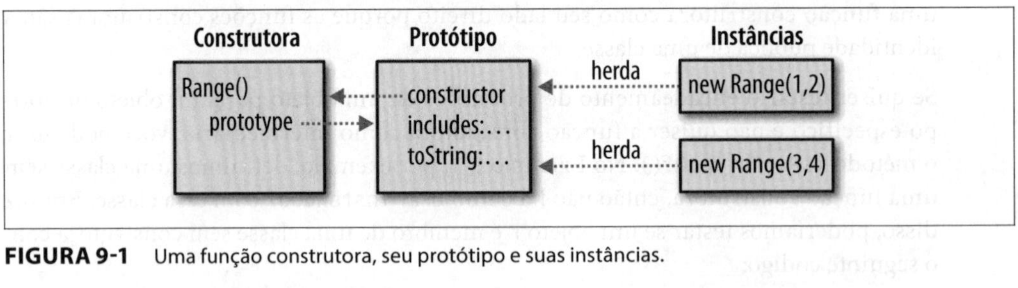

FIGURA 9-1 Uma função construtora, seu protótipo e suas instâncias.

[1] Exceto funções retornadas pelo método da ES5 `Function.bind()`. Funções vinculadas não têm propriedade *prototype* própria, mas usam o protótipo da função subjacente se são chamadas como construtoras.

```
Range.prototype = {
    constructor: Range,  // Define explicitamente a referência de volta para a
                         // construtora

    /* definições de método vão aqui */
};
```

Outra técnica comum que você provavelmente encontrará em código JavaScript mais antigo é usar o objeto protótipo predefinido com sua propriedade `constructor` e adicionar métodos nele, um por vez:

```
// Estende o objeto Range.prototype predefinido para que não sobrescrevamos
// a propriedade Range.prototype.constructor criada automaticamente.
Range.prototype.includes = function(x) {
    return this.from <= x && x <= this.to;
};
Range.prototype.toString = function() {
    return "(" + this.from + "..." + this.to + ")";
};
```

9.3 Classes com a palavra-chave class

As classes são parte do JavaScript desde a primeira versão da linguagem, mas foi na ES6 que elas finalmente receberam sua própria sintaxe com a introdução da palavra-chave `class`. O Exemplo 9-3 mostra como fica nossa classe Range quando escrita com essa nova sintaxe.

Exemplo 9-3 A classe Range reescrita usando class

```
class Range {
    constructor(from, to) {
        // Armazena os pontos inicial e final (estado) desse novo objeto range.
        // Essas são propriedades não herdadas exclusivas desse objeto.
        this.from = from;
        this.to = to;
    }

    // Retorna true se x está no intervalo; caso contrário, false
    // Este método funciona tanto para intervalos textuais e Date como para numéricos.
    includes(x) { return this.from <= x && x <= this.to; }

    // Uma função geradora que cria instâncias da classe iterable.
    // Note que só funciona para intervalos numéricos.
    *[Symbol.iterator]() {
        for(let x = Math.ceil(this.from); x <= this.to; x++) yield x;
    }

    // Retorna uma representação de string do intervalo
    toString() { return `(${this.from}...${this.to})`; }
}
```

```
// Aqui estão exemplos de uso de uma nova classe Range
let r = new Range(1,3);   // Cria um objeto Range
r.includes(2)             // => verdadeiro: 2 está no intervalo
r.toString()              // => "(1...3)"
[...r]                    // => [1, 2, 3]; converte em um array através de um iterator
```

É importante entender que as classes definidas nos Exemplos 9-2 e 9-3 funcionam exatamente da mesma maneira. A introdução da palavra-chave `class` à linguagem não altera a natureza fundamental das classes baseadas em protótipos do JavaScript. E, embora o Exemplo 9-3 use a palavra-chave `class`, o objeto Range resultante é uma função construtora, assim como a versão definida no Exemplo 9-2. A nova sintaxe de `class` é limpa e conveniente, mas podemos imaginá-la como um "açúcar sintático" para o mecanismo de definição de classe mais fundamental mostrado no Exemplo 9-2.

Observe o seguinte sobre a sintaxe de classe no Exemplo 9-3:

- A classe é declarada com a palavra-chave `class`, seguida pelo nome da classe e por um corpo da classe entre chaves.
- O corpo da classe inclui definições de métodos que usam a sintaxe abreviada de métodos de objetos literais (que também usamos no Exemplo 9-1), na qual a palavra-chave `function` é omitida. Ao contrário dos objetos literais, no entanto, não são usadas vírgulas para separar os métodos uns dos outros. (Embora corpos de classe sejam superficialmente semelhantes a objetos literais, eles não são a mesma coisa. Em especial, eles não suportam a definição de propriedades com pares nome/valor.)
- A palavra-chave `constructor` é usada para definir a função construtora para a classe. A função definida não se chama "constructor", no entanto. A instrução de declaração de `class` define uma nova variável `Range` e atribui o valor dessa função especial `constructor` para esta variável.
- Se a sua classe não precisa de inicialização, você pode omitir a palavra-chave `constructor` e seu corpo, e uma função construtora vazia será criada implicitamente para você.

Se você quer definir uma classe que cria subclasses (ou *herda de*) a partir de outra classe, você pode usar a palavra-chave `extends` com a palavra-chave `class`:

```
// Um Span é como um Range, mas em vez de inicializá-lo com
// um início e um fim, o inicializamos com um início e um comprimento
class Span extends Range {
    constructor(start, length) {
        if (length >= 0) {
            super(start, start + length);
        } else {
            super(start + length, start);
        }
    }
}
```

A criação de subclasses é um tópico completamente à parte. Voltaremos a ele e explicaremos as palavras-chave `extends` e `super`, usadas anteriormente, na Seção 9.5.

Assim como as declarações de função, as declarações de classe têm formas de instrução e de expressão. Assim como podemos escrever:

```
let square = function(x) { return x * x; };
square(3)   // => 9
```

também podemos escrever:

```
let Square = class { constructor(x) { this.area = x * x; } };
new Square(3).area   // => 9
```

Assim como ocorre com as expressões de definição de função, as expressões de definição de classe podem incluir um nome de classe opcional. Se você fornecer esse nome, este somente é definido dentro do corpo da classe em si.

Embora expressões de função sejam muito comuns (especialmente com a notação abreviada de funções de seta), na programação em JavaScript, as expressões de definição de classe não são algo que você usará com frequência, a menos que precise escrever uma função que receba uma classe como argumento e retorne uma subclasse.

Para concluir esta introdução à palavra-chave `class`, mencionaremos alguns pontos importantes que você deve conhecer e que não são óbvios apenas pela sintaxe de `class`:

- Todo código dentro do corpo de uma declaração `class` está implicitamente em modo restrito (Seção 5.6.3), mesmo que não apareça uma diretiva `"use strict"`. Isso significa, por exemplo, que você não pode usar literais inteiros em octal ou a instrução `with` dentro dos corpos da classe e que você provavelmente gerará erros de sintaxe se esquecer de declarar uma variável antes de usá-la.
- Ao contrário das declarações de função, as declarações de classe não são "içadas". Na Seção 8.1.1, vimos que as definições de função se comportam como se tivessem sido transferidas para o início do arquivo ou função circundante, o que significa que é possível chamar uma função a partir de um código que venha antes da definição da função em si. Embora as declarações de classe sejam como declarações de função em alguns aspectos, elas não compartilham o comportamento de içamento: *não* é possível instanciar uma classe antes de declará-la.

9.3.1 Métodos estáticos

É possível definir um método estático em um corpo de `class` prefixando a declaração de método com a palavra-chave `static`. Os métodos estáticos são definidos como propriedades da função construtora e não como propriedades do objeto protótipo.

Por exemplo, suponha que adicionássemos o seguinte código ao Exemplo 9-3:

```
static parse(s) {
    let matches = s.match(/^\((\d+)\.\.\.(\d+)\)$/);
    if (!matches) {
        throw new TypeError(`Cannot parse Range from "${s}".`)
    }
    return new Range(parseInt(matches[1]), parseInt(matches[2]));
}
```

O método definido por esse código é `Range.parse()`, não `Range.prototype.parse()`, e você deve chamá-lo por meio da construtora, não de uma instância:

```
let r = Range.parse('(1...10)');  // Retorna um novo objeto Range
r.parse('(1...10)');              // TypeError: r.parse não é uma função
```

Às vezes, métodos estáticos são denominados *métodos de classe*, pois são chamados usando o nome da classe/construtora. O termo é usado para contrastar os métodos de classe com os *métodos de instância* normais que são chamados em instâncias da classe. Como métodos estáticos são chamados na construtora e não em uma instância específica, quase nunca faz sentido usar a palavra-chave `this` em um método estático.

Veremos métodos estáticos no Exemplo 9-4.

9.3.2 *Getters*, *setters* e outras formas de método

Dentro de um corpo de `class`, você pode definir métodos *getter* e *setter* (Seção 6.10.6), da mesma forma que em objetos literais. A única diferença é que nos corpos de classes, você não coloca uma vírgula após o *getter* ou *setter*. O Exemplo 9-4 inclui um exemplo prático de um método *getter* em uma classe.

Em geral, todas as sintaxes abreviadas de definição de métodos permitidas em objetos literais também são permitidas nos corpos de classes. Isso inclui métodos geradores (marcados com *) e métodos cujos nomes são o valor de uma expressão entre colchetes. Na verdade, já vimos (no Exemplo 9-3) um método gerador com um nome computado que torna a classe Range iterável:

```
*[Symbol.iterator]() {
    for(let x = Math.ceil(this.from); x <= this.to; x++) yield x;
}
```

9.3.3 Campos públicos, privados e estáticos

Na nossa discussão sobre classes definidas com a palavra-chave `class`, apenas descrevemos a definição de métodos dentro do corpo da classe. O padrão da ES6 permite apenas a criação de métodos (incluindo *getters*, *setters* e geradores) e métodos estáticos, mas não inclui a sintaxe para definir campos. Se quiser definir um campo (que é apenas um sinônimo para "propriedade" em programação orientada a objetos) em uma instância de classe, é preciso fazer isso na função construtora ou em um dos métodos. E se você quer definir um campo estático para uma classe, é preciso fazê-lo fora do corpo da classe e depois que a classe foi definida. O Exemplo 9-4 inclui exemplos de ambos os tipos de campos.

Há uma padronização em andamento, no entanto, para a sintaxe de classe estendida que permite a definição de campos de instância e campos estáticos, nas formas pública e privada. O código mostrado no resto desta seção ainda não era JavaScript padrão no início de 2020, mas já era suportado pelo Chrome e parcialmente suportado pelo Firefox (apenas campos de instância públicos). A sintaxe para os campos de instância públicos está em uso e é comum entre os programadores JavaScript que usam o *framework* React e o transpilador Babel.*

Suponha que você esteja escrevendo uma classe como esta, com uma construtora que inicializa três campos:

```
class Buffer {
    constructor() {
        this.size = 0;
        this.capacity = 4096;
        this.buffer = new Uint8Array(this.capacity);
    }
}
```

Com a nova sintaxe de campos de instância que provavelmente será padronizada, você poderia escrever:

```
class Buffer {
    size = 0;
    capacity = 4096;
    buffer = new Uint8Array(this.capacity);
}
```

O código de inicialização de campo foi retirado da construtora e agora aparece diretamente no corpo da classe (o código ainda é executado como parte da construtora, é claro; se você não define uma construtora, os campos são inicializados como parte da construtora criada implicitamente). Os prefixos `this.` que apareciam no lado esquerdo das atribuições sumiram, mas observe que ainda é preciso usar `this.` para se referir aos campos, embora no lado direito das atribuições inicializadoras. A vantagem de inicializar os seus campos de instância dessa maneira é que a sintaxe permite (mas não exige) que você coloque os inicializadores no topo da definição da classe, deixando claro para os leitores exatamente quais campos manterão o estado de cada instância. Para declarar campos sem um inicializador, basta escrever o nome do campo seguido por um ponto e vírgula. Se fizer isso, o valor inicial do campo será `undefined`. Por uma questão de estilo, é melhor sempre explicitar o valor inicial para todos os seus campos de classe.

Antes da adição dessa sintaxe para campo, os corpos de classe se pareciam muito com objetos literais usando a sintaxe abreviada de método, mas com as vírgulas removidas. Essa sintaxe de campo, com sinais de igual e pontos e vírgulas em vez de dois-pontos e vírgulas, deixa claro que corpos de classe não são o mesmo que objetos literais.

*N. de R.T. A nova sintaxe a que o autor se refere e que ainda não havia sido padronizada em 2020 foi incorporada em JavaScript em 2022 (ES2022) e é usada desde então.

A mesma proposta que busca padronizar esses campos de instância também define campos de instância privados. Se você usa a sintaxe de inicialização de campos de instância mostrada no exemplo anterior para definir um campo cujo nome começa com # (que normalmente não é um caractere válido em identificadores JavaScript), o campo será utilizável (com o prefixo #) dentro do corpo da classe, mas invisível e inacessível (e, logo, imutável) para qualquer código fora do campo da classe. Se, para a classe hipotética Buffer da página anterior, você quisesse garantir que os usuários da classe não poderiam modificar acidentalmente o campo `size` de uma instância, você poderia usar o campo privado `#size` e, então, definir uma função *getter* para fornecer acesso somente para leitura ao valor:

```
class Buffer {
    #size = 0;
    get size() { return this.#size; }
}
```

Observe que os campos privados devem ser declarados usando essa nova sintaxe de campo antes que possam ser usados. Você não pode simplesmente escrever `this.#size = 0;` na construtora de uma classe, a menos que inclua uma "declaração" do campo diretamente no corpo da classe.

Por fim, uma proposta relacionada busca padronizar o uso da palavra-chave `static` para campos. Se você adiciona `static` antes de uma declaração de campo público ou privado, os campos são criados como propriedades da função construtora e não como propriedades de instâncias. Considere o método estático `Range.parse()` que definimos. Ele inclui uma expressão regular relativamente complexa que poderia ser decomposta no seu próprio campo estático. Com a nova sintaxe de campo estático proposta, poderíamos fazer o seguinte:

```
static integerRangePattern = /^\((\d+)\.\.\.(\d+)\)$/;
static parse(s) {
    let matches = s.match(Range.integerRangePattern);
    if (!matches) {
        throw new TypeError(`Cannot parse Range from "${s}".`)
    }
    return new Range(parseInt(matches[1]), matches[2]);
}
```

Se quiséssemos que esse campo estático fosse acessível apenas dentro da classe, poderíamos usar um nome como `#pattern` para torná-lo privado.

9.3.4 Exemplo: uma classe para números complexos

O Exemplo 9-4 define uma classe para representar números complexos. A classe é relativamente simples, mas inclui métodos de instância (incluindo *getters*), métodos estáticos, campos de instância e campos estáticos. Ele inclui código comentado a fim de demonstrar como poderíamos usar a sintaxe que ainda não é padrão para definir campos de instância e campos estáticos dentro do corpo da classe.

Exemplo 9-4 Complex.js: uma classe de números complexos

```
/**
 * Instâncias dessa classe Complex representam números complexos.
 * Lembre-se de que um número complexo é a soma de um número real e um
 * número imaginário e de que o número imaginário i é a raiz quadrada de -1.
 */
class Complex {
    // Depois que as declarações de campo class forem padronizadas, poderemos declarar
    // campos privados para armazenar as partes real e imaginária de um número complexo
    // aqui, com código como o seguinte:
    //
    // #r = 0;
    // #i = 0;

    // Esta função construtora define os campos de instância r e i em cada
    // instância que cria. Esses campos contêm as partes real e imaginária
    // do número complexo: eles são o estado do objeto.
    constructor(real, imaginary) {
        this.r = real;       // Este campo contém a parte real do número.
        this.i = imaginary; // Este campo contém a parte imaginária.
    }

    // Aqui temos dois métodos de instância para adição e multiplicação
    // de números complexos. Se c e d são instâncias dessa classe,
    // poderíamos escrever c.plus(d) ou d.times(c)
    plus(that) {
        return new Complex(this.r + that.r, this.i + that.i);
    }
    times(that) {
        return new Complex(this.r * that.r - this.i * that.i,
                           this.r * that.i + this.i * that.r);
    }

    // E aqui temos variantes estáticas dos métodos aritméticos complexos.
    // Poderíamos escrever Complex.sum(c,d) e Complex.product(c,d)
    static sum(c, d) { return c.plus(d); }
    static product(c, d) { return c.times(d); }

    // Estes são alguns métodos de instância que são definidos como métodos getter,
    // então são usados como se fossem campos. Os métodos getter real e imaginário
    // seriam úteis se usássemos os campos privados this.#r e this.#i
    get real() { return this.r; }
    get imaginary() { return this.i; }
    get magnitude() { return Math.hypot(this.r, this.i); }

    // As classes quase sempre têm um método toString()
    toString() { return `{${this.r},${this.i}}`; }

    // Muitas vezes é útil definir um método para testar se
    // duas instâncias da mesma classe representam o mesmo valor
    equals(that) {
```

```
        return that instanceof Complex &&
            this.r === that.r &&
            this.i === that.i;
    }

    // Quando os campos estáticos forem suportados dentro dos corpos de classes,
    // poderemos definir uma constante útil Complex.ZERO como:
    // static ZERO = new Complex(0,0);
}

// Aqui estão alguns campos de classe que armazenam números complexos predefinidos
// úteis.
Complex.ZERO = new Complex(0,0);
Complex.ONE = new Complex(1,0);
Complex.I = new Complex(0,1);
```

Com a classe Complex do Exemplo 9-4 definida, podemos usar a construtora, os campos de instância, os métodos de instância, os campos de classe e os métodos de classe em um código como o seguinte:

```
let c = new Complex(2, 3);      // Cria um novo objeto com a construtora
let d = new Complex(c.i, c.r);  // Usa campos de instância de c
c.plus(d).toString()            // => "{5,5}": usa métodos de instância
c.magnitude                     // => Math.hypot(2,3); usa uma função getter
Complex.product(c, d)           // => new Complex(0, 13); um método estático
Complex.ZERO.toString()         // => "{0,0}"; uma propriedade estática
```

9.4 Adicionando métodos a classes existentes

O mecanismo de herança baseado em protótipos de JavaScript é dinâmico: um objeto herda propriedades de seu protótipo, mesmo que as propriedades do protótipo mudem depois de criado o objeto. Isso significa que podemos aumentar as classes de JavaScript simplesmente adicionando novos métodos em seus objetos protótipos.

Aqui está o código que adiciona um método para calcular o conjugado complexo na classe Complex do Exemplo 9-4:

```
// Retorna um número complexo que é o conjugado complexo deste.
Complex.prototype.conj = function() { return new Complex(this.r, -this.i); };
```

O objeto protótipo das classes internas de JavaScript também é aberto como esse, ou seja, podemos adicionar métodos a números, *strings*, *arrays*, funções etc. Isso é útil para implementar novos recursos de linguagem em versões mais antigas da linguagem:

```
// Se o novo método de String startsWith() ainda não foi definido...
if (!String.prototype.startsWith) {
    // ...então define-o assim, usando o método antigo indexOf().
    String.prototype.startsWith = function(s) {
        return this.indexOf(s) === 0;
    };
}
```

Aqui temos outro exemplo:

```
// Chama a função f muitas vezes, passando o número da iteração
// Por exemplo, para imprimir "hello" 3 vezes:
//     let n = 3;
//     n.times(i => { console.log(`hello ${i}`); });
Number.prototype.times = function(f, context) {
    let n = this.valueOf();
    for(let i = 0; i < n; i++) f.call(context, i);
};
```

Adicionar métodos a protótipos de tipos internos como este geralmente é considerada uma má ideia, pois causa confusão e problemas de compatibilidade no futuro se uma nova versão de JavaScript definir um método com o mesmo nome. É até mesmo possível adicionar métodos em `Object.prototype`, tornando-os disponíveis em todos os objetos. Mas isso nunca é uma boa ideia, pois as propriedades adicionadas a `Object.prototype` são visíveis para laços `for/in` (embora seja possível evitar isso usando `Object.defineProperty()` [Seção 14.1] para tornar a nova propriedade não enumerável).

9.5 Subclasses

Em programação orientada a objetos, uma classe B pode *estender* ou ser uma *subclasse* de outra classe A. Dizemos que A é a *superclasse* e B é a *subclasse*. As instâncias de B herdam os métodos de A. A classe B pode definir seus próprios métodos de instância, alguns dos quais podem *anular* métodos de mesmo nome definidos pela classe A. Se um método de B anula um método de A, o método de B muitas vezes precisa chamar o método anulado de A. Da mesma forma, a construtora da subclasse `B()` geralmente deve chamar a construtora da superclasse `A()` para garantir que as instâncias sejam completamente inicializadas.

A primeira parte desta seção mostra como definir subclasses pelo modo antigo, pré-ES6, e então demonstra a criação de subclasses usando as palavras-chave `class` e `extends` e a chamada do método construtora da superclasse com a palavra-chave `super`. A seguir, há uma subseção sobre como evitar subclasses e optar pela composição de objetos em vez de herança. A seção termina com um longo exemplo que define uma hierarquia de classes Set e demonstra como classes abstratas podem ser usadas para separar a interface da implementação.

9.5.1 Subclasses e protótipos

Suponha que quiséssemos definir uma subclasse Span da classe Range do Exemplo 9-5. Essa subclasse funcionaria da mesma forma que Range, mas em vez de inicializá-la com um início e um fim, especificaríamos um início e uma distância, ou seja, uma amplitude (*span*). Uma instância dessa classe Span também é uma instância da superclasse Range. Uma instância de *span* herda um método customizado `toString()` de `Span.prototype`, mas para ser uma subclasse de Range, também deve herdar métodos (como `includes()`) de `Range.prototype`.

Exemplo 9-5 Span.js: uma subclasse simples de Range

```
// Esta é a função construtora da nossa subclasse
function Span(start, span) {
    if (span >= 0) {
        this.from = start;
        this.to = start + span;
    } else {
        this.to = start;
        this.from = start + span;
    }
}

// Garante que o protótipo Span herda do protótipo Range
Span.prototype = Object.create(Range.prototype);

// Não queremos herdar Range.prototype.constructor, então
// definimos nossa própria propriedade construtora.
Span.prototype.constructor = Span;

// Ao definir seu próprio método toString(), Span anula o
// método toString() que herdaria de Range.
Span.prototype.toString = function() {
    return `(${this.from}... +${this.to - this.from})`;
};
```

Para tornar Span uma subclasse de Range, precisamos fazer `Span.prototype` herdar de `Range.prototype`. A principal linha de código no exemplo anterior é essa, e se faz sentido para você, então você entendeu como as subclasses funcionam em JavaScript:

```
Span.prototype = Object.create(Range.prototype);
```

Os objetos criados com a construtora `Span()` herdam do objeto `Span.prototype`. Mas criamos esse objeto para herdar de `Range.prototype`, então objetos Span herdam de `Span.prototype` e de `Range.prototype`.

Observe que nossa construtora `Span()` configura as mesmas propriedades `from` e `to` que a construtora `Range()` e não precisa chamar a construtora `Range()` para inicializar o novo objeto. Da mesma forma, o método `toString()` de Span reimplementa completamente a conversão de *strings* sem precisar chamar a versão de Range de `toString()`. Isso torna Span um caso especial, e o único motivo para podermos trabalhar com subclasses dessa forma é que conhecemos os detalhes da implementação da superclasse. Um mecanismo de subclasses robusto precisa permitir que as classes chamem os métodos e a construtora da sua superclasse, mas JavaScript não tinha uma maneira simples de fazer nenhuma dessas coisas antes da ES6.

Felizmente, a ES6 resolve esses problemas com a palavra-chave `super` como parte da sintaxe de `class`. A próxima seção demonstra como isso funciona.

9.5.2 Subclasses com extends e super

Na ES6 e nas versões posteriores, para criar uma superclasse você simplesmente adiciona uma cláusula `extends` a uma declaração de classe, e pode fazer isso até mesmo para classes internas:

```
// Uma subclasse Array trivial que adiciona getters para o primeiro elemento e o
último.
class EZArray extends Array {
    get first() { return this[0]; }
    get last() { return this[this.length-1]; }
}

let a = new EZArray();
a instanceof EZArray     // => verdadeiro: a é uma instância de subclasse
a instanceof Array       // => verdadeiro: a também é uma instância de superclasse
a.push(1,2,3,4);         // a.length == 4; podemos usar métodos herdados
a.pop()                  // => 4: outro método herdado
a.first                  // => 1: primeiro getter definido pela subclasse
a.last                   // => 3: último getter definido pela subclasse
a[1]                     // => 2: sintaxe de acesso a um array normal ainda funciona.
Array.isArray(a)         // => verdadeiro: a instância da subclasse é um array de fato
EZArray.isArray(a)       // => verdadeiro: a subclasse também herda métodos estáticos!
```

Essa subclasse EZArray define dois métodos *getter* simples. As instâncias de EZArray se comportam como *arrays* normais, e podemos usar propriedades e métodos herdados como `push()`, `pop()` e `length`. Mas também podemos usar os métodos *getter* `first` e `last` definidos na subclasse. Não apenas métodos de instância como `pop()` são herdados, mas métodos estáticos como `Array.isArray` também são. É um novo recurso permitido pela sintaxe de classe da ES6: `EZArray()` é uma função, mas herda de `Array()`:

```
// EZArray herda métodos de instância porque EZArray.prototype
// herda de Array.prototype
Array.prototype.isPrototypeOf(EZArray.prototype)   // => true

// E EZArray herda propriedades e métodos estáticos porque
// EZArray herda de Array. É um recurso especial da
// palavra-chave extends e não era possível antes da ES6.
Array.isPrototypeOf(EZArray)   // => true
```

Nossa subclasse EZArray é simples demais para ser instrutiva. O Exemplo 9-6 é mais completo. Ele define uma subclasse TypedMap da classe interna Map que adiciona verificação de tipo para garantir que as chaves e os valores do mapa são dos tipos especificados (de acordo com `typeof`). É importante observar que o exemplo demonstra o uso da palavra-chave `super` para chamar a construtora e os métodos da superclasse.

Exemplo 9-6 TypedMap.js: uma subclasse de Map que verifica tipos de chave e valor

```
class TypedMap extends Map {
    constructor(keyType, valueType, entries) {
        // Se entradas são especificadas, verifica seus tipos
        if (entries) {
```

```
        for(let [k, v] of entries) {
            if (typeof k !== keyType || typeof v !== valueType) {
                throw new TypeError(`Wrong type for entry [${k}, ${v}]`);
            }
        }
    }

    // Inicializa a superclasse com as entradas iniciais (após verificação de tipo)
    super(entries);

    // E então inicializa essa subclasse com o armazenamento dos tipos
    this.keyType = keyType;
    this.valueType = valueType;
}

// Agora redefine o método set() para adicionar a verificação de tipo para
// qualquer nova entrada adicionada ao mapa.
set(key, value) {
    // Lança um erro se a chave ou o valor forem do tipo errado
    if (this.keyType && typeof key !== this.keyType) {
        throw new TypeError(`${key} is not of type ${this.keyType}`);
    }
    if (this.valueType && typeof value !== this.valueType) {
        throw new TypeError(`${value} is not of type ${this.valueType}`);
    }

    // Se os tipos estão corretos, chamamos a versão da superclasse do
    // método set() para adicionar a entrada ao mapa de fato. E
    // retornamos o que o método da superclasse retornar, seja o que for.
    return super.set(key, value);
}
}
```

Os dois primeiros argumentos da construtora `TypedMap` são os tipos de chave e valor desejados. Estes devem ser *strings*, como "*number*" e "*boolean*", retornados pelo operador `typeof`. Você também pode especificar um terceiro argumento: um *array* (ou qualquer objeto iterável) de *arrays* `[chave,valor]` que especificam as entradas iniciais no mapa. Se você especificar entradas iniciais, sejam quais forem, a primeira coisa que a construtora faz é confirmar que seus tipos são corretos. A seguir, a construtora chama a construtora da superclasse usando a palavra-chave `super` como se fosse um nome de função. A construtora `Map()` aceita um argumento opcional: um objeto iterável de *arrays* `[chave,valor]`. Assim, o terceiro argumento opcional da construtora da superclasse `TypedMap()` é o primeiro argumento opcional da construtora `Map()` e o passamos para a construtora da superclasse com `super(entradas)`.

Após chamar a construtora da superclasse para inicializar o estado da superclasse, a construtora `TypedMap()` inicializa seu próprio estado de subclasse configurando `this.keyType` e `this.valueType` nos tipos especificados. É preciso configurar essas propriedades para que possam ser usadas novamente no método `set()`.

Há algumas regras importantes que você precisa conhecer sobre o uso de `super()` em construtoras:

- Se você define uma classe com a palavra-chave `extends`, a construtora da sua classe deve usar `super()` para chamar a construtora da superclasse.
- Se você não define uma construtora na sua subclasse, uma será definida automaticamente para você. Essa construtora definida de forma implícita simplesmente recebe qualquer valor que seja passado para ela e passa esse valor para `super()`.
- Você não pode usar a palavra-chave `this` na sua construtora antes de ter chamado a construtora da superclasse com `super()`. Isso aplica a regra de que as superclasses se inicializam antes das subclasses.
- A expressão especial `new.target` é indefinida nas funções chamadas sem a palavra-chave `new`. Nas funções construtoras, no entanto, `new.target` é uma referência à construtora que foi chamada. Quando uma construtora da subclasse é chamada e usa `super()` para chamar a construtora da superclasse, esta vê a construtora da subclasse como o valor de `new.target`. Uma superclasse bem projetada não deveria precisar saber se foram criadas subclasses, mas ainda pode ser útil usar `new.target.name` para registrar mensagens, por exemplo.

Após a construtora, a próxima parte do Exemplo 9-6 é um método chamado `set()`. A superclasse Map define um método chamado `set()` para adicionar uma nova entrada no mapa. Dizemos que esse método `set()` em TypedMap *sobrescreve* o método `set()` da sua superclasse. Essa subclasse TypedMap simples não sabe nada sobre adicionar novas entradas ao mapa, mas sabe como verificar tipos, então é isso que faz primeiro, confirmando que a chave e o valor a serem adicionados ao mapa têm os tipos corretos e lançando um erro se não têm. Esse método `set()` não tem como adicionar a chave e o valor ao mapa em si, mas é para isso que serve o método `set()` da superclasse. Assim, usamos a palavra-chave `super` mais uma vez para chamar a versão do método da superclasse. Nesse contexto, `super` funciona de modo muito semelhante à palavra-chave `this`: ela se refere ao objeto atual, mas permite acesso a métodos sobrescritos definidos na superclasse.

Nas construtoras, é preciso chamar a construtora da superclasse antes de acessar `this` e inicializar o novo objeto você mesmo. Não há regras para quando você sobrescreve um método. Um método que sobrescreve um método da superclasse não é obrigado a chamar o método da superclasse. Se ele usa `super` para chamar o método sobrescrito (ou qualquer método) da superclasse, é possível fazê-lo no início, meio ou fim do método que sobrescreve o outro.

Por fim, antes de deixarmos o exemplo TypedMap, vale observar que a classe não é uma candidata ideal para o uso de campos privados. Como a classe está escrita, um usuário poderia mudar as propriedades `keyType` ou `valueType` para subverter a verificação de tipos.

Assim que campos privados forem suportados, poderemos alterar essas propriedades para #keyType e #valueType para que não possam ser alteradas de fora.

9.5.3 Delegação em vez de herança

A palavra-chave extends facilita a criação de subclasses, mas isso não significa que você *deveria* criar muitas subclasses. Se quiser escrever uma classe que compartilha o comportamento de alguma outra classe, você pode tentar herdar esse comportamento com a criação de uma subclasse. Em geral, no entanto, é mais fácil e mais flexível fazer sua classe criar uma instância da outra classe e simplesmente delegar a essa instância quando necessário para obter o comportamento desejado para a sua classe. É possível criar uma nova classe com o empacotamento ou a "composição" de outras classes, não com o uso de subclasses. Essa abordagem de delegação costuma ser chamada de "composição", e um chavão da programação orientada a objetos é que devemos "preferir a composição à herança".[2]

Suponha, por exemplo, que quiséssemos uma classe Histogram que se comporte como a classe Set de JavaScript, exceto que, em vez de registrar se um valor foi adicionado ou não ao conjunto, ela mantenha uma contagem do número de vezes que o valor foi adicionado. Como a API para essa classe Histogram é semelhante a Set, poderíamos considerar a criação de uma subclasse de Set e adicionar um método count(). Por outro lado, depois que começamos a pensar sobre como implementaríamos esse método count(), poderíamos entender que a classe Histogram é mais parecida com um Map do que com um Set, pois precisa manter um mapeamento entre os valores e o número de vezes que foram adicionados. Assim, em vez de criar uma subclasse de Set, poderíamos criar uma classe que define uma API semelhante a Set, mas que implemente esses métodos por delegação para um objeto Map interno. O Exemplo 9-7 mostra como isso seria possível.

Exemplo 9-7 Histogram.js: uma classe semelhante a Set implementada com delegação

```
/**
 * Uma classe semelhante a Set que registra quantas vezes um valor
 * foi adicionado. Chame add() e remove() como gostaria para um Set e
 * chame count() para descobrir quantas vezes um determinado valor foi adicionado.
 * O iterador padrão gera os valores que foram adicionados ao menos
 * uma vez. Use entries() se quiser iterar pares [valor, contagem]
 */
class Histogram {
    // Para inicializar, apenas criamos um objeto Map para delegar para
    constructor() { this.map = new Map(); }

    // Para uma chave qualquer, a contagem é o valor no Map, ou zero
    // se a chave não aparece no Map.
    count(key) { return this.map.get(key) || 0; }
```

[2]Consulte *Design Patterns* (Addison-Wesley Professional), de Erich Gamma et al., ou *Effective Java* (Addison-Wesley Professional), de Joshua Bloch, por exemplo.

```
        // O método has() semelhante a Set retorna true se a contagem não é zero
        has(key) { return this.count(key) > 0; }

        // O tamanho do histograma é apenas o número de entradas no Map.
        get size() { return this.map.size; }

        // Para adicionar uma chave, apenas incremente sua contagem no Map.
        add(key) { this.map.set(key, this.count(key) + 1); }

        // Excluir uma chave é um pouco mais complicado, pois precisamos excluir
        // a chave do Map se a contagem voltar a zero.
        delete(key) {
            let count = this.count(key);
            if (count === 1) {
                this.map.delete(key);
            } else if (count > 1) {
                this.map.set(key, count - 1);
            }
        }

    // Iterar um Histogram apenas retorna as chaves armazenadas nele.
    [Symbol.iterator]() { return this.map.keys(); }

    // Estes outros métodos iteradores apenas delegam para o objeto Map
    keys() { return this.map.keys(); }
    values() { return this.map.values(); }
    entries() { return this.map.entries(); }
}
```

Tudo que a construtora `Histogram()` faz no Exemplo 9-7 é criar um objeto Map. E a maioria dos métodos tem uma linha e apenas delega um método do mapa, tornando a implementação bastante simples. Como usamos delegação no lugar de herança, um objeto Histogram não é uma instância de Set ou de Map. Mas Histogram implementa diversos métodos de Set usados com frequência, e em uma linguagem não tipada como JavaScript, isso costuma ser bom o suficiente: uma relação de herança formal pode ser boa, mas normalmente é opcional.

9.5.4 Hierarquias de classe e classes abstratas

O Exemplo 9-6 demonstrou que podemos criar subclasses de Map. O Exemplo 9-7 demonstrou como podemos, em vez disso, delegar um objeto Map sem criar nenhuma subclasse. Usar classes de JavaScript para encapsular dados e modularizar seu código pode ser uma excelente técnica, e talvez você acabe usando a palavra-chave `class` com frequência. Mas você também pode descobrir que prefere a composição à herança e que raramente precisa usar `extends` (exceto quando usa uma biblioteca ou um *framework* que exige que você estenda suas classes de base).

Há circunstâncias em que múltiplos níveis de subclasses são apropriados, no entanto, e terminaremos este capítulo com um exemplo mais longo que demonstra uma hierarquia de classes que representa diferentes tipos de conjuntos (as classes de conjuntos definidas no Exemplo 9-8 são semelhantes à classe Set interna do JavaScript, mas não completamente compatíveis com ela).

O Exemplo 9-8 define muitas subclasses, mas também demonstra como é possível definir *classes abstratas*, ou seja, classes que não incluem uma implementação completa, para servirem como superclasse comum a um grupo de subclasses relacionadas. Uma superclasse abstrata pode definir uma implementação parcial que todas as subclasses herdam e compartilham. Assim, as subclasses precisam definir apenas o seu próprio comportamento diferenciado com a implementação dos métodos abstratos definidos, mas não implementados, pela superclasse. Observe que JavaScript não tem uma definição formal do que são métodos abstratos ou classes abstratas; estou apenas usando esse nome aqui para métodos não implementados e para classes implementadas de forma incompleta.

O Exemplo 9-8 tem comentários completos e não precisa de mais explicações. Sugiro que leia-o como forma de concluir seu estudo deste capítulo sobre classes. A classe final no Exemplo 9-8 realiza muitas manipulações de *bits* com os operadores `&`, `|` e `~`, que você pode revisar na Seção 4.8.3.

Exemplo 9-8 Sets.js: Uma hierarquia de classes Set abstratas e concretas

```
/**
 * A classe AbstractSet define um único método abstrato, has().
 */
class AbstractSet {
    // Lança um erro aqui para que as subclasses sejam forçadas
    // a definirem sua própria versão funcional desse método.
    has(x) { throw new Error("Abstract method"); }
}

/**
 * NotSet é uma subclasse concreta de AbstractSet.
 * Todos os membros desse conjunto são valores que não são membros de qualquer
 * outro conjunto. Como ele é definido em termos de outro conjunto, não
 * é gravável e, como tem infinitos membros, não é enumerável.
 * Tudo que podemos fazer com ele é testar a participação como membro e convertê-lo em
 * string usando notação matemática.
 */
class NotSet extends AbstractSet {
    constructor(set) {
        super();
        this.set = set;
    }

    // Nossa implementação do método abstrato que herdamos
    has(x) { return !this.set.has(x); }
    // E também sobrescreveremos esse método da classe Object
```

```
    toString() { return `{ x| x ∉ ${this.set.toString()} }`; }
}

/**
 * Range set é uma subclasse concreta de AbstractSet. Seus membros são
 * todos valores entre os limites de from e to, inclusive.
 * Como seus membros podem ser números em ponto flutuante, não é
 * enumerável e não tem tamanho significativo.
 */
class RangeSet extends AbstractSet {
    constructor(from, to) {
        super();
        this.from = from;
        this.to = to;
    }

    has(x) { return x >= this.from && x <= this.to; }
    toString() { return `{ x| ${this.from} ≤ x ≤ ${this.to} }`; }
}

/*
 * AbstractEnumerableSet é uma subclasse abstrata de AbstractSet. Ela define
 * um método getter abstrato que retorna o tamanho do conjunto e também define um
 * iterador abstrato. Depois implementa métodos concretos isEmpty(), toString(),
 * e equals() sobre eles. As subclasses que implementam o
 * iterador, o getter de tamanho e o método has() recebem esses métodos concretos
 * de graça.
 */
class AbstractEnumerableSet extends AbstractSet {
    get size() { throw new Error("Abstract method"); }
    [Symbol.iterator]() { throw new Error("Abstract method"); }

    isEmpty() { return this.size === 0; }
    toString() { return `{${Array.from(this).join(", ")}}`; }
    equals(set) {
        // Se o outro conjunto não é enumerável também, não é igual a este
        if (!(set instanceof AbstractEnumerableSet)) return false;

        // Se eles não têm o mesmo tamanho, não são iguais
        if (this.size !== set.size) return false;

        // Itera pelos elementos deste conjunto
        for(let element of this) {
            // Se um elemento não está no outro conjunto, eles não são iguais.
            if (!set.has(element)) return false;
        }

        // Os elementos coincidiram, então os conjuntos são iguais.
        return true;
    }
}
```

```
/*
 * SingletonSet é uma subclasse concreta de AbstractEnumerableSet.
 * Um conjunto singleton é um conjunto somente de leitura com um só membro.
 */
class SingletonSet extends AbstractEnumerableSet {
    constructor(member) {
        super();
        this.member = member;
    }

    // Implementamos esses três métodos e herdamos as implementações de isEmpty, equals()
    // e toString() com base nesses métodos.
    has(x) { return x === this.member; }
    get size() { return 1; }
    *[Symbol.iterator]() { yield this.member; }
}

/*
 * AbstractWritableSet é uma subclasse abstrata de AbstractEnumerableSet.
 * Ela define os métodos abstratos insert() e remove() que inserem e
 * removem elementos individuais do conjunto e então implementa métodos
 * concretos add(), subtract() e intersect() sobre eles. Observe que
 * nossa API diverge aqui da classe Set padrão do JavaScript.
 */
class AbstractWritableSet extends AbstractEnumerableSet {
    insert(x) { throw new Error("Abstract method"); }
    remove(x) { throw new Error("Abstract method"); }

    add(set) {
        for(let element of set) {
            this.insert(element);
        }
    }

    subtract(set) {
        for(let element of set) {
            this.remove(element);
        }
    }

    intersect(set) {
        for(let element of this) {
            if (!set.has(element)) {
                this.remove(element);
            }
        }
    }
}

/**
 * Um BitSet é uma subclasse concreta de AbstractWritableSet com uma
 * implementação de conjunto de tamanho fixo bastante eficiente para conjuntos cujos
```

```
 * elementos são números inteiros não negativos menores do que algum tamanho máximo.
 */
class BitSet extends AbstractWritableSet {
    constructor(max) {
        super();
        this.max = max;  // O número inteiro máximo que podemos armazenar
        this.n = 0;      // Quantos números inteiros existem no conjunto
        this.numBytes = Math.floor(max / 8) + 1;    // De quantos bytes precisamos
        this.data = new Uint8Array(this.numBytes); // Os bytes
    }

    // Método interno para verificar se um valor é um membro válido desse conjunto
    _valid(x) { return Number.isInteger(x) && x >= 0 && x <= this.max; }

    // Testa se o bit especificado do byte especificado do nosso
    // array de dados está configurado ou não. Retorna true ou false.
    _has(byte, bit) { return (this.data[byte] & BitSet.bits[bit]) !== 0; }

    // O valor x está nesse BitSet?
    has(x) {
        if (this._valid(x)) {
            let byte = Math.floor(x / 8);
            let bit = x % 8;
            return this._has(byte, bit);
        } else {
            return false;
        }
    }

    // Insere o valor x no BitSet
    insert(x) {
        if (this._valid(x)) {               // Se o valor é válido
            let byte = Math.floor(x / 8); // converte em byte e bit
            let bit = x % 8;
            if (!this._has(byte, bit)) {  // Se o bit ainda não foi configurado
                this.data[byte] |= BitSet.bits[bit]; // configura-o
                this.n++;                            // e incrementa o tamanho do conjunto
            }
        } else {
            throw new TypeError("Invalid set element: " + x );
        }
    }

    remove(x) {
        if (this._valid(x)) {              // Se o valor é válido
            let byte = Math.floor(x / 8); // calcula o byte e bit
            let bit = x % 8;
            if (this._has(byte, bit)) {   // Se o bit já foi configurado
                this.data[byte] &= BitSet.masks[bit];  // desconfigura-o
                this.n--;                              // e decrementa o tamanho
            }
        } else {
```

```
                throw new TypeError("Invalid set element: " + x );
            }
        }

        // Um método getter para retornar o tamanho do conjunto
        get size() { return this.n; }

        // Itera o conjunto apenas verificando um bit por vez
        // (Poderíamos ser muito mais inteligentes e otimizar isso significativamente)
        *[Symbol.iterator]() {
            for(let i = 0; i <= this.max; i++) {
                if (this.has(i)) {
                    yield i;
                }
            }
        }
    }
    // Alguns valores pré-calculados usados pelos métodos has(), insert() e remove()
    BitSet.bits = new Uint8Array([1, 2, 4, 8, 16, 32, 64, 128]);
    BitSet.masks = new Uint8Array([~1, ~2, ~4, ~8, ~16, ~32, ~64, ~128]);
```

9.6 Resumo

Este capítulo explicou os principais recursos das classes em JavaScript:

- Objetos que são membros da mesma classe herdam propriedades do mesmo objeto protótipo. O objeto protótipo é o principal recurso das classes de JavaScript e é possível definir classes apenas usando o método `Object.create()`.
- Antes da ES6, classes costumavam ser definidas por meio da criação de uma função construtora. As funções criadas com a palavra-chave `function` têm uma propriedade `prototype`, e o valor dessa propriedade é um objeto usado como protótipo de todos os objetos criados quando a função é chamada usando `new` como construtora. Ao inicializar esse objeto protótipo, você pode definir os métodos compartilhados da sua classe. Embora o objeto protótipo seja o principal recurso da classe, a função construtora é a identidade pública da classe.
- A ES6 introduz uma palavra-chave `class` que facilita a definição de classes, mas, por baixo dos panos, o mecanismo de protótipos e construtoras permanece o mesmo.
- Subclasses são definidas usando a palavra-chave `extends` em uma declaração de classe.
- Subclasses podem chamar a construtora da sua superclasse ou os métodos sobrescritos da sua superclasse com a palavra-chave `super`.

CAPÍTULO 10

Módulos

O objetivo da programação modular é permitir que programas grandes sejam montados com módulos de código de autores e fontes muito diferentes e que todo esse código seja executado corretamente, mesmo na presença de código que os diversos autores dos módulos não previram. Na prática, a modularidade trata principalmente de encapsular ou ocultar detalhes de implementação privados e manter o espaço de nomes global organizado para que os módulos não modifiquem por acidente as variáveis, funções e classes definidas pelos outros.

Até recentemente, JavaScript não tinha suporte integrado para módulos, e os programadores que trabalhavam com bases de código grandes faziam o melhor possível para aproveitar a modularidade fraca disponibilizada por classes, objetos e *closures*. A modularidade baseada em *closures*, com o apoio de ferramentas de empacotamento de código, levou a uma forma prática de modularidade baseada em uma função `require()`, que foi adotada pelo Node. Módulos baseados em `require()` são uma parte fundamental do ambiente de programação Node, mas nunca foram adotados como parte oficial da linguagem JavaScript. Em vez disso, a ES6 define os módulos usando as palavras-chave `import` e `export`. Embora sejam parte da linguagem há anos, `import` e `export` foram implementadas há relativamente pouco tempo pelos navegadores Web e pelo Node. E, na prática, a modularidade de JavaScript ainda depende de ferramentas de empacotamento de código.

As seções a seguir abrangem:

- Módulos "faça você mesmo" com classes, objetos e *closures*
- Módulos Node usando `require()`
- Módulos da ES6 usando `export`, `import` e `import()`

10.1 Módulos com classes, objetos e *closures*

Embora pareça óbvio, vale lembrar que um dos recursos importantes das classes é que elas atuam como módulos para os seus métodos. Voltemos ao Exemplo 9-8, que definiu diversas classes diferentes, todas tendo um método chamado `has()`. Você não teria problema algum em escrever um programa que usasse múltiplas classes de conjuntos daquele exemplo: não há risco de que a implementação de `has()` de SingletonSet sobrescrevesse o método `has()` de BitSet, por exemplo.

O motivo para que os métodos de uma classe sejam independentes dos métodos de outras classes não relacionadas é que os métodos de cada classe são definidos como propriedades de objetos protótipo independentes. O motivo para as classes serem modulares é que os objetos são modulares: definir uma propriedade em um objeto JavaScript é muito parecido com declarar uma variável, mas adicionar propriedades a objetos não afeta o espaço de nomes global de um programa e não afeta as propriedades de outros objetos. JavaScript define um bom número de constantes e funções matemáticas, mas, em vez de definir todas globalmente, elas são agrupadas como propriedades de um único objeto Math global. Essa mesma técnica poderia ter sido usada no Exemplo 9-8. Em vez de definir classes globais com nomes como SingletonSet e BitSet, o exemplo poderia ter sido escrito de modo a definir apenas um único objeto Sets global, com propriedades que fizessem referência às diversas classes. Os usuários dessa biblioteca Sets poderiam, então, fazer referência a classes com nomes como `Sets.Singleton` e `Sets.Bit`.

Usar classes e objetos para fins de modularidade é uma técnica útil e comum na programação JavaScript, mas não vai longe o suficiente. Em especial, não nos oferece uma maneira de ocultar os detalhes de implementação internos dentro do módulo. Voltemos ao Exemplo 9-8 mais uma vez. Se fôssemos escrever o exemplo como um módulo, talvez quiséssemos manter as diversas classes abstratas internas ao módulo e disponibilizar apenas as subclasses concretas para os usuários desse módulo. Da mesma forma, na classe BitSet, os métodos `_valid()` e `_has()` são utilitários internos que não deveriam ser expostos aos usuários da classe. E `BitSet.bits` e `BitSet.masks` são detalhes de implementação que deveríamos manter ocultos.

Como vimos na Seção 8.6, as variáveis locais e funções aninhadas declaradas em uma função são privadas dessa função. Isso significa que podemos utilizar expressões de função imediatamente invocadas para obter uma espécie de modularidade deixando os detalhes de implementação e funções utilitárias ocultas dentro da função circundante, mas fazendo a API pública do módulo ser o valor de retorno da função. No caso da classe BitSet, poderíamos estruturar o módulo da seguinte forma:

```
const BitSet = (function() { // Configura BitSet com o valor retornado por função
    // Detalhes de implementação privados aqui
    function isValid(set, n) { ... }
    function has(set, byte, bit) { ... }
    const BITS = new Uint8Array([1, 2, 4, 8, 16, 32, 64, 128]);
    const MASKS = new Uint8Array([~1, ~2, ~4, ~8, ~16, ~32, ~64, ~128]);
    // A API pública do módulo é apenas a classe BitSet, que definimos
    // e retornamos aqui. A classe pode usar as constantes e funções privadas
    // definidas acima, mas elas ficarão ocultas dos usuários da classe
    return class BitSet extends AbstractWritableSet {
        // ... implementação omitida ...
    };
}());
```

Essa abordagem para a modularidade se torna um pouco mais interessante quando o módulo contém mais de um item. O código a seguir, por exemplo, define um minimódulo de estatística que exporta as funções `mean()` e `stddev()`, mas mantém os detalhes de implementação ocultos:

```
// É assim que poderíamos definir um módulo stats
const stats = (function() {
    // Funções utilitárias privadas do módulo
    const sum = (x, y) => x + y;
    const square = x => x * x;

    // Uma função pública que será exportada
    function mean(data) {
        return data.reduce(sum)/data.length;
    }

    // Uma função pública que exportaremos
    function stddev(data) {
        let m = mean(data);
        return Math.sqrt(
            data.map(x => x - m).map(square).reduce(sum)/(data.length-1)
        );
    }

    // Exportamos a função pública como propriedades de um objeto
    return { mean, stddev };
}());

// E aqui está como poderíamos usar o módulo
stats.mean([1, 3, 5, 7, 9])     // => 5
stats.stddev([1, 3, 5, 7, 9])   // => Math.sqrt(10)
```

10.1.1 Automatização da modularidade baseada em *closures*

Observe que inserir um pouco de texto no início e no final do arquivo para transformar um arquivo de código JavaScript nesse tipo de módulo é um processo relativamente mecânico. Tudo que precisamos é uma convenção para o arquivo de código JavaScript de modo a indicar quais valores devem ser exportados e quais não.

Imagine uma ferramenta que recebe um conjunto de arquivos, encapsula o conteúdo de cada um deles em uma expressão de função invocada imediatamente, registra o valor de retorno de cada função e concatena tudo em um grande arquivo. O resultado seria mais ou menos assim:

```
const modules = {};
function require(moduleName) { return modules[moduleName]; }

modules["sets.js"] = (function() {
    const exports = {};

    // O conteúdo do arquivo sets.js vai aqui:
    exports.BitSet = class BitSet { ... };

    return exports;
}());

modules["stats.js"] = (function() {
    const exports = {};

    // O conteúdo do arquivo stats.js vai aqui:
    const sum = (x, y) => x + y;
    const square = x = > x * x;
    exports.mean = function(data) { ... };
    exports.stddev = function(data) { ... };

    return exports;
}());
```

Com os módulos empacotados em um único arquivo, como o mostrado no exemplo anterior, seria possível imaginar código como o exemplo a seguir para utilizar esses módulos:

```
// Obtém referências aos módulos (ou ao conteúdo dos módulos) que precisamos
const stats = require("stats.js");
const BitSet = require("sets.js").BitSet;

// Agora escreve código usando os módulos
let s = new BitSet(100);
s.insert(10);
s.insert(20);
s.insert(30);
let average = stats.mean([...s]);   // a média é 20
```

Esse código é um rascunho de como funcionam as ferramentas de empacotamento de código (como webpack e Parcel) para navegadores Web, e também uma introdução simples à função `require()`, como aquela usada em programas Node.

10.2 Módulos em Node

Na programação Node, é normal dividir os programas em tantos arquivos quanto parecer natural. Pressupõe-se que esses arquivos de código JavaScript residem todos em um sistema de arquivos rápido. Ao contrário dos navegadores Web, que precisam ler os arquivos de JavaScript por meio de uma conexão de rede relativamente lenta, não há necessidade ou vantagem em empacotar um programa Node em um único arquivo JavaScript.

Em Node, cada arquivo é um módulo independente, com um espaço de nomes privado. Constantes, variáveis, funções e classes definidas em um arquivo são privadas daquele arquivo, a menos que este as exporte. E os valores exportados por um módulo somente ficam visíveis em outro módulo se este segundo módulo os importa explicitamente.

Módulos Node importam outros módulos com a função `require()` e exportam sua API pública configurando as propriedades do objeto Exports ou substituindo inteiramente o objeto `module.exports`.

10.2.1 Exportação em Node

Node define um objeto global chamado `exports` que está sempre definido. Se você estiver escrevendo um módulo Node que exporta múltiplos valores, você pode simplesmente atribuí-los às propriedades desse objeto:

```
const sum = (x, y) => x + y;
const square = x => x * x;

exports.mean = data => data.reduce(sum)/data.length;
exports.stddev = function(d) {
    let m = exports.mean(d);
    return Math.sqrt(d.map(x => x - m).map(square).reduce(sum)/(d.length-1));
};
```

Contudo, muitas vezes queremos definir um módulo que exporta uma única função ou classe, não um objeto cheio de funções ou classes. Para tanto, você simplesmente atribui o único valor que deseja exportar para `module.exports`:

```
module.exports = class BitSet extends AbstractWritableSet {
    // implementação omitida
};
```

O valor padrão de `module.exports` é o mesmo objeto ao qual `exports` se refere. No módulo *stats* anterior, poderíamos ter atribuído a função *mean* a `module.exports.mean` em vez de `exports.mean`. Outra abordagem com módulos como o *stats* é exportar um único objeto no final do módulo em vez de exportar funções uma a uma à medida que avançamos:

```
// Define todas as funções, públicas e privadas
const sum = (x, y) => x + y;
const square = x => x * x;
const mean = data => data.reduce(sum)/data.length;
const stddev = d => {
    let m = mean(d);
    return Math.sqrt(d.map(x => x - m).map(square).reduce(sum)/(d.length-1));
};

// Agora exporta apenas as públicas
module.exports = { mean, stddev };
```

10.2.2 Importação em Node

Um módulo Node importa outro módulo chamando a função `require()`. O argumento dessa função é o nome do módulo a ser importado, e o valor de retorno é o valor que o módulo exporta, seja ele qual for (em geral, uma função, uma classe ou um objeto).

Se você quiser importar um módulo do sistema nativo do Node ou um módulo que você instalou no seu sistema usando um gerenciador de pacotes, você simplesmente usa o nome não qualificado do módulo, sem nenhum caractere "/" que transformaria o nome em um caminho do sistema de arquivos:

```
// Esses módulos são integrados ao Node
const fs = require("fs");           // O módulo de sistema de arquivos nativo
const http = require("http");       // O módulo HTTP nativo

// O framework de servidor HTTP Express é um módulo de terceiros.
// Não é parte do Node, mas foi instalado localmente
const express = require("express");
```

Quando você quer importar um módulo do próprio código, o nome do módulo deve ser o caminho até o arquivo que contém o código, relativo ao arquivo do módulo atual. É válido usar caminhos absolutos que começam com um caractere /, mas, normalmente, quando importamos módulos que são parte do nosso próprio programa, os nomes de módulo começam com ./ ou, às vezes, ../ para indicar que são relativos ao diretório atual ou ao diretório pai. Por exemplo:

```
const stats = require('./stats.js');
const BitSet = require('./utils/bitset.js');
```

(Você também pode omitir o sufixo *.js* dos arquivos que está importando e o Node ainda encontrará os arquivos, mas é comum que as extensões sejam incluídas explicitamente.)

Quando um módulo exporta apenas uma função ou classe, tudo que você precisa fazer é exigi-la. Quando um módulo exporta um objeto com múltiplas propriedades, você tem uma opção: pode importar o objeto inteiro ou apenas importar as propriedades específicas (usando a atribuição de desestruturação) do objeto que planeja usar. Compare as duas abordagens:

```
// Importa todo o objeto stats, com todas as suas funções
// const stats = require('./stats.js');

// Temos mais funções do que precisamos, mas elas estão organizadas
// em um espaço de nomes "stats" conveniente.
let average = stats.mean(data);

// Por outro lado, podemos usar a atribuição de desestruturação idiomática para importar
// exatamente as funções que queremos diretamente no espaço de nomes local:
const { stddev } = require('./stats.js');

// É bonito e sucinto, mas perdemos um pouco de contexto
// sem o prefixo 'stats' como espaço de nomes para a função stddev().
let sd = stddev(data);
```

10.2.3 Módulos estilo Node na Web

Os módulos com um objeto Exports e uma função `require()` são internos a Node. Mas se você estiver disposto a processar seu código com uma ferramenta de empacotamento como o *webpack*, então também é possível usar esse estilo de módulo para código destinado à execução em navegadores Web. Até recentemente, era uma prática muito comum, e você provavelmente vai encontrar bastante código Web que ainda faz isso.

Agora que JavaScript tem sua própria sintaxe de módulo padrão, no entanto, os desenvolvedores que usam empacotadores tendem a usar os módulos JavaScript oficiais com as instruções `import` e `export`.

10.3 Módulos na ES6

A ES6 adiciona as palavras-chave `import` e `export` à JavaScript e finalmente suporta modularidade de verdade como recurso básico da linguagem. A modularidade da ES6 é conceitualmente igual à modularidade do Node: cada arquivo é o seu próprio módulo, e as constantes, variáveis, funções e classes definidas em um arquivo são privadas naquele módulo, a menos que sejam exportadas explicitamente. Os valores exportados de um módulo estão disponíveis para uso nos módulos que os importam explicitamente. Os módulos da ES6 diferem dos módulos do Node na sintaxe usada para exportação e importação e na forma como os módulos são definidos em navegadores Web. As seções a seguir explicam isso em detalhes.

Observe, no entanto, que os módulos na ES6 também são diferentes dos "*scripts*" normais de JavaScript em alguns aspectos importantes. A diferença mais óbvia é a modularidade em si: nos *scripts* normais, declarações de variáveis, funções e classes no nível superior pertencem a um único contexto global compartilhado por todos os *scripts*. Com os módulos, cada arquivo possui seu contexto privado e pode usar as instruções `import` e `export`, que é o motivo para a modularidade existir, afinal. Mas também há outras diferenças entre módulos e *scripts*. O código dentro de um módulo ES6 (como o código dentro de qualquer definição de `class` na ES6) está automaticamente em modo restrito (consulte a Seção 5.6.3). Isso significa que quando você começar a usar módulos ES6, nunca precisará escrever `"use strict"` novamente. E significa também que o código nos módulos não pode usar a instrução `with`, o objeto `arguments` ou variáveis não declaradas. Os módulos ES6 são ainda mais restritos do que o modo restrito. Neste, em funções chamadas como funções, `this` é `undefined`. Nos módulos, `this` é `undefined` mesmo em código de nível superior (por outro lado, os *scripts* em navegadores Web e em Node configuram `this` como o objeto global).

Módulos ES6 na Web e em Node

Os módulos ES6 estão em uso na Web há anos com o auxílio de ferramentas de empacotamento de código como *webpack*, que combinam módulos independentes de código JavaScript em grandes conjuntos não modulares, apropriados para inclusão em páginas Web. Na época da redação deste livro, no entanto, os módulos ES6 finalmente tinham suporte nativo em todos os navegadores Web, com exceção do Internet Explorer. Quando usados nativamente, os módulos ES6 são adicionados a páginas HTML com uma *tag* especial `<script type="module">`, descrita posteriormente neste capítulo.

Enquanto isso, tendo sido pioneiro na modularidade em JavaScript, Node se encontra na posição complicada de ter que suportar dois sistemas de módulos que não são totalmente compatíveis. O Node 13 suporta módulos ES6, mas, por ora, a grande maioria dos programas Node ainda usa módulos Node.

10.3.1 Exportações na ES6

Para exportar uma constante, variável, função ou classe de um módulo na ES6, simplesmente adicione a palavra-chave `export` antes da declaração:

```
export const PI = Math.PI;

export function degreesToRadians(d) { return d * PI / 180; }

export class Circle {
    constructor(r) { this.r = r; }
    area() { return PI * this.r * this.r; }
}
```

Uma alternativa a espalhar palavras-chave `export` por todo o seu módulo é definir suas constantes, variáveis, funções e classes como faria normalmente, sem uma instrução `export`, e então (geralmente no final do módulo) escrever uma única instrução `export` que declara exatamente o que é exportado em um único lugar. Assim, em vez de escrever três exportações individuais no código da página anterior, poderíamos ter escrito uma única linha equivalente no final:

```
export { Circle, degreesToRadians, PI };
```

Essa sintaxe parece a palavra-chave `export` seguida por um objeto literal (usando notação abreviada). Nesse caso, no entanto, as chaves não definem um objeto literal. Essa sintaxe de exportação simplesmente exige uma lista de identificadores separados por vírgulas entre chaves.

É comum escrever módulos que exportam apenas um valor (em geral, uma função ou classe) e, nesse caso, geralmente usamos `export default` em vez de `export`:

```
export default class BitSet {
    // implementação omitida
}
```

As exportações padrão são ligeiramente mais fáceis de importar do que as não padrão; então, quando há apenas um valor exportado, usar `export default` facilita o trabalho dos módulos que usam o seu valor exportado.

Exportações normais com `export` somente podem ser realizadas em declarações que têm um nome. As exportações padrão com `export default` podem exportar qualquer expressão, incluindo expressões de função anônimas e expressões de classe anônimas. Isso significa que se usar `export default`, você pode exportar objetos literais. Assim, ao contrário da sintaxe de `export`, se você usar chaves após `export default`, ele realmente é um objeto literal que está sendo exportado.

É válido, mas raro, que módulos tenham um conjunto de exportações regulares e também uma exportação padrão. Se um módulo possui uma exportação padrão, então ele só pode ter uma.

Por fim, observe que a palavra-chave `export` só pode aparecer no nível superior do seu código JavaScript. Você não pode exportar um valor de dentro de uma classe, função, laço ou condicional (trata-se de um recurso importante do sistema de módulos da ES6 e permite análise estática: a exportação de um módulo será a mesma em todas as execuções, e os símbolos exportados podem ser determinados antes que o módulo seja executado de fato).

10.3.2 Importações na ES6

Importamos valores que foram exportados por outros módulos com a palavra-chave `import`. A forma mais simples de importação é usada para módulos que definem uma exportação padrão:

```
import BitSet from './bitset.js';
```

Esta é a palavra-chave `import`, seguida por um identificador, seguido pela palavra-chave `from`, seguida por uma *string* literal que nomeia o módulo cuja exportação padrão estamos importando. O valor da exportação padrão do módulo especificado se torna o valor do identificador especificado no módulo atual.

O identificador ao qual o valor importado é atribuído é uma constante, como se tivesse sido declarado com a palavra-chave `const`. Assim como as exportações, as importações somente podem aparecer no nível superior de um módulo e não são permitidas em classes, funções, laços ou condicionais. Por convenção quase universal, as importações exigidas por um módulo são colocadas no início dele. Curiosamente, no entanto, isso não é obrigatório: assim como as declarações de função, as importações são "içadas" para o topo do módulo e todos os valores importados ficam disponíveis para qualquer uma das execuções do código.

O módulo do qual um valor é importado é especificado como uma *string* literal constante entre aspas simples ou duplas (você não pode usar uma variável ou outra expressão cujo valor seja uma *string* e não pode usar uma *string* entre crases porque os literais de modelo podem interpolar variáveis e nem sempre têm valores constantes). Nos navegadores Web, essa *string* é interpretada como um URL relativo ao local do módulo que realiza a importação (no Node, ou quando usamos uma ferramenta de empacotamento, a *string* é interpretada como um nome de arquivo relativo ao módulo atual, mas isso não faz muita diferença na prática). Uma *string especificadora de módulo* deve ser um caminho absoluto que começa com "/", um caminho relativo que começa com "./", "../", ou um URL completo com protocolo e *hostname*. A especificação ES6 não permite *strings* especificadoras de módulo não qualificadas, como "util.js", pois fica ambíguo se a referência é a um módulo no mesmo diretório que o atual ou algum tipo de módulo de sistema instalado em um local especial (essa restrição a "especificadores de módulo simples" não é honrada por ferramentas de agrupamento de código como o *webpack*, que pode facilmente ser configurado para encontrar módulos simples em um diretório de biblioteca que você especifica). Uma versão futura da linguagem pode vir a permitir "especificadores de módulo simples", mas, por ora, eles não são permitidos. Se quiser importar um módulo do mesmo diretório que o atual, simplesmente coloque "./" antes do nome do módulo e importe de "./util.js" em vez de "util.js".

Por ora, consideramos apenas o caso de importar um único valor de um módulo que usa `export default`. Para importar valores de um módulo que exporta múltiplos valores, utilizamos uma sintaxe ligeiramente diferente:

```
import { mean, stddev } from "./stats.js";
```

Lembre-se de que as exportações padrão não precisam ter um nome no módulo que as define. Em vez disso, fornecemos um nome local quando importamos os valores. Mas as exportações não padrão de um módulo têm nomes no módulo exportador e, quando importamos tais valores, nos referimos a eles por esses nomes. O módulo exportador pode exportar tantos valores nomeados quanto quisermos. Uma instrução `import` que faz referência ao módulo pode importar qualquer subconjunto desses valores, basta listar seus nomes entre chaves. As chaves fazem com que esse tipo de instrução `import` se assemelhe a uma atribuição de desestruturação, que é uma boa analogia para o que esse estilo de importação faz. Os identificadores entre chaves são todos içados ao topo do módulo importador e se comportam como constantes.

Alguns manuais de estilo recomendam que você importe explicitamente todos os símbolos que seu módulo vai usar. Quando você importa de um módulo que define muitas exportações, no entanto, é fácil importar tudo com uma instrução `import`:

```
import * as stats from "./stats.js";
```

Uma instrução `import` como essa cria um objeto e atribui a ele uma constante chamada `stats`. Cada uma das exportações não padrão do módulo que está sendo importado cria uma propriedade desse objeto `stats`. As exportações não padrão sempre têm nomes, e estes são usados como nomes de propriedade no objeto. Na prática, essas propriedades são constantes: elas não podem ser sobrescritas ou excluídas. No caso da importação com curinga mostrada no exemplo anterior, o módulo importador usaria as funções importadas `mean()` e `stddev()` por meio do objeto `stats`, chamando-as como `stats.mean()` e `stats.stddev()`.

Os módulos normalmente definem uma única exportação padrão ou múltiplas exportações nomeadas. É válido, mas raro, que um módulo use ambos `export` e `export default`. Mas quando um módulo faz isso, é possível importar o valor padrão e os valores nomeados com uma instrução `import`:

```
import Histogram, { mean, stddev } from "./histogram-stats.js";
```

Por ora, vimos como importar de módulos com uma exportação padrão e de módulos com exportações não padrão ou nomeadas. Mas há outra forma da instrução `import` usada com módulos que não têm exportações. Para incluir um módulo sem exportações no seu programa, basta usar a palavra-chave `import` com o especificador de módulo:

```
import "./analytics.js";
```

Um módulo como esse é executado na primeira vez em que é importado (as importações subsequentes não fazem nada). Um módulo que apenas define funções é útil apenas se exporta ao menos uma delas. Mas se um módulo executa algum código, pode ser útil importá-lo mesmo sem símbolos. Um módulo de análise de dados para um aplicativo Web pode executar código para registrar diversas rotinas de tratamento de evento para enviar dados de telemetria de volta para o servidor nos momentos apropriados. O módulo é autocontido e não precisa exportar nada, mas ainda precisamos usar `import` para que seja, de fato, executado como parte do nosso programa.

Observe que você pode usar essa sintaxe de `import` que não importa nada mesmo com módulos que têm exportações. Se um módulo define um comportamento útil, independente dos valores que exporta, e se seu programa não precisa de nenhum desses valores exportados, você ainda pode importar o módulo . apenas por esse comportamento padrão.

10.3.3 Importações e exportações com renomeação

Se dois módulos exportam dois valores diferentes usando o mesmo nome e você deseja importar ambos os valores, será preciso renomear um ou os dois valores quando importá-los. Da mesma forma, se deseja importar um valor cujo nome já está em uso no seu módulo, será preciso renomear o valor importado. Você pode usar a palavra-chave `as` com importações nomeadas para renomeá-las quando as importa:

```
import { render as renderImage } from "./imageutils.js";
import { render as renderUI } from "./ui.js";
```

Essas linhas importam duas funções para o módulo atual. Ambas as funções se chamam `render()` nos módulos que as definem, mas são importadas com nomes mais descritivos e menos ambíguos, `renderImage()` e `renderUI()`.

Lembre-se de que as exportações padrão não têm nomes. O módulo de importação sempre escolhe o nome quando importa uma exportação padrão, então não há necessidade de uma sintaxe especial para renomeação nesse caso.

Ainda assim, a possibilidade de renomear no momento da importação oferece outra maneira de importação de módulos que definem uma exportação padrão e exportações nomeadas. Lembre-se do módulo "./histogram-stats.js" da seção anterior. Aqui temos outra maneira de importar as exportações padrão e nomeadas daquele módulo:

```
import { default as Histogram, mean, stddev } from "./histogram-stats.js";
```

Nesse caso, a palavra-chave `default` de JavaScript serve para reservar o espaço e nos permite indicar que desejamos importar e dar um nome para a exportação padrão do módulo.

Também é possível renomear valores enquanto os exporta, mas apenas quando usamos a variante com chaves da instrução `export`. Não é frequente que isso seja necessário, mas se você escolhe nomes curtos e sucintos para usar dentro do seu módulo, pode ser preferível exportar seus valores com nomes mais descritivos, com menor probabilidade de entrar em conflito com outros módulos. Assim como ocorre com importações, você pode usar a palavra-chave `as` para isso:

```
export {
    layout as calculateLayout,
    render as renderLayout
};
```

Mantenha em mente que embora as chaves se pareçam com objetos literais, elas não são, e a palavra-chave `export` espera um único identificador antes de `as`, não uma expressão. Infelizmente, isso significa que você não pode usar a renomeação da exportação dessa forma:

```
export { Math.sin as sin, Math.cos as cos };   // SyntaxError
```

10.3.4 Reexportações

Ao longo deste capítulo, analisamos um módulo "./stats.js" hipotético que exporta as funções `mean()` e `stddev()`. Se escrevêssemos esse módulo e imaginássemos que muitos usuários do módulo iriam querer apenas uma função ou a outra, então poderia ser interessante definir `mean()` em um módulo "./stats/mean.js" e definir `stddev()` em "./stats/stddev.js". Dessa forma, os programas precisam apenas importar exatamente as funções de que precisam e não ficam inchados com a importação de código que não precisam.

Mesmo que tivéssemos definido essas funções estatísticas em módulos individuais, no entanto, seria de esperar que haveria muitos programas que querem ambas as funções e que haveria valor em ter um módulo "./stats.js" conveniente do qual poderiam importar ambas em uma só linha.

Dado que as implementações agora estão em arquivos separados, definir esse módulo "./stat.js" é simples:

```
import { mean } from "./stats/mean.js";
import { stddev } from "./stats/stddev.js";
export { mean, stdev };
```

Os módulos em ES6 antecipam esse caso de uso e fornecem uma sintaxe especial para ele. Em vez de importar um símbolo para simplesmente exportá-lo novamente, você pode combinar os passos de importação e exportação em uma única instrução de "reexportação" que usa as palavras-chave `export` e `from`:

```
export { mean } from "./stats/mean.js";
export { stddev } from "./stats/stddev.js";
```

Observe que os nomes `mean` e `stddev` não são usados nesse código. Se não formos seletivos com uma reexportação e simplesmente quisermos exportar todos os valores nomeados de outro módulo, podemos usar um curinga:

```
export * from "./stats/mean.js";
export * from "./stats/stddev.js";
```

A sintaxe de reexportação permite renomear com `as` assim como as instruções `import` e `export` normais. Suponha que quiséssemos reexportar a função `mean()`, mas também definir `average()` como outro nome para a função. Poderíamos fazer o seguinte:

```
export { mean, mean as average } from "./stats/mean.js";
export { stddev } from "./stats/stddev.js";
```

Todas as reexportações no exemplo pressupõem que os módulos "./stats/mean.js" e "./stats/stddev.js" exportam suas funções usando `export` em vez de `export default`. Na verdade, entretanto, como estes são módulos com uma única exportação, teria feito sentido defini-los com `export default`. Se tivéssemos feito isso, a sintaxe de reexportação seria um pouco mais complexa, pois ele precisa definir um nome para as exportações padrão sem nome. Podemos fazer isso da seguinte forma:

```
export { default as mean } from "./stats/mean.js";
export { default as stddev } from "./stats/stddev.js";
```

Se quisesse reexportar um símbolo nomeado de outro módulo como a exportação padrão do seu módulo, você poderia usar um `import` seguido por um `export default`, ou poderia combinar as duas instruções do seguinte modo:

```
// Importa função mean() de /stats.js e a torna a
// exportação padrão do módulo
export { mean as default } from "./stats.js"
```

E, por fim, para reexportar a exportação padrão de outro módulo como a exportação padrão do seu módulo (embora não seja claro por que você iria querer fazer isso, já que os usuários poderiam simplesmente importar diretamente do outro módulo), você poderia escrever:

```
// O módulo average.js simplesmente reexporta a exportação padrão de stats/mean.js
export { default } from "./stats/mean.js"
```

10.3.5 Módulos JavaScript na Web

As seções anteriores descreveram módulos em ES6 e suas declarações `import` e `export` de forma um tanto abstrata. Nesta seção e na próxima, veremos como funcionam nos navegadores Web na prática. Se você ainda não é um desenvolvedor Web experiente, será mais fácil entender este capítulo depois de ler o Capítulo 15.

No início de 2020, o código de produção com o uso de módulos ES6 normalmente ainda era combinado com uma ferramenta como o *webpack*. Há vantagens e desvantagens nessa prática[1], mas, no geral, o empacotamento de código tende a levar a um desempenho superior. Isso pode vir a mudar no futuro, com o aumento da velocidade de rede e à medida que os fornecedores de navegadores Web continuam a otimizar suas implementações de módulos ES6.

Apesar de as ferramentas de empacotamento ainda serem desejáveis na produção, elas não são mais obrigatórias no desenvolvimento, pois todos os navegadores atuais oferecem suporte nativo para módulos JavaScript. Lembre-se de que os módulos usam o modo restrito por padrão, `this` não se refere a um objeto global e declarações de nível superior não são compartilhadas globalmente por padrão. Como os módulos devem ser executados de maneira diferente do código legado não modular, sua introdução exige mudanças no HTML assim como em JavaScript. Se quiser usar diretivas `import` em um navegador Web, será preciso usar uma *tag* `<script type="module">` para informar o navegador que o seu código é um módulo.

[1] Por exemplo: aplicativos Web que têm atualizações incrementais frequentes e usuários que fazem visitas de retorno frequentes podem descobrir que usar pequenos módulos em vez de grandes grupos pode produzir tempos de carregamento médios melhores, dada a melhor utilização da *cache* do navegador do usuário.

Um recurso útil dos módulos ES6 é que cada módulo possui um conjunto estático de importações. Assim, dado um único módulo inicial, um navegador Web pode carregar todos os seus módulos importados, então carregar todos os módulos importados pelo primeiro lote de módulos e assim por diante, até um programa completo ter sido carregado. Vimos que o especificador de módulo em uma instrução `import` pode ser tratado como um URL relativo. Uma *tag* `<script type="module">` marca o ponto de partida de um programa modular. Não se espera que nenhum dos módulos que ela importa esteja em *tags* `<script>`, no entanto: em vez disso, são carregados quando solicitados, como arquivos JavaScript normais, e executados em modo restrito como módulos ES6 normais. Usar uma *tag* `<script type="module">` para definir o ponto de entrada principal para um programa JavaScript modular pode ser uma simples questão de fazer o seguinte:

```
<script type="module">import "./main.js";</script>
```

O código dentro de uma *tag* `<script type="module">` em linha é um módulo ES6 e, assim, pode usar a instrução `export`. Não há nenhum sentido em fazê-lo, entretanto, pois a sintaxe da *tag* HTML `<script>` não oferece nenhuma maneira de definir um nome para módulos em linha; assim, mesmo que esse módulo exportasse um valor, não haveria como outro módulo importá-lo.

Scripts com o atributo `type="module"` são carregados e executados como *scripts* com o atributo `defer`. O carregamento do código começa assim que o *parser* de HTML encontra a *tag* `<script>` (no caso dos módulos, esse passo de carregamento de código pode ser um processo recursivo que carrega múltiplos arquivos JavaScript). Mas a execução de código não começa até a análise de HTML estar completa. Após essa análise estar completa, os *scripts* (tanto modulares quanto não modulares) são executados na ordem em que aparecem no documento HTML.

Você pode modificar o tempo de execução dos módulos com o atributo `async`, que funciona da mesma forma para módulos e para *scripts* normais. Um módulo `async` é executado assim que o código é carregado, mesmo que a análise do HTML não esteja completa e mesmo se isso mudar a ordem relativa dos *scripts*.

Os navegadores Web que suportam `<script type="module">` também devem suportar `<script nomodule>`. Os navegadores que reconhecem módulos ignoram qualquer *script* com o atributo `nomodule` e não o executam. Os navegadores que não suportam módulos não reconhecem o atributo `nomodule`, então o ignoram e executam o *script*. Isso oferece uma técnica poderosa para lidar com os problemas de compatibilidade dos navegadores. Os navegadores que suportam módulos ES6 também suportam outros recursos da JavaScript moderna, como classes, funções de seta e o laço `for/of`. Se você escreve código em JavaScript moderna e o carrega com `<script type="module">`, você sabe que ele somente será carregado por navegadores que o suportam. E como plano B para o IE11 (que, na prática, em 2020, era o único navegador que não suportava ES6), você pode usar ferramentas como Babel e *webpack* para transformar seu código em código ES5 não modular e então carregar o código transformado menos eficiente usando `<script nomodule>`.

Outra diferença importante entre *scripts* regulares e *scripts* de módulo está relacionada ao carregamento entre origens diferentes. Uma *tag* `<script>` normal carrega um arquivo de código JavaScript de qualquer servidor na Internet, e a infraestrutura de publicidade, análise de dados e código de rastreamento da rede depende desse fato. Mas `<script type="module">` oferece uma oportunidade de tornar esse sistema mais coeso, e módulos só podem ser carregados da mesma origem do documento HTML que os contém, ou quando cabeçalhos CORS adequados estão configurados para permitir carregamentos entre origens diferentes com segurança. Um efeito colateral infeliz dessa nova restrição de segurança é que dificulta o teste de módulos ES6 em modo de desenvolvimento com o uso de URLs `file:`. Quando usar módulos ES6, você provavelmente vai precisar configurar um servidor Web estático para fins de teste.

Alguns programadores gostam de usar a extensão `.mjs` para diferenciar seus arquivos JavaScript modulares dos seus arquivos JavaScript normais não modulares, que usam a extensão tradicional `.js`. Para fins de navegadores Web e *tags* `<script>`, a extensão é irrelevante (o tipo MIME é relevante, no entanto, então se você usar arquivos `.mjs`, pode ser preciso configurar seu servidor Web para servi-los com o mesmo tipo MIME que os arquivos `.js`). O suporte de Node para ES6 usa a extensão como pista para diferenciar qual sistema de módulos é usado por cada arquivo enquanto carrega. Assim, se estiver escrevendo módulos ES6 e quiser que sejam utilizáveis com Node, pode ser útil adotar a convenção de atribuição de nomes `.mjs`.

10.3.6 Importações dinâmicas com import()

Vimos que as diretivas `import` e `export` da ES6 são completamente estáticas e permitem que interpretadores e outras ferramentas JavaScript determinem as relações entre módulos com análise textual simples enquanto estão sendo carregados, sem precisar executar de fato nenhuma parte do código contido neles. Com módulos importados estaticamente, é garantido que os valores que você importa para um módulo estarão prontos para uso antes do início da execução de qualquer parte do código no seu módulo.

Na Web, o código precisa ser transferido por uma rede em vez de ser lido do sistema de arquivos. E uma vez transferido, o código muitas vezes é executado em dispositivos móveis, com CPUs relativamente lentas. Não é o tipo de ambiente em que importações estáticas de módulos, as quais exigem que todo o programa seja carregado antes de qualquer parte dele ser executada, fazem muito sentido.

É comum que aplicativos Web inicialmente carreguem apenas o código suficiente para renderizar a primeira página apresentada para o usuário. Assim, depois que o usuário tem conteúdo preliminar com o qual interagir, eles podem começar a carregar a quantidade de código necessária para o resto do aplicativo Web, em geral muito maior. Os navegadores Web facilitam o carregamento dinâmico do código com o uso da API DOM para injetar uma nova *tag* `<script>` no documento HTML atual, e os aplicativos Web fazem isso há muitos anos.

Embora o carregamento dinâmico seja possível há bastante tempo, ele não era parte da linguagem em si. Isso mudou com a introdução de `import()` na ES2020 (no início de 2020, a importação dinâmica já era suportada por todos os navegadores que suportavam módulos ES6). Você passa um especificador de módulo para `import()` e este retorna um objeto Promise que representa o processo assíncrono de carregar e executar o módulo especificado. Quando a importação dinâmica estiver completa, a Promise estará "cumprida" (consulte o Capítulo 13 para detalhes completos sobre programação assíncrona e Promises) e produzirá um objeto como aquele que você obteria com a forma `import * as` da instrução de importação estática.

Assim, em vez de importar o módulo "./stats.js" estaticamente, da seguinte forma:

```
import * as stats from "./stats.js";
```

poderíamos importá-lo e usá-lo dinamicamente, assim:

```
import("./stats.js").then(stats => {
    let average = stats.mean(data);
})
```

Ou, em uma função `async` (mais uma vez, pode ser necessário ler o Capítulo 13 antes de entender o código a seguir), podemos simplificar o código com `await`:

```
async analyzeData(data) {
    let stats = await import("./stats.js");
    return {
        average: stats.mean(data),
        stddev: stats.stddev(data)
    };
}
```

O argumento de `import()` deve ser um especificador de módulo, exatamente como aquele que você usaria com uma diretiva `import` estática. Mas com `import()`, você não fica restrito ao uso de uma *string* literal constante: qualquer expressão avaliada como uma *string* na forma apropriada serve.

A `import()` dinâmica se assemelha a uma chamada de função, mas não é. Em vez disso, `import()` é um operador e os parênteses são uma parte obrigatória da sintaxe de operador. O motivo para essa sintaxe inusitada é que `import()` precisa ser capaz de resolver especificadores de módulo como URLs relativas ao módulo em execução atual, e isso exige um pouco de mágica de implementação que não seria válida em uma função JavaScript. A distinção entre função e operador raramente faz diferença na prática, mas você vai notá-la se tentar escrever código como `console.log(import);` ou `let require = import;`.

Por fim, observe que a `import()` dinâmica não serve apenas para navegadores Web. Ferramentas de empacotamento de código como a *webpack* também podem aproveitá-la.

A forma mais simples e direta de usar um empacotador de código é informar o principal ponto de entrada para o seu programa e deixar que encontre todas as diretivas `import` estáticas e reúna tudo em um único arquivo grande. Com o uso estratégico de chamadas `import()` dinâmicas, no entanto, é possível dividir o grupo monolítico em um conjunto de grupos menores, que podem ser carregados quando solicitados.

10.3.7 import.meta.url

É preciso discutir um último recurso do sistema de módulos da ES6. Dentro de um módulo ES6 (mas não dentro de um `<script>` normal ou um módulo Node carregado com `require()`), a sintaxe especial `import.meta` se refere a um objeto que contém metadados sobre o módulo atual em execução . A propriedade `url` desse objeto é o URL do qual o módulo foi carregado (em Node, esta seria um URL `file://`).

O caso de uso primário para `import.meta.url` é poder fazer referência a imagens, arquivos de dados ou outros recursos armazenados no mesmo diretório que o módulo (ou relativo a ele). A construtora `URL()` facilita a resolução do URL relativo contra um URL absoluto como `import.meta.url`. Suponha, por exemplo, que você tenha escrito um módulo que inclui *strings* que precisam ser localizadas e que os arquivos de localização estão armazenados em um diretório `l10n/`, que é o mesmo diretório que o módulo em si. Seu módulo poderia carregar suas *strings* usando um URL criado com uma função:

```
function localStringsURL(locale) {
    return new URL(`l10n/${locale}.json`, import.meta.url);
}
```

10.4 Resumo

O objetivo da modularidade é permitir que os programadores ocultem os detalhes de implementação do seu código para que blocos de código de diversas fontes possam ser reunidos em programas grandes sem se preocupar com a possibilidade de que um bloco sobrescreva funções ou variáveis de outro. Este capítulo explicou três sistemas de módulo diferentes do JavaScript:

- Originalmente, a modularidade em JavaScript só era possível com o uso inteligente de expressões de função chamadas imediatamente.
- O Node adicionou seu próprio sistema de módulos sobre a linguagem JavaScript. Os módulos Node são importados com `require()` e definem suas exportações pela configuração de propriedades do objeto Exports ou pela configuração da propriedade `module.exports`.
- Na ES6, JavaScript finalmente recebeu seu próprio sistema de módulos com as palavras-chave `import` e `export`, e a ES2020 adicionou suporte para importações dinâmicas com `import()`.

CAPÍTULO 11

A biblioteca padrão de JavaScript

Alguns tipos de dados, como números e *strings* (Capítulo 3), objetos (Capítulo 6) e *arrays* (Capítulo 7) são tão fundamentais para JavaScript que os consideramos parte da linguagem em si. Este capítulo aborda outras APIs importantes, mas menos fundamentais, que podemos considerar que definem a "biblioteca padrão" de JavaScript: são classes e funções úteis integradas à JavaScript e disponíveis para todos os programas JavaScript, tanto em navegadores Web quanto Node.[1]

As seções deste capítulo são independentes umas das outras e podem ser lidas em qualquer ordem. Elas abordam:

- As classes Set e Map para representar conjuntos de valores e mapeamentos de um conjunto de valores em outro conjunto de valores.
- Objetos semelhantes a *arrays* conhecidos como TypedArrays que representam *arrays* de dados binários, junto com uma classe relacionada para extrair valores de dados binários que não são *arrays.*
- Expressões regulares e a classe RegExp, que definem padrões textuais e são úteis para o processamento de texto. A seção também entra em detalhes na sintaxe das expressões regulares.
- A classe Date para representar e manipular datas e horas.
- A classe Error e suas diversas subclasses, instâncias das quais são lançadas quando erros ocorrem em programas JavaScript.

[1]Nem tudo que está documentado aqui é definido pela especificação da linguagem JavaScript: algumas das classes e funções documentadas neste capítulo foram implementadas originalmente nos navegadores Web e, então, adotadas pelo Node, o que as torna, na prática, membros da biblioteca padrão de JavaScript.

- O objeto JSON, cujos métodos suportam a serialização e desserialização de estruturas de dados JavaScript compostas de objetos, *arrays*, *strings*, números e booleanos.
- O objeto Intl e as classes que ele define podem ajudá-lo a localizar seus programas JavaScript.
- O objeto Console, cujos métodos produzem *strings* de formas particularmente úteis para a depuração de programas e para registrar o comportamento desses programas.
- A classe URL, que simplifica a tarefa de analisar e manipular URLs. A seção também aborda as funções globais para codificar e decodificar URLs e seus componentes.
- `setTimeout()` e funções relacionadas para especificar código a ser executado após determinado intervalo de tempo ter passado.

Algumas das seções deste capítulo, especialmente aquelas sobre *arrays* tipados e expressões regulares, são bastante longas, pois há uma quantidade significativa de informações de contexto que você precisa entender antes que consiga utilizar esses tipos de forma eficaz. Muitas das outras seções, entretanto, são breves: elas simplesmente apresentam a nova API e mostram alguns exemplos do seu uso.

11.1 Conjuntos e mapas

Em JavaScript, o tipo Objeto é uma estrutura de dados versátil que pode ser usada para mapear *strings* (os nomes de propriedade do objeto) em valores arbitrários. E quando o valor mapeado é algo fixo, como `true`, o objeto é, na prática, um conjunto de *strings*.

Na verdade, objetos são usados como mapas e conjuntos com certa frequência na programação JavaScript, mas essa prática é limitada pela restrição às *strings* e complicada pelo fato de os objetos normalmente herdarem propriedades com nomes como "toString", que normalmente não desejamos que sejam parte do mapa ou conjunto.

Por esse motivo, a ES6 introduz verdadeiras classes Set e Map, que abordaremos nas subseções a seguir.

11.1.1 A classe Set

Um conjunto é uma coleção de valores, assim como um *array*. Contudo, ao contrário dos *arrays*, conjuntos não são ordenados nem indexados e não permitem valores duplicados: um valor é ou não é membro de um conjunto; não é possível perguntar quantas vezes um valor está presente em um conjunto.

Crie um objeto Set com a construtora `Set()`:

```
let s = new Set();          // Um novo conjunto vazio
let t = new Set([1, s]);    // Um novo conjunto com dois membros
```

O argumento da construtora `Set()` não precisa ser um *array*: qualquer objeto iterável (incluindo outros objetos Set) é permitido:

```
let t = new Set(s);                   // Um novo conjunto que copia os elementos de s.
let unique = new Set("Mississippi");  // 4 elementos: "M", "i", "s" e "p"
```

A propriedade `size` de um conjunto é como a propriedade `length` de um *array*: ela nos diz quantos valores o conjunto contém:

```
unique.size         // => 4
```

Conjuntos não precisam ser inicializados quando você os cria. É possível adicionar e remover elementos a qualquer momento com `add()`, `delete()` e `clear()`. Lembre-se de que conjuntos não podem conter elementos duplicados; então, adicionar um valor a um conjunto que já o contém não surte efeito algum:

```
let s = new Set();  // Começa vazio
s.size              // => 0
s.add(1);           // Adiciona um número
s.size              // => 1; agora o conjunto tem um membro
s.add(1);           // Adiciona o mesmo número de novo
s.size              // => 1; o tamanho não muda
s.add(true);        // Adiciona outro valor; observe que não há problema em misturar tipos
s.size              // => 2
s.add([1,2,3]);     // Adiciona um valor de array
s.size              // => 3; o array foi adicionado, não seus elementos
s.delete(1)         // => verdadeiro: excluiu o elemento 1 com sucesso
s.size              // => 2: o tamanho voltou a 2
s.delete("test")    // => falso: "test" não era membro, exclusão falhou
s.delete(true)      // => verdadeiro: exclusão teve sucesso
s.delete([1,2,3])   // => falso: o array no conjunto é diferente
s.size              // => 1: ainda há um array no conjunto
s.clear();          // Remove tudo do conjunto
s.size              // => 0
```

Precisamos fazer algumas observações importantes sobre esse código:

- O método `add()` recebe um único argumento; se você passa um *array*, ele adiciona o *array* em si ao conjunto, não os elementos individuais do *array*. `add()` sempre retorna o conjunto em que é chamado, no entanto, se você quiser adicionar múltiplos valores a um conjunto, você pode usar chamadas encadeadas de método como `s.add('a').add('b').add('c');`.
- O método `delete()` também exclui apenas um único elemento do conjunto de cada vez. Ao contrário de `add()`, no entanto, `delete()` retorna um valor booleano. Se o valor que você especificou era de fato membro do conjunto, `delete()` o remove e retorna `true`. Caso contrário, não faz nada e retorna `false`.
- Por fim, é muito importante entender que pertencimento a um conjunto se baseia em testes de igualdade restrita, como aquela realizada pelo operador ===. Um conjunto

pode conter o número 1 e a *string* "1", pois são considerados valores distintos. Quando os valores são objetos (ou *arrays* ou funções), eles são comparados como se usássemos ===. Foi por isso que não conseguimos excluir o elemento de *array* do conjunto nesse código. Adicionamos um *array* ao conjunto e, então, tentamos removê-lo passando um *array diferente* (embora com os mesmos elementos) para o método `delete()`. Para que isso funcionasse, teríamos que ter passado uma referência exatamente para o mesmo *array*.

> Atenção, programadores Python: há uma diferença significativa entre conjuntos em JavaScript e em Python. Os conjuntos em Python comparam membros em termos de igualdade, não identidade, mas a compensação é que permitem apenas membros imutáveis, como tuplas, e não permitem que listas e dicionários sejam adicionados a conjuntos.

Na prática, a coisa mais importante que fazemos com conjuntos não é adicionar e remover elementos, mas verificar se um determinado valor é ou não membro do conjunto. Para isso, usamos o método `has()`:

```
let oneDigitPrimes = new Set([2,3,5,7]);
oneDigitPrimes.has(2)       // => verdadeiro: 2 é um número primo de um dígito
oneDigitPrimes.has(3)       // => verdadeiro: 3 também
oneDigitPrimes.has(4)       // => falso: 4 não é primo
oneDigitPrimes.has("5")     // => falso: "5" sequer é um número
```

A ideia mais importante que você precisa entender sobre os conjuntos é que eles são otimizados para testes de pertencimento e que, por mais membros que tenha o conjunto, o método `has()` será incrivelmente rápido. O método `includes()` de um *array* também testa pertencimento, mas o tempo que demora é proporcional ao tamanho do *array*, então usar um *array* como conjunto pode ser muito mais lento do que usar um objeto Set de verdade. A classe Set é iterável, o que significa que você pode usar um laço `for/of` para enumerar todos os elementos de um conjunto:

```
let sum = 0;
for(let p of oneDigitPrimes) {  // Itera através dos números primos de um dígito
    sum += p;                   // e soma-os
}
sum                             // => 17: 2 + 3 + 5 + 7
```

Como objetos Set são iteráveis, você pode convertê-los em *arrays* e listas de argumentos com o operador de espalhamento ...:

```
[...oneDigitPrimes]          // => [2,3,5,7]: o conjunto convertido em um Array
Math.max(...oneDigitPrimes)  // => 7: os elementos do conjunto são passados como
                             // argumentos de função
```

Os conjuntos costumam ser descritos como "coleções não ordenadas". Não é exatamente verdade para a classe Set de JavaScript, no entanto. Um conjunto em JavaScript não é indexado: não podemos pedir o primeiro elemento de um conjunto, ou o terceiro, como faríamos com um *array*. Mas a classe Set de JavaScript sempre lembra a ordem na qual os elementos foram inseridos e sempre usa essa ordem quando iteramos um conjunto: o primeiro elemento inserido será o primeiro a ser iterado (pressupondo que não foi excluído antes) e o elemento inserido mais recentemente será o último a ser iterado.[2]

Além de ser iterável, a classe Set também implementa um método `forEach()` semelhante ao método de *array* do mesmo nome:

```
let product = 1;
oneDigitPrimes.forEach(n => { product *= n; });
product     // => 210: 2 * 3 * 5 * 7
```

O método `forEach()` de um *array* passa índices de *array* como o segundo argumento para a função que você especifica. Conjuntos não têm índices, então a versão desse método da classe Set simplesmente passa o valor do elemento como tanto o primeiro quanto o segundo argumento.

11.1.2 A classe Map

Um objeto Map representa um conjunto de valores conhecidos como *chaves*, no qual cada chave tem outro valor associado a ela (ou "mapeado nela"). Em certo sentido, um mapa é como um *array*, mas em vez de usar um conjunto de números inteiros sequenciais como chaves, os mapas nos permitem usar valores arbitrários como "índices". Assim como os *arrays*, os mapas são rápidos: buscar o valor associado a uma chave será rápido (embora não tão rápido quanto indexar um *array*), por maior que seja o mapa.

Crie um novo mapa com a construtora `Map()`:

```
let m = new Map(); // Cria um novo mapa vazio
let n = new Map([  // Um novo mapa inicializado com chaves de string mapeadas em números
    ["one", 1],
    ["two", 2]
]);
```

O argumento opcional da construtora `Map()` deve ser um objeto iterável que gera *arrays* de dois elementos `[chave, valor]`. Na prática, isso significa que se você quer inicializar um mapa quando o cria, normalmente escreve as chaves desejadas e os valores associados como um *array* de *arrays*, mas você também pode usar a construtora `Map()` para copiar outros mapas ou para copiar valores e nomes de propriedade de um objeto existente:

```
let copy = new Map(n);  // Um novo mapa com as mesmas chaves e valores que o mapa n
let o = { x: 1, y: 2};  // Um objeto com duas propriedades
let p = new Map(Object.entries(o));  // O mesmo que new map([["x", 1], ["y", 2]])
```

Após criar um objeto Map, você pode consultar o valor associado com determinada chave usando `get()` e adicionar um novo par chave/valor com `set()`. Lembre-se,

[2] Essa ordem de iteração previsível é outra característica dos conjuntos de JavaScript que pode surpreender os programadores Python.

entretanto, que um mapa é um conjunto de chaves, cada uma das quais com um valor associado. Não é exatamente o mesmo que um conjunto de pares chave/valor. Se chamar `set()` com uma chave que já existe no mapa, você mudará o valor associado com a chave, não adicionará um novo mapeamento chave/valor. Além de `get()` e `set()`, a classe Map também define métodos semelhantes aos de Set: use `has()` para verificar se um mapa inclui a chave especificada; use `delete()` para remover a chave (e seu valor associado) do mapa; use `clear()` para remover todos os pares chave/valor do mapa; e use a propriedade `size` para descobrir quantas chaves um mapa contém.

```
let m = new Map();       // Começa com um mapa vazio
m.size                   // => 0: mapas vazios não têm chaves
m.set("one", 1);         // Mapeia a chave "one" no valor 1
m.set("two", 2);         // E a chave "two" no valor 2,
m.size                   // => 2: agora o mapa tem duas chaves
m.get("two")             // => 2: retorna o valor associado com a chave "two"
m.get("three")           // => undefined: a chave não está no conjunto
m.set("one", true);      // Muda o valor associado com uma chave existente
m.size                   // => 2: o tamanho não muda
m.has("one")             // => verdadeiro: o mapa tem uma chave "one"
m.has(true)              // => falso: o mapa não tem uma chave verdadeira
m.delete("one")          // => verdadeiro: a chave existia e a exclusão teve sucesso
m.size                   // => 1
m.delete("three")        // => falso: falhou em excluir uma chave inexistente
m.clear();               // Remove todas as chaves e os valores do mapa
```

Assim como o método `add()` de Set, o método `set()` de Map pode ser encadeado, o que permite que os mapas sejam inicializados sem o uso de *arrays* de *arrays*:

```
let m = new Map().set("one", 1).set("two", 2).set("three", 3);
m.size       // => 3
m.get("two")   // => 2
```

Assim como com Set, qualquer valor em JavaScript pode ser usado como chave ou como valor em um Map. Isso inclui `null`, `undefined` e `NaN`, assim como tipos de referência como objetos e *arrays*. E assim como ocorre com a classe Set, Map compara chaves por identidade, não por igualdade; então, se usar um objeto ou *array* como chave, este será considerado diferente de todos os outros objetos e *arrays*, mesmo aqueles com exatamente as mesmas propriedades ou elementos:

```
let m = new Map();       // Começa com um mapa vazio.
m.set({}, 1);            // Mapeia um objeto vazio para o número 1.
m.set({}, 2);            // Mapeia um objeto vazio diferente para o número 2.
m.size                   // => 2: há duas chaves nesse mapa
m.get({})                // => indefinido: mas esse objeto vazio não é uma chave
m.set(m, undefined);     // Mapeia o mapa em si para o valor undefined.
m.has(m)                 // => verdadeiro: m é uma chave em si
m.get(m)                 // => indefinido: o mesmo valor que obteríamos se m não fosse
                         uma chave
```

Os objetos Map são iteráveis, e cada valor iterado é um *array* de dois elementos no qual o primeiro é uma chave e o segundo é o valor associado a ela. Se usar o operador de espalhamento com um objeto Map, você obterá um *array* de *arrays* como aqueles que passamos para a construtora `Map()`. E quando você itera um mapa com um laço `for/of`, é idiomático usar a atribuição de desestruturação para atribuir a chave e o valor a variáveis separadas:

```
let m = new Map([["x", 1], ["y", 2]]);
[...m]    // => [["x", 1], ["y", 2]]

for(let [key, value] of m) {
    // Na primeira iteração, a chave será "x" e o valor será 1
    // Na segunda iteração, a chave será "y" e o valor será 2
}
```

Como a classe Set, a classe Map itera na ordem de inserção. O primeiro par chave/valor iterado será aquele adicionado menos recentemente ao mapa, e o último par iterado será aquele adicionado mais recentemente.

Se quiser iterar apenas as chaves ou apenas os valores associados de um mapa, use os métodos `keys()` e `values()`, que retornam objetos iteráveis que iteram chaves e valores, em ordem de inserção (o método `entries()` retorna um objeto iterável que itera pares chave/valor, mas isso é exatamente o mesmo que iterar o mapa diretamente).

```
[...m.keys()]       // => ["x", "y"]: apenas as chaves
[...m.values()]     // => [1, 2]: apenas os valores
[...m.entries()]    // => [["x", 1], ["y", 2]]: o mesmo que [...m]
```

Objetos Map também podem ser iterados usando o método `forEach()`, que havia sido implementado originalmente pela classe *Array*.

```
m.forEach((value, key) => {   // observe que valor, chave NÃO chave, valor
    // Na primeira chamada, o valor será 1 e a chave será "x"
    // Na segunda chamada, o valor será 2 e a chave será "y"
});
```

Pode parecer estranho que o valor do parâmetro venha antes do parâmetro-chave no código anterior, pois com a iteração `for/of`, a chave vem primeiro. Como observado no início desta seção, você pode imaginar o mapa como um *array* generalizado no qual os índices de *array* de números inteiros são substituídos por valores de chave arbitrários. O método `forEach()` de *arrays* passa o elemento do *array* primeiro e o índice do *array* em seguida, então, por analogia, o método `forEach()` de um mapa passa primeiro o valor do mapa e depois a chave do mapa.

11.1.3 WeakMap e WeakSet

A classe WeakMap é uma variante (mas não uma subclasse real) da classe Map que não impede que seus valores-chave sejam eliminados pela coleta de lixo. A coleta de lixo é o processo pelo qual o interpretador JavaScript recupera a memória ocupada por objetos que não podem mais ser "alcançados" e que não podem ser usados pelo programa. Um mapa normal tem referências "fortes" aos seus valores-chave, e estes permanecem alcançáveis por todo o mapa, mesmo que todas as outras referências a eles sumam.

O WeakMap, por outro lado, mantém referências "fracas" aos seus valores-chave para que não possam ser alcançados pelo WeakMap, e sua presença no mapa não impede que a memória seja recuperada.

A construtora `WeakMap()` é semelhante à construtora `Map()`, mas há algumas diferenças significativas entre WeakMap e Map:

- As chaves WeakMap devem ser objetos ou *arrays*; os valores primitivos não estão sujeitos à coleta de lixo e não podem ser usados como chave.
- WeakMap implementa apenas os métodos `get()`, `set()`, `has()` e `delete()`. Em especial, WeakMap não é iterável e não define `keys()`, `values()` ou `forEach()`. Se WeakMap fosse iterável, suas chaves poderiam ser alcançadas e ela não seria fraca.
- Da mesma forma, WeakMap não implementa a propriedade `size`, pois o tamanho de um WeakMap pode mudar a qualquer momento à medida que objetos são eliminados pela coleta de lixo.

O uso imaginado para WeakMap era permitir que você associasse valores com objetos sem causar vazamentos de memória. Suponha, por exemplo, que você esteja escrevendo uma função que recebe um argumento de objeto e precisa realizar um cálculo demorado nesse objeto. Por uma questão de eficiência, você gostaria de colocar o valor calculado na *cache* para reutilizá-lo posteriormente. Se você usar um objeto Map para implementar a *cache*, você impedirá a recuperação de todos os objetos, mas usando WeakMap evita esse problema (muitas vezes é possível obter um resultado semelhante usando uma propriedade Symbol privada para armazenar na *cache* o valor calculado diretamente no objeto; consulte a Seção 6.10.3).

WeakSet implementa um conjunto de objetos que não impede que esses objetos sejam eliminados pela coleta de lixo. A construtora `WeakSet()` funciona como a construtora `Set()`, mas objetos WeakSet diferem dos objetos Set da mesma maneira que os objetos WeakMap diferem dos objetos Map:

- WeakSet não permite valores primitivos como membros.
- WeakSet implementa apenas os métodos `add()`, `has()` e `delete()` e não é iterável.
- WeakSet não tem uma propriedade `size`.

WeakSet não é usado com frequência: seus casos de uso são semelhantes àqueles de WeakMap. Se você quisesse marcar um objeto como tendo algum tipo ou propriedade especial, por exemplo, poderia adicioná-lo a um WeakSet. Assim, em outro ponto, quando quiser verificar a presença dessa propriedade ou tipo, pode testar se ele pertence ou não ao WeakSet. Fazer isso com um conjunto normal impediria todos os objetos marcados de serem eliminados pela coleta de lixo, mas esta não é uma preocupação quando usamos WeakSet.

11.2 *Arrays* tipados e dados binários

Arrays normais em JavaScript podem ter elementos de qualquer tipo e aumentar ou diminuir dinamicamente. As implementações de JavaScript fazem muitas otimizações para que os usos típicos de *arrays* em JavaScript sejam muito rápidos. Ainda assim, eles são bastante diferentes dos tipos de *array* de linguagens de mais baixo nível, como C e Java. Os *arrays tipados*, uma novidade da ES6[3], são muito mais próximos dos *arrays* de baixo nível dessas linguagens. Os *arrays* tipados não são tecnicamente *arrays* (`Array.isArray()` retorna `false` para eles), mas implementam todos os métodos de *array* descritos na Seção 7.8 e mais alguns mais dos seus próprios. Contudo, eles diferem dos *arrays* normais de algumas maneiras importantes:

- Todos os elementos de um *array* tipado são números. Ao contrário dos números JavaScript normais, entretanto, os *arrays* tipados permitem que você especifique o tipo (inteiros com sinal ou sem sinal ou em ponto flutuante IEEE-754) e o tamanho (8 a 64 *bits*) dos números que serão armazenados no *array*.
- Você deve especificar o comprimento de um *array* tipado quando o cria, e esse comprimento nunca pode mudar.
- Os elementos de um *array* tipado são sempre inicializados com 0 quando o *array* é criado.

11.2.1 Tipos de *arrays* tipados

JavaScript não define uma classe TypedArray. Em vez disso, existem 11 tipos de *arrays* tipados, cada um com um tipo de elemento e construtora diferente:

Construtora	Tipo numérico
`Int8Array()`	*bytes* com sinal
`Uint8Array()`	*bytes* sem sinal
`Uint8ClampedArray()`	*bytes* sem sinal sem estouro (*rollover*)
`Int16Array()`	inteiros curtos de 16 *bits* com sinal
`Uint16Array()`	inteiros curtos de 16 *bits* sem sinal
`Int32Array()`	inteiros de 32 *bits* com sinal
`Uint32Array()`	inteiros de 32 *bits* sem sinal
`BigInt64Array()`	valores BigInt de 64 *bits* com sinal (ES2020)
`BigUint64Array()`	valores BigInt de 64 *bits* sem sinal (ES2020)
`Float32Array()`	valor de 32 *bits* em ponto flutuante
`Float64Array()`	valor de 64 *bits* em ponto flutuante: um número normal em JavaScript

[3] Os *arrays* tipados foram introduzidos em JavaScript do lado do cliente quando os navegadores Web adicionaram suporte para imagens WebGL. A novidade na ES6 é que eles foram promovidos a um recurso do núcleo da linguagem.

Os tipos cujos nomes começam com `Int` armazenam números inteiros com sinal, de 1, 2 ou 4 *bytes* (8, 16 ou 32 *bits*). Os tipos cujos nomes começam com `Uint` armazenam números inteiros sem sinal do mesmo comprimento. Os tipos "BigInt" e "BigUint" armazenam números inteiros de 64 *bits*, representados em JavaScript como valores BigInt (consulte a Seção 3.2.5). Os tipos que começam com `Float` armazenam números em ponto flutuante. Os elementos de um `Float64Array` são do mesmo tipo que números JavaScript normais. Os elementos de um `Float32Array` têm menor precisão e menor amplitude, mas precisam de apenas metade da memória (esse tipo é chamado de `float` em C e em Java).

`Uint8ClampedArray` é uma variante de caso especial de `Uint8Array`. Ambos os tipos armazenam *bytes* sem sinal e podem representar números entre 0 e 255. Com `Unit8Array`, se você armazena um valor maior do que 255 ou menor do que zero em um elemento de *array*, ele "empacota" e você obtém algum outro valor. É assim que a memória do computador funciona em baixo nível, então é tudo muito rápido. `Uint8ClampedArray` realiza verificações de tipo adicionais para que caso você armazene um valor maior do que 255 ou menor do que 0, ele "grampeie" (*clamp*) em 255 ou 0 e não empacote (esse comportamento de grampeamento é exigido pela API de baixo nível do elemento de HTML `<canvas>` para manipular cores de *pixels*).

Cada uma das construtoras de *arrays* tipados tem uma propriedade `BYTES_PER_ELEMENT` com o valor de 1, 2, 4 ou 8, dependendo do tipo.

11.2.2 Criando *arrays* tipados

A maneira mais simples de criar um *array* tipado é chamar a construtora apropriada com um argumento numérico que especifica o número de elementos que você deseja no *array*:

```
let bytes = new Uint8Array(1024);        // 1024 bytes
let matrix = new Float64Array(9);        // Uma matriz de 3x3
let point = new Int16Array(3);           // Um ponto no espaço 3D
let rgba = new Uint8ClampedArray(4);     // Um valor de pixel RGBA de 4 bytes
let sudoku = new Int8Array(81);          // Um tabuleiro de sudoku de 9x9
```

Quando você cria *arrays* tipados dessa forma, é garantido que todos os elementos do *array* serão inicializados com 0, `0n` ou 0.0. Mas se você sabe os valores que deseja no seu *array* tipado, você também pode especificá-los quando cria o *array*. Todas as construtoras de *arrays* tipados têm métodos fábrica estáticos `from()` e `of()` que funcionam como `Array.from()` e `Array.of()`:

```
let white = Uint8ClampedArray.of(255, 255, 255, 0);   // RGBA Branco opaco
```

Lembre-se de que o método fábrica `Array.from()` espera um objeto semelhante a *array* ou iterável como primeiro argumento. O mesmo vale para as variantes de *array* tipado, exceto que o objeto iterável ou semelhante a *array* também deve ter elementos numéricos. *Strings* são iteráveis, por exemplo, mas não faria sentido passá-las para o método fábrica `from()` de um *array* tipado.

Se você está apenas usando a versão de um argumento de `from()`, pode eliminar o `.from` e passar seu objeto iterável ou semelhante a *array* diretamente para a função construtora, que se comporta exatamente da mesma maneira. Observe que a construtora e o método fábrica `from()` permitem que você copie *arrays* tipados existentes, possivelmente alterando o tipo:

```
let ints = Uint32Array.from(white);    // Os mesmos 4 números, mas como ints
```

Quando você cria um novo *array* tipado a partir de um *array* existente, objeto iterável ou objeto semelhante a *array*, os valores podem ser truncados para se encaixar nas restrições de tipo do seu *array*. Não há avisos ou erros quando isso acontece:

```
//Pontos flutuantes truncados em ints, ints mais longos truncados em 8 bits
Uint8Array.of(1.23, 2.99, 45000)   // => new Uint8Array([1, 2, 200])
```

Por fim, há mais uma maneira de criar *arrays* tipados envolvendo o tipo ArrayBuffer. Um ArrayBuffer é uma referência opaca a um bloco de memória. Você pode criá-lo com a construtora; basta passar o número de *bytes* de memória que deseja alocar:

```
let buffer = new ArrayBuffer(1024*1024);
buffer.byteLength   // => 1024*1024; um megabyte de memória
```

A classe ArrayBuffer não permite que você leia ou grave nenhum dos *bytes* que alocou, mas você pode criar *arrays* tipados que usam a memória do *buffer* e que permitem que você leia e grave essa memória. Para isso, chame a construtora de *array* tipado com um ArrayBuffer como primeiro argumento, uma distância de *byte* dentro do *buffer* do *array* como segundo argumento e o comprimento do *array* (em elementos, não em *bytes*) como terceiro argumento. O segundo e o terceiro argumentos são opcionais. Se omitir ambos, o *array* usará toda a memória do *buffer* do *array*. Se omitir apenas o comprimento, seu *array* usará toda a memória disponível entre a posição inicial e o fim do *array*. Também é importante lembrar outra característica dessa forma de construtora de *array* tipado: os *arrays* devem ser alinhados com a memória, pois se você especificar um deslocamento de *byte*, o valor deve ser um múltiplo do tamanho do seu tipo. A construtora `Int32Array()` exige um múltiplo de quatro, por exemplo, e `Float64Array()` exige um múltiplo de oito.

Dado o ArrayBuffer criado anteriormente, você poderia criar *arrays* tipados como os seguintes:

```
let asbytes = new Uint8Array(buffer);          // Visto como bytes
let asints = new Int32Array(buffer);           // Visto como inteiro de 32 bits com sinal
let lastK = new Uint8Array(buffer, 1023*1024); // Último kilobyte como bytes
let ints2 = new Int32Array(buffer, 1024, 256); // 2º kilobyte como 256 inteiros
```

Esses quatro *arrays* tipados oferecem quatro visualizações diferentes da memória representada pelo ArrayBuffer. É importante entender que todos os *arrays* tipados têm um ArrayBuffer subjacente, mesmo que você não especifique-o explicitamente. Se você chama uma construtora de *array* tipado sem passar um objeto *buffer*, um *buffer* do tamanho apropriado é criado automaticamente. Como descrito, a propriedade `buffer` de qualquer *array* tipado se refere ao seu objeto ArrayBuffer subjacente. A razão para trabalhar diretamente com objetos ArrayBuffer é que, às vezes, você pode querer múltiplas visualizações de *array* tipado de um único *buffer*.

11.2.3 Usando *arrays* tipados

Uma vez criado um *array* tipado, você pode ler e gravar seus elementos com a notação normal de colchetes, exatamente como faria com qualquer outro objeto semelhante a um *array*:

```
// Retorna o maior número primo menor do que n, usando o crivo de Eratóstenes
function sieve(n) {
    let a = new Uint8Array(n+1);           // a[x] será 1 se x for composto
    let max = Math.floor(Math.sqrt(n));    // Não faz fatores mais altos do que isso
    let p = 2;                             // 2 é o primeiro primo
    while(p <= max) {                      // Para primos menores do que max
        for(let i = 2*p; i <= n; i += p)   // Marca múltiplos de p como compostos
            a[i] = 1;
        while(a[++p]) /* vazio */;         // O próximo índice não marcado é primo
    }
    while(a[n]) n--;                       // Itera para trás para encontrar o último primo
    return n;                              // e o retorna
}
```

A função calcula o maior número primo menor do que o número que você especificou. O código é exatamente o mesmo que seria com um *array* de JavaScript normal, mas usar `Uint8Array()` no lugar de `Array()` faz com que seja executado quatro vezes mais rápido e use oito vezes menos memória no meu teste.

Os *arrays* tipados não são *arrays* verdadeiros, mas reimplementam a maioria dos métodos de *array*, então você pode usá-los basicamente como usaria *arrays* normais:

```
let ints = new Int16Array(10);        // 10 inteiros curtos
ints.fill(3).map(x=>x*x).join("")     // => "9999999999"
```

Lembre-se de que os *arrays* tipados têm comprimento fixo; portanto, a propriedade `length` é somente de leitura e os métodos que mudam o comprimento do *array* (como `push()`, `pop()`, `unshift()`, `shift()` e `splice()`) são implementados para *arrays* tipados. Os métodos que alteram o conteúdo de um *array* sem mudar o comprimento (como `sort()`, `reverse()` e `fill()`) são implementados. Métodos como `map()` e `slice()` que retornam novos *arrays* retornam um *array* tipado do mesmo tipo daquele no qual são chamados.

11.2.4 Métodos e propriedades de *arrays* tipados

Além dos métodos de *array* padrão, os *arrays* tipados também implementam alguns métodos próprios. O método `set()` copia os elementos de *arrays* normais ou tipados em um *array* tipado para configurar múltiplos elementos de um *array* tipado ao mesmo tempo:

```
let bytes = new Uint8Array(1024);            // Um buffer de 1K
let pattern = new Uint8Array([0,1,2,3]);     // Um array de 4 bytes
bytes.set(pattern);           // Copia-os no início de outro array de bytes
bytes.set(pattern, 4);        // Copia-os novamente, em um deslocamento diferente
bytes.set([0,1,2,3], 8);      // Ou apenas copia valores direto de um array normal
bytes.slice(0, 12)            // => new Uint8Array([0,1,2,3,0,1,2,3,0,1,2,3])
```

O método set() recebe um *array* ou *array* tipado como primeiro argumento e a distância de um elemento como segundo argumento opcional, com valor padrão 0 se não for especificado. Se você copia valores de um *array* tipado para outro, a operação tende a ser extremamente rápida.

Os *arrays* tipados também têm um método subarray que retorna uma parte do *array* em que é chamado:

```
let ints = new Int16Array([0,1,2,3,4,5,6,7,8,9]);       // 10 inteiros curtos
let last3 = ints.subarray(ints.length-3, ints.length);  // Os 3 últimos deles
last3[0]    // => 7: isso é o mesmo que ints[7]
```

subarray() recebe os mesmos argumentos que o método slice() e parece funcionar da mesma forma, mas há uma diferença importante. slice() retorna os elementos especificados em um novo *array* tipado independente que não compartilha memória com o *array* original. subarray() não copia memória alguma, ele apenas retorna uma nova visualização dos mesmos valores subjacentes:

```
ints[9] = -1;  // Altera um valor no array original e...
last3[2]       // => -1: ele também muda no subarray
```

O fato de o método subarray() retornar um novo modo de exibição de um *array* já existente nos leva de volta aos ArrayBuffers. Todo *array* tipado tem três propriedades relacionadas ao *buffer* subjacente:

```
last3.buffer                  // O objeto ArrayBuffer para um array tipado
last3.buffer === ints.buffer  // => verdadeiro: ambos são modos de exibição do mesmo buffer
last3.byteOffset              // => 14: este modo de exibição começa no byte 14 do buffer
last3.byteLength              // => 6: este modo de exibição tem 6 bytes (3 ints de
                              // 16 bits) de comprimento
last3.buffer.byteLength       // => 20: mas o buffer subjacente tem 20 bytes
```

A propriedade buffer é o ArrayBuffer do *array*. byteOffset é a posição inicial dos dados do *array* no *buffer* subjacente. E byteLength é o comprimento dos dados do *array* em *bytes*. Para qualquer *array* tipado, a, essa invariante deve sempre ser verdadeira:

```
a.length * a.BYTES_PER_ELEMENT === a.byteLength    // => true
```

Os ArrayBuffers são apenas trechos de *bytes* opacos. Você pode acessar esses *bytes* com *arrays* tipados, mas um ArrayBuffer não é ele mesmo um *array* tipado. Contudo, tome cuidado: indexação numérica de *array* pode ser usada com ArrayBuffers assim como em qualquer objeto JavaScript. Fazer isso não dá acesso aos *bytes* do *buffer*, mas pode causar *bugs* confusos:

```
let bytes = new Uint8Array(8);
bytes[0] = 1;              // Configura o primeiro byte como 1
bytes.buffer[0]            // => indefinido: o buffer não tem índice 0
bytes.buffer[1] = 255;     // Tenta incorretamente configurar um byte no buffer
bytes.buffer[1]            // => 255: isso apenas configura uma propriedade normal de JS
bytes[1]                   // => 0: a linha anterior não configurou o byte
```

Vimos anteriormente que é possível criar um ArrayBuffer com a construtora `ArrayBuffer()` e, então, criar *arrays* tipados que usam esse *buffer*. Outra abordagem é criar um *array* tipado inicial e usar o *buffer* desse *array* para criar outras visualizações:

```
let bytes = new Uint8Array(1024);           // 1024 bytes
let ints = new Uint32Array(bytes.buffer);   // ou 256 inteiros
let floats = new Float64Array(bytes.buffer); // ou 128 duplos
```

11.2.5 DataView e ordem endian

Os *arrays* tipados permitem ver a mesma sequência de *bytes* em trechos de 8, 16, 32 ou 64 *bits*. Isso expõe a "ordem *endian*": a ordem na qual os *bytes* são organizados em palavras mais longas. Por eficiência, os *arrays* tipados utilizam a ordem *endian* nativa do *hardware* subjacente. Em sistemas *little-endian*, os *bytes* de um número são organizados em um ArrayBuffer, do menos significativo para o mais significativo. Em plataformas *big-endian*, os *bytes* são organizados do mais significativo para o menos significativo. Você pode determinar a ordem *endian* da plataforma subjacente com código como o seguinte:

```
// Se o inteiro 0x00000001 é organizado na memória como 01 00 00 00, então
// estamos em uma plataforma little-endian. Em uma plataforma big-endian, obteríamos
// os bytes 00 00 00 01.
let littleEndian = new Int8Array(new Int32Array([1]).buffer)[0] === 1;
```

Atualmente, as arquiteturas de CPU mais comuns são *little-endian*. Contudo, muitos protocolos de rede e alguns formatos de arquivo binários exigem ordem de *bytes big-endian*. Se você usa *arrays* tipados com dados que vêm da rede ou de um arquivo, você não pode apenas supor que a ordem *endian* da plataforma corresponde à ordem dos *bytes* dos dados. Em geral, ao trabalhar com dados externos, você pode usar Int8Array e Uint8Array para ver os dados como um *array* de *bytes* individuais, mas não deve usar os outros *arrays* tipados com tamanhos de palavra de vários *bytes*. Em vez disso, pode usar a classe DataView, que define métodos para ler e gravar valores de um ArrayBuffer com ordem de *byte* especificada explicitamente:

```
// Suponha que temos um array tipado de bytes de dados binários para processar. Primeiro,
// criamos um objeto DataView para que possamos ler e gravar com flexibilidade
// os valores desses bytes
let view = new DataView(bytes.buffer,
                        bytes.byteOffset,
                        bytes.byteLength);

let int = view.getInt32(0);          // Lê int big-endian com sinal do byte 0
int = view.getInt32(4, false);       // O próximo int também é big-endian
int = view.getUint32(8, true);       // Próximo int é int little-endian e sem sinal
view.setUint32(8, int, false);       // Grava de volta no formato big-endian
```

DataView define 10 métodos `get` para cada um dos 10 formatos de *array* tipado (excluindo Uint8ClampedArray). Eles têm nomes como `getInt16()`, `getUint32()`, `getBigInt64()` e `getFloat64()`. O primeiro argumento é o deslocamento de *byte* dentro do ArrayBuffer em que o valor começa. Todos esses métodos *getter*, fora `getInt8()` e `getUint8()`, aceitam um valor booleano opcional como segundo argumento. Se o segundo argumento é omitido ou é `false`, a ordem de *byte big-endian* é usada. Se o segundo argumento é `true`, é usada a ordem *little-endian*.

DataView também define 10 métodos Set correspondentes que gravam valores no ArrayBuffer subjacente. O primeiro argumento é o deslocamento em que o valor começa. O segundo argumento é o valor a gravar. Cada um dos métodos, exceto `setInt8()` e `setUint8()`, aceita um terceiro argumento opcional. Se o argumento é omitido ou é `false`, o valor é gravado no formato *big-endian*, com o *byte* mais significativo primeiro. Se o argumento é `true`, o valor é gravado no formato *little-endian*, com o *byte* menos significativo primeiro.

Os *arrays* tipados e a classe DataView oferecem todas as ferramentas necessárias para processar dados binários e permitem que você escreva programas JavaScript para realizar ações como descompactar arquivos ZIP ou extrair metadados de arquivos JPEG.

11.3 Comparação de padrões com expressões regulares

Uma *expressão regular* é um objeto que descreve um padrão textual. A classe RegExp de JavaScript representa as expressões regulares, e tanto *String* quanto RegExp definem métodos que as utilizam para executar funções poderosas de comparação de padrões e de localização e substituição em texto. Para ser eficaz no seu uso da API RegExp, no entanto, você também precisa aprender a descrever padrões de texto usando a gramática das expressões regulares, que é basicamente sua própria linguagem de programação em miniatura. Felizmente, a gramática de expressões regulares de JavaScript é muito semelhante à gramática usada por muitas outras linguagens de programação; assim, talvez você já esteja familiarizado com ela (e se não estiver, aprender as expressões regulares de JavaScript provavelmente também será útil em outros contextos de programação).

As subseções a seguir primeiro descrevem a gramática das expressões regulares e depois, após explicar como escrever expressões regulares, explicam como usá-las com métodos das classes *String* e RegExp.

11.3.1 Definindo expressões regulares

Em JavaScript, as expressões regulares são representadas por objetos RegExp. Os objetos RegExp podem ser criados com a construtora `RegExp()`, claro, mas são mais frequentemente criados com o uso de uma sintaxe literal especial. Assim como as *strings* literais são definidas com caracteres entre aspas, expressões regulares literais são definidas como caracteres entre duas barras normais (/). Assim, seu código JavaScript pode conter linhas como esta:

```
let pattern = /s$/;
```

Essa linha cria um novo objeto RegExp e o atribui à variável `pattern`. Esse objeto RegExp em especial corresponde a qualquer *string* que termine com a letra “s”.

Essa expressão regular poderia ser definida de modo equivalente com a construtora `RegExp()`, como segue:

```
let pattern = new RegExp("s$");
```

As especificações de padrões de expressões regulares consistem em uma série de caracteres. A maioria dos caracteres, incluindo todos os alfanuméricos, simplesmente descreve os que devem coincidir literalmente. Assim, a expressão regular `/java/` corresponde a qualquer *string* que contenha a *substring* "java". Outros caracteres em expressões regulares não coincidem literalmente, mas têm significado especial. Por exemplo, a expressão regular `/s$/` contém dois caracteres. O primeiro, "s", coincide com ele mesmo literalmente. O segundo, "$", é um metacaractere especial que corresponde ao final de uma *string*. Assim, essa expressão regular corresponde a qualquer *string* que contenha a letra "s" como seu último caractere.

Como veremos, as expressões regulares também podem ter um ou mais caracteres *flag* que afetam o seu funcionamento. *Flags* são especificadas após o segundo caractere barra em literais RegExp, ou como um segundo argumento de *string* da construtora `RegExp()`. Se quiséssemos a correspondência com *strings* que terminam com "s" ou "S", por exemplo, poderíamos usar a *flag* `i` com a nossa expressão regular para indicar que queremos correspondência sem diferenciação de maiúsculas e minúsculas:

```
let pattern = /s$/i;
```

As seções a seguir descrevem os diversos caracteres e metacaracteres usados em expressões regulares de JavaScript.

Caracteres literais

Todos os caracteres alfabéticos e dígitos coincidem com eles mesmos literalmente em expressões regulares. A sintaxe de expressão regular de JavaScript também aceita certos caracteres não alfabéticos, por meio de sequências de escape que começam com uma barra invertida (\). Por exemplo, a sequência `\n` corresponde a um caractere de nova linha literal em uma *string*. A Tabela 11-1 lista esses caracteres.

Tabela 11-1 Caracteres literais de expressões regulares

Caractere	Corresponde a
Caractere alfanumérico	Ele mesmo
`\0`	O caractere NUL (`\u0000`)
`\t`	Tabulação (`\u0009`)
`\n`	Nova linha (`\u000A`)
`\v`	Tabulação vertical (`\u000B`)
`\f`	Avanço de página (`\u000C`)
`\r`	Retorno de carro (`\u000D`)
`\xnn`	O caractere latino especificado pelo número hexadecimal *nn*; por exemplo, `\x0A` é o mesmo que `\n`.

Caractere	Corresponde a
`\uxxxx`	O caractere Unicode especificado pelo número hexadecimal *xxxx*; por exemplo, `\u0009` é o mesmo que `\t`.
`\u{n}`	O caractere Unicode especificado pela posição de código *n*, onde *n* é um dos seis dígitos hexadecimais entre 0 e 10FFFF. Observe que essa sintaxe somente é suportada em expressões regulares que utilizam a flag `u`.
`\cX`	O caractere de controle `^X`; por exemplo, `\cJ` é equivalente ao caractere de nova linha `\n`.

Vários caracteres de pontuação têm significados especiais em expressões regulares. São eles:

```
^ $ . * + ? = ! : | \ / ( ) [ ] { }
```

Os significados desses caracteres serão discutidos nas seções a seguir. Alguns desses caracteres têm significado especial somente dentro de certos contextos de uma expressão regular e são tratados literalmente em outros contextos. Contudo, como regra geral, se você quiser incluir qualquer um desses caracteres de pontuação literalmente em uma expressão regular, deverá precedê-lo de \. Outros caracteres de pontuação, como as aspas e `@`, não têm significado especial e simplesmente coincidem com eles mesmos literalmente em uma expressão regular.

Se não conseguir se lembrar exatamente de quais caracteres de pontuação precisam ter escape com uma barra invertida, pode colocar uma barra invertida antes de qualquer caractere de pontuação sem causar danos. Por outro lado, note que muitas letras e números têm significado especial quando precedidos por uma barra invertida; portanto, qualquer letra ou número que você queira representar literalmente não deve ter escape com uma barra invertida. Para incluir um caractere de barra invertida literalmente em uma expressão regular, deve-se fazer seu escape com uma barra invertida, claro. Por exemplo, a expressão regular a seguir corresponde a qualquer *string* que inclua uma barra invertida: /\\/ (e se usar a construtora `RegExp()`, lembre-se de que todas as barras invertidas na sua expressão regular precisam ser dobradas, pois as *strings* também usam barras invertidas como caractere de escape).

Classes de caracteres

Os caracteres literais individuais podem ser combinados em *classes de caracteres* colocando-os dentro de colchetes. Uma classe de caracteres corresponde a qualquer caractere que esteja contido dentro dela. Assim, a expressão regular `/[abc]/` corresponde a qualquer uma das letras a, b ou c. Também podem ser definidas classes de caracteres negadas; elas correspondem a qualquer caractere, exceto àqueles contidos nos colchetes. Uma classe de caracteres negada é especificada pela colocação de um acento circunflexo (^) como o primeiro caractere dentro do colchete esquerdo. A expressão regular `/[^abc]/` corresponde a qualquer caractere que não seja a, b ou c. Classes de caracteres podem usar um hífen para indicar um intervalo de caracteres. Para corresponder a qualquer caractere minúsculo do alfabeto latino, use `/[a-z]/`; e para corresponder a qualquer letra ou dígito do alfabeto latino, use `/[a-zA-Z0-9]/` (e se quiser incluir o hífen em si na sua classe de caracteres, simplesmente coloque-o como último caractere, logo antes do colchete direito).

Como certas classes de caracteres são utilizadas comumente, a sintaxe de expressão regular de JavaScript inclui caracteres especiais e sequências de escape para representar essas classes comuns. Por exemplo, `\s` corresponde ao caractere de espaço, ao caractere de tabulação e a qualquer outro caractere Unicode de espaço em branco; `\S` corresponde a qualquer caractere Unicode que *não* seja espaço em branco. A Tabela 11-2 lista esses caracteres e resume a sintaxe de classe de caracteres. (Note que várias dessas sequências de escape de classe de caracteres correspondem somente aos caracteres ASCII e não foram estendidas para funcionar com caracteres Unicode. No entanto, você pode definir explicitamente suas próprias classes de caracteres Unicode; por exemplo, `/[\u0400-\u04FF]/` corresponde a qualquer caractere cirílico.)

Tabela 11-2 Classes de caracteres em expressões regulares

Caractere	Corresponde a
`[...]`	Qualquer caractere entre os colchetes.
`[^...]`	Qualquer caractere que não esteja entre os colchetes.
`.`	Qualquer caractere, exceto nova linha ou outro finalizador de linha Unicode. Ou, se RegExp usa a *flag* `s`, o ponto final corresponde a qualquer caractere, incluindo finalizadores de linha.
`\w`	Qualquer caractere alfabético em ASCII. Equivalente a `[a-zA-Z0-9_]`.
`\W`	Qualquer caractere que não seja um caractere alfabético em ASCII. Equivalente a `[^a-zA-Z0-9_]`.
`\s`	Qualquer caractere Unicode de espaço em branco.
`\S`	Qualquer caractere Unicode de espaço em branco.
`\d`	Qualquer dígito ASCII. Equivalente a `[0-9]`.
`\D`	Qualquer caractere que não seja um dígito ASCII. Equivalente a `[^0-9]`.
`[\b]`	Um *backspace* literal (caso especial).

Note que os escapes de classe de caracteres especiais podem ser usados dentro de colchetes. `\s` corresponde a qualquer caractere de espaço em branco e `\d` corresponde a qualquer dígito; portanto, `/[\s\d]/` corresponde a qualquer caractere de espaço em branco ou dígito. Note que há um caso especial. Veremos posteriormente que o escape `\b` tem um significado especial. Contudo, quando usado dentro de uma classe de caracteres, ele representa o caractere de *backspace*. Assim, para representar um caractere de *backspace* literalmente em uma expressão regular, use a classe de caracteres com um único elemento: `/[\b]/`.

Classes de caracteres Unicode

Na ES2018, se uma expressão regular usa a *flag* `u`, as classes de caracteres `\p{...}` e sua negação `\P{...}` são suportadas (até o início de 2020, isso havia sido implementado pelo Node, Chrome, Edge e Safari, mas não pelo Firefox). Essas classes de caracteres são baseadas nas propriedades definidas pelo padrão Unicode, e o conjunto de caracteres que representam pode mudar à medida que Unicode evolui.

A classe de caractere `\d` corresponde apenas a dígitos ASCII. Se quiser corresponder a um dígito decimal de qualquer um dos sistemas de escrita do mundo, você pode usar `/\p{Decimal_Number}/u`.

E se quiser corresponder a qualquer caractere que *não* seja um dígito decimal em qualquer idioma, você pode usar o P maiúsculo e escrever `\P{Decimal_Number}`. Se quiser correspondência a qualquer caractere semelhante a número, incluindo frações e numerais romanos, pode usar `\p{Number}`. Observe que "Decimal_Number" e "Number" não são específicos à gramática de expressões regulares ou de JavaScript: é o mesmo nome de uma categoria de caracteres definida pelo padrão Unicode.

A classe de caracteres `\w` funciona apenas para texto ASCII, mas com `\p`, podemos criar uma versão internacionalizada parecida:

```
/[\p{Alphabetic}\p{Decimal_Number}\p{Mark}]/u
```

(Embora totalmente compatível com a complexidade dos idiomas mundiais, realmente precisamos adicionar as categorias "Connector_Punctuation" e "Join_Control" também.)

Por fim, a sintaxe de `\p` também nos permite definir expressões regulares que correspondem a caracteres de determinado alfabeto ou escrita:

```
let greekLetter = /\p{Script=Greek}/u;
let cyrillicLetter = /\p{Script=Cyrillic}/u;
```

Repetição

Com a sintaxe de expressões regulares que aprendeu até aqui, você pode descrever um número de dois dígitos como `/\d\d/` e um número de quatro dígitos como `/\d\d\d\d/`. Mas não há qualquer maneira de descrever, por exemplo, um número que possa ter qualquer quantidade de dígitos ou uma *string* de três letras, seguida de um dígito opcional. Esses padrões mais complexos utilizam uma sintaxe de expressões regulares que especifica quantas vezes um elemento de uma expressão regular pode ser repetido.

Os caracteres que especificam repetição sempre seguem o padrão no qual estão sendo aplicados. Como certos tipos de repetição são muito utilizados, existem caracteres especiais para representar esses casos. Por exemplo, + corresponde a uma ou mais ocorrências do padrão anterior.

A Tabela 11-3 resume a sintaxe da repetição.

Tabela 11-3 Caracteres de repetição em expressões regulares

Caractere	Significado
{*n*,*m*}	Corresponde ao item anterior pelo menos *n* vezes, mas não mais do que *m* vezes.
{*n*,}	Corresponde ao item anterior *n* ou mais vezes.
{*n*}	Corresponde a exatamente *n* ocorrências do item anterior.
?	Corresponde a zero ou uma ocorrência do item anterior. Isto é, o item anterior é opcional. Equivalente a `{0,1}`.
+	Corresponde a uma ou mais ocorrências do item anterior. Equivalente a `{1,}`.
*	Corresponde a zero ou mais ocorrências do item anterior. Equivalente a `{0,}`.

As linhas a seguir mostram alguns exemplos:

```
let r = /\d{2,4}/;  // Corresponde a um valor entre dois e quatro dígitos
r = /\w{3}\d?/;     // Corresponde a exatamente três caracteres alfabéticos e um
                    // dígito opcional
r = /\s+java\s+/;   // Corresponde a "java" com um ou mais espaços antes e depois
r = /[^(]*/;        // Corresponde a zero ou mais caracteres que não sejam parêntese de
                    // abertura
```

Observe que, em todos os exemplos anteriores, os especificadores de repetição se aplicam ao caractere ou à classe de caracteres que os precede. Se quiser usar repetições de expressões mais complexas, precisará definir um grupo com parênteses, como explicam as seções a seguir.

Cuidado ao usar os caracteres de repetição * e ?. Como esses caracteres podem corresponder a zero instâncias do que os precede, eles podem corresponder a nada. Por exemplo, a expressão regular /a*/ corresponde na verdade à *string* "bbbb", pois a *string* contém zero ocorrências da letra a!

Repetição não gananciosa

Os caracteres de repetição listados na Tabela 11-3 correspondem a quantas vezes possível, enquanto ainda permitem que qualquer parte seguinte da expressão regular seja correspondida. Dizemos que essa repetição é "gananciosa". Também é possível especificar que a repetição deve ocorrer de forma não gananciosa. Basta colocar um ponto de interrogação após o caractere (ou caracteres) de repetição: ??, +?, *? ou mesmo {1,5}?. Por exemplo, a expressão regular /a+/ corresponde a uma ou mais ocorrências da letra a. Quando aplicada na *string* "aaa", ela corresponde a todas as três letras. Mas /a+?/ corresponde a uma ou mais ocorrências da letra a, correspondendo ao número mínimo de caracteres necessários. Quando aplicado na mesma *string*, esse padrão corresponde apenas à primeira letra a.

O uso de repetição não gananciosa nem sempre produz os resultados esperados. Considere o padrão /a+b/, que corresponde a uma ou mais letras a, seguidas da letra b. Quando aplicado na *string* "aaab", ele corresponde à *string* inteira. Agora vamos usar a versão não gananciosa: /a+?b/. Isso deve corresponder à letra b, precedida pelo menor número de letras a possível. Quando aplicada à mesma *string* "aaab", você poderia esperar que correspondesse a apenas uma letra a e à última letra b. Na verdade, contudo, esse padrão corresponde à *string* inteira, exatamente como sua versão gananciosa. Isso acontece porque a comparação de padrões de expressões regulares é feita localizando a primeira posição na *string* na qual uma correspondência é possível. Como uma correspondência é possível a partir do primeiro caractere da *string*, as correspondências mais curtas que começam em caracteres subsequentes nem mesmo são consideradas.

Alternação, agrupamento e referências

A gramática de expressões regulares inclui caracteres especiais para especificar alternativas, agrupar subexpressões e fazer referência a subexpressões anteriores. O caractere | separa alternativas. Por exemplo, /ab|cd|ef/ corresponde à *string* "ab" ou à *string* "cd" ou à *string* "ef". E /\d{3}|[a-z]{4}/ corresponde a três dígitos ou a quatro letras minúsculas.

Note que as alternativas são consideradas da esquerda para a direita até que uma correspondência seja encontrada. Se a alternativa da esquerda corresponder, a da direita é ignorada, mesmo que produza uma correspondência "melhor". Assim, quando o padrão /a|ab/ é aplicado à *string* "ab", ele corresponde somente à primeira letra.

Os parênteses têm vários propósitos nas expressões regulares. Um deles é agrupar itens separados de uma subexpressão para que possam ser tratados como uma unidade por |, *, +, ? etc. Por exemplo, /java(script)?/ corresponde a "java", seguido de "*script*" opcional. E /(ab|cd)+|ef/ corresponde à *string* "ef" ou a uma ou mais repetições das *strings* "ab" ou "cd".

Outro objetivo dos parênteses nas expressões regulares é definir subpadrões dentro do padrão completo. Quando uma expressão regular coincide com uma *string* procurada, é possível extrair as partes da *string* que corresponderam a qualquer subpadrão em particular colocado nos parênteses (vamos ver ainda nesta seção como essas correspondências de *substrings* são obtidas). Por exemplo, suponha que você esteja procurando uma ou mais letras minúsculas, seguidas de um ou mais dígitos. Você poderia usar o padrão /[a-z]+\d+/. Mas suponha que você só se importe com os dígitos no final de cada correspondência. Se você colocar essa parte do padrão nos parênteses (/[a-z]+(\d+)/), poderá extrair os dígitos de qualquer correspondência que encontrar, conforme explicado posteriormente.

Um uso relacionado de subexpressões entre parênteses é permitir a referência a uma subexpressão anterior, posteriormente na mesma expressão regular. Isso é feito colocando-se um ou mais dígitos depois do caractere \. Os dígitos se referem à posição da subexpressão entre parênteses dentro da expressão regular. Por exemplo, \1 se refere à primeira subexpressão e \3 se refere à terceira. Note que, como as subexpressões podem ser aninhadas dentro de outras, é a posição do parêntese esquerdo que conta. Na expressão regular a seguir, por exemplo, a subexpressão aninhada ([Ss]cript) é referida com \2:

```
/([Jj]ava([Ss]cript)?)\sis\s(fun\w*)/
```

Uma referência a uma subexpressão anterior de uma expressão regular *não* se refere ao padrão usado para essa subexpressão, mas sim ao texto que correspondeu ao padrão. Assim, as referências podem ser usadas para impor a restrição de separar as partes de uma *string* que contenham exatamente os mesmos caracteres. Por exemplo, a expressão regular a seguir corresponde a zero ou mais caracteres entre aspas simples ou duplas. Contudo, ela não exige que as aspas de abertura e fechamento correspondam (i.e., ambas aspas simples ou ambas duplas):

```
/['"][^'"]*['"]/
```

Para exigir que as aspas correspondam, use uma referência:

```
/(['"])[^'"]*\1/
```

O item \1 corresponde ao que a primeira subexpressão entre parênteses correspondeu. Nesse exemplo, ele impõe a restrição de que as aspas de fechamento devem corresponder às aspas de abertura. Essa expressão regular não permite aspas simples dentro de *strings* com aspas duplas ou vice-versa (não é válido usar uma referência dentro de uma classe de caracteres; portanto, você não pode escrever: /(['"])[^\1]*\1/).

Quando abordarmos a API RegExp, você vai ver que esse tipo de referência a uma subexpressão entre parênteses é um recurso poderoso das operações de busca e substituição de expressões regulares.

Também é possível agrupar itens em uma expressão regular sem criar uma referência numerada para esses itens. Em vez de simplesmente agrupar os itens dentro de (e), inicie o grupo com (?: e finalize com). Considere o padrão a seguir:

```
/([Jj]ava(?:[Ss]cript)?)\sis\s(fun\w*)/
```

No exemplo, a subexpressão (?:[Ss]cript) é usada simplesmente para agrupamento, de modo que o caractere de repetição ? pode ser aplicado no grupo. Esses parênteses modificados não produzem uma referência; portanto, nessa expressão regular, \2 se refere ao texto correspondente a (fun\w*).

A Tabela 11-4 resume os operadores de alternação, agrupamento e referência de expressões regulares.

Tabela 11-4 Caracteres de alternação, agrupamento e referência em expressões regulares

Caractere	Significado
|	Alternação. Corresponde à subexpressão da esquerda ou à subexpressão da direita.
(...)	Agrupamento. Agrupa itens em uma única unidade que pode ser usada com *, +, ?, | etc. Lembra também dos caracteres que correspondem a esse grupo para uso com referências posteriores.
(?:...)	Somente agrupamento. Agrupa itens em uma única unidade, mas não lembra dos caracteres que correspondem a esse grupo.
\n	Corresponde aos mesmos caracteres que coincidiram quando o grupo número *n* foi encontrado pela primeira vez. Grupos são subexpressões dentro de parênteses (possivelmente aninhados). Os números de grupo são atribuídos contando-se os parênteses esquerdos, da esquerda para a direita. Os grupos formados com (?: não são numerados.

Grupos de captura nomeados

A ES2018 padroniza um novo recurso que ajuda a autodocumentação das expressões regulares e facilita o seu entendimento. Esse novo recurso, chamado de "grupos de captura nomeados", nos permite associar um nome a cada parêntese esquerdo em uma expressão regular para que possamos nos referir ao texto correspondente por nome em vez de por número. Igualmente importante é que usar nomes permite que quem lê o código entenda mais facilmente o objetivo dessa porção da expressão regular. Até o início de 2020, o recurso havia sido implementado em Node, Chrome, Edge e Safari, mas não no Firefox ainda. Para nomear um grupo, use (?<...> em vez de (e coloque o nome entre os sinais de menor e maior. Por exemplo, a seguir vemos uma expressão regular que poderia ser usada para verificar a formatação da última linha de um endereço de correspondência americano:

```
/(?<city>\w+) (?<state>[A-Z]{2}) (?<zipcode>\d{5})(?<zip9>-\d{4})?/
```

Observe quanto contexto os nomes de grupo fornecem para facilitar o entendimento da expressão regular. Na Seção 11.3.2, quando discutirmos os métodos de *String* replace() e match() e o método de RegExp exec(), você verá como a API RegExp nos permite fazer referências ao texto que corresponde a cada um desses grupos por nome em vez de por posição.

Se quiser se referir a um grupo de captura nomeado em uma expressão regular, você também pode fazer isso por nome. No exemplo anterior, pudemos usar uma "referência retroativa" de expressão regular para escrever uma RegExp que corresponde a uma *string* de aspas simples ou duplas na qual as aspas de abertura e de fechamento precisam ser iguais. Poderíamos reescrever essa RegExp usando um grupo de captura nomeado e uma referência retroativa nomeada da seguinte maneira:

```
/(?<quote>['"])[^'"]*\k<quote>/
```

\k<quote> é uma referência retroativa ao grupo nomeado que captura as aspas de abertura.

Especificando a posição da correspondência

Conforme descrito anteriormente, muitos elementos de uma expressão regular correspondem a um único caractere em uma *string*. Por exemplo, \s corresponde a um único caractere de espaço em branco. Outros elementos de expressões regulares correspondem às posições entre os caracteres, em vez de aos caracteres em si. \b, por exemplo, corresponde a um limite de palavra – o limite entre um \w (caractere alfabético em ASCII) e um \W (caractere não alfabético), ou o limite entre um caractere de palavra ASCII e o início ou final de uma *string*[4]. Elementos como \b não especificam qualquer caractere a ser usado em uma *string* coincidente; o que eles especificam, no entanto, são as posições válidas em que uma correspondência pode ocorrer. Às vezes esses elementos são chamados de *âncoras de expressão regular*, pois ancoram o padrão em uma posição específica na *string* de busca. Os elementos de âncora mais comumente usados são ^, que prende o padrão ao início da *string*, e $, que ancora o padrão no final da *string*.

Por exemplo, para corresponder à palavra "JavaScript" em uma linha sozinha, você pode usar a expressão regular /^JavaScript$/. Se quiser procurar "Java" como uma palavra em si (não como um prefixo, como em "JavaScript"), pode tentar o padrão /\sJava\s/, que exige um espaço antes e depois da palavra. Mas existem dois problemas nessa solução. Primeiro, ela não corresponde a "Java" no início ou no final de uma *string*, somente se aparece com espaço em um ou outro lado. Segundo, quando esse padrão encontra uma correspondência, a *string* coincidente que retorna tem espaços à esquerda e à direita, que não é exatamente o desejado. Assim, em vez de corresponder aos

[4]Exceto dentro de uma classe de caracteres (colchetes), onde \b corresponde ao caractere de *backspace*.

caracteres de espaço reais com `\s`, corresponde aos (ou ancora em) limites da palavra com `\b`. A expressão resultante é `/\bJava\b/`. O elemento `\B` ancora a correspondência em um local que não é um limite de palavra. Assim, o padrão `/\B[Ss]cript/` corresponde a "JavaScript" e a "*postscript*", mas não a "*script*" nem a "Scripting".

Expressões regulares arbitrárias também podem ser usadas como condições de ancoragem. Se uma expressão é incluída entre os caracteres `(?=` e `)`, ela é uma declaração de leitura antecipada, e especifica que os caracteres inclusos devem corresponder, sem realmente correspondê-los. Por exemplo, para corresponder ao nome de uma linguagem de programação comum, mas somente se ele for seguido por dois-pontos, você poderia usar `/[Jj]ava([Ss]cript)?(?=\:)/`. Esse padrão corresponde à palavra "JavaScript" em "JavaScript: The Definitive Guide", mas não corresponde a "Java" em "Java in a Nutshell", pois isso não é seguido por dois-pontos.

Se, em vez disso, você introduz uma declaração com `(?!`, essa é uma declaração de leitura antecipada negativa, que especifica que os caracteres seguintes não devem corresponder. Por exemplo, `/Java(?!Script)([A-Z]\w*)/` corresponde a "Java" seguido de uma letra maiúscula e qualquer número de caracteres alfabéticos em ASCII adicionais, desde que "Java" não seja seguido de "Script". Isso corresponde a "JavaBeans", mas não a "Javanese", e corresponde a "JavaScrip", mas não a "JavaScript" nem a "JavaScripter". A Tabela 11-5 resume as âncoras em expressões regulares.

Tabela 11-5 Caracteres de âncora em expressões regulares

Caractere	Significado
`^`	Corresponde ao início da *string* ou, com a *flag* `m`, ao início de uma linha.
`$`	Corresponde ao final da *string* ou, com a *flag* `m`, ao final de uma linha.
`\b`	Corresponde a um limite de palavra. Isto é, corresponde à posição entre um caractere `\w` e um caractere `\W` ou entre um caractere `\w` e o início ou o final de uma *string* (note, entretanto, que `[\b]` corresponde a *backspace*.)
`\B`	Corresponde a uma posição que não é um limite de palavra.
`(?=`*p*`)`	Uma declaração de leitura antecipada positiva. Exige que os caracteres seguintes correspondam ao padrão *p*, mas não inclui esses caracteres na correspondência.
`(?!`*p*`)`	Uma declaração de leitura antecipada negativa. Exige que os caracteres seguintes não correspondam ao padrão *p*.

Declarações *lookbehind*

A ES2018 estende a sintaxe de expressões regulares para permitir declarações "*lookbehind*". Estas são como as declarações de leitura antecipada (*lookahead*), mas se referem a texto antes da posição de correspondência corrente. Até o início de 2020, haviam sido implementadas em Node, Chrome e Edge, mas não no Firefox nem no Safari.

Para especificar uma declaração de *lookbehind* positiva, use `(?<=...)`; para uma declaração de *lookbehind* negativa, use `(?<!...)`. Por exemplo, se estivesse trabalhando com endereços

de correspondência americanos, você poderia usar correspondências com um ZIP Code de 5 dígitos, somente quando ele viesse após uma sigla de estado de duas letras:

```
/(?<= [A-Z]{2} )\d{5}/
```

E você poderia corresponder a uma *string* de dígitos que não seja precedida por um símbolo de moeda em Unicode com uma declaração *lookbehind* negativa:

```
/(?<![\p{Currency_Symbol}\d.])\d+(\.\d+)?/u
```

Flags

Toda expressão regular pode ter uma ou mais *flags* associadas para alterar o seu comportamento de comparação. JavaScript define seis *flags* possíveis, cada uma das quais representada por uma única letra. As *flags* são especificadas após o segundo caractere / de uma literal de expressão regular ou como uma *string* passada como o segundo argumento para a construtora `RegExp()`. As *flags* suportadas e seus significados são:

`g`

A *flag* `g` indica que a expressão regular é "global", ou seja, que pretendemos usá-la para encontrar todas as correspondências em uma *string*, não apenas para encontrar a primeira. Essa *flag* não altera o modo como a comparação de padrões é realizada, mas, como veremos, altera o comportamento do método de *String* `match()` e do método de RegExp `exec()` de maneiras importantes.

`i`

A *flag* `i` especifica que a comparação de padrões não deve diferenciar maiúsculas de minúsculas.

`m`

A *flag* `m` especifica que a comparação deve ser feita em código de "múltiplas linhas". Ela afirma que a RegExp será usada com *strings* com várias linhas e que as âncoras ^ e $ devem corresponder ao início e ao fim da *string* e também ao início e ao fim das linhas individuais dentro da *string*.

`s`

Assim como a *flag* `m`, a *flag* `s` é útil quando trabalhamos com texto que inclui novas linhas. Normalmente, um "." em uma expressão regular corresponde a qualquer caractere, exceto um término de linha. Quando a *flag* `s` é usada, entretanto, "." corresponde a qualquer caractere, incluindo um término de linha. A *flag* `s` foi adicionada à JavaScript na ES2018 e, no início de 2020, era suportada no Node, Chrome, Edge e Safari, mas não no Firefox.

`u`

A *flag* `u` representa o Unicode e faz a expressão regular corresponder a posições de código Unicode completas em vez de valores de 16 *bits*. A *flag* foi introduzida na ES6, e você deve desenvolver o hábito de adicioná-la a todas as suas expressões regulares, a menos que tenha algum motivo para não fazê-lo. Se não usar essa *flag*, suas expressões regulares não funcionarão bem com textos que incluem *emojis* e outros caracteres (incluindo muitos ideogramas chineses) que precisam de mais de 16 *bits*. Sem a *flag* `u`, o caractere "." corresponde a qualquer valor UTF-16 de 16 *bits*. Com a *flag*, no entanto, "." corresponde a uma posição de código Unicode, incluindo aquelas que têm mais de 16 *bits*. Configurar a *flag* `u` em uma RegExp também permite que você use a nova sequência de escape `\u{...}` para caracteres Unicode e que use a notação `\p{...}` para classes de caracteres Unicode.

`y`

A *flag* `y` indica que a expressão regular é "*sticky*" (ou seja, "aderente") e deve corresponder ao início de uma *string* ou ao primeiro caractere após a correspondência anterior. Quando usada com uma expressão regular projetada para encontrar uma única correspondência, ela na prática trata essa expressão regular como se começasse com ^ para ancorá-la no início da *string*. A *flag* é mais útil com expressões regulares usadas de maneira repetida para encontrar todas as correspondências em uma *string*. Nesse caso, ela faz o comportamento especial do método `match()` de *String* e do método `exec()` de RegExp garantir que cada correspondência subsequente será ancorada à posição de *string* na qual a última terminou.

Essas *flags* podem ser especificadas em qualquer combinação e em qualquer ordem. Por exemplo, se você quer que a sua expressão regular reconheça Unicode para comparações sem diferenciação de letras maiúsculas e minúsculas e pretende usá-la para encontrar múltiplas correspondências em uma *string*, você deveria especificar as *flags* `uig`, `gui` ou qualquer outra combinação das três letras.

11.3.2 Métodos de *string* para comparação de padrões

Até agora, descrevemos a gramática usada para definir expressões regulares, mas não explicamos como essas expressões regulares podem ser utilizadas em código JavaScript. Agora passamos para uma discussão sobre a API para usar objetos RegExp. A seção começa por explicar os métodos de *string* que utilizam expressões regulares para fazer comparação de padrões e operações de busca e substituição. As seções depois desta continuam a discussão sobre comparação de padrões com expressões regulares de JavaScript, falando sobre o objeto RegExp e seus métodos e propriedades.

search()

As *strings* suportam quatro métodos que utilizam expressões regulares. O mais simples é `search()`. Esse método recebe uma expressão regular como argumento e retorna a posição do caractere do início da primeira *substring* coincidente ou –1 se não houver correspondência:

```
"JavaScript".search(/script/ui)   // => 4
"Python".search(/script/ui)       // => -1
```

Se o argumento de `search()` não for uma expressão regular, ele será primeiro convertido em uma, por passá-lo para a construtora `RegExp`. `search()` não suporta pesquisas globais; ele ignora a *flag* `g` de seu argumento de expressão regular.

replace()

O método `replace()` executa uma operação de busca e substituição. Ele recebe uma expressão regular como primeiro argumento e uma *string* para substituição como segundo argumento. O método procura correspondências com o padrão especificado na *string* na qual é chamado. Se a expressão regular tem a *flag* `g` ativa, o método `replace()` substitui todas as correspondências na *string* pela *string* para substituição; caso contrário, substitui apenas a primeira correspondência encontrada. Se o primeiro argumento de `replace()` é uma *string* e não uma expressão regular, o método procura essa *string* literalmente, em vez de convertê-la em uma expressão regular com a construtora `RegExp()`, como acontece com `search()`. Como exemplo, você pode usar `replace()` da seguinte maneira, para fornecer uma composição uniforme de letras da palavra "JavaScript" por toda uma *string* de texto:

```
// Independente de como seja composta, substitui pela composição correta de letras
// maiúsculas e minúsculas
text.replace(/javascript/gi, "JavaScript");
```

Contudo, `replace()` é mais poderoso do que isso. Lembre-se de que as subexpressões entre parênteses de uma expressão regular são numeradas da esquerda para a direita e de que a expressão regular lembra do texto a que cada subexpressão corresponde. Se um `$` seguido de um dígito aparece na *string* para substituição, `replace()` substitui esses dois caracteres pelo texto que corresponde à subexpressão especificada. Esse é um recurso muito útil. Você pode usá-lo, por exemplo, para substituir aspas em uma *string* por outros caracteres:

```
// Uma citação é composta de aspas, seguidas de qualquer número de
// caracteres que não são aspas (os quais capturamos), seguidos
// de outras aspas.
let quote = /"([^"]*)"/g;
// Substitui aspas normais por aspas anguladas,
// deixando o texto da citação (armazenado em $1) intacto.
'He said "stop"'.replace(quote, '«$1»')   // => 'He said "stop"'
```

Se a sua RegExp usa grupos de captura com nome, você pode se referir ao texto correspondente por nome em vez de por número:

```
let quote = /"(?<quotedText>[^"]*)"/g;
'He said "stop"'.replace(quote, '«$<quotedText>»')   // => 'He said "stop"'
```

Em vez de passar uma *string* para substituição como segundo argumento de `replace()`, você também pode passar uma função que será chamada para calcular o valor de substituição. A função de substituição é chamada com determinado número de argumentos. O primeiro é todo o texto correspondente. A seguir, se a RegExp tem grupos de captura, as *substrings* que foram capturadas pelos grupos são passadas como argumentos. O próximo argumento é a posição na *string* em que a correspondência foi encontrada. E, depois disso, toda a *string* em que `replace()` foi chamada é passada. Por fim, se a RegExp continha grupos de captura nomeados, o último argumento da função de substituição é um objeto cujos nomes de propriedade correspondem aos nomes dos grupos de captura e cujos valores são o texto correspondente. Por exemplo, observe o código a seguir, que usa uma função de substituição para converter números inteiros decimais em uma *string* para hexadecimais:

```
let s = "15 times 15 is 225";
s.replace(/\d+/gu, n => parseInt(n).toString(16))  // => "f times f is e1"
```

match()

O método `match()` é o mais geral dos métodos de expressões regulares de *String*. Ele recebe uma expressão regular como único argumento (ou converte seu argumento em uma expressão regular, passando-o para a construtora `RegExp()`) e retorna um *array* contendo os resultados da correspondência, ou `null` se não há uma correspondência. Se a expressão regular tem a *flag* `g` ativa, o método retorna um *array* com todas as correspondências que aparecem na *string*. Por exemplo:

```
"7 plus 8 equals 15".match(/\d+/g)   // => ["7", "8", "15"]
```

Se a expressão regular não tem a *flag* `g` ativa, `match()` não faz uma pesquisa global; ele simplesmente procura a primeira correspondência. Nesse caso não global, `match()` ainda retorna um *array*, mas os elementos do *array* são completamente diferentes. Sem a *flag* `g`, o primeiro elemento retornado é a *string* correspondente, e quaisquer elementos remanescentes são as substrings correspondentes aos grupos de captura entre parênteses da expressão regular. Assim, se `match()` retorna um *array* `a`, `a[0]` contém a correspondência completa, `a[1]` contém a *substring* que correspondeu à primeira expressão colocada entre parênteses e assim por diante. Traçando um paralelo com o método `replace()`, `a[1]` é a mesma *string* que `$1`, `a[2]` é a mesma que `$2` e assim por diante.

Por exemplo, considere a análise de um URL[5] com o código a seguir:

```
// Uma RegExp para análise de URL bastante simples
let url = /(\w+):\/\/([\w.]+)\/(\S*)/;
let text = "Visit my blog at http://www.example.com/~david";
let match = text.match(url);
let fullurl, protocol, host, path;
if (match !== null) {
    fullurl = match[0];      // fullurl == "http://www.example.com/~david"
    protocol = match[1];     // protocol == "http"
    host = match[2];         // host == "www.example.com"
    path = match[3];         // path == "~david"
}
```

Nesse caso não global, o *array* retornado por `match()` também tem algumas propriedades de objeto além de elementos de *array* numerados. A propriedade `input` se refere à

[5] Analisar URLs com expressões regulares não é uma boa ideia. Consulte a Seção 11.9 para um analisador de URL mais robusto.

string na qual match() foi chamada. A propriedade index é a posição na *string* na qual a correspondência começa. E se a expressão regular contém grupos de captura nomeados, o *array* retornado também tem uma propriedade groups cujo valor é um objeto. As propriedades desse objeto correspondem aos nomes dos grupos nomeados, e os valores são o texto correspondente. Poderíamos reescrever o exemplo anterior de análise de URL, por exemplo, da seguinte forma:

```
let url = /(?<protocol>\w+):\/\/(?<host>[\w.]+)\/(?<path>\S*)/;
let text = "Visit my blog at http://www.example.com/~david";
let match = text.match(url);
match[0]                  // => "http://www.example.com/~david"
match.input               // => text
match.index               // => 17
match.groups.protocol     // => "http"
match.groups.host         // => "www.example.com"
match.groups.path         // => "~david"
```

Vimos que match() se comporta muito diferente se a RegExp tem a *flag* g configurada ou não. Também há diferenças importantes de comportamento, mas menos radicais, quando a *flag* y é configurada. Lembre-se de que a *flag* y torna a expressão regular "aderente" ao limitar onde, na *string*, as correspondências podem começar. Se RegExp tem as *flags* g e y configuradas, match() retorna um *array* de *strings* correspondentes, assim como faz quando g é configurada sem y. Mas a primeira correspondência deve começar no início da *string*, e cada correspondência subsequente deve começar no caractere imediatamente após a correspondência anterior.

Se a *flag* y é configurada sem g, match() tenta encontrar uma única correspondência e, por padrão, esta é restrita ao início da *string*. Contudo, você pode alterar essa posição inicial padrão da correspondência configurando a propriedade lastIndex do objeto RegExp no índice em que deseja realizar a comparação. Se uma correspondência é encontrada, lastIndex é atualizada automaticamente para o primeiro caractere após a correspondência; assim, se você chamar match() novamente, nesse caso, ele buscará uma correspondência subsequente. (lastIndex pode parecer um nome estranho para uma propriedade que especifica a posição na qual começar a *próxima* correspondência. Encontraremos a propriedade novamente quando abordarmos o método exec() de RegExp, e talvez o nome faça mais sentido nesse contexto.)

```
let vowel = /[aeiou]/y;   // Correspondência de vogal aderente
"test".match(vowel)       // => null: "test" não começa com vogal
vowel.lastIndex = 1;      // Especifica uma posição de correspondência diferente
"test".match(vowel)[0]    // => "e": encontramos uma vogal na posição 1
vowel.lastIndex           // => 2: lastIndex foi atualizado automaticamente
"test".match(vowel)       // => null: não há vogal na posição 2
vowel.lastIndex           // => 0: lastIndex é redefinido após falha na correspondência
```

É interessante notar que passar uma expressão regular não global para o método match() de uma *string* é o mesmo que passar a *string* para o método exec() da expressão regular: o *array* retornado e suas propriedades são os mesmos em ambos os casos.

matchAll()

O método `matchAll()` é definido na ES2020 e, até o início de 2020, havia sido implementado pelos navegadores Web modernos e pelo Node. `matchAll()` espera uma RegExp com a *flag* `g` configurada. Em vez de retornar um *array* de substrings correspondentes como `match()`, no entanto, ele retorna um iterador que gera o tipo de objeto correspondente que `match()` retorna quando usado com uma RegExp não global. Isso torna `matchAll()` a forma mais fácil e mais geral de iterar através de todas as correspondências em uma *string*.

Você poderia usar `matchAll()` para iterar através das palavras em uma *string* de texto da seguinte forma:

```
// Um ou mais caracteres alfabéticos Unicode entre limites de palavra
const words = /\b\p{Alphabetic}+\b/gu;   // Firefox ainda não suporta \p
const text = "This is a naive test of the matchAll() method.";
for(let word of text.matchAll(words)) {
console.log(`Found '${word[0]}' at index ${word.index}.`);
}
```

Você pode configurar a propriedade `lastIndex` de um objeto RegExp para dizer a `matchAll()` em qual índice da *string* começar a comparação. Ao contrário de outros métodos de comparação de padrões, no entanto, `matchAll()` nunca modifica a propriedade `lastIndex` da RegExp na qual é chamado, e isso diminui bastante a probabilidade de gerar *bugs* no seu código.

split()

O último dos métodos de expressões regulares do objeto *String* é `split()`. Esse método divide a *string* na qual é chamado em um *array* de *substrings*, usando o argumento como separador. Pode ser usado com um argumento de *string* como:

```
"123,456,789".split(",")           // => ["123", "456", "789"]
```

O método `split()` também pode receber uma expressão regular como argumento, o que permite que você especifique separadores mais gerais. A seguir, o chamamos com um separador que inclui uma quantidade arbitrária de espaços em branco em um ou outro lado:

```
"1, 2, 3,\n4, 5".split(/\s*,\s*/)    // => ["1", "2", "3", "4", "5"]
```

Surpreendentemente, se você chama `split()` com um delimitador de RegExp e a expressão regular inclui grupos de captura, o texto que corresponde aos grupos de captura é incluído na *array* retornada. Por exemplo:

```
const htmlTag = /<([^>]+)>/;            // < seguido por um ou mais não >, seguido por >
"Testing<br/>1,2,3".split(htmlTag)  // => ["Testing", "br/", "1,2,3"]
```

11.3.3 A classe RegExp

Esta seção documenta a construtora `RegExp()`, as propriedades de instância de RegExp e dois métodos importantes de comparação de padrões definidos pela classe RegExp.

A construtora `RegExp()` recebe um ou dois argumentos de *string* e cria um novo objeto RegExp. O primeiro argumento dessa construtora é uma *string* que contém o corpo da expressão regular – o texto que apareceria dentro de barras normais em uma expressão regular literal. Note que tanto as *strings* literais como as expressões regulares usam o caractere \ para sequências de escape; portanto, ao se passar uma expressão regular para `RegExp()` como uma *string* literal, deve-se substituir cada caractere \ por \\. O segundo argumento de `RegExp()` é opcional. Se for fornecido, ele indica as *flags* da expressão regular. Deve ser `g`, `i`, `m`, `s`, `u`, `y` ou uma combinação dessas letras.

Por exemplo:

```
// Encontra todos os números de cinco dígitos em uma string. Observe o duplo \\ nesse caso.
let zipcode = new RegExp("\\d{5}", "g");
```

A construtora `RegExp()` é útil quando uma expressão regular está sendo criada dinamicamente e, assim, não pode ser representada com a sintaxe de expressão regular literal. Por exemplo, para procurar uma *string* inserida pelo usuário, uma expressão regular deve ser criada em tempo de execução com `RegExp()`.

Em vez de passar uma *string* como o primeiro argumento para `RegExp()`, você também pode passar um objeto RegExp. Isso permite que você copie uma expressão regular e mude suas *flags*:

```
let exactMatch = /JavaScript/;
let caseInsensitive = new RegExp(exactMatch, "i");
```

Propriedades de RegExp

Objetos RegExp têm as seguintes propriedades:

`source`
: Essa propriedade somente de leitura é o texto de origem da expressão regular: os caracteres que aparecem entre as barras em uma literal RegExp.

`flags`
: Essa propriedade somente de leitura é uma *string* que especifica o conjunto de letras que representa as *flags* da RegExp.

`global`
: Uma propriedade booleana somente de leitura que é verdadeira se a *flag* `g` é configurada.

`ignoreCase`
: Uma propriedade booleana somente de leitura que é verdadeira se a *flag* `i` é configurada.

`multiline`
: Uma propriedade booleana somente de leitura que é verdadeira se a *flag* `m` é configurada.

`dotAll`
: Uma propriedade booleana somente de leitura que é verdadeira se a *flag* `s` é configurada.

`unicode`

Uma propriedade booleana somente de leitura que é verdadeira se a *flag* `u` é configurada.

`sticky`

Uma propriedade booleana somente de leitura que é verdadeira se a *flag* `y` é configurada.

`lastIndex`

A propriedade é um número inteiro de leitura/gravação. Para padrões com as *flags* `g` ou `y`, especifica a posição do caractere na qual a próxima busca deve iniciar. É usada pelos métodos `exec()` e `test()`, descritos nas próximas duas subseções.

test()

O método `test()` da classe RegExp é a forma mais simples de usar uma expressão regular. Ele recebe um único argumento de *string* e retorna `true` se a *string* corresponde ao padrão ou `false` se não corresponde.

`test()` simplesmente chama o método `exec()` (muito mais complexo) descrito na próxima seção e retorna `true` se `exec()` retorna um valor não nulo. Por isso, se você usar `test()` com uma RegExp que usa as *flags* `g` ou `y`, seu comportamento dependerá do valor da propriedade `lastIndex` do objeto RegExp, que pode mudar inesperadamente. Para mais detalhes, consulte "A propriedade lastIndex e reutilização de RegExp" na página 299.

exec()

O método de RegExp `exec()` é a forma mais geral e poderosa de usar expressões regulares. Ele recebe um único argumento de *string* e busca uma correspondência para a *string*. Se não encontra uma correspondência, retorna `null`. Se encontra, ele retorna um *array* exatamente como o *array* retornado pelo método `match()` para pesquisas não globais. O elemento 0 do *array* contém a *string* que correspondeu à expressão regular, e os elementos subsequentes do *array* contêm as *substrings* que corresponderam a qualquer grupo de captura. O *array* retornado também tem propriedades nomeadas: a propriedade `index` contém a posição do caractere na qual a correspondência ocorreu, a propriedade `input` especifica a *string* que foi pesquisada e a propriedade `groups`, se definida, se refere a um objeto que contém as *substrings* correspondentes a qualquer grupo de captura nomeado.

Ao contrário do método `match()`, `exec()` retorna o mesmo tipo de *array*, tenha a expressão regular a *flag* global `g` ou não. Lembre-se de que `match()` retorna um *array* de correspondências quando é passada uma expressão regular global. `exec()`, em contraste, sempre retorna uma única correspondência e fornece informações completas sobre essa correspondência. Quando `exec()` é chamado em uma expressão regular que tem a *flag* `g` ou a *flag* sticky `y`, ele consulta a propriedade `lastIndex` do objeto expressão regular para determinar onde começar a procurar uma correspondência (e se a *flag* `y` é configurada, também limita a correspondência para começar nessa posição). Para um objeto RegExp recém-criado, `lastIndex` é 0 e a busca começa no início da *string*. Mas todas as vezes que encontra uma correspondência, `exec()` atualiza a propriedade `lastIndex` para o índice do caractere imediatamente após o texto correspondente. Se `exec()` não encontra uma correspondência, `lastIndex` é reconfigurado para 0. Esse comportamento especial permite chamar `exec()` repetidamente para iterar por todas as correspondências de expressão regular em uma *string* (embora, como descrevemos, na ES2020 e nas versões posteriores, o método `matchAll()` de *String* seja uma forma mais fácil de iterar através de todas as correspondências). Por exemplo, o laço no código a seguir será executado duas vezes:

```
let pattern = /Java/g;
let text = "JavaScript > Java";
let match;
while((match = pattern.exec(text)) !== null) {
    console.log(`Matched ${match[0]} at ${match.index}`);
    console.log(`Next search begins at ${pattern.lastIndex}`);
}
```

A propriedade lastIndex e reutilização de RegExp

Como vimos, a API de expressões regulares em JavaScript é complexa. O uso da propriedade `lastIndex` com as *flags* `g` e `y` é uma parte particularmente delicada dessa API. Ao usar essas *flags*, você deve tomar cuidado especial quando chamar os métodos `match()`, `exec()` ou `test()`, pois o comportamento desses métodos depende de `lastIndex`, e o valor de `lastIndex` depende do que já foi feito com o objeto RegExp. Com tudo isso, é fácil escrever código cheio de *bugs*.

Suponha, por exemplo, que queremos encontrar o índice de todas as *tags* `<p>` de uma *string* de texto HTML. Poderíamos escrever o seguinte código:

```
let match, positions = [];
while((match = /<p>/g.exec(html)) !== null) {   // POSSÍVEL LAÇO INFINITO
positions.push(match.index);
}
```

O código não faz o que queremos. Se a *string* `html` contém ao menos uma *tag* `<p>`, então a iteração é infinita. O problema é que usamos uma literal RegExp na condição do laço `while`. Para cada iteração do laço, estamos criando um novo objeto RegExp com `lastIndex` configurado para 0, então `exec()` sempre começa no início da *string* e, se há uma correspondência, continua a realizar a comparação de novo e de novo e de novo. A solução, obviamente, é definir a RegExp uma vez e salvá-la em uma variável para que usemos o mesmo objeto RegExp em cada iteração do laço.

Por outro lado, às vezes reutilizar um objeto RegExp não é a coisa certa. Suponha, por exemplo, que queremos iterar por todas as palavras em um dicionário para encontrar aquelas que contêm pares de letras duplas:

```
let dictionary = [ "apple", "book", "coffee" ];
let doubleLetterWords = [];
let doubleLetter = /(\w)\1/g;
```

```
for(let word of dictionary) {
if (doubleLetter.test(word)) {
doubleLetterWords.push(word);
}
}
doubleLetterWords          // => ["apple", "coffee"]: "book" está ausente!
```

Como configuramos a *flag* `g` na RegExp, a propriedade `lastIndex` é alterada após as correspondências bem-sucedidas, e o método `test()` (baseado em `exec()`) começa a buscar uma correspondência na posição especificada por `lastIndex`. Após encontrar o "pp" de "*apple*", `lastIndex` é 3, então começamos a buscar a palavra "*book*" na posição 3 e não vemos o "oo" que ela contém.

Para resolvermos esse problema, podemos remover a *flag* `g` (que não é realmente necessária nesse exemplo específico) ou mover a literal RegExp para o corpo do laço de forma que seja recriada em cada iteração ou reconfigurar explicitamente `lastIndex` para zero antes de cada chamada de `test()`.

A moral dessa história é que `lastIndex` tende a provocar erros na API RegExp. Assim, tome muito cuidado quando usar as *flags* `g` ou `y` e realizar iterações. Na ES2020 e nas versões posteriores, use o método de *String* `matchAll()` no lugar de `exec()` para evitar esse problema, pois `matchAll()` não modifica `lastIndex`.

11.4 Datas e horas

A classe Date é uma API de JavaScript para trabalhar com datas e horas. Crie um objeto Date com a construtora `Date()`. Sem argumentos, ela retorna um objeto Date que representa a data e a hora atuais:

```
let now = new Date();      // A hora atual
```

Se você passa um argumento numérico, a construtora `Date()` interpreta-o como o número de milissegundos desde 1970:

```
let epoch = new Date(0);   // Meia-noite, 1º de janeiro de 1970, GMT
```

Se você especifica dois ou mais argumentos de números inteiros, estes são interpretados como o ano, mês, dia do mês, hora, minuto, segundo e milissegundo no seu fuso horário local, como a seguir:

```
let century = new Date(2100,         // Ano 2100
                       0,            // Janeiro
                       1,            // 1º
                       2, 3, 4, 5);  // 02:03:04.005, hora local
```

Um detalhe da API Date é que o primeiro mês do ano é o número 0, mas o primeiro dia do mês é o número 1. Se você omite os campos de hora, a construtora `Date()` usa 0 como o padrão para todos, configurando a hora para meia-noite.

Observe que, quando chamada com múltiplos números, a construtora `Date()` os interpreta usando o fuso horário do computador local. Se quiser especificar uma data e hora em UTC (Tempo Universal Coordenado, também chamado de Tempo Médio de Greenwich, GMT ou TMG), você pode usar `Date.UTC()`. Esse método estático recebe os mesmos argumentos que a construtora `Date()`, interpreta-os em UTC e retorna um *timestamp* em milissegundos que você pode passar para a construtora `Date()`:

```
// Meia-noite na Inglaterra, 1º de janeiro de 2100
let century = new Date(Date.UTC(2100, 0, 1));
```

Se você imprime uma data (com `console.log(century)`, por exemplo), por padrão, ela é impressa no seu fuso horário local. Se quiser exibir a data em UTC, você deve convertê-la explicitamente em uma *string* com `toUTCString()` ou `toISOString()`.

Por fim, se você passa uma *string* para a construtora `Date()`, ela tenta analisá-la como uma especificação de data e hora. A construtora pode analisar datas especificadas nos formatos produzidos pelos métodos `toString()`, `toUTCString()` e `toISOString()`:

```
let century = new Date("2100-01-01T00:00:00Z");  // Um formato de data ISO
```

Depois que você tem um objeto Date, diversos métodos *getter* e *setter* permitem que você consulte e modifique os campos ano, mês, dia do mês, hora, minuto, segundo e milissegundo da data. Cada um desses métodos tem duas formas: uma que obtém ou configura usando o fuso horário local e outra que obtém ou configura usando o fuso horário UTC. Para obter ou configurar o ano de um objeto Date, por exemplo, você usaria `getFullYear()`, `getUTCFullYear()`, `setFullYear()` ou `setUTCFullYear()`:

```
let d = new Date();                    // Começa com a data corrente
d.setFullYear(d.getFullYear() + 1);    // Incrementa o ano
```

Para obter ou configurar os outros campos de um objeto Date, substitua "FullYear" no nome do método por "Month", "Date", "Hours", "Minutes", "Seconds" ou "Milliseconds". Alguns dos métodos de configuração de data permitem que você configure mais de um campo por vez. `setFullYear()` e `setUTC FullYear()` também permitem, opcionalmente, que você configure o mês e o dia do mês. E `setHours()` e `setUTCHours()` permitem que você especifique os campos minutos, segundos e milissegundos além do campo horas.

Observe que os métodos para consultar o dia do mês são `getDate()` e `getUTC Date()`. As funções com nome mais natural `getDay()` e `getUTCDay()` retornam o dia da semana (0 para domingo e 6 para sábado). O dia da semana é somente de leitura, então não há um método `setDay()` correspondente.

11.4.1 *Timestamps*

JavaScript representa as datas internamente como números inteiros que especificam o número de milissegundos desde (ou antes de) meia-noite de 1º de janeiro de 1970 (fuso horário UTC). Números inteiros de até 8.640.000.000.000.000 são suportados, então vai demorar mais de 270.000 anos para JavaScript ficar sem milissegundos para as suas datas.

Para qualquer objeto Date, o método `getTime()` retorna esse valor interno e o método `set Time()` o configura. Assim, você pode adicionar 30 segundos a um objeto Date com código como o do exemplo a seguir:

```
d.setTime(d.getTime() + 30000);
```

Esses valores em milissegundos também são chamados de *timestamps*, e pode ser útil trabalhar com eles diretamente em vez de com objetos Date. O método estático `Date.now()` retorna a hora atual como um *timestamp* e pode ser útil quando você quer medir quanto tempo seu código demora para ser executado:

```
let startTime = Date.now();
reticulateSplines();   // Realiza uma operação demorada
let endTime = Date.now();
console.log(`Spline reticulation took ${endTime - startTime}ms.`);
```

Timestamps de alta resolução

Os *timestamps* retornados por `Date.now()` são medidos em milissegundos. Um milissegundo é, na verdade, um tempo relativamente longo para um computador, e pode acontecer de você querer medir o tempo com precisão maior do que essa. É o que a função `performance.now()` permite: ela também retorna um *timestamp* baseado em milissegundos, mas o valor de retorno não é um número inteiro, de modo que inclui frações de um milissegundo. O valor retornado por `performance.now()` não é um *timestamp* absoluto como o valor de `Date.now()`. Em vez disso, a função simplesmente indica quanto tempo passou desde que uma página Web foi carregada ou desde que o processo Node iniciou.

O objeto `performance` é parte de uma API Performance maior que não é definida pelo padrão ECMAScript e sim implementada por navegadores Web e pelo Node. Para usar o objeto `performance` no Node, você deve importá-lo com:

```
const { performance } = require("perf_hooks");
```

Permitir medições de tempo de alta precisão na Web pode permitir que *sites* inescrupulosos identifiquem visitantes individuais, então os navegadores (especialmente o Firefox) podem reduzir a precisão de `performance.now()` por padrão. Como desenvolvedor Web, você deve ser capaz de encontrar alguma forma de reativar a medição de alta precisão (p. ex., configurar `privacy.reduceTimerPrecision` como falso no Firefox).

11.4.2 Aritmética com datas

Os objetos Date podem ser comparados usando os operadores de comparação padrão do JavaScript <, <=, > e >=. E você pode subtrair um objeto Date de outro para determinar o número de milissegundos entre as duas datas (isso funciona porque a classe Date define um método `valueOf()` que retorna um *timestamp*).

Se você quer adicionar ou subtrair um determinado número de segundos, minutos ou horas de uma data, muitas vezes é mais fácil simplesmente modificar o *timestamp*, como demonstra o exemplo anterior, quando adicionamos 30 segundos a uma data. A técnica se torna mais trabalhosa quando queremos somar dias, e não funciona para meses e anos, que têm números diferentes de dias. Para a aritmética de datas que envolvem dias, meses e anos, você pode usar `setDate()`, `setMonth()` e `setYear()`. O código a seguir, por exemplo, adiciona três meses e duas semanas à data corrente:

```
let d = new Date();
d.setMonth(d.getMonth() + 3, d.getDate() + 14);
```

Os métodos de configuração de data funcionam corretamente mesmo quando transbordam. Quando adicionamos três meses ao mês corrente, o resultado pode ser um valor maior do que 11 (que representa dezembro). `setMonth()` resolve isso incrementando o ano quando necessário. Da mesma forma, quando configuramos o dia do mês para um valor maior do que o número de dias daquele mês, o mês é incrementado.

11.4.3 Formatação e análise de *strings* de data

Se você estiver usando a classe Date para registrar datas e horas (e não apenas para medir intervalos de tempo), provavelmente precisará exibir datas e horas para os usuários do seu código. A classe Date define diversos métodos diferentes para converter objetos Date em *strings*. Por exemplo:

```
let d = new Date(2020, 0, 1, 17, 10, 30); // 5:10:30 da tarde no Dia de Ano Novo de 2020
d.toString()              // => "Wed Jan 01 2020 17:10:30 GMT-0800 (Pacific Standard
                          // Time)"
d.toUTCString()           // => "Thu, 02 Jan 2020 01:10:30 GMT"
d.toLocaleDateString()    // => "1/1/2020": local 'en-US'
d.toLocaleTimeString()    // => "5:10:30 PM": local 'en-US'
d.toISOString()           // => "2020-01-02T01:10:30.000Z"
```

A seguir você encontra uma lista completa de métodos de formatação de *string* da classe Date:

`toString()`
: O método usa o fuso horário local, mas não formata a data e o tempo de uma forma que reconhece a localidade.

`toUTCString()`
: O método usa o fuso horário UTC, mas não formata a data e o tempo de uma forma que reconhece a localidade.

`toISOString()`

O método imprime a data e a hora no formata padrão ISO-8601 ano-mês-dia horas:minutos:segundos.ms. A letra "T" separa a porção de data da saída da porção de hora. O tempo é expresso no fuso horário UTC, indicado pela letra "Z" como última letra da saída.

`toLocaleString()`

O método usa o fuso horário local e um formato apropriado para o local do usuário.

`toDateString()`

O método formata apenas a porção de data do objeto Date e omite a hora. Ele usa o fuso horário local e não usa formatação apropriada para a localidade.

`toLocaleDateString()`

O método formata apenas a data. Ele usa o fuso horário local e um formato de data apropriado para a localidade.

`toTimeString()`

O método formata apenas a hora e omite a data. Ele usa o fuso horário local, mas não formata a data e o tempo de uma forma que reconhece a localidade.

`toLocaleTimeString()`

O método formata a hora em uma forma que reconhece a localidade e usa o fuso horário local.

Nenhum desses métodos de conversão de data em *string* é ideal quando formatamos datas e horas que serão exibidas para os usuários finais. Para uma técnica de formatação de datas e horas que reconhece a localidade e que seja mais apropriada para usos gerais, consulte a Seção 11.7.2.

Por fim, além desses métodos para converter um objeto Date em uma *string*, o método estático `Date.parse()` recebe uma *string* como argumento, tenta analisá-la como data e hora e retorna um *timestamp* que representa essa data. `Date.parse()` consegue analisar as mesmas *strings* que a construtora `Date()` e sempre consegue analisar a saída de `toISOString()`, `toUTCString()` e `toString()`.

11.5 Classes Error

As instruções `throw` e `catch` de JavaScript podem lançar e capturar qualquer valor de JavaScript, incluindo valores primitivos. Não há um tipo de exceção que deva ser usado para sinalizar erros. JavaScript define uma classe Error, no entanto, e é tradicional usar instâncias de Error ou uma subclasse quando sinalizamos um erro com `throw`. Um bom motivo para utilizar um objeto Error é que, quando você cria um Error, ele captura o estado da pilha de JavaScript; se a exceção não é capturada, o rastreamento de pilha é exibido com a mensagem de erro, o que ajuda na depuração. (Observe que o rastreamento de pilha mostra onde o objeto Error foi criado, não onde a instrução `throw` o lança. Se você sempre criar o objeto antes de lançá-lo com `throw new Error()`, isso não causará confusão.)

Objetos Error têm duas propriedades: `message` e `name`, e um método `toString()`. O valor da propriedade `message` é o valor que você passou para a construtora `Error()`, convertido em *string* se necessário. Para objetos Error criados com `Error()`, a propriedade `name` é sempre "Error". O método `toString()` simplesmente retorna o valor da propriedade `name` seguido por dois-pontos e um espaço e o valor da propriedade `message`.

Embora não seja parte do padrão ECMAScript, Node e todos os navegadores modernos também definem uma propriedade `stack` nos objetos Error. O valor dessa propriedade é uma *string* de múltiplas linhas que contém um rastreamento de pilha da pilha de chamadas de JavaScript no momento em que o objeto Error foi criado. Pode ser uma informação útil para registrarmos quando um erro inesperado é capturado.

Além da classe Error, JavaScript define diversas subclasses que usa para sinalizar determinados tipos de erro definidos pela ECMAScript. As subclasses são EvalError, RangeError, ReferenceError, SyntaxError, TypeError e URIError. Você pode usar essas classes de erro no seu próprio código se parecerem adequadas. Assim como a classe Error básica, cada uma dessas subclasses tem uma construtora que recebe um único argumento de mensagem. E instâncias de cada uma dessas subclasses têm uma propriedade `name` cujo valor é o mesmo que o nome da construtora.

Sinta-se à vontade para definir suas próprias subclasses Error da maneira que melhor captura as condições de erro do seu próprio programa. Observe que você não está restrito às propriedades `name` e `message`. Se você criar uma subclasse, poderá definir novas propriedades que fornecem os detalhes do erro. Se está escrevendo um analisador, por exemplo, pode ser útil definir uma classe ParseError com propriedades `line` e `column` que especificam o local exato do erro de análise. Ou se está trabalhando com pedidos HTTP, pode ser interessante definir uma classe HTTPError com uma propriedade `status` que registra o código de status HTTP (como 404 ou 500) do pedido que falhou.

Por exemplo:

```
class HTTPError extends Error {
    constructor(status, statusText, url) {
        super(`${status} ${statusText}: ${url}`);
        this.status = status;
        this.statusText = statusText;
        this.url = url;
    }

    get name() { return "HTTPError"; }
}
```

```
let error = new HTTPError(404, "Not Found", "http://example.com/");
error.status       // => 404
error.message      // => "404 Not Found: http://example.com/"
error.name         // => "HTTPError"
```

11.6 Serialização e análise de JSON

Quando um programa precisa salvar ou transmitir dados através de uma conexão de rede para outro programa, é preciso converter suas estruturas de dados em memória em uma *string* de *bytes* ou caracteres que pode ser salva ou transmitida e então analisada para restaurar as estruturas de dados originais em memória. Esse processo de converter estruturas de dados em fluxos de *bytes* ou caracteres é chamada de *serialização* (ou *marshaling* ou mesmo *pickling*).

A forma mais fácil de serializar dados em JavaScript usa um formato de serialização chamado JSON. A sigla significa "JavaScript Object Notation" ("Notação de Objeto JavaScript") e, como o nome sugere, o formato usa a sintaxe de objetos e *arrays* literais de JavaScript para converter estruturas de dados compostas de objetos e *arrays* em *strings*. JSON suporta *strings* e números primitivos, os valores `true`, `false` e `null`, além de *arrays* e objetos compostos desses valores primitivos. JSON não suporta outros tipos de JavaScript, como Map, Set, RegExp, Date ou *arrays* tipados. Ainda assim, é um formato de dados incrivelmente versátil, e está em uso comum mesmo em programas que não são baseados em JavaScript.

JavaScript suporta serialização e desserialização de JSON com as duas funções `JSON.stringify()` e `JSON.parse()`, que foram abordadas brevemente na Seção 6.8. Dado um objeto ou *array* (aninhado de forma arbitrariamente profunda) que não contém nenhum valor não serializável, como objetos RegExp ou *arrays* tipados, para serializar o objeto, basta passá-lo para `JSON.stringify()`. Como o nome sugere, o valor de retorno dessa função é uma *string*. E dada uma *string* retornada por `JSON.stringify()`, para recriar a estrutura de dados original, podemos passar a *string* para `JSON.parse()`:

```
let o = {s: "", n: 0, a: [true, false, null]};
let s = JSON.stringify(o);  // s == '{"s":"","n":0,"a":[true,false,null]}'
let copy = JSON.parse(s);   // copy == {s: "", n: 0, a: [true, false, null]}
```

Se deixarmos de fora a parte em que os dados serializados são salvos em um arquivo ou enviados pela rede, podemos usar essa dupla de funções como uma forma relativamente ineficiente de criar uma cópia profunda de um objeto:

```
// Faz uma cópia profunda de qualquer objeto ou array serializável
function deepcopy(o) {
    return JSON.parse(JSON.stringify(o));
}
```

JSON é um subconjunto de JavaScript

Quando dados são serializados em formato JSON, o resultado é código-fonte JavaScript válido para uma expressão que avalia para uma cópia da estrutura de dados original. Se você prefixa uma *string* JSON com `var data =` e passa o resultado para `eval()`, você obtém uma cópia da estrutura de dados original atribuída à variável `data`. Você nunca deve fazer isso, entretanto, pois é um risco de segurança enorme: se um invasor consegue injetar código JavaScript arbitrário em um arquivo JSON, ele pode fazer com que o seu programa execute o código que ele quiser. É mais rápido e mais seguro usar `JSON.parse()` para decodificar dados em formato JSON.

JSON também é usado como formato de arquivo de configuração legível para seres humanos. Se editar manualmente um arquivo JSON, você notará que o formato JSON é um subconjunto bastante restrito de JavaScript. Comentários não são permitidos e os nomes de propriedade devem estar entre aspas duplas mesmo quando JavaScript não exigiria que estivessem.

Em geral, você passa um único argumento para `JSON.stringify()` e `JSON.parse()`. Ambas as funções aceitam um segundo argumento opcional que nos permite estender o formato JSON, e serão descritas a seguir. `JSON.stringify()` também recebe um terceiro argumento opcional que abordaremos antes. Se você quer que a sua *string* em formato JSON seja legível por seres humanos (se estiver sendo usada como arquivo de configuração, por exemplo), você deve passar `null` como o segundo argumento e passar um número ou uma *string* como o terceiro. Esse terceiro argumento diz a `JSON.stringify()` que deve formatar os dados em múltiplas linhas com recuos. Se o terceiro argumento é um número, ela usará este como o número de espaços para cada nível de recuo. Se o terceiro argumento é uma *string* de espaços em branco (como `'\t'`), ela usará essa *string* para cada nível de recuo.

```
let o = {s: "test", n: 0};
JSON.stringify(o, null, 2)   // => '{\n "s": "test",\n "n": 0\n}'
```

`JSON.parse()` ignora espaços em branco, então passar um terceiro argumento para `JSON.stringify()` não impacta nossa capacidade de converter a *string* de volta em uma estrutura de dados.

11.6.1 Customizações de JSON

Se solicitamos que `JSON.stringify()` serialize um valor que não é suportado nativamente pelo formato JSON, esta tenta descobrir se o valor possui um método `toJSON()` e, em caso positivo, chama esse método e converte o valor de retorno em *string* no lugar do valor original. Os objetos Date implementam `toJSON()`: ele retorna a mesma *string* que o método `toISOString()`. Isso significa que se você serializa um objeto que inclui um Date, a data é convertida automaticamente em uma *string* para você. Quando você analisa a *string* serializada, a estrutura de dados recriada não é exatamente aquela com a qual começou, pois tem uma *string* na qual o objeto original tinha um Date.

Se precisar recriar objetos Date (ou modificar o objeto analisado de alguma outra forma), você pode passar uma função "reviver" como o segundo argumento para `JSON.parse()`. Se especificada, essa função "reviver" é chamada uma vez para cada valor primitivo (mas não para objetos ou *arrays* que contêm esses valores primitivos) analisado a partir da *string* de entrada. A função é chamada com dois argumentos. O primeiro é um nome de propriedade, que pode ser um nome de propriedade de objeto ou um índice de *array* convertido em *string*. O segundo argumento é o valor primitivo da propriedade do objeto ou elemento do *array*. Além disso, a função é chamada como método do objeto ou *array* que contém o valor primitivo, então você pode se referir ao objeto que o contém com a palavra-chave `this`.

O valor de retorno da função reviver se torna o novo valor da propriedade nomeada. Se retorna seu segundo argumento, a propriedade permanece inalterada. Se retorna `undefined`, a propriedade nomeada é excluída do objeto ou *array* antes que `JSON.parse()` retorne para o usuário.

No exemplo a seguir, uma chamada a `JSON.parse()` usa uma função reviver para filtrar algumas propriedades e recriar objetos Date:

```
let data = JSON.parse(text, function(key, value) {
    // Remove qualquer valor cujo nome de propriedade começa com um sublinhado
    if (key[0] === "_") return undefined;

    // Se o valor é uma string no formato de data ISO 8601, converte-a em uma data
    if (typeof value === "string" &&
        /^\d\d\d\d-\d\d-\d\dT\d\d:\d\d:\d\d.\d\d\dZ$/.test(value)) {
        return new Date(value);
    }

    // Caso contrário, retorna o valor sem modificações
    return value;
});
```

Além do uso de `toJSON()` descrito anteriormente, `JSON.stringify()` também permite que sua saída seja customizada quando passamos um *array* ou uma função como segundo argumento opcional.

Se um *array* de *strings* (ou de números, que são convertidos em *strings*) é passado no lugar do segundo argumento, estas são usadas como os nomes das propriedades do objeto (ou elementos do *array*). Qualquer propriedade cujo nome não esteja no *array* é omitido da conversão em *string*. Além disso, a *string* retornada inclui as propriedades na mesma ordem em que aparecem no *array* (o que pode ser muito útil quando escrevemos testes).

Se você passa uma função, esta é uma função de substituição – na prática, o inverso da função reviver opcional que pode passar para `JSON.parse()`. Se especificada, a função *replacer* é chamada para cada valor a ser convertido em *string*. O primeiro argumento da função *replacer* é o nome da propriedade do objeto ou índice do *array* do valor no objeto, e o segundo argumento é o valor em si. A função *replacer* é chamada como método do objeto ou *array* que contém o valor a ser convertido em *string*. O valor de retorno da função *replacer* é convertido em *string* no lugar do valor original. Se a função *replacer* retorna `undefined` ou não retorna nada, então esse valor (e seu elemento de *array* ou propriedade de objeto) é omitido da conversão em *string*.

```
// Especifica quais campos serializar e em que ordem serializá-los
let text = JSON.stringify(address, ["city","state","country"]);

// Especifica uma função replacer que omite propriedades com valores RegExp
let json = JSON.stringify(o, (k, v) => v instanceof RegExp ? undefined : v);
```

Essas duas chamadas de `JSON.stringify()` usam o segundo argumento de forma benigna, produzindo uma saída serializada que pode ser desserializada sem precisar de uma função reviver especial. Geralmente, no entanto, se você define um método `toJSON()` para um tipo, ou se usa uma função *replacer* que de fato substitui valores não serializáveis por valores serializáveis, você normalmente precisa usar uma função reviver customizada com `JSON.parse()` para recuperar sua estrutura de dados original. Se fizer isso, você conseguirá entender que está definindo um formato de dados customizado e sacrificando a portabilidade e a compatibilidade com um grande ecossistema de linguagens e ferramentas compatíveis com JSON.

11.7 A API de internacionalização

A API de internacionalização de JavaScript é composta pelas três classes Intl.NumberFormat, Intl.DateTimeFormat e Intl.Collator, que nos permitem formatar números (incluindo valores monetários e porcentagens), datas e horas de maneira apropriada para cada local e comparar as *strings* também de forma apropriada para o local. Essas classes não são parte do padrão ECMAScript, mas são definidas como parte do padrão ECMA402 e bem suportadas pelos navegadores Web. A API Intl também é suportada no Node, mas, na época da redação deste livro, os binários pré-compilados de Node não eram distribuídos com os dados de localização necessários para fazer funcionarem com outros locais além do inglês americano. Assim, para usar essas classes com Node, talvez você precise baixar um pacote de dados separado ou usar um *build* customizado do Node.

Uma das partes mais importantes da internacionalização é exibir textos que foram traduzidos para o idioma do usuário. Há diversas maneiras de fazer isso, mas nenhuma delas está no escopo da API Intl descrita aqui.

11.7.1 Formatação de números

Os usuários de diversas partes do mundo esperam que os números sejam formatados de modos diferentes. Os pontos decimais podem ser pontos ou vírgulas, assim como os separadores de milhares, que por sua vez não são usados a cada três dígitos em todos os lugares. Algumas moedas são divididas em centésimos, algumas em milésimos e algumas não têm subdivisões. Por fim, embora os chamados "algarismos arábicos" de 0 a 9 sejam usados em muitos idiomas, eles não são universais, e os usuários de alguns países esperam ver os números escritos com os dígitos dos seus respectivos sistemas de escrita.

A classe Intl.NumberFormat define um método `format()` que leva em consideração todas essas possibilidades de formatação. A construtora recebe dois argumentos. O primeiro especifica o local para o qual o número deve ser formatado, enquanto o segundo é um objeto que especifica mais detalhes sobre como o número deve ser formatado. Se o primeiro argumento é omitido ou `undefined`, utiliza-se o local do sistema (que supomos ser o local de preferência do usuário). Se o primeiro argumento é uma *string*, ela especifica o local desejado, como `"en-US"` (inglês como usado nos Estados Unidos), `"fr"` (francês) ou `"zh-Hans-CN"` (chinês, usando o sistema de escrita Han simplificado, na China). O primeiro argumento também pode ser um *array* de *strings* de local e, nesse caso, Intl.NumberFormat escolhe o mais específico que seja bem suportado. O segundo argumento da construtora `Intl.NumberFormat()`, se especificado, deve ser um objeto que define uma ou mais das seguintes propriedades:

`style`
: Especifica o tipo de formatação de número exigido. O padrão é `"decimal"`. Especifique `"percent"` para formatar um número como porcentagem ou especifique `"currency"` para especificar um número como quantia monetária.

`currency`
: Se o estilo é `"currency"`, a propriedade é necessária para especificar o código de moeda ISO de três dígitos (p. ex., `"USD"` para o dólar dos EUA ou `"GBP"` para a libra esterlina) da moeda desejada.

`currencyDisplay`
: Se o estilo é `"currency"`, a propriedade especifica como a moeda é exibida. O valor padrão `"symbol"` usa um símbolo de moeda, caso a moeda o tenha. O valor `"code"` usa o código ISO de três letras, e o valor `"name"` apresenta o nome da moeda por extenso.

`useGrouping`
: Configure a propriedade como `false` se não quer que os números usem separadores de milhares (ou seus equivalentes apropriados para o local).

`minimumIntegerDigits`
: O número mínimo de dígitos usado para exibir a parte inteira do número. Se o número tem menos dígitos do que a propriedade especificada, são adicionados zeros à esquerda. O valor padrão é 1, mas você pode usar até 21.

`minimumFractionDigits, maximumFractionDigits`
: Essas duas propriedades controlam a formatação da parte fracionária do número. Se tem menos dígitos fracionários do que o mínimo, o número é completado com zeros à direita. Se tem mais do que o máximo, a parte fracionária é arredondada. Os valores válidos para ambas as propriedades vão de 0 a 20. O mínimo padrão é 0 e o máximo padrão é 3, exceto na formatação de quantias monetárias quando o comprimento da parte fracionária varia com a moeda especificada.

`minimumSignificantDigits`, `maximumSignificantDigits`
: As propriedades controlam o número de dígitos significativos usados na formatação de um número, o que as torna apropriadas para formatar dados científicos, por exemplo. Se especificadas, elas anulam as propriedades de número inteiro e de dígito fracionário listadas anteriormente. Os valores válidos vão de 1 a 21.

Após criar um objeto Intl.NumberFormat com as opções e o local desejados, você pode usá-lo passando um número para o seu método `format()`, que retorna uma *string* com a formatação apropriada. Por exemplo:

```
let euros = Intl.NumberFormat("es", {style: "currency", currency: "EUR"});
euros.format(10)     // => "10,00 €": dez euros, formatação espanhola

let pounds = Intl.NumberFormat("en", {style: "currency", currency: "GBP"});
pounds.format(1000)  // => "£1,000.00": Mil libras, formatação inglesa
```

Um recurso útil de `Intl.NumberFormat` (e das outras classes Intl também) é que seu método `format()` é vinculado ao objeto NumberFormat ao qual pertence. Assim, em vez de definir uma variável que se refere ao objeto a ser formatado e então chamar o método `format()` nele, você pode simplesmente atribuir o método `format()` a uma variável e usá-la como se fosse uma função independente, como no exemplo a seguir:

```
let data = [0.05, .75, 1];
let formatData = Intl.NumberFormat(undefined, {
    style: "percent",
    minimumFractionDigits: 1,
    maximumFractionDigits: 1
}).format;

data.map(formatData)   // => ["5.0%", "75.0%", "100.0%"]: no local en-US
```

Alguns idiomas, como o árabe, usam sua própria escrita para dígitos decimais:

```
let arabic = Intl.NumberFormat("ar", {useGrouping: false}).format;
arabic(1234567890)   // => "١٢٣٤٥٦٧٨٩٠"
```

Outros, como o hindi, usam uma escrita que possui seu próprio conjunto de dígitos, mas tendem a usar os dígitos ASCII 0–9 por padrão. Se você quer anular a escrita padrão usada para dígitos, adicione `-u-nu-` ao local, seguido por um nome de escrita abreviado. Por exemplo, você pode formar os números com agrupamento em estilo indiano e dígitos na escrita Devanagari:

```
let hindi = Intl.NumberFormat("hi-IN-u-nu-deva").format;
hindi(1234567890)   // => "१,२३,४५,६७,८९०"
```

`-u-`, em um local, especifica que o que vem a seguir é uma extensão Unicode. `nu` é o nome da extensão para o sistema de numeração e `deva` significa Devanagari. O padrão da API Intl define nomes para diversos outros sistemas de numeração, em geral para as línguas indo-arianas do Sul e Sudeste Asiático.

11.7.2 Formatação de datas e horas

A classe Intl.DateTimeFormat é muito parecida com a classe Intl.NumberFormat. A construtora `Intl.DateTimeFormat()` recebe os mesmos dois argumentos que `Intl.NumberFormat()`: um local ou *array* de locais e um objeto de opções de formatação. E o modo como usa uma instância de Intl.DateTimeFormat é chamando seu método `format()` para converter um objeto Date em uma *string*.

Como mencionado na Seção 11.4, a classe Date define métodos `toLocaleDateString()` e `toLocaleTimeString()` simples que produzem saídas apropriadas para o local do usuário. Contudo, esses métodos não permitem controle sobre quais campos da data e da hora são exibidos. Talvez você queira omitir o ano, mas adicionar um dia da semana ao formato da data. Você quer que o mês seja representado numericamente ou esteja por extenso? A classe Intl.DateTimeFormat permite controlar os detalhes da saída com base nas propriedades no objeto opções passado como segundo argumento da construtora. Observe, no entanto, que Intl.DateTimeFormat nem sempre consegue exibir exatamente o que você solicita. Se você especifica opções para formatar as horas e os segundos, mas omite os minutos, o formatador ainda assim exibe os minutos. A ideia é que você use o objeto opções para especificar quais campos de data e hora gostaria de apresentar para o usuário e como deseja que estejam formatados (p. ex., por nome ou por número), e então o formatador busca um formato apropriado para o local que melhor se aproxima do que você solicitou.

As opções disponíveis são as seguintes. Especifique apenas as propriedades para os campos de data e hora que gostaria que aparecessem na saída formatada.

`year`

Use `"numeric"` para um ano de quatro dígitos completo ou `"2-digit"` para uma forma abreviada de dois dígitos.

`month`

Use `"numeric"` para um número possivelmente curto, como “1”, ou `"2-digit"` para uma representação numérica que sempre tem dois dígitos, como “01”. Use `"long"` para um nome completo como “janeiro”, `"short"` para um nome abreviado como “jan” e `"narrow"` para um nome altamente abreviado, como “J”, que não é necessariamente único.

`day`

Use `"numeric"` para um número de um ou dois dígitos ou `"2-digit"` para um número de dois dígitos para o dia do mês.

`weekday`

Use `"long"` para um nome completo, como “segunda-feira”; `"short"` para um nome abreviado, como “seg”; e `"narrow"` para um nome altamente abreviado, como “S”, que não é necessariamente único.

`era`
: A propriedade especifica se uma data deve ser formatada com uma era, como a.C. e d.C. Pode ser útil se você está formatando datas de muito tempo atrás ou se usa um calendário japonês. Os valores válidos são `"long"`, `"short"` e `"narrow"`.

`hour, minute, second`
: As propriedades especificam como você gostaria que a hora fosse exigida. Use `"numeric"` para um campo de um ou dois dígitos ou `"2-digit"` para forçar que números de um dígito recebam um 0 à esquerda.

`timeZone`
: A propriedade especifica o fuso horário desejado para o qual a data deve ser formatada. Se omitida, o fuso horário local é usado. As implementações sempre reconhecem "UTC" e podem reconhecer nomes de fuso horário da Autoridade para Atribuição de Números da Internet (IANA, do inglês Internet Assigned Numbers Authority), como "America/Los_Angeles".

`timeZoneName`
: A propriedade especifica como os fusos horários devem ser exibidos em uma data ou hora formatada. Use `"long"` para um fuso horário por extenso e `"short"` para um fuso horário abreviado ou numérico.

`hour12`
: Esta propriedade booleana especifica se o formato de 12 horas será usado ou não. O padrão depende do local, mas você pode anulá-lo com esta propriedade.

`hourCycle`
: Esta propriedade permite que você especifique se meia-noite será escrita como 0 hora, 12 horas ou 24 horas. O padrão depende do local, mas você pode anular o padrão com esta propriedade. Observe que `hour12` tem precedência sobre esta propriedade. Use o valor `"h11"` para especificar que meia-noite é 0 e a hora antes da meia-noite é 11. Use `"h12"` para especificar que meia-noite é 12. Use `"h23"` para especificar que meia-noite é 0 e que a hora antes da meia-noite é 23. E use `"h24"` para especificar que meia-noite é 24.

Aqui estão alguns exemplos:

```
let d = new Date("2020-01-02T13:14:15Z");    // January 2nd, 2020, 13:14:15 UTC

// Sem opções, obtemos um formato de data numérico básico
Intl.DateTimeFormat("en-US").format(d)    // => "1/2/2020"
Intl.DateTimeFormat("fr-FR").format(d)    // => "02/01/2020"

// Dia da semana e mês por extenso
let opts = { weekday: "long", month: "long", year: "numeric", day: "numeric" };
Intl.DateTimeFormat("en-US", opts).format(d)    // => "Thursday, January 2, 2020"
Intl.DateTimeFormat("es-ES", opts).format(d)    // => "jueves, 2 de enero de 2020"
```

```
// A hora em Nova York para um canadense francófono
opts = { hour: "numeric", minute: "2-digit", timeZone: "America/New_York" };
Intl.DateTimeFormat("fr-CA", opts).format(d)    // => "8 h 14"
```

Intl.DateTimeFormat pode exibir datas usando calendários que não o calendário juliano baseado na era cristã. Embora alguns locais usem um calendário não cristão por padrão, sempre é possível especificar explicitamente o calendário a ser usado pela adição de `-u-ca-` ao local seguido pelo nome do calendário. Os nomes de calendário possíveis incluem "buddhist", "chinese", "coptic", "ethiopic", "gregory", "hebrew", "indian", "islamic", "iso8601", "japanese" e "persian". Continuando o exemplo anterior, determinamos o ano em diversos calendários não cristãos:

```
let opts = { year: "numeric", era: "short" };
Intl.DateTimeFormat("en", opts).format(d)                  // => "2020 AD"
Intl.DateTimeFormat("en-u-ca-iso8601", opts).format(d)     // => "2020 AD"
Intl.DateTimeFormat("en-u-ca-hebrew", opts).format(d)      // => "5780 AM"
Intl.DateTimeFormat("en-u-ca-buddhist", opts).format(d)    // => "2563 BE"
Intl.DateTimeFormat("en-u-ca-islamic", opts).format(d)     // => "1441 AH"
Intl.DateTimeFormat("en-u-ca-persian", opts).format(d)     // => "1398 AP"
Intl.DateTimeFormat("en-u-ca-indian", opts).format(d)      // => "1941 Saka"
Intl.DateTimeFormat("en-u-ca-chinese", opts).format(d)     // => "36 78"
Intl.DateTimeFormat("en-u-ca-japanese", opts).format(d)    // => "2 Reiwa"
```

11.7.3 Comparação de *strings*

O problema de ordenar *strings* em ordem alfabética (ou em uma "ordem de colação" mais geral para escritas não alfabéticas) é um desafio maior do que os anglófonos costumam perceber. A língua inglesa usa um alfabeto relativamente pequeno, sem letras acentuadas, e tem o benefício de um sistema de codificação de caracteres (ASCII, desde então incorporado ao Unicode) cujos valores numéricos correspondem perfeitamente à ordem padrão de classificação de *strings*. A situação não é tão simples em outros idiomas. O espanhol, por exemplo, trata o ñ como uma letra separada que fica entre n e o. Lituano coloca Y antes de J no alfabeto e galês trata dígrafos como CH e DD como uma só letra, com CH após C e DD após D.

Se você quer exibir as *strings* para o usuário na ordem que será mais natural para ele, não basta usar o método `sort()` em um *array* de *strings*. Ao criar um objeto Intl.Collator, você pode passar o método `compare()` do objeto para o método `sort()` e classificar as *strings* na ordem apropriada para o local. Objetos Intl.Collator precisam ser configurados de modo que o método `compare()` realize comparações que não diferenciam maiúsculas de minúsculas ou até mesmo comparações que consideram apenas a letra de base e ignoram acentos e outros diacríticos.

Assim como `Intl.NumberFormat()` e `Intl.DateTimeFormat()`, a construtora `Intl.Collator()` recebe dois argumentos. O primeiro especifica um local ou *array* de locais e o segundo é um objeto opcional cujas propriedades especificam exatamente que tipo de comparação de *strings* deve ser realizada. As propriedades suportadas são:

`usage`
: A propriedade especifica como o objeto colador deve ser utilizado. O valor padrão é `"sort"`, mas você também pode especificar `"search"`. A ideia é que, quando você classifica *strings*, normalmente você quer que o colador diferencie tantas *strings* quanto for possível para produzir um ordenamento confiável. Mas quando comparam duas *strings*, alguns locais podem preferir uma comparação menos estrita, que ignora acentos, por exemplo.

`sensitivity`
: A propriedade especifica se o colador diferencia maiúsculas de minúsculas e acentos quando compara *strings*. O valor `"base"` faz as comparações ignorarem maiúsculas e acentos, considerando apenas a letra de base para cada caractere (observe, contudo, que alguns idiomas consideram determinados caracteres acentuados como letras de base diferentes). `"accent"` considera acentos nas comparações, mas ignora maiúsculas e minúsculas. `"case"` considera maiúsculas e minúsculas e ignora os acentos. E `"variant"` realiza comparações estritas que consideram os acentos e diferenciam maiúsculas de minúsculas. O valor padrão para essa propriedade é `"variant"` quando `usage` é `"sort"`. Se `usage` é `"search"`, a sensibilidade padrão depende do local.

`ignorePunctuation`
: Configure a propriedade como `true` para ignorar espaços e pontuação quando compara *strings*. Com a propriedade configurada como `true`, as *strings* "por que" e "porque", por exemplo, são consideradas iguais.

`numéricos`
: Configure essa propriedade como `true` se as *strings* que está comparando são números inteiros ou contêm números inteiros e você quer que estes sejam classificados em ordem numérica e não alfabética. Por exemplo, com essa opção configurada, a *string* "Versão 9" é classificada antes de "Versão 10".

`caseFirst`
: A propriedade especifica se maiúsculas ou minúsculas devem ter precedência. Se você especifica `"upper"`, "A" é classificada antes de "a". Se especifica `"lower"`, "a" é classificada antes de "A". Em ambos os casos, observe que as variantes maiúsculas e minúsculas da mesma letra ficam uma ao lado da outra na ordem de classificação, o que é diferente da ordem lexicográfica Unicode (o comportamento padrão do método de *Array* `sort()`), na qual todas as letras maiúsculas ASCII vêm antes de todas as letras minúsculas ASCII. O padrão para essa propriedade depende do local, e implementações podem ignorá-la e não permitir que você anule a ordem de classificação de maiúsculas e minúsculas.

Após criar um objeto Intl.Collator para o local e as opções desejadas, você pode usar seu método `compare()` para comparar duas *strings*. O método retorna um número. Se o valor retornado é menor do que zero, a primeira *string* vem antes da segunda. Se é maior do que zero, a primeira *string* vem depois da segunda. E se `compare()` retorna zero, as duas *strings* são iguais até onde consta para o colador.

Esse método `compare()` que compara duas *strings* e retorna um número menor, igual ou maior do que zero é exatamente o que o método de *Array* `sort()` espera para o seu argumento opcional. Além disso, Intl.Collator vincula automaticamente o método `compare()` à sua instância, então você pode passá-lo diretamente para `sort()` sem ter que escrever uma função empacotadora e chamá-la através do objeto colador. Observe alguns exemplos:

```
// Um comparador básico para classificar no local do usuário.
// Nunca classifique strings legíveis por seres humanos sem passar algo como:
const collator = new Intl.Collator().compare;
["a", "z", "A", "Z"].sort(collator)   // => ["a", "A", "z", "Z"]

// Nomes de arquivo muitas vezes incluem números, então devemos classificar estes
// especialmente
const filenameOrder = new Intl.Collator(undefined, { numeric: true }).compare;
["page10", "page9"].sort(filenameOrder)   // => ["page9", "page10"]

// Encontra todas as strings que correspondem aproximadamente a uma string procurada
const fuzzyMatcher = new Intl.Collator(undefined, {
    sensitivity: "base",
    ignorePunctuation: true
}).compare;
let strings = ["food", "fool", "Foo Bar"];
strings.findIndex(s => fuzzyMatcher(s, "foobar") === 0)   // => 2
```

Alguns locais têm mais de uma ordem de colação possível. Na Alemanha, por exemplo, as listas telefônicas usam uma ordem de classificação ligeiramente mais fonética do que os dicionários. Na Espanha, até 1994, "ch" e "ll" eram tratados como letras separadas, de modo que o país hoje tem uma ordem de classificação moderna e uma tradicional. Na China, a ordem de colação pode se basear em codificações de caracteres, nos radicais de base e traços de cada caractere ou na romanização Pinyin dos caracteres. Essas variantes de colação não podem ser selecionadas por meio do argumento de opções de Intl.Collator, mas podem pela adição de `-uco-` à *string* de local e do nome da variante desejada. Use `"de-DE-uco-phonebk"` para a ordem da lista telefônica alemã na Alemanha, por exemplo, e `"zh-TW-u-copinyin"` para a classificação Pinyin em Taiwan.

```
// Até 1994, CH e LL eram tratadas como letras separadas na Espanha
const modernSpanish = Intl.Collator("es-ES").compare;
const traditionalSpanish = Intl.Collator("es-ES-u-co-trad").compare;
let palabras = ["luz", "llama", "como", "chico"];
palabras.sort(modernSpanish)       // => ["chico", "como", "llama", "luz"]
palabras.sort(traditionalSpanish)  // => ["como", "chico", "luz", "llama"]
```

11.8 A API Console

Você viu a função `console.log()` usada ao longo deste livro: em navegadores Web, ela imprime uma *string* na guia "Console" do painel ferramentas do desenvolvedor do navegador, que pode ser muito útil durante a depuração. No Node, `console.log()` é uma função de saída de uso geral e imprime seus argumentos no fluxo *stdout* do processo, onde normalmente aparece para o usuário em uma janela de terminal como saída do programa.

A API Console define diversas funções úteis além de `console.log()`. A API não é parte de nenhum padrão ECMAScript, mas é suportada por navegadores e pelo Node e foi formalizada e padronizada em *https://console.spec.whatwg.org.*

A API Console define as seguintes funções:

`console.log()`
: É a função de *console* mais conhecida de todas. Converte seus argumentos em *strings* e gera a saída para a *console.* Ela inclui espaços entre os argumentos e começa uma nova linha após gerar todos os argumentos.

`console.debug(), console.info(), console.warn(), console.error()`
: Essas funções são quase idênticas a `console.log()`. No Node, `console.error()` envia sua saída para o fluxo *stderr* em vez de para o fluxp *stdout*, mas as outras funções são pseudônimos de `console.log()`. Nos navegadores, as mensagens de saída geradas por cada uma dessas funções podem ser prefixadas por um ícone que indica o nível de gravidade, e a *console* do desenvolvedor pode permitir que os desenvolvedores filtrem as mensagens da *console* por nível.

`console.assert()`
: Se o primeiro argumento é verdadeiro (ou seja, se a declaração passa), a função não faz nada. Mas se o primeiro argumento é `false` ou outro valor falso, os argumentos restantes são impressos como se tivessem sido passados para `console.error()` com um prefixo "Assertion failed". Observe que, ao contrário de funções `assert()` típicas, `console.assert()` não lança uma exceção quando uma declaração falha.

`console.clear()`
: A função limpa a *console* quando isso é possível. Ela funciona em navegadores e no Node quando este está exibindo sua saída em um terminal. Se a saída do Node foi redirecionada para um arquivo ou para um *pipe*, no entanto, chamar a função não surte efeito.

`console.table()`
: Essa função é um recurso incrivelmente poderoso, mas pouco conhecido, para produzir saídas tabulares, e é especialmente útil em programas Node que precisam

gerar saídas que resumem dados. `console.table()` tenta exibir seu argumento em forma tabular (mas se não consegue, exibe-o usando a formatação `console.log()` normal). O recurso funciona melhor quando o argumento é um *array* relativamente curto de objetos e todos os objetos no *array* têm o mesmo conjunto (relativamente pequeno) de propriedades. Nesse caso, cada objeto do *array* é formatado como uma linha da tabela e cada propriedade é uma coluna da tabela. Você também pode passar um *array* de nomes de propriedade como segundo argumento opcional para especificar o conjunto desejado de colunas. Se passar um objeto em vez de um *array* de objetos, a saída será uma tabela com uma coluna para os nomes de propriedade e uma coluna para os valores de propriedade. Ou, caso os valores de propriedade sejam eles próprios objetos, seus nomes de propriedade se tornarão colunas na tabela.

`console.trace()`

A função registra seus argumentos da mesma maneira que `console.log()`. Além disso, sua saída é seguida por um rastreamento de pilha. No Node, a saída vai para *stderr* em vez de *stdout*.

`console.count()`

A função recebe um argumento de *string* e registra essa *string*, seguida pelo número de vezes que foi chamada com a *string*. Pode ser útil para a depuração de rotinas de tratamento de evento, por exemplo, se é preciso registrar quantas vezes a rotina foi disparada.

`console.countReset()`

Esta função recebe um argumento de *string* e reinicia o contador para a *string*.

`console.group()`

A função imprime seus argumentos na *console* como se tivessem sido passados para `console.log()`, então configura o estado interno da *console* de forma que todas as mensagens de *console* subsequentes (até a próxima chamada de `console.groupEnd()`) tenham recuo em relação à mensagem que acaba de imprimir. Isso permite que mensagens relacionadas sejam agrupadas visualmente por recuo. Nos navegadores Web, a *console* do desenvolvedor normalmente permite que mensagens agrupadas sejam condensadas ou expandidas em grupo. Os argumentos de `console.group()` geralmente são usados para fornecer um nome explicativo para o grupo.

`console.groupCollapsed()`

A função funciona como `console.group()`, exceto que nos navegadores Web, o grupo é "colapsado" por padrão e as mensagens que contém serão ocultadas a menos que o usuário clique para expandir o grupo. No Node, a função é sinônima de `console.group()`.

`console.groupEnd()`
A função não recebe argumentos. Ela não produz sua própria saída, mas termina o recuo e o agrupamento causado pela chamada mais recente de `console.group()` ou `console.groupCollapsed()`.

`console.time()`
Esta função recebe um único argumento do tipo *string*, registra o momento em que foi chamada com essa *string* e não gera saída.

`console.timeLog()`
A função recebe uma *string* como primeiro argumento. Se a *string* foi passada anteriormente para `console.time()`, ela imprime a *string* seguida pelo tempo decorrido desde a chamada de `console.time()`. Se há argumentos adicionais para `console.timeLog()`, estes são impressos como se tivessem sido passados para `console.log()`.

`console.timeEnd()`
A função recebe um único argumento de *string*. Se o argumento foi passado anteriormente para `console.time()`, ela imprime o argumento e o tempo passado. Após a chamada de `console.timeEnd()`, não é mais válido chamar `console.time Log()` sem antes chamar `console.time()` novamente.

11.8.1 Saída formatada com *console*

As funções de *console* que imprimem seus argumentos como `console.log()` têm um recurso pouco conhecido: se o primeiro argumento é uma *string* que inclui `%s`, `%i`, `%d`, `%f`, `%o`, `%O` ou `%c`, esse primeiro argumento é tratado como formato de *string*[6], e os valores dos argumentos subsequentes são colocados na *string* no lugar das sequências `%` de dois caracteres.

Os significados das sequências são:

`%s`
O argumento é convertido em uma *string*.

`%i` *e* `%d`
O argumento é convertido em um número e então truncado em um número inteiro.

`%f`
O argumento é convertido em um número.

[6]Programadores com experiência em C reconhecerão muitas dessas sequências de caracteres da função `printf()`.

%o *e* %O

O argumento é tratado como um objeto, e valores e nomes de propriedade são exibidos (nos navegadores, essa exibição costuma ser interativa, e os usuários podem expandir e fechar as propriedades para explorar uma estrutura de dados aninhada). %o e %O apresentam os detalhes do objeto. A variante em maiúsculas usa um formato de saída dependente da implementação, que é considerado o mais útil para desenvolvedores de *software*.

%c

Nos navegadores Web, o argumento é interpretado como uma *string* de estilos CSS, usada para alterar o estilo de qualquer texto subsequente (até a próxima sequência %c ou o final da *string*). No Node, a sequência %c e seu argumento correspondente são simplesmente ignorados.

Observe que muitas vezes é necessário usar um formato de *string* com as funções de *console*: em geral, para obter uma saída apropriada, é mais fácil simplesmente passar um ou mais valores (incluindo objetos) para a função e permitir que a implementação os exiba de uma forma útil. Por exemplo, observe que se passar um objeto Error para `console.log()`, este é automaticamente impresso com o seu rastreamento de pilha.

11.9 APIs de URL

Como JavaScript é usada com tanta frequência em navegadores Web e servidores Web, é comum que o código JavaScript precise manipular URLs. A classe URL analisa URLs e permite a modificação (p. ex., adicionar parâmetros de busca ou alterar caminhos) de URLs existentes. Além disso, ela lida corretamente com o tópico complexo dos escapes e decodificação de escapes dos diversos componentes de um URL.

A classe URL não é parte do padrão ECMAScript, mas funciona no Node e em todos os navegadores Web, com exceção do Internet Explorer. Ela está padronizada em *https://url.spec.whatwg.org*.

Crie um objeto URL com a construtora `URL()`, passando uma *string* de URL absoluto como argumento. Ou passe um URL relativo como o primeiro argumento e o URL absoluto ao qual ele é relativo como o segundo. Após criar o objeto URL, suas diversas propriedades permitem que você consulte as versões sem escape das diversas partes do URL:

```
let url = new URL("https://example.com:8000/path/name?q=term#fragment");
url.href        // => "https://example.com:8000/path/name?q=term#fragment"
url.origin      // => "https://example.com:8000"
url.protocol    // => "https:"
url.host        // => "example.com:8000"
url.hostname    // => "example.com"
url.port        // => "8000"
url.pathname    // => "/path/name"
url.search      // => "?q=term"
url.hash        // => "#fragment"
```

Embora não seja comum utilizá-los, os URLs podem incluir um nome de usuário ou um nome de usuário e senha, e a classe URL também analisa esses componentes do URL:

```
let url = new URL("ftp://admin:1337!@ftp.example.com/");
url.href      // => "ftp://admin:1337!@ftp.example.com/"
url.origin    // => "ftp://ftp.example.com"
url.username  // => "admin"
url.password  // => "1337!"
```

Aqui, a propriedade `origin` é uma combinação simples do protocolo e do hospedeiro (*host*) do URL (incluindo a porta, se estiver especificada). Assim, trata-se de uma propriedade somente de leitura. Contudo, todas as outras propriedades demonstradas no exemplo anterior são de leitura/gravação: você pode configurar qualquer uma delas de forma a configurar a parte correspondente do URL:

```
let url = new URL("https://example.com"); // Começa com o nosso servidor
url.pathname = "api/search";              // Adiciona um caminho para um ponto extremo
                                          // da API
url.search = "q=test";                    // Adiciona um parâmetro de consulta
url.toString()  // => "https://example.com/api/search?q=test"
```

Um dos recursos importantes da classe URL é que ela adiciona a pontuação corretamente e faz o escape de caracteres especiais em URLs quando necessário:

```
let url = new URL("https://example.com");
url.pathname = "path with spaces";
url.search = "q=foo#bar";
url.pathname  // => "/path%20with%20spaces"
url.search    // => "?q=foo%23bar"
url.href      // => "https://example.com/path%20with%20spaces?q=foo%23bar"
```

A propriedade `href` nesses exemplos é especial: ler `href` equivale a chamar `toString()`: ela remonta todas as partes do URL em uma forma de *string* canônica do URL. E configurar `href` como uma nova *string* reexecuta o analisador de URL na nova *string*, como se você tivesse chamado a construtora `URL()` novamente.

Nos exemplos anteriores, usamos a propriedade `search` para se referir a toda a parte de consulta de um URL, composta dos caracteres que vão do ponto de interrogação no final do URL até o primeiro caractere cerquilha (#). Às vezes, basta tratar isso como uma única propriedade de URL. Muitas vezes, no entanto, as solicitações HTTP codificam os valores de múltiplos campos de formulário ou múltiplos parâmetros de API na parte de consulta do URL usando o formato `application/x-www-form-urlencoded`. Nesse formato, a parte de consulta do URL é um ponto de interrogação seguido por um ou mais pares nome/valor, separados uns dos outros pelo caractere e comercial (&). O mesmo nome pode aparecer mais de uma vez, resultando em um parâmetro de busca nomeado com mais de um valor.

Se você quer codificar esses tipos de par nome/valor na parte de consulta de um URL, a propriedade `searchParams` é mais útil do que a propriedade `search`. A propriedade `search` é uma *string* de leitura/gravação que permite que você obtenha e configure toda a porção de consulta do URL. A propriedade `searchParams` é uma referência somente para leitura a um objeto URLSearchParams, que oferece uma API para obter, configurar, adicionar, excluir e classificar os parâmetros codificados na parte de consulta do URL:

```
let url = new URL("https://example.com/search");
url.search                          // => "": nenhuma consulta ainda
url.searchParams.append("q", "term"); // Adiciona um parâmetro de busca
url.search                          // => "?q=term"
url.searchParams.set("q", "x");     // Muda o valor do parâmetro
url.search                          // => "?q=x"
url.searchParams.get("q")           // => "x": consulta o valor do parâmetro
url.searchParams.has("q")           // => verdadeiro: há um parâmetro q
url.searchParams.has("p")           // => falso: não há um parâmetro p
url.searchParams.append("opts", "1"); // Adiciona outro parâmetro de busca
url.search                          // => "?q=x&opts=1"
url.searchParams.append("opts", "&"); // Adiciona outro valor para o mesmo nome
url.search                          // => "?q=x&opts=1&opts=%26": observe o escape
url.searchParams.get("opts")        // => "1": o primeiro valor
url.searchParams.getAll("opts")     // => ["1", "&"]: todos os valores
url.searchParams.sort();            // Coloca os parâmetros em ordem alfabética
url.search                          // => "?opts=1&opts=%26&q=x"
url.searchParams.set("opts", "y");  // Muda o parâmetro opts
url.search                          // => "?opts=y&q=x"
// searchParams é iterável
[...url.searchParams]               // => [["opts", "y"], ["q", "x"]]
url.searchParams.delete("opts");    // Exclui o parâmetro opts
url.search                          // => "?q=x"
url.href                            // => "https://example.com/search?q=x"
```

O valor da propriedade `searchParams` é um objeto URLSearchParams. Se quiser codificar parâmetros de URL em uma *string* de consulta, você pode criar um objeto URLSearchParams, anexar os parâmetros e então convertê-lo em uma *string* e configurá-la na propriedade `search` de um URL:

```
let url = new URL("http://example.com");
let params = new URLSearchParams();
params.append("q", "term");
params.append("opts", "exact");
params.toString()        // => "q=term&opts=exact"
url.search = params;
url.href                 // => "http://example.com/?q=term&opts=exact"
```

11.9.1 Funções de URL legadas

Antes da definição da API de URL descrita anteriormente, houve múltiplas tentativas de oferecer suporte ao escape e um escape de URLs diretamente na linguagem JavaScript. A primeira tentativa foi das funções globalmente definidas `escape()` e `unescape()`, hoje descontinuadas, mas ainda amplamente implementadas. Elas não devem ser utilizadas.

Quando `escape()` e `unescape()` foram descontinuadas, ECMAScript introduziu dois pares de funções globais alternativas:

`encodeURI()` *e* `decodeURI()`

`encodeURI()` recebe uma *string* como argumento e retorna uma nova *string* na qual caracteres não ASCII, mais determinados caracteres ASCII (como espaço), têm escape. `decodeURI()` reverte o processo. Os caracteres que precisam de escape são primeiro convertidos para codificação UTF-8, cada *byte* da codificação é substituído por uma sequência de escape `%`*xx* na qual *xx* são dois dígitos hexadecimais. Como o propósito de `encodeURI()` é codificar URLs inteiras, ele não faz escapes de caracteres separadores de URL como /, ? e #. Mas isso significa que `encodeURI()` não funciona corretamente para URLs que têm esses caracteres nos seus diversos componentes.

`encodeURIComponent()` *e* `decodeURIComponent()`

Essa dupla de funções funciona como `encodeURI()` e `decodeURI()`, exceto que sua intenção é fazer o escape de componentes individuais de uma URI, então também fazem o escape de caracteres como /, ? e #, usados para separar tais componentes. São as mais úteis das funções de URL legadas, mas tome cuidado, pois `encodeURIComponent()` faz o escape de caracteres / no nome do caminho quando você provavelmente não iria querer que fizesse isso. Além disso, ela converte espaços em um parâmetro de consulta para `%20`, embora o escape de espaços nessa porção de um URL devesse usar um +.

O problema fundamental de todas essas funções legadas é que buscam aplicar um único sistema de codificação a todas as partes de um URL quando, na verdade, diferentes partes de um URL utilizam codificações diferentes. Se você quiser um URL formatado e codificado corretamente, a solução é simplesmente usar a classe URL sempre que for manipular um URL.

11.10 Cronômetros

Desde os primórdios de JavaScript, navegadores Web definem duas funções, `setTimeout()` e `setInterval()`, que permitem que os programas peçam ao navegador para chamar uma função após determinado período ou repetir sua chamada após determinado intervalo. Essas funções nunca foram padronizadas como parte da linguagem básica, mas funcionam em todos os navegadores e no Node e são, na prática, parte da biblioteca padrão de JavaScript.

O primeiro argumento de `setTimeout()` é uma função e o segundo é um número que especifica quantos milissegundos devem ter passado antes da função ser chamada. Após o tempo especificado (e talvez um pouco mais, se o sistema estiver ocupado), a função é chamada sem argumentos. Aqui, por exemplo, vemos três chamadas de `setTimeout()` que imprimem mensagens da *console* após um segundo, dois segundos e três segundos:

```
setTimeout(() => { console.log("Ready..."); }, 1000);
setTimeout(() => { console.log("set..."); }, 2000);
setTimeout(() => { console.log("go!"); }, 3000);
```

Observe que setTimeout() não espera que o tempo passe antes de retornar. Todas as três linhas de código no exemplo são executadas quase instantaneamente, mas então nada acontece até que 1.000 milissegundos tenham se passado.

Se você omite o segundo argumento de setTimeout(), o padrão é 0. Isso não significa, entretanto, que a função especificada por você é chamada imediatamente. Em vez disso, registra-se que a função deve ser chamada "assim que possível". Se um navegador está particularmente ocupado com o tratamento de entradas do usuário ou outros eventos, pode demorar 10 milissegundos ou mais para que a função seja chamada.

setTimeout() registra uma função a ser chamada uma vez. Às vezes, a função em si chama setTimeout() para programar outra chamada em um momento futuro. Se quiser chamar uma função múltiplas vezes, no entanto, costuma ser mais simples usar setInterval(). setInterval() recebe os mesmos dois argumentos que setTimeout(), mas chama a função repetidamente após a passagem do número especificado de milissegundos (aproximadamente).

Ambas setTimeout() e setInterval() retornam um valor. Se você salva esse valor em uma variável, pode usá-lo posteriormente e passá-lo para clearTimeout() ou clearInterval() de modo a cancelar a execução da função. O valor retornado normalmente é um número nos navegadores Web e um objeto no Node. O tipo real não importa e você deve tratá-lo como um valor opaco. A única coisa que você pode fazer com o valor é passá-lo para clearTimeout() a fim de cancelar a execução de uma função registrada com setTime out() (supondo que não foi chamada ainda) ou parar a execução repetida de uma função registrada com setInterval().

Aqui temos um exemplo que demonstra o uso de setTimeout(), setInterval() e clearInterval() para exibir um relógio digital simples com a API Console:

```
// Uma vez por segundo: limpa a console e imprime a hora atual
let clock = setInterval(() => {
    console.clear();
    console.log(new Date().toLocaleTimeString());
}, 1000);

// Após 10 segundos: para o código repetido acima.
setTimeout(() => { clearInterval(clock); }, 10000);
```

Veremos setTimeout() e setInterval() novamente quando abordarmos a programação assíncrona no Capítulo 13.

11.11 Resumo

Aprender uma linguagem de programação não é apenas uma questão de dominar a gramática. É igualmente importante estudar a biblioteca padrão para se familiarizar com todas as ferramentas que acompanham a linguagem. Este capítulo documentou a biblioteca padrão de JavaScript, que inclui:

- Estruturas de dados importantes, como Set, Map e *arrays* tipados.
- As classes Date e URL para trabalhar com datas e URLs.
- A gramática de expressões regulares de JavaScript e sua classe RegExp para comparação de padrões textuais.
- A biblioteca de internacionalização de JavaScript para formatar datas, horas e números e para classificar *strings*.
- O objeto `JSON` para serializar e desserializar estruturas de dados simples e o objeto `console` para registrar mensagens.

CAPÍTULO 12

Iteradores e geradores

Os objetos iteráveis e seus iteradores associados são um recurso da ES6 que já encontramos diversas vezes ao longo deste livro. Os *arrays* (incluindo TypedArrays) são iteráveis, assim como as *strings* e os objetos Set e Map. Isso significa que o conteúdo dessas estruturas de dados pode ser iterado com o laço `for/of`, como vimos na Seção 5.4.4:

```
let sum = 0;
for(let i of [1,2,3]) {  // Itera uma vez para cada um dos valores
sum += i;
}
sum  // => 6
```

Os iteradores também podem ser usados com o operador ... para expandir ou "espalhar" um objeto iterável em um inicializador de *array* ou chamada de função, como vimos na Seção 7.1.2:

```
let chars = [..."abcd"];    // chars == ["a", "b", "c", "d"]
let data = [1, 2, 3, 4, 5];
Math.max(...data)           // => 5
```

Iteradores podem ser usados com atribuição de desestruturação:

```
let purpleHaze = Uint8Array.of(255, 0, 255, 128);
let [r, g, b, a] = purpleHaze;  // a == 128
```

Quando você itera um objeto Map, os valores retornados são pares `[chave, valor]`, que funcionam bem com uma atribuição de desestruturação em um laço `for/of`:

```
let m = new Map([["one", 1], ["two", 2]]);
for(let [k,v] of m) console.log(k, v);    // Registra 'one 1' e 'two 2'
```

Se quiser iterar apenas as chaves ou apenas os valores, não os pares, pode usar os métodos `keys()` e `values()`:

```
[...m]              // => [["one", 1], ["two", 2]]: iteração padrão
[...m.entries()]    // => [["one", 1], ["two", 2]]: método entries() é o mesmo
[...m.keys()]       // => ["one", "two"]: método keys() itera apenas chaves Map
[...m.values()]     // => [1, 2]: método values() itera apenas valores Map
```

Por fim, diversas construtoras e funções internas usadas comumente com objetos Array na verdade são escritas (na ES6 e posteriores) para aceitar iteradores arbitrários no lugar delas. A construtora `Set()` é um exemplo desse tipo de API:

```
// Strings são iteráveis, então os dois conjuntos são iguais:
new Set("abc")  // => new Set(["a", "b", "c"])
```

Este capítulo explica como iteradores funcionam e demonstra como criar suas próprias estruturas de dados iteráveis. Após explicar iteradores básicos, este capítulo aborda os geradores, um novo e poderoso recurso da ES6 usado principalmente como uma forma facílima de criar iteradores.

12.1 Como funcionam os iteradores

O laço `for/of` e o operador de espalhamento funcionam perfeitamente com objetos iteráveis, mas vale a pena entender o que acontece de fato para fazer a iteração funcionar. Há três tipos separados que você precisa compreender para entender a iteração em JavaScript. Primeiro, há os objetos *iteráveis*: são tipos como Array, Set e Map, que podem ser iterados. Segundo, há o objeto *iterador* em si, que realiza a iteração. E terceiro, há o objeto *resultante da iteração*, que contém o resultado de cada passo da iteração.

Um objeto *iterável* é qualquer objeto com um método iterador especial que retorna um objeto iterador. Um *iterador* é qualquer objeto com um método `next()` que retorna um objeto resultante da iteração. E um objeto resultante *da iteração* é um objeto com propriedades chamadas `value` e `done`. Para iterar um objeto iterável, primeiro você chama seu método iterador para obter um objeto iterador. A seguir, você chama o método `next()` do objeto iterador repetidamente, até o valor retornado ter sua propriedade `done` configurada como `true`. O complicado disso é que o método iterador de um objeto iterável não tem um nome convencional, ele usa o símbolo `Symbol.iterator` como nome. Assim, um simples laço `for/of` sobre um objeto iterável `iterable` também poderia ser escrito da maneira difícil:

```
let iterable = [99];
let iterator = iterable[Symbol.iterator]();
for(let result = iterator.next(); !result.done; result = iterator.next()) {
    console.log(result.value)  // result.value == 99
}
```

O objeto iterador dos tipos de dados iteráveis internos é, ele próprio, iterável (ou seja, ele tem um método chamado `Symbol.iterator` que retorna ele mesmo). Ocasionalmente, isso é útil em código como o exemplo a seguir, quando queremos iterar por um iterador "parcialmente usado":

```
let list = [1,2,3,4,5];
let iter = list[Symbol.iterator]();
let head = iter.next().value;  // head == 1
let tail = [...iter];          // tail == [2,3,4,5]
```

12.2 Implementando objetos iteráveis

Os objetos iteráveis são tão úteis na ES6 que você deveria considerar tornar seus próprios tipos de dados iteráveis sempre que representam algo que pode ser iterado. As classes Range mostradas nos Exemplos 9-2 e 9-3 no Capítulo 9 eram iteráveis. Essas classes usavam funções geradoras para se tornarem iteráveis. Documentaremos os geradores posteriormente neste capítulo, mas antes vamos implementar a classe Range mais uma vez, tornando-a iterável sem depender de um gerador.

Para tornar uma classe iterável, é preciso implementar um método cujo nome é o símbolo `Symbol.iterator`. O método deve retornar um objeto iterador que possui um método `next()`. E o método `next()` deve retornar um objeto resultante da iteração que possui uma propriedade `value` e/ou uma propriedade booleana `done`. O Exemplo 12-1 implementa uma classe Range iterável e demonstra como criar objetos iteráveis, iteradores e resultantes da iteração.

Exemplo 12-1 Uma classe Range numérica iterável

```
/*
 * Um objeto Range representa um intervalo de números {x: from <= x <= to}
 * Range define um método has() para testar se determinado número é membro
 * do intervalo. Range é iterável e itera todos os números inteiros dentro do intervalo.
 */
class Range {
    constructor (from, to) {
        this.from = from;
        this.to = to;
    }

    // Faz um Range atuar como um Set de números
    has(x) { return typeof x === "number" && this.from <= x && x <= this.to; }

    // Retorna uma representação de string do intervalo usando notação de conjuntos
    toString() { return `{ x | ${this.from} ≤ x ≤ ${this.to} }`; }

    // Torna um Range iterável ao retornar um objeto iterador.
    // Note que o nome desse método é um símbolo especial, não uma string.
    [Symbol.iterator]() {
        // Cada instância do iterador deve iterar o intervalo independentemente dos
        // outros. Assim, precisamos de uma variável de estado para registrar nosso
        // local na iteração. Começamos no primeiro número inteiro >= from.
        let next = Math.ceil(this.from);      // Este é o próximo valor que retornamos
        let last = this.to; // Não retornaremos nada > this
        return {              // Este é o objeto iterador
            // Este método next() é o que torna este um objeto iterador.
            // Ele deve retornar um objeto resultante da iteração.
            next() {
                return (next <= last)   // Se ainda não retornamos o último valor
                    ? { value: next++ } // retornamos o próximo valor e o incrementamos
                    : { done: true };   // caso contrário, indicamos que terminamos.
            },
```

```
            // Por conveniência, tornamos o iterador em si iterável.
            [Symbol.iterator]() { return this; }
        };
    }
}

for(let x of new Range(1,10)) console.log(x); // Registra os números de 1 a 10
[...new Range(-2,2)]                          // => [-2, -1, 0, 1, 2]
```

Além de tornar suas classes iteráveis, pode ser muito útil definir funções que retornam valores iteráveis. Considere as seguintes alternativas baseadas em iterabilidade aos métodos `map()` e `filter()` de *arrays* de JavaScript:

```
// Retorna um objeto iterável que itera o resultado de aplicar f()
// a cada valor da fonte iterável
function map(iterable, f) {
    let iterator = iterable[Symbol.iterator]();
    return {  // Este objeto é iterador e iterável
        [Symbol.iterator]() { return this; },
        next() {
            let v = iterator.next();
            if (v.done) {
                return v;
            } else {
                return { value: f(v.value) };
            }
        }
    };
}

// Mapeia um intervalo de números inteiros em relação aos seus quadrados e converte
// um array
[...map(new Range(1,4), x => x*x)]    // => [1, 4, 9, 16]

// Retorna um objeto iterável que filtra o iterável especificado,
// iterando apenas os elementos para os quais o predicado retorna true
function filter(iterable, predicate) {
    let iterator = iterable[Symbol.iterator]();
    return {  // Este objeto é iterador e iterável
        [Symbol.iterator]() { return this; },
        next() {
            for(;;) {
                let v = iterator.next();
                if (v.done || predicate(v.value)) {
                    return v;
                }
            }
        }
    };
}

// Filtra um intervalo para que sobrem apenas os números pares
[...filter(new Range(1,10), x => x % 2 === 0)]   // => [2,4,6,8,10]
```

Um recurso importante dos objetos iteráveis e iteradores é que são inerentemente preguiçosos: quando um cálculo é necessário para calcular o próximo volume, esse cálculo pode ser adiado até o valor ser necessário de fato. Suponha, por exemplo, que você possui uma *string* de texto muito comprida que deseja tokenizar em palavras separadas por espaços. Você poderia simplesmente usar o método `split()` da sua *string*, mas, se fizer isso, a *string* inteira precisará ser processada antes que possa usar até mesmo a primeira palavra. E você acaba alocando muita memória para o *array* retornado e todas as *strings* nele. A seguir, apresentamos uma função que permite a iteração preguiçosa das palavras de uma *string* sem guardar todas elas na memória ao mesmo tempo (na ES2020, essa função seria muito mais fácil de implementar com o método `matchAll()`, que retorna um iterador, descrito na Seção 11.3.2):

```
function words(s) {
    var r = /\s+|$/g;                       // Corresponde a um ou mais espaços ou ao final
    r.lastIndex = s.match(/[^ ]/).index;    // Começa a correspondência no primeiro
                                            // caractere que não é espaço
    return {                                // Retorna um objeto iterador iterável
        [Symbol.iterator]() {               // Isso nos torna iteráveis
            return this;
        },
        next() {                            // Isso nos torna um iterador
            let start = r.lastIndex;        // Retoma onde a última correspondência
                                            // terminou
            if (start < s.length) {         // Se não terminamos
                let match = r.exec(s);      // Corresponde ao próximo limite de palavra
                if (match) {                // Se encontramos um, retorna a palavra
                    return { value: s.substring(start, match.index) };
                }
            }
            return { done: true };          // Caso contrário, indica que terminamos
        }
    };
}

[...words(" abc def ghi! ")]                // => ["abc", "def", "ghi!"]
```

12.2.1 "Fechando" um iterador: o retorno do método

Imagine uma variante em JavaScript (no lado do servidor) do iterador `words()` que, em vez de receber uma *string*-fonte como argumento, recebe o nome de um arquivo, abre o arquivo, lê linhas dele e itera as palavras dessas linhas. Na maioria dos sistemas operacionais, os programas que abrem arquivos para ler deles precisam lembrar de fechar esses arquivos quando terminam de ler, então esse iterador hipotético lembraria de fechar o arquivo depois que o método `next()` retornasse a última palavra nele.

Mas os iteradores nem sempre são executados até o final: um laço `for/of` poderia ter encerrado com um `break` ou um `return` ou por uma exceção. Da mesma forma, quando um iterador é usado com atribuição de desestruturação, o método `next()` é chamado apenas tantas vezes quanto for suficiente para obter valores para cada uma das variáveis especificadas. O iterador pode ter muitos valores que poderia retornar, mas estes nunca serão solicitados.

Mesmo que nosso iterador hipotético para palavras em um arquivo nunca seja executado até o final, ele ainda precisa fechar o arquivo que abriu. Por esse motivo, objetos iteradores podem implementar um método `return()` junto com o método `next()`. Se a iteração para antes de `next()` retornar um resultado da iteração com a propriedade `done` configurada como `true` (em geral, porque você saiu cedo de um laço `for/of` por meio de uma instrução `break`), então o interpretador verifica se o objeto iterador tem um método `return()`. Se o método existe, o interpretador o chama sem argumentos, o que dá ao iterador a oportunidade de fechar arquivos, liberar memória e fazer outras limpezas. O método `return()` deve retornar um objeto resultante da iteração. As propriedades do objeto são ignoradas, mas é um erro retornar um valor que não seja objeto.

O laço `for/of` e o operador de espalhamento são recursos muito úteis de JavaScript, então, quando você cria APIs, é uma boa ideia usá-los sempre que possível. Mas ter que trabalhar com um objeto iterável, seu objeto iterador e os objetos resultantes da iteração tornam o processo um tanto complexo. Felizmente, os geradores podem simplificar radicalmente a criação de iteradores customizados, como veremos no restante deste capítulo.

12.3 Geradores

Um *gerador* é um tipo de iterador definido com a poderosa nova sintaxe da ES6; é particularmente útil quando os valores a serem iterados não são os elementos de uma estrutura de dados e sim o resultado de um cálculo.

Para criar um gerador, antes é preciso definir uma *função geradora*. Uma função geradora é sintaticamente semelhante a uma função JavaScript normal, mas é definida com a palavra-chave `function*`, não com `function` (tecnicamente, não é uma nova palavra-chave, apenas um `*` após a palavra-chave `function` e antes do nome da função). Quando você chama uma função geradora, ela não executa o corpo da função de fato; em vez disso, retorna um objeto gerador. Esse objeto gerador é um iterador. Chamar seu método `next()` faz o corpo da função geradora ser executado desde o início (ou seja qual for sua posição atual) até atingir uma instrução `yield`, uma novidade da ES6 parecida com uma instrução `return`. O valor da instrução `yield` se torna o valor retornado pela chamada `next()` no iterador. O exemplo deixa mais claro:

```
// Uma função geradora que gera o conjunto de números de um dígito (em base 10).
function* oneDigitPrimes() {    // Chamar esta função não executa o código,
    yield 2;                    // apenas retorna um objeto gerador. Chamar
    yield 3;                    // o método next() do gerador executa
    yield 5;                    // o código até que uma instrução yield forneça
    yield 7;                    // o valor de retorno do método next().
```

```
}
// Quando chamamos a função geradora, obtemos um gerador
let primes = oneDigitPrimes();

// Um gerador é um objeto iterador que itera os valores gerados
primes.next().value          // => 2
primes.next().value          // => 3
primes.next().value          // => 5
primes.next().value          // => 7
primes.next().done           // => true

// Os geradores têm um método Symbol.iterator que os torna iteráveis
primes[Symbol.iterator]()    // => primes

// Podemos usar geradores como outros tipos iteráveis
[...oneDigitPrimes()]        // => [2,3,5,7]
let sum = 0;
for(let prime of oneDigitPrimes()) sum += prime;
sum                          // => 17
```

Neste exemplo, usamos uma instrução `function*` para definir um gerador. Assim como as funções convencionais, no entanto, também podemos definir geradores na forma de expressões. Mais uma vez, apenas colocamos um asterisco após a palavra-chave `function`:

```
const seq = function*(from,to) {
    for(let i = from; i <= to; i++) yield i;
};
[...seq(3,5)]   // => [3, 4, 5]
```

Em classes e objetos literais, podemos usar a notação abreviada para omitir a palavra-chave `function` completamente quando definimos métodos. Para definir um gerador nesse contexto, simplesmente usamos um asterisco antes do nome do método onde a palavra-chave `function` estaria, caso a tivéssemos usado:

```
let o = {
    x: 1, y: 2, z: 3,
    // Um gerador que gera cada uma das chaves desse objeto
    *g() {
        for(let key of Object.keys(this)) {
            yield key;
        }
    }
};
[...o.g()]   // => ["x", "y", "z", "g"]
```

Observe que não há como escrever uma função geradora usando a sintaxe de funções de seta. Os geradores muitas vezes facilitam especialmente a definição de classes iteráveis.

Podemos substituir o método [Symbol.iterator]() mostrado no Exemplo 12-1 com uma função geradora *[Symbol.iterator]() muito mais curta, mais ou menos assim:

```
*[Symbol.iterator]() {
    for(let x = Math.ceil(this.from); x <= this.to; x++) yield x;
}
```

Consulte o Exemplo 9-3 no Capítulo 9 para ver essa função iteradora baseada em geradores em contexto.

12.3.1 Exemplos de geradores

Os geradores são mais interessantes quando realmente *geram* os valores que produzem por meio de algum tipo de cálculo. Aqui, por exemplo, temos uma função geradora que gera números de Fibonacci:

```
function* fibonacciSequence() {
    let x = 0, y = 1;
    for(;;) {
        yield y;
        [x, y] = [y, x+y];   // Observação: atribuição via desestruturação
    }
}
```

Observe que a função geradora fibonacciSequence() anterior tem um laço infinito e gera valores eternamente, sem retornar. Se esse gerador for usado com o operador de espalhamento ..., ela iterará até a memória ser esgotada e o programa travar. Com cuidado, no entanto, é possível usá-lo em um laço for/of:

```
// Retorna o enésimo número de Fibonacci
function fibonacci(n) {
    for(let f of fibonacciSequence()) {
        if (n-- <= 0) return f;
    }
}
fibonacci(20)   // => 10946
```

Esse tipo de gerador infinito se torna mais útil com um gerador take() como este:

```
// Gera os primeiros n elementos do objeto iterável especificado
function* take(n, iterable) {
    let it = iterable[Symbol.iterator]();  // Obtém iterador para objeto iterável
    while(n-- > 0) {                       // Itera n vezes:
        let next = it.next();              // Obtém o próximo item do iterador.
        if (next.done) return;             // Se não há mais valores, retorna cedo
        else yield next.value;             // caso contrário retorna o valor com yeld
    }
}

// Um array dos 5 primeiros números de Fibonacci
[...take(5, fibonacciSequence())]   // => [1, 1, 2, 3, 5]
```

Aqui temos outra função geradora útil, que intercala os elementos de múltiplos objetos iteráveis:

```
// Dado um array de iteráveis, gera seus elementos em ordem intercalada
function* zip(...iterables) {
    // Obtém um iterador para cada iterável
    let iterators = iterables.map(i => i[Symbol.iterator]());
    let index = 0;
    while(iterators.length > 0) {          // Enquanto ainda houver alguns iteradores
        if (index >= iterators.length) {   // Se chegamos ao último iterador,
            index = 0;                     // volta ao primeiro.
        }
        let item = iterators[index].next(); // Obtém o próximo item do próximo iterador.
        if (item.done) {                   // Se esse iterador termina,
            iterators.splice(index, 1);    // remove-o do array.
        }
        else {                             // Caso contrário,
            yield item.value;              // gera o valor iterado
            index++;                       // e passa para o próximo iterador.
        }
    }
}

// Intercala três objetos que podem ser iterados
[...zip(oneDigitPrimes(),"ab",[0])]   // => [2,"a",0,3,"b",5,7]
```

12.3.2 yield* e geradores recursivos

Além do gerador `zip()` definido no exemplo anterior, poderia ser útil ter uma função geradora semelhante que gera os elementos de múltiplos objetos iteráveis sequencialmente em vez de intercalá-los. Poderíamos escrever esse gerador assim:

```
function* sequence(...iterables) {
    for(let iterable of iterables) {
        for(let item of iterable) {
            yield item;
        }
    }
}

[...sequence("abc",oneDigitPrimes())]   // => ["a","b","c",2,3,5,7]
```

O processo de retornar os elementos de outro objeto iterável é tão comum em funções geradoras que a ES6 tem uma sintaxe especial para isso. A palavra-chave `yield*` é como `yield`, exceto que, em vez de gerar um único valor, ela itera um objeto iterável e gera cada um dos valores resultantes. A função geradora `sequence()` que usamos pode ser simplificada com `yield*`:

```
function* sequence(...iterables) {
    for(let iterable of iterables) {
        yield* iterable;
```

```
    }
}

[...sequence("abc",oneDigitPrimes())]   // => ["a","b","c",2,3,5,7]
```

O método `forEach()` de *array* muitas vezes é uma maneira elegante de iterar pelos elementos de um *array*, então seria tentador escrever a função `sequence()` da seguinte forma:

```
function* sequence(...iterables) {
    iterables.forEach(iterable => yield* iterable );   // Erro
}
```

Contudo, isso não funciona. `yield` e `yield*` somente podem ser usados em funções geradoras, mas a função de seta aninhada nesse código é uma função regular, não uma função geradora `function*`, então `yield` não é permitida.

`yield*` pode ser usado com qualquer tipo de objeto iterável, incluindo os iteráveis implementados com geradores. Isso significa que `yield*` nos permite definir geradores recursivos e que você poderia usar esse recurso para permitir iteração não recursiva simples por uma estrutura de árvore definida recursivamente, por exemplo.

12.4 Recursos avançados de geradores

O uso mais comum das funções geradoras é para criar iteradores, mas o recurso fundamental dos geradores é que eles nos permitem pausar um cálculo, gerar resultados intermediários e então retomar o cálculo posteriormente. Isso significa que os geradores têm recursos que vão além daqueles presentes nos iteradores, e exploraremos esses recursos nas próximas seções.

12.4.1 O valor de retorno de uma função geradora

As funções geradoras encontradas até aqui não tiveram instruções `return` ou, se tiveram, foram usadas para causar um retorno precoce, não para retornar um valor. Assim como qualquer função, entretanto, uma função geradora pode retornar um valor. Para entendermos o que acontece nesse caso, lembre-se de como funciona a iteração. O valor de retorno da função `next()` é um objeto com uma propriedade `value` e/ou uma propriedade `done`. Com iteradores e geradores típicos, se a propriedade `value` é definida, a propriedade `done` é indefinida ou é `false`. E se `done` é `true`, então `value` é indefinida. Mas no caso de um gerador que retorna um valor, a chamada final a `next` retorna um objeto que tem ambas, `value` e `done`, definidas. A propriedade `value` contém o valor de retorno da função geradora, e a propriedade `done` é `true`, o que indica que não há mais valores a iterar. Esse valor final é ignorado pelo laço `for/of` e pelo operador de espalhamento, mas está disponível para código que itera manualmente com chamadas explícitas a `next()`:

```
function *oneAndDone() {
    yield 1;
    return "done";
}
// O valor de retorno não aparece na iteração normal.
[...oneAndDone()]          // => [1]
// Mas está disponível se você chama next() explicitamente
let generator = oneAndDone();
generator.next()           // => { value: 1, done: false}
generator.next()           // => { value: "done", done: true }
// Se o gerador já terminou, o valor de retorno não é retornado novamente
generator.next()           // => { value: undefined, done: true }
```

12.4.2 O valor de uma expressão yield

Na discussão anterior, tratamos `yield` como uma instrução que aceita um valor, mas não tem valor próprio. Na verdade, `yield` é uma expressão e pode ter um valor.

Quando o método `next()` do gerador é chamado, a função geradora é executada até atingir uma expressão `yield`. A expressão após a palavra-chave `yield` é avaliada, e esse valor se torna o valor de retorno da chamada `next()`. Nesse ponto, a função geradora para de executar no meio da avaliação da expressão `yield`. Na próxima vez que o método `next()` do gerador é chamado, o argumento passado para `next()` se torna o valor da expressão `yield` que foi pausada. Assim, o gerador retorna valores para o seu chamador com `yield` e o chamador passa valores para o gerador com `next()`. O gerador e o chamador são dois fluxos de execução independentes que passam valores (e controle) um para o outro. O código a seguir ilustra a situação:

```
function* smallNumbers() {
    console.log("next() invoked the first time; argument discarded");
    let y1 = yield 1;        // y1 == "b"
    console.log("next() invoked a second time with argument", y1);
    let y2 = yield 2;        // y2 == "c"
    console.log("next() invoked a third time with argument", y2);
    let y3 = yield 3;        // y3 == "d"
    console.log("next() invoked a fourth time with argument", y3);
    return 4;
}

let g = smallNumbers();
console.log("generator created; no code runs yet");
let n1 = g.next("a");        // n1.value == 1
console.log("generator yielded", n1.value);
let n2 = g.next("b");        // n2.value == 2
console.log("generator yielded", n2.value);
let n3 = g.next("c");        // n3.value == 3
console.log("generator yielded", n3.value);
let n4 = g.next("d");        // n4 == { value: 4, done: true }
console.log("generator returned", n4.value);
```

Quando executado, esse código produz a saída a seguir, que demonstra o vai-e-vem entre os dois blocos de código:

```
generator created; no code runs yet
next() invoked the first time; argument discarded
generator yielded 1
next() invoked a second time with argument b
generator yielded 2
next() invoked a third time with argument c
generator yielded 3
next() invoked a fourth time with argument d
generator returned 4
```

Observe a assimetria nesse código. A primeira chamada de `next()` inicia o gerador, mas o valor passado para a chamada não é acessível para o gerador.

12.4.3 Os métodos return() e throw() de um gerador

Vimos que você pode receber valores gerados por uma função geradora ou retornados por ela. E você pode passar valores para um gerador em execução ao passar esses valores quando chama o método `next()` do gerador.

Além de fornecer uma entrada para um gerador com `next()`, você também pode chamar seus métodos `return()` e `throw()` para alterar o fluxo de controle dentro do gerador. Como os nomes sugerem, chamar esses métodos em um gerador faz com que retornem um valor ou lancem uma exceção como se a próxima instrução no gerador fosse `return` ou `throw`.

Em um capítulo anterior, vimos que, se um gerador define um método `return()` e a iteração para cedo, o interpretador chama automaticamente o método `return()` para dar ao iterador a chance de fechar os arquivos ou realizar outras limpezas. No caso dos geradores, você não pode definir um método `return()` customizado para lidar com a limpeza, mas é possível estruturar o código do gerador para usar uma instrução `try/finally` que garante que a limpeza necessária tenha sido realizada (no bloco `finally`) quando o gerador retorna. Ao forçar o gerador a retornar, o método `return()` interno do gerador garante que o código de limpeza será executado quando o gerador não for mais usado.

Assim como o método `next()` de um gerador nos permite passar valores arbitrários para um gerador em execução, o método `throw()` de um gerador nos fornece uma maneira de enviar sinais arbitrários (na forma de exceções) para um gerador. Chamar o método `throw()` sempre causa uma exceção dentro do gerador. Mas se a função geradora é escrita com o código apropriado para tratamento de exceções, a exceção não precisa ser fatal e pode, em vez disso, ser uma maneira de alterar o comportamento do gerador. Imagine, por exemplo, um gerador contador que produz uma sequência sempre crescente de números inteiros. Este poderia ser escrito de modo que uma exceção enviada com `throw()` reiniciasse a contagem em zero.

Quando um gerador usa `yield*` para gerar valores de algum outro objeto iterável, então uma chamada ao método `next()` do gerador causa uma chamada ao método `next()` do objeto que pode ser iterado. O mesmo vale para os métodos `return()` e `throw()`. Se um gerador usa `yield*` em um objeto iterável que tem esses métodos definidos, chamar `return()` ou `throw()` no gerador causa a chamada dos métodos `return()` ou `throw()` do iterador. Todos os iteradores *devem* ter um método `next()`. Os iteradores que precisam limpar após uma iteração completa *deveriam* definir um método `return()`. E qualquer iterador *pode* definir um método `throw()`, embora eu não conheça nenhum motivo prático para fazer isso.

12.4.4 Uma nota final sobre geradores

Os geradores são uma estrutura de controle generalizada muito poderosa. Eles nos oferecem a capacidade de pausar um cálculo com `yield` e recomeçá-lo em um momento posterior arbitrariamente, com um valor de entrada arbitrário. É possível usar geradores para criar uma espécie de sistema cooperativo de *threads* dentro de código JavaScript com uma só *thread*. E é possível usar geradores para ocultar as partes assíncronas do seu programa de modo que o código pareça sequencial e síncrono, apesar de algumas das suas chamadas de função serem, na verdade, assíncronas, e dependerem de eventos da rede.

Tentar fazer essas coisas com geradores deixa o código insanamente difícil de entender ou explicar. Ainda assim, é algo que já foi feito, e seu único caso de uso prático de verdade foi na gestão de código assíncrono. Hoje JavaScript tem as palavras-chave `async` e `await` (consulte o Capítulo 13) exatamente para isso, entretanto, e não há mais motivos para abusar dos geradores dessa maneira.

12.5 Resumo

Neste capítulo, você aprendeu que:

- O laço `for/of` e o operador de espalhamento `...` funcionam com objetos iteráveis.
- Um objeto pode ser iterado se tem um método com o nome simbólico `[Symbol.iterator]` que retorna um objeto iterador.
- Um objeto iterador tem um método `next()` que retorna um objeto resultante da iteração.
- Um objeto resultante da iteração possui uma propriedade `value` que guarda o próximo valor iterado, se este existe. Se a iteração terminou, o objeto resultante deve ter uma propriedade `done` configurada como `true`.
- Você pode implementar seus próprios objetos iteráveis pela definição de um método `[Symbol.iterator]()` que retorna um objeto com um método `next()` que retorna objetos resultantes da iteração. Você também pode implementar funções que aceitam argumentos iteradores e retornam valores iteradores.

- Funções geradoras (funções definidas com `function*` em vez de `function`) são outra maneira de definir iteradores.
- Quando você chama uma função geradora, o corpo da função não é executado imediatamente; em vez disso, o valor de retorno é um objeto iterador iterável. Todas as vezes que o método `next()` do iterador é chamado, outro bloco da função geradora é executado.
- As funções geradoras podem usar o operador `yield` para especificar os valores que são retornados pelo iterador. Cada chamada de `next()` faz a função geradora ser executada até a próxima expressão `yield`. O valor dessa expressão `yield` então se torna o valor retornado pelo iterador. Quando não há mais expressões `yield`, a função geradora retorna e a iteração está completa.

CAPÍTULO 13

JavaScript assíncrono

Alguns programas de computador, como simulações científicas e modelos de aprendizado de máquina, são limitados pela capacidade de processamento da máquina: são executados continuamente, sem pausa, até que tenham calculado o resultado. Quase todos os programas de computador no mundo real, entretanto, são significativamente *assíncronos*. Isso significa que, muitas vezes, eles precisam parar de calcular enquanto esperam que os dados cheguem ou que algum evento ocorra. Os programas JavaScript que executam em um navegador Web normalmente são *dirigidos por eventos*, o que significa que esperam o usuário clicar para que façam alguma coisa. E servidores baseados em JavaScript geralmente esperam que as solicitações dos clientes cheguem pela rede antes de fazerem qualquer coisa.

Esse tipo de programação assíncrona é parte do cotidiano em JavaScript, e este capítulo documenta três recursos importantes da linguagem que ajudam a facilitar o trabalho com código assíncrono. Promises, uma novidade da ES6, são objetos que representam um resultado ainda indisponível de uma operação assíncrona. As palavras-chave `async` e `await` foram introduzidas na ES2017 e fornecem uma nova sintaxe que simplifica a programação assíncrona, pois permitem que você estruture seu código baseado em Promises como se fosse síncrono. Por fim, os iteradores assíncronos e o laço `for/await` foram introduzidos na ES2018 e permitem que você trabalhe com fluxos de eventos assíncronos usando laços simples que parecem síncronos.

Ironicamente, embora JavaScript ofereça esses recursos poderosos para trabalhar com código assíncrono, não há recursos da linguagem básica que sejam eles próprios assíncronos. Para demonstrar Promises, `async`, `await` e `for/await`, portanto, antes precisamos visitar a JavaScript do lado do cliente e do lado do servidor para explicar alguns dos recursos assíncronos dos navegadores Web e do Node (você aprenderá mais sobre JavaScript do lado do cliente e do lado do servidor nos Capítulos 15 e 16).

13.1 Programação assíncrona com *callbacks*

No seu nível mais fundamental, a programação assíncrona em JavaScript é realizada com *callbacks*. Um *callback* é uma função que você escreve e então passa para alguma outra função. Essa outra função, por sua vez, chama de volta (*calls back*) a sua função quando alguma condição é atendida ou algum evento (assíncrono) ocorre. A chamada da função *callback* que você fornece o notifica da condição ou do evento e, às vezes, a chamada inclui argumentos de função que oferecem detalhes adicionais. Isso é mais fácil de entender com alguns exemplos concretos, e as subseções a seguir demonstram diversas formas de programação assíncrona baseada em *callbacks* usando JavaScript do lado do cliente e Node.

13.1.1 Cronômetros

Um dos tipos mais simples de assincronia é quando você quer executar algum código após determinado tempo. Como vimos na Seção 11.10, é possível fazer isso com a função `setTimeout()`:

```
setTimeout(checkForUpdates, 60000);
```

O primeiro argumento de `setTimeout()` é uma função e o segundo é um intervalo de tempo medido em milissegundos. No código anterior, uma função hipotética `checkForUpdates()` será chamada 60.000 milissegundos (1 minuto) após a chamada de `setTimeout()`. `checkForUpdates()` é uma função *callback* que o seu programa poderia definir, e `setTimeout()` é a função que você chama para registrar sua função *callback* e especificar sob quais condições assíncronas ela deve ser chamada.

`setTimeout()` chama a função *callback* especificada uma vez, sem passar argumentos, e então a esquece. Se você está escrevendo uma função que realmente verifica atualizações, provavelmente vai querer repetir a sua execução. Para isso, você pode usar `setInterval()` em vez de `setTimeout()`:

```
// Chama checkForUpdates a cada minuto
let updateIntervalId = setInterval(checkForUpdates, 60000);

// setInterval() retorna um valor que podemos usar para interromper as chamadas repetidas
// chamando clearInterval() (da mesma forma, setTimeout()
// retorna um valor que você pode passar para clearTimeout())
function stopCheckingForUpdates() {
    clearInterval(updateIntervalId);
}
```

13.1.2 Eventos

Os programas JavaScript do lado do cliente são quase universalmente dirigidos por eventos: em vez de executarem algum tipo de cálculo predeterminado, eles geralmente esperam que o usuário faça alguma coisa e então respondem às ações do usuário. O navegador Web gera um *evento* quando o usuário pressiona uma tecla no teclado, move o *mouse*, clica em um botão do *mouse* ou toca na tela de um dispositivo *touchscreen*. Os programas JavaScript dirigidos a eventos registram funções *callback* para determinados tipos de eventos nos contextos especificados, e o navegador Web chama essas funções sempre que o evento especificado ocorre. Essas funções *callback* são chamadas *rotinas de tratamento de evento* ou *receptores de evento* e são registradas com `addEventListener()`:

```
// Pede ao navegador Web para retornar um objeto que representa o
// o elemento HTML <button> que corresponde a esse seletor CSS
let okay = document.querySelector('#confirmUpdateDialog button.okay');

// Agora registra uma função callback a ser chamada quando o usuário
// clica nesse botão.
okay.addEventListener('click', applyUpdate);
```

Nesse exemplo, `applyUpdate()` é uma função *callback* hipotética que pressupomos ser implementada em algum outro lugar. A chamada de `document.querySelector()` retorna um objeto que representa um único elemento específico na página Web. Chamamos `addEventListener()` nesse elemento para registrar nossa chamada. O primeiro argumento de `addEventListener()` é uma *string* que especifica o tipo de evento no qual estamos interessados – um clique do *mouse* ou toque na tela *touchscreen*, nesse caso. Se o usuário clica no elemento específico da página Web, o navegador chama nossa função *callback* `applyUpdate()`, passando um objeto que inclui detalhes (como a hora e as coordenadas do ponteiro do *mouse*) sobre o evento.

13.1.3 Eventos de rede

Outra fonte comum de assincronia na programação JavaScript são as solicitações de rede. O JavaScript executado no navegador pode buscar dados de um servidor Web com código como este:

```
function getCurrentVersionNumber(versionCallback) {   // Observe o argumento callback
    // Faz uma solicitação HTTP em script para uma versão backend da API
    let request = new XMLHttpRequest();
    request.open("GET", "http://www.example.com/api/version");
    request.send();

    // Registra uma callback que será chamada quando a resposta chegar
    request.onload = function() {
        if (request.status === 200) {
            // Se o status HTTP é bom, obtém o número de versão e chama a função callback.
            let currentVersion = parseFloat(request.responseText);
            versionCallback(null, currentVersion);
```

```
        } else {
            // Caso contrário, informa um erro para a callback
            versionCallback(response.statusText, null);
        }
    };
    // Registra outra callback que será chamada para eventos de rede
    request.onerror = request.ontimeout = function(e) {
        versionCallback(e.type, null);
    };
}
```

O código JavaScript do lado do cliente pode usar a classe XMLHttpRequest mais funções *callback* para fazer solicitações HTTP e tratar assincronamente a resposta do servidor quando ela chega[1]. A função `getCurrentVersionNumber()` definida aqui (podemos imaginá-la usada pela função hipotética `checkForUpdates()` discutida na Seção 13.1.1) faz uma solicitação HTTP e define rotinas de tratamento de evento que serão chamadas quando a resposta do servidor for recebida ou quando o tempo-limite for atingido ou outro erro causar a falha da solicitação.

Observe que o exemplo de código anterior não chama `addEventListener()` como fez nosso exemplo anterior. Para a maioria das APIs Web (incluindo esta), as rotinas de tratamento de evento podem ser definidas pela chamada de `addEventListener()` no objeto que gera o evento e a passagem do nome do evento de interesse diretamente para uma propriedade do objeto. É isso que fazemos nesse exemplo de código, atribuindo funções para as propriedades `onload`, `onerror` e `ontimeout`. Por convenção, as propriedades de receptores de evento como estas sempre têm nomes que começam com *on*. `addEventListener()` é a técnica mais flexível, pois permite múltiplas rotinas de tratamento de evento. Mas em casos nos quais você tem certeza de que nenhum outro código precisará registrar um receptor para o mesmo tipo de evento e objeto, pode ser mais simples apenas configurar a propriedade adequada para a sua *callback*.

Outra observação importante sobre a função `getCurrentVersionNumber()` no exemplo de código é que, por fazer uma solicitação assíncrona, ela não pode retornar o valor (o número de versão corrente) no qual a chamadora está interessada de forma síncrona. Em vez disso, a chamadora passa uma função *callback*, chamada quando o resultado está pronto ou quando um erro ocorre. Nesse caso, a chamadora fornece uma função *callback* que espera dois argumentos. Se XMLHttpRequest funciona corretamente, `getCurrentVersionNumber()` chama a *callback* com um primeiro argumento `null` e o número da versão como o segundo argumento. Ou, se um erro ocorre, `getCurrentVersionNumber()` chama a *callback* com os detalhes do erro no primeiro argumento e `null` como o segundo argumento.

[1] A classe XMLHttpRequest não tem relação específica com XML. Em JavaScript do lado do cliente moderno, ela foi praticamente substituída pela API `fetch()`, abordada na Seção 15.11.1. O exemplo de código mostrado aqui é o último exemplo baseado em XMLHttpRequest que sobrou neste livro.

13.1.4 *Callbacks* e eventos no Node

O ambiente JavaScript do lado do cliente Node.js é profundamente assíncrono e define muitas APIs que usam *callbacks* e eventos. A API padrão para ler o conteúdo de um arquivo, por exemplo, é assíncrona e chama uma função *callback* depois que o conteúdo do arquivo foi lido:

```
const fs = require("fs");     // O módulo "fs" tem APIs relacionadas ao sistema de
                              // arquivos
let options = {               // Um objeto para conter opções para o nosso programa
    // opções padrão vão aqui
};

// Lê um arquivo de configuração, e então chama a função callback
fs.readFile("config.json", "utf-8", (err, text) => {
    if (err) {
        // Se houve um erro, exibe um aviso, mas continua
        console.warn("Could not read config file:", err);
    } else {
        // Caso contrário, analisa o conteúdo do arquivo e atribui ao objeto opções
        Object.assign(options, JSON.parse(text));
    }

    // Em ambos os casos, agora podemos começar a executar o programa
    startProgram(options);
});
```

A função `fs.readFile()` do Node recebe uma *callback* de dois parâmetros como seu último argumento. Ela lê o arquivo especificado assincronamente e então chama a *callback*. Se o arquivo é lido com sucesso, ela passa o conteúdo do arquivo como o segundo argumento *callback*. Se um erro ocorre, ela passa o erro como primeiro argumento *callback*. No exemplo, expressamos a *callback* como uma função de seta, que é uma sintaxe sucinta e natural para esse tipo de operação simples.

O Node também define diversas APIs baseadas em eventos. A função a seguir mostra como fazer uma solicitação HTTP para o conteúdo de um URL no Node. Ela tem duas camadas de código assíncrono tratadas como ouvintes de evento. Observe que o Node usa um método `on()` para registrar ouvintes de evento em vez de `addEventListener()`:

```
const https = require("https");

// Lê o conteúdo do texto do URL e passa-o assincronamente para a callback.
function getText(url, callback) {
    // Inicia um pedido GET da HTTP para o URL
    request = https.get(url);

    // Registra uma função para tratar o evento "resposta".
    request.on("response", response => {
        // O evento de resposta significa que os cabeçalhos de resposta foram recebidos
        let httpStatus = response.statusCode;
```

```
            // O corpo da resposta HTTP ainda não foi recebido.
            // Então registramos mais rotinas de tratamento de evento para serem chamadas
            // quando ele chegar.
            response.setEncoding("utf-8");  // Estamos esperando texto em formato Unicode
            let body = "";                  // que acumularemos aqui.

            // Esta rotina de tratamento de evento é chamada quando um trecho do corpo está pronto
            response.on("data", chunk => { body += chunk; });

            // Esta rotina de tratamento de evento é chamada quando a resposta está completa
            response.on("end", () => {
                if (httpStatus === 200) {   // Se a resposta HTTP foi boa
                    callback(null, body);   // Passa o corpo da resposta para a callback
                } else {                    // Caso contrário, passa um erro
                    callback(httpStatus, null);
                }
            });
        });

        // Também registramos uma rotina de tratamento de evento para erros de rede de
        // baixo nível
        request.on("error", (err) => {
            callback(err, null);
        });
    }
```

13.2 Promises

Agora que já vimos exemplos de programação assíncrona baseada em eventos e *callbacks* nos ambientes JavaScript do lado do cliente e do lado do servidor, podemos apresentar *Promises*, um recurso da linguagem básica projetado para simplificar a programação assíncrona.

Uma Promise ("promessa") é um objeto que representa o resultado de um cálculo assíncrono. O resultado pode ou não já estar pronto, e a API Promise é intencionalmente vaga em relação a isso: não há como obter o valor de uma Promise de forma síncrona, podemos apenas solicitar que a Promise chame uma função *callback* quando o valor estiver pronto. Se você define uma API assíncrona como a função `getText()` na seção anterior, mas quer que seja baseada em Promise, omita o argumento *callback* e, em vez disso, retorne um objeto Promise. A chamadora então registra uma ou mais *callbacks* nesse objeto Promise, e estas são chamadas quando o cálculo assíncrono é completado.

Assim, no nível mais simples, Promises são apenas uma maneira diferente de trabalhar com *callbacks*. Contudo, sua utilização tem benefícios práticos. Um problema da programação assíncrona baseada em *callbacks* é que é comum acabar com *callbacks* dentro de *callbacks* dentro de *callbacks*, com linhas de código tão recuadas que ficam difíceis de ler. Promises permitem que esse tipo de *callback* aninhada seja re-expressa como uma *cadeia de Promises* mais linear, que tende a ser mais fácil de ler e mais fácil de interpretar.

Outro problema das *callbacks* é que elas dificultam o tratamento de erros. Se uma função assíncrona (ou uma *callback* chamada assincronamente) lança uma exceção, não há como propagá-la de volta ao iniciador da operação assíncrona. É um fato fundamental da programação assíncrona: ela prejudica o tratamento de exceções. A alternativa é registrar e propagar os erros meticulosamente com argumentos *callback* e retornar valores, mas isso é tedioso e difícil de acertar. Promises ajudam ao padronizar uma forma de tratar erros e ao oferecer um modo de os erros se propagarem corretamente por uma cadeia de Promises.

Observe que Promises representam os resultados futuros de cálculos assíncronos isolados. Elas não podem ser usadas para cálculos assíncronos repetidos, no entanto. Posteriormente neste capítulo, escreveremos uma alternativa baseada em Promises à função `setTimeout()`, por exemplo. Mas não podemos usar Promises para substituir `setInterval()`, pois esta chama uma função *callback* repetidamente, algo que Promises não foram criadas para fazer. Da mesma forma, poderíamos usar uma Promise em vez da rotina de tratamento "*load*" de um objeto XMLHttpRequest, pois essa *callback* só é chamada uma vez. Contudo, normalmente não usaríamos uma Promise no lugar de uma rotina de tratamento "*click*" de um objeto Button de HTML, pois em geral queremos permitir que o usuário clique em um botão múltiplas vezes.

As subseções a seguir:

- explicam a terminologia de Promises e mostram sua utilização básica;
- mostram como Promises podem ser encadeadas;
- demonstram como criar suas próprias APIs baseadas em Promise.

> Promises parecem simples no início, e o caso de uso básico para elas realmente é simples e fácil de entender. Entretanto, elas podem se tornar incrivelmente confusas para qualquer coisa que vá além dos casos de uso mais simples. Promises são um idioma poderoso para a programação assíncrona, mas é preciso entendê-las profundamente para usá-las de forma correta e com confiança. Vale a pena dedicar algum tempo para desenvolver esse entendimento aprofundado, no entanto, e sugiro que você estude este longo capítulo com muita atenção.

13.2.1 Usando Promises

Com o advento de Promises na linguagem JavaScript básica, os navegadores Web começaram a implementar APIs baseadas em Promises. Na seção anterior, implementamos uma função `getText()` que faz um pedido HTTP assíncrono e passa o corpo da resposta HTTP para uma função *callback* especificada na forma de uma *string*. Imagine uma variante dessa função, `getJSON()`, que analisa o corpo da resposta HTTP como JSON e retorna uma Promise em vez de aceitar um argumento de *callback*. Implementaremos uma função getJSON() posteriormente neste capítulo; por ora, vamos analisar como usaríamos essa função utilitária que retorna Promises:

```
getJSON(url).then(jsonData => {
    // Esta é uma função callback chamada assincronamente
    // com o valor JSON analisado depois que é disponibilizado.
});
```

getJSON() inicia uma requisição HTTP assíncrona para o URL que você especifica e então, enquanto a requisição está pendente, retorna um objeto Promise. O objeto Promise define um método de instância then(). Em vez de passar nossa função *callback* diretamente para getJSON(), a passamos para o método then(). Quando a resposta HTTP chega, o corpo da resposta é analisado como JSON, e o valor analisado resultante é passado para a função que passamos para then().

Pense no método then() como um método de registro de *callback*, como o método addEventListener() usado para registrar rotinas de tratamento de evento em JavaScript do lado do cliente. Se você chama o método then() de um objeto Promise múltiplas vezes, cada uma das funções que especifica será chamada quando o cálculo prometido for completado.

Ao contrário de muitos ouvintes de evento, no entanto, uma Promise representa um único cálculo, e cada função registrada com then() será chamada apenas uma vez. Vale observar que a função que você passa para then() é chamada assincronamente, mesmo que o cálculo assíncrono já tenha sido completado quando você chama then().

Em um nível sintático simples, o método then() é um recurso exclusivo de Promises, e é idiomático anexar .then() diretamente à chamada de função que retorna a Promise sem o passo intermediário de atribuir o objeto Promise a uma variável.

Também é idiomático dar nomes a funções que retornam Promises e funções que usam os resultados de Promises com verbos, e esses idiomas levam a um código que é particularmente fácil de ler:

```
// Suponha que você tem uma função como esta para exibir um perfil de usuário
function displayUserProfile(profile) { /* implementação omitida */ }
// Vejamos como você poderia usar essa função com uma Promise.

// Observe como essa linha de código quase pode ser lida como uma frase em inglês:
getJSON("/api/user/profile").then(displayUserProfile);
```

Tratando erros com Promises

Operações assíncronas, sobretudo aquelas que envolvem redes, normalmente podem falhar de diversas maneiras, e é preciso escrever um código robusto para lidar com os erros inevitáveis que ocorrem.

Para Promises, podemos fazer isso passando uma segunda função para o método then():

```
getJSON("/api/user/profile").then(displayUserProfile, handleProfileError);
```

Uma Promise representa o resultado futuro de um cálculo assíncrono que ocorre após o objeto Promise ser criado. Como o cálculo é realizado após o objeto Promise ser retornado a nós, não há como o cálculo retornar tradicionalmente um valor ou lançar uma exceção que possamos capturar. As funções que passamos para `then()` oferecem alternativas. Quando um cálculo síncrono é completado normalmente, ele simplesmente retorna seu resultado para o chamador. Quando um cálculo assíncrono baseado em Promises é completado normalmente, ele passa seu resultado para a função que é o primeiro argumento de `then()`.

Quando algo dá errado em um cálculo síncrono, ele lança uma exceção que se propaga pela pilha de chamada até que haja uma cláusula `catch` para tratá-la. Quando um cálculo assíncrono é executado, seu chamador não está mais na pilha; assim, se algo dá errado, simplesmente não é possível lançar uma exceção de volta para o chamador.

Em vez disso, cálculos assíncronos baseados em Promises passam a exceção (em geral, como um objeto Error de algum tipo, ainda que isso não seja obrigatório) para a segunda função passada para `then()`. Assim, no código da página anterior, se `getJSON()` é executada normalmente, ela passa seu resultado para `displayUserProfile()`. Se há um erro (o usuário não está logado, o servidor está indisponível, a conexão de Internet do usuário caiu, a solicitação atingiu seu tempo-limite etc.), `getJSON()` passa um objeto Error para `handleProfileError()`.

Na prática, é raro ver duas funções passadas para `then()`. Há uma forma melhor e mais idiomática de tratar erros quando trabalhamos com Promises. Para entendê-la, primeiro considere o que acontece se `getJSON()` é completada normalmente, mas ocorre um erro em `displayUserProfile()`. Essa função *callback* é chamada assincronamente quando `getJSON()` retorna, então também é assíncrona e não pode lançar uma exceção de forma significativa (pois não há código na pilha de chamada para tratá-la).

A forma mais idiomática de tratar erros nesse código fica assim:

```
getJSON("/api/user/profile").then(displayUserProfile).catch(handleProfileError);
```

Com esse código, um resultado normal de `getJSON()` ainda é passado para `displayUserPro file()`, mas qualquer erro em `getJSON()` ou em `displayUserProfile()` (incluindo qualquer exceção lançada por `displayUserProfile`) é passado para `handleProfileError()`. O método `catch()` é apenas uma forma abreviada de chamar `then()` com um primeiro argumento `null` e a função de tratamento de erro especificada como o segundo argumento.

Teremos mais a dizer sobre `catch()` e esse idioma de tratamento de erros quando discutirmos as cadeias de Promises na próxima seção.

Terminologia de Promises

Antes de avançarmos mais, vale a pena fazer uma pausa e definir alguns termos de Promises. Quando não estamos programando e falamos sobre promessas (*promises*, em inglês) entre seres humanos, dizemos que uma promessa é "mantida" ou "quebrada". Quando falamos de Promises em JavaScript, os termos equivalentes são "cumprida" e "rejeitada". Imagine que você chamou o método `then()` de uma Promise e passou duas funções *callback* para ela. Dizemos que a Promise foi *cumprida* se e quando a primeira *callback* é chamada. E dizemos que a Promise foi *rejeitada* se e quando a segunda *callback* é chamada. Se uma Promise não é cumprida nem rejeitada, ela está *pendente*. E uma vez que a Promise foi cumprida ou rejeitada, dizemos que está *liquidada*. Observe que uma Promise nunca pode ter sido ao mesmo tempo cumprida *e* rejeitada. Depois que uma Promise é liquidada, ela nunca muda de cumprida para rejeitada ou vice-versa.

Lembre-se de como definimos Promises no início desta seção: "uma Promise é um objeto que representa o *resultado* de um cálculo assíncrono". É importante lembrar que Promises não são apenas maneiras abstratas de registrar *callbacks* que serão executadas quando algum código assíncrono terminar – elas representam os resultados desse código assíncrono. Se o código assíncrono é executado normalmente (e a Promise é cumprida), o resultado é basicamente o valor de retorno do código. E se o código assíncrono não é completado normalmente (e a Promise é rejeitada), o resultado é um objeto Error ou algum outro valor que o código teria lançado se não fosse assíncrono. Qualquer Promise que foi liquidada tem um valor associado a ela, e esse valor não muda. Se a Promise é cumprida, o valor é um valor de retorno que é passado para qualquer função *callback* registrada como o primeiro argumento de `then()`. Se a Promise é rejeitada, o valor é algum tipo de erro passado para qualquer função *callback* registrada com `catch()` ou como o segundo argumento de `then()`.

O motivo pelo qual quero ser preciso com a terminologia de Promises é que elas também podem ser *resolvidas*. É fácil confundir esse estado resolvido com o estado cumprido ou com o estado liquidado, mas ele não é exatamente o mesmo que esses dois. Compreender o estado resolvido é um dos segredos para um entendimento mais profundo das Promises, e voltarei a esse tema depois que tivermos discutido as Promises em cadeia a seguir.

13.2.2 Promises em cadeia

Um dos benefícios mais importantes das Promises é que elas oferecem uma forma natural de expressar uma sequência de operações assíncronas como uma cadeia linear de chamadas de método `then()` sem precisar aninhar cada operação na *callback* da anterior. Observe a cadeia de Promises hipotética a seguir:

```
fetch(documentURL)                      // Faz uma requisição HTTP
    .then(response => response.json())  // Pede o corpo da resposta JSON
    .then(document => {                 // Quando obtemos o JSON analisado
        return render(document);        // exibe o documento para o usuário
    })
```

```
    .then(rendered => {                // Quando obtemos o documento renderizado
        cacheInDatabase(rendered);     // o coloca no cache do banco de dados local.
    })
    .catch(error => handle(error));    // Trata qualquer erro que ocorra
```

Esse código mostra como uma cadeia de Promises pode facilitar o trabalho de expressar uma sequência de operações assíncronas. Não vamos discutir essa cadeia de Promises específica, no entanto, mas continuaremos a explorar a ideia de usar cadeias de Promises para fazer solicitações HTTP.

Anteriormente neste capítulo, vimos o objeto XMLHttpRequest usado para fazer uma requisição HTTP em JavaScript. Esse objeto com nome estranho tem uma API antiga e complicada, e praticamente foi substituído por Fetch, uma nova API baseada em Promises (Seção 15.11.1). Em sua forma mais simples, essa nova API de HTTP é apenas a função `fetch()`. Você passa um URL para ela, e ela retorna uma Promise. Essa Promise é cumprida quando a resposta HTTP começa a chegar e o estado e os cabeçalhos HTTP estão disponíveis:

```
fetch("/api/user/profile").then(response => {
    // Quando a Promise é resolvida, temos status e cabeçalhos
    if (response.ok &&
        response.headers.get("Content-Type") === "application/json") {
        // O que podemos fazer aqui? Ainda não temos o corpo da resposta.
    }
});
```

Quando a Promise retornada por `fetch()` é cumprida, ela passa um objeto resposta para a função que você passou para o seu método `then()`. Esse objeto resposta dá acesso ao *status* e aos cabeçalhos da requisição e define métodos como `text()` e `json()`, que dão acesso ao corpo da resposta em formato texto e como JSON já analisado, respectivamente. Embora a Promise inicial tenha sido cumprida, no entanto, o corpo da resposta pode não ter chegado ainda. Assim, esses métodos `text()` e `json()` para acessar o corpo da resposta também retornam Promises. A seguir, vemos uma forma ingênua de usar `fetch()` e o método `response.json()` para obter o corpo de uma resposta HTTP:

```
fetch("/api/user/profile").then(response => {
    response.json().then(profile => {  // Pede o corpo analisado com JSON
        // Quando o corpo da resposta chega, é analisado automaticamente
        // como JSON e passado para essa função.
        displayUserProfile(profile);
    });
});
```

Esta é uma forma ingênua de usar Promises, pois as aninhamos, como fazemos com *callbacks*, o que anula o seu propósito. O idioma preferencial é usar Promises em uma cadeia sequencial, com código como

```
fetch("/api/user/profile")
    .then(response => {
        return response.json();
    })
```

```
        .then(profile => {
            displayUserProfile(profile);
        });
```

Vamos analisar as chamadas de método nesse código, ignorando os argumentos que são passados aos métodos:

```
fetch().then().then()
```

Quando mais de um método é chamado em uma única expressão dessa forma, trata-se de um *encadeamento de métodos*. Sabemos que a função `fetch()` retorna um objeto Promise e vemos que o primeiro `.then()` nessa cadeia chama um método no objeto Promise retornado. Mas há um segundo `.then()` no encadeamento, o que significa que a primeira chamada do método `then()` deve ela própria retornar uma Promise.

Às vezes, quando uma API é projetada para usar esse tipo de encadeamento de métodos, há apenas um objeto, e cada método desse objeto retorna o objeto em si para facilitar o encadeamento. Não é assim que Promises funcionam, entretanto. Quando escrevemos uma cadeia de chamadas de `.then()`, não estamos registrando múltiplas *callbacks* em um único objeto Promise. Em vez disso, cada chamada do método `then()` retorna um novo objeto Promise, que não é cumprido até a função passada para `then()` estar completa.

Vamos retornar para uma forma simplificada da cadeia `fetch()` original anterior. Se definirmos as funções passadas para as chamadas de `then()` em outros lugares, podemos refatorar o código para que fique assim:

```
fetch(theURL)            // tarefa 1; retorna promise 1
    .then(callback1)     // tarefa 2; retorna promise 2
    .then(callback2);    // tarefa 3; retorna promise 3
```

Vamos analisar o código passo a passo:

1. Na primeira linha, `fetch()` é chamada com um URL. Ela inicia um pedido GET de HTTP para o URL e retorna uma Promise. Chamaremos essa requisição HTTP de "tarefa 1" e chamaremos a Promise de "promise 1".

2. Na segunda linha, chamamos o método `then()` de promise 1, passando a função `callback1` que queremos que seja chamada quando promise 1 é cumprida. O método `then()` armazena nossa *callback* em algum lugar e então retorna uma nova Promise. Chamaremos a nova Promise retornada nesse passo de "promise 2", e diremos que "tarefa 2" começa quando `callback1` é chamada.

3. Na terceira linha, chamamos o método `then()` de promise 2, passando a função `callback2` que queremos que seja chamada quando promise 2 é cumprida. O método `then()` lembra nossa *callback* e retorna mais uma Promise. Diremos que "tarefa 3" começa quando `callback2` é chamada. Chamamos essa mais nova Promise de "promise 3", mas não precisamos de um nome para ela porque não vamos utilizá-la.

4. Todos os três passos anteriores acontecem sincronamente quando a expressão é executada pela primeira vez. Agora temos uma pausa assíncrona enquanto a solicitação HTTP iniciada no passo 1 é enviada pela Internet.
5. Em algum momento, a resposta HTTP começa a chegar. A parte assíncrona da chamada `fetch()` empacota o estado HTTP e os cabeçalhos em um objeto resposta e cumpre *promise* 1 com o objeto resposta como o valor.
6. Quando *promise* 1 é cumprida, seu valor (o objeto resposta) é passado para a nossa função `callback1()`, e a tarefa 2 começa. A função dessa tarefa, dado um objeto resposta como entrada, é obter o corpo da resposta como objeto JSON.
7. Vamos supor que a tarefa 2 é completada normalmente e consegue analisar o corpo da resposta HTTP para produzir um objeto JSON. Esse objeto JSON é usado para cumprir *promise* 2.
8. O valor que completa *promise* 2 se torna a entrada da tarefa 3 quando passado para a função `callback2()`. Agora a terceira tarefa exibe os dados para o usuário de alguma maneira não especificada. Quando a tarefa 3 está completa (supondo que é completada normalmente), a *promise* 3 é cumprida. Mas como nunca fizemos nada com *promise* 3, nada acontece quando essa Promise é liquidada e a cadeia de cálculo assíncrono termina nesse ponto.

13.2.3 Resolvendo Promises

Durante nossa explicação sobre a cadeia de Promises de busca de URL com a lista da seção anterior, falamos sobre *promises* 1, 2 e 3. Mas também há um quarto objeto Promise envolvido, o que nos leva à discussão importante sobre o que significa dizer que uma Promise foi "resolvida".

Lembre-se de que `fetch()` retorna um objeto Promise que, quando cumprido, passa um objeto resposta para a função *callback* que registramos. Esse objeto resposta tem métodos `.text()` e `.json()`, entre outros, para solicitar o corpo da resposta HTTP em diversas formas. Mas como o corpo pode não ter chegado, esses métodos devem retornar objetos Promise. No exemplo que estamos estudando, "tarefa 2" chama o método `.json()` e retorna o seu valor. É o quarto objeto Promise, e é o valor de retorno da função `callback1()`.

Vamos reescrever o código que busca URLs mais uma vez, de uma forma prolixa e não idiomática que explicita as *callbacks* e Promises:

```
function c1(response) {              // callback 1
    let p4 = response.json();
    return p4;                       // retorna promise 4
}

function c2(profile) {               // callback 2
```

```
        displayUserProfile(profile);
    }

    let p1 = fetch("/api/user/profile");  // promise 1, tarefa 1
    let p2 = p1.then(c1);                 // promise 2, tarefa 2
    let p3 = p2.then(c2);                 // promise 3, tarefa 3
```

Para que as cadeias de Promises sejam úteis, a saída da tarefa 2 deve se tornar a entrada da tarefa 3. E no exemplo que estamos considerando, a entrada da tarefa 3 é o corpo do URL que foi buscado, analisado como um objeto JSON. Mas, como acabamos de ver, o valor de retorno da *callback* `c1` não é um objeto JSON e sim a Promise `p4` para esse objeto JSON. Parece uma contradição, mas não é: quando `p1` é cumprida, `c1` é chamada e a tarefa 2 começa. E quando `p2` é cumprida, `c2` é chamada e a tarefa 3 começa. Mas apenas porque a tarefa 2 começa quando `c1` é chamada não significa que a tarefa 2 deve terminar quando `c1` retorna. O objetivo das Promises é gerenciar tarefas assíncronas, afinal, e se a tarefa 2 é assíncrona (e é, neste caso), a tarefa não estará completa quando a *callback* retornar.

Agora estamos prontos para analisar o último detalhe que você precisa entender para dominar Promises de fato. Quando você passa uma *callback* `c` para o método `then()`, este retorna uma Promise `p` e arranja o chamado assíncrono de `c` em algum momento posterior. A *callback* realiza um cálculo e retorna um valor `v`. Quando a *callback* retorna, `p` é *resolvida* com o valor `v`. Quando uma Promise é resolvida com um valor que não é ele próprio uma Promise, ela é imediatamente cumprida com esse valor. Assim, se `c` retorna algo que não é uma Promise, o valor de retorno se torna o valor de `p`, `p` é cumprida e terminamos. Mas se o valor de retorno `v` é também uma Promise, `p` é *resolvida mas ainda não cumprida*. Nesse estágio, `p` não pode ser liquidada até a Promise `v` ser liquidada. Se `v` for cumprida, `p` será cumprida com o mesmo valor. Se `v` for rejeitada, `p` será rejeitada pelo mesmo motivo. É isso que significa o estado de "resolvida" de uma Promise: a Promise está associada, ou "bloqueada", com outra Promise. Ainda não sabemos se `p` será cumprida ou rejeitada, mas nossa *callback* `c` não controla mais isso. `p` está "resolvida" no sentido de que seu destino agora depende totalmente do que acontece com a Promise `v`.

Agora voltemos ao nosso exemplo de busca de URL. Quando `c1` retorna `p4`, `p2` é resolvida. Mas ser resolvida não é o mesmo que ser cumprida, então a tarefa 3 não começa ainda. Quando o corpo completo da resposta HTTP fica disponível, o método `.json()` pode analisá-la e usar o valor analisado para cumprir `p4`. Quando `p4` é cumprida, `p2` é cumprida automaticamente também, com o mesmo valor JSON analisado. Nesse momento, o objeto JSON analisado é passado para `c2` e a tarefa 3 começa.

Esta pode ser uma das partes mais complicadas de entender do JavaScript, e talvez você precise ler esta seção mais de uma vez. A Figura 13-1 apresenta o processo de forma visual e pode ajudar a esclarecê-lo para você.

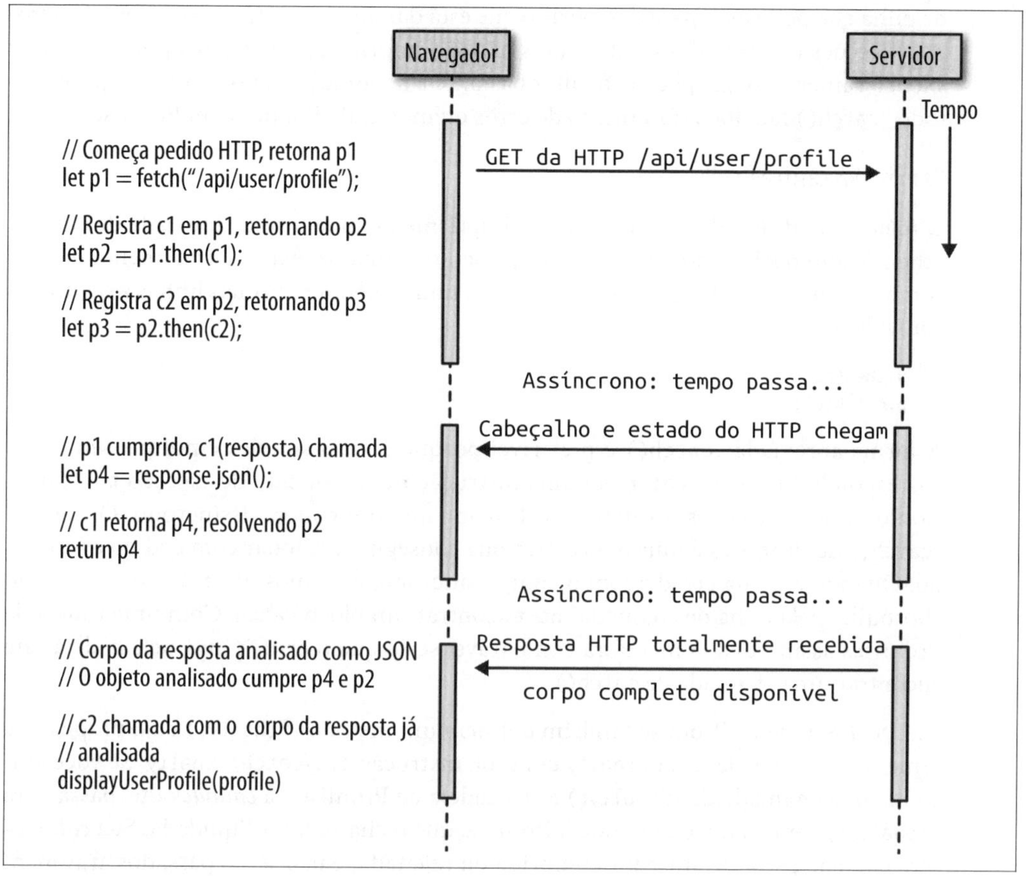

FIGURA 13-1 Buscando um URL com Promises.

13.2.4 Mais sobre Promises e erros

Neste capítulo, vimos que é possível passar uma segunda função *callback* para o método `.then()` e que essa segunda função será chamada se a Promise for rejeitada. Quando isso acontece, o argumento dessa segunda função *callback* é um valor (geralmente um objeto Error) que representa o motivo para a rejeição. Também vimos que é raro (e até não idiomático) passar duas *callbacks* para um método `.then()`. Em vez disso, erros relacionados a Promises normalmente são tratados pela adição de uma chamada de método `.catch()` a uma cadeia de Promises. Agora que examinamos as cadeias de Promises, podemos voltar ao tratamento de erros e discuti-lo em mais detalhes. Antes, porém, gostaria de frisar que o tratamento cuidadoso de erros é uma parte importantíssima da programação assíncrona. Com código assíncrono, se você esquece o código de tratamento de erros, o resultado é que ao menos você obtém uma exceção e um rastreamento de pilha que pode usar para descobrir o que está dando errado. Com o código assíncrono, exceções não tratadas muitas vezes não são informadas, e os erros podem ocorrer silenciosamente, o que pode dificultar bastante a depuração. A boa notícia é que o método `.catch()` facilita o tratamento de erros quando trabalhamos com Promises.

Os métodos catch e finally

O método `.catch()` de uma Promise é simplesmente uma forma abreviada de chamar `.then()` com `null` como o primeiro argumento e uma *callback* de tratamento de erro como o segundo. Dada qualquer Promise `p` e uma *callback* `c`, as duas linhas a seguir são equivalentes:

```
p.then(null, c);
p.catch(c);
```

A forma abreviada `.catch()` é preferível porque é mais simples e porque seu nome corresponde à cláusula `catch` em uma instrução de tratamento de exceção `try/catch`. Como vimos, exceções normais não funcionam com código assíncrono. O método `.catch()` de Promises é uma alternativa que consegue funcionar com código assíncrono. Quando algo dá errado com o código síncrono, podemos dizer que uma exceção "borbulha pela pilha de chamada" até encontrar um bloco `catch`. Com uma cadeia de Promises assíncrona, a metáfora comparável seria que o erro "pinga pela cadeia" até encontrar uma chamada de `catch()`.

Na ES2018, objetos Promise também definem um método `.finally()` cujo propósito é semelhante ao da cláusula `finally` em uma instrução `try/catch/finally`. Se você adiciona uma chamada de `.finally()` à sua cadeia de Promises, a *callback* que passa para `.finally()` será chamada quando a Promise que o chamou for liquidada. Sua *callback* será chamada se a Promise for cumprida ou rejeitada, e não serão passados argumentos para ela, então não é possível saber se foi cumprida ou rejeitada. Mas se for preciso executar algum tipo de código de limpeza (p. ex., fechar conexões de rede ou arquivos abertos) em ambos os casos, uma *callback* `.finally()` é a forma ideal de fazê-lo. Assim como `.then()` e `.catch()`, `.finally()` retorna um novo objeto Promise. O valor de retorno de uma *callback* `.finally()` em geral é ignorado, e a Promise retornada por `.finally()` normalmente é resolvida ou rejeitada com o mesmo valor que a Promise na qual `.finally()` foi chamada é resolvida ou rejeitada. Se uma *callback* `.finally()` lança uma exceção, no entanto, a Promise retornada por `.finally()` é rejeitada com esse valor.

O código de busca de URL que estudamos nas seções anteriores não fazia tratamento de erros. Vamos corrigi-lo desse defeito agora com uma versão mais realista do código:

```
fetch("/api/user/profile")  // Inicia a requisição HTTP
    .then(response => {      // Chama quando status e cabeçalhos estão prontos
        if (!response.ok) { // Se obtemos um erro 404 Not Found ou semelhante
            return null;     // Talvez o usuário tenha feito logout; retorna perfil nulo
        }

        // Agora verifica os cabeçalhos para garantir que o servidor nos enviou JSON.
        // Se não, nosso servidor está com problemas, o que é um erro grave!
        let type = response.headers.get("content-type");
```

```
        if (type !== "application/json") {
            throw new TypeError(`Expected JSON, got ${type}`);
        }

        // Se chegamos até aqui, obtivemos um estado 2xx e um tipo de conteúdo JSON,
        // então podemos retornar com confiança uma Promise para o corpo da resposta
        // como um objeto JSON.
        return response.json();
    })
    .then(profile => {  // Chamada com o corpo da resposta analisada ou null
        if (profile) {
            displayUserProfile(profile);
        }
        else {  // Se obtivemos um erro 404 acima e retornamos null, vamos parar aqui
            displayLoggedOutProfilePage();
        }
    })
    .catch(e => {
        if (e instanceof NetworkError) {
            // fetch() pode falhar desta maneira se a conexão com a Internet cai
            displayErrorMessage("Check your internet connection.");
        }
        else if (e instanceof TypeError) {
            // Acontece se lançamos TypeError acima
            displayErrorMessage("Something is wrong with our server!");
        }
        else {
            // Deve ser algum tipo de erro inesperado
            console.error(e);
        }
    });
```

Para analisar esse código, vamos ver o que acontece quando algo dá errado. Vamos usar o mesmo sistema de nomes de antes: `p1` é a Promise retornada pela chamada de `fetch()`. `p2` é a Promise retornada pela primeira chamada de `.then()`, e `c1` é a *callback* que passamos para aquela chamada de `.then()`. `p3` é a Promise retornada pela segunda chamada de `.then()`, e `c2` é a *callback* que passamos para aquela chamada. Por fim, `c3` é a *callback* que passamos para a chamada de `.catch()` (essa chamada retorna uma Promise, mas não precisamos nos referir a ela por nome).

A primeira coisa que poderia dar errado é a solicitação de `fetch()` em si. Se a conexão de rede caiu (ou se por algum outro motivo um pedido HTTP não pode ser realizado), a Promise `p1` é rejeitada com um objeto NetworkError. Não passamos uma função *callback* de tratamento de erro como o segundo argumento da chamada de `.then()`, então `p2` também é rejeitada com o mesmo objeto NetworkError (se tivéssemos passado uma rotina de tratamento de erro para a primeira chamada de `.then()`, esta teria sido chamada e, se retornasse normalmente, `p2` seria resolvida e/ou cumprida com o valor de retorno daquela rotina de tratamento). Sem uma rotina de tratamento, no entanto, `p2` é rejeitada e então `p3` é rejeitada pelo mesmo motivo. Nesse momento, a *callback* de tratamento de erro `c3` é chamada, e o código específico a NetworkError dentro dela é executado.

Outra forma do nosso código falhar seria se nosso pedido HTTP retornasse 404 Not Found ou outro erro HTTP. São respostas HTTP válidas, então a chamada de `fetch()` não as considera erros. `fetch()` encapsula uma 404 Not Found em um objeto resposta e cumpre `p1` com ele, fazendo com que `c1` seja chamada. Nosso código em `c1` verifica a propriedade `ok` do objeto resposta para detectar que não recebeu uma resposta HTTP normal e simplesmente retorna `null` para tratar o caso. Como esse valor de retorno não é uma Promise, `p2` é cumprida imediatamente e `c2` é chamada com esse valor. Nosso código em `c2` verifica explicitamente e trata valores falsos com a exibição de um resultado diferente para o usuário. É um caso no qual tratamos uma condição anormal como um não erro e a tratamos sem usar uma rotina de tratamento de erro.

Um erro mais grave ocorre em `c1` quando obtemos um código de resposta HTTP normal, mas o cabeçalho Content-Type não é configurado corretamente. Nosso código espera uma resposta em formato JSON, então se o servidor nos envia HTML, XML ou texto puro, temos um problema. `c1` inclui código para verificar o cabeçalho Content-Type. Se o cabeçalho está errado, ele o trata como um problema não recuperável e lança um TypeError. Quando uma *callback* passada para `.then()` (ou para `.catch()`) lança um valor, a Promise que era o valor de retorno da chamada de `then()` é rejeitada com o valor lançado. Nesse caso, o código em `c1` que lança um TypeError faz `p2` ser rejeitada com esse objeto TypeError. Como não especificamos uma rotina de tratamento de erro para `p2`, `p3` também é rejeitada. `c2` não é chamada e o TypeError é passado para `c3`, que tem código para verificar explicitamente e tratar esse tipo de erro.

Há alguns aspectos desse código que merecem ser destacados. Primeiro, observe que o objeto erro lançado com uma instrução `throw` síncrona normal acaba sendo tratado assincronamente com uma chamada de método `.catch()` em uma cadeia de Promises. Isso deve deixar claro por que esse método abreviado recebe preferência em relação a passar um segundo argumento para `.then()` e também por que é tão idiomático terminar cadeias de Promises com uma chamada de `.catch()`.

Antes de deixarmos o tópico do tratamento de erros, gostaria de observar que, embora seja idiomático terminar toda cadeia de Promises com um `.catch()` para limpar (ou ao menos registrar) qualquer erro que tenha ocorrido na cadeia, também é perfeitamente válido usar `.catch()` em qualquer outro ponto da cadeia de Promises. Se um dos estágios da sua cadeia de Promises pode falhar com um erro, e se o erro é algum tipo de erro recuperável que não deve impedir o resto da cadeia de ser executado, então você pode inserir uma chamada de `.catch()` na cadeia, resultando em código parecido com o seguinte:

```
startAsyncOperation()
    .then(doStageTwo)
    .catch(recoverFromStageTwoError)
    .then(doStageThree)
    .then(doStageFour)
    .catch(logStageThreeAndFourErrors);
```

Lembre-se de que a *callback* que você passa para `.catch()` somente será chamada se a *callback* em um estágio anterior lançar um erro. Se a *callback* retorna normalmente, a *callback* de `.catch()` é pulada e o valor de retorno da *callback* anterior se torna a entrada da próxima *callback* de `.then()`. Lembre-se também de que as *callbacks* de `.catch()` não servem apenas para informar erros, elas também funcionam para tratar e se recuperar deles. Após um erro ser passado para uma *callback* de `.catch()`, ele para de se propagar pela cadeia de Promises. Uma *callback* de `.catch()` pode lançar um novo erro, mas, se retorna normalmente, o valor de retorno é usado para resolver e/ou cumprir a Promise associada e o erro para de se propagar.

Vamos ser específicos: no exemplo de código anterior, se `startAsyncOperation()` ou `doStageTwo()` lança um erro, a função `recoverFromStageTwoError()` é chamada. Se `recoverFromStageTwoError()` retorna normalmente, seu valor de retorno é passado para `doStageThree()` e a operação assíncrona continua normalmente. Por outro lado, se `recoverFromStageTwoError()` não consegue se recuperar, ela própria lança um erro (ou relança o erro que lhe foi passado). Nesse caso, nem `doStageThree()` nem `doStageFour()` são chamadas, e o erro lançado por `recoverFromStageTwoError()` é passado para `logStageThreeAndFourErrors()`.

Às vezes, em ambientes de rede complexos, os erros podem ocorrer de forma mais ou menos aleatória, e pode ser correto simplesmente tentar a solicitação assíncrona mais uma vez como forma de tratá-los. Imagine que você escreveu uma operação baseada em Promise para consultar um banco de dados:

```
queryDatabase()
    .then(displayTable)
    .catch(displayDatabaseError);
```

Agora suponha que problemas transientes de carga de rede estão fazendo com que isso falhe cerca de 1% das vezes. Uma solução simples seria tentar a consulta novamente com uma chamada de `.catch()`:

```
queryDatabase()
    .catch(e => wait(500).then(queryDatabase))   // Em caso de sucesso, espera e tenta
                                                 // novamente
    .then(displayTable)
    .catch(displayDatabaseError);
```

Se as falhas hipotéticas realmente são aleatórias, adicionar essa linha de código deve reduzir a sua taxa de erros de 1% para 0,01%.

Retornando de uma *callback* de Promise

Vamos retornar uma última vez ao exemplo anterior de busca de URL e considerar a *callback* `c1` que passamos para a primeira chamada de `.then()`. Observe que há três modos de terminar `c1`. Ela pode retornar normalmente com a Promise retornada pela chamada de

.json(). Isso faz com que p2 seja resolvida, mas se a Promise será cumprida ou rejeitada depende do que acontece com a Promise recém-retornada. c1 também pode retornar normalmente com o valor null, o que faz p2 ser cumprida imediatamente. Por fim, c1 pode terminar pelo lançamento de um erro, o que faz p2 ser rejeitada. Esses são os três resultados possíveis de uma Promise, e o código em c1 demonstra como a *callback* pode causar cada um deles.

Em uma cadeia de Promises, o valor retornado (ou lançado) em um estágio da cadeia se torna a entrada para o próximo estágio da cadeia, então é fundamental acertar isso. Na prática, esquecer de retornar um valor de uma função *callback* é, na verdade, uma fonte comum de *bugs* relacionados a Promises, e isso é agravado pela sintaxe reduzida de funções de seta de JavaScript. Considere a linha de código a seguir, que já encontramos antes:

```
.catch(e => wait(500).then(queryDatabase))
```

No Capítulo 8, vimos que as funções de seta permitem muitos atalhos. Como há exatamente um argumento (o valor de erro), podemos omitir os parênteses. Como o corpo da função é uma única expressão, podemos emitir as chaves ao redor do corpo da função, e o valor da expressão se torna o valor de retorno da função. Por causa desses atalhos, o código anterior está correto. Mas considere a mudança a seguir, aparentemente inócua:

```
.catch(e => { wait(500).then(queryDatabase) })
```

Adicionar chaves significa que não obtemos mais o retorno automático. Agora, a função retorna undefined no lugar de retornar uma Promise, o que significa que o próximo estágio nesse encadeamento de Promises será chamado com undefined como entrada no lugar do resultado da consulta que foi tentada novamente. É um erro sutil que pode ser difícil de depurar.

13.2.5 Promises em paralelo

Passamos bastante tempo falando sobre cadeias de Promises para executar sequencialmente os passos assíncronos de uma operação assíncrona maior. Às vezes, no entanto, queremos executar diversas operações assíncronas em paralelo. É o que pode fazer a função Promise.all(), que recebe um *array* de objetos Promise como entrada e retorna uma Promise. A Promise retornada é rejeitada se qualquer uma das Promises de entrada é rejeitada. Caso contrário, ela é cumprida com um *array* dos valores de cumprimento de cada uma das Promises de entrada. Assim, por exemplo, se você quer buscar o conteúdo de texto de múltiplos URLs, você pode usar código como o seguinte:

```
// Começamos com um array de URLs
const urls = [ /* zero ou mais URLs aqui */ ];
// E o convertemos em um array de objetos Promise
promises = urls.map(url => fetch(url).then(r => r.text()));
// Agora obtemos uma Promise para executar todas essas Promises em paralelo
Promise.all(promises)
    .then(bodies => { /* faz alguma coisa com o array de strings */ })
    .catch(e => console.error(e));
```

`Promise.all()` é ligeiramente mais flexível do que foi descrito. O *array* de entradas pode conter objetos Promise e valores que não são Promises. Se um elemento do *array* não é uma Promise, ele é tratado como se fosse o valor de uma Promise já cumprida e simplesmente copiado sem alterações para o *array* de saídas.

A Promise retornada por `Promise.all()` é rejeitada quando qualquer uma das Promises de entrada é rejeitada. Isso acontece imediatamente com a primeira rejeição e pode acontecer enquanto outras Promises de entrada ainda estão pendentes. Na ES2020, `Promise.allSettled()` recebe um *array* de Promises de entrada e retorna uma Promise, assim como `Promise.all()`. Mas `Promise.allSettled()` nunca rejeita a Promise retornada e não cumpre essa Promise até que todas as Promises de entrada tenham sido liquidadas. A Promise é resolvida em um *array* de objetos, com um objeto para cada Promise de entrada. Cada um dos objetos retornados tem uma propriedade `status` configurada como "cumprida" ou "rejeitada". Se o *status* é "cumprida", o objeto também tem uma propriedade `value` que informa o valor de cumprimento. E se o *status* é "rejeitada", o objeto também tem uma propriedade `reason` que informa o valor de rejeição ou erro da Promise correspondente:

```
Promise.allSettled([Promise.resolve(1), Promise.reject(2), 3]).then(results => {
    results[0]  // => { status: "fulfilled", value: 1 }
    results[1]  // => { status: "rejected", reason: 2 }
    results[2]  // => { status: "fulfilled", value: 3 }
});
```

Ocasionalmente, você pode querer executar várias Promises ao mesmo tempo, mas se importar apenas com o valor da primeira a ser cumprida. Nesse caso, você pode usar `Promise.race()` em vez de `Promise.all()`. Ela retorna uma Promise cumprida ou rejeitada quando a primeira Promise no *array* de entradas é cumprida ou rejeitada (ou, se há valores que não são Promises no *array* de entradas, simplesmente retorna o primeiro destes).

13.2.6 Fazendo Promises

Usamos a função de retorno de Promises `fetch()` em muitos dos exemplos anteriores porque é uma das funções mais simples integradas aos navegadores Web que retorna uma Promise. Nossa discussão sobre Promises também utilizou funções hipotéticas que retornam Promises, `getJSON()` e `wait()`. As funções escritas para retornar Promises são muito úteis, e esta seção mostra como você pode criar suas próprias APIs baseadas em Promises. Em especial, mostramos implementações de `getJSON()` e `wait()`.

Promises baseadas em outras Promises

É fácil escrever uma função que retorna uma Promise se você pode partir de alguma outra função que retorna Promises. Dada uma Promise, você sempre pode criar (e retornar) uma nova chamando `.then()`. Assim, se usamos a função `fetch()` existente como ponto de partida, podemos escrever `getJSON()` assim:

```
function getJSON(url) {
    return fetch(url).then(response => response.json());
}
```

O código é trivial porque o objeto resposta da API `fetch()` tem um método `json()` predefinido. O método `json()` retorna uma Promise, que retornamos da nossa *callback* (a *callback* é uma função de seta com um corpo de uma única expressão, então o retorno é implícito), de modo que a Promise retornada por `getJSON()` é resolvida como a Promise retornada por `response.json()`. Quando essa Promise é cumprida, a Promise retornada por `getJSON()` é cumprida com o mesmo valor. Observe que não há tratamento de erro nessa implementação de `getJSON()`. Em vez de verificar `response.ok` e o cabeçalho Content-Type, apenas permitimos que o método `json()` rejeite a Promise que retornou com um SyntaxError se o corpo da resposta não pode ser analisado como JSON. Vamos escrever outra função que retorna uma Promise, desta vez usando `getJSON()` como fonte da Promise inicial:

```
function getHighScore() {
    return getJSON("/api/user/profile").then(profile => profile.highScore);
}
```

Estamos pressupondo que essa função é parte de algum tipo de jogo na Web e que o URL "/api/user/profile" retorna uma estrutura de dados em formato JSON que inclui uma propriedade `highScore`.

Promises baseadas em valores síncronos

Às vezes, é preciso implementar uma API baseada em Promises existente e retornar uma Promise de uma função, embora o cálculo a ser realizado não precise de verdade de nenhuma operação assíncrona. Nesse caso, os métodos estáticos `Promise.resolve()` e `Promise.reject()` fazem o que você quer. `Promise.resolve()` recebe um valor como seu único argumento e retorna uma Promise que é cumprida imediatamente (mas assincronamente) com esse valor. Da mesma forma, `Promise.reject()` recebe um único argumento e retorna uma Promise que será rejeitada com esse valor como motivo. (É preciso deixar claro que as Promises retornadas por esses métodos estáticos não estão já cumpridas ou rejeitadas quando são retornadas, mas são cumpridas ou rejeitadas imediatamente após o fim da execução do bloco de código síncrono corrente. Em geral, isso acontece após alguns milissegundos, a menos que haja muitas tarefas assíncronas pendentes esperando para serem executadas.)

Na Seção 13.2.3, vimos que uma Promise resolvida não é o mesmo que uma Promise cumprida. Quando chamamos `Promise.resolve()`, normalmente passamos o valor de cumprimento para criar um objeto Promise que logo será cumprido com esse valor. O método não se chama `Promise.fulfill()`, contudo. Se você passa uma Promise `p1` para `Promise.resolve()`, ela retorna uma nova Promise `p2`, que é imediatamente resolvida, mas que não será cumprida ou rejeitada até `p1` ser cumprida ou rejeitada.

É possível, mas raro, escrever uma função baseada em Promises em que o valor é calculado sincronamente e retornado assincronamente com `Promise.resolve()`. É relativamente comum, no entanto, ter casos especiais síncronos dentro de uma função assíncrona, e é possível tratar esses casos especiais com `Promise.resolve()` e `Promise.reject()`. Em especial, se você detecta condições de erro (como valores de argumento ruins) antes de iniciar uma operação assíncrona, você pode retornar uma Promise criada com `Promise.reject()` para informar esse erro (você também poderia simplesmente lançar um erro sincronamente nesse caso, mas isso é visto com maus olhos, pois o chamador da sua função precisa escrever uma cláusula `catch` síncrona e usar um método `.catch()` assíncrono para tratar erros). Por fim, `Promise.resolve()` pode ser útil para criar a Promise inicial em uma cadeia de Promises. Veremos alguns exemplos que a usam dessa forma.

Promises do zero

Tanto para `getJSON()` quanto para `getHighScore()`, primeiro chamamos uma função existente para obter uma Promise inicial e, então, criamos e retornamos uma nova Promise chamando o método `.then()` daquela Promise inicial. Mas como escrevemos uma função que retorna Promises quando não podemos usar outra função que retorna Promises como nosso ponto de partida? Nesse caso, usamos a construtora `Promise()` para criar um novo objeto Promise sobre o qual temos controle absoluto. Funciona assim: chamamos a construtora `Promise()` e passamos uma função como o seu único argumento. A função que passamos deve ser escrita para esperar dois parâmetros, que, por convenção, devem se chamar `resolve` e `reject`. A construtora chama sincronamente nossa função com argumentos de função para os parâmetros `resolve` e `reject`. Após chamarmos a função, a construtora `Promise()` retorna a Promise recém-criada. Essa Promise está sob o controle da função que passamos para a construtora. Essa função deve realizar alguma operação assíncrona e, então, chamar a função `resolve` para resolver ou cumprir a Promise retornada ou chamar a função `reject` para rejeitar a Promise retornada. Nossa função não precisa ser assíncrona: ela pode chamar `resolve` ou `reject` sincronamente, mas a Promise ainda será resolvida, cumprida ou rejeitada assincronamente se fizermos isso.

Pode ser difícil entender as funções passadas para uma função passada para uma construtora se apenas lemos sobre elas, mas espero que alguns exemplos esclareçam a questão. Vejamos como escrever a função `wait()` baseada em Promises que usamos em diversos exemplos anteriores neste capítulo:

```
function wait(duration) {
    // Cria e retorna uma nova Promise
    return new Promise((resolve, reject) => {// Controlam a Promise
        // Se o argumento é inválido, rejeita a Promise
        if (duration < 0) {
            reject(new Error("Time travel not yet implemented"));
        }
```

```
            // Caso contrário, espera assincronamente e então resolve a Promise.
            // setTimeout chama resolve() sem argumentos, o que significa
            // que a Promise será cumprida com o valor undefined.
            setTimeout(resolve, duration);
        });
    }
```

Observe que o par de funções que você usa para controlar o destino de uma Promise criada com a construtora `Promise()` se chama `resolve()` e `reject()` ("resolver" e "rejeitar"), não `fulfill()` e `reject()` ("cumprir" e "rejeitar"). Se você passa uma Promise para `resolve()`, a Promise retornada é resolvida como essa nova Promise. Muitas vezes, no entanto, você passará um valor que não é uma Promise, o que faz a Promise retornada ser resolvida com esse valor.

O Exemplo 13-1 é mais um exemplo do uso da construtora `Promise()`. Este implementa nossa função `getJSON()` para uso no Node, no qual a API `fetch()` não é interna. Lembre-se de que começamos este capítulo com uma discussão sobre *callbacks* e eventos assíncronos. O exemplo a seguir usa ambas, *callbacks* e rotinas de tratamento de evento; portanto, é uma boa demonstração de como podemos implementar APIs baseadas em Promises sobre outros estilos de programação assíncrona.

Exemplo 13-1 Uma função getJSON() assíncrona

```
const http = require("http");

function getJSON(url) {
    // Cria e retorna uma nova Promise
    return new Promise((resolve, reject) => {
        // Inicia um pedido GET da HTTP para o URL especificado
        request = http.get(url, response => { // chamada quando a resposta começa
            // Rejeita a Promise se o estado HTTP está errado
            if (response.statusCode !== 200) {
                reject(new Error(`HTTP status ${response.statusCode}`));
                response.resume(); // para não haver vazamentos de memória
            }
            // E rejeita se os cabeçalhos de resposta estão errados
            else if (response.headers["content-type"] !== "application/json") {
                reject(new Error("Invalid content-type"));
                response.resume(); // não vaza memória
            }
            else {
                // Caso contrário, registra eventos para ler o corpo da resposta
                let body = "";
                response.setEncoding("utf-8");
                response.on("data", chunk => { body += chunk; });
                response.on("end", () => {
                    // Quando o corpo da resposta é completado, tenta analisá-lo
                    try {
                        let parsed = JSON.parse(body);
                        // Se analisado com sucesso, cumpre a Promise
                        resolve(parsed);
```

```
                } catch(e) {
                    // Se a análise falha, rejeita a Promise
                    reject(e);
                }
            });
        }
    });
    // Também rejeitamos a Promise se o pedido falha antes de
    // sequer obtermos uma resposta (por exemplo, quando a rede cai)
    request.on("error", error => {
        reject(error);
    });
  });
}
```

13.2.7 Promises em sequência

`Promise.all()` facilita a execução de um número arbitrário de Promises em paralelo. E cadeias de Promises facilitam o trabalho de expressar uma sequência de um número fixo de Promises. Executar um número arbitrário de Promises em sequência é mais complicado, no entanto. Suponha, por exemplo, que você tenha um *array* de URLs para buscar, mas para não sobrecarregar sua rede, quer que sejam buscados um por vez. Se o *array* tem comprimento arbitrário e conteúdo desconhecido, você não pode escrever uma cadeia de Promises de antemão, então vai precisar construí-la dinamicamente, com código como o seguinte:

```
function fetchSequentially(urls) {
    // Armazenamos os corpos de URLs aqui enquanto os buscamos
    const bodies = [];

    // Aqui temos uma função que retorna uma Promise e busca um corpo de resposta
    function fetchOne(url) {
        return fetch(url)
            .then(response => response.text())
            .then(body => {
                // Salvamos o corpo no array e propositalmente
                // omitimos um valor de retorno aqui (retornando undefined)
                bodies.push(body);
            });
    }

    // Começa com uma Promise que cumprimos imediatamente (com o valor undefined)
    let p = Promise.resolve(undefined);

    // Agora itera pelos URLs desejados, construindo uma cadeia de Promises
    // de comprimento arbitrário, buscando um URL em cada estágio da cadeia
    for(url of urls) {
        p = p.then(() => fetchOne(url));
    }
    // Quando a última Promise na cadeia é cumprida,
    // o array de corpos está pronto. Assim, retornamos uma Promise para
```

```
    // o array de corpos. Observe que não incluímos nenhuma rotina de tratamento de erro:
    // queremos permitir que os erros sejam propagados até o chamador.
    return p.then(() => bodies);
}
```

Com essa função `fetchSequentially()` definida, poderíamos buscar um URL por vez usando um código muito parecido com o código de busca em paralelo que usamos anteriormente para demonstrar `Promise.all()`:

```
fetchSequentially(urls)
    .then(bodies => { /* faz alguma coisa com o array de strings */ })
    .catch(e => console.error(e));
```

Primeiro, a função `fetchSequentially()` cria uma Promise que cumprimos imediatamente após o retorno. A seguir, ela cria uma longa cadeia linear de Promises a partir daquela Promise inicial e retorna a última Promise da cadeia. É como montar uma fileira de dominós e, então, derrubar o primeiro.

Também podemos adotar outra abordagem, possivelmente mais elegante. Em vez de criar as Promises de antemão, podemos fazer com que a *callback* de cada Promise crie e retorne a próxima Promise. Em outras palavras, em vez de criar e encadear várias Promises, criamos Promises que são resolvidas como outras Promises. Em vez de criar uma cadeia de Promises que parece uma fileira de dominós, criamos uma sequência de Promises aninhadas uma dentro da outra, como bonequinhas russas. Com essa abordagem, nosso código pode retornar a primeira Promise (a mais externa) sabendo que mais cedo ou mais tarde seu cumprimento (ou rejeição!) gerará o mesmo valor que a última Promise (a mais interna) da sequência. A função `promiseSequence()` a seguir foi escrita para ser genérica e não é específica à busca de URLs. Ela foi colocada aqui, no final da nossa discussão sobre Promises, porque é complexa. Se você leu este capítulo com atenção, no entanto, espero que consiga entender como funciona. Em especial, observe que a função aninhada dentro de `promiseSequence()` parece chamar a si mesma recursivamente, mas como a chamada "recursiva" ocorre por meio do método `then()`, não ocorre qualquer recursão tradicional:

```
// Esta função recebe um array de valores de entrada e uma função "promiseMaker".
// Para qualquer valor de entrada x no array, promiseMaker(x) deve retornar uma Promise
// cujo cumprimento gera um valor de saída. A função retorna uma Promise
// cujo cumprimento gera um array de valores de saída calculados.
//
// Em vez de criar todas as Promises de uma só vez e deixá-las serem executadas
// em paralelo, no entanto, promiseSequence() executa apenas uma Promise de cada vez
// e não chama promiseMaker() para um valor até que a Promise anterior
// tenha sido cumprida.
function promiseSequence(inputs, promiseMaker) {
    // Faz uma cópia privada do array que podemos modificar
    inputs = [...inputs];

    // Esta é a função que usaremos como callback de Promises
    // É a magia pseudorrecursiva que faz tudo funcionar.
    function handleNextInput(outputs) {
```

```
            if (inputs.length === 0) {
                // Se não sobraram mais entradas, retorna o array
                // de saídas, finalmente cumprindo a Promise e todas as
                // Promises resolvidas, mas não cumpridas anteriores.
                return outputs;
            } else {
                // Se ainda há valores de entrada para processar,
                // retornamos um objeto Promise, resolvendo a Promise corrente
                // com o valor futuro de uma nova Promise.
                let nextInput = inputs.shift();  // Obtém o próximo valor de entrada,
                return promiseMaker(nextInput)   // calcula o próximo valor de saída.
                    // Depois cria um novo array de saídas com o novo valor de saída
                    .then(output => outputs.concat(output))
                    // Depois aplica recursividade, passando o novo array de saídas mais longo
                    .then(handleNextInput);
            }
        }

        // Começa com uma Promise cujo cumprimento gera um array vazio e usa
        // a função acima como sua callback.
        return Promise.resolve([]).then(handleNextInput);
    }
```

Essa função `promiseSequence()` é intencionalmente genérica. Podemos usá-la para buscar URLs com código como o seguinte:

```
// Dado um URL, retorna uma Promise cujo cumprimento gera o texto do corpo do URL
function fetchBody(url) { return fetch(url).then(r => r.text()); }
// Usa-a para buscar sequencialmente uma série de corpos de URL
promiseSequence(urls, fetchBody)
    .then(bodies => { /* faz alguma coisa com o array de strings */ })
    .catch(console.error);
```

13.3 async e await

A ES2017 introduz duas palavras-chave novas, `async` e `await`, que representam uma mudança de paradigma na programação assíncrona em JavaScript. As novas palavras-chave simplificam radicalmente o uso de Promises e nos permitem escrever código assíncrono baseado em Promises que se parece com o código síncrono que fica bloqueado enquanto espera respostas da rede ou outros eventos assíncronos. Embora ainda seja importante entender como Promises funcionam, boa parte da sua complexidade (e, às vezes, sua própria presença!) desaparece quando as usamos com `async` e `await`.

Vimos neste capítulo que o código assíncrono não pode retornar um valor nem lançar uma exceção da mesma forma que o código síncrono normal. E é por isso que Promises são estruturadas como são. O valor de uma Promise cumprida é como o valor de retorno de uma função síncrona. E o valor de uma Promise rejeitada é como o valor lançado por uma função síncrona. Essa última semelhança é explicitada pelo nome do método `.catch()`. `async` e `await` tomam um código baseado em Promises eficiente e ocultam as Promises para que o seu código assíncrono seja tão fácil de ler e de entender quanto o código síncrono ineficiente e que causa bloqueios.

13.3.1 Expressões await

A palavra-chave `await` toma uma Promise e a transforma de volta em um valor de retorno ou uma exceção lançada. Dado um objeto Promise `p`, a expressão `await p` espera até `p` ser liquidada. Se `p` é cumprida, o valor de `await p` é o valor de cumprimento de `p`. Por outro lado, se `p` é rejeitada, a expressão `await p` lança o valor de rejeição de `p`. Normalmente não usamos `await` com uma variável que contém uma Promise; em vez disso, usamos antes da chamada de uma função que retorna uma Promise:

```
let response = await fetch("/api/user/profile");
let profile = await response.json();
```

É fundamental entender imediatamente que a palavra-chave `await` não causa o bloqueio do seu programa e literalmente não faz nada até a Promise especificada ser liquidada. O código continua assíncrono, `await` simplesmente disfarça esse fato. Isso significa que *qualquer código que utiliza* `await` *é, ele próprio, assíncrono.*

13.3.2 Funções async

Como qualquer código que usa `await` é assíncrono, há uma regra crítica: *você só pode usar a palavra-chave `await` em funções que foram declaradas com a palavra-chave `async`.* Aqui temos uma versão da função `getHighScore()` de uma seção anterior deste capítulo, reescrita de modo a utilizar `async` e `await`:

```
async function getHighScore() {
    let response = await fetch("/api/user/profile");
    let profile = await response.json();
    return profile.highScore;
}
```

Declarar uma função `async` significa que o valor de retorno da função será uma Promise mesmo que não apareça código relativo a Promises no corpo da função. Se uma função `async` parece retornar normalmente, o objeto Promise que é o valor de retorno real da função será resolvido com esse valor de retorno aparente. E se uma função `async` parece lançar uma exceção, o objeto Promise que retorna será rejeitado com essa exceção.

A função `getHighScore()` é declarada com `async`, então retorna uma Promise. E como retorna uma Promise, podemos usar a palavra-chave `await` com ela:

```
displayHighScore(await getHighScore());
```

Mas lembre-se de que essa linha de código só funciona se estiver dentro de outra função `async`! Você pode aninhar expressões `await` dentro de funções `async` em tantos níveis de profundidade quanto quiser. Mas se você estiver no nível superior[2] ou dentro de uma

---

[2]Normalmente usamos `await` no nível superior da *console* do desenvolvedor do navegador. Há uma proposta pendente para permitir o uso de `await` no nível superior em uma versão futura de JavaScript.

função que não é async por qualquer motivo, não é possível usar await e é preciso lidar com uma Promise retornada da maneira normal:

```
getHighScore().then(displayHighScore).catch(console.error);
```

Você pode usar a palavra-chave async com qualquer tipo de função. Ela funciona com a palavra-chave function como instrução ou como expressão e funciona com funções de seta e com a forma de método abreviada em classes e objetos literais (para mais informações sobre os diversos modos de escrever funções, consulte o Capítulo 8).

13.3.3 Esperando múltiplas Promises

Suponha que escrevemos nossa função getJSON() usando async:

```
async function getJSON(url) {
    let response = await fetch(url);
    let body = await response.json();
    return body;
}
```

E agora suponha que queremos buscar dois valores JSON com essa função:

```
let value1 = await getJSON(url1);
let value2 = await getJSON(url2);
```

O problema desse código é que ele é desnecessariamente sequencial: a busca do segundo URL não começa até a primeira busca estar completa. Se o segundo URL não depende do valor obtido com o primeiro URL, provavelmente deveríamos tentar buscar os dois valores ao mesmo tempo. É um caso em que a natureza baseada em Promises de async fica evidente. Para esperar um conjunto de funções async sendo executadas concomitantemente, usamos Promise.all() assim como faríamos se estivéssemos trabalhando com Promises diretamente:

```
let [value1, value2] = await Promise.all([getJSON(url1), getJSON(url2)]);
```

13.3.4 Detalhes da implementação

Por fim, para entender como funcionam as funções async, pode ser útil pensar sobre o que está acontecendo nos bastidores.

Suponha que você escreve uma função async como a seguinte:

```
async function f(x) { /* corpo */ }
```

Você pode imaginá-la como uma função que retorna Promises empacotando o corpo da sua função original:

```
function f(x) {
    return new Promise(function(resolve, reject) {
        try {
            resolve((function(x) { /* corpo */ })(x));
        }
```

```
            catch(e) {
                reject(e);
            }
        });
    }
```

É mais difícil expressar a palavra-chave `await` em termos de uma transformação de sintaxe como essa. Mas pense na palavra-chave `await` como um marcador que divide um corpo de função em blocos síncronos separados. Um interpretador da ES2017 pode dividir o corpo da função em uma sequência de subfunções separadas, cada uma das quais é passada para o método `then()` da Promise marcada com `await` que o precede.

13.4 Iteração assíncrona

Começamos este capítulo com uma discussão sobre assincronia baseada em *callbacks* e eventos, e, quando apresentamos as Promises, observamos que eram úteis para cálculos assíncronos isolados, mas não para o uso com fontes de eventos assíncronos repetitivos, como `setInterval()`, o evento "*click*" em um navegador Web ou o evento "*data*" em um fluxo do Node. Como Promises isoladas não funcionam para sequências de eventos assíncronos, também não podemos usar funções `async` normais e as instruções `await` para elas.

A ES2018 oferece uma solução, entretanto. Os iteradores assíncronos são como os iteradores descritos no Capítulo 12, mas são baseados em Promises e foram criados para serem usados com uma nova forma do laço `for/of`: `for/await`.

13.4.1 O laço for/await

Node 12 torna seus fluxos legíveis iteráveis de forma assíncrona. Isso significa que é possível ler blocos sucessivos de dados de um fluxo com um laço `for/await` como o seguinte:

```
const fs = require("fs");

async function parseFile(filename) {
    let stream = fs.createReadStream(filename, { encoding: "utf-8"});
    for await (let chunk of stream) {
        parseChunk(chunk);  // Suponha que parseChunk() é definido em outro lugar
    }
}
```

Assim como uma expressão `await` normal, o laço `for/await` é baseado em Promises. Em linhas gerais, o iterador assíncrono produz uma Promise e o laço `for/await` espera que a Promise seja cumprida, atribui o valor de cumprimento à variável do laço e executa o corpo do laço. Então, ele começa de novo, obtendo outra Promise do iterador e esperando que a nova Promise seja cumprida.

Suponha que você tenha um *array* de URLs:

```
const urls = [url1, url2, url3];
```

É possível chamar `fetch()` em cada URL para obter um *array* de Promises:

```
const promises = urls.map(url => fetch(url));
```

Vimos anteriormente neste capítulo que poderíamos usar `Promise.all()` para esperar até que todas as Promises no *array* sejam cumpridas. Mas suponha que queremos o resultado da primeira busca assim que disponível e não queremos esperar que todos os URLs sejam buscados (obviamente, a primeira busca poderia demorar mais do que qualquer uma das outras, então isso não é necessariamente mais rápido do que usar `Promise.all()`). Os *arrays* são iteráveis, então podemos iterar pelo *array* de Promises com um laço `for/of` normal:

```
for(const promise of promises) {
    response = await promise;
    handle(response);
}
```

Esse exemplo de código usa um laço `for/of` normal com um iterador normal. Mas como esse iterador retorna Promises, também podemos usar o novo laço `for/await` para um código ligeiramente mais simples.

```
for await (const response of promises) {
    handle(response);
}
```

Nesse caso, o laço `for/await` simplesmente integra a chamada de `await` ao laço e deixa o seu código ligeiramente mais compacto, mas os dois exemplos fazem exatamente a mesma coisa. É importante notar que ambos os exemplos funcionam apenas se estão dentro de funções declaradas com `async`; um laço `for/await` não é diferente de uma expressão `await` normal nesse aspecto.

Contudo, é importante perceber que estamos usando `for/await` com um iterador normal nesse exemplo. A situação é mais interessante com iteradores totalmente assíncronos.

13.4.2 Iteradores assíncronos

Vamos revisar um pouco da terminologia do Capítulo 12. Um objeto *iterável* é aquele que pode ser usado com um laço `for/of`. Ele define um método com o nome simbólico `Symbol.iterator`. Esse método retorna um objeto *iterador*. O objeto iterador tem um método `next()`, que pode ser chamado repetidamente para obter os valores do objeto iterável. O método `next()` do objeto iterador retorna objetos *resultantes da iteração*. O objeto resultado da iteração tem uma propriedade `value` e/ou uma propriedade done.

Os iteradores assíncronos são bastante semelhantes aos iteradores normais, mas têm duas diferenças importantes. Primeiro, um objeto iterável assincronamente implementa um método com o nome simbólico `Symbol.asyncIterator` em vez de `Symbol.iterator` (como vimos antes, `for/await` é compatível com objetos iteráveis normais, mas prefere objetos iteráveis assincronamente e tenta o método `Symbol.asyncIterator` antes de tentar o método `Symbol.iterator`). Segundo, o método `next()` de um iterador assíncrono retorna uma Promise que é resolvida como um objeto resultado da iteração em vez de retornar um objeto resultado da iteração diretamente.

Na seção anterior, quando usamos `for/await` em um *array* de Promises iterável sincronamente normal, estávamos trabalhando com objetos resultantes da iteração síncronos nos quais a propriedade `value` era um objeto Promise, mas a propriedade `done` era síncrona. Iteradores assíncronos de verdade retornam Promises para objetos resultantes da iteração, e as propriedades `value` e `done` são assíncronas. A diferença é sutil: com iteradores assíncronos, a escolha sobre quando a iteração termina pode ser feita de forma assíncrona.

13.4.3 Geradores assíncronos

Como vimos no Capítulo 12, a forma mais fácil de implementar um iterador muitas vezes é usando um gerador. O mesmo vale para os iteradores assíncronos, que podemos implementar com funções geradoras que declaramos com `async`. Um gerador assíncrono tem as características das funções assíncronas e dos geradores: você pode usar `await` como faria em uma função assíncrona normal e pode usar `yield` como faria em um gerador normal. Mas os valores que você gera (`yield`) são empacotados automaticamente em Promises. Até mesmo a sintaxe dos geradores assíncronos é uma combinação: `async function` e `function *` se combinam em `async function *`. Aqui temos um exemplo que mostra como poderíamos usar um gerador assíncrono e um laço `for/await` para executar de forma repetitiva um código em intervalos fixos usando sintaxe de laço em vez de uma função *callback* `setInterval()`:

```
// Um wrapper baseado em Promises em torno de setTimeout() com o qual podemos usar
// await.
// Retorna uma Promise que é cumprida no número especificado de milissegundos
function elapsedTime(ms) {
    return new Promise(resolve => setTimeout(resolve, ms));
}

// Uma função geradora async que incrementa um contador e o retorna
// um número especificado (ou infinito) de vezes a um determinado intervalo.
async function* clock(interval, max=Infinity) {
    for(let count = 1; count <= max; count++) {  // normal para laço
        await elapsedTime(interval);             // espera o tempo passar
        yield count;                             // gera o contador
    }
}
```

```
// Uma função de teste que usa o gerador assíncrono com for/await
async function test() {    // Assíncrona para que possamos usar for/await
    for await (let tick of clock(300, 100)) {// Itera 100 vezes a cada 300 ms
        console.log(tick);
    }
}
```

13.4.4 Implementando iteradores assíncronos

Em vez de usar geradores assíncronos para implementar iteradores assíncronos, também é possível implementá-los diretamente com a definição de um objeto com um método `Symbol.asyncIterator()` que retorna um objeto com um método `next()` que retorna uma Promise que é resolvida em um objeto resultante da iteração. No código a seguir, reimplementamos a função `clock()` do exemplo anterior para que não seja um gerador e, em vez disso, apenas retorne um objeto iterável assincronamente. Observe que o método `next()` no exemplo não retorna uma Promise explicitamente; em vez disso, apenas declaramos que `next()` é assíncrono:

```
function clock(interval, max=Infinity) {
    // Uma versão Promise-ficada de setTimeout com a qual podemos usar await.
    // Observe que recebe um tempo absoluto e não um intervalo.
    function until(time) {
        return new Promise(resolve => setTimeout(resolve, time - Date.now()));
    }
    // Retorna um objeto iterável assincronamente
    return {
        startTime: Date.now(),          // Lembra quando começamos
        count: 1,                       // Lembra em qual iteração estamos
        async next() {                  // O método next() transforma isto em um iterador
            if (this.count > max) {     // Terminamos?
                return { done: true }; // Resultado da iteração indicando que terminamos
            }
            // Descobre quando a próxima iteração deve começar,
            let targetTime = this.startTime + this.count * interval;
            // espera até então,
            await until(targetTime);
            // e retorna o valor da contagem em um objeto resultado da iteração.
            return { value: this.count++ };
        },
        // Este método significa que esse objeto iterador também é iterável.
        [Symbol.asyncIterator]() { return this; }
    };
}
```

A versão baseada em iteradores da função `clock()` resolve uma falha da versão baseada em geradores. Observe que, no novo código, nos concentramos na hora absoluta em que cada iteração deve começar e subtraímos a hora atual dela para calcularmos o intervalo que passamos para `setTimeout()`. Se usamos `clock()` com um laço `for/await`, essa versão executa iterações do laço mais precisamente no intervalo especificado, pois leva em conta o tempo necessário para executar de fato o corpo do laço. Mas essa solução não é apenas uma questão de precisão cronométrica. O laço `for/await` sempre espera pelo cumprimento da Promise retornada por uma iteração antes de começar a iteração seguinte. Contudo, se usamos um iterador assíncrono sem um laço `for/await`, não há nada que nos impeça de chamar o método `next()` sempre que quisermos. Com a versão baseada em geradores de `clock()`, se chamamos o método `next()` três vezes em sequência, obtemos três Promises que serão cumpridas quase exatamente ao mesmo tempo, e provavelmente não é isso que queremos. A versão baseada em iteradores que implementamos aqui não tem esse problema.

A vantagem dos iteradores assíncronos é que nos permitem representar fluxos de dados ou eventos assíncronos. A função `clock()` discutida anteriormente foi relativamente simples de escrever porque a fonte da assincronia consistia nas chamadas de `setTimeout()` que nós mesmos fazíamos. Mas quando estamos tentando trabalhar com outras fontes assíncronas, como o disparo de rotinas de tratamento de evento, fica significativamente mais difícil implementar iteradores assíncronos: normalmente temos uma única função de rotina de tratamento de evento que responde a eventos, mas cada chamada ao método `next()` do iterador deve retornar um objeto Promise diferente, e múltiplas chamadas a `next()` podem ocorrer antes de a primeira Promise ser resolvida. Isso significa que qualquer método de iterador assíncrono deve ser capaz de manter uma fila interna de Promises que resolve em ordem à medida que eventos assíncronos ocorrem. Se encapsulamos esse comportamento de enfileiramento de Promises em uma classe AsyncQueue, fica muito mais fácil escrever iteradores assíncronos baseados em AsyncQueue.[3]

A classe AsyncQueue a seguir tem métodos `enqueue()` e `dequeue()`, como esperado para uma classe de fila. O método `dequeue()` retorna uma Promise, não um valor real, no entanto, o que significa que não há problema em chamar `dequeue()` antes de `enqueue()` ter sido chamada alguma vez. A classe AsyncQueue também é um iterador assíncrono, e a intenção é que seja usada com um laço `for/await` cujo corpo é executado cada vez que um novo valor é enfileirado assincronamente. (AsyncQueue tem um método `close()`. Uma vez chamado, valores não podem mais ser enfileirados. Quando uma fila fechada fica vazia, o laço `for/await` para de iterar.)

Observe que a implementação de AsyncQueue não usa `async` nem `await` e, em vez disso, trabalha diretamente com Promises. O código é um tanto complexo, e você pode usá-lo para testar o seu entendimento do material abordado neste longo capítulo. Mesmo que não entenda completamente a implementação de AsyncQueue, sugiro que estude o exemplo curto a seguir: ele implementa um iterador assíncrono simples, mas muito interessante, sobre AsyncQueue.

[3] Descobri essa abordagem para a iteração assíncrona no blog do Dr. Axel Rauschmayer, *https://2ality.com*.

```
/**
 * Uma classe de fila iterável assincronamente. Soma valores com enqueue()
 * e remove-os com dequeue(). dequeue() retorna uma Promise, o que
 * significa que os valores podem ser desenfileirados antes de serem enfileirados. A
 * classe implementa [Symbol.asyncIterator] e next() para que possa
 * ser usada com o laço for/await (que não terminará até
 * o método close() ser chamado).
 */
class AsyncQueue {
    constructor() {
        // Valores que foram enfileirados mas ainda não desenfileirados são armazenados aqui
        this.values = [];
        // Quando Promises são desenfileiradas antes de seus valores correspondentes serem
        // enfileirados, os métodos de resolução para essas Promises são armazenados aqui.
        this.resolvers = [];
        // Após fechado, nenhum valor pode ser enfileirado e Promises não cumpridas
        // não são mais retornadas.
        this.closed = false;
    }

    enqueue(value) {
        if (this.closed) {
            throw new Error("AsyncQueue closed");
        }
        if (this.resolvers.length > 0) {
            // Se este valor já foi prometido, resolve essa Promise
            const resolve = this.resolvers.shift();
            resolve(value);
        }
        else {
            // Caso contrário, enfileira-o
            this.values.push(value);
        }
    }

    dequeue() {
        if (this.values.length > 0) {
            // Se há um valor enfileirado, retorna uma Promise resolvida para ele
            const value = this.values.shift();
            return Promise.resolve(value);
        }
        else if (this.closed) {
            // Se não há valores enfileirados e estamos fechados, retorna uma
            // Promise resolvida para o marcador "end-of-stream"
            return Promise.resolve(AsyncQueue.EOS);
        }
        else {
            // Caso contrário, retorna uma Promise não resolvida,
            // enfileirando a função resolver para uso posterior
            return new Promise((resolve) => { this.resolvers.push(resolve); });
        }
    }
```

```
        close() {
            // Depois que a fila é fechada, valores não são mais enfileirados.
            // Assim resolve quaisquer Promises pendentes com o marcador end-of-stream
            while(this.resolvers.length > 0) {
                this.resolvers.shift()(AsyncQueue.EOS);
            }
            this.closed = true;
        }

        // Define o método que torna a classe iterável assincronamente
        [Symbol.asyncIterator]() { return this; }

        // Define o método que o torna um iterador assíncrono.
        // A Promise dequeue() é resolvida como um valor ou como o sentinela end-of-stream
        // se estamos fechados. Aqui, precisamos retornar uma Promise que é resolvida como
        // um objeto resultado da iteração.
        next() {
            return this.dequeue().then(value => (value === AsyncQueue.EOS)
                                                ? { value: undefined, done: true }
                                                : { value: value, done: false });
        }
    }

    // Um valor sentinela retornado por dequeue() para marcar "end of stream" quando fechado
    AsyncQueue.EOS = Symbol("end-of-stream");
```

Como essa classe AsyncQueue define o básico da iteração assíncrona, podemos criar nossos próprios iteradores assíncronos mais interessantes pelo simples enfileiramento assíncrono de valores. Observe o exemplo a seguir, que usa AsyncQueue para produzir um fluxo de eventos do navegador Web que pode ser tratado com um laço `for/await`:

```
// Empurra eventos do tipo especificado no elemento de documento especificado
// para um objeto AsyncQueue e retorna a fila para ser usada como um fluxo de eventos
function eventStream(elt, type) {
    const q = new AsyncQueue();                    // Cria uma fila
    elt.addEventListener(type, e=>q.enqueue(e));   // Enfileira eventos
    return q;
}

async function handleKeys() {
    // Obtém um fluxo de eventos keypress e itera uma vez para cada um
    for await (const event of eventStream(document, "keypress")) {
        console.log(event.key);
    }
}
```

13.5 Resumo

Neste capítulo, você aprendeu que:

- A maior parte da programação JavaScript no mundo real é assíncrona.
- Tradicionalmente, a assincronia é tratada com eventos e funções *callback*. Isso pode ser complexo, no entanto, pois você pode acabar com múltiplos níveis de *callbacks* aninhadas dentro de outras *callbacks* e porque é difícil aplicar um tratamento de erros robusto.
- Promises oferecem uma nova maneira de estruturar funções *callback*. Se usadas da maneira correta (e, infelizmente, é fácil usar Promises de forma incorreta), elas podem converter código assíncrono que ficaria aninhado em cadeias lineares de chamadas de `then()` nas quais um passo assíncrono de cálculo segue outro. Além disso, Promises permitem que você centralize seu código de tratamento de erro em uma única chamada de `catch()` no final de uma cadeia de chamadas de `then()`.
- As palavras-chave `async` e `await` nos permitem escrever código assíncrono baseado em Promises "nos bastidores", mas que se parece com código síncrono. Com isso, é mais fácil entender e raciocinar sobre o código. Se é declarada `async`, uma função retorna implicitamente uma Promise. Dentro de uma função `async`, você pode `await` (esperar) uma Promise (ou uma função que retorna uma Promise) como se o valor da Promise fosse calculado sincronamente.
- Objetos que são iteráveis assincronamente podem ser usados com um laço `for/await`. Para criar objetos iteráveis assincronamente, você pode implementar um método `[Symbol.asyncIterator]()` ou chamar uma função geradora `async function *`. Os iteradores assíncronos oferecem uma alternativa a eventos de "dados" em fluxos no Node e podem ser usados para representar um fluxo de eventos de entrada do usuário em JavaScript do lado do cliente.

CAPÍTULO 14
Metaprogramação

Este capítulo abrange diversos recursos avançados de JavaScript pouco usados no cotidiano da programação, mas que podem ser úteis para programadores que escrevem bibliotecas reutilizáveis e interessantes para qualquer um que deseja mexer com os detalhes de como os objetos JavaScript se comportam.

Muitos dos recursos apresentados aqui poderiam ser descritos livremente como "metaprogramação": se a programação normal é escrever código para manipular dados, a metaprogramação é escrever código para manipular outro código. Em uma linguagem dinâmica como JavaScript, a linha entre programação e metaprogramação é tênue – mesmo a simples capacidade de iterar pelas propriedades de um objeto com um laço `for/in` poderia ser considerada "meta" por programadores acostumados a linguagens mais estáticas.

Os tópicos de metaprogramação abordados neste capítulo incluem:

- Seção 14.1 Controlar a capacidade de enumeração, exclusão e configuração de propriedades de objetos
- Seção 14.2 Controlar a capacidade de extensão de objetos e criar objetos "selados" e "congelados"
- Seção 14.3 Consultar e configurar propriedades de objetos
- Seção 14.4 Ajustar o comportamento dos seus tipos com símbolos conhecidos
- Seção 14.5 Criar linguagens específicas de domínio (DSLs, do inglês *domain-specific languages*) com funções de marcação de *template*
- Seção 14.6 Sondar objetos com métodos `reflect`
- Seção 14.7 Controlar o comportamento de objetos com Proxies

14.1 Atributos de propriedades

As propriedades de um objeto JavaScript têm nomes e valores, claro, mas cada propriedade também tem três atributos associados que especificam como essa propriedade se comporta e o que é possível fazer com ela:

- O atributo *gravável* especifica se o valor de uma propriedade pode ser alterado.
- O atributo *enumerável* especifica se a propriedade é enumerada pelo laço `for/in` e pelo método `Object.keys()`.
- O atributo *configurável* especifica se uma propriedade pode ser excluída e se seus atributos podem ser alterados.

As propriedades definidas em objetos literais ou por atribuição normal a um objeto são graváveis, enumeráveis e configuráveis. Mas muitas propriedades definidas pela biblioteca padrão de JavaScript não são.

Esta seção explica a API para consultar e configurar atributos de propriedade. Essa API é especialmente importante para os autores de bibliotecas, pois:

- permite adicionar métodos em objetos protótipos e torná-los não enumeráveis, assim como os métodos internos;
- permite "bloquear" os objetos, definindo propriedades que não podem ser alteradas nem excluídas.

Na Seção 6.10.6, vimos que "propriedades de dados" têm um valor e "propriedades de acesso" têm um método *getter* e/ou *setter*. Para os propósitos desta seção, vamos considerar os métodos *getter* e *setter* de uma propriedade de acesso como atributos da propriedade. Seguindo essa lógica, vamos até dizer que o valor de uma propriedade de dados também é um atributo. Assim, podemos dizer que uma propriedade tem um nome e quatro atributos. Os quatro atributos de uma propriedade de dados são: *valor*, *gravável*, *enumerável* e *configurável*. As propriedades de acesso não têm os atributos *valor* e *gravável*: sua capacidade de gravação é determinada pela presença ou ausência de um método *setter*. Assim, os quatro atributos de uma propriedade de acesso são: get, set, *enumerável* e *configurável*.

Os métodos de JavaScript para consultar e configurar atributos de uma propriedade utilizam um objeto chamado *descritor de propriedade* para representar o conjunto de quatro atributos. Um objeto descritor de propriedade tem propriedades com os mesmos nomes dos atributos da propriedade que descreve. Assim, o objeto descritor de uma propriedade de dados tem propriedades chamadas `value`, `writable`, `enumerable` e `configurable`. E o descritor de uma propriedade de acesso tem propriedades `get` e `set`, em vez de `value` e `writable`. As propriedades `writable`, `enumerable` e `configurable` são valores booleanos, e as propriedades `get` e `set` são valores de função.

Para obter o descritor de uma propriedade nomeada de um objeto especificado, chame `Object.getOwnPropertyDescriptor()`:

```
// Retorna {value: 1, writable:true, enumerable:true, configurable:true}
Object.getOwnPropertyDescriptor({x: 1}, "x");

// Este é um objeto com uma propriedade de acesso somente para leitura
const random = {
    get octet() { return Math.floor(Math.random()*256); },
};

// Retorna { get: /*func*/, set:undefined, enumerable:true, configurable:true}
Object.getOwnPropertyDescriptor(random, "octet");

// Retorna undefined para propriedades herdadas e propriedades que não existem.
Object.getOwnPropertyDescriptor({}, "x")        // => undefined, não existe essa prop
Object.getOwnPropertyDescriptor({}, "toString") // undefined, herdada
```

Conforme seu nome sugere, `Object.getOwnPropertyDescriptor()` só funciona para propriedades próprias. Para consultar os atributos de propriedades herdadas, você deve percorrer o encadeamento de protótipos explicitamente (consulte `Object.getPrototypeOf()` na Seção 14.3); consulte também a função semelhante `Reflect.getOwnPropertyDescriptor()` na Seção 14.6).

Para configurar os atributos de uma propriedade ou criar uma nova propriedade com os atributos especificados, chame `Object.defineProperty()`, passando o objeto a ser modificado, o nome da propriedade a ser criada ou alterada e o objeto descritor de propriedade:

```
let o = {};  // Começa sem propriedade alguma
// Adiciona uma propriedade de dados não enumerável x com valor 1.
Object.defineProperty(o, "x", {
    value: 1,
    writable: true,
    enumerable: false,
    configurable: true
});

// Verifica se a propriedade existe mas não é enumerável
o.x              // => 1
Object.keys(o)   // => []

// Agora modifica a propriedade x para que ela seja somente para leitura
Object.defineProperty(o, "x", { writable: false });

// Tenta alterar o valor da propriedade
o.x = 2;         // Falha silenciosamente ou lança TypeError no modo restrito
o.x              // => 1

// A propriedade ainda é configurável; portanto, podemos alterar seu valor, como segue:
Object.defineProperty(o, "x", { value: 2 });
o.x              // => 2
```

```
// Agora altera x de uma propriedade de dados para uma propriedade de acesso
Object.defineProperty(o, "x", { get: function() { return 0; } });
o.x                     // => 0
```

O descritor de propriedade passado para `Object.defineProperty()` não precisa incluir todos os quatro atributos. Se você estiver criando uma nova propriedade, os atributos omitidos são considerados `false` ou `undefined`. Se você estiver modificando uma propriedade já existente, os atributos omitidos são simplesmente deixados intactos. Note que esse método altera uma propriedade própria já existente ou cria uma nova propriedade própria, mas não altera uma propriedade herdada. Consulte também a função `Reflect.defineProperty()`, muito semelhante, na Seção 14.6.

Se quiser criar ou modificar mais de uma propriedade simultaneamente, use `Object.defineProperties()`. O primeiro argumento é o objeto a ser modificado. O segundo argumento é um objeto que mapeia os nomes das propriedades a serem criadas ou modificadas nos descritores dessas propriedades. Por exemplo:

```
let p = Object.defineProperties({}, {
    x: { value: 1, writable: true, enumerable: true, configurable: true },
    y: { value: 1, writable: true, enumerable: true, configurable: true },
    r: {
        get() { return Math.sqrt(this.x*this.x + this.y*this.y); },
        enumerable: true,
        configurable: true
    }
});
p.r   // => Math.SQRT2
```

Esse código começa com um objeto vazio e depois adiciona nele duas propriedades de dados e uma propriedade de acesso somente de leitura. Ele conta com o fato de que `Object.defineProperties()` retorna o objeto modificado (como acontece com `Object.defineProperty()`).

O método `Object.create()` foi apresentado na Seção 6.2. Aprendemos ali que o primeiro argumento desse método é o objeto protótipo do objeto recém-criado. Esse método também aceita um segundo argumento opcional, que é o mesmo segundo argumento de `Object.defineProperties()`. Se você passa um conjunto de descritores de propriedade para `Object.create()`, eles são usados para adicionar propriedades no objeto recém-criado.

`Object.defineProperty()` e `Object.defineProperties()` lançam TypeError se a tentativa de criar ou modificar uma propriedade não é permitida. Isso acontece se você tenta adicionar uma nova propriedade em um objeto não extensível (consulte a Seção 14.2). Os outros motivos pelos quais esses métodos poderiam lançar TypeError são relacionados aos próprios atributos. O atributo *gravável* gerencia as tentativas de alterar o atributo *valor*. E o atributo *configurável* governa as tentativas de alterar os outros atributos (e também especifica se uma propriedade pode ser excluída). Contudo, as regras não são totalmente diretas. É possível alterar o valor de uma propriedade não gravável se essa propriedade é configurável, por exemplo. Além disso, é possível mudar uma propriedade de gravável para não gravável, mesmo que essa propriedade seja não configurável. Aqui estão as regras completas. As chamadas de `Object.defineProperty()` ou `Object.defineProperties()` que tentam violá-las lançam TypeError:

- Se um objeto não é extensível, você pode editar suas propriedades próprias existentes, mas não pode adicionar novas propriedades nele.
- Se uma propriedade não é configurável, você não pode alterar seus atributos configurável ou enumerável.
- Se uma propriedade de acesso não é configurável, você não pode alterar seu método *getter* ou *setter* e não pode transformá-la em uma propriedade de dados.
- Se uma propriedade de dados não é configurável, você não pode transformá-la em uma propriedade de acesso.
- Se uma propriedade de dados não é configurável, você não pode alterar seu atributo *gravável* de `false` para `true`, mas pode mudá-lo de `true` para `false`.
- Se uma propriedade de dados não é configurável e não é gravável, você não pode alterar seu valor. Contudo, pode alterar o valor de uma propriedade configurável, mas não gravável (pois isso seria o mesmo que torná-la gravável, depois alterar o valor e, então, convertê-la novamente em não gravável).

A Seção 6.7 descreveu a função `Object.assign()` que copia valores de propriedade de um ou mais objetos fonte para um objeto alvo. `Object.assign()` apenas copia propriedades enumeráveis e valores de propriedade, não atributos de propriedade. Normalmente é o que queremos, mas significa, por exemplo, que se um dos objetos fonte tem uma propriedade de acesso, é o valor retornado pela função *getter* que é copiado para o objeto alvo, não a função *getter* em si. O Exemplo 14-1 demonstra como podemos usar `Object.getOwnPropertyDescriptor()` e `Object.defineProperty()` para criar uma variante de `Object.assign()` que copia descritores de propriedade inteiros em vez de copiar apenas valores de propriedade.

Exemplo 14-1 Copiando propriedades e seus atributos de um objeto para outro

```
/*
 * Define uma nova função Object.assignDescriptors() que funciona como
 * Object.assign(), exceto que copia descritores de propriedade de
 * objetos fonte para o objeto alvo em vez de apenas copiar
 * valores de propriedade. A função copia todas as propriedades próprias, tanto
 * enumeráveis quanto não enumeráveis. E porque copia descritores,
 * copia as funções getter dos objetos fonte e sobrescreve as funções setter
 * no objeto alvo em vez de chamar tais getters e setters.
 *
 * Object.assignDescriptors() propaga todos os TypeErrors lançados por
 * Object.defineProperty(). Isso pode ocorrer se o objeto alvo é selado
 * ou congelado ou se qualquer uma das propriedades fonte tenta alterar uma
 * propriedade não configurável existente no objeto alvo.
```

```
 *
 * Observe que a propriedade assignDescriptors é adicionada a Object com
 * Object.defineProperty() para que a nova função possa ser criada como
 * uma propriedade não enumerável como Object.assign().
 */
Object.defineProperty(Object, "assignDescriptors", {
    // Corresponde aos atributos de Object.assign()
    writable: true,
    enumerable: false,
    configurable: true,
    // A função que é o valor da propriedade assignDescriptors.
    value: function(target, ...sources) {
        for(let source of sources) {
            for(let name of Object.getOwnPropertyNames(source)) {
                let desc = Object.getOwnPropertyDescriptor(source, name);
                Object.defineProperty(target, name, desc);
            }

            for(let symbol of Object.getOwnPropertySymbols(source)) {
                let desc = Object.getOwnPropertyDescriptor(source, symbol);
                Object.defineProperty(target, symbol, desc);
            }
        }
        return target;
    }
});

let o = {c: 1, get count() {return this.c++;}}; // Define objeto com getter
let p = Object.assign({}, o);                   // Copia os valores da propriedade
let q = Object.assignDescriptors({}, o);        // Copia os descritores da propriedade
p.count   // => 1: Agora esta é apenas uma propriedade de dados, então...
p.count   // => 1: ...o contador não incrementa.
q.count   // => 2: Incrementado uma vez quando o copiamos pela primeira vez,
q.count   // => 3: ...mas copiamos o método getter, então incrementa.
```

14.2 Capacidade de extensão de objetos

O atributo *extensível* de um objeto especifica se novas propriedades podem ou não ser adicionadas ao objeto. Os objetos JavaScript normais são extensíveis por padrão, mas é possível mudar isso com as funções descritas nesta seção.

Para determinar se um objeto é extensível, passe-o para `Object.isExtensible()`. Para tornar um objeto não extensível, passe-o para `Object.preventExtensions()`. Depois que fez isso, qualquer tentativa de adicionar uma nova propriedade ao objeto lançará um TypeError em modo restrito e simplesmente falhará em silêncio, sem lançar um erro, em modo não restrito. Além disso, tentar alterar o protótipo (consulte a Seção 14.3) de um objeto que não pode ser estendido sempre lança um TypeError.

Note que não há qualquer modo de tornar um objeto novamente extensível, uma vez que você o tenha tornado não extensível. Note também que chamar `Object.preventExtensions()` afeta apenas a capacidade de extensão do próprio objeto. Se novas propriedades forem adicionadas ao protótipo de um objeto não extensível, o objeto não extensível vai herdar essas novas propriedades.

Duas funções semelhantes, `Reflect.isExtensible()` e `Reflect.preventExtensions()`, são descritas na Seção 14.6.

O objetivo do atributo *extensível* é "bloquear" os objetos em um estado conhecido e evitar falsificação externa. O atributo de objeto *extensível* é frequentemente usado em conjunto com os atributos de propriedade *configurável* e *gravável*. JavaScript define funções que tornam fácil configurar esses atributos juntos:

- `Object.seal()` funciona como `Object.preventExtensions()`, mas além de tornar o objeto não extensível, também torna todas as propriedades próprias desse objeto não configuráveis. Isso significa que novas propriedades não podem ser adicionadas no objeto e que as propriedades já existentes não podem ser excluídas nem configuradas. Contudo, as propriedades graváveis já existentes ainda podem ser configuradas. Não existe qualquer maneira de tirar o selo de um objeto selado. Você pode usar `Object.isSealed()` para determinar se um objeto está selado.
- `Object.freeze()` bloqueia os objetos ainda mais firmemente. Além de tornar o objeto não extensível e suas propriedades não configuráveis, também transforma todas as propriedades de dados próprias do objeto em somente de leitura. (Se o objeto tem propriedades de acesso com métodos *setter*, elas não são afetadas e ainda podem ser chamadas pela atribuição à propriedade.) Use `Object.isFrozen()` para determinar se um objeto está congelado.

É importante entender que `Object.seal()` e `Object.freeze()` afetam apenas o objeto em que são passados: eles não têm efeito algum sobre o protótipo desse objeto. Se quiser bloquear um objeto completamente, você provavelmente também precisa selar ou congelar os objetos no encadeamento de protótipos.

`Object.preventExtensions()`, `Object.seal()` e `Object.freeze()` retornam o objeto em que são passados, ou seja, é possível utilizá-los em chamadas de função aninhadas:

```
// Cria um objeto selado com protótipo congelado e uma propriedade não enumerável
let o = Object.seal(Object.create(Object.freeze({x: 1}),
                                  {y: {value: 2, writable: true}}));
```

Se você está escrevendo uma biblioteca JavaScript que passa objetos para funções *callback* escritas pelos usuários da sua biblioteca, pode usar `Object.freeze()` nesses objetos para impedir que o código do usuário as modifique. É uma prática fácil e conveniente, mas há desvantagens: objetos congelados podem interferir com estratégias de teste comuns em JavaScript, por exemplo.

14.3 O atributo prototype

O atributo prototype de um objeto especifica o objeto do qual ele herda propriedades (reveja as Seções 6.2.3 e 6.3.2 para ver mais informações sobre protótipos e herança de propriedades.) Esse é um atributo tão importante que em geral dizemos simplesmente "o protótipo de o", em vez de "o atributo prototype de o". Além disso, lembre-se de que, quando prototype aparece em fonte monoespaçada, isso se refere a uma propriedade de objeto normal e não ao atributo prototype: o Capítulo 9 explica que a propriedade prototype de uma função construtora especifica o atributo prototype dos objetos criados com a construtora.

O atributo prototype é configurado quando um objeto é criado. Os objetos criados a partir de objetos literais usam Object.prototype como protótipo. Os objetos criados com new utilizam como protótipo o valor da propriedade prototype de sua função construtora. E os objetos criados com Object.create() usam o primeiro argumento dessa função (que pode ser null) como protótipo.

É possível consultar o protótipo de qualquer objeto passando-o para Object.getPrototypeOf():

```
Object.getPrototypeOf({})       // => Object.prototype
Object.getPrototypeOf([])       // => Array.prototype
Object.getPrototypeOf(()=>{})   // => Function.prototype
```

Uma função muito semelhante, Reflect.getPrototypeOf(), é descrita na Seção 14.6.

Para determinar se um objeto é o protótipo (ou faz parte do encadeamento de protótipos) de outro objeto, use o método isPrototypeOf():

```
let p = {x: 1};                     // Define um objeto protótipo.
let o = Object.create(p);           // Cria um objeto com esse protótipo.
p.isPrototypeOf(o)                  // => verdadeiro: o herda de p
Object.prototype.isPrototypeOf(p)   // => verdadeiro: p herda de Object.prototype
Object.prototype.isPrototypeOf(o)   // => verdadeiro: o também
```

Note que isPrototypeOf() executa uma função semelhante ao operador instanceof (consulte a Seção 4.9.4).

O atributo prototype de um objeto é configurado quando o objeto é criado e normalmente permanece fixo. Contudo, é possível alterar o protótipo de um objeto com Object.setPrototypeOf():

```
let o = {x: 1};
let p = {y: 2};
Object.setPrototypeOf(o, p); // Configura o protótipo de o como p
o.y     // => 2: o agora herda a propriedade y
let a = [1, 2, 3];
Object.setPrototypeOf(a, p);   // Configura o protótipo do array a como p
a.join    // => undefined: a não tem mais um método join()
```

Em geral, não há necessidade de usar `Object.setPrototypeOf()`. Implementações JavaScript podem realizar otimizações ativas com base no pressuposto de que o protótipo de um objeto é fixo e inalterado. Isso significa que se chamar `Object.setPrototypeOf()`, qualquer código que usa os objetos alterados pode ser executado mais lentamente do que ocorreria em uma situação normal.

Uma função semelhante, `Reflect.setPrototypeOf()`, é descrita na Seção 14.6.

Algumas das primeiras implementações de JavaScript em navegadores expunham o atributo `prototype` de um objeto por meio da propriedade `__proto__` (escrita com dois sublinhados no início e no final). A prática foi desaprovada há bastante tempo, mas há código suficiente na Web dependente de `__proto__` que o padrão ECMAScript determina ser obrigatório para todas as implementações de JavaScript que rodam em navegadores Web (o Node também oferece suporte a isso, embora o padrão não exija isso para o Node). Em JavaScript moderno, `__proto__` é legível e gravável, e você pode (mas não deveria) usá-lo como alternativa a `Object.getPrototypeOf()` e `Object.setPrototypeOf()`. Um uso interessante de `__proto__`, no entanto, é definir o protótipo de um objeto literal:

```
let p = {z: 3};
let o = {
    x: 1,
    y: 2,
    __proto__: p
};
o.z  // => 3: o herda de p
```

14.4 Símbolos bem-conhecidos

O tipo Symbol foi adicionado a JavaScript na ES6, e um dos principais motivos para isso foi acrescentar extensões à linguagem de forma segura sem perturbar a compatibilidade com código já utilizado na Web. Vimos um exemplo disso no Capítulo 12, no qual aprendemos que é possível tornar uma classe iterável com a implementação de um método cujo "nome" é o símbolo `Symbol.iterator`.

`Symbol.iterator` é o exemplo mais conhecido dos "símbolos bem-conhecidos", um conjunto de valores Symbol armazenados como propriedades da função fábrica `Symbol()` usados para permitir que o código JavaScript controle determinados comportamentos de baixo nível de objetos e classes. As subseções a seguir descrevem cada um desses símbolos bem-conhecidos e explicam como podem ser utilizados.

14.4.1 Symbol.iterator e Symbol.asyncIterator

Os símbolos `Symbol.iterator` e `Symbol.asyncIterator` permitem que objetos ou classes se tornem iteráveis ou assincronamente iteráveis. Eles são abordados em detalhes no Capítulo 12 e na Seção 13.4.2, respectivamente, e são mencionados novamente aqui apenas para fins de completude.

14.4.2 Symbol.hasInstance

Quando o operador `instanceof` foi descrito na Seção 4.9.4, afirmamos que o lado direito deve ser uma função construtora e que, para avaliar a expressão `o instanceof f`, foi buscado o valor `f.prototype` no encadeamento de protótipos de `o`. Isso ainda é verdade, mas, na ES6 e em versões posteriores, `Symbol.hasInstance` oferece uma alternativa. Na ES6, se o lado direito de `instanceof` é qualquer objeto com um método `[Symbol.hasInstance]`, então esse método é chamado com o valor do lado esquerdo como seu argumento, e o valor de retorno do método, convertido em booleano, se torna o valor do operador `instanceof`. E, claro, se o valor do lado direito não tem um método `[Symbol.hasInstance]` e é uma função, o operador `instanceof` se comporta do modo normal.

`Symbol.hasInstance` significa que podemos usar o operador `instanceof` para realizar verificações de tipo genéricas com objetos pseudotipo definidos de forma apropriada. Por exemplo:

```
// Define um objeto como um "tipo" que podemos usar com instanceof
let uint8 = {
    [Symbol.hasInstance](x) {
        return Number.isInteger(x) && x >= 0 && x <= 255;
    }
};
128 instanceof uint8        // => true
256 instanceof uint8        // => false: grande demais
Math.PI instanceof uint8    // => false: não é um número inteiro
```

Observe que esse exemplo é engenhoso, mas confuso, pois usa um objeto que não é uma classe onde normalmente se esperaria uma classe. Seria igualmente fácil (e mais fácil para quem lê o seu código) escrever uma função `isUint8()` em vez de depender desse comportamento de `Symbol.hasInstance`.

14.4.3 Symbol.toStringTag

Se você chama o método `toString()` de um objeto JavaScript básico, você obtém a *string* “[object Object]”:

```
{}.toString()  // => "[object Object]"
```

Se chama a mesma função `Object.prototype.toString()` como um método de instância de tipos internos, você obtém resultados interessantes:

```
Object.prototype.toString.call([])        // => "[object Array]"
Object.prototype.toString.call(/./)       // => "[object RegExp]"
Object.prototype.toString.call(()=>{})    // => "[object Function]"
Object.prototype.toString.call("")        // => "[object String]"
Object.prototype.toString.call(0)         // => "[object Number]"
Object.prototype.toString.call(false)     // => "[object Boolean]"
```

É possível usar essa técnica `Object.prototype.toString().call()` com qualquer valor JavaScript para obter o "atributo de classe" de um objeto que contém informações de tipo que não estão disponíveis de outra forma. A função `classof()` a seguir poderia ser considerada mais útil do que o operador `typeof`, que não distingue entre tipos de objetos:

```
function classof(o) {
    return Object.prototype.toString.call(o).slice(8,-1);
}

classof(null)           // => "Null"
classof(undefined)      // => "Undefined"
classof(1)              // => "Number"
classof(10n**100n)      // => "BigInt"
classof("")             // => "String"
classof(false)          // => "Boolean"
classof(Symbol())       // => "Symbol"
classof({})             // => "Object"
classof([])             // => "Array"
classof(/./)            // => "RegExp"
classof(()=>{})         // => "Function"
classof(new Map())      // => "Map"
classof(new Set())      // => "Set"
classof(new Date())     // => "Date"
```

Antes da ES6, esse comportamento especial do método `Object.prototype.toString()` somente estava disponível para instâncias de tipos internos, e se você chamasse essa função `classof()` em uma instância de uma classe que você mesmo havia definido, ela simplesmente retornaria "Object". Na ES6, entretanto, `Object.prototype.toString()` busca uma propriedade com o nome simbólico `Symbol.toStringTag` no seu argumento; se ela existe, essa propriedade usa o valor da propriedade como saída. Isso significa que se você define sua própria classe, é fácil fazer funcionar com funções como `classof()`:

```
class Range {
    get [Symbol.toStringTag]() { return "Range"; }
    // o restante dessa classe é omitido aqui
}
let r = new Range(1, 10);
Object.prototype.toString.call(r)   // => "[object Range]"
classof(r)                          // => "Range"
```

14.4.4 Symbol.species

Antes da ES6, JavaScript não oferecia nenhuma forma de verdade para criar subclasses robustas de classes internas como Array. Na ES6, entretanto, é possível estender qualquer classe interna com o simples uso das palavras-chave `class` e `extends`. A Seção 9.5.2 demonstrou isso com esta simples subclasse de Array:

```
// Uma subclasse Array trivial que adiciona getters para o primeiro e o último elementos.
class EZArray extends Array {
    get first() { return this[0]; }
    get last() { return this[this.length-1]; }
}

let e = new EZArray(1,2,3);
let f = e.map(x => x * x);
e.last   // => 3: o último elemento do EZArray e
f.last   // => 9: f também é um EZArray com uma última propriedade
```

Array define os métodos `concat()`, `filter()`, `map()`, `slice()` e `splice()`, que retornam *arrays*. Quando criamos uma subclasse de *array* como EZArray, que herda esses métodos, o método herdado deve retornar instâncias de Array ou de EZArray? É possível oferecer bons argumentos em prol de ambas as opções, mas a especificação ES6 afirma que (por padrão) os cinco métodos que retornam *arrays* retornarão instâncias da subclasse.

Vejamos como funciona:

- Na ES6 e em posteriores, a construtora `Array()` tem uma propriedade com o nome simbólico `Symbol.species`. (Observe que esse símbolo é usado como nome de uma propriedade da função construtora. A maior parte dos símbolos bem-conhecidos descritos aqui são usados como nomes de métodos de um objeto protótipo.)
- Quando criamos uma subclasse com `extends`, a construtora da subclasse resultante herda propriedades da construtora da superclasse (além do tipo normal de herança, no qual instâncias da subclasse herdam métodos da superclasse). Isso significa que a construtora de cada subclasse de Array também tem uma propriedade herdada com o nome `Symbol.species` (ou uma subclasse pode definir sua própria propriedade com esse nome, se quiser).
- Métodos como `map()` e `slice()` que criam e retornam novos *arrays* foram ajustados ligeiramente na ES6 e nas posteriores. Em vez de apenas criar um Array normal, eles, na prática, chamam `new this.constructor[Symbol.species]()` para criar o novo *array*.

E agora chegamos à parte interessante. Suponha que `Array[Symbol.species]` fosse uma propriedade de dados normal, definida da seguinte forma:

```
Array[Symbol.species] = Array;
```

Nesse caso, as construtoras da subclasse herdariam a construtora `Array()` como sua "espécie", e chamar `map()` em uma subclasse de *array* retornaria uma instância da superclasse em vez de uma instância da subclasse. Não é assim que a ES6 se comporta na realidade, entretanto. O motivo é que `Array[Symbol.species]` é uma propriedade de acesso cuja função *getter* simplesmente retorna `this`. As construtoras de superclasses herdam essa função *getter*, o que significa que, por padrão, toda construtora de superclasse é sua própria "espécie".

No entanto, às vezes, esse comportamento padrão não é o que você quer. Se quiser que os métodos de EZArray que retornam *arrays* retornem objetos Array normais, basta você configurar `EZArray[Symbol.species]` como `Array`. Mas como a propriedade herdada é uma propriedade de acesso somente de leitura, não é possível simplesmente configurá-la com um operador de atribuição. Você pode, contudo, usar `define Property()`:

```
EZArray[Symbol.species] = Array;    // Tenta configurar uma propriedade somente para
                                    // leitura e falha

// Em vez disso, podemos usar defineProperty():
Object.defineProperty(EZArray, Symbol.species, {value: Array});
```

A opção mais simples provavelmente é definir explicitamente seu próprio *getter* `Symbol.species` quando cria a subclasse:

```
class EZArray extends Array {
    static get [Symbol.species]() { return Array; }
    get first() { return this[0]; }
    get last() { return this[this.length-1]; }
}

let e = new EZArray(1,2,3);
let f = e.map(x => x - 1);
e.last   // => 3
f.last   // => undefined: f é um array normal sem um último getter
```

A criação de subclasses úteis de Array foi o caso de uso primário que motivou a introdução de `Symbol.species`, mas não é o único lugar em que esse símbolo conhecido é utilizado. Classes de *arrays* tipados usam o símbolo da mesma maneira que a classe Array. Da mesma forma, o método `slice()` de ArrayBuffer analisa a propriedade `Symbol.species` de `this.constructor` em vez de simplesmente criar um novo ArrayBuffer. E métodos Promise como `then()`, que retornam novos objetos Promise, também criam esses objetos por meio desse protocolo de espécie. Por fim, se precisar fazer subclasses de Map (por exemplo) e definir métodos que retornam novos objetos Map, você pode preferir usar `Symbol.species` para as subclasses da sua subclasse.

14.4.5 Symbol.isConcatSpreadable

O método de Array `concat()` é um dos métodos descritos na seção anterior que usa `Symbol.species` para determinar qual construtora usar para o *array* retornado. Mas `concat()` também usa `Symbol.isConcatSpreadable`. Na Seção 7.8.3, vimos que o método `concat()` de um *array* trata seu valor `this` e seus argumentos de *array* de forma diferente dos seus argumentos que não são *array*: estes são simplesmente anexados ao novo *array*, mas o *array* `this` e quaisquer argumentos de *array* são nivelados ou "espalhados" de modo que os elementos do *array* sejam concatenados, não o argumento do *array* em si.

Antes da ES6, `concat()` usava `Array.isArray()` para determinar se deveria tratar um valor como um *array* ou não. Na ES6, o algoritmo foi ligeiramente alterado: se o argumento (ou o valor `this`) de `concat()` é um objeto e tem uma propriedade com o nome simbólico `Symbol.isConcatSpreadable`, então o valor booleano dessa propriedade é usado para determinar se o argumento deveria ser "espalhado". Se tal propriedade não existe, `Array.isArray()` é usado como nas versões anteriores da linguagem.

Há dois casos nos quais você poderia querer usar esse símbolo:

- Se você cria um objeto semelhante a *array* (consulte a Seção 7.9) e quer que ele se comporte como um *array* real quando passado para `concat()`, você pode simplesmente adicionar a propriedade simbólica ao seu objeto:

```
let arraylike = {
    length: 1,
    0: 1,
    [Symbol.isConcatSpreadable]: true
};
[].concat(arraylike)   // => [1]: (seria [[1]] se não fosse espalhada)
```

- As subclasses Array podem ser espalhadas por padrão; então, se você está definindo uma subclasse *array* que você não quer que se comporte como um *array* quando usada com `concat()`, você pode[1] adicionar um *getter* como este à sua subclasse:

```
class NonSpreadableArray extends Array {
    get [Symbol.isConcatSpreadable]() { return false; }
}
let a = new NonSpreadableArray(1,2,3);
[].concat(a).length   // => 1; (teria 3 elementos de comprimento se a fosse espalhada)
```

14.4.6 Símbolos de comparação de padrões

A Seção 11.3.2 documentou os métodos de String que realizam operações de comparação de padrões usando um argumento de RegExp. Na ES6 e em versões posteriores, esses métodos foram generalizados para funcionar com objetos RegExp ou qualquer objeto que defina comportamento de comparação de padrões por meio de propriedades com nomes simbólicos. Para cada um dos métodos de *string* `match()`, `matchAll()`, `search()`, `replace()` e `split()`, há um símbolo conhecido correspondente: `Symbol.match`, `Symbol.search` e assim por diante.

Os objetos RegExp são uma forma genérica e muito poderosa de descrever padrões textuais, mas podem ser complexos e inadequados para correspondência difusa (fuzzy *matching*). Com os métodos de *string* generalizados, você pode definir suas próprias classes de padrões usando os métodos de Symbol bem-conhecidos para fornecer correspondência personalizada. Por exemplo, você poderia usar Intl.Collator (consulte a Seção 11.7.3) para realizar comparações de *strings* de modo a ignorar acentos durante a

---

[1] Um *bug* no mecanismo JavaScript V8 significa que esse código não funciona corretamente no Node 13.

comparação. Ou poderia definir uma classe de padrão baseada no algoritmo *Soundex* para comparar palavras com base nos seus sons aproximados ou para corresponder vagamente *strings* com até uma determinada distância de Levenshtein.

Em geral, quando você chama um desses cinco métodos de *string* em um objeto de padrão como este:

```
string.method(pattern, arg)
```

essa chamada se transforma em uma chamada de um método com nome definido simbolicamente no seu objeto de padrão:

```
pattern[symbol](string, arg)
```

Por exemplo, considere a classe de comparação de padrões no próximo exemplo, que implementa a correspondência de padrões usando os simples curingas * e ? que você provavelmente conhece dos sistemas de arquivos. Esse estilo de comparação de padrões remonta aos primórdios do sistema operacional Unix, e os padrões muitas vezes são chamados de *globs*:

```
class Glob {
    constructor(glob) {
        this.glob = glob;
        // Implementamos a correspondência de globs usando RegExp internamente.
        // ? corresponde a qualquer caractere exceto /, e * corresponde a zero ou mais
        // desses caracteres. Usamos grupos de captura ao redor de cada um.
        let regexpText = glob.replace("?", "([^/])").replace("*", "([^/]*)");

        // Usamos a flag u para obter correspondência que reconhece Unicode.
        // Pretende-se que globs corresponda a strings inteiras, então usamos as
        // âncoras ^ e $ e não implementamos search() ou matchAll(), pois
        // não são úteis com padrões como este.
        this.regexp = new RegExp(`^${regexpText}$`, "u");
    }

    toString() { return this.glob; }

    [Symbol.search](s) { return s.search(this.regexp); }
    [Symbol.match](s) { return s.match(this.regexp); }
    [Symbol.replace](s, replacement) {
        return s.replace(this.regexp, replacement);
    }
}

let pattern = new Glob("docs/*.txt");
"docs/js.txt".search(pattern)  // => 0: corresponde ao caractere 0
"docs/js.htm".search(pattern)  // => -1: não corresponde
let match = "docs/js.txt".match(pattern);
match[0]      // => "docs/js.txt"
match[1]      // => "js"
match.index   // => 0
"docs/js.txt".replace(pattern, "web/$1.htm")  // => "web/js.htm"
```

14.4.7 Symbol.toPrimitive

A Seção 3.9.3 explicou que JavaScript tem três algoritmos ligeiramente diferentes para converter objetos em valores primitivos. Em linhas gerais, para conversões nas quais espera-se ou se prefere um valor de *string*, JavaScript primeiro chama o método `toString()` do objeto e depois recorre ao método `valueOf()` se `toString()` não é definido ou se não retorna um valor primitivo. Para conversões nas quais prefere-se um valor numérico, JavaScript tenta o método `valueOf()` primeiro e recorre a `toString()` se `valueOf()` não é definido ou se não retorna um valor primitivo. Por fim, nos casos em que não há preferência, ele deixa a classe decidir como fazer a conversão. Objetos Date convertem usando `toString()` primeiro, enquanto todos os outros tipos tentam `valueOf()` primeiro.

Na ES6, o símbolo bem-conhecido `Symbol.toPrimitive` permite que você anule esse comportamento padrão de objeto para primitivo e lhe dá controle completo sobre como instâncias das suas próprias classes serão convertidas em valores primitivos. Para tanto, defina um método com esse nome simbólico. O método deve retornar um valor primitivo que representa o objeto de alguma forma. O método que você define será chamado com um único argumento de *string* que informa qual tipo de conversão JavaScript está tentando fazer com o seu objeto:

- Se o argumento é `"string"`, isso significa que JavaScript está realizando a conversão em um contexto no qual espera-se ou se prefere uma *string* (mas em que não é obrigatória). Isso acontece quando você interpola o objeto em um literal de modelo, por exemplo.
- Se o argumento é `"number"`, isso significa que JavaScript está realizando a conversão em um contexto no qual espera-se ou se prefere um valor numérico (mas em que não é obrigatório). Isso acontece quando você usa o objeto com um operador < ou > ou com operadores aritméticos como - e *.
- Se o argumento é `"default"`, isso significa que JavaScript está convertendo seu objeto em um contexto em que um valor numérico ou de *string* funcionaria. Isso acontece com os operadores +, == e !=.

Muitas classes podem ignorar o argumento e simplesmente retornar o mesmo valor primitivo em todos os casos. Se quiser que as instâncias da sua classe possam ser comparadas e classificadas com < e >, este é um bom motivo para definir um método `[Symbol.toPrimitive]`.

14.4.8 Symbol.unscopables

O último símbolo bem-conhecido que abordaremos aqui é obscuro, e foi introduzido para contornar problemas de compatibilidade causados pela instrução descontinuada `with`. Lembre-se de que a instrução `with` recebe um objeto e executa seu corpo da instrução como se estivesse em um escopo no qual as propriedades do objeto são variáveis. Isso causava problemas de compatibilidade quando novos métodos eram adicionados à classe Array e interferia com parte do código existente. O resultado é `Symbol.unscopables`. Na ES6 e em versões posteriores, a instrução `with` foi ligeiramente modificada. Quando usada com um objeto `o`, uma instrução `with` calcula `Object.keys(o[Symbol.unscopables]||{})` e ignora propriedades cujos nomes estão no *array* resultante ao criar o escopo simulado no qual o corpo da instrução será executado. A ES6 usa isso para adicionar novos métodos a `Array.prototype` sem prejudicar o código existente na Web. Isso significa que é possível encontrar uma lista dos mais novos métodos de Array se avaliar:

```
let newArrayMethods = Object.keys(Array.prototype[Symbol.unscopables]);
```

14.5 *Tags de template*

Strings entre aspas simples (crases) são conhecidas como "literais de *template*" e foram abordadas na Seção 3.3.4. Quando uma expressão cujo valor é uma função é seguida por um literal de *template* (ou modelo), ela se torna uma chamada de função e a chamamos de "literal de *template* com *tag*". Definir uma nova função de *tag* para uso com literais de *template* com *tag* pode ser considerado metaprogramação, pois os *templates* com *tag* são muito usados para definir linguagens específicas de domínio (DSLs, do inglês *domain-specific languages*) e definir uma nova função de *tag* é como adicionar nova sintaxe a JavaScript. Os literais de *template* com *tag* foram adotados por diversos pacotes de *front-end* de JavaScript. A linguagem de consulta GraphQL usa uma função de *tag* ``gql`` `` para permitir que consultas sejam integradas ao código JavaScript. E a biblioteca Emotion usa uma função de *tag* ``css`` `` para permitir que estilos CSS sejam integrados a JavaScript. Esta seção demonstra como escrever suas próprias funções de *tag* como estas.

As funções de *tag* nada têm de especial: são funções de JavaScript normais, e não é preciso usar sintaxe especial para defini-las. Quando uma expressão de função é seguida por um literal de *template*, a função é chamada. O primeiro argumento é um *array* de *strings*, que é seguido por zero ou mais argumentos adicionais, que podem ter qualquer tipo de valor.

O número de argumentos depende do número de valores interpolados no literal de *template*. Se o literal de *template* é simplesmente uma *string* constante sem interpolações, a função de *tag* será chamada com um *array* dessa *string* e sem argumentos adicionais. Se o literal de *template* inclui um valor interpolado, a função de *tag* é chamada com dois argumentos. O primeiro é um *array* de duas *strings* e o segundo é o valor interpolado. As *strings* no *array* inicial são a *string* à esquerda do valor interpolado e a *string* à direita, e qualquer uma delas pode ser uma *string* vazia. Se o literal de *template* inclui dois valores interpolados, a função de *tag* é chamada com três argumentos: um *array* de três *strings* e os dois valores interpolados. As três *strings* (qualquer uma das quais pode ser vazia, ou todas) são o texto à esquerda do primeiro valor, o texto entre os dois valores e o texto à direita do segundo valor. No caso geral, se o literal de *template* tem `n` valores interpolados, a função de *tag* será chamada com `+1` argumentos. O primeiro argumento será um *array* de `n+1` *strings* e os argumentos restantes são os `n` valores interpolados, na ordem em que aparecem no literal de *template*.

O valor de um literal de *template* é sempre uma *string*, mas o valor de uma literal de *template* com *tag* é o valor retornado pela função de *tag*, seja ele qual for. Este pode ser uma *string*, mas quando a função de *tag* é usada para implementar uma DSL, o valor de retorno normalmente é uma estrutura de dados que não é uma *string* e sim uma representação analisada da *string*.

Como exemplo de função de *tag* de *template* que retorna uma *string*, considere o seguinte *template* `html``, que é útil quando desejamos interpolar valores com segurança em uma *string* de HTML. A *tag* realiza os escapes de HTML em cada um dos valores antes de usá-la para construir a *string* final.

```
function html(strings, ...values) {
    // Converte cada valor em uma string e em caracteres de escape especiais HTML
    let escaped = values.map(v => String(v)
                                  .replace("&", "&amp;")
                                  .replace("<", "&lt;")
                                  .replace(">", "&gt;")
                                  .replace('"', "&quot;")
                                  .replace("'", "&#39;"));

    // Retorna as strings concatenadas e os valores de escape
    let result = strings[0];
    for(let i = 0; i < escaped.length; i++) {
        result += escaped[i] + strings[i+1];
    }
    return result;
}

let operator = "<";
html`<b>x ${operator} y</b>`                    // => "<b>x &lt; y</b>"

let kind = "game", name = "D&D";
html`<div class="${kind}">${name}</div>`    // =>'<div class="game">D&amp;D</div>'
```

Para um exemplo de uma função de *tag* que não retorna uma *string* e sim uma representação analisada de uma *string*, pense na classe de padrão Glob definida na Seção 14.4.6. Como a construtora `Glob()` aceita um único argumento de *string*, podemos definir uma função de *tag* para criar novos objetos Glob:

```
function glob(strings, ...values) {
    // Reúne as strings e os valores em uma única string
    let s = strings[0];
    for(let i = 0; i < values.length; i++) {
        s += values[i] + strings[i+1];
    }
    // Retorna uma representação analisada da string
    return new Glob(s);
}

let root = "/tmp";
let filePattern = glob`${root}/*.html`;       // Uma alternativa RegExp
"/tmp/test.html".match(filePattern)[1]        // => "test"
```

Um dos recursos mencionados de passagem na Seção 3.3.4 é a função de *tag* `String.raw`` ` que retorna uma *string* na sua forma "bruta", sem interpretar nenhuma sequência de escape com barras invertidas. Ela é implementada com um recurso da chamada de função de *tag* que ainda não apresentamos. Quando uma função de *tag* é chamada, vimos que o seu primeiro argumento é um *array* de *strings*. Mas esse *array* também tem uma propriedade chamada `raw`, e o valor dessa propriedade é outro *array* de *strings*, com o mesmo número de elementos. O *array* de argumentos inclui *strings* cujas sequências de escape foram interpretadas da maneira normal. E o *array* bruto inclui *strings* nas quais as sequências de escape não foram interpretadas. Esse recurso obscuro é importante se você deseja definir uma DSL com uma gramática que usa barras invertidas. Por exemplo, se quiséssemos que nossa função de *tag* `glob`` ` suportasse comparação de padrões usando caminhos em estilo Windows (que usa barras invertidas em vez de barras normais) e não quiséssemos que os usuários da *tag* precisassem dobrar toda barra invertida, poderíamos reescrever a função de modo a usar `strings.raw[]` em vez de `strings[]`. A desvantagem, é claro, seria que não poderíamos mais usar escapes como `\u` nos nossos literais de *glob*.

14.6 A API Reflect

O objeto Reflect não é uma classe; assim como o objeto Math, suas propriedades simplesmente definem um conjunto de funções relacionadas. Essas funções, adicionadas na ES6, definem uma API para "refletir sobre" objetos e suas propriedades. As novas funcionalidades são poucas: o objeto Reflect define um conjunto conveniente de funções, todas em um único espaço de nomes, que imitam o comportamento da sintaxe básica da linguagem e duplicam os recursos de diversas funções Object preexistentes.

Embora as funções `Reflect` não ofereçam novos recursos, elas agrupam recursos em uma API conveniente. E, o que é importante, o conjunto de funções `Reflect` corresponde perfeitamente aos métodos de rotinas de tratamento de Proxy sobre os quais aprenderemos na Seção 14.7.

A API Reflect consiste nas seguintes funções:

`Reflect.apply(f, o, args)`
: Esta função chama a função `f` como um método de `o` (ou a chama como uma função sem valor `this` se `o` é `null`) e passa os valores no *array* `args` como argumentos. É equivalente a `f.apply(o, args)`.

`Reflect.construct(c, args, newTarget)`
: Esta função chama a construtora `c` como se a palavra-chave `new` tivesse sido usada e passa os elementos do *array* `args` como argumentos. Se o argumento opcional `newTarget` estiver especificado, este é usado como o valor de `new.target` na chamada da construtora. Se não for especificado, o valor de `new.target` será `c`.

`Reflect.defineProperty(o, name, descriptor)`

Esta função define uma propriedade no objeto o, usando `name` (uma *string* ou um símbolo) como nome da propriedade. O objeto Descriptor deve definir o valor (ou método *getter* e/ou *setter*) e atributos da propriedade. `Reflect.defineProperty()` é muito parecido com `Object.defineProperty()`, mas retorna `true` em caso de sucesso e `false` em caso de falha (`Object.defineProperty()` retorna o em caso de sucesso e lança TypeError em caso de falha).

`Reflect.deleteProperty(o, name)`

Esta função exclui a propriedade com a *string* ou o nome simbólico especificado do objeto `o`, retornando `true` se tiver sucesso (ou se tal propriedade não existir) e `false` se a propriedade não puder ter sido excluída. Chamar essa função é semelhante a escrever `delete o[name]`.

`Reflect.get(o, name, receiver)`

Esta função retorna o valor da propriedade de `o` com o nome especificado (uma *string* ou um símbolo). Se a propriedade é um método de acesso com um método *getter*, e se o argumento opcional `receiver` está especificado, a função *getter* é chamada como método de `receiver` em vez de como método de `o`. Chamar essa função é semelhante a avaliar `o[name]`.

`Reflect.getOwnPropertyDescriptor(o, name)`

Esta função retorna um objeto descritor de propriedade que descreve os atributos da propriedade de nome `name` do objeto `o`, ou retorna `undefined` se tal propriedade não existe. A função é praticamente idêntica a `Object.getOwnPropertyDescriptor()`, exceto que a versão da API Reflect da função exige que o primeiro argumento seja um objeto e lança TypeError se não for.

`Reflect.getPrototypeOf(o)`

Esta função retorna o protótipo do objeto `o` ou `null` se o objeto não tem protótipo. Ela lança um TypeError se `o` for um valor primitivo e não um objeto. A função é quase idêntica a `Object.getPrototypeOf()`, exceto que `Object.getPrototypeOf()` apenas lança um TypeError para argumentos `null` e `undefined` e força outros valores primitivos a seus objetos empacotadores.

`Reflect.has(o, name)`

Esta função retorna `true` se o objeto `o` tem uma propriedade com o nome especificado `name` (que deve ser uma *string* ou um símbolo). Chamar essa função é semelhante a avaliar `name em o`.

`Reflect.isExtensible(o)`

Esta função retorna `true` se o objeto `o` é extensível (Seção 14.2) e `false` se não é. Ela lança um TypeError se `o` não é um objeto. `Object.isExtensible()` é semelhante, mas simplesmente retorna `false` quando é passado um argumento que não é um objeto.

`Reflect.ownKeys(o)`
: Esta função retorna um *array* com os nomes das propriedades do objeto `o` ou lança um TypeError se `o` não é um objeto; os nomes do *array* retornado serão *strings* e/ou símbolos. Chamar essa função é semelhante a chamar `Object.getOwn Property-Names()` e `Object.getOwnPropertySymbols()` e combinar seus resultados.

`Reflect.preventExtensions(o)`
: Esta função configura o atributo *extensível* (Seção 14.2) do objeto `o` como `false` e retorna `true` para indicar sucesso. Ela lança um TypeError se `o` não é um objeto. `Object.preventExtensions()` tem o mesmo efeito, mas retorna `o` em vez de `true` e não lança um TypeError para argumentos que não são objetos.

`Reflect.set(o, name, value, receiver)`
: Esta função configura a propriedade com o nome especificado (`name`) do objeto `o` com o valor especificado `value`. Ela retorna `true` em caso de sucesso e `false` em caso de falha (que podem acontecer se a propriedade é somente de leitura). Ela lança um TypeError se `o` não for um objeto. Se a propriedade especificada é uma propriedade de acesso com uma função *setter*, e se o argumento opcional `receiver` é passado, então *setter* será chamado como um método de `receiver` em vez de ser chamado como um método de `o`. Chamar essa função normalmente é o mesmo que avaliar `o[name] = value`.

`Reflect.setPrototypeOf(o, p)`
: Esta função configura o protótipo do objeto `o` como `p`, retornando `true` em caso de sucesso e `false` em caso de falha (o que pode ocorrer se `o` não for extensível ou se a operação causar uma cadeia de protótipos circular). Ela lança um TypeError se `o` não for um objeto ou se `p` não for nem objeto nem `null`. `Object.setPrototypeOf()` é semelhante, mas retorna `o` em caso de sucesso e lança um TypeError em caso de falha. Lembre-se de que chamar qualquer uma dessas funções tende a tornar seu código mais lento, pois interfere com as otimizações dos interpretadores JavaScript.

14.7 Objetos Proxy

A classe Proxy, disponível na ES6 e em versões posteriores, é o recurso de metaprogramação mais poderoso de JavaScript. Ela nos permite escrever código que altera o comportamento fundamental de objetos JavaScript. A API Reflect descrita na Seção 14.6 é um conjunto de funções que nos dá acesso direto a um conjunto de operações fundamentais em objetos JavaScript. O que a classe Proxy faz é nos oferecer uma maneira de implementarmos essas operações fundamentais nós mesmos e criar objetos que se comportam de maneiras que não são possíveis para objetos normais.

Quando criamos um objeto Proxy, especificamos dois outros objetos, o objeto *target* e o objeto *handlers*:

```
let proxy = new Proxy(target, handlers);
```

O objeto Proxy resultante não tem estado ou comportamento próprio. Sempre que você realiza uma operação nele (lê uma propriedade, grava uma propriedade, define uma nova propriedade, pesquisa o protótipo, chama-o como função), ele despacha essas operações para o objeto *handlers* ou para o objeto *target*.

As operações suportadas por objetos Proxy são as mesmas que aquelas definidas pela API Reflect. Suponha que `p` é um objeto Proxy e você escreve `delete p.x`. A função `Reflect.deleteProperty()` tem o mesmo comportamento que o operador `delete`. E quando você usa o operador `delete` para excluir uma propriedade de um objeto Proxy, ele busca um método `deleteProperty()` no objeto *handlers*. Se o método existe, ele o chama. E se o método não existe, o objeto Proxy realiza a exclusão da propriedade no objeto *target*.

Proxies funcionam dessa maneira para todas as operações fundamentais: se um método apropriado existe no objeto *handlers*, ele chama esse método para realizar a operação (os nomes e as assinaturas de métodos são os mesmos que os das funções Reflect abordadas na Seção 14.6). E se o método não existe no objeto *handlers*, Proxy realiza a operação fundamental no objeto *target*. Isso significa que um Proxy pode obter seu comportamento do objeto *target* ou do objeto *handlers*. E se o objeto *handlers* está vazio, o *proxy* é basicamente um empacotador transparente ao redor do objeto *target*:

```
let t = { x: 1, y: 2 };
let p = new Proxy(t, {});
p.x          // => 1
delete p.y   // => verdadeiro: exclui a propriedade y do proxy
t.y          // => undefined: a exclui do target também
p.z = 3;     // Define uma nova propriedade no proxy
t.z          // => 3: define a propriedade no target
```

Esse tipo de *proxy* empacotador transparente basicamente equivale ao objeto *target* subjacente, o que significa que não há motivo para usá-lo no lugar do objeto empacotado. Os empacotadores transparentes podem ser úteis, no entanto, quando criados como "*proxies* revogáveis". Em vez de criar um Proxy com a construtora `Proxy()`, você pode usar a função fábrica `Proxy.revocable()`. A função retorna um objeto que inclui um objeto Proxy e também uma função `revoke()`. Depois de chamar a função `revoke()`, o *proxy* imediatamente para de funcionar:

```
function accessTheDatabase() { /* implementação omitida */ return 42; }
let {proxy, revoke} = Proxy.revocable(accessTheDatabase, {});

proxy()      // => 42: O proxy dá acesso à função target subjacente
revoke();    // Mas esse acesso pode ser desativado sempre que quisermos
proxy();     // !TypeError: não podemos mais chamar essa função
```

Observe que além de demonstrar *proxies* revogáveis, o código anterior também demonstra que *proxies* podem funcionar com funções *target* assim como objetos *target*. Mas o importante aqui é que os *proxies* revogáveis são um elemento fundamental de um tipo de isolamento de código e que você pode usá-los quando lida com bibliotecas de terceiros não confiáveis, por exemplo. Se você precisa passar uma função para uma biblioteca que não controla, você pode passar um *proxy* revogável e revogá-lo depois que termina de usar a biblioteca. Isso impede que a biblioteca mantenha uma referência à sua função e a chame em momentos inesperados. Esse tipo de programação defensiva não é típica dos programas JavaScript, mas a classe Proxy pelo menos a possibilita.

Se passarmos um objeto *handlers* não vazio para a construtora `Proxy()`, não estamos mais definindo um objeto empacotador transparente e, sim, implementando um comportamento customizado para o nosso *proxy*. Com o conjunto certo de rotinas de tratamento, o objeto alvo subjacente se torna basicamente irrelevante.

O código a seguir, por exemplo, mostra como poderíamos implementar um objeto que parece ter um número infinito de propriedades somente de leitura, no qual o valor de cada propriedade é o mesmo que o nome da propriedade:

```
// Usamos um Proxy para criar um objeto que parece ter todas
// as propriedades possíveis, com o valor de cada propriedade igual ao seu nome
let identity = new Proxy({}, {
    // Toda propriedade tem seu próprio nome como seu valor
    get(o, name, target) { return name; },
    // Todo nome de propriedade é definido
    has(o, name) { return true; },
    // Há propriedades demais para enumerar, então apenas lançamos
    ownKeys(o) { throw new RangeError("Infinite number of properties"); },
    // Todas as propriedades existem e não podem ser gravadas, configuradas ou enumeradas.
    getOwnPropertyDescriptor(o, name) {
        return {
            value: name,
            enumerable: false,
            writable: false,
            configurable: false
        };
    },
    // Todas as propriedades são somente de leitura, então não podem ser configuradas
    set(o, name, value, target) { return false; },
    // As propriedades não são configuráveis, então não podem ser excluídas
    deleteProperty(o, name) { return false; },
    // Todas as propriedades existem e não são configuráveis, então não podemos definir mais
    defineProperty(o, name, desc) { return false; },
    // Na prática, significa que o objeto não é extensível
    isExtensible(o) { return false; },
    // Todas as propriedades já estão definidas neste objeto, então ele não poderia
    // herdar nada mesmo que tivesse um objeto protótipo.
    getPrototypeOf(o) { return null; },
    // O objeto não é extensível, então não podemos mudar o protótipo
    setPrototypeOf(o, proto) { return false; },
});
```

```
identity.x                  // => "x"
identity.toString           // => "toString"
identity[0]                 // => "0"
identity.x = 1;             // Configurar propriedades não surte efeito
identity.x                  // => "x"
delete identity.x           // => false: também não pode excluir propriedades
identity.x                  // => "x"
Object.keys(identity);      // !RangeError: não pode listar todas as chaves
for(let p of identity) ;    // !RangeError
```

Objetos Proxy podem derivar seu comportamento do objeto alvo e do objeto *handlers*, e os exemplos que vimos até aqui usaram um objeto ou o outro. No entanto, em geral, é mais útil definir *proxies* que usam ambos os objetos.

O código a seguir, por exemplo, usa Proxy para criar um empacotador somente de leitura para um objeto alvo. Quando o código tenta ler valores do objeto, as leituras são enviadas para o objeto alvo normalmente. Mas se algum código tenta modificar o objeto ou suas propriedades, métodos do objeto *handlers* lançam um TypeError. Um *proxy* como este poderia ser útil para a produção de testes: suponha que você tenha escrito uma função que recebe um argumento objeto e quer garantir que ela não tenta modificar o argumento de entrada. Se seu teste passa um objeto empacotador somente de leitura, qualquer gravação lançará exceções que causarão a falha do teste:

```
function readOnlyProxy(o) {
    function readonly() { throw new TypeError("Readonly"); }
    return new Proxy(o, {
        set: readonly,
        defineProperty: readonly,
        deleteProperty: readonly,
        setPrototypeOf: readonly,
    });
}

let o = { x: 1, y: 2 };        // Objeto gravável normal
let p = readOnlyProxy(o);      // Versão somente de leitura dele
p.x                            // => 1: ler propriedades funciona
p.x = 2;                       // !TypeError: não pode mudar propriedades
delete p.y;                    // !TypeError: não pode excluir propriedades
p.z = 3;                       // !TypeError: não pode adicionar propriedades
p.__proto__ = {};              // !TypeError: não pode mudar o protótipo
```

Outra técnica usada quando escrevemos *proxies* é definir métodos de rotinas de tratamento que interceptam operações em um objeto, mas ainda delegam as operações para o objeto alvo. As funções da API Reflect (Seção 14.6.) têm exatamente as mesmas assinaturas que os métodos de tratamento, então facilitam esse tipo de delegação.

Aqui, por exemplo, temos um *proxy* que delega todas as operações para o objeto alvo, mas usa métodos de tratamento para registrar as operações:

```
/*
 * Retorna um objeto Proxy que empacota o, delegando todas as operações para
 * esse objeto após registrar cada operação. objname é uma string que
 * aparece nas mensagens de registro para identificar o objeto. Se o tem
 * propriedades próprias cujos valores são objetos ou funções, então se você consultar
 * o valor dessas propriedades, receberá um loggingProxy de volta, de modo que
 * o comportamento de registro desse proxy seja "contagioso".
 */
function loggingProxy(o, objname) {
    // Define rotinas de tratamento para o nosso objeto loggingProxy.
    // Cada rotina de tratamento registra uma mensagem e então a delega para o objeto alvo.
    const handlers = {
        // Esta rotina de tratamento é um caso especial, pois para propriedades
        // próprias cujo valor é um objeto ou uma função, ela retorna um proxy em vez
        // de retornar o valor em si.
        get(target, property, receiver) {
            // Registra a operação get
            console.log(`Handler get(${objname},${property.toString()})`);

            // Usa a API Reflect para obter a propriedade value
            let value = Reflect.get(target, property, receiver);

            // Se a propriedade é uma propriedade própria do alvo e
            // o valor é um objeto ou uma função, então retorna um Proxy para ela.
            if (Reflect.ownKeys(target).includes(property) &&
                (typeof value === "object" || typeof value === "function")) {
                return loggingProxy(value, `${objname}.${property.toString()}`);
            }

            // Caso contrário, retorna o valor sem modificação.
            return value;
        },

        // Não há nada de especial nos três métodos a seguir:
        // eles registram a operação e delegam para o objeto alvo.
        // São um caso especial simplesmente para que não precisemos registrar o
        // objeto receiver, que pode causar recursão infinita.
        set(target, prop, value, receiver) {
            console.log(`Handler set(${objname},${prop.toString()},${value})`);
            return Reflect.set(target, prop, value, receiver);
        },
        apply(target, receiver, args) {
            console.log(`Handler ${objname}(${args})`);
            return Reflect.apply(target, receiver, args);
        },
        construct(target, args, receiver) {
            console.log(`Handler ${objname}(${args})`);
            return Reflect.construct(target, args, receiver);
        }
    };
```

```
    // Podemos gerar automaticamente o resto das rotinas de tratamento.
    // Viva a metaprogramação!
    Reflect.ownKeys(Reflect).forEach(handlerName => {
        if (!(handlerName in handlers)) {
            handlers[handlerName] = function(target, ...args) {
                // Registra a operação
                console.log(`Handler ${handlerName}(${objname},${args})`);
                // Delega a operação
                return Reflect[handlerName](target, ...args);
            };
        }
    });

    // Retorna um proxy para o objeto usando essas rotinas de tratamento de registro
    return new Proxy(o, handlers);
}
```

A função `loggingProxy()` definida anteriormente cria *proxies* que registram todos os modos como são usados. Se você está tentando entender como uma função não documentada usa os objetos que você passa a ela, usar um *proxy* de registro pode ajudar.

Considere os exemplos a seguir, que resultam em lições e ideias novas sobre a iteração de *arrays*:

```
// Define um array de dados e um objeto com uma propriedade de função
let data = [10,20];
let methods = { square: x => x*x };

// Cria proxies de registro para o array e o objeto
let proxyData = loggingProxy(data, "data");
let proxyMethods = loggingProxy(methods, "methods");

// Suponha que queremos entender como o método Array.map() funciona
data.map(methods.square)         // => [100, 400]

// Primeiro, vamos tentar com um array de loggingProxy
proxyData.map(methods.square)    // => [100, 400]
// Produz a seguinte saída:
// Handler get(data,map)
// Handler get(data,length)
// Handler get(data,constructor)
// Handler has(data,0)
// Handler get(data,0)
// Handler has(data,1)
// Handler get(data,1)

// Agora vamos tentar com um objeto de métodos de proxy
data.map(proxyMethods.square)    // => [100, 400]
// Saída do registro:
// Handler get(methods,square)
// Handler methods.square(10,0,10,20)
// Handler methods.square(20,1,10,20)
```

```
// Por fim, vamos usar um proxy de registro para aprender sobre o protocolo de iteração
for(let x of proxyData) console.log("Datum", x);
// Saída do registro:
// Handler get(data,Symbol(Symbol.iterator))
// Handler get(data,length)
// Handler get(data,0)
// Datum 10
// Handler get(data,length)
// Handler get(data,1)
// Datum 20
// Handler get(data,length)
```

O primeiro bloco da saída de registro nos informa que o método `Array.map()` verifica explicitamente a existência de cada elemento do *array* (fazendo com que a rotina de tratamento `has()` seja chamada) antes de ler de fato o valor do elemento (que dispara a rotina de tratamento `get()`). Supostamente, isso ocorre para que possamos diferenciar elementos do *array* inexistentes daqueles que existem, mas são indefinidos.

O segundo bloco da saída de registro pode nos lembrar que a função que passamos para `Array.map()` é chamada com três argumentos: o valor do elemento, o índice do elemento e o *array* em si (há um problema na nossa saída de registro: o método `Array.toString()` não inclui colchetes na sua saída, e as mensagens de registro seriam mais claras se estes fossem inclusos na lista de argumentos `(10,0, [10,20])`).

O terceiro bloco da saída de registro mostra que o laço `for/of` funciona pela busca de um método com o nome simbólico `[Symbol.iterator]`. Também demonstra que a implementação da classe Array desse método iterador toma cuidado para verificar o comprimento do *array* a cada iteração e não pressupõe que o comprimento do *array* permanece constante durante a iteração.

14.7.1 Invariantes de Proxy

A função `readOnlyProxy()` definida anteriormente cria objetos Proxy que são, na prática, congelados: qualquer tentativa de alterar um valor de propriedade ou atributo de propriedade, ou de adicionar ou remover propriedades, lança uma exceção. Mas desde que o objeto alvo não esteja congelado, descobrimos se podemos consultar o *proxy* com `Reflect.isExtensible()` e `Reflect.getOwnPropertyDescriptor()`, e isto nos diz que podemos configurar, adicionar ou excluir propriedades. Assim, `readOnlyProxy()` cria objetos em um estado inconsistente. Poderíamos consertar isso com a adição de rotinas de tratamento `isExtensible()` e `getOwnPropertyDescriptor()`, ou podemos simplesmente conviver com essa inconsistência trivial.

A API de tratamento de Proxy nos permite definir objetos com grandes inconsistências, no entanto; nesse caso, a classe Proxy em si nos impede de criar objetos Proxy inconsistentes no mau sentido. No início desta seção, descrevemos os *proxies* como objetos sem comportamento próprio, pois simplesmente repassam todas as operações para o objeto *handlers* e para o objeto *target*. Isso não é totalmente verdade: após repassar uma operação, a classe Proxy realiza alguns testes de racionalidade no resultado para garantir que invariantes importantes de JavaScript não estejam sendo violados. Se uma violação é detectada, o *proxy* lança um TypeError em vez de deixar que a operação siga em frente.

Por exemplo, se você criar um *proxy* para um objeto não extensível, o *proxy* lançará um TypeError se a rotina de tratamento `isExtensible()` retornar `true`:

```
let target = Object.preventExtensions({});
let proxy = new Proxy(target, { isExtensible() { return true; }});
Reflect.isExtensible(proxy);   // !TypeError: violação de invariante
```

Além disso, os objetos *proxy* para objetos alvo não extensíveis podem não ter uma rotina de tratamento `getPrototypeOf()` que retorna qualquer coisa além do objeto protótipo real do alvo. Além disso, se o objeto alvo tem propriedades não graváveis e não configuráveis, a classe Proxy lança um TypeError se a rotina de tratamento `get()` retorna qualquer coisa além do valor real:

```
let target = Object.freeze({x: 1});
let proxy = new Proxy(target, { get() { return 99; }});
proxy.x;    // !TypeError: valor retornado por get() não corresponde a target
```

O Proxy aplica diversos invariantes adicionais, quase todos relativos a objetos alvo não extensíveis e propriedades não configuráveis no objeto alvo.

14.8 Resumo

Neste capítulo, você aprendeu que:

- Objetos JavaScript têm um atributo *extensível* e propriedades de objeto têm atributos *gravável*, *enumerável* e *configurável*, assim como um valor e um atributo *getter* e/ou *setter*. Você pode usar esses atributos para "bloquear" seus objetos de diversas formas, incluindo criar objetos "selados" e "congelados".
- JavaScript define funções que permitem que você percorra o encadeamento de protótipos de um objeto e até mesmo altere o protótipo de um objeto (embora fazer isso possa tornar o seu código mais lento).
- As propriedades do objeto `Symbol` têm valores que são "símbolos bem-conhecidos", que você pode usar como nomes de propriedade ou de método para os objetos e classes que define. Fazer isso permite que você controle como seu objeto interage com recursos da linguagem JavaScript e com a biblioteca básica. Por exemplo, símbolos conhecidos permitem que você torne suas classes iteráveis e controlam a *string* apresentada quando uma instância é passada para `Object.prototype.toString()`. Antes da ES6, esse tipo de customização só estava disponível para classes nativas internas a uma implementação.

- Literais de *template* com *tag* são uma sintaxe de chamada de função, e definir uma nova função de *tag* é como adicionar uma nova sintaxe de literais à linguagem. Definir uma função de *tag* que analisa seu argumento de *string* de *template* permite que você integre DSLs ao código JavaScript. As funções de *tag* também oferecem acesso a uma forma bruta e sem escapes de *strings* literais, na qual as barras invertidas não têm significado especial.

- A classe Proxy e a API Reflect relacionada permitem controle de baixo nível em relação aos comportamentos fundamentais de objetos JavaScript. Os objetos Proxy podem ser usados como empacotadores revogáveis opcionalmente para melhorar o encapsulamento do código e também podem ser usados para implementar comportamentos de objeto não padrão (como algumas das APIs de casos especiais definidas pelos primeiros navegadores Web).

CAPÍTULO 15

JavaScript em navegadores Web

A linguagem JavaScript foi criada em 1994 com o objeto explícito de permitir comportamentos dinâmicos nos documentos exibidos pelos navegadores Web. A linguagem evoluiu significativamente desde então, e, ao mesmo tempo, o escopo e as capacidades da plataforma Web explodiram. Hoje, os programadores JavaScript podem considerar a Web uma plataforma completa para o desenvolvimento de aplicativos. Os navegadores Web se especializam na exibição de imagens e texto formatado, mas também oferecem outros serviços, como sistemas operacionais nativos, incluindo elementos gráficos, vídeo, áudio, serviços de rede, armazenamento e *threading*. JavaScript é a linguagem que permite aos aplicativos Web usarem os serviços oferecidos pela plataforma Web, e este capítulo demonstra como você pode usar os mais importantes entre esses serviços.

O capítulo começa com o modelo de programação da plataforma Web, explicando como *scripts* são incorporados a páginas HTML (Seção 15.1) e como o código JavaScript é disparado assincronamente por eventos (Seção 15.2). As seções após esse material introdutório documentam as APIs básicas de JavaScript que permitem que seus aplicativos Web:

- Controlem o conteúdo (Seção 15.3) e o estilo (Seção 15.4) dos documentos
- Determinem a posição dos elementos do documento na tela (Seção 15.5)
- Criem componentes de interface do usuário reutilizáveis (Seção 15.6)
- Desenhem elementos gráficos (Seções 15.7 e 15.8)
- Reproduzam e gerem sons (Seção 15.9)
- Gerenciem a navegação e o histórico (Seção 15.10)
- Troquem dados pela rede (Seção 15.11)
- Armazenem dados no computador do usuário (Seção 15.12)
- Realizem cálculos simultâneos com *threads* (Seção 15.13)

JavaScript do lado do cliente

Neste livro, e na Web, você encontrará o termo "JavaScript do lado do cliente", que é simplesmente um sinônimo para JavaScript escrita para ser executada em um navegador Web. O termo contrasta com código "do lado do servidor", que é executado em servidores Web.

Os dois "lados" se referem às duas extremidades da conexão de rede que separa o servidor Web do navegador Web, e o desenvolvimento de *software* para a Web geralmente exige que o código seja escrito nos dois "lados". O lado do cliente e o lado do servidor também costumam ser chamados de "*frontend*" e "*backend*".

Edições anteriores deste livro tentaram oferecer uma cobertura abrangente de todas as APIs JavaScript definidas pelos navegadores Web, e a consequência é que o volume já era longo demais uma década atrás. A quantidade e a complexidade das APIs Web continuaram a crescer e não creio que faça mais sentido tentar abordar todas em um livro. A partir da sétima edição, meu objetivo é cobrir de forma ampla e definitiva a linguagem JavaScript e oferecer uma introdução aprofundada ao uso da linguagem com Node e com navegadores Web. Este capítulo não tem como abordar todas as APIs Web, mas apresenta as mais importantes em detalhes suficientes para que você comece a usá-las imediatamente. E, tendo aprendido sobre as APIs básicas trabalhadas aqui, você deve ser capaz de aprender novas APIs (como aquelas resumidas na Seção 15.15) quando e se precisar delas.

O Node tem uma única implementação e uma única fonte definitiva de documentação. As APIs Web, por outro lado, são definidas por consenso entre os principais fornecedores de navegadores Web, e a documentação definitiva assume a forma de uma especificação destinada a programadores C++ que implementam a API, não aos programadores JavaScript que a utilizam. Felizmente, o projeto "MDN web docs" da Mozilla (https://developer.mozilla.org) é uma fonte confiável e abrangente[1] de documentação de APIs Web.

APIs legadas

Nos 25 anos desde o lançamento da JavaScript, fornecedores de navegadores têm disponibilizado recursos e APIs para os programadores. Muitas dessas APIs se tornaram obsoletas, incluindo:

- APIs proprietárias que nunca foram padronizadas e/ou nunca foram implementadas por outros fornecedores. O navegador Internet Explorer da Microsoft definia muitas dessas

[1] Edições anteriores deste livro contavam com uma longa seção de referência que abrangia a biblioteca padrão e APIs JavaScript para a Web. Ela foi removida desta sétima edição porque a MDN a tornou obsoleta: hoje, é mais rápido procurar alguma coisa na MDN do que seria folhear um livro, e meus ex-colegas na MDN são melhores em manter sua documentação *on-line* atualizada do que este livro jamais poderia.

APIs. Algumas (como a propriedade innerHTML) demonstraram ser úteis e acabaram por ser padronizadas. Outras (como o método attachEvent()) são obsoletas há anos.

- APIs ineficientes (como o método document.write()) que têm um impacto tão grave no desempenho que o seu uso não é mais considerado aceitável.
- APIs defasadas que há muito tempo foram substituídas por novas APIs que fazem a mesma coisa. Um exemplo é document.bgColor, que foi definida para permitir que JavaScript configurasse a cor de fundo de um documento. Com o advento do CSS, document.bgColor se tornou um caso especial pitoresco, sem nenhuma serventia real.
- APIs mal projetadas que foram substituídas por outras melhores. Nos primórdios da Web, os comitês de padronização definiram a importante API de Modelo de Documento por Objetos (DOM, do inglês Document Object Model) de forma independente de linguagem para que a mesma API pudesse ser usada em programas Java para trabalhar com documentos XML e em programas JavaScript para trabalhar com documentos HTML. O resultado foi uma API que não era adequada para a linguagem JavaScript e que tinha recursos que desagradavam os programadores Web. Demorou décadas para nos recuperarmos desses erros de projeto iniciais, mas os navegadores Web da atualidade suportam um Modelo de Documento por Objetos muito melhor.

Os fornecedores de navegadores podem precisar suportar essas APIs legadas no futuro próximo para garantirem a compatibilidade reversa, mas não há mais necessidade alguma de este livro documentá-las ou de que você aprenda sobre elas. A plataforma Web amadureceu e se estabilizou, e se você é um programador experiente que lembra da quarta ou da quinta edição deste livro, talvez tenha tanto conhecimento defasado para esquecer quanto tem conhecimento novo para aprender.

15.1 O básico da programação para a Web

Esta seção explica como programas JavaScript para a Web são estruturados, como são carregados em um navegador Web, como obtêm entradas, como produzem saídas e como são executados assincronamente pela resposta a eventos.

15.1.1 JavaScript em tags HTML <script>

Os navegadores Web exibem documentos HTML. Se você quer que um navegador Web execute código JavaScript, é preciso incluir (ou referenciar) código de um documento HTML, e é isso que a *tag* HTML <script> faz.

O código JavaScript pode aparecer em linha dentro de um arquivo HTML, entre as *tags* <script> e </script>. A seguir, por exemplo, temos um arquivo HTML que inclui uma *tag script* com código JavaScript que atualiza dinamicamente um elemento do documento para fazer com que se comporte como um relógio digital:

```
<!DOCTYPE html>                  <!-- Este é um arquivo HTML5 -->
<html>                           <!-- O elemento raiz -->
<head>                           <!-- Título, scripts e estilos ficam aqui -->
<title>Digital Clock</title>
<style>                          /* Uma folha de estilos CSS para o relógio */
#clock {                         /* O estilo se aplica ao elemento com id="clock" */
  font: bold 24px sans-serif;    /* Usa uma fonte grande em negrito */
  background: #ddf;              /* Sobre um fundo cinza-azulado claro */
  padding: 15px;                 /* Circunda-o com algum espaço */
  border: solid black 2px;       /* E uma borda preta grossa */
  border-radius: 10px;           /* Com cantos arredondados. */
}
</style>
</head>
<body>                       <!-- A tag body contém o conteúdo do documento. -->
<h1>Digital Clock</h1>       <!-- Exibe um título -->
<span id="clock"></span>     <!-- Inseriremos a hora neste elemento. -->
<script>
// Define uma função para exibir a hora atual
function displayTime() {
    let clock = document.querySelector("#clock");  // Obtém o elemento com id="clock"
    let now = new Date();                          // Obtém a hora atual
    clock.textContent = now.toLocaleTimeString();  // Exibe a hora no relógio
}
displayTime()                       // Exibe a hora imediatamente
setInterval(displayTime, 1000);     // E então a atualiza a cada segundo.
</script>
</body>
</html>
```

Embora o código JavaScript possa ser incorporado diretamente em uma *tag* `<script>`, é mais comum usar o atributo `src` da *tag* `<script>` para especificar o URL (um URL absoluto ou um URL relativo ao URL do arquivo HTML sendo exibido) de um arquivo que contém código JavaScript. Se tirarmos o código JavaScript desse arquivo HTML e o armazenarmos no seu próprio arquivo *scripts/digital_clock.js*, a *tag* `<script>` poderia fazer referência a esse arquivo de código da seguinte forma:

```
<script src="scripts/digital_clock.js"></script>
```

Um arquivo JavaScript contém JavaScript puro, sem *tags* `<script>` ou qualquer outro código HTML. Por convenção, os arquivos de código JavaScript têm nomes que terminam com *.js*.

Uma *tag* `<script>` com o atributo `src` especificado se comporta exatamente como se o conteúdo do arquivo JavaScript especificado aparecesse diretamente entre as *tags* `<script>` e `</script>`. Note que a *tag* de fechamento `</script>` é obrigatória em documentos HTML, mesmo quando o atributo `src` é especificado: HTML não suporta uma *tag* `<script/>`.

Existem várias vantagens no uso do atributo `src`:

- Ele simplifica seus arquivos HTML, permitindo remover deles grandes blocos de código JavaScript – isto é, ajuda a manter conteúdo e comportamento separados.
- Quando várias páginas Web compartilham o mesmo código JavaScript, o uso do atributo `src` permite que você mantenha apenas uma cópia desse código, em vez de ter de editar cada arquivo HTML quando o código mudar.
- Se um arquivo de código JavaScript é compartilhado por mais de uma página, ele só precisa ser baixado uma vez, pela primeira página que o utilizar – as páginas subsequentes podem recuperá-lo da *cache* do navegador.
- Como o atributo `src` recebe um URL arbitrário como valor, um programa JavaScript ou uma página Web de um servidor pode empregar o código exportado por outros servidores Web. Muitos anúncios na Internet contam com isso.

Módulos

A Seção 10.3 documenta os módulos de JavaScript e aborda suas diretivas `import` e `export`. Se você já escreveu seu programa JavaScript usando módulos (e não usou um empacotador de código para combinar todos os seus módulos em um único arquivo não modular de JavaScript), então precisa carregar o módulo de nível superior do seu programa com uma *tag* `<script>` que possui um atributo `type="module"`. Se fizer isso, o módulo que você especificar será carregado, depois todos os módulos que ele importa serão carregados e (recursivamente) todos os módulos que eles importam serão carregados. Para detalhes completos, consulte a Seção 10.3.5.

Especificando o tipo de script

Nos primórdios da Web, acreditava-se que um dia os navegadores poderiam implementar outras linguagens além de JavaScript, e os programadores adicionaram atributos como `language="javascript"` e `type="application/javascript"` às suas *tags* `<script>`. Isso é completamente desnecessário. JavaScript é a linguagem padrão (e a única) da Web. O atributo `language` foi desaprovado, e há apenas dois motivos para usar um atributo `type` em uma *tag* `<script>`:

- Para especificar que o *script* é um módulo
- Para incorporar dados a uma página Web sem exibi-los (consulte a Seção 15.3.4)

Quando scripts são executados: async e deferred

Quando JavaScript foi adicionada pela primeira vez aos navegadores Web, não havia qualquer API para percorrer e manipular a estrutura e o conteúdo de um documento já renderizado. A única maneira pela qual o código JavaScript podia afetar o conteúdo de um documento era gerando esse conteúdo dinamicamente, enquanto o documento estava sendo carregado. Isso era feito usando-se o método `document.write()` para injetar texto HTML no documento no local do *script*.

O uso de `document.write()` não é mais considerado um bom estilo, mas o fato de que ainda é possível significa que, quando o analisador de HTML encontra um elemento `<script>`, ele deve, por padrão, executar o *script* antes de retomar a análise e renderizar o documento, o que pode desacelerar radicalmente a análise e renderização da página Web.

Felizmente, essa execução de *script síncrona* ou com *bloqueio* não é a única opção. A *tag* `<script>` pode ter atributos `defer` e `async`, que fazem os *scripts* serem executados de forma diferente. Esses atributos são booleanos – eles não têm um valor; apenas precisam estar presentes na *tag* `<script>`. Observe que esses atributos só têm significado quando usados em conjunto com o atributo `src`:

```
<script defer src="deferred.js"></script>
<script async src="async.js"></script>
```

Os atributos `defer` e `async` são maneiras de dizer ao navegador que o *script* vinculado não usa `document.write()` para gerar saída em HTML e que, portanto, o navegador pode continuar a analisar e representar o documento enquanto baixa o *script*. O atributo `defer` faz o navegador adiar a execução do *script* até depois que o documento tenha sido carregado e analisado e estiver pronto para ser manipulado. O atributo `async` faz o navegador executar o *script* assim que possível, mas não bloqueia a análise do documento enquanto o *script* está sendo baixado. Se uma *tag* `<script>` tiver os dois atributos, o atributo `async` tem precedência.

Note que os *scripts* adiados são executados na ordem em que aparecem no documento. Os *scripts* assíncronos são executados enquanto carregam, ou seja, podem ser executados fora da ordem.

Scripts com o atributo `type="module"` são, por padrão, executados após o documento ter sido carregado, como se tivessem um atributo `defer`. É possível anular esse padrão com o atributo `async`, que faz o código ser executado assim que o módulo e todas as suas dependências foram carregados.

Uma alternativa simples aos atributos `async` e `defer`, sobretudo para código incluído diretamente no HTML, é simplesmente colocar seus *scripts* no final do arquivo HTML. Dessa maneira, o *script* pode ser executado sabendo o conteúdo do documento antes de ser analisado e estar pronto para ser manipulado.

Carregando scripts sob demanda

Às vezes, você pode ter código JavaScript que não é usado quando o documento é carregado inicialmente e só é necessário quando o usuário realiza alguma ação, como clicar em um botão ou abrir um *menu*. Se você estiver usando módulos no desenvolvimento do seu código, é possível carregar um módulo sob demanda com `import()`, como descrito na Seção 10.3.6.

Se não estiver usando módulos, para carregar um arquivo de JavaScript sob demanda, simplesmente adicione uma *tag* `<script>` ao seu documento quando quiser que o *script* seja carregado:

```
// Carrega e executa um script de forma assíncrona a partir de um URL especificado
// Retorna uma Promise que é resolvida quando o script carrega.
function importScript(url) {
    return new Promise((resolve, reject) => {
        let s = document.createElement("script");   // Cria um elemento <script>
        s.onload = () => { resolve(); };            // Resolve Promise quando carregado
        s.onerror = (e) => { reject(e); };          // Rejeita em caso de falha
        s.src = url;                                // Configura o URL do script
        document.head.append(s);                    // Adiciona <script> no documento
    });
}
```

A função `importScript()` utiliza APIs DOM (Seção 15.3) para criar uma nova *tag* `<script>` e adicioná-la no `<head>` do documento. E ela usa rotinas de tratamento de evento (Seção 15.2) para determinar quando o *script* foi carregado com sucesso ou quando o carregamento falhou.

15.1.2 O Modelo de Documento por Objetos

Um dos objetos mais importantes na programação JavaScript do lado do cliente é o objeto Document, que representa o documento HTML exibido na janela ou guia do navegador. A API para trabalhar com documentos HTML é conhecida pelo nome Modelo de Documento por Objetos (DOM, do inglês Document Object Model), abordada em detalhes na Seção 15.3. Mas o DOM é tão fundamental para a programação JavaScript do lado do cliente que merece ser apresentado aqui.

Os documentos HTML contêm elementos HTML aninhados uns dentro dos outros, formando uma árvore. Considere o seguinte documento HTML simples:

```
<html>
  <head>
    <title>Sample Document</title>
  </head>
  <body>
    <h1>An HTML Document</h1>
    <p>This is a <i>simple</i> document.
  </body>
</html>
```

A *tag* de nível superior `<html>` contém *tags* `<head>` e `<body>`. A *tag* `<head>` contém uma *tag* `<title>`. E a *tag* `<body>` contém *tags* `<h1>` e `<p>`. As *tags* `<title>` e `<h1>` contêm *strings* de texto e a *tag* `<p>` contém duas *strings* de texto com uma *tag* `<i>` entre elas.

A API do DOM reflete a estrutura em árvore de um documento HTML. Para cada *tag* HTML no documento, há um objeto Element de JavaScript correspondente, e para cada bloco de texto no documento, há um objeto Text correspondente. As classes Element e

Text, assim como a classe Document em si, são subclasses da classe Node mais geral, e objetos Node são organizados em uma estrutura de árvore que JavaScript consegue consultar e percorrer usando a API do DOM. A representação DOM desse documento é a árvore que aparece na Figura 15-1.

Se você ainda não conhece as estruturas em árvore da programação de computadores, é útil saber que elas tomam emprestada a terminologia das árvores genealógicas. O nó imediatamente acima de outro é o *pai* desse nó. Os nós um nível imediatamente abaixo de outro nó são os *filhos* desse nó. Os nós no mesmo nível e com o mesmo pai são *irmãos*. O conjunto de nós a qualquer número de níveis abaixo de outro nó são os *descendentes* desse nó. E o pai, avô e todos os outros nós acima de um nó são os *ascendentes* desse nó.

A API do DOM inclui métodos para criar novos nós Element e Text e para inseri-los no documento como filhos de outros objetos Element. Também há métodos para mover elementos dentro do documento e para removê-los completamente. O aplicativo do lado do servidor pode escrever *strings* com `console.log()` e assim produzir uma saída em texto puro enquanto o aplicativo JavaScript do lado do cliente pode produzir saída HTML formatada ao construir ou manipular a árvore do documento usando a API do DOM.

Há uma classe de JavaScript que corresponde a cada tipo de *tag* HTML, e cada ocorrência da *tag* em um documento é representada por uma instância da classe. A *tag* `<body>`, por exemplo, é representada por uma instância de HTMLBodyElement, uma *tag* `<table>` é representada por uma instância de HTMLTableElement. Os objetos de elementos JavaScript têm propriedades que correspondem aos atributos

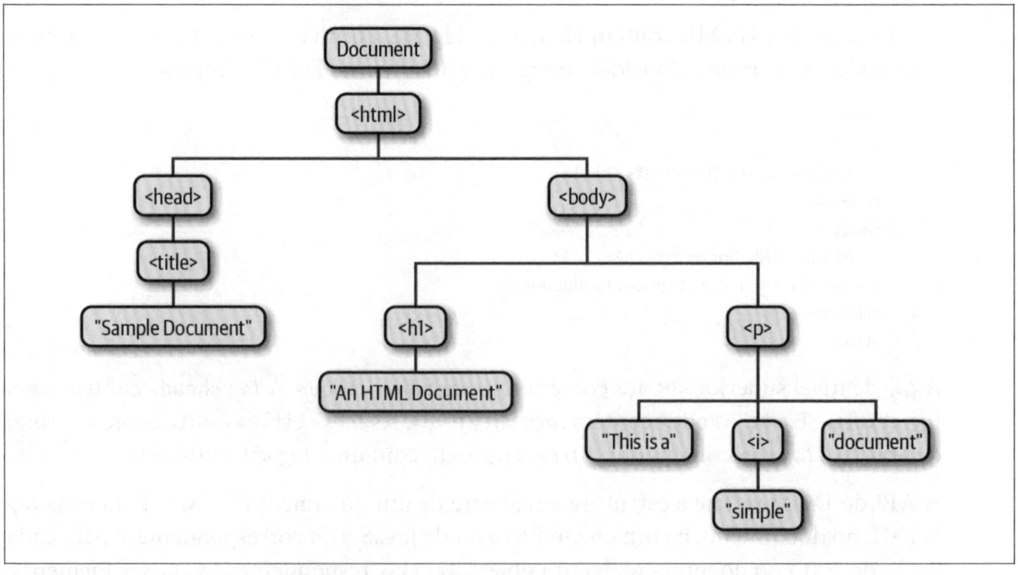

FIGURA 15-1 A representação em árvore de um documento HTML.

HTML das *tags*. Por exemplo, instâncias de HTMLImageElement, que representam *tags* `<img>`, têm uma propriedade `src` que corresponde ao atributo `src` da *tag*. O valor inicial da propriedade `src` é o valor do atributo que aparece na *tag* HTML, e configurar essa propriedade com JavaScript altera o valor do atributo HTML (e faz o navegador carregar e exibir uma nova imagem). A maior parte das classes de elemento de JavaScript simplesmente reflete os atributos de uma *tag* HTML, mas algumas definem métodos adicionais. As classes HTMLAudioElement e HTMLVideoElement, por exemplo, definem métodos como `play()` e `pause()` para controlar a reprodução de arquivos de áudio e de vídeo.

15.1.3 O objeto global em navegadores Web

Há um objeto global por janela ou guia do navegador (Seção 3.7). Todo código JavaScript (com exceção do código executado em *threads* de trabalho; consulte a Seção 15.13) executado nessa janela compartilha desse único objeto global. Não importa quantos *scripts* ou módulos o documento contenha, todos eles têm um único objeto global; se um *script* define uma propriedade nesse objeto, esta também está visível para todos os outros *scripts*.

O objeto global é onde a biblioteca padrão de JavaScript é definida – a função `parseInt()`, o objeto Math, a classe Set e assim por diante. Nos navegadores Web, o objeto global também contém os principais pontos de entrada das diversas APIs da Web. Por exemplo, a propriedade `document` representa o documento exibido no momento, o método `fetch()` faz pedidos de rede HTTP e a construtora `Audio()` permite que programas JavaScript reproduzam sons.

Nos navegadores Web, o objeto global tem um segundo propósito: além de definir funções e tipos internos, ele também representa a janela corrente do navegador Web e define propriedades como `history` (Seção 15.10.2), que representa o histórico de navegação da janela, e `innerWidth`, que contém a largura da janela em pixels. Uma das propriedades desse objeto global se chama `window`, e seu valor é o objeto global em si. Isso significa que você pode simplesmente digitar `window` para se referir ao objeto global no código do lado do cliente. Quando usa recursos específicos à janela, muitas vezes é uma boa ideia incluir `window.` prefix: `window.innerWidth` é mais claro do que `innerWidth`, por exemplo.

15.1.4 Scripts compartilham um espaço de nomes

Com módulos, as constantes, variáveis, funções e classes definidas no nível superior (ou seja, fora de qualquer definição de classe ou de função) do módulo são privadas para o módulo a menos que explicitamente exportadas. Nesse caso, elas podem ser importadas seletivamente por outros módulos (observe que essa propriedade dos módulos também é honrada por empacotadores de código).

Com *scripts* que não são módulos, entretanto, a situação é completamente diferente. Se o código de nível superior em um *script* define uma constante, variável, função ou classe, a declaração fica visível para todos os outros *scripts* no mesmo documento. Se um *script* define uma função `f()` e outro *script* define uma classe `c`, um terceiro *script* pode chamar a função e instanciar a classe sem ter que realizar nenhuma ação para importá-la. Assim, se você não usa módulos, os *scripts* independentes no seu documento compartilham um único espaço de nomes, mas a necessidade de evitar conflitos de nomenclatura pode se tornar problemática para programas maiores, especialmente quando alguns dos *scripts* são bibliotecas de terceiros.

Há algumas peculiaridades históricas no modo como esse espaço de nomes compartilhado funciona. As declarações de `var` e `function` no nível superior criam propriedades no objeto global compartilhado. Se um *script* define uma função de nível superior `f()`, outro *script* no mesmo documento pode chamar a função como `f()` ou como `window.f()`. Por outro lado, as declarações da ES6 `const`, `let` e `class`, quando usadas no nível superior, não criam propriedades no objeto global. Elas ainda são definidas em um espaço de nomes compartilhado, entretanto: se um *script* define uma classe `C`, outros *scripts* conseguem criar instâncias dessa classe com `new C()`, mas não com `new window.C()`.

Em resumo: nos módulos, o escopo das declarações de nível superior se restringe aos módulos, e elas podem ser exportadas explicitamente. Em *scripts* que não são módulos, entretanto, o escopo das declarações de nível superior é o documento que as contém, e elas são compartilhadas por todos os *scripts* no documento. As declarações `var` e `function` mais antigas são compartilhadas por propriedades do objeto global. As declarações `const`, `let` e `class` mais antigas também são compartilhadas e têm o mesmo escopo do documento, mas não existem como propriedades de qualquer objeto ao qual o código JavaScript tem acesso.

15.1.5 Execução de programas JavaScript

Não existe uma definição formal de *programa* em JavaScript do lado do cliente, mas podemos dizer que um programa JavaScript consiste em todo o código JavaScript contido em um documento ou para o qual há uma referência em um documento. Esses blocos de código compartilham um único objeto Window global que lhes dá acesso ao mesmo objeto Document subjacente que representa o documento HTML. Os *scripts* que não são módulos também compartilham de um espaço de nomes de nível superior.

Se uma página Web contém um quadro incorporado (usando o elemento `<iframe>`), o código JavaScript no documento incorporado tem um objeto global diferente do código do documento que está incorporando e pode ser considerado um programa JavaScript separado. Lembre-se, contudo, de que não existe definição formal de quais são os limites de um programa JavaScript. Se o documento contêiner e o documento contido estão no mesmo servidor, o código de um pode interagir com o do outro, e, se quiser, você pode tratá-los como duas partes interativas de um único programa. A Seção 15.13.6 explica como um programa JavaScript pode enviar e receber mensagens de e para código JavaScript executado em um `<iframe>`.

Você pode pensar que a execução de programas JavaScript ocorre em duas fases. Na primeira fase, o conteúdo do documento é carregado, e o código dos elementos `<script>`

(tanto *scripts* em linha como *scripts* externos) é executado. Os *scripts* geralmente são executados na ordem em que aparecem no documento, embora esse padrão possa ser modificado pelos atributos `async` e `defer` que descrevemos anteriormente. O código JavaScript dentro de qualquer *script* é executado de cima para baixo, na ordem em que aparece, sujeito, é claro, às condicionais, aos laços e a outras instruções de controle de JavaScript. Alguns *scripts* não *fazem* nada durante a primeira fase, apenas definem funções e classes que serão usadas na segunda. Outros podem realizar um trabalho significativo durante a primeira fase e, na segunda, não fazer nada. Imagine um *script* bem no fim do documento que encontra todas as *tags* `<h1>` e `<h2>` do documento e modifica-o com a geração e inserção de um sumário no início do documento. Tudo isso ocorreria durante a primeira fase (para um exemplo que faz exatamente isso, consulte a Seção 15.3.6.).

Uma vez que o documento seja carregado e todos os *scripts* sejam executados, a execução de JavaScript entra em sua segunda fase. Esta é assíncrona e dirigida por eventos. Para que um *script* participe dessa segunda fase, uma das coisas que devem ser feitas durante a primeira é registrar ao menos uma rotina de tratamento ou outra função *callback* que possa ser chamada assincronamente. Durante essa segunda fase dirigida por eventos, o navegador Web chama funções de tratamento de evento e outras *callbacks* em resposta aos eventos que ocorrem de forma assíncrona. As rotinas de tratamento de evento são mais comumente chamadas em resposta à entrada do usuário (cliques de *mouse*, pressionamentos de tecla etc.), mas também podem ser disparadas por atividade da rede, carregamento de recursos ou documentos, tempo decorrido ou erros no código JavaScript. Os eventos e as rotinas de tratamento de evento estão descritos em detalhes na Seção 15.2.

Alguns dos primeiros eventos que ocorrem durante a fase dirigida por eventos são "DOMContentLoaded" e "load". "DOMContentLoaded" é disparado quando o documento HTML for completamente carregado e analisado. O evento "load" é disparado quando todos os recursos externos do documento, como as imagens, também forem totalmente carregados. Os programas JavaScript frequentemente usam esse evento como gatilho ou sinal de partida. É comum ver programas cujos *scripts* definem funções, mas nada fazem além de definir uma função de tratamento de evento para ser disparada pelo evento "load" no início da fase dirigida por eventos da execução. É essa rotina de tratamento "load" que manipula o documento e faz o que quer que seja que o programa deveria fazer. Observe que é comum, na programação JavaScript, que uma função de tratamento de evento como a função de "load" descrita aqui registre outras rotinas de tratamento.

A fase de carregamento de um programa JavaScript é relativamente breve: o ideal é que dure menos de um segundo. Uma vez carregado o documento, a fase dirigida por eventos dura enquanto o documento for exibido pelo navegador Web. Como essa fase é assíncrona e dirigida por eventos, pode haver longos períodos de inatividade, quando nenhum código JavaScript é executado, pontuados por picos de atividades disparadas pelo usuário ou por eventos da rede. Abordaremos essas duas fases com mais detalhes a seguir.

Modelo de threading de JavaScript do lado do cliente

JavaScript é uma linguagem de *thread* única, e a execução com *thread* única contribui para *scripts* muito mais simples: pode-se escrever código com a certeza de que duas rotinas de tratamento de evento nunca serão executadas ao mesmo tempo. Você pode manipular conteúdo de documentos sabendo que nenhuma outra *thread* está tentando modificá-lo ao mesmo tempo e nunca precisa se preocupar com bloqueios, impasses ou condições de disputa ao escrever código JavaScript.

A execução com *thread* única significa que os navegadores Web devem parar de responder à entrada do usuário enquanto *scripts* e rotinas de tratamento de evento estão em execução. Isso sobrecarrega os programadores JavaScript, pois significa que os *scripts* e as rotinas de tratamento de evento de JavaScript não devem executar por muito tempo. Se um *script* executar uma tarefa que usa muito poder de computação, vai introduzir um atraso no carregamento de documentos e o usuário não verá o conteúdo de documentos até que o *script* termine. Se uma rotina de tratamento de evento executar uma tarefa que usa muito poder de computação, o navegador poderá parar de responder, possivelmente fazendo o usuário pensar que ele sofreu uma pane.

A plataforma Web define uma forma controlada de concomitância, denominada "Web *worker*". Um Web *worker* é uma *thread* de segundo plano para executar tarefas que usam muito poder computacional sem congelar a interface com o usuário. O código executado em uma *thread* Web *worker* não tem acesso ao conteúdo do documento, não compartilha nenhum estado com a *thread* principal ou com outros *workers* e só pode se comunicar com a *thread* principal e com outros *workers* por meio de eventos assíncronos, de modo que a concomitância não pode ser detectada pela *thread* principal e os Web *workers* não alteram o modelo básico de execução com *thread* única dos programas JavaScript. Consulte a Seção 15.13 para ver detalhes sobre o mecanismo de *thread* seguro da Web.

Linha do tempo de JavaScript do lado do cliente

Já vimos que os programas JavaScript começam em uma fase de execução de *script* e depois passam para uma fase de tratamento de eventos. As duas fases podem ser subdivididas nos seguintes passos:

1. O navegador Web cria um objeto Document e começa a analisar a página Web, adicionando nós de objetos Element e Text ao documento, à medida que analisa os elementos HTML e seu conteúdo textual. A propriedade `document.readyState` tem o valor "*loading*" nesse estágio.

2. Quando o analisador de HTML encontra uma *tag* `<script>` que não tem os atributos `async`, `defer` ou `type="module"`, ele adiciona uma *tag* de *script* ao documento e, em seguida, executa o *script*. O *script* é executado de forma síncrona, e o analisador faz uma pausa enquanto o *script* é baixado (se necessário) e executado. Scripts como esses podem usar `document.write()` para inserir texto no fluxo de entrada.

Esse texto vai se tornar parte do documento quando o analisador reiniciar. Muitas vezes, os *scripts* síncronos simplesmente definem funções e registram rotinas de tratamento de evento para uso posterior, mas podem percorrer e manipular a árvore de documentos conforme ela existe ao serem executados. Isto é, os *scripts* que não são modulares e não têm um atributo `async` ou `defer` podem ver seus próprios elementos `<script>` e o conteúdo de documentos que venham antes deles.

3. Quando o analisador encontra um elemento `<script>` que tem o atributo `async` configurado, começa a baixar o texto do *script* (e se o *script* é um módulo, também baixa recursivamente todas as dependências do *script*) e continua a analisar o documento. O *script* será executado assim que possível, depois de baixado, mas o analisador não para e espera o *download*. Os *scripts* assíncronos não devem usar o método `document.write()`. Eles podem ver seus próprios elementos `<script>` e todos os elementos de documento que venham antes deles, podendo ou não ter acesso a conteúdo de documento adicional.

4. Quando o documento é completamente analisado, a propriedade `document.readyState` muda para "*interactive*".

5. Qualquer *script* que tiver o atributo `defer` configurado (junto com qualquer *script* modular que não tenha um atributo `async`) é executado, na ordem em que aparece no documento. Os *scripts* assíncronos também podem ser executados nesse momento. Os *scripts* adiados têm acesso ao documento completo e não devem usar o método `document.write()`.

6. O navegador dispara um evento "DOMContentLoaded" no objeto Document. Isso faz a transição da fase de execução de *script* síncrono para a fase assíncrona da execução do programa dirigida por eventos. Note, entretanto, que neste momento ainda pode haver *scripts* `async` que não foram executados.

7. Neste ponto, o documento está completamente analisado, mas o navegador ainda pode estar esperando o carregamento de conteúdo adicional, como imagens. Quando o carregamento de todo o conteúdo termina e quando todos os *scripts* `async` tiverem sido carregados e executados, a propriedade `document.readyState` muda para "complete" e o navegador Web dispara um evento de carga ("load") no objeto Window.

8. Daí em diante, as rotinas de tratamento de evento são chamadas de forma assíncrona, em resposta a eventos de entrada do usuário, eventos de rede, expirações de cronômetro etc.

15.1.6 Entrada e saída do programa

Como qualquer outro programa, os programas JavaScript do lado do cliente processam dados de entrada para produzir dados de saída. Há diversos tipos de entrada disponíveis:

- O conteúdo do documento em si, que o código JavaScript pode acessar com a API do DOM (Seção 15.3).
- Entrada do usuário, na forma de eventos, como cliques do *mouse* (ou toques na tela *touchscreen*) em elementos HTML `<button>` ou texto inserido em elementos HTML `<textarea>`, por exemplo. A Seção 15.2 demonstra como programas JavaScript podem responder a eventos do usuário como esses.
- O URL do documento exibido está disponível para JavaScript do lado do cliente como `document.URL`. Se você passa essa *string* para a construtora `URL()` (Seção 11.9), é fácil acessar as seções de caminho, consulta e fragmento do URL.
- O conteúdo do cabeçalho de requisição HTTP "Cookie" está disponível para o código do lado do cliente como `document.cookie`. Os *cookies* normalmente são usados pelo código do lado do servidor para manter sessões do usuário, mas o código do lado do cliente também pode lê-los (e gravá-los) se necessário. Consulte a Seção 15.12.2 para mais detalhes.
- A propriedade global `navigator` fornece acesso a informações sobre o navegador Web, o sistema operacional no qual opera e as capacidades de cada um. Por exemplo, `navigator.userAgent` é uma *string* que identifica o navegador Web, `navigator.language` é o idioma padrão do usuário e `navigator.hardwareConcurrency` retorna o número de processadores lógicos disponíveis para o navegador. Da mesma forma, a propriedade global `screen` dá acesso ao tamanho da tela do usuário por meio das propriedades `screen.width` e `screen.height`. Em certo sentido, esses objetos `navigator` e `screen` são para os navegadores Web o que as variáveis de ambiente são para os programas Node.

O JavaScript do lado do cliente normalmente produz saídas, quando precisa, pela manipulação do documento HTML com a API do DOM (Seção 15.3) ou usando um *framework* de nível mais alto, como React ou Angular, para manipular o documento. O código do lado do cliente também usa `console.log()` e métodos relacionados (Seção 11.8) para produzir saídas. Mas essa saída só está visível na *console* do desenvolvedor Web, então é útil para a depuração, mas não para saídas visíveis para o usuário.

15.1.7 Erros de programa

Ao contrário de aplicativos (como aplicativos Node) executados diretamente no sistema operacional, programas JavaScript em um navegador Web não podem "dar pau", não de verdade. Se ocorre uma exceção enquanto seu programa JavaScript está em execução, e se você não tem uma instrução `catch` para tratá-la, uma mensagem de erro é exibida na *console* do desenvolvedor, mas qualquer rotina de tratamento de evento que foi registrada continua a ser executada e a responder a eventos.

Se você quiser definir uma rotina de tratamento de erro de último recurso para ser chamada quando esse tipo de exceção não capturada ocorre, configure a propriedade `onerror` do objeto Window para uma função de tratamento de erro. Quando uma exceção não capturada se propaga até o alto da pilha de chamadas e uma mensagem de erro vai ser exibida na *console* do desenvolvedor, a função `window.onerror` é chamada com três argumentos de *strings*. O primeiro argumento de `window.onerror` é uma mensagem descrevendo o erro. O segundo argumento é uma *string* contendo o URL do código JavaScript que causou o erro. O terceiro argumento é o número da linha dentro do documento onde o erro ocorreu. Se a rotina de tratamento `onerror` retorna `true`, isso diz ao navegador que a rotina de tratamento tratou do erro e que mais nenhuma ação é necessária – em outras palavras, o navegador não deve exibir sua própria mensagem de erro.

Quando uma Promise é rejeitada e não há uma função `.catch()` para tratá-la, a situação se assemelha a uma exceção não tratada: um erro inesperado ou um erro de lógica no seu programa. Para detectá-la, você pode definir uma função `window.onunhandledrejection` ou usar `window.addEventListener()` para registrar uma rotina de tratamento para eventos "unhandledrejection". O objeto de evento passado para essa rotina de tratamento terá uma propriedade `promise` cujo valor é o objeto Promise que foi rejeitado e uma propriedade `reason` cujo valor é o que teria sido passado para uma função `.catch()`. Assim como as rotinas de tratamento de erro descritas anteriormente, se você chama `preventDefault()` no objeto de evento de rejeição não tratado, este será considerado tratado e não causará uma mensagem de erro na *console* do desenvolvedor.

Muitas vezes não é necessário definir rotinas de tratamento `onerror` ou `onunhandledrejection`, mas pode ser útil como um mecanismo de telemetria se você quiser informar erros do lado do cliente para o servidor (usando a função `fetch()` para fazer uma requisição HTTP POST, por exemplo) a fim de que possa obter informações sobre erros inesperados que acontecem nos navegadores dos seus usuários.

15.1.8 O modelo de segurança da Web

O fato de as páginas Web poderem executar código JavaScript arbitrário no seu dispositivo pessoal tem claras implicações na segurança, sendo que os fornecedores de navegadores têm trabalhado bastante para equilibrar dois objetivos conflitantes:

- Definir APIs poderosas do lado do cliente para possibilitar aplicativos Web úteis.
- Impedir que código mal-intencionado leia ou altere seus dados, comprometendo a privacidade, cometendo fraudes ou desperdiçando seu tempo.

As subseções a seguir apresentam um resumo das restrições e dos problemas de segurança que você, como programador JavaScript, precisa conhecer.

O que JavaScript não pode fazer

A primeira linha de defesa dos navegadores Web contra código mal-intencionado é simplesmente não aceitarem certos recursos. Por exemplo, JavaScript do lado do cliente não fornece maneiras de gravar ou excluir arquivos arbitrários ou listar diretórios arbitrários no computador cliente. Isso significa que um programa JavaScript não pode excluir dados nem disseminar vírus.

Da mesma forma, JavaScript do lado do cliente não tem qualquer recurso de conexão em rede de uso geral. Um programa JavaScript do lado do cliente pode fazer *script* do protocolo HTTP (Seção 15.11.1). E outro padrão, conhecido como WebSockets (Seção 15.11.3), define uma API do tipo soquete para comunicação com servidores especializados. Mas nenhuma dessas APIs permite acesso sem intermediários à rede mais ampla. Os clientes e servidores de Internet de uso geral não podem ser escritos em JavaScript do lado do cliente.

A política da mesma origem

A *política da mesma origem* é uma restrição de segurança abrangente que determina com quais conteúdos da Web o código JavaScript pode interagir. Normalmente, ela entra em ação quando uma página Web inclui elementos `<iframe>`. Nesse caso, a política da mesma origem governa as interações do código JavaScript em uma janela ou um quadro com o conteúdo de outras janelas e quadros. Especificamente, um *script* só pode ler as propriedades de janelas e documentos que tenham a mesma origem do documento que contém o *script*.

A origem de um documento é definida como o protocolo, hospedeiro (ou *host*) e porta do URL a partir dos quais o documento foi carregado. Documentos carregados de diferentes servidores Web têm origens diferentes. Documentos carregados por meio de portas diferentes do mesmo hospedeiro têm origens diferentes. E um documento carregado com o protocolo `http:` tem uma origem diferente de um carregado com o protocolo `https:`, mesmo sendo provenientes do mesmo servidor Web. Os navegadores normalmente tratam todos os URL `file:` como sendo de origem separada, o que significa que, se você está trabalhando com um programa que exibe mais de um documento do mesmo servidor, pode não ser possível testá-lo localmente usando URLs `file:` e será preciso estabelecer um servidor Web estático durante o desenvolvimento.

É importante entender que a origem do *script* em si é irrelevante para a política da mesma origem: o que importa é a origem do documento no qual o *script* está incorporado. Suponha, por exemplo, que um *script* hospedado pelo *host* A seja incluído (usando-se a propriedade `src` de um elemento `<script>`) em uma página Web servida pelo *host* B. A origem desse *script* é o *host* B, e o *script* tem total acesso ao conteúdo do documento que o contém. Se o documento contém um `<iframe>` que contém um segundo documento do *host* B, o *script* também tem total acesso ao conteúdo desse segundo documento. Mas se o documento de nível superior contém outro `<iframe>` que exibe um documento do *host* C (ou mesmo do *host* A) nele, a política da mesma origem entra em vigor e impede que o *script* acesse esse documento aninhado.

A política da mesma origem também se aplica a pedidos HTTP em *script* (consulte a Seção 15.11.1). O código JavaScript pode fazer pedidos HTTP arbitrários ao servidor Web do qual o documento que o contém foi carregado, mas não permite que *scripts* se comuniquem com outros servidores Web (a menos que esses servidores Web optem proativamente usando CORS, como descreveremos a seguir).

A política da mesma origem causa problemas para *sites* grandes que utilizam vários subdomínios. Por exemplo, *scripts* com a origem *orders.example.com* podem precisar ler as propriedades de documentos em *example.com*. Para suportar *sites* de vários domínios desse tipo, os *scripts* podem alterar sua origem pela configuração de `document.domain` com um sufixo de domínio. Assim, um *script* com a origem *https://orders.example.com* pode mudar sua origem para *https://example.com* pela configuração de `document.domain` para "example.com." Contudo, esse *script* não pode configurar `document.domain` para "orders.example", "ample.com" ou "com".

A segunda técnica para abrandar a política da mesma origem é o Cross-Origin Resource Sharing, ou CORS, que permite que servidores decidam quais origens estão dispostos a atender. O CORS estende a HTTP com um novo cabeçalho de pedido `Origin:` e um novo cabeçalho de resposta `Access-Control-Allow-Origin`. Isso permite que os servidores utilizem um cabeçalho para listar explicitamente as origens que podem solicitar um arquivo ou usar um curinga e permitir que um arquivo seja solicitado por qualquer *site*. Os navegadores respeitam esses cabeçalhos CORS e não relaxam as restrições de mesma origem a menos que eles estejam presentes.

Cross-site scripting

Cross-site scripting (ou XSS) é um termo para uma categoria de problemas de segurança nos quais um invasor injeta *tags* HTML ou *scripts* em um *site*. Os programadores JavaScript do lado do cliente devem conhecer e se defender do *cross-site scripting*.

Uma página Web é vulnerável ao *cross-site scripting* se gera conteúdo de documento dinamicamente e baseia esse conteúdo em dados enviados pelo usuário sem primeiro "desinfetá-los", removendo deles quaisquer *tags* HTML incorporadas. Como um exemplo simples, considere a página Web a seguir, que usa JavaScript para saudar o usuário pelo nome:

```
<script>
let name = new URL(document.URL).searchParams.get("name");
document.querySelector('h1').innerHTML = "Hello " + name;
</script>
```

Esse *script* de duas linhas extrai entradas do parâmetro de consulta "name" do URL do documento e então usa a API do DOM para injetar uma *string* de HTML na primeira *tag* `<h1>` do documento. Essa página é destinada a ser chamada com um URL como o seguinte:

```
http://www.example.com/greet.html?name=David
```

Quando usada dessa forma, ela exibe o texto "Hello David". Mas considere o que acontece quando ela é chamada com o seguinte parâmetro de consulta:

```
name=%3Cimg%20src=%22x.png%22%20onload=%22alert(%27hacked%27)%22/%3E
```

Quando os parâmetros com escapes de URL são decodificados, esse URL faz com que o seguinte HTML seja injetado no documento:

```
Hello <img src="x.png" onload="alert('hacked')"/>
```

Depois que a imagem é carregada, a *string* de JavaScript no atributo `onload` é executada. A função global `alert()` exibe uma caixa de diálogo modal. Uma única caixa de diálogo é relativamente benigna, mas demonstra que a execução de código arbitrário é possível no *site*, pois ele exibe HTML não desinfectado.

Os ataques de *cross-site scripting* são assim chamados porque mais de um *site* está envolvido. O *site* B inclui um link feito especialmente (como o do exemplo anterior) para o *site* A. Se o *site* B consegue convencer os usuários a clicarem no link, estes podem ser levados ao *site* A, mas este agora executa código do *site* B. Esse código poderia desconfigurar a página ou fazê-la deixar de funcionar. Mais perigosamente, o *script* mal-intencionado pode ler *cookies* armazenados pelo *site* A (talvez números de conta ou outras informações de identificação pessoal) e enviar esses dados para o *site* B. O código injetado pode até monitorar os toques de tecla do usuário e enviar esses dados para o *site* B.

Em geral, o modo de evitar ataques de XSS é remover as *tags* HTML de qualquer dado não confiável antes de usá-lo para criar conteúdo de documento dinâmico. O arquivo *greet.html* mostrado anteriormente pode ser corrigido pela substituição dos caracteres HTML especiais na *string* de entrada não confiável pelas suas entidades HTML equivalentes:

```
name = name
.replace(/&/g, "&amp;")
.replace(/</g, "&lt;")
.replace(/>/g, "&gt;")
.replace(/"/g, "&quot;")
.replace(/'/g, "&#x27;")
.replace(/\//g, "&#x2F;")
```

Outra abordagem ao problema do XSS é estruturar seus aplicativos Web de modo que o conteúdo não confiável sempre seja exibido em um `<iframe>` com o atributo `sandbox` configurado para desabilitar *scripts* e outras capacidades.

O *cross-site scripting* é uma vulnerabilidade nociva e sutil cujas raízes são profundas na arquitetura da Web. Vale a pena entender bem essa vulnerabilidade, mas uma discussão detalhada está além do escopo deste livro. Existem muitos recursos *on-line* para ajudá-lo a se defender do *cross-site scripting*.

15.2 Eventos

Os programas JavaScript do lado do cliente usam um modelo de programação dirigido por eventos assíncronos. Nesse estilo de programação, o navegador Web gera um *evento* onde acontece algo interessante no documento, no navegador ou em algum elemento ou objeto associado a ele. Por exemplo, o navegador Web gera um evento quando termina de carregar um documento, quando o usuário coloca o cursor do *mouse* sobre um *hiperlink* ou quando pressiona uma tecla no teclado. Se um aplicativo JavaScript se interessa por um tipo de evento em especial, pode registrar uma ou mais funções para serem chamadas quando ocorrerem eventos desse tipo. Note que isso não é exclusividade da programação para Web: todos os aplicativos com interfaces gráficas com o usuário são projetados dessa maneira – não fazem nada até que algo aconteça (i.e., esperam que eventos ocorram) e, então, respondem.

Em JavaScript do lado do cliente, podem ocorrer eventos em qualquer elemento dentro de um documento HTML, e este fato faz o modelo de evento dos navegadores Web ser significativamente mais complexo do que o modelo de evento do Node. Começamos esta seção com algumas definições importantes que ajudam a explicar esse modelo de evento:

Tipo de evento

O tipo de evento é uma *string* que especifica o evento ocorrido. O tipo "*mousemove*", por exemplo, significa que o usuário moveu o *mouse*. O tipo "*keydown*" significa que uma tecla foi pressionada no teclado. E o tipo "*load*" significa que um documento (ou algum outro recurso) acabou de ser carregado da rede. Como o tipo de um evento é apenas uma *string*, às vezes ele é chamado de *nome do evento* e, de fato, usamos esse nome para identificar o tipo de evento específico sobre o qual estamos falando.

Alvo do evento

O alvo do evento é o objeto no qual o evento ocorreu ou ao qual o evento está associado. Quando falamos de um evento devemos especificar tanto o tipo como o alvo. Um evento *load* em um objeto Window, por exemplo, ou um evento *click* em um objeto Element `<button>`. Os objetos Window, Document e Element são os alvos de evento mais comuns nos aplicativos JavaScript do lado do cliente, mas alguns eventos são disparados em outros tipos de objetos. Por exemplo, um objeto Worker (um tipo de *thread*, abordado na Seção 15.13) é um alvo para eventos "*message*" que ocorrem quando a *thread worker* envia uma mensagem para a *thread* principal.

Manipulador de evento ou ouvinte de evento

Esta função manipula ou responde a um evento[2]. Os aplicativos registram suas funções de tratamento de evento no navegador Web, especificando um tipo e um alvo de evento. Quando ocorre um evento do tipo especificado no alvo especificado,

[2] Algumas fontes, incluindo a especificação HTML, fazem uma distinção técnica entre rotinas de tratamento e ouvintes, com base no modo como são registradas. Neste livro, tratamos os dois termos como sinônimos.

o navegador chama a rotina de tratamento. Quando as rotinas de tratamento de evento são chamadas para um objeto, às vezes dizemos que o navegador "ativou", "disparou" ou "despachou" o evento. Há várias maneiras de registrar rotinas de tratamento de evento, e os detalhes do registro e da chamada de rotinas de tratamento estão explicados na Seção 15.2.2 e na Seção 15.2.3.

Objeto evento

Este é o objeto associado a um evento em especial e contém detalhes sobre esse evento. Os objetos evento são passados como argumento para a função de tratamento de evento. Todos os objetos evento têm uma propriedade `type` que especifica o tipo de evento e uma propriedade `target` que especifica o alvo do evento. Cada tipo de evento define um conjunto de propriedades para seu objeto evento associado. O objeto associado a um evento de *mouse* contém as coordenadas do cursor do *mouse*, por exemplo, e o objeto associado a um evento de teclado contém detalhes sobre a tecla que foi pressionada e sobre as teclas modificadoras que foram mantidas pressionadas. Muitos tipos de evento definem apenas algumas propriedades padrão – como `type` e `target` – e não transmitem muitas outras informações úteis. Para esses eventos é a simples ocorrência deles que importa e não os detalhes do evento.

Propagação de eventos

Este é o processo por meio do qual o navegador decide quais objetos disparam rotinas de tratamento de evento. Para eventos específicos de um objeto – como o evento "*load*" no objeto Window ou um evento "*message*" em um objeto Worker – não é exigida propagação alguma. Entretanto, quando certos tipos de eventos ocorrem nos elementos do documento HTML, eles se propagam ou "borbulham" para cima na árvore do documento. Se o usuário coloca o *mouse* sobre um *hiperlink*, o evento *mousemove* é primeiro ativado no elemento `<a>` que define esse link. Em seguida, é ativado nos elementos contêineres: talvez um elemento `<p>`, um elemento `<section>` e o próprio objeto Document. Às vezes é mais conveniente registrar uma única rotina de tratamento de evento em um objeto Document ou em outro elemento contêiner do que registrar rotinas de tratamento em cada elemento individual em que você esteja interessado. Uma rotina de tratamento de evento pode interromper a propagação de um evento para que não continue a borbulhar e não dispare rotinas de tratamento nos elementos contêineres. As rotinas de tratamento fazem isso chamando um método do objeto evento. Em outra forma de propagação de eventos, chamada de *captura de eventos*, as rotinas de tratamento registradas especialmente em elementos contêineres têm a oportunidade de interceptar (ou "capturar") eventos antes que sejam entregues ao seu alvo. A borbulha e a captura de eventos são abordadas em detalhes na Seção 15.2.4.

Alguns eventos têm *ações padrão* associadas. Quando ocorre um evento *click* em um *hiperlink*, por exemplo, a ação padrão é o navegador seguir o link e carregar uma nova página. As rotinas de tratamento de evento podem impedir essa ação padrão chamando um método do objeto evento. Às vezes, isso se chama "cancelar" o evento, o que é abordado na Seção 15.2.5.

15.2.1 Categorias de evento

JavaScript do lado do cliente suporta um número tão grande de tipos de evento que seria impossível abordar todos neste capítulo. Pode ser útil, no entanto, agrupar os eventos em algumas categorias gerais para ilustrar o escopo e a ampla variedade de eventos suportados:

Eventos de entrada dependentes de dispositivo
: São os eventos diretamente ligados a um dispositivo de entrada específico, como o *mouse* ou o teclado. Eles incluem tipos de evento legados, como "*mousedown*", "*mousemove*", "*mouseup*", "*touchstart*", "*touchmove*", "*touchend*", "*keydown*" e "*keyup*."

Eventos de entrada independentes de dispositivo
: São os eventos de entrada que não estão diretamente ligados a um dispositivo de entrada específico. O evento "*click*", por exemplo, indica que um link ou botão (ou outro elemento do documento) foi ativado. Isso é feito frequentemente por meio de um clique de *mouse*, mas também poderia ser feito pelo teclado ou (em dispositivos sensíveis ao toque) pelo gesto. O evento "input" é uma alternativa independente de dispositivo ao evento "*keydown*" e suporta entrada de teclado, assim como alternativas como recortar e colar e métodos de entrada usados para *scripts* ideográficos. Os tipos de evento "*pointerdown*", "*pointermove*" e "*pointerup*" são alternativas independentes de dispositivo a eventos de *mouse* e de toque. Eles funcionam para cursores do tipo *mouse*, telas *touchscreen* e entradas de estilo caneta óptica.

Eventos de interface com o usuário
: Os eventos de interface com o usuário são de nível mais alto, frequentemente em elementos de formulário HTML que definem uma interface com o usuário para um aplicativo Web. Eles incluem o evento "*focus*" (quando um campo de entrada de texto recebe o foco do teclado), o evento "*change*" (quando o usuário altera o valor exibido por um elemento do formulário) e o evento "*submit*" (quando o usuário clica em um botão Submit em um formulário).

Eventos de mudança de estado
: Alguns eventos não são disparados diretamente pela atividade do usuário, mas por atividade da rede ou do navegador, e indicam algum tipo de ciclo de vida ou mudança relacionada a estado. Os eventos "*load*" e "DOMContentLoaded", disparados nos objetos Window e Document, respectivamente, quando o documento está totalmente carregado, provavelmente são os mais usados desses eventos (consulte "Linha do tempo de JavaScript do lado do cliente" na página 420). Os navegadores disparam eventos "on-line" e "off-line" no objeto Window quando a conectividade de rede muda. O mecanismo de gerenciamento de histórico do navegador (Seção 15.10.4) dispara o evento "popstate" em resposta ao botão Back do navegador.

Eventos específicos da API
: Várias APIs para a Web definidas por HTML e especificações relacionadas incluem seus próprios tipos de evento. Os elementos `<video>` e `<audio>` de HTML definem uma longa lista de tipos de evento associados, como "*waiting*", "*playing*", "*seeking*", "*volumechange*" etc., e podem ser usados para customizar a reprodução de mídia.

Em termos gerais, APIs de plataformas Web que são assíncronas e que foram desenvolvidas antes de Promises serem adicionadas a JavaScript são baseadas em eventos e definem eventos específicos à API. A API IndexedDB, por exemplo (Seção 15.12.3), dispara eventos "*success*" e "*error*" quando solicitações de banco de dados dão certo ou dão errado. E embora a nova API `fetch()` (Seção 15.11.1) para fazer pedidos HTTP seja baseada em Promises, a API XMLHttpRequest que ela substitui define diversos tipos de evento específicos à API.

15.2.2 Registrando rotinas de tratamento de evento

Existem duas maneiras básicas de registrar rotinas de tratamento de evento. A primeira, dos primórdios da Web, é configurar uma propriedade no objeto ou elemento do documento alvo do evento. A segunda técnica, mais recente e mais geral, é passar a rotina de tratamento para o método `addEventListener()` do objeto ou elemento.

Configurando propriedades de tratamento de evento

O modo mais simples de registrar uma rotina de tratamento de evento é configurar uma propriedade do alvo do evento na função de tratamento de evento desejada. Por convenção, as propriedades das rotinas de tratamento de evento têm nomes que consistem na palavra "*on*" seguida por um nome de evento: `onclick`, `onchange`, `onload`, `onmouseover` etc. Note que esses nomes de propriedade diferenciam letras maiúsculas e minúsculas e são escritos com todas as letras minúsculas[3], mesmo quando o tipo de evento (como "*mousedown*") consiste em várias palavras.

O código a seguir inclui dois registros de rotina de tratamento de evento desse tipo:

```
// Configura a propriedade onload do objeto Window em uma função.
// A função é a rotina de tratamento de evento: ela é chamada quando o documento é carregado.
window.onload = function() {
    // Pesquisa um elemento <form>
    let form = document.querySelector("form#shipping");
    // Registra uma função de tratamento de evento que vai ser chamada
    // antes do envio do formulário. Suponha que isFormValid() é definida em outro lugar.
    form.onsubmit = function(event) { // Quando o usuário envia o formulário
        if (!isFormValid(this)) {     // verifica se as entradas do formulário são válidas
            event.preventDefault();   // e se não são, impede o envio do formulário.
        }
    };
};
```

A desvantagem das propriedades das rotina de tratamento de evento é que são projetadas com a suposição de que os alvos de evento terão, no máximo, uma rotina de

[3] Se você usa o *framework* React para criar interfaces com o usuário do lado do cliente, esse fato pode surpreendê-lo. React faz diversas pequenas alterações no modelo de evento do lado do cliente, e uma delas é que, em React, os nomes de propriedade das rotinas de tratamento de evento são escritos em `onClick`, `onMouseOver` e assim por diante. Quando trabalhamos com a plataforma Web nativamente, entretanto, as propriedades das rotinas de tratamento de evento são escritas totalmente em letras minúsculas.

tratamento para cada tipo de evento. Muitas vezes é melhor registrar rotinas de tratamento de evento usando `addEventListener()`, pois essa técnica não sobrescreve rotinas de tratamento registradas anteriormente.

Configurando atributos das rotinas de tratamento de evento

As propriedades das rotinas de tratamento de evento de um elemento do documento também podem ser definidas diretamente no arquivo HTML como atributos da *tag* HTML correspondente (as rotinas de tratamento que seriam registradas no elemento Window com JavaScript podem ser definidas com atributos na *tag* `<body>` no HTML). Essa técnica geralmente não é vista com bons olhos no desenvolvimento Web moderno, mas ela é possível, e está documentada aqui porque ainda pode ser encontrada no código existente.

Quando definimos uma rotina de tratamento de evento como um atributo HTML, o valor do atributo deve ser uma *string* de código JavaScript. Esse código deve ser o *corpo* da função de tratamento de evento e não uma declaração de função completa. Isto é, seu código de tratamento de evento HTML não deve ser circundado por chaves e prefixado com a palavra-chave `function`. Por exemplo:

```
<button onclick="console.log('Thank you');">Please Click</button>
```

Se um atributo de rotina de tratamento de evento HTML contém várias instruções JavaScript, você deve lembrar-se de separar essas instruções com ponto e vírgula ou decompor o valor do atributo em várias linhas.

Quando se especifica uma *string* de código JavaScript como valor de um atributo de rotina de tratamento de evento HTML, o navegador converte a *string* em uma função que funciona como esta:

```
function(event) {
    with(document) {
        with(this.form || {}) {
            with(this) {
                /* seu código aqui */
            }
        }
    }
}
```

O argumento `event` significa que o seu código da rotina de tratamento pode se referir ao objeto evento corrente como `event`. As instruções `with` significam que o código da sua rotina de tratamento pode se referir às propriedades do objeto alvo, ao `<form>` circundante (se presente) e ao objeto Document circundante diretamente, como se fossem variáveis no escopo. A instrução `with` é proibida no modo restrito (Seção 5.6.3), mas o código JavaScript nos atributos HTML nunca é restrito. As rotinas de tratamento de evento definidas dessa forma são executadas em um ambiente no qual variáveis inesperadas são definidas. Esta pode ser uma fonte de bugs confusos e é um bom motivo para não escrever rotinas de tratamento de evento em HTML.

addEventListener()

Qualquer objeto que possa ser um alvo de evento – isso inclui os objetos Window e Document e todos os objetos Element do documento – define um método chamado `addEventListener()` que pode ser usado para registrar uma rotina de tratamento de evento para esse alvo. `addEventListener()` recebe três argumentos. O primeiro é o tipo de evento para o qual a rotina de tratamento está sendo registrada. O tipo de evento (ou nome) é uma *string* e não deve incluir o prefixo "*on*", utilizado ao se configurar propriedades de tratamento de evento. O segundo argumento de `addEventListener()` é a função que deve ser chamada quando o tipo de evento especificado ocorrer. O terceiro argumento é opcional e será explicado adiante.

O código a seguir registra duas rotinas de tratamento para o evento "*click*" em um elemento `<button>`. Note as diferenças entre as duas técnicas utilizadas:

```
<button id="mybutton">Click me</button>
<script>
let b = document.querySelector("#mybutton");
b.onclick = function() { console.log("Thanks for clicking me!"); };
b.addEventListener("click", () => { console.log("Thanks again!"); });
</script>
```

Chamar `addEventListener()` com "*click*" como primeiro argumento não afeta o valor da propriedade `onclick`. Nesse código, um clique no botão registra duas mensagens na *console* do desenvolvedor. E se chamássemos `addEventListener()` primeiro e então configurássemos `onclick`, ainda registraríamos duas mensagens, apenas na ordem contrária. Mais importante, você pode chamar `addEventListener()` várias vezes para registrar mais de uma função de tratamento para o mesmo tipo de evento no mesmo objeto. Quando ocorre um evento em um objeto, todas as rotinas de tratamento registradas para esse tipo de evento são chamadas, na ordem em que foram registradas. Chamar `addEventListener()` mais de uma vez no mesmo objeto com os mesmos argumentos não tem efeito algum – a função de tratamento é registrada somente uma vez e a chamada repetida não altera a ordem em que as rotinas de tratamento são chamadas.

`addEventListener()` é correlacionada a um método `removeEventListener()` que espera os mesmos dois argumentos, mas remove uma função de tratamento de evento de um objeto, em vez de adicioná-la. Com frequência, é útil registrar uma rotina de tratamento de evento temporariamente e então removê-la logo depois. Por exemplo, ao receber um evento "*mousedown*", você poderia registrar rotinas de tratamento de evento de captura temporárias para eventos "*mousemove*" e "*mouseup*", a fim de verificar se o usuário arrasta o *mouse*. Então, você anularia o registro dessas rotinas de tratamento quando o evento "*mouseup*" chegasse. Nessa situação, o código de remoção da rotina de tratamento de evento poderia ser como segue:

```
document.removeEventListener("mousemove", handleMouseMove);
document.removeEventListener("mouseup", handleMouseUp);
```

O terceiro argumento opcional de `addEventListener()` é um valor booleano ou objeto. Se você passar `true`, sua função será registrada como uma rotina de tratamento de evento de *captura* e será chamada em uma fase diferente do envio do evento. Vamos abordar a captura de eventos na Seção 15.2.4. Se você passar um terceiro argumento de `true` quando registra um ouvinte de evento, também deve passar `true` como terceiro argumento para `removeEventListener()` se quiser remover a rotina de tratamento.

Registrar uma rotina de tratamento de evento de captura é apenas uma de três opções suportadas por `addEventListener()` e, em vez de passar um único valor booleano, você também pode passar um objeto que especifica explicitamente as opções que você quer:

```
document.addEventListener("click", handleClick, {
    capture: true,
    once: true,
    passive: true
});
```

Se o objeto Options tem uma propriedade `capture` configurada como `true`, a rotina de tratamento de evento será registrada como uma rotina de tratamento de evento de captura. Se a propriedade é `false` ou omitida, a rotina de tratamento não se refere a um evento de captura.

Se o objeto Options tem uma propriedade `once` configurada como `true`, o ouvinte de evento é removido automaticamente depois de disparado uma vez. Se a propriedade é `false` ou omitida, a rotina de tratamento nunca é removida automaticamente.

Se o objeto Options tem uma propriedade `passive` configurada como `true`, isso indica que a rotina de tratamento de evento nunca chamará `preventDefault()` para cancelar a ação padrão (consulte a Seção 15.2.5). Isso é particularmente importante para eventos de toque em dispositivos móveis: se rotinas de tratamento de evento para eventos "*touchmove*" podem impedir a ação de rolagem padrão do navegador, o navegador não consegue implementar a rolagem suave. Essa propriedade `passive` oferece uma maneira de registrar uma rotina de tratamento de evento possivelmente disruptiva desse tipo, mas informa o navegador Web que este pode começar seu comportamento padrão (como a rolagem) com segurança enquanto a rotina de tratamento está em execução. A rolagem suave é tão importante para a experiência do usuário que o Firefox e o Chrome tornam os eventos "*touchmove*" e "*mousewheel*" passivos por padrão. Assim, se você quiser registrar uma rotina de tratamento que chama `preventDefault()` para um desses eventos, você deve configurar a propriedade `passive` explicitamente como `false`.

Você também pode passar um objeto Options para `removeEventListener()`, mas a propriedade `capture` é a única que é relevante. Não há necessidade de especificar `once` ou `passive` quando removemos um ouvinte, e essas propriedades são ignoradas.

15.2.3 Chamada de rotina de tratamento de evento

Quando você tiver registrado uma rotina de tratamento de evento, o navegador Web vai chamá-la automaticamente quando ocorrer o tipo de evento determinado no objeto especificado. Esta seção descreve as chamadas de rotina de tratamento de evento em detalhes, explicando os argumentos da rotina de tratamento, o contexto da chamada (o valor de `this`), o escopo da chamada e o significado do valor de retorno de uma rotina de tratamento de evento.

Argumento da rotina de tratamento de evento

As rotinas de tratamento de evento são chamadas com um objeto Event como único argumento. As propriedades do objeto Event fornecem detalhes sobre o evento:

`type`
: O tipo do evento ocorrido.

`target`
: O objeto no qual o evento ocorreu.

`currentTarget`
: Para eventos que se propagam, esta propriedade é o objeto no qual a rotina de tratamento de evento corrente foi registrada.

`timeStamp`
: Um *timestamp* (em milissegundos) que representa quando o evento ocorreu, mas não representa um tempo absoluto. Para determinar o tempo decorrido entre dois eventos, subtraia o *timestamp* do primeiro evento do *timestamp* do segundo

`isTrusted`
: A propriedade será `true` se o evento tiver sido despachado pelo navegador Web em si e `false` se tiver sido despachado pelo código JavaScript.

Tipos específicos de eventos têm propriedades adicionais. Eventos de *mouse* e cursor, por exemplo, têm propriedades `clientX` e `clientY` que especificam as coordenadas da janela nas quais o evento ocorreu.

Contexto da rotina de tratamento de evento

Quando uma rotina de tratamento de evento é registrada pela configuração de uma propriedade, é como se você estivesse definindo um novo método no objeto alvo:

```
target.onclick = function() { /* código da rotina de tratamento */ };
```

Portanto, não é de surpreender que as rotinas de tratamento de evento sejam chamadas como métodos do objeto no qual são definidas. Isto é, dentro do corpo de uma rotina de tratamento de evento, a palavra-chave `this` se refere ao objeto no qual a rotina de tratamento foi registrada.

As rotinas de tratamento são chamadas com o alvo como valor de `this`, mesmo quando registradas com `addEventListener()`. Isso não funciona com rotinas de tratamento definidas como funções de seta, entretanto: as funções de seta têm o mesmo valor de `this` que o escopo no qual foram definidas.

Valor de retorno da rotina de tratamento

Em JavaScript moderno, as rotinas de tratamento de evento não devem retornar nada. Você pode encontrar rotinas de tratamento de evento que retornam valores em códigos mais antigos, e o valor de retorno normalmente é um sinal para o navegador de que ele não deve executar a ação padrão associada ao evento. Se a rotina de tratamento `onclick` de um botão Submit em um formulário retorna `false`, por exemplo, o navegador Web não envia o formulário (em geral porque a rotina de tratamento de evento determinou que a entrada do usuário não passou na validação no lado do cliente).

A forma usual e preferencial de impedir que o navegador realize uma ação padrão é chamar o método `preventDefault()` (Seção 15.2.5) no objeto Event.

Ordem de chamada

Um alvo de evento pode ter mais de uma rotina de tratamento de evento registrada para um tipo de evento em especial. Quando ocorre um evento desse tipo, o navegador chama todas as rotinas de tratamento, na ordem em que foram registradas. É interessante observar que isso é verdadeiro mesmo quando mostramos rotinas de tratamento de evento registradas com `addEventListener()` com uma rotina de tratamento de evento registrada em uma propriedade de objeto como `onclick`.

15.2.4 Propagação de eventos

Quando o alvo de um evento é o objeto Window ou algum outro objeto independente, o navegador responde a um evento simplesmente chamando as rotinas de tratamento apropriadas nesse objeto. Contudo, quando o alvo do evento é um objeto Document ou Element do documento, a situação é mais complicada.

Após as rotinas de tratamento de evento registradas no elemento alvo serem chamadas, a maioria dos eventos "borbulha" para cima na árvore DOM. As rotinas de tratamento de evento do pai do alvo são chamadas. Então, são chamadas as rotinas de tratamento registradas no avô do alvo. Isso continua até o objeto Document e, então, até o objeto Window. A borbulha de eventos oferece uma alternativa ao registro de rotinas de tratamento em muitos elementos individuais do documento: em vez disso, você pode registrar uma única rotina de tratamento em um elemento ascendente comum e tratar dos eventos lá. Você poderia registrar uma rotina de tratamento "*change*" em um elemento `<form>`, por exemplo, em vez de registrar uma rotina de tratamento "*change*" para cada elemento do formulário.

A maioria dos eventos que ocorrem em elementos do documento borbulha. As exceções notáveis são os eventos "*focus*", "*blur*" e "*scroll*". O evento "*load*" nos elementos do documento borbulha, mas para de borbulhar no objeto Document e não se propaga para o objeto Window (o evento "*load*" do objeto Window é disparado somente quando o documento inteiro está carregado).

A borbulha de eventos é a terceira "fase" da propagação de eventos. A chamada das rotinas de tratamento de evento do objeto alvo em si é a segunda fase. A primeira fase, que ocorre mesmo antes que as rotinas de tratamento do alvo sejam chamadas, é denominada fase "de captura". Lembre-se de que `addEventListener()` recebe um terceiro valor opcional. Se esse argumento é `true`, ou `{capture:true}`, a rotina de tratamento de evento é registrada como rotina de captura para a chamada, durante essa primeira fase da propagação de eventos. A fase de captura da propagação de eventos é como a fase de borbulha ao contrário. As rotinas de captura do objeto Window são chamadas primeiro, em seguida as rotinas de captura do objeto Document, depois as do objeto corpo e assim por diante, descendo a árvore DOM, até serem chamadas as rotinas de captura de evento do pai do alvo do evento. As rotinas de captura de evento registradas no alvo do evento em si não são chamadas.

A captura de eventos oferece uma oportunidade de examinar os eventos antes que sejam enviados aos seus destinos. Uma rotina de tratamento de evento de captura pode ser usada para depuração ou pode ser usada junto com a técnica de cancelamento de evento, descrita na próxima seção, para filtrar eventos a fim de que as rotinas de tratamento de evento de destino nunca sejam chamadas. Um uso comum da captura de evento é no tratamento de arrastos do *mouse*, no qual os eventos de movimento do *mouse* precisam ser tratados pelo objeto que está sendo arrastado e não pelos elementos do documento sobre os quais é arrastado.

15.2.5 Cancelamento de evento

Os navegadores podem responder a muitos eventos do usuário, mesmo que seu código não o faça: quando o usuário clica com o *mouse* em um *hiperlink*, o navegador segue o link. Se um elemento de entrada de texto HTML tem o foco do teclado e o usuário pressiona uma tecla, o navegador insere a entrada do usuário. Se o usuário desliza o dedo sobre um dispositivo com tela *touchscreen*, o navegador rola. Se você registrar uma rotina de tratamento de eventos como esse, você pode impedir o navegador de realizar sua ação padrão com a chamada do método `preventDefault()` do objeto evento (a menos que tenha registrado a rotina de tratamento com a opção `passive`, que desativa `preventDefault()`).

Cancelar a ação padrão associada a um evento é apenas um tipo de cancelamento de evento. Também podemos cancelar a propagação de eventos com a chamada do método `stopPropagation()` do objeto evento. Se existem outras rotinas de tratamento definidas no mesmo objeto, as demais rotinas de tratamento ainda serão chamadas, mas nenhuma rotina de tratamento de evento em qualquer outro objeto será chamada após a chamada de `stopPropagation()`. `stopPropagation()` funciona durante a fase de captura, no próprio alvo do evento e durante a fase de borbulha. `stopImmediatePropagation()` funciona como `stopPropagation()`, mas também impede a chamada de qualquer rotina de tratamento de evento subsequente registrada no mesmo objeto.

15.2.6 Despacho de eventos personalizados

A API de eventos de JavaScript do lado do cliente é relativamente poderosa, e você pode usá-la para definir e despachar seus próprios eventos. Suponha, por exemplo, que seu programa precisa realizar periodicamente um cálculo longo ou um pedido de rede e que, enquanto essa operação está pendente, outras operações não são possíveis. Para informar o usuário sobre isso, você quer exibir "*spinners*" para indicar que o aplicativo está ocupado.

Mas o módulo que está ocupado não deveria precisar saber onde os *spinners* devem ser exibidos. Em vez disso, o módulo poderia simplesmente despachar um evento para anunciar que está ocupado e despachar outro quando não estiver mais. Assim, o módulo de *user interface* (UI), ou *interface* com o usuário, pode registrar rotinas de tratamento de evento para tais eventos e tomar as ações de UI apropriadas para notificar o usuário.

Se um objeto JavaScript possui um método `addEventListener()`, então é um "alvo de evento", o que significa que tem um método `dispatchEvent()`. É possível criar seu próprio objeto de evento com a construtora `CustomEvent()` e passá-lo para `dispatchEvent()`. O primeiro argumento de `CustomEvent()` é uma *string* que especifica o tipo do seu evento, enquanto o segundo é um objeto que especifica as propriedades do objeto evento. Configure a propriedade `detail` desse objeto como uma *string*, um objeto ou outro valor que represente o conteúdo do seu evento. Se você planeja despachar seu evento em um elemento do documento e quer que borbulhe para cima na árvore do documento, adicione `bubbles:true` ao segundo argumento:

```
// Despacha um evento personalizado para que a UI saiba que estamos ocupados
document.dispatchEvent(new CustomEvent("busy", { detail: true }));

// Realiza uma operação de rede
fetch(url)
  .then(handleNetworkResponse)
  .catch(handleNetworkError)
  .finally(() => {
      // Após a solicitação de rede ter sucesso ou falhar, despacha
      // outro evento para informar a UI que não estamos mais ocupados.
      document.dispatchEvent(new CustomEvent("busy", { detail: false }));
  });

// Em outro lugar no seu programa você pode registrar uma rotina de tratamento para
// eventos "busy" e usá-la para exibir ou ocultar o spinner para informar o usuário.
document.addEventListener("busy", (e) => {
    if (e.detail) {
        showSpinner();
    } else {
        hideSpinner();
    }
});
```

15.3 Escrevendo *scripts* para manipular documentos

JavaScript do lado do cliente existe para transformar documentos HTML estáticos em aplicativos Web interativos. Então, escrever *scripts* que manipulem o conteúdo de páginas Web é o principal objetivo de JavaScript.

Todo objeto Window tem uma propriedade `document` que se refere a um objeto Document. O objeto Document representa o conteúdo da janela e esse é o tema deste capítulo. Contudo, o objeto Document não opera de forma independente. Ele é o principal objeto do DOM para representar e manipular conteúdo de documento.

O DOM foi introduzido na Seção 15.1.2. Esta seção explica a API em detalhes. Ela abrange:

- Como consultar ou *selecionar* elementos individuais de um documento.
- Como *percorrer* um documento e como localizar os ascendentes, irmãos e descendentes de qualquer elemento do documento.
- Como consultar e configurar os atributos dos elementos do documento.
- Como consultar, configurar e modificar o conteúdo de um documento.
- Como modificar a estrutura de um documento, criando, inserindo e excluindo nós.

15.3.1 Selecionando elementos do documento

Os programas JavaScript do lado do cliente muitas vezes precisam manipular um ou mais elementos dentro do documento. A propriedade global `document` se refere ao objeto Document, e este tem as propriedades `head` e `body` que se referem aos objetos Element para as *tags* `<head>` e `<body>`, respectivamente. Mas um programa que pretende manipular um elemento incorporado mais profundamente no documento deve obter ou *selecionar* os objetos Element que se referem a esses elementos do documento.

Selecionando elementos com seletores CSS

As folhas de estilos CSS têm uma sintaxe muito poderosa, conhecida como *seletores*, para descrever elementos ou conjuntos de elementos dentro de um documento. Os métodos do DOM `querySelector()` e `querySelectorAll()` nos permitem encontrar o elemento ou elementos em um documento que correspondem a um seletor CSS específico. Antes de trabalharmos os métodos, começaremos com um breve tutorial da sintaxe de seletor CSS.

Os seletores CSS podem descrever os elementos pelo nome da *tag*, pelo valor do seu atributo `id` ou pelas palavras no seu atributo `class`:

```
div                         // Qualquer elemento <div>
#nav                        // O elemento com id="nav"
.warning                    // Qualquer elemento com "warning" em seu atributo class
```

O caractere # é usado para fazer a correspondência com base no atributo `id`, enquanto o caractere . é usado para fazê-la com base no atributo `class`. Elementos também podem ser selecionados com base em valores de atributo mais gerais:

```
p[lang="fr"]                // Um parágrafo escrito em francês: <p lang="fr">
*[name="x"]                 // Qualquer elemento com um atributo name="x"
```

Observe que esses exemplos combinam um seletor de nome de *tag* (ou o curinga* de nome de *tag*) com um seletor de atributo. Combinações mais complexas também são possíveis:

```
span.fatal.error            // Qualquer <span> com "fatal" e "error" em sua classe
span[lang="fr"].warning     // Qualquer <span> em francês com a class "warning"
```

Os seletores também podem especificar a estrutura de documento:

```
#log span              // Qualquer descendente <span> do elemento com id="log"
#log>span              // Qualquer filho <span> do elemento com id="log"
body>h1:first-child    // O primeiro filho <h1> de <body>
img + p.caption        // Uma <p> com a classe "caption" imediatamente após uma <img>
h2 ~ p                 // Qualquer <p> após um <h2> e que é irmão dele
```

Se dois seletores são separados por uma vírgula, isso significa que selecionamos elementos que correspondem a qualquer um dos seletores:

```
button, input[type="button"]  // Todos os elementos <button> e <input type="button">
```

Como podemos ver, os seletores CSS nos permitem fazer referência a elementos em um documento por tipo, ID, classe, atributos e posição dentro do documento. O método `querySelector()` recebe uma *string* de seletor CSS como argumento e retorna o primeiro elemento correspondente que encontra no documento, ou então `null` caso não haja correspondências:

```
// Localiza o elemento do documento para a tag HTML com o atributo id="spinner"
let spinner = document.querySelector("#spinner");
```

`querySelectorAll()` é semelhante, mas retorna todos os elementos correspondentes no documento em vez de retornar apenas o primeiro:

```
// Localiza todos os objetos Elemento para as tags <h1>, <h2> e <h3>
let titles = document.querySelectorAll("h1, h2, h3");
```

O valor de retorno de `querySelectorAll()` não é um *array* de objetos Element. Em vez disso, é um objeto semelhante a um *array* conhecido como NodeList. Os objetos NodeList têm uma propriedade `length` e podem ser indexados como *arrays*, então é possível iterar por eles com um laço `for` tradicional. Os NodeLists também são iteráveis, então você pode usá-los com laços `for/of`. Se quiser converter um NodeList em um *array* de verdade, simplesmente passe-o para `Array.from()`.

O NodeList retornado por `querySelectorAll()` terá uma propriedade `length` configurada como 0 se o documento não contiver nenhum elemento que corresponda ao seletor especificado.

`querySelector()` e `querySelectorAll()` são implementados pela classe Element e também pela classe Document. Quando chamados em um elemento, esses métodos retornam apenas elementos descendentes daquele elemento.

Note que CSS define pseudoelementos `::first-line` e `::first-letter`. Em CSS, isso corresponde a partes de nós de texto, em vez de elementos reais. Eles não vão corresponder se usados com `querySelectorAll()` ou `querySelector()`. Além disso, muitos navegadores vão se recusar a retornar correspondências para as pseudoclasses `:link` e `:visited`, pois isso poderia expor informações sobre o histórico de navegação do usuário.

Outro método de seleção de elementos baseado em CSS é `closest()`. O método é definido pela classe Element e recebe um seletor como seu único argumento. Se corresponde ao elemento no qual é chamado, o seletor retorna esse elemento. Caso contrário, retorna o elemento ascendente mais próximo que corresponda ao seletor, ou `null` se não há correspondências. Em certo sentido, `closest()` é o contrário de `querySelector()`: `closest()` começa em um elemento e busca uma correspondência acima dele na árvore, enquanto `querySelector()` começa em um elemento e busca uma correspondência abaixo dele na árvore. `closest()` pode ser útil quando você registrou uma rotina de tratamento de evento em um alto nível na árvore do documento. Se estiver tratando um evento "*click*", por exemplo, você pode querer saber se foi um clique em um *hiperlink*. O objeto do evento informa qual foi o alvo, mas o alvo pode ser o texto dentro do link em vez da *tag* <a> em si do *hiperlink*. Sua rotina de tratamento de evento poderia buscar o *hiperlink* circundante da seguinte maneira:

```
// Encontra a tag de fechamento <a> mais próxima com um atributo href.
let hyperlink = event.target.closest("a[href]");
```

Aqui está outro modo de usar `closest()`:

```
// Retorna true se o elemento e está dentro de um elemento de lista de HTML
function insideList(e) {
    return e.closest("ul,ol,dl") !== null;
}
```

O método relacionado `matches()` não retorna ascendentes nem descendentes, ele simplesmente testa se um elemento corresponde a um seletor CSS e retorna `true` em caso positivo e `false` em caso negativo:

```
// Retorna true se e é um elemento de cabeçalho de HTML
function isHeading(e) {
    return e.matches("h1,h2,h3,h4,h5,h6");
}
```

Outros métodos de seleção de elementos

Além de `querySelector()` e de `querySelectorAll()`, o DOM também define diversos outros métodos de seleção de elementos mais antigos que se tornaram praticamente obsoletos. Você ainda poderá encontrar alguns deles sendo usados, no entanto (especialmente `getElementById()`):

```
// Procura um elemento por id. O argumento é apenas a id, sem
// o prefixo seletor CSS #. Semelhante a document.querySelector("#sect1")
let sect1 = document.getElementById("sect1");

// Pesquisa todos os elementos (como caixas de seleção de formulário) que têm um
// atributo name="color". Semelhante a document.querySelectorAll('*[name="color"]');
let colors = document.getElementsByName("color");

// Pesquisa todos os elementos <h1> no documento
// Semelhante a document.querySelectorAll("h1")
let headings = document.getElementsByTagName("h1");
```

```
// getElementsByTagName() também é definido nos elementos.
// Obtém todos os elementos <h2> dentro do elemento sect1.
let subheads = sect1.getElementsByTagName("h2");

// Pesquisa todos os elementos que têm a classe "tooltip".
// Semelhante a document.querySelectorAll(".tooltip")
let tooltips = document.getElementsByClassName("tooltip");

// Pesquisa todos os descendentes de sect1 que têm a classe "sidebar"
// Semelhante a sect1.querySelectorAll(".sidebar")
let sidebars = sect1.getElementsByClassName("sidebar");
```

Assim como `querySelectorAll()`, os métodos no código anterior retornam um NodeList (exceto por `getElementById()`, que retorna um único objeto Element). Ao contrário de `querySelector All()`, entretanto, os NodeLists retornados por esses métodos de seleção mais antigos são "dinâmicos", o que significa que o comprimento e o conteúdo da lista podem mudar caso o conteúdo ou a estrutura do documento mude.

Elementos pré-selecionados

Por motivos históricos, a classe Document define propriedades de atalho para acessar certos tipos de nós. As propriedades `images`, `forms` e `links`, por exemplo, oferecem acesso fácil aos elementos `<img>`, `<form>` e `<a>` (mas somente *tags* `<a>` que tenham um atributo `href`) de um documento. Essas propriedades se referem a objetos HTMLCollection, os quais são muito mais parecidos com objetos NodeList, mas podem também ser indexados pela identificação ou pelo nome do elemento. Com a propriedade `document.forms`, por exemplo, você pode acessar a *tag* `<form id="address">` assim:

```
document.forms.address;
```

Uma API ainda mais defasada para selecionar elementos é a propriedade `document.all`, que é como um HTMLCollection para todos os elementos no documento. `document.all` foi descontinuada e você não deve mais usá-la.

15.3.2 Estrutura de documentos e como percorrê-la

Após ter selecionado um Element de um Document, às vezes você precisa encontrar partes estruturalmente relacionadas (pai, irmãos, filhos) do documento. Quando estamos interessados principalmente nos objetos Element de um documento, em vez de no texto dentro deles (e nos espaços em branco entre eles, que também é texto), há uma API de navegação que nos permite tratar um documento como uma árvore de objetos Element, ignorando os nós Text que também fazem parte do documento. Essa API de navegação não envolve nenhum método, ela é simplesmente um conjunto de propriedades em objetos Element que nos permite fazer referência ao pai, aos filhos e irmãos de determinado elemento:

`parentNode`
: Essa propriedade de um elemento se refere ao pai do elemento, que pode ser outro objeto Element ou Document.

`children`
: Essa NodeList contém os elementos filhos de um elemento, mas exclui filhos que não são Elements, como nós Text (e nós Comment).

`childElementCount`
: O número de filhos do elemento. Retorna o mesmo valor que `children.length`.

`firstElementChild, lastElementChild`
: Essas propriedades se referem ao primeiro e ao último filhos Element de um elemento. São `null` se o elemento não possui filhos Element.

`nextElementSibling, previousElementSibling`
: Essas propriedades se referem aos elementos irmãos imediatamente antes ou imediatamente depois de um Element, ou `null` se não há irmãos.

Usando-se as propriedades de Element, o segundo filho Element do primeiro filho Element do Document pode ser referido por qualquer uma das expressões a seguir:

```
document.children[0].children[1]
document.firstElementChild.firstElementChild.nextElementSibling
```

(Em um documento HTML padrão, ambas as expressões se referem à *tag* `<body>` do documento.)

A seguir, vemos duas funções que demonstram como usar essas propriedades para percorrer o documento recursivamente em profundidade primeiro chamando uma função especificada para cada elemento do documento:

```
// Percorre recursivamente o Document ou Element e, chamando a função
// f em e, assim como em cada um dos seus descendentes
function traverse(e, f) {
    f(e);                           // Chama f() em e
    for(let child of e.children) {  // Itera através dos filhos
        traverse(child, f);         // E aplica recursividade em cada um
    }
}

function traverse2(e, f) {
    f(e);                           // Chama f() em e
    let child = e.firstElementChild;  // Itera os filhos em estilo de lista encadeada
    while(child !== null) {
        traverse2(child, f);        // E aplica recursividade
        child = child.nextElementSibling;
    }
}
```

Documentos como árvores de nós

Se você quer percorrer um documento ou parte de um documento e não quer ignorar os nós Text, você pode usar um conjunto diferente de propriedades definidas em todos os objetos Node. Isso permitirá que veja elementos, nós Text e até mesmo nós Comment (que representam comentários HTML dentro do documento).

Todos os objetos Node definem as seguintes propriedades:

`parentNode`
: O objeto nó que é o pai desse nó, ou `null` para nós como o objeto Document, que não têm pai.

`childNodes`
: Uma NodeList somente de leitura que contém todos os filhos do nó (não apenas os elementos filhos).

`firstChild, lastChild`
: O primeiro e o último nós filhos de um nó, ou `null` se o nó não tem filhos.

`nextSibling, previousSibling`
: Os nós irmãos próximo e anterior de um nó. Essas propriedades conectam nós em uma lista duplamente encadeada.

`nodeType`
: Um número que especifica o tipo do nó. Os nós Document têm o valor 9. Os nós Element têm o valor 1. Os nós Text têm o valor 3. Os nós Comments são 8.

`nodeValue`
: O conteúdo textual de um nó Text ou Comment.

`nodeName`
: O nome da *tag* de um Element, convertido em letras maiúsculas.

Usando-se as propriedades Node, o segundo nó filho do primeiro filho do Document pode ser referido com expressões como as seguintes:

```
document.childNodes[0].childNodes[1]
document.firstChild.firstChild.nextSibling
```

Suponha que o documento em questão seja o seguinte:

```
<html><head><title>Test</title></head><body>Hello World!</body></html>
```

Então, o segundo filho do primeiro filho é o elemento `<body>`. Ele tem `nodeType` 1 e `nodeName` "BODY".

Note, entretanto, que essa API é extremamente sensível a variações no texto do documento. Se o documento é modificado pela inserção de uma nova linha entre a *tag*

<html> e a *tag* <head>, por exemplo, o nó Text que representa essa nova linha se torna o primeiro filho do primeiro filho e o segundo filho é o elemento <head>, em vez do corpo de <body>.

Para demonstrar essa API de navegação baseada no Node, observe a função a seguir, que retorna todo o texto em um elemento ou documento:

```
// Retorna o conteúdo de texto puro do elemento e, usando recursividade para os
// elementos filhos. Este método funciona como a propriedade textContent
function textContent(e) {
    let s = "";                          // Acumula o texto aqui
    for(let child = e.firstChild; child !== null; child = child.nextSibling) {
        let type = child.nodeType;
        if (type === 3) {                // Se é um nó Text
            s += child.nodeValue;        // adiciona o conteúdo de texto à nossa string.
        } else if (type === 1) {         // E se é um nó Element
            s += textContent(child);     // aplica recursividade.
        }
    }
    return s;
}
```

Essa função é apenas uma demonstração – na prática, você simplesmente escreveria e.textContent para obter o conteúdo textual do elemento e.

15.3.3 Atributos

Os elementos HTML consistem em um nome de *tag* e um conjunto de pares nome/valor conhecidos como *atributos*. O elemento <a> que define um *hiperlink*, por exemplo, utiliza o valor de seu atributo href como destino do link.

A classe Element define métodos gerais getAttribute(), setAttribute(), hasAttribute() e removeAttribute() para consultar, configurar, testar e remover os atributos de um elemento. Mas os valores de atributo dos elementos HTML (para todos os atributos padrão dos elementos HTML padrão) estão disponíveis como propriedades dos objetos HTMLElement que representam tais elementos. Em geral, é muito mais fácil trabalhar com elas como propriedades JavaScript do que seria chamar getAttribute() e seus métodos relacionados.

Atributos HTML como propriedades de Element

Os objetos Element que representam os elementos de um documento HTML definem propriedades de leitura/gravação que espelham os atributos HTML dos elementos. Element define propriedades para os atributos HTML universais, como id, title, lang e dir, e propriedades de rotina de tratamento de evento, como onclick. Os subtipos específicos dos elementos definem atributos específicos para esses elementos. Para consultar o URL de uma imagem, por exemplo, você pode usar a propriedade src do objeto Element que representa o elemento <img>:

```
let image = document.querySelector("#main_image");
let url = image.src;          // O atributo src é o URL da imagem
image.id === "main_image"     // => verdadeiro; pesquisamos a imagem pela identificação
```

Da mesma forma, você poderia configurar os atributos de envio de formulário de um elemento `<form>` com código como o seguinte:

```
let f = document.querySelector("form");       // Primeiro <form> no documento
f.action = "https://www.example.com/submit";  // Configura o URL para envio.
f.method = "POST";                            // Configura o tipo de pedido HTTP
```

Para alguns elementos, como `<input>`, alguns nomes de atributo HTML correspondem a propriedades com nomes diferentes. O atributo HTML `value` de um `<input>`, por exemplo, corresponde à propriedade JavaScript `defaultValue`. A propriedade JavaScript `value` do elemento `<input>` contém a entrada atual do usuário, mas mudanças na propriedade `value` não afetam a propriedade `defaultValue` nem o atributo `value`.

Os atributos HTML não diferenciam letras maiúsculas e minúsculas, mas os nomes de propriedade de JavaScript, sim. Para converter um nome de atributo em propriedade JavaScript, escreva-o em letras minúsculas. No entanto, se o atributo utiliza mais de uma palavra, coloque a primeira letra de cada palavra após a primeira delas em maiúscula: `defaultChecked` e `tabIndex`, por exemplo. Propriedades de rotinas de tratamento de evento como `onclick` são uma exceção, no entanto, e são escritas apenas em letras minúsculas.

Alguns nomes de atributo HTML são palavras reservadas em JavaScript. Para esses, a regra geral é prefixar o nome de propriedade com "html". O atributo HTML `for` (do elemento `<label>`), por exemplo, se torna a propriedade JavaScript `htmlFor`. "class" é uma palavra reservada em JavaScript, e o importante atributo HTML `class` é uma exceção à regra: ele se torna `className` em código JavaScript.

As propriedades que representam atributos HTML normalmente têm um valor de *string*. Quando o atributo é um valor booleano ou numérico (os atributos `defaultChecked` e `maxLength` de um elemento `<input>`, por exemplo), os valores das propriedades são booleanos ou números, em vez de *strings*. Os atributos de rotinas de tratamento de evento sempre têm funções (ou `null`) como valores.

Note que essa API baseada em propriedades para obter e configurar valores de atributo não define nenhuma maneira de remover um atributo de um elemento. Em especial, o operador `delete` não pode ser usado para esse propósito. Se você precisar excluir um atributo, use o método `removeAttribute()`.

O atributo class

O atributo `class` de um elemento HTML é particularmente importante. Seu valor é uma lista de classes CSS separadas por espaços que se aplicam ao elemento e que afetam como ele é estilizado com CSS. Como `class` é uma palavra reservada em JavaScript, o valor desse atributo está disponível por meio da propriedade `className` nos objetos Element. A propriedade `className` pode configurar e retornar o valor do atributo `class` como uma *string*. Mas o nome do atributo `class` foi mal escolhido: seu valor é uma lista de classes CSS, não uma única classe, e é comum na programação em JavaScript do lado do cliente querer adicionar ou remover nomes de classe individuais dessa lista em vez de trabalhar com a lista como uma única *string*.

Por esse motivo, objetos Element definem uma propriedade `classList` que lhes permite tratar o atributo `class` como uma lista. O valor da propriedade `classList` é um objeto semelhante a um *array* iterável. Embora o nome da propriedade seja `classList`, ela se comporta mais como um conjunto de classes, e define métodos `add()`, `remove()`, `contains()` e `toggle()`:

```
// Quando queremos informar o usuário que estamos ocupados, exibimos
// um spinner. Para isso, removemos a classe "hidden" e adicionamos a
// classe "animated" (pressupondo que as folhas de estilo estão configuradas corretamente).
let spinner = document.querySelector("#spinner");
spinner.classList.remove("hidden");
spinner.classList.add("animated");
```

Atributos de conjuntos de dados

Às vezes é útil anexar informações nos elementos HTML, normalmente quando o código JavaScript vai selecioná-los e manipulá-los de algum modo. Em HTML, qualquer atributo cujo nome apareça em letras minúsculas e comece com o prefixo "data-" é considerado válido. Esses "atributos de conjuntos de dados" não vão afetar a apresentação dos elementos nos quais aparecem e definem uma maneira padronizada de anexar mais dados sem comprometer a validade do documento.

No DOM, objetos Element têm uma propriedade `dataset` que se refere a um objeto que tem propriedades que correspondem aos atributos `data-` com o prefixo removido. Assim, `dataset.x` conteria o valor do atributo `data-x`. Os atributos hifenizados são mapeados em nomes de propriedade com maiúsculas no meio: o atributo `data-section-number` se torna a propriedade `dataset.sectionNumber`.

Suponha que um documento HTML contenha o seguinte texto:

```
<h2 id="title" data-section-number="16.1">Attributes</h2>
```

Nesse caso, você poderia escrever código JavaScript como o seguinte para acessar esse número de seção:

```
let number = document.querySelector("#title").dataset.sectionNumber;
```

15.3.4 Conteúdo de Element

Veja novamente a árvore de documento representada na Figura 15-1 e pergunte-se qual é o "conteúdo" do elemento <p>. Existem duas maneiras de respondermos a essa questão:

- O conteúdo é a *string* HTML "This is a <i>simple</i> document".
- O conteúdo é a *string* de texto puro "This is a simple document".

Ambas são respostas válidas e cada resposta é útil à sua própria maneira. As seções a seguir explicam como trabalhar com a representação HTML e com a representação em texto puro do conteúdo de um elemento.

Conteúdo de elemento como HTML

A leitura da propriedade `innerHTML` de um Element retorna o conteúdo desse elemento como uma *string* de marcação. Configurar essa propriedade em um elemento invoca o *parser* do navegador Web e substitui o conteúdo atual do elemento por uma representação analisada da nova *string*. Para testar isso, abra a *console* do desenvolvedor e digite:

```
document.body.innerHTML = "<h1>Oops</h1>";
```

Toda a página Web vai desaparecer e será substituída por um único cabeçalho: "Oops". Os navegadores Web são muito bons na análise de HTML e a configuração de `innerHTML` normalmente é muito eficiente. Note, entretanto, que anexar texto na propriedade `innerHTML` com o operador += normalmente não é eficiente, pois isso exige uma etapa de serialização para converter o conteúdo do elemento em uma *string* e então uma etapa de análise para converter a nova *string* de volta em conteúdo do elemento.

Ao usar essas APIs de HTML, é muito importante que você nunca insira entradas do usuário no documento. Se fizer isso, você permite que usuários mal-intencionados injetem seus próprios *scripts* no seu aplicativo. Consulte "*Cross-site scripting*" na página 425 para mais detalhes.

A propriedade `outerHTML` de um objeto Element é como `innerHTML`, exceto que seu valor inclui o elemento em si. Quando você consulta `outerHTML`, o valor inclui as *tags* de abertura e de fechamento do elemento. E quando configura `outerHTML` em um elemento, o novo conteúdo substitui o elemento em si.

Um método de Element relacionado é `insertAdjacentHTML()`, o qual permite inserir uma *string* de marcação HTML arbitrária "adjacente" ao elemento especificado. A marcação é passada como segundo argumento para esse método e o significado preciso de "adjacente" depende do valor do primeiro argumento. Esse primeiro argumento deve ser uma *string* com um dos valores "*beforebegin*", "*afterbegin*", "*beforeend*" ou "*afterend*". Esses valores correspondem aos pontos de inserção ilustrados na Figura 15-2.

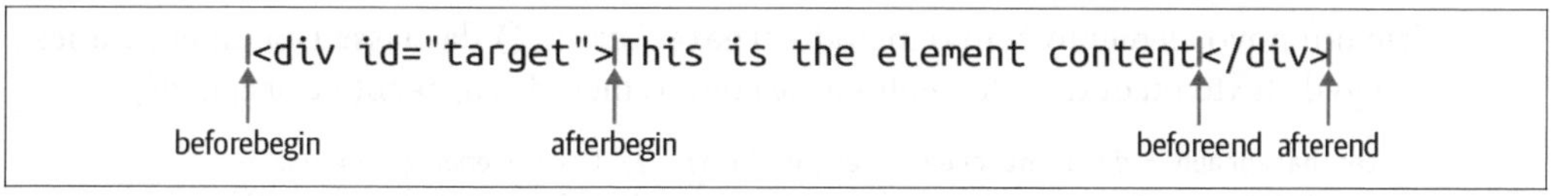

FIGURA 15-2 Pontos de inserção para insertAdjacentHTML().

Conteúdo de elemento como texto puro

Às vezes você quer consultar o conteúdo de um elemento como texto puro ou inserir texto puro em um documento (sem fazer o escape dos sinais de menor e maior e dos E comerciais utilizados na marcação HTML). O modo padrão de fazer isso é com a propriedade `textContent`:

```
let para = document.querySelector("p");   // Primeiro <p> no documento
let text = para.textContent;              // Obtém o texto do parágrafo
para.textContent = "Hello World!";        // Altera o texto do parágrafo
```

A propriedade `textContent` é definida pela classe Node, então funciona com nós Text e nós Element. Para os nós Element, ela encontra e retorna todo o texto em todos os descendentes do elemento.

A classe Element define uma propriedade `innerText` semelhante a `textContent`. `innerText` tem alguns comportamentos estranhos e complexos, como tentar preservar a formatação da tabela. Ela não é bem especificada nem implementada de forma compatível entre navegadores, entretanto, e não deve mais ser utilizada.

> **Texto em elementos <script>**
>
> Os elementos `<script>` em linha (i.e., aqueles que não têm um atributo `src`) têm uma propriedade `text` que pode ser usada para recuperar seu texto. O conteúdo de um elemento `<script>` nunca é exibido pelo navegador, e o *parser* de HTML ignora sinais de menor e maior e sinais de E comercial dentro de um *script*. Isso torna o elemento `<script>` um lugar ideal para incorporar dados textuais arbitrários para uso por seu aplicativo. Basta configurar o atributo `type` do elemento com algum valor (como "text/x-custom-data") que torne claro que o *script* não é código JavaScript executável. Se você fizer isso, o interpretador JavaScript vai ignorar o *script*, mas o elemento vai existir na árvore de documentos e sua propriedade `text` vai retornar os dados.

15.3.5 Criando, inserindo e excluindo nós

Vimos como consultar e alterar o conteúdo de um documento usando *strings* HTML e de texto puro. Também vimos que podemos percorrer um objeto Document para examinar os nós Element e Text individuais de que são constituídos. Também é possível alterar um documento no nível dos nós individuais. A classe Document define métodos para criar objetos Element, e os objetos Element e Text têm métodos para inserir, excluir e substituir nós na árvore.

Crie um novo elemento com o método `createElement()` da classe Document e anexe *strings* de texto ou outros elementos a ele com os métodos `append()` e `prepend()`:

```
let paragraph = document.createElement("p");  // Cria elemento <p> vazio
let emphasis = document.createElement("em");  // Cria elemento <em> vazio
emphasis.append("World");                     // Adiciona texto ao elemento <em>
paragraph.append("Hello ", emphasis, "!");    // Adiciona texto e <em> até <p>
```

```
paragraph.prepend("!");                // Adiciona mais texto no início de <p>
paragraph.innerHTML                    // => "!Hello <em>World</em>!"
```

`append()` e `prepend()` recebem tantos argumentos quanto quisermos, que podem ser *strings* ou objetos Node. Os argumentos de *string* são convertidos automaticamente em nós Text (é possível criar nós Text explicitamente com `document.createTextNode()`, mas raramente temos por que fazer isso). `append()` adiciona os argumentos ao elemento no final da lista filha. `prepend()` adiciona os argumentos ao início da lista filha.

Se você quer inserir um nó Element ou Text no meio da lista filha do elemento contêiner, nem `append()` nem `prepend()` funcionarão. Nesse caso, é preciso obter uma referência a um nó irmão e chamar `before()` para inserir o novo conteúdo antes do irmão ou `after()` para inseri-lo após o irmão. Por exemplo:

```
// Encontra o elemento de cabeçalho com class="greetings"
let greetings = document.querySelector("h2.greetings");

// Agora insere o novo parágrafo e uma linha horizontal após o cabeçalho
greetings.after(paragraph, document.createElement("hr"));
```

Como `append()` e `prepend()`, `after()` e `before()` recebem tantos argumentos de elemento e de *string* quanto quisermos e inserem todos no documento após converter as *strings* em nós Text. `append()` e `prepend()` somente são definidos nos objetos Element, mas `after()` e `before()` funcionam nos nós Element e nos nós Text: é possível usá-los para inserir conteúdo relativo a um nó Text.

Observe que os elementos somente podem ser inseridos em um ponto do documento. Se um elemento já está presente no documento e você o insere em outra parte, ele é movido para o novo local, não copiado:

```
// Inserimos o parágrafo após esse elemento, mas agora
// o movemos para que apareça antes do elemento
greetings.before(paragraph);
```

Se quiser copiar um elemento, use o método `cloneNode()`, passando `true` para copiar todo o seu conteúdo:

```
// Faz uma cópia do parágrafo e insere-a após o elemento greetings
greetings.after(paragraph.cloneNode(true));
```

É possível remover um nó Element ou Text do documento chamando seu método `remove()` ou então substituí-lo chamando `replaceWith()`. `remove()` não recebe argumentos, enquanto `replaceWith()` pode receber qualquer quantidade de *strings* e elementos, assim como fazem `before()` e `after()`:

```
// Remove o elemento greetings do documento e substitui-o com
// o elemento parágrafo (movendo o parágrafo do seu local atual
// se já foi inserido no documento).
greetings.replaceWith(paragraph);

// E agora remove o parágrafo.
paragraph.remove();
```

A API do DOM também define uma geração mais antiga de métodos para inserir e remover conteúdo. appendChild(), insertBefore(), replaceChild() e removeChild() são mais difíceis de usar do que os métodos mostrados aqui e nunca devem ser necessários.

15.3.6 Exemplo: gerando um sumário

O Exemplo 15-1 mostra como criar um sumário para um documento dinamicamente. Ele demonstra muitos dos conceitos de *script* de documento descritos nas seções anteriores. O exemplo tem muitos comentários e você não deverá ter problemas para acompanhar o código.

Exemplo 15-1 Gerando um sumário com a API do DOM

```
/**
 * TOC.js: cria um sumário para um documento.
 *
 * Este script é executado quando o evento DOMContentLoaded é disparado e
 * gera automaticamente um sumário para o documento.
 * Ele não define símbolos globais, então não deve entrar em conflito
 * com outros scripts.
 *
 * Quando esse script é executado, primeiro busca um elemento do documento com
 * id de "TOC". Se esse elemento não existe, cria um no
 * início do documento. A seguir, a função encontra todas as tags de <h2> a
 * <h6>, trata-as como títulos de seção e cria um
 * sumário dentro do elemento TOC. A função adiciona números de seção
 * em cada cabeçalho de seção e encerra os cabeçalhos em âncoras nomeadas
 * para que o TOC possa se vincular a elas. As âncoras geradas têm nomes
 * que começam com "TOC", de modo que você deve evitar esse prefixo em sua própria
 * HTML.
 *
 * As entradas no TOC gerado podem ser estilizadas com CSS. Todas elas têm
 * uma classe "TOCEntry". As entradas também têm uma classe que
 * corresponde ao nível do cabeçalho de seção. As tags <h1> geram
 * entradas da classe "TOCLevel1", as tags <h2> geram entradas da classe
 * "TOCLevel2" e assim por diante. Os números de seção inseridos nos cabeçalhos têm
 * a classe "TOCSectNum".
 *
 * Você poderia usar este script com uma folha de estilo, como segue:
 *
 *   #TOC { border: solid black 1px; margin: 10px; padding: 10px; }
 *   .TOCEntry { margin: 5px 0px; }
 *   .TOCEntry a { text-decoration: none; }
 *   .TOCLevel1 { font-size: 16pt; font-weight: bold; }
 *   .TOCLevel2 { font-size: 14pt; margin-left: .25in; }
 *   .TOCLevel3 { font-size: 12pt; margin-left: .5in; }
 *   .TOCSectNum:after { content: ": "; }
 *
```

```
 * Para esconder os números de seção, use isto:
 *
 *   .TOCSectNum { display: none }
**/
document.addEventListener("DOMContentLoaded", () => {
    // Localiza o elemento contêiner TOC.
    // Se o elemento não existir, cria um no início do documento.
    let toc = document.querySelector("#TOC");
    if (!toc) {
        toc = document.createElement("div");
        toc.id = "TOC";
        document.body.prepend(toc);
    }

    // Localiza todos os elementos de cabeçalho de seção. Estamos supondo aqui que
    // o título do documento usa <h1> e que as seções dentro do documento são
    // marcadas com <h2> até <h6>.
    let headings = document.querySelectorAll("h2,h3,h4,h5,h6");

    // Inicializa um array que monitora números de seção.
    let sectionNumbers = [0,0,0,0,0];

    // Agora itera pelos elementos de cabeçalho de seção que encontramos.
    for(let heading of headings) {
        // Pula o cabeçalho se estiver dentro do contêiner de TOC.
        if (heading.parentNode === toc) {
            continue;
        }

        // Descobre de que nível é o cabeçalho.
        // Subtrai 1, pois <h2> é um cabeçalho nível 1.
        let level = parseInt(heading.tagName.charAt(1)) - 1;

        // Incrementa o número de seção para esse nível de cabeçalho
        // e zera todos os números de nível de cabeçalho inferiores.
        sectionNumbers[level-1]++;
        for(let i = level; i < sectionNumbers.length; i++) {
            sectionNumbers[i] = 0;
        }

        // Agora combina os números de seção de todos os níveis de cabeçalho
        // para produzir um número de seção como 2.3.1.
        let sectionNumber = sectionNumbers.slice(0, level).join(".");

        // Adiciona o número de seção no título do cabeçalho de seção.
        // Colocamos o número em um <span> para que possa ser estilizado.
        let span = document.createElement("span");
        span.className = "TOCSectNum";
        span.textContent = sectionNumber;
        heading.prepend(span);
```

```
            // Empacota o cabeçalho em uma âncora nomeada para que possamos nos vincular a ele.
            let anchor = document.createElement("a");
            let fragmentName = `TOC${sectionNumber}`;
            anchor.name = fragmentName;
            heading.before(anchor);     // Insere a âncora antes do cabeçalho
            anchor.append(heading);     // e move o cabeçalho para dentro da âncora

            // Agora cria um link para essa seção.
            let link = document.createElement("a");
            link.href = `#${fragmentName}`;     // Destino do link

            // Copia o texto do cabeçalho para o link. É um uso seguro de
            // innerHTML porque não estamos inserindo strings não confiáveis.
            link.innerHTML = heading.innerHTML;

            // Coloca o link em um div que pode ser estilizado de acordo com o nível.
            let entry = document.createElement("div");
            entry.classList.add("TOCEntry", `TOCLevel${level}`);
            entry.append(link);

            // E adiciona o div no contêiner de TOC.
            toc.append(entry);
        }
    });
```

15.4 Escrevendo *scripts* CSS

Vimos que JavaScript pode controlar a estrutura lógica e o conteúdo de documentos HTML. Ele também pode controlar a aparência visual e o *layout* desses documentos com *scripts* CSS. As subseções a seguir explicam algumas técnicas diferentes que o código JavaScript pode usar para trabalhar com CSS.

Este é um livro sobre JavaScript, não sobre CSS, e esta seção pressupõe que você já possua um conhecimento básico de como o CSS é usado para alterar o estilo de conteúdo HTML. Ainda assim, vale mencionar alguns dos estilos CSS que normalmente utilizam *scripts* JavaScript:

- Configurar o estilo `display` para "*none*" oculta um elemento. É possível exibir o elemento posteriormente se configurarmos `display` com algum outro valor.
- É possível posicionar elementos dinamicamente configurando o estilo `position` para "*absolute*", "*relative*" ou "*fixed*" e então configurar os estilos `top` e `left` para as coordenadas desejadas. Isso é importante quando usamos JavaScript para exibir conteúdo dinâmico, como diálogos modais e dicas de ferramenta.
- É possível deslocar, ampliar ou reduzir a escala e girar elementos com o estilo `transform`.
- É possível animar mudanças a outros estilos CSS usando o estilo `transition`. Essas animações são executadas automaticamente pelo navegador Web e não precisam de JavaScript, mas você pode usar o JavaScript para iniciar as animações.

15.4.1 Classes CSS

A forma mais simples de usar JavaScript para afetar o estilo do conteúdo do documento é adicionar e remover nomes de classe CSS do atributo `class` das *tags* HTML. Isso é fácil com a propriedade `classList` dos objetos Element, como explicado em "O atributo class", na página 445.

Suponha, por exemplo, que a folha de estilos do seu documento inclua uma definição para uma classe "*hidden*":

```
.hidden {
  display:none;
}
```

Com esse estilo definido, você pode ocultar (e então mostrar) um elemento com o seguinte código:

```
// Suponha que esse elemento "tooltip" tenha class="hidden" no arquivo HTML.
// Podemos torná-lo visível assim:
document.querySelector("#tooltip").classList.remove("hidden");

// E podemos ocultá-lo novamente assim:
document.querySelector("#tooltip").classList.add("hidden");
```

15.4.2 Estilos em linha

Para continuar com o exemplo anterior de dica de ferramenta, imagine que o documento esteja estruturado com um único elemento de dica de ferramenta e queremos posicioná-lo dinamicamente antes de exibi-lo. Em geral, não podemos criar uma classe de folhas de estilo diferente para cada posição possível da dica de ferramenta; então, a propriedade `classList` não nos ajudará com o posicionamento.

Nesse caso específico, precisamos criar o *script* do atributo `style` do elemento dica de ferramenta para configurar estilos em linha específicos a esse elemento específico. O DOM define uma propriedade `style` em todos os objetos Element que correspondem ao atributo `style`. Ao contrário da maioria das propriedades desse tipo, entretanto, a propriedade `style` não é uma *string*. Em vez disso, é um objeto CSSStyleDeclaration: uma representação analisada dos estilos CSS que aparecem em forma textual no atributo `style`. Para exibir e configurar a posição da nossa dica de ferramenta hipotética com JavaScript, poderíamos usar o seguinte código:

```
function displayAt(tooltip, x, y) {
    tooltip.style.display = "block";
    tooltip.style.position = "absolute";
    tooltip.style.left = `${x}px`;
    tooltip.style.top = `${y}px`;
}
```

Convenções de atribuição de nomes: propriedades CSS em JavaScript

Muitas propriedades de estilo CSS, como `font-size`, contêm hífens em seus nomes. Em JavaScript, um hífen é interpretado como um sinal de subtração, de modo que não é permitido em nomes de propriedade ou outros identificadores. Portanto, os nomes das propriedades do objeto CSSStyleDeclaration são ligeiramente diferentes dos nomes das propriedades CSS. Se um nome de propriedade CSS contém um ou mais hífens, o nome de propriedade CSSStyleDeclaration é formado removendo-se os hífens e colocando-se em maiúscula a letra imediatamente após cada hífen. Assim, a propriedade CSS `border-left-width` é acessada por meio da propriedade JavaScript `borderLeftWidth`, e a propriedade CSS `font-family` é escrita como `fontFamily` em JavaScript.

Quando trabalhar com as propriedades de estilo do objeto CSSStyleDeclaration, lembre-se de que todos os valores devem ser especificados como *strings*. Em uma folha de estilo ou no atributo `style`, você pode escrever:

```
display: block; font-family: sans-serif; background-color: #ffffff;
```

Para fazer o mesmo em um elemento e com JavaScript, todos os valores precisam ser colocados entre aspas:

```
e.style.display = "block";
e.style.fontFamily = "sans-serif";
e.style.backgroundColor = "#ffffff";
```

Note que os pontos e vírgulas ficam fora das *strings*. Eles são apenas pontos e vírgulas normais de JavaScript; os pontos e vírgulas utilizados em folhas de estilos CSS não são exigidos como parte dos valores de *string* definidos com JavaScript.

Além disso, lembre-se de que muitas propriedades CSS exigem unidades como "px" para pixels ou "pt" para pontos. Assim, não é correto configurar a propriedade `marginLeft` como segue:

```
e.style.marginLeft = 300;     // Incorreto: esse é um número, não uma string
e.style.marginLeft = "300";   // Incorreto: estão faltando as unidades
```

As unidades são obrigatórias ao se configurarem propriedades de estilo em JavaScript, assim como acontece ao se configurarem propriedades de estilo em folhas de estilo. O modo correto de configurar o valor da propriedade `marginLeft` de um elemento e como 300 pixels é:

```
e.style.marginLeft = "300px";
```

Se quiser configurar uma propriedade CSS com um valor calculado, anexe as unidades no final do cálculo:

```
e.style.left = `${x0 + left_border + left_padding}px`;
```

Lembre-se de que algumas propriedades CSS, como `margin`, são atalhos para outras propriedades, como `margin-top`, `margin-right`, `margin-bottom` e `margin-left`. O objeto CSSStyleDeclaration tem propriedades que correspondem a essas propriedades de atalho. Por exemplo, você poderia configurar a propriedade `margin` como segue:

```
e.style.margin = `${top}px ${right}px ${bottom}px ${left}px`;
```

Às vezes, você pode achar mais fácil configurar ou consultar o estilo em linha de um elemento como um único valor de *string*, em vez de como um objeto CSSStyleDeclaration. Para fazer isso, pode usar os métodos `getAttribute()` e `setAttribute()` de Element ou a propriedade `cssText` do objeto CSSStyleDeclaration:

```
// Copia os estilos em linha do elemento e para o elemento f:
f.setAttribute("style", e.getAttribute("style"));

// Ou faça assim:
f.style.cssText = e.style.cssText;
```

Quando consultar a propriedade `style` de um elemento, tenha em mente que ela representa apenas os estilos em linha de um elemento e que a maioria dos estilos, para a maioria dos elementos, é especificada nas folhas de estilo e não em linha. Além disso, os valores que você obtém quando consulta a propriedade `style` usarão as unidades e o formato de propriedades de atalho usados de fato no atributo HTML, e seu código poderá precisar realizar uma análise sofisticada para interpretá-las. Em geral, se quiser consultar os estilos de um elemento, você provavelmente vai querer usar *estilos calculados*, que serão discutidos a seguir.

15.4.3 Estilos calculados

O estilo calculado de um elemento é o conjunto de valores de propriedade que o navegador deriva (ou computa) do estilo em linha, mais todas as regras de estilo aplicáveis de todas as folhas de estilo: é o conjunto de propriedades realmente usadas para exibir o elemento. Assim como os estilos em linha, os estilos calculados são representados por um objeto CSSStyleDeclaration. Ao contrário dos estilos em linha, contudo, os estilos calculados são somente de leitura. Não é possível configurar esses estilos, mas o objeto CSSStyleDeclaration calculado de um elemento permite determinar quais valores de propriedade de estilo o navegador utilizou ao renderizar esse elemento.

Obtenha o estilo calculado de um elemento com o método `getComputedStyle()` do objeto Window. O primeiro argumento desse método é o elemento cujo estilo calculado é desejado. O segundo argumento opcional é usado para especificar o pseudoelemento CSS, como "*:before*" ou "*:after*":

```
let title = document.querySelector("#section1title");
let styles = window.getComputedStyle(title);
let beforeStyles = window.getComputedStyle(title, "::before");
```

O valor de retorno de `getComputedStyle()` é um objeto CSSStyleDeclaration que representa todos os estilos aplicados ao elemento (ou pseudoelemento) especificado. Existem várias diferenças importantes entre um objeto CSSStyleDeclaration que representa estilos em linha e um que representa estilos calculados:

- As propriedades de estilo calculadas são somente de leitura.
- As propriedades de estilo calculadas são *absolutas*: unidades relativas, como porcentagens e pontos, são convertidas em valores absolutos. Qualquer propriedade que especifique um tamanho (como um tamanho de margem ou de fonte) terá um valor medido em pixels. Esse valor será uma *string* com o sufixo "px", de modo que você ainda precisará analisá-lo, mas não precisará analisar nem converter unidades. As propriedades cujos valores são cores serão retornadas no formato "rgb()" ou "rgba()".
- As propriedades de atalho não são calculadas, apenas as propriedades fundamentais em que são baseadas. Não consulte a propriedade `margin`, por exemplo, mas use `marginLeft`, `marginTop` etc. Da mesma forma, não consulte `border` ou mesmo `borderWidth`. Em vez disso, use `borderLeftWidth`, `borderTopWidth` etc.
- A propriedade `cssText` do estilo calculado é indefinida.

Um objeto CSSStyleDeclaration retornado por `getComputedStyle()` geralmente contém muito mais informações sobre um elemento do que o objeto CSSStyleDeclaration obtido a partir da propriedade em linha `style` do elemento. Mas os estilos calculados podem ser complicados e consultá-los nem sempre fornece a informação esperada. Considere a propriedade `font-family`: ela aceita uma lista separada por vírgulas de famílias de fonte desejáveis para portabilidade entre plataformas. Quando você consulta a propriedade `fontFamily` de um estilo calculado, está simplesmente obtendo o valor do estilo de `font-family` mais específico aplicado ao elemento. Isso pode retornar um valor como "arial,helvetica,sans-serif", que não informa o tipo de letra que está realmente em uso. Da mesma forma, se um elemento não está posicionado de forma absoluta, tentar consultar sua posição e seu tamanho por meio das propriedades `top` e `left` de seu estilo calculado com frequência retorna o valor `auto`. Esse é um valor CSS perfeitamente válido, mas provavelmente não é o que você estava buscando.

Embora CSS possa ser usada para especificar precisamente a posição e o tamanho de elementos do documento, consultar o estilo calculado de um elemento não é a melhor maneira para determinar o tamanho e a posição do elemento. Consulte a Seção 15.5.2 para ver uma alternativa mais simples e portável.

15.4.4 Escrevendo scripts de folhas de estilo

Além de escrever *scripts* de atributos de classe e estilos em linha, JavaScript também pode manipular as folhas de estilo em si. As folhas de estilo estão associadas a um documento HTML com uma *tag* `<style>` ou com uma *tag* `<link rel="stylesheet">`. Ambas são *tags* HTML normais; então, é possível dar a ambas atributos `id` e então pesquisá-los com `document.querySelector()`.

Os objetos Element para as *tags* `<style>` e `<link>` têm uma propriedade `disabled` que você pode usar para desabilitar toda a folha de estilos. Você poderia utilizá-lo em código como o seguinte:

```
// Esta função alterna entre os temas "light" e "dark"
function toggleTheme() {
    let lightTheme = document.querySelector("#light-theme");
    let darkTheme = document.querySelector("#dark-theme");
    if (darkTheme.disabled) {           // Atualmente light, altera para dark
        lightTheme.disabled = true;
        darkTheme.disabled = false;
    } else {                            // Atualmente dark, altera para light
        lightTheme.disabled = false;
        darkTheme.disabled = true;
    }
}
```

Outra forma simples de escrever *scripts* de folhas de estilo é inserir novas no documento usando as técnicas de manipulação de DOM que vimos anteriormente. Por exemplo:

```
function setTheme(name) {
    // Cria um novo elemento <link rel="stylesheet"> para carregar a folha de estilo com nome
    let link = document.createElement("link");
    link.id = "theme";
    link.rel = "stylesheet";
    link.href = `themes/${name}.css`;

    // Procura um link existente com a identificação "theme"
    let currentTheme = document.querySelector("#theme");
    if (currentTheme) {
        // Se há um tema existente, substitui-o com o novo.
        currentTheme.replaceWith(link);
    } else {
        // Caso contrário, apenas insere o link para a folha de estilo theme.
        document.head.append(link);
    }
}
```

De forma menos sutil, você também poderia simplesmente inserir uma *string* de HTML com uma *tag* `<style>` no seu documento. É um truque divertido. Por exemplo:

```
document.head.insertAdjacentHTML(
    "beforeend",
    "<style>body{transform:rotate(180deg)}</style>"
);
```

Os navegadores definem uma API que permite que JavaScript analise suas folhas de estilo para consultar, modificar, inserir e excluir regras de estilo na folha de estilo. Essa API é tão especializada que não está documentada aqui. Para ler sobre ela, visite a MDN e busque por "CSSStyleSheet" e "CSS Object Model".

15.4.5 Animações e eventos CSS

Imagine que você tem as duas classes CSS a seguir definidas em uma folha de estilo:

```
.transparent { opacity: 0; }
.fadeable { transition: opacity .5s ease-in }
```

Se você aplicar o primeiro estilo a um elemento, este ficará totalmente transparente e, logo, invisível. Mas se aplicar o segundo estilo, que diz ao navegador que, quando a opacidade do elemento muda, essa mudança deve ser animada durante um período de 0,5 segundos, o "*ease-in*" especifica que a animação de mudança da opacidade deve iniciar lentamente e então acelerar.

Agora suponha que o seu documento HTML contenha um elemento com a classe "*fadeable*":

```
<div id="subscribe" class="fadeable notification">...</div>
```

Em JavaScript, você pode adicionar a classe "*transparent*":

```
document.querySelector("#subscribe").classList.add("transparent");
```

Esse elemento está configurado para animar variações de opacidade. Adicionar a classe "*transparent*" muda a opacidade e dispara uma animação: o navegador faz um elemento desaparecer aos poucos (*fade out*) até que fique totalmente transparente durante um período de meio segundo.

Isso também funciona ao contrário: se remover a classe "*transparent*" de um elemento "*fadeable*", também é uma mudança de opacidade, e o elemento reaparece gradualmente e se torna visível novamente.

JavaScript não precisa fazer nada para que essas animações aconteçam: são um efeito de CSS puro. Mas JavaScript pode ser usada para dispará-las.

JavaScript também pode ser usada para monitorar o progresso de uma transição de CSS, pois o navegador Web dispara eventos no início e no fim de uma transição. O evento "*transitionrun*" é disparado quando a transição é disparada inicialmente. Isso pode acontecer antes de qualquer mudança visual começar, quando o estilo `transition-delay` foi especificado. Uma vez que as mudanças visuais começam, um evento "*transitionstart*" é disparado; quando a animação é completada, um evento "*transitionend*" é disparado. O alvo de todos esses eventos é o elemento sendo animado, obviamente. O objeto evento passado para as rotinas de tratamento desses eventos é um objeto TransitionEvent. Ele tem uma propriedade `propertyName` que especifica a propriedade CSS sendo animada e uma propriedade `elapsedTime` que, para eventos "*transitionend*", especifica quantos segundos se passaram desde o evento "*transitionstart*".

Além de transições, CSS também suporta uma forma mais complexa de animação chamada simplesmente de "CSS Animations". Estas usam propriedades CSS como `animationname` e `animation-duration` e uma regra especial `@keyframes` para definir os detalhes da animação. Os detalhes de como as animações CSS funcionam estão além do escopo deste livro, mas, mais uma vez, se você definir todas as propriedades da animação em uma classe CSS, você pode usar JavaScript para disparar a animação, basta adicionar a classe ao elemento que deverá ser animado.

E assim como as transições CSS, as animações CSS também disparam eventos para os quais o seu código JavaScript pode ficar atento. "*animationstart*" é disparado quando a animação começa e "*animationend*" quando ela está completa. Se a animação é repetida mais de uma vez, um evento "*animationiterat*" é disparado após cada repetição, exceto a última. O alvo do evento é o elemento animado, e o objeto de evento passado para as funções de rotina de tratamento é um objeto AnimationEvent. Esses eventos incluem uma propriedade `animationName` que especifica a propriedade `animation-name` que define a animação e uma propriedade `elapsedTime` que especifica quantos segundos se passaram desde o início da animação.

15.5 Geometria e rolagem de documentos

Até aqui, neste capítulo, consideramos os documentos como árvores abstratas de elementos e nós de texto. Mas quando um navegador renderiza um documento dentro de uma janela, ele cria uma representação visual do documento na qual cada elemento tem uma posição e um tamanho. Frequentemente, os aplicativos Web podem tratar os documentos como árvores de elementos e nunca precisam pensar em como esses elementos são renderizados na tela. Às vezes, no entanto, é necessário determinar a geometria precisa de um elemento. Se, por exemplo, você quiser usar CSS para posicionar dinamicamente um elemento (como uma dica de ferramenta) ao lado de algum elemento normal posicionado pelo navegador, precisa determinar a localização desse elemento.

As subseções a seguir explicam como você pode ir e voltar entre o *modelo* abstrato baseado em árvore de um documento e o modo de *exibição* geométrico baseado em coordenadas do documento, conforme é apresentado na janela de um navegador.

15.5.1 Coordenadas do documento e coordenadas da janela de visualização

A posição de um elemento de documento é medida em pixels CSS, com a coordenada *x* aumentando para a direita e a coordenada *y* aumentando à medida que nos deslocamos para baixo. Contudo, existem dois pontos diferentes que podemos usar como origem do sistema de coordenadas: as coordenadas *x* e *y* de um elemento podem ser relativas ao canto superior esquerdo do documento ou ao canto superior esquerdo da *janela de visualização* em que o documento é exibido. Em janelas e guias de nível superior, a "janela de visualização" é a parte do navegador que realmente exibe conteúdo de documento: isso exclui a "moldura" do navegador, como *menus*, barras de ferramentas e guias. Para documentos exibidos em *tags* `<iframe>`, é o elemento *iframe* no DOM que define a janela de visualização para o documento aninhado. Em ambos os casos, quando falamos sobre a posição de um elemento, devemos esclarecer se estamos usando coordenadas do documento ou coordenadas da janela de visualização (note que as coordenadas da janela de visualização às vezes são chamadas de "coordenadas da janela").

Se o documento é menor do que a janela de visualização ou se não foi rolado, seu canto superior esquerdo é o canto superior esquerdo da janela de visualização, e os sistemas de coordenadas do documento e da janela de visualização são os mesmos. Em geral, contudo, para converter entre os dois sistemas de coordenadas devemos adicionar ou subtrair os *deslocamentos de rolagem*. Se um elemento tem uma coordenada *y* de 200 pixels em coordenadas do documento, por exemplo, e se o usuário rolou o navegador para baixo por 75 pixels, então esse elemento tem uma coordenada *y* de 125 pixels em coordenadas da janela de visualização. Da mesma forma, se um elemento tem uma coordenada *x* de 400 em coordenadas da janela de visualização e o usuário rolou a janela de visualização por 200 pixels horizontalmente, a coordenada *x* do elemento em coordenadas do documento é 600.

Se usamos o modelo mental de documentos de papel impressos, é lógico pressupor que cada elemento em um documento deve ter uma posição única nas coordenadas do documento, independentemente de quanto o usuário rolou o documento. É uma propriedade positiva dos documentos de papel e se aplica para documentos simples na Web, mas, em geral, coordenadas de documento não funcionam de verdade na Web. O problema é que a propriedade CSS `overflow` permite que os elementos em um documento contenham mais conteúdo do que ele consegue exibir. Os documentos podem ter suas próprias barras de rolagem e servirem de janelas de visualização para o conteúdo que contêm. O fato de que a Web permite a rolagem de elementos dentro de um documento com rolagem significa que simplesmente não é possível descrever a posição de um elemento dentro do documento usando um único ponto (x,y).

Como as coordenadas do documento não funcionam de fato, JavaScript do lado do cliente tende a usar as coordenadas da janela de visualização. Os métodos `getBoundingClientRect()` e `elementFromPoint()` descritos a seguir usam as coordenadas da janela de visualização, por exemplo, e as propriedades `clientX` e `clientY` de objetos de evento de *mouse* e de cursor também usam esse sistema de coordenadas.

Quando você posiciona um elemento explicitamente usando CSS com `position:fixed`, as propriedades `top` e `left` são interpretadas em coordenadas da janela de visualização. Se usa `position:relative`, o elemento é posicionado em relação a onde estaria se não tivesse a propriedade `position` configurada. Se você usa `position:absolute`, então `top` e `left` são relativas ao documento ou ao elemento posicionado circundante mais próximo. Isso significa, por exemplo, que um elemento posicionado absolutamente dentro de um elemento posicionado relativamente está posicionado em relação ao elemento circundante, não ao documento geral. Pode ser útil criar um contêiner posicionado relativamente com `top` e `left` configurados como 0 (para que o contêiner seja disposto normalmente) a fim de estabelecer uma nova origem do sistema de coordenadas para os elementos posicionados absolutamente que ele contém. Podemos chamar esse novo sistema de coordenadas de "coordenadas do contêiner" para diferenciá-las das coordenadas do documento e das coordenadas da janela de visualização.

Pixels CSS

Se, como eu, você é velho o suficiente para lembrar de monitores de computador com resoluções de 1024 × 768 e telefones com telas *touchscreen* de 320 × 480, você ainda pode achar que a palavra "pixel" se refere a um único "elemento de imagem" no *hardware*. Os monitores 4K e telas "Retina" têm resoluções tão altas que os pixels de *software* foram separados dos pixels de *hardware*. Um pixel CSS – e, logo, um pixel de JavaScript do lado do cliente – pode, na verdade, ser composto de múltiplos pixels do dispositivo. A propriedade `devicePixelRatio` do objeto Window especifica quantos pixels do dispositivo são usados para cada pixel de *software*. Um "dpr" de 2, por exemplo, significa que cada pixel de *software* é, na verdade, uma grade de 2 × 2 de pixels de *hardware*. O valor de `devicePixelRatio` depende da resolução física do seu *hardware*, das configurações do seu sistema operacional e do nível de *zoom* do seu navegador.

`devicePixelRatio` não precisa ser um número inteiro. Se você está usando um tamanho de fonte CSS de "12px" e a relação de pixels do dispositivo é 2,5, o tamanho da fonte real, em pixels do dispositivo, é 30. Como os valores de pixel que usamos em CSS não correspondem mais diretamente aos pixels individuais na tela, as coordenadas de pixel não precisam mais ser números inteiros. Se `devicePixelRatio` é 3, uma coordenada de 3,33 faz o mais perfeito sentido. E se a razão é, na verdade, 2, uma coordenada de 3,33 será simplesmente arredondada para 3,5.

15.5.2 Consultando a geometria de um elemento

É possível determinar o tamanho (incluindo o preenchimento e a borda CSS, mas não a margem) e a posição (em coordenadas da janela de visualização) de um elemento chamando o seu método `getBoundingClientRect()`. O método não recebe argumentos e retorna um objeto com as propriedades `left`, `right`, `top`, `bottom`, `width` e `height`. As propriedades `left` e `top` dão as coordenadas *x* e *y* do canto superior esquerdo do elemento, e as propriedades `right` e `bottom` dão as coordenadas do canto inferior direito. As diferenças entre esses valores são as propriedades `width` (largura) e `height` (altura).

Elementos de bloco, como imagens, parágrafos e elementos `<div>`, quando expostos pelo navegador são sempre retangulares. No entanto, os elementos em linha, como `<span>`, `<code>` e `<b>`, podem abranger várias linhas e, portanto, consistir em vários retângulos. Imagine, por exemplo, um texto entre as *tags* `<em>` e `</em>`, que por acaso é exibido de forma a ser dividido entre duas linhas. Seus retângulos são compostos pelo final da primeira linha e pelo início da segunda. Se você chama `getBoundingClientRect()` nesse elemento, o retângulo de contorno inclui toda a largura de ambas as linhas. Se quiser consultar os retângulos individuais dos elementos em linha, chame o método `getClientRects()` para obter um objeto semelhante a um *array* somente de leitura cujos elementos são objetos retângulos como aqueles retornados por `getBoundingClientRect()`.

15.5.3 Determinando o elemento em um ponto

O método `getBoundingClientRect()` nos permite determinar a posição atual de um elemento em uma janela de visualização. Às vezes, queremos ir em outra direção e determinar qual elemento existe em determinada posição na janela de visualização. Isso pode ser determinado com o método `elementFromPoint()` do objeto Document. Passe as coordenadas *x* e *y* (usando coordenadas da janela de visualização e não coordenadas do documento: as coordenadas `clientX` e `clientY` de um evento de *mouse* funcionam, por exemplo). `elementFromPoint()` vai retornar o objeto Element que está na posição especificada. O algoritmo *detecção de acertos* para selecionar o elemento não está especificado precisamente, mas o objetivo desse método é retornar o elemento mais interno (aninhado mais profundamente) e o mais externo (maior atributo CSS `z-index`) nesse ponto.

15.5.4 Rolagem

O método `scrollTo()` do objeto Window recebe as coordenadas *x* e *y* de um ponto (em coordenadas do documento) e as configura como deslocamentos da barra de rolagem. Isto é, rola a janela do navegador de modo que o ponto especificado esteja no canto superior esquerdo da janela de visualização. Se você especificar um ponto próximo demais da parte inferior ou da margem direita do documento, o navegador vai movê-lo para o mais perto possível do canto superior esquerdo, mas não vai conseguir levá-lo até o fim. O código a seguir rola o navegador de modo que a página inferior do documento fique visível:

```
// Obtém a altura do documento e da janela de visualização.
let documentHeight = document.documentElement.offsetHeight;
let viewportHeight = window.innerHeight;
// E rola de modo que a última "página" apareça na janela de visualização
window.scrollTo(0, documentHeight - viewportHeight);
```

O método `scrollBy()` do objeto Window é semelhante a `scrollTo()`, mas seus argumentos são relativos e adicionados à posição de rolagem corrente:

```
// Rola 50 pixels para baixo a cada 500 ms. Note que não há maneira alguma de desativar isso!
setInterval(() => { scrollBy(0,50)}, 500);
```

Se quiser rolagem suave com `scrollTo()` ou `scrollBy()`, passe um único argumento de objeto em vez de dois números:

```
window.scrollTo({
  left: 0,
  top: documentHeight - viewportHeight,
  behavior: "smooth"
});
```

Frequentemente, em vez de rolar para uma posição numérica no documento, queremos apenas rolar de modo que determinado elemento do documento fique visível. Para isso, você pode chamar o método `scrollIntoView()` no elemento HTML desejado. Esse método garante que o elemento em que é chamado esteja visível na janela de visualização.

Por padrão, ele tenta colocar a margem superior do elemento na parte superior da janela de visualização ou próximo a ela. Se você passar `false` como o único argumento, ele vai tentar colocar a margem inferior do elemento na parte inferior da porta de visualização. O navegador também vai rolar a janela de visualização horizontalmente, conforme o necessário, para tornar o elemento visível.

Também é possível passar um objeto para `scrollIntoView()` com a configuração de `behavior:"smooth"` para rolagem suave. É possível configurar a propriedade `block` para especificar onde o elemento deve ser posicionado verticalmente e a propriedade `inline` para especificar como deve ser posicionado horizontalmente se a rolagem horizontal for necessária. Os valores válidos para ambas propriedades são `start`, `end`, `nearest` e `center`.

15.5.5 Tamanho da janela de visualização, tamanho do conteúdo e posição de rolagem

Como vimos, as janelas de navegador e outros elementos HTML podem exibir conteúdo com rolagem. Nesse caso, às vezes precisamos saber o tamanho da janela de visualização, o tamanho do conteúdo e os deslocamentos de rolagem do conteúdo dentro da janela de visualização. Esta seção abrange esses detalhes.

Para janelas de navegador, o tamanho da janela de visualização é dado pelas propriedades `window.innerWidth` e `window.innerHeight` (as páginas Web otimizadas para dispositivos móveis muitas vezes usam uma *tag* `<meta name="viewport">` na sua `<head>` para configurar a largura da janela de visualização desejada para a página). O tamanho total do documento é o mesmo que o tamanho do elemento `<html>`, `document.documentElement`. Você pode chamar `getBoundingClientRect()` em `document.documentElement` para obter a largura e a altura do documento, ou pode usar as propriedades `offsetWidth` e `offsetHeight` de `document.documentElement`. Os deslocamentos de rolagem do documento dentro da sua janela de visualização estão disponíveis na forma de `window.scrollX` e `window.scrollY`. Estas são propriedades somente de leitura, então não é possível configurá-las para rolar o documento: use `window.scrollTo()` no seu lugar.

A situação é um pouco mais complexa para elementos. Cada objeto Element define os três grupos de propriedades a seguir:

```
offsetWidth     clientWidth     scrollWidth
offsetHeight    clientHeight    scrollHeight
offsetLeft      clientLeft      scrollLeft
offsetTop       clientTop       scrollTop
offsetParent
```

As propriedades `offsetWidth` e `offsetHeight` de um elemento retornam o seu tamanho na tela em pixels CSS. Os tamanhos retornados incluem a borda e o preenchimento do elemento, mas não as margens. As propriedades `offsetLeft` e `offsetTop` retornam as coordenadas *x* e *y* do elemento. Para muitos elementos, esses valores são coordenadas do documento. Mas para descendentes de elementos posicionados e para alguns outros elementos, como células de tabela, essas propriedades retornam coordenadas relativas a um elemento ascendente, em vez de o documento em si. A propriedade `offsetParent` especifica a qual elemento as propriedades são relativas. Todas essas propriedades são somente de leitura.

`clientWidth` e `clientHeight` são como `offsetWidth` e `offsetHeight`, exceto que não incluem o tamanho da borda, mas apenas a área de conteúdo e seu preenchimento. As propriedades `clientLeft` e `clientTop` não são muito úteis: elas retornam a distância horizontal e vertical entre a parte externa do preenchimento de um elemento e a parte externa de sua borda. Normalmente, esses valores são apenas a largura das bordas esquerda e superior. Essas propriedades cliente são somente de leitura. Para elementos em linha como <i>, <code> e <span>, elas sempre retornam 0.

`scrollWidth` e `scrollHeight` retornam o tamanho da área de conteúdo de um elemento, mais seu preenchimento, mais qualquer conteúdo que exceda o tamanho da área de conteúdo. Quando o conteúdo cabe dentro da área de conteúdo sem transbordar (*overflow*), essas propriedades são iguais a `clientWidth` e `clientHeight`. Mas quando há *overflow*, elas incluem o conteúdo em questão e valores de retorno maiores do que `clientWidth` e `clientHeight`. Por fim, `scrollLeft` e `scrollTop` fornecem o deslocamento de rolagem do conteúdo do elemento dentro da janela de visualização do elemento. Ao contrário de todas as outras propriedades descritas nesta subseção, `scrollLeft` e `scrollTop` são propriedades graváveis e é possível configurá-las para rolar o conteúdo dentro de um elemento (na maioria dos navegadores, os objetos Element também têm métodos `scrollTo()` e `scrollBy()`, como têm o objeto Window, mas estes ainda não têm suporte universal).

15.6 Componentes Web

HTML é uma linguagem de marcação de documentos e define um amplo conjunto de *tags* para essa finalidade. Nas últimas três décadas, se tornou a linguagem usada para descrever as interfaces do usuário de aplicativos Web, mas *tags* HTML básicas como <input> e <button> não são adequadas para projetos de UI modernos. Os desenvolvedores Web fazem com que funcione, mas apenas porque usam CSS e JavaScript para ampliar a aparência e o comportamento das *tags* HTML básicas. Considere um componente típico da interface com o usuário, como a caixa de pesquisa mostrada na Figura 15-3.

O elemento HTML <input> pode ser usado para aceitar uma única linha de entrada do usuário, mas não tem como exibir ícones como a lupa na esquerda ou o botão de cancelar na direita. Para implementar um elemento de interface com o usuário moderno como este para a Web, precisamos usar ao menos quatro elementos HTML: um

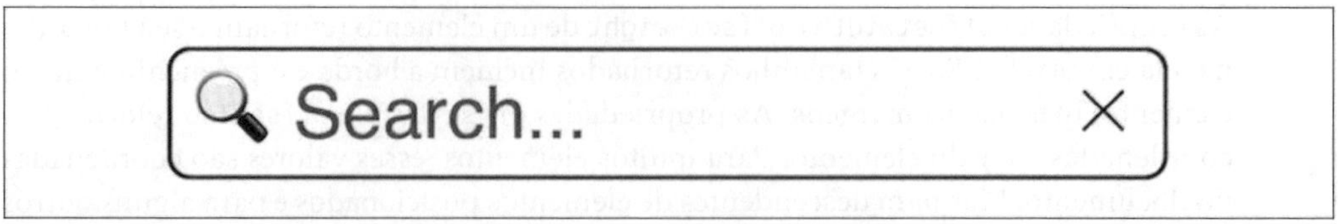

FIGURA 15-3 Um componente de interface com o usuário de caixa de pesquisa.

elemento `<input>` para aceitar e exibir a entrada do usuário, dois elementos `<img>` (ou, neste caso, dois elementos `<span>` que exibem caracteres Unicode) e um elemento contêiner `<div>` para conter esses três filhos. Além disso, temos que usar CSS para ocultar a borda padrão do elemento `<input>` e definir uma borda para o contêiner. E precisamos usar JavaScript para fazer todos os elementos HTML funcionarem em conjunto. Quando o usuário clica no ícone X, precisamos de uma rotina de tratamento de evento para limpar a entrada do elemento `<input>`, por exemplo.

É muito trabalho para todas as vezes que você quer exibir uma caixa de pesquisa em um aplicativo Web e, atualmente, a maior parte desses aplicativos não é escrita com HTML "bruto". Em vez disso, muitos desenvolvedores Web usam *frameworks* como React e Angular, que suportam a criação de componentes de interface com o usuário reutilizáveis, como a caixa de pesquisa mostrada na Figura 15-3. Os componentes Web são uma opção nativa dos navegadores a esses *frameworks*, baseada em três adições relativamente recentes aos padrões da Web e que permitem que JavaScript estenda HTML com novas *tags* que funcionam como componentes de UI reutilizáveis e autocontidos.

As subseções a seguir explicam como usar os componentes Web definidos por outros desenvolvedores nas suas próprias páginas Web e explicam cada uma das três tecnologias nas quais os componentes Web se baseiam. Por fim, reunimos todas as três em um exemplo que implementa o elemento de caixa de pesquisa representado na Figura 15-3.

15.6.1 Usando componentes Web

Os componentes Web são definidos em JavaScript; então, para usar um componente Web no seu arquivo HTML, é preciso incluir o arquivo JavaScript que define o componente. Como os componentes Web são uma tecnologia relativamente nova, muitas vezes são escritos como módulos de JavaScript, então você poderia incluir um deles no seu HTML da seguinte forma:

```
<script type="module" src="components/search-box.js">
```

Os componentes Web definem seus próprios nomes de *tag* HTML, com a restrição importante de que esses nomes de *tag* devem incluir um hífen (o que significa que versões futuras do HTML podem introduzir novas *tags* sem hífens e que não haverá como as *tags* entrarem em conflito com o componente Web de ninguém). Para usar um componente Web, basta usar sua *tag* no seu arquivo HTML:

```
<search-box placeholder="Search..."></search-box>
```

Assim como as *tags* HTML normais, os componentes Web podem ter atributos; a documentação para o componente que você está usando deve informá-lo quais atributos são suportados. Os componentes Web não podem ser definidos com *tags* que se fecham sozinhas. Você não pode escrever `<search-box/>`, por exemplo. Seu arquivo HTML deve incluir a *tag* de abertura e a *tag* de fechamento.

Assim como os elementos HTML normais, alguns componentes Web são escritos de modo a esperar filhos, e outros são escritos de modo que não esperam (e não exibem) filhos. Alguns componentes Web são escritos para terem a opção de aceitar filhos com rótulos especiais que aparecem em "*slots*" nomeados. O componente `<search-box>` apresentado na Figura 15-3 e implementado no Exemplo 15-3 usa "*slots*" para os dois ícones que exibe. Se quiser usar uma `<search-box>` com ícones diferentes, você pode usar código HTML como o seguinte:

```
<search-box>
  <img src="images/search-icon.png" slot="left"/>
  <img src="images/cancel-icon.png" slot="right"/>
</search-box>
```

O atributo `slot` é uma extensão do HTML usada para especificar quais filhos devem ser posicionados onde. Os nomes de *slot* ("*left*" e "*right*", neste exemplo) são definidos pelo componente Web. Se o componente que você está usando suporta *slots*, tal fato deve ser incluído na sua documentação.

Observei anteriormente que os componentes Web muitas vezes são implementados como módulos JavaScript e podem ser carregados em arquivos HTML com uma *tag* `<script type="module">`. No começo deste capítulo, vimos que módulos são carregados após o conteúdo do documento ser analisado, como se tivessem uma *tag* `deferred`. Isso significa que um navegador Web normalmente analisa e renderiza *tags* como `<search-box>` antes de executar o código que lhe informa o que é uma `<search-box>`. Isso é normal quando usamos componentes Web. Os analisadores de HTML nos navegadores Web são flexíveis e "compreensivos" quando se trata de entradas que não entendem. Quando encontram uma *tag* de componente Web antes de esse componente ter sido definido, eles acrescentam um HTMLElement genérico à árvore DOM, embora não saibam o que fazer com ele. Posteriormente, quando o elemento personalizado for definido, o elemento genérico ganha um "*upgrade*" para que tenha a aparência e o comportamento desejados.

Se um componente Web tem filhos, estes provavelmente serão exibidos de forma incorreta antes de o componente ser definido. É possível usar o CSS a seguir para manter os componentes Web ocultos até serem definidos:

```
/*
* Torna o componente <search-box> invisível até ser definido.
* E tenta duplicar seu layout e tamanho futuros para que o
* conteúdo próximo não se mova quando ele for definido.
*/
  search-box:not(:defined) {
  opacity:0;
  display: inline-block;
  width: 300px;
  height: 50px;
}
```

Assim como os elementos HTML normais, os componentes Web podem ser usados em JavaScript. Se você incluir uma *tag* `<search-box>` na sua página Web, você pode obter uma referência a ela com `querySelector()` e um seletor CSS apropriado, assim como faria para qualquer outra *tag* HTML. Em geral, só faz sentido fazer isso depois que o módulo que define o componente foi executado, então tome cuidado quando consultar componentes Web para não fazê-lo cedo demais. As implementações de componentes Web normalmente (mas não obrigatoriamente) definem uma propriedade JavaScript para cada atributo HTML que suportam. E, assim como os elementos HTML, também podem definir métodos úteis. Mais uma vez, a documentação para o componente Web que você está utilizando deve especificar quais propriedades e métodos estão disponíveis para o seu código JavaScript.

Agora que você sabe como usar componentes Web, as próximas três seções abrangem os três recursos do navegador que nos permitem implementá-los.

Nós DocumentFragment

Antes de podermos abordar as APIs de componentes Web, precisamos voltar brevemente à API do DOM para explicar o que é um DocumentFragment. A API do DOM organiza um documento em uma árvore de objetos Node, cada um dos quais pode ser um nó Document, Element, Text ou mesmo Comment. Nenhum desses tipos de nó nos permite representar um fragmento de um documento que consiste em um conjunto de nós irmãos sem seu pai. É aqui que entra DocumentFragment: ele é outro tipo de nó que funciona como pai temporário quando queremos manipular um grupo de nós irmãos como uma única unidade. Você pode criar um nó DocumentFragment com `document.createDocumentFragment()`. Depois que tem um DocumentFragment, você pode usá-lo como um Element e usar `append()` para anexar conteúdo a ele. Um DocumentFragment é diferente de um Element porque não tem um pai. Mas, ainda mais importante, quando você insere um nó DocumentFragment no documento, o DocumentFragment em si não é inserido. Em vez disso, todos os seus filhos são inseridos.

15.6.2 Modelos HTML

A *tag* HTML `<template>` tem uma relação distante com os componentes Web, mas permite uma otimização útil para componentes que aparecem com frequência nas páginas Web. As *tags* `<template>` e suas filhas nunca são renderizadas por um navegador Web e somente são úteis em páginas Web que usam JavaScript. A ideia por trás da *tag* é que, quando uma página Web contém múltiplas repetições da mesma estrutura HTML básica (como linhas em uma tabela ou a implementação interna de um componente Web), podemos usar `<template>` para definir essa estrutura de elemento uma vez e, então, usar JavaScript para duplicar a estrutura tantas vezes quanto considerarmos necessário.

Em JavaScript, uma *tag* `<template>` é representada por um objeto HTML TemplateElement. Esse objeto define uma única propriedade `content`, e o valor dessa propriedade é um DocumentFragment de todos os nós filhos de `<template>`. Você pode clonar esse DocumentFragment e inserir a cópia clonada no seu documento quando necessário. O fragmento em si não será inserido, mas seus filhos serão. Imagine que está trabalhando com um documento que inclui uma *tag* `<table>` e `<template id="row">` e que o modelo define a estrutura de linhas da tabela. Você poderia usar o modelo do seguinte modo:

```
let tableBody = document.querySelector("tbody");
let template = document.querySelector("#row");
let clone = template.content.cloneNode(true);        // clone profundo
// ... Usa o DOM para inserir conteúdo nos elementos <td> do clone...
// Agora adiciona a linha clonada e inicializada na tabela
tableBody.append(clone);
```

Os elementos do modelo não precisam aparecer literalmente em um documento HTML para serem úteis. Você pode criar um modelo no seu código JavaScript, criar seus filhos com `innerHTML` e então produzir tantos clones quanto precisar sem a sobrecarga de análise de `innerHTML`. É assim que os modelos HTML normalmente são usados nos componentes Web, e o Exemplo 15-3 demonstra essa técnica.

15.6.3 Elementos personalizados

O segundo recurso dos navegadores Web que permite o uso de componentes Web é o "elemento personalizado": a capacidade de associar uma classe JavaScript a um nome de *tag* HTML para que todas as *tags* do tipo no documento sejam transformadas automaticamente em instâncias da classe na árvore DOM. O método `customElement.define()` recebe um nome de *tag* de componente Web como primeiro argumento (lembre-se de que o nome de *tag* deve incluir um hífen) e uma subclasse de HTMLElement como segundo argumento. Todos os elementos existentes no documento com esse nome de *tag* recebem um "*upgrade*" e se tornam instâncias recém-criadas da classe. E se, no futuro, o navegador analisar algum HTML, ele automaticamente cria uma instância da classe para cada uma das *tags* que encontra.

A classe passada para `customElements.define()` deve estender HTMLElement e não um tipo mais específico, como HTMLButtonElement[4]. No Capítulo 9, vimos que quando uma classe JavaScript estende outra classe, a função construtora deve chamar `super()` antes de usar a palavra-chave `this`, então se a classe de elemento personalizado tem uma construtora, ela deve chamar `super()` (sem argumentos) antes de realizar qualquer outra ação.

O navegador chama automaticamente determinados "métodos do ciclo de vida" de uma classe de elemento personalizado. O método `connectedCallback()` é chamado quando uma instância do elemento personalizado é inserida no documento, e muitos elementos usam esse método para realizar a inicialização. Também há um método `disconnectedCallback()` que é chamado quando (e se) o elemento é removido do documento, embora este seja usado com menos frequência.

[4] A especificação de elemento personalizado permite a criação de subclasses de `<button>` e outras classes de elemento específicas, mas não é suportada pelo Safari; é preciso uma sintaxe diferente para usar um elemento personalizado que estende qualquer coisa que não seja um HTMLElement.

Se uma classe de elemento personalizado define uma propriedade estática observedAttributes cujo valor é um *array* de nomes de atributos, e se qualquer atributo nomeado é configurado (ou alterado) em uma instância do elemento personalizado, o navegador chama o método attributeChangedCallback(), passando o nome do atributo, seu valor antigo e seu novo valor. Essa *callback* pode tomar todos os passos necessários para atualizar o componente com base nos seus valores de atributo.

As classes de elemento personalizado também definem todas as outras propriedades e métodos que quiserem. Em geral, elas definem métodos *getter* e *setter* que disponibilizam os atributos do elemento como propriedades JavaScript.

Como exemplo de elemento personalizado, suponha que queremos poder mostrar círculos dentro de parágrafos de texto normal. Gostaríamos de poder escrever código HTML como o exemplo a seguir para renderizar problemas matemáticos como aquele mostrado na Figura 15-4:

```
<p>
  The document has one marble: <inline-circle></inline-circle>.
  The HTML parser instantiates two more marbles:
  <inline-circle diameter="1.2em" color="blue"></inline-circle>
  <inline-circle diameter=".6em" color="gold"></inline-circle>.
  How many marbles does the document contain now?
</p>
```

Podemos implementar esse elemento personalizado <inline-circle> com o código mostrado no Exemplo 15-2:

Exemplo 15-2 O elemento personalizado <inline-circle>

```
customElements.define("inline-circle", class InlineCircle extends HTMLElement {
    // O navegador chama esse método quando um elemento <inline-circle>
    // é inserido no documento. Também há um disconnectedCallback()
    // que não precisamos neste exemplo.
    connectedCallback() {
        // Configura os estilos necessários para criar círculos
        this.style.display = "inline-block";
        this.style.borderRadius = "50%";
        this.style.border = "solid black 1px";
        this.style.transform = "translateY(10%)";
```

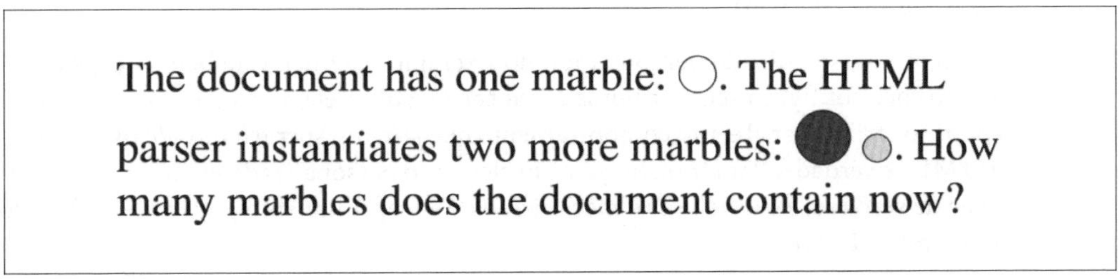

FIGURA 15-4 Um elemento personalizado de círculo em linha.

```
            // Se ainda não há um tamanho definido, configura um tamanho padrão
            // baseado no tamanho da fonte atual.
            if (!this.style.width) {
                this.style.width = "0.8em";
                this.style.height = "0.8em";
            }
        }

        // A propriedade estática observedAttributes especifica em relação a quais atributos
        // queremos receber notificações sobre mudanças. (Usamos um método getter aqui porque
        // só podemos usar "static" com métodos)
        static get observedAttributes() { return ["diameter", "color"]; }

        // Esta callback é chamada quando um dos atributos listados acima
        // muda, quando o elemento customizado é analisado originalmente, ou depois.
        attributeChangedCallback(name, oldValue, newValue) {
            switch(name) {
            case "diameter":
                // Se o atributo diameter muda, atualiza os estilos de tamanho
                this.style.width = newValue;
                this.style.height = newValue;
                break;
            case "color":
                // Se o atributo color muda, atualiza os estilos de cor
                this.style.backgroundColor = newValue;
                break;
            }
        }

        // Define as propriedades JavaScript que correspondem aos atributos
        // do elemento. Os métodos getter e setter apenas obtêm e configuram os atributos
        // subjacentes. Se a propriedade JavaScript está configurada, isso configura o
        // atributo que dispara uma chamada para attributeChangedCallback() que atualiza
        // os estilos de elemento.
        get diameter() { return this.getAttribute("diameter"); }
        set diameter(diameter) { this.setAttribute("diameter", diameter); }
        get color() { return this.getAttribute("color"); }
        set color(color) { this.setAttribute("color", color); }
    });
```

15.6.4 *Shadow* DOM

O elemento personalizado demonstrado no Exemplo 15-2 não está bem encapsulado. Quando você configura seus atributos `diameter` ou `color`, ele responde com a alteração do próprio atributo `style`, um comportamento que jamais esperaríamos de um elemento HTML de verdade. Para transformar um elemento personalizado em um componente Web de verdade, ele deve usar o mecanismo de encapsulamento poderoso conhecido como *shadow DOM*.

O *shadow* DOM permite que uma "*shadow root*" seja ligada a um elemento personalizado (e também a um elemento `<div>`, `<span>`, `<body>`, `<article>`, `<main>`, `<nav>`, `<header>`, `<footer>`, `<section>`, `<p>`, `<blockquote>`, `<aside>` ou `<h1>` a `<h6>`) conhecido como "*shadow host*". Os elementos *shadow host*, como todos os elementos HTML, já são a raiz de uma árvore DOM normal de elementos descendentes e nós de texto. Uma *shadow root* é a raiz de outra árvore de elementos descendentes, mais privada, que brota do *shadow host* e que pode ser imaginada como um minidocumento separado.

A palavra "*shadow*" ("sombra") em "*shadow* DOM" se refere ao fato de que elementos descendentes de uma *shadow root* "se escondem nas sombras": não são parte da árvore DOM normal, não aparecem no *array* `children` do seu elemento *host* e não são visitados por métodos normais de percorrer o DOM como `querySelector()`. Em contraponto, os filhos DOM normais de um *shadow host* também são chamados de "*light* DOM" ("DOM da luz").

Para entender o propósito do *shadow* DOM, imagine os elementos HTML `<audio>` e `<video>`: eles exibem uma interface com o usuário não trivial para controlar a reprodução de mídia, mas os botões de *play* e *pause* e outros elementos da UI não são parte da árvore DOM e não podem ser manipulados por JavaScript. Dado que os navegadores Web foram projetados para exibir HTML, é apenas natural que os fornecedores desses navegadores queiram exibir UIs internas como essas usando HTML. Na verdade, a maioria dos navegadores faz algo do tipo há muito tempo, e o *shadow* DOM o torna uma parte padrão da plataforma Web.

Encapsulamento do *shadow* DOM

O principal recurso do *shadow* DOM é o encapsulamento que oferece. Os descendentes de uma *shadow root* ficam ocultos (e são independentes) da árvore DOM normal, quase como se estivessem em um documento independente. O *shadow* DOM oferece três tipos muito importantes de encapsulamento:

- Como foi mencionado, elementos no *shadow* DOM ficam ocultos de métodos DOM normais como `querySelectorAll()`. Quando uma *shadow root* é criada e ligada ao seu *shadow host*, ela pode ser criada em modo "aberto" ou "fechado". Uma *shadow root* fechada é completamente selada e inacessível. Em geral, no entanto, as *shadow roots* são criadas em modo "aberto", o que significa que o *shadow host* tem uma propriedade `shadowRoot` que JavaScript pode usar para obter acesso aos elementos da *shadow root*, caso tenha motivo para isso.

- Os estilos definidos sob uma *shadow root* são privados à sua respectiva árvore e nunca afetam os elementos do *light* DOM no lado de fora (uma *shadow root* pode definir estilos padrão para o seu elemento *host*, mas estes são anulados pelos estilos do *light* DOM). Da mesma forma, os estilos do *light* DOM que se aplicam ao elemento *shadow host* não afetam os descendentes da *shadow root*. Os elementos no *shadow* DOM herdam características como tamanho da fonte e cor de fundo do *light* DOM, e os estilos no *shadow* DOM podem escolher usar variáveis CSS definidas no *light* DOM. Em geral, no entanto, os estilos do *light* DOM e os estilos do *shadow* DOM são completamente independentes: o autor de um componente Web e o usuário de um componente Web não precisam se preocupar com colisões ou conflitos entre suas folhas de estilo. Ser capaz de "definir o escopo" do CSS dessa maneira é, possivelmente, o recurso mais importante do *shadow* DOM.

- Alguns eventos (como "*load*") que ocorrem dentro do *shadow* DOM são confinados a ele. Outros, incluindo eventos de foco, *mouse* e teclado, borbulham para cima e para fora. Quando um evento que se origina no *shadow* DOM atravessa o limite e começa a se propagar no *light* DOM, sua propriedade `target` é alterada para o elemento do *shadow host*, de modo que parece ter se originado diretamente desse elemento.

Slots do *shadow* DOM e filhos do *light* DOM

Um elemento HTML que é um *shadow host* tem duas árvores de descendentes. Uma é o *array* `children[]` (os descendentes do *light* DOM normais do elemento *host*) e o outro é a *shadow root* e todos os seus descendentes. Você pode estar se perguntando como duas árvores de conteúdo distintas podem ser exibidas dentro do mesmo elemento *host*. Vejamos como funciona:

- Os descendentes da *shadow root* são sempre exibidos dentro do shadow *host*.

- Se esses descendentes incluem um elemento `<slot>`, então os filhos normais do *light* DOM do elemento *host* são exibidos como se fossem filhos desse `<slot>`, substituindo qualquer conteúdo do *shadow* DOM presente no *slot*. Se o *shadow* DOM não inclui um `<slot>`, nenhum conteúdo do *light* DOM do *host* será exibido. Se o shadow DOM tem um `<slot>`, mas o *shadow host* não tem filhos do *light* DOM, o conteúdo do *shadow* DOM do *slot* é exibido como padrão.

- Quando conteúdo do *light* DOM é exibido dentro de um *slot* do *shadow* DOM, dizemos que esses elementos foram "distribuídos", mas é importante entender que os elementos não se tornam de verdade parte do *shadow* DOM. Eles ainda podem ser consultados com `querySelector()` e ainda aparecem no *light* DOM como filhos ou descendentes do elemento *host*.

- Se o *shadow* DOM define mais de um `<slot>` e dá nomes a esses *slots* com um atributo `name`, os filhos do *shadow host* podem especificar em qual *slot* gostariam de aparecer definindo um atributo `slot="slotname"`. Vimos um exemplo desse uso na Seção 15.6.1 quando demonstramos como customizar os ícones exibidos pelo componente `<search-box>`.

API do *shadow* DOM

Apesar de toda a sua potência, a API JavaScript do *shadow* DOM é fraca. Para transformar um elemento do *light* DOM em um *shadow host*, basta chamar seu método `attachShadow()`, passando `{mode:"open"}` como o único argumento. Esse método retorna um objeto *shadow root* e também configura esse objeto como o valor da propriedade `shadowRoot` do *host*. O objeto *shadow root* é um DocumentFragment, e você pode usar métodos DOM para adicionar conteúdo a ele ou apenas configurar a sua propriedade `innerHTML` como uma *string* de HTML.

Se o seu componente Web precisa saber quando o conteúdo do *light* DOM de um `<slot>` do *shadow* DOM foi alterado, ele pode registrar um receptor para eventos "*slotchanged*" diretamente no elemento `<slot>`.

15.6.5 Exemplo: um componente Web <search-box>

A Figura 15-3 ilustrou um componente Web `<search-box>`. O Exemplo 15-3 demonstra as três tecnologias que definem os componentes Web: ele implementa o componente `<search-box>` como um elemento personalizado que usa uma *tag* `<template>` para garantia de eficiência e uma *shadow root* para encapsulamento.

O exemplo a seguir mostra como usar as APIs de componente Web de baixo nível diretamente. Na prática, muitos componentes Web desenvolvidos atualmente as criam usando bibliotecas de mais alto nível, como "*lit-element*". Um dos motivos para usar uma biblioteca é que criar componentes reutilizáveis e customizáveis é, na verdade, muito difícil, e acertar o processo envolve uma série de detalhes. O Exemplo 15-3 demonstra os componentes Web e também trata o básico do foco do teclado, mas, além desses aspectos, ignora a acessibilidade e não tenta usar atributos ARIA apropriados para fazer o componente funcionar com leitores de tela e outras tecnologias assistivas.

Exemplo 15-3 Implementando um componente Web

```
/**
 * Esta classe define um elemento HTML personalizado <search-box> que exibe um
 * campo de entrada de texto <input> mais dois ícones ou emojis. Por padrão, ele exibe
 * um emoji de lupa (indicando pesquisa) à esquerda do campo de texto
 * e um emoji X (indicando cancelamento) à direita do campo de texto. Ele
 * esconde a borda do campo de entrada e exibe uma borda em torno de si,
 * criando a aparência de que os dois emoji estão dentro do campo de entrada.
 * Da mesma forma, quando o campo de entrada interno recebe o foco, o contorno de foco
 * é exibido em torno do <search-box>.
 *
 * Você pode anular os ícones padrão se incluir filhos <span> ou <img>
 * do <search-box> com atributos slot="left" e slot="right".
 *
 * <search-box> suporta os atributos HTML normais disabled e hidden e
 * também atributos size e placeholder, que têm o mesmo significado para
 * este elemento que têm para o elemento <input>.
```

```
 *
 * Os eventos de entrada do elemento <input> interno borbulham para cima e aparecem com
 * seu campo target configurado para o elemento <search-box>.
 *
 * O elemento dispara um evento "search" com a propriedade detail configurada para a
 * string de entrada atual quando o usuário clica no emoji da esquerda (a lupa).
 * O evento "search" também é disparado quando o campo de texto interno
 * gera um evento "change" (quando o texto mudou e o usuário pressiona
 * Enter ou Tab).
 *
 * O elemento dispara um evento "clear" quando o usuário clica no emoji da direita
 * (o X). Se nenhuma rotina de tratamento chama preventDefault() no evento, o elemento
 * limpa a entrada do usuário depois que o evento termina de ser disparado.
 *
 * Observe que não há atributos ou propriedades onsearch e onclear:
 * rotinas de tratamento para eventos "search" e "clear" somente podem ser registradas com
 * addEventListener().
 */
class SearchBox extends HTMLElement {
    constructor() {
        super(); // Chama a construtora da superclasse; deve vir primeiro.

        // Cria uma árvore de shadow DOM e liga-a este elemento, configurando
        // o valor de this.shadowRoot.
        this.attachShadow({mode: "open"});

        // Clona o modelo que define os descendentes e folha de estilo para
        // este componente personalizado e anexa esse conteúdo à shadow root.
        this.shadowRoot.append(SearchBox.template.content.cloneNode(true));

        // Obtém referências aos elementos importantes no shadow DOM
        this.input = this.shadowRoot.querySelector("#input");
        let leftSlot = this.shadowRoot.querySelector('slot[name="left"]');
        let rightSlot = this.shadowRoot.querySelector('slot[name="right"]');

        // Quando o campo de entrada interno recebe ou perde foco, configura ou remove
        // o atributo "focused", o que faz com que nossa folha de estilo interno
        // exiba ou oculte um contorno de foco falso ao redor de todo o componente. Note
        // que os eventos "blur" e "focus" borbulham e parecem se originar
        // do <search-box>.
        this.input.onfocus = () => { this.setAttribute("focused", ""); };
        this.input.onblur = () => { this.removeAttribute("focused");};

        // Se o usuário clica na lupa, dispara um evento "search".
        // Também dispara-o se o campo de entrada dispara um evento "change".
        // (O evento "change" não borbulha do shadow DOM.)
        leftSlot.onclick = this.input.onchange = (event) => {
            event.stopPropagation(); // Impede eventos click de borbulharem
            if (this.disabled) return; // Não faz nada quando desabilitado
            this.dispatchEvent(new CustomEvent("search", {
                detail: this.input.value
            }));
        };
```

```
        // Se o usuário clica no X, dispara um evento "clear".
        // Se preventDefault() não é chamado no evento, limpa a entrada.
        rightSlot.onclick = (event) => {
            event.stopPropagation();    // Não deixa click borbulhar para cima
            if (this.disabled) return; // Não faz nada quando desabilitado
            let e = new CustomEvent("clear", { cancelable: true });
            this.dispatchEvent(e);
            if (!e.defaultPrevented) { // Se o evento não foi "cancelado",
                this.input.value = ""; // limpa o campo de entrada
            }
        };
    }

    // Quando alguns dos nossos atributos são configurados ou alterados, precisamos
    // configurar o valor correspondente do elemento <input> interno. Esse método
    // do ciclo de vida, junto com a propriedade estática observedAttributes abaixo,
    // cuida disso.
    attributeChangedCallback(name, oldValue, newValue) {
        if (name === "disabled") {
            this.input.disabled = newValue !== null;
        } else if (name === "placeholder") {
            this.input.placeholder = newValue;
        } else if (name === "size") {
            this.input.size = newValue;
        } else if (name === "value") {
            this.input.value = newValue;
        }
    }

    // Finalmente, definimos métodos getter e setter de propriedade para propriedades
    // que correspondem aos atributos HTML que suportamos. Os métodos getter
    // simplesmente retornam o valor (ou a presença) do atributo. E os métodos setter
    // apenas configuram o valor (ou a presença) do atributo. Quando um método setter
    // altera um atributo, o navegador chama automaticamente a
    // attributeChangedCallback acima.

    get placeholder() { return this.getAttribute("placeholder"); }
    get size() { return this.getAttribute("size"); }
    get value() { return this.getAttribute("value"); }
    get disabled() { return this.hasAttribute("disabled"); }
    get hidden() { return this.hasAttribute("hidden"); }

    set placeholder(value) { this.setAttribute("placeholder", value); }
    set size(value) { this.setAttribute("size", value); }
    set value(text) { this.setAttribute("value", text); }
    set disabled(value) {
        if (value) this.setAttribute("disabled", "");
        else this.removeAttribute("disabled");
    }
    set hidden(value) {
        if (value) this.setAttribute("hidden", "");
        else this.removeAttribute("hidden");
    }
}
```

```
// Este campo estático é necessário para o método attributeChangedCallback.
// Apenas atributos nomeados neste array disparam chamadas para aquele método.
SearchBox.observedAttributes = ["disabled", "placeholder", "size", "value"];

// Cria um elemento <template> para conter a folha de estilo e a árvore dos
// elementos que usaremos para cada instância do elemento SearchBox.
SearchBox.template = document.createElement("template");

// Inicializamos o modelo com a análise dessa string de HTML. Observe, entretanto,
// que quando instanciamos uma SearchBox, conseguimos apenas clonar os nós
// no modelo e temos que analisar o HTML novamente.
SearchBox.template.innerHTML = `
<style>
/*
 * O seletor :host se refere ao elemento <search-box> no light
 * DOM. Esses estilos são padrões e podem ser anulados pelo usuário do
 * <search-box> com estilos no light DOM.
 */
:host {
  display: inline-block;       /* O padrão é exibição em linha */
  border: solid black 1px;     /* Uma borda arredondada ao redor de <input> e <slots> */
  border-radius: 5px;
  padding: 4px 6px;            /* E algum espaço dentro da borda */
}
:host([hidden]) {              /* Observe os parênteses: se o host ocultou... */
  display:none;                /* ...o conjunto de atributos, não exibi-lo */
}
:host([disabled]) {            /* Se o host desabilitou o atributo... */
  opacity: 0.5;                /* ...acinzente-o */
}
:host([focused]) {             /* Se o host tem o atributo focused... */
  box-shadow: 0 0 2px 2px #6AE; /* exibe este contorno de foco falso. */
}

/* O resto da folha de estilo se aplica apenas a elementos no Shadow DOM. */
input {
  border-width: 0;             /* Esconde a borda do campo de entrada interno. */
  outline: none;               /* Esconde o contorno de foco também. */
  font: inherit;               /* Elementos <input> não herdam a fonte por padrão */
  background: inherit;         /* O mesmo para a cor de fundo. */
}
slot {
  cursor: default;             /* Um cursor de seta sobre os botões */
  user-select: none;           /* Não deixa o usuário selecionar o texto emoji */
}
</style>
<div>
  <slot name="left">\u{1f50d}</slot>    <!-- U+1F50D é uma lupa -->
  <input type="text" id="input" />      <!-- O elemento de entrada real -->
  <slot name="right">\u{2573}</slot>    <!-- U+2573 é um X -->
</div>
`;
```

```
// Por fim, chamamos customElement.define() para registrar o elemento SearchBox
// como a implementação da tag <search-box>. Os elementos customizados são obrigados
// a ter um nome de tag que contém um hífen.
customElements.define("search-box", SearchBox);
```

15.7 Imagens SVG

O "gráfico vetorial escalável" (SVG, do inglês *scalable vector graphics*) é um formato de imagem. A palavra "*vector*" (vetorial) indica que é fundamentalmente diferente dos formatos de imagem *raster*, como GIF, JPEG e PNG, que especificam uma matriz de valores de pixel. Em vez disso, uma "imagem" SVG é uma descrição precisa e independente de resolução (daí "escaláveis") dos passos necessários para desenhar o elemento gráfico desejado. As imagens SVG são descritas por arquivos de texto usando linguagem de marcação XML, bastante semelhante ao HTML.

Há três formas de usar SVG em navegadores Web:

1. Você pode usar arquivos de imagem *.svg* com *tags* HTML `<img>` normais, assim como usaria com uma imagem *.png* ou *.jpeg*.
2. Como o formato SVG baseado em XML é tão parecido com HTML, é possível incorporar *tags* SVG diretamente aos seus documentos HTML. Se fizer isso, o analisador de HTML do navegador permitirá que você omita os espaços de nomes XML e trate as *tags* SVG como se fossem *tags* HTML.
3. Você pode usar a API do DOM para criar elementos SVG dinamicamente para gerar imagens sob demanda.

As subseções a seguir demonstram a segunda e a terceira formas de usar SVG. Observe, no entanto, que SVG tem uma gramática grande e moderadamente complexa. Além das primitivas de desenho de formas simples, ela contém suporte para curvas arbitrárias, texto e animação. Os elementos gráficos SVG podem até incorporar *scripts* JavaScript e folhas de estilos CSS para adicionar informações de comportamento e apresentação. Uma descrição completa do SVG vai muito além do escopo deste livro. O objetivo desta seção é apenas mostrar como você pode usar SVG nos seus documentos HTML e escrever *scripts* para o formato em JavaScript.

15.7.1 SVG em HTML

As imagens SVG podem, é claro, ser exibidas usando *tags* HTML `<img>`. Mas você também pode incorporar o SVG diretamente ao HTML. Se fizer isso, poderá até usar folhas de estilo CSS para especificar fontes, cores e larguras de linha, por exemplo. A seguir, vemos um arquivo HTML que usa SVG para exibir um mostrador de relógio analógico:

```
<html>
<head>
<title>Analog Clock</title>
<style>
/* Todos esses estilos CSS se aplicam aos elementos SVG definidos a seguir */
#clock {                          /* Estilos para tudo no relógio: */
    stroke: black;                /* linhas pretas */
    stroke-linecap: round;        /* com extremidades arredondadas */
    fill: #ffe; /* sobre um fundo quase branco */
}
#clock .face { stroke-width: 3; } /* Contorno do mostrador do relógio */
#clock .ticks { stroke-width: 2; } /* Linhas que marcam cada hora */
#clock .hands { stroke-width: 3; } /* Como desenhar os ponteiros do relógio */
#clock .numbers {                 /* Como desenhar os números */
    font-family: sans-serif; font-size: 10; font-weight: bold;
    text-anchor: middle; stroke: none; fill: black;
}
</style>
</head>
<body>
  <svg id="clock" viewBox="0 0 100 100" width="250" height="250">
    <!-- Os atributos width e height indicam o tamanho da tela do elemento gráfico -->
    <!-- O atributo viewBox dá o sistema de coordenadas interno -->
    <circle class="face" cx="50" cy="50" r="45"/> <!-- a face do relógio -->
    <g class="ticks"> <!-- marcas de tique para cada uma das 12 horas -->
      <line x1='50' y1='5.000' x2='50.00' y2='10.00'/>
      <line x1='72.50' y1='11.03' x2='70.00' y2='15.36'/>
      <line x1='88.97' y1='27.50' x2='84.64' y2='30.00'/>
      <line x1='95.00' y1='50.00' x2='90.00' y2='50.00'/>
      <line x1='88.97' y1='72.50' x2='84.64' y2='70.00'/>
      <line x1='72.50' y1='88.97' x2='70.00' y2='84.64'/>
      <line x1='50.00' y1='95.00' x2='50.00' y2='90.00'/>
      <line x1='27.50' y1='88.97' x2='30.00' y2='84.64'/>
      <line x1='11.03' y1='72.50' x2='15.36' y2='70.00'/>
      <line x1='5.000' y1='50.00' x2='10.00' y2='50.00'/>
      <line x1='11.03' y1='27.50' x2='15.36' y2='30.00'/>
      <line x1='27.50' y1='11.03' x2='30.00' y2='15.36'/>
    </g>
    <g class="numbers"> <!-- Numera os pontos cardeais-->
      <text x="50" y="18">12</text><text x="85" y="53">3</text>
      <text x="50" y="88">6</text><text x="15" y="53">9</text>
    </g>
    <g class="hands"> <!-- Desenha os ponteiros apontando para cima. -->
      <line class="hourhand" x1="50" y1="50" x2="50" y2="25"/>
      <line class="minutehand" x1="50" y1="50" x2="50" y2="20"/>
    </g>
  </svg>
  <script src="clock.js"></script>
</body>
</html>
```

Observe que os descendentes da *tag* `<svg>` não são *tags* HTML normais. As *tags* `<circle>`, `<line>` e `<text>` têm finalidades óbvias, contudo, e deve estar claro como esse elemento gráfico SVG funciona. Há muitas outras *tags* SVG, no entanto, e você precisará consultar um guia de referência de SVG para aprender mais. Você também deve notar que a folha de estilo é estranha. Estilos como `fill`, `stroke-width` e `text-anchor` não são propriedades de estilo CSS normais. Neste caso, o CSS está basicamente sendo usado para configurar atributos de *tags* SVG que aparecem no documento. Observe também que a propriedade CSS abreviada `font` não funciona para as *tags* SVG, então é preciso configurar explicitamente `font-family`, `font-size` e `font-weight` como propriedades de estilo separadas.

15.7.2 Escrevendo scripts de SVG

Um motivo para incorporar SVG diretamente aos seus arquivos HTML (em vez de apenas usar *tags* `<img>` estáticas) é que, se fizer isso, você pode usar a API do DOM para manipular a imagem SVG. Imagine que você use SVG para exibir ícones no seu aplicativo Web. Você poderia incorporar SVG dentro de uma *tag* `<template>` (Seção 15.6.2) e então clonar o conteúdo do modelo sempre que precisasse inserir uma cópia desse ícone na sua interface com o usuário. E se quiser que o ícone responda à atividade do usuário – mude de cor quando o usuário passar o cursor sobre ele, por exemplo – isso muitas vezes pode ser feito com CSS.

Também é possível manipular dinamicamente elementos gráficos SVG incorporados diretamente ao HTML. O exemplo de mostrador de relógio da seção anterior exibe um relógio estático com ponteiros de hora e de minuto apontados diretamente para cima, indicando que a hora é meio-dia ou meia-noite. Mas você pode ter notado que o arquivo HTML inclui uma *tag* `<script>`. Esse *script* executa uma função periodicamente para verificar a hora e transformar os ponteiros de hora e de minuto, girando-os o número apropriado de graus para que o relógio realmente exiba o horário atual, como mostra a Figura 15-5.

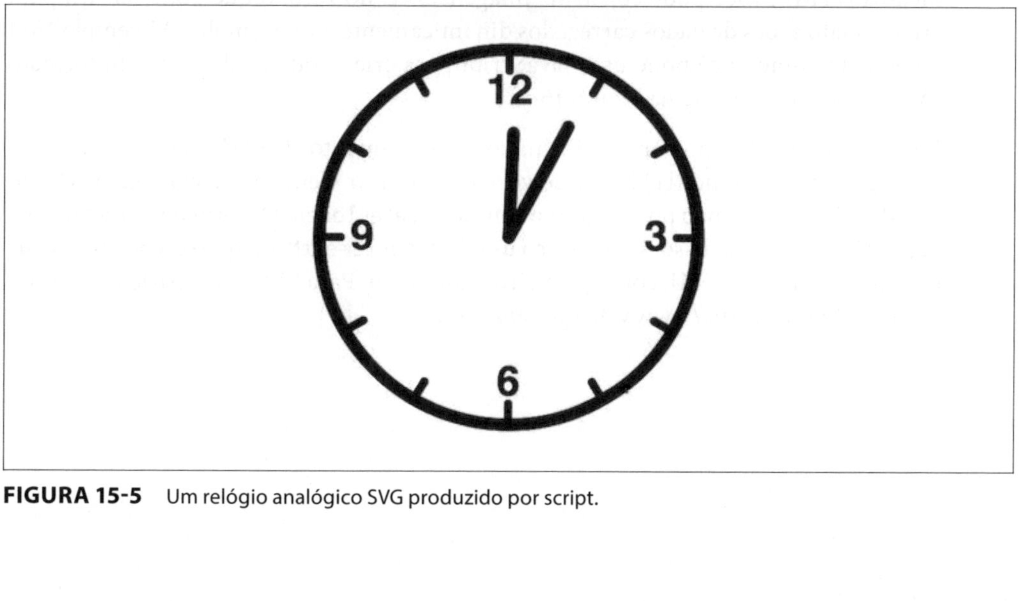

FIGURA 15-5 Um relógio analógico SVG produzido por script.

O código para manipular o relógio é simples e direto. Ele determina o ângulo apropriado dos ponteiros das horas e dos minutos com base na hora atual, então usa `querySelector()` para procurar os elementos SVG que exibem esses ponteiros e configura um atributo `transform` neles para girá-los em torno do mostrador do relógio. A função usa `setTimeout()` para garantir que será executada uma vez por minuto:

```
(function updateClock() { // Atualiza o elemento gráfico relógio SVG para mostrar a hora atual
    let now = new Date();                       // Hora atual
    let sec = now.getSeconds();                 // Segundos
    let min = now.getMinutes() + sec/60;        // Minutos fracionários
    let hour = (now.getHours() % 12) + min/60;  // Horas fracionárias
    let minangle = min * 6;                     // 6 graus por minuto
    let hourangle = hour * 30;                  // 30 graus por hora

    // Obtém elementos SVG para os ponteiros do relógio
    let minhand = document.querySelector("#clock .minutehand");
    let hourhand = document.querySelector("#clock .hourhand");

    // Configura um atributo SVG neles para movê-los em torno do mostrador do relógio
    minhand.setAttribute("transform", `rotate(${minangle},50,50)`);
    hourhand.setAttribute("transform", `rotate(${hourangle},50,50)`);

    // Executa novamente em 10 segundos
    setTimeout(updateClock, 10000);
}()); // Observe a chamada imediata da função aqui.
```

15.7.3 Criando imagens SVG com JavaScript

Além de simplesmente escrever *scripts* de imagens SVG incorporadas aos seus documentos HTML, você pode construir imagens SVG do zero, o que pode ser útil para criar visualizações de dados carregados dinamicamente, por exemplo. O Exemplo 15-4 demonstra como você pode usar JavaScript para criar gráficos de *pizza* em formato SVG, como o que consta na Figura 15-6.

Embora as *tags* SVG possam ser incluídas em documentos HTML, elas tecnicamente são *tags* XML, não *tags* HTML, e se você quiser criar elementos SVG com a API do DOM de JavaScript, não poderá usar a função `createElement()` normal introduzida na Seção 15.3.5. Em vez disso, será preciso usar `createElementNS()`, que recebe uma *string* do espaço de nomes XML como primeiro argumento. Para SVG, esse espaço de nomes é a *string* literal "http://www.w3.org/2000/svg".

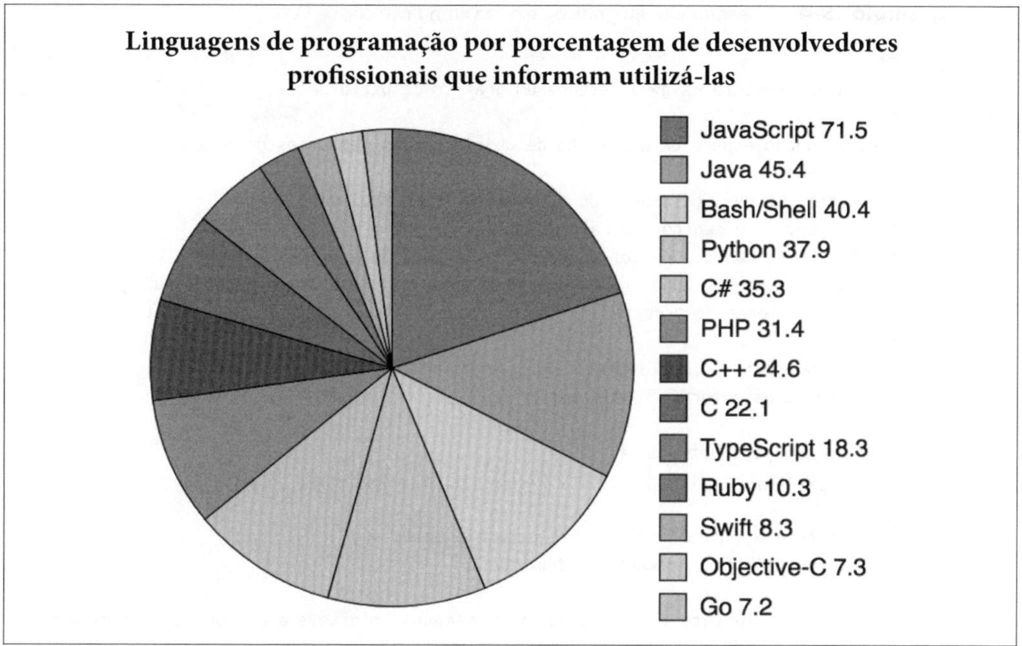

FIGURA 15-6 Um gráfico de pizza SVG construído com JavaScript (dados da 2018 Developer Survey of Most Popular Technologies da Stack Overflow).

Além do uso de `createElementNS()`, o código de desenho do gráfico de pizza no Exemplo 15-4 é relativamente simples. É preciso um pouco de matemática para converter os dados do gráfico nos ângulos das fatias. A maior parte do exemplo, entretanto, é código DOM que cria elementos SVG e configura atributos nesses elementos.

A parte mais nebulosa desse exemplo é o código que desenha as fatias de pizza. O elemento usado para exibir cada fatia é `<path>`. Esse elemento SVG descreve formas arbitrárias compostas de linhas e curvas. A descrição da forma é especificada pelo atributo `d` do elemento `<path>`. O valor desse atributo utiliza uma gramática compacta de códigos de letras e números que especificam coordenadas, ângulos e outros valores. A letra M, por exemplo, significa "mover para" e é seguida por coordenadas *x* e *y*. A letra L significa "linha até" e desenha uma linha do ponto atual até as coordenadas que vêm depois dela. Esse exemplo também usa a letra A para desenhar um arco. Essa letra é seguida por sete números descrevendo o arco. Você pode consultar a sintaxe na Internet se quiser se aprofundar.

Exemplo 15-4 Desenhando um gráfico de pizza com JavaScript e SVG

```
/**
 * Cria um elemento <svg> e desenha um gráfico de pizza nele.
 *
 * Esta função espera um argumento de objeto com as seguintes propriedades:
 *
 *   width, height: o tamanho do elemento gráfico SVG, em pixels
 *   cx, cy, r: o centro e o raio da pizza
 *   lx, ly: o canto superior esquerdo da legenda do gráfico
 *   data: um objeto cujos nomes de propriedade são rótulos de dados e cujos
 *         valores de propriedade são os valores associados com cada rótulo
 *
 * A função retorna um elemento <svg>. A chamadora deve inseri-lo no
 * documento para torná-lo visível.
 */
function pieChart(options) {
    let {width, height, cx, cy, r, lx, ly, data} = options;

    // Este é o espaço de nomes XML para elementos svg
    let svg = "http://www.w3.org/2000/svg";

    // Cria o elemento <svg> e especifica tamanho em pixels e coordenadas do usuário
    let chart = document.createElementNS(svg, "svg");
    chart.setAttribute("width", width);
    chart.setAttribute("height", height);
    chart.setAttribute("viewBox", `0 0 ${width} ${height}`);

    // Define os estilos de texto que usaremos para o gráfico. Se não
    // configurarmos esses valores aqui, eles podem ser configurados com CSS.
    chart.setAttribute("font-family", "sans-serif");
    chart.setAttribute("font-size", "18");

    // Obtém rótulos e valores como arrays e soma os valores para sabermos
    // o tamanho total da pizza.
    let labels = Object.keys(data);
    let values = Object.values(data);
    let total = values.reduce((x,y) => x+y);

    // Calcula os ângulos de todas as fatias. A fatia i começa em angles[i]
    // e termina em angles[i+1]. Os ângulos são medidos em radianos.
    let angles = [0];
    values.forEach((x, i) => angles.push(angles[i] + x/total * 2 * Math.PI));

    // Agora itera pelas fatias da pizza
    values.forEach((value, i) => {
        // Calcula os dois pontos onde nossa fatia intercepta o círculo
        // Essas fórmulas são escolhidas de modo que um ângulo 0 seja meio-dia
        // e os ângulos positivos aumentem no sentido horário.
        let x1 = cx + r * Math.sin(angles[i]);
        let y1 = cy - r * Math.cos(angles[i]);
```

```
        let x2 = cx + r * Math.sin(angles[i+1]);
        let y2 = cy - r * Math.cos(angles[i+1]);
        // Esta é uma flag para ângulos maiores do que meio círculo
        // Isso é exigido pelo componente de desenho de arco da SVG
        let big = (angles[i+1] - angles[i] > Math.PI) ? 1 : 0;

        // A string descreve como desenhar uma fatia do gráfico de pizza.
        let path = `M${cx},${cy}` +       // Move para o centro do círculo.
            `L${x1},${y1}` +              // Desenha linha até (x1,y1)
            `A${r},${r} 0 ${big} 1` +     // Desenha um arco de raio r...
            `${x2},${y2}` +               // ...terminando em (x2,y2).
            "Z";                          // Fecha o caminho voltando para (cx,cy)

        // Calcula a cor CSS para a fatia. A fórmula funciona para apenas
        // cerca de 15 cores. Assim, não inclua mais de 15 fatias em um gráfico.
        let color = `hsl(${(i*40)%360},${90-3*i}%,${50+2*i}%)`;

        // Descrevemos uma fatia com um elemento <path>. Observe createElementNS().
        let slice = document.createElementNS(svg, "path");

        // Agora configura atributos no elemento <path>
        slice.setAttribute("d", path);           // Configura o caminho para essa fatia
        slice.setAttribute("fill", color);       // Configura a cor da fatia
        slice.setAttribute("stroke", "black");   // Contorna a fatia com preto
        slice.setAttribute("stroke-width", "1"); // 1 pixel CSS de espessura
        chart.append(slice);                     // Adiciona fatia no gráfico

        // Agora desenha um pequeno quadrado correspondente para a chave
        let icon = document.createElementNS(svg, "rect");
        icon.setAttribute("x", lx);              // Posiciona o quadrado
        icon.setAttribute("y", ly + 30*i);
        icon.setAttribute("width", 20);          // Dimensiona o quadrado
        icon.setAttribute("height", 20);
        icon.setAttribute("fill", color);        // Mesma cor de preenchimento da fatia
        icon.setAttribute("stroke", "black");    // Mesmo contorno também.
        icon.setAttribute("stroke-width", "1");
        chart.append(icon);                      // Adiciona no gráfico

        // E adiciona um rótulo à direita do retângulo
        let label = document.createElementNS(svg, "text");
        label.setAttribute("x", lx + 30);        // Posiciona o texto
        label.setAttribute("y", ly + 30*i + 16);
        label.append(`${labels[i]} ${value}`);   // Adiciona texto no rótulo
        chart.append(label);                     // Adiciona rótulo ao gráfico

    });

    return chart;
}
```

O gráfico de pizza na Figura 15-6 foi criado usando a função pieChart() do Exemplo 15-4:

```
document.querySelector("#chart").append(pieChart({
    width: 640, height:400,     // Tamanho total do gráfico
    cx: 200, cy: 200, r: 180,   // Centro e raio da pizza
    lx: 400, ly: 10,            // Posição da legenda
    data: {                     // Os dados para o gráfico
        "JavaScript": 71.5,
        "Java": 45.4,
        "Bash/Shell": 40.4,
        "Python": 37.9,
        "C#": 35.3,
        "PHP": 31.4,
        "C++": 24.6,
        "C": 22.1,
        "TypeScript": 18.3,
        "Ruby": 10.3,
        "Swift": 8.3,
        "Objective-C": 7.3,
        "Go": 7.2,
    }
}));
```

15.8 Elementos gráficos em um <canvas>

O elemento <canvas> não tem aparência própria, mas cria uma superfície de desenho dentro do documento e expõe uma poderosa API de desenho para JavaScript do lado do cliente. A principal diferença entre a API do elemento <canvas> e SVG é que com *canvas* você cria desenhos chamando métodos e com SVG cria desenhos construindo uma árvore de elementos XML. Essas duas estratégias são igualmente poderosas: uma pode ser simulada com a outra. Contudo, superficialmente elas são muito diferentes e cada uma tem suas vantagens e suas desvantagens. Um desenho SVG, por exemplo, é facilmente editado pela remoção de elementos de sua descrição. Para remover um componente do mesmo elemento gráfico em <canvas>, em geral é necessário apagar o desenho e redesenhá-lo a partir do zero. Como a API de desenho Canvas é baseada em JavaScript e relativamente compacta (ao contrário da gramática SVG), ela está toda documentada neste livro.

Elementos gráficos tridimensionais em um *canvas*

Você também pode chamar getContext() com a *string* "*webgl*" para obter um objeto de contexto que lhe permite desenhar elementos gráficos 3D usando a API WebGL. A WebGL é uma API de baixo nível, grande e complicada que permite a programadores JavaScript acessarem a GPU, escreverem *shaders* personalizados e realizarem outras operações gráficas bastante poderosas. Contudo, a WebGL não está documentada neste livro: é mais provável os desenvolvedores Web usarem bibliotecas utilitárias construídas sobre WebGL do que usarem a API WebGL diretamente.

A maior parte da API de desenho Canvas é definida não no elemento `<canvas>` em si, mas em um objeto "contexto de desenho" obtido com o método `getContext()` do *canvas*. Chame `getContext()` com o argumento "2d" para obter um objeto CanvasRenderingContext2D que você pode usar para desenhar elementos gráficos bidimensionais no *canvas*.

Como um exemplo simples da API Canvas, o documento HTML a seguir usa elementos `<canvas>` e um pouco de JavaScript para exibir duas formas simples:

```
<p>This is a red square: <canvas id="square" width=10 height=10></canvas>.
<p>This is a blue circle: <canvas id="circle" width=10 height=10></canvas>.
<script>
let canvas = document.querySelector("#square"); // Obtém o primeiro elemento canvas
let context = canvas.getContext("2d");          // Obtém contexto de desenho 2D
context.fillStyle = "#f00";                     // Configura cor de preenchimento vermelha
context.fillRect(0,0,10,10);                    // Preenche um quadrado

canvas = document.querySelector("#circle");     // Segundo elemento canvas
context = canvas.getContext("2d");              // Obtém seu contexto
context.beginPath();                            // Inicia um novo "caminho"
context.arc(5, 5, 5, 0, 2*Math.PI, true);       // Adiciona um círculo no caminho
context.fillStyle = "#00f";                     // Configura cor de preenchimento azul
context.fill();                                 // Preenche o caminho
</script>
```

Vimos que a SVG descreve formas complexas como um "caminho" de linhas e curvas que podem ser desenhadas ou preenchidas. A API Canvas também usa a ideia de caminho. Em vez de descrever um caminho como uma *string* de letras e números, um caminho é definido por uma série de chamadas de método, como as chamadas de `beginPath()` e `arc()` no código anterior. Uma vez definido o caminho, outros métodos, como `fill()`, operam nele. Diversas propriedades do objeto contexto, como `fillStyle`, especificam como essas operações são efetuadas.

As subseções a seguir demonstram os métodos e as propriedades da API Canvas bidimensional. Boa parte do código de exemplo a seguir opera em uma variável `c`. Essa variável contém o objeto CanvasRenderingContext2D do *canvas*, mas o código para inicializar essa variável normalmente não é mostrado. Para fazer esses exemplos funcionarem, você precisaria adicionar uma marcação HTML para definir um *canvas* com atributos `width` e `height` apropriados e, então, adicionar código como o seguinte para inicializar a variável `c`:

```
let canvas = document.querySelector("#my_canvas_id");
let c = canvas.getContext('2d');
```

15.8.1 Caminhos e polígonos

Para desenhar linhas em um *canvas* e para preencher as áreas envolvidas por essas linhas, você começa definindo um *caminho*. Um caminho é uma sequência de um ou mais subcaminhos. Um subcaminho é uma sequência de dois ou mais pontos conectados por segmentos de linha (ou, conforme vamos ver, por segmentos de curva). Inicie um novo caminho com o método `beginPath()`. Inicie um novo subcaminho com o método `moveTo()`. Uma vez que tenha estabelecido o ponto de partida de um subcaminho com `moveTo()`, você pode conectar esse ponto a um novo ponto com uma linha reta, chamando `lineTo()`. O código a seguir define um caminho que inclui dois segmentos de linha:

```
c.beginPath();              // Inicia um novo caminho
c.moveTo(100, 100);         // Inicia um subcaminho em (100,100)
c.lineTo(200, 200);         // Adiciona uma linha de (100,100) a (200,200)
c.lineTo(100, 200);         // Adiciona uma linha de (200,200) a (100,200)
```

O código anterior simplesmente define um caminho; ele não desenha nada no *canvas*. Para desenhar (ou "traçar") os dois segmentos de linha no caminho, chame o método `stroke()`; para preencher a área definida por esses segmentos de linha, chame `fill()`:

```
c.fill();                   // Preenche uma área triangular
c.stroke();                 // Traça dois lados do triângulo
```

O código anterior (junto com algum código adicional para configurar larguras de linha e cores de preenchimento) produziu o desenho mostrado na Figura 15-7.

Observe que o subcaminho definido na Figura 15-7 é "aberto". Ele consiste apenas em dois segmentos de linha, e a extremidade não está conectada ao ponto de partida. Isso significa que ele não envolve uma região. O método `fill()` preenche subcaminhos abertos, agindo como se uma linha reta conectasse o último ponto do subcaminho ao primeiro ponto dele. É por isso que o código anterior preenche um triângulo, mas traça apenas dois lados dele.

Se quisesse traçar todos os três lados do triângulo anterior, você chamaria o método `closePath()` para conectar a extremidade do subcaminho ao ponto inicial. (Você também poderia chamar `lineTo(100,100)`, mas acabaria com três segmentos de linha compartilhando um ponto inicial e um final, porém não realmente fechados. Quando se desenha com linhas grossas, os resultados visuais são melhores se o método `closePath()` é usado.)

Existem mais dois detalhes importantes a observar a respeito de `stroke()` e `fill()`. Primeiro, os dois métodos operam em todos os subcaminhos do caminho atual. Suponha que tivéssemos adicionado outro subcaminho no código anterior:

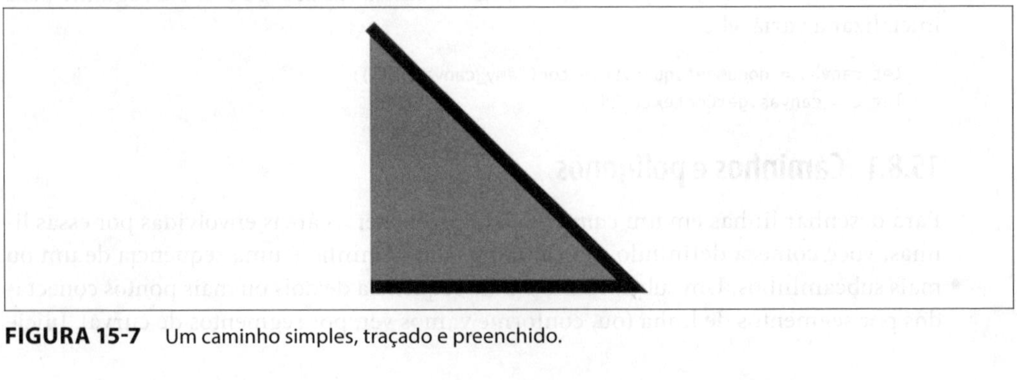

FIGURA 15-7 Um caminho simples, traçado e preenchido.

```
c.moveTo(300,100);          // Inicia um novo subcaminho em (300,100);
c.lineTo(300,200);          // Desenha uma linha vertical para baixo até (300,200);
```

Se então chamássemos `stroke()`, desenharíamos dois cantos conectados de um triângulo e uma linha vertical desconectada.

O segundo detalhe a notar sobre `stroke()` e `fill()` é que nenhum deles altera o caminho atual: você pode chamar `fill()` e o caminho ainda vai estar lá quando chamar `stroke()`. Quando terminar um caminho e quiser iniciar outro, deve lembrar-se de chamar `beginPath()`. Se não fizer isso, vai acabar adicionando novos subcaminhos no caminho existente e pode acabar desenhando esses subcaminhos antigos repetidamente.

O Exemplo 15-5 define uma função para desenhar polígonos regulares e demonstra o uso de `moveTo()`, `lineTo()` e `closePath()` para definir subcaminhos e de `fill()` e `stroke()` para desenhar esses caminhos. Ele produz o desenho mostrado na Figura 15-8.

Exemplo 15-5 Polígonos regulares com moveTo(), lineTo() e closePath()

```
// Define um polígono regular com n lados, centralizado em (x,y), com raio r.
// Os vértices são igualmente espaçados ao longo da circunferência de um círculo.
// Coloca o primeiro vértice reto ou no ângulo especificado.
// Gira no sentido horário, a não ser que o último argumento seja true.
function polygon(c, n, x, y, r, angle=0, counterclockwise=false) {
    c.moveTo(x + r*Math.sin(angle),   // Inicia um novo subcaminho no primeiro vértice
             y - r*Math.cos(angle));  // Usa trigonometria para calcular a posição
    let delta = 2*Math.PI/n;          // Distância angular entre os vértices
    for(let i = 1; i < n; i++) {      // Para cada um dos vértices restantes
        angle += counterclockwise?-delta:delta;  // Ajusta o ângulo
        c.lineTo(x + r*Math.sin(angle),          // Adiciona linha no próximo vértice
                 y - r*Math.cos(angle));
    }
    c.closePath();                      // Conecta o último vértice ao primeiro
}

// Supõe que há apenas um canvas e obtém seu objeto de contexto para desenhar.
let c = document.querySelector("canvas").getContext("2d");

// Inicia um novo caminho e adiciona subcaminhos poligonais
c.beginPath();
```

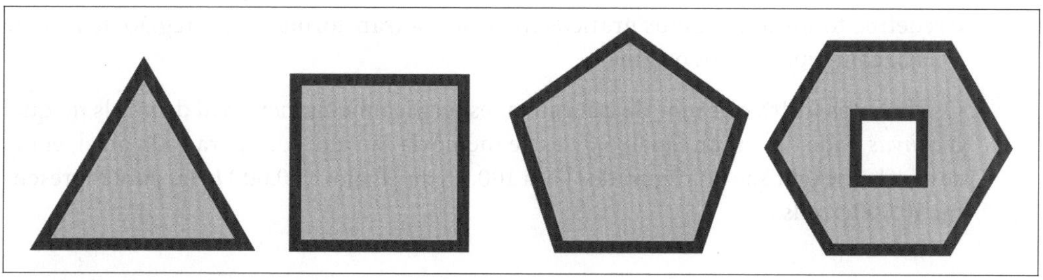

FIGURA 15-8 Polígonos regulares.

```
polygon(c, 3, 50, 70, 50);                    // Triângulo
polygon(c, 4, 150, 60, 50, Math.PI/4);        // Quadrado
polygon(c, 5, 255, 55, 50);                   // Pentágono
polygon(c, 6, 365, 53, 50, Math.PI/6);        // Hexágono
polygon(c, 4, 365, 53, 20, Math.PI/4, true);  // Pequeno quadrado dentro do hexágono

// Configura algumas propriedades que controlam a aparência do elemento gráfico
c.fillStyle = "#ccc";       // Interiores cinza-claro
c.strokeStyle = "#008";     // contornados com linhas azul-escuro
c.lineWidth = 5;            // com cinco pixels de largura.

// Agora desenha todos os polígonos (cada um em seu próprio subcaminho) com estas chamadas
c.fill();                   // Preenche as formas
c.stroke();                 // E traça seus contornos
```

Observe que esse exemplo desenha um hexágono com um quadrado dentro dele. O quadrado e o hexágono são subcaminhos separados, mas se sobrepõem. Quando isso acontece (ou quando um subcaminho intercepta a si mesmo), o elemento *canvas* precisa ser capaz de determinar quais regiões estão dentro do caminho e quais estão fora. O elemento *canvas* usa um teste conhecido como "regra de contorno diferente de zero" para conseguir isso. Nesse caso, o interior do quadrado não é preenchido porque o quadrado e o hexágono foram desenhados em direções opostas: os vértices do hexágono foram conectados com segmentos de linha movendo-se no sentido horário em torno do círculo. Os vértices do quadrado foram conectados no sentido anti-horário. Se o quadrado também fosse desenhado no sentido horário, a chamada de `fill()` teria preenchido seu interior.

15.8.2 Dimensões e coordenadas do *canvas*

Os atributos `width` e `height` do elemento `<canvas>` e as propriedades correspondentes `width` e `height` do objeto Canvas especificam as dimensões do *canvas*. O sistema de coordenadas padrão coloca a origem (0,0) no canto superior esquerdo da tela de desenho. As coordenadas *x* aumentam para a direita e as coordenadas *y* aumentam à medida que você desce na tela. Os pontos na tela de desenho podem ser especificados usando-se valores em ponto flutuante.

As dimensões de um *canvas* não podem ser alteradas sem se redefinir o *canvas* completamente. Configurar as propriedades `width` ou `height` de um objeto Canvas (mesmo configurando-as com seus valores atuais) limpa o *canvas*, apaga o caminho atual e redefine todos os atributos gráficos (inclusive a transformação e a região de recorte atuais) com seus estados originais.

Os atributos `width` e `height` de um *canvas* especificam o número real de pixels no qual o *canvas* pode desenhar. Quatro *bytes* de memória são alocados para cada pixel, então se `width` e `height` são configurados para 100, o *canvas* aloca 40.000 *bytes* para representar 10.000 pixels.

Os atributos `width` e `height` também especificam o tamanho padrão (em pixels CSS) ao qual o *canvas* será exibido na tela. Se `window.devicePixelRatio` é 2, então 100 × 100 pixels CSS são, na verdade, 40.000 pixels de *hardware*. Quando o conteúdo do *canvas* é desenhado na tela, os 10.000 pixels na memória precisam ser ampliados para abranger 40.000 pixels físicos na tela, e isso significa que o seu elemento gráfico não terá toda a definição que poderia ter.

Para otimizar a qualidade da imagem, você não deve usar os atributos `width` e `height` para configurar o tamanho do *canvas* na tela. Em vez disso, configure o tamanho do *canvas* na tela em tamanho em pixels CSS com os atributos de estilo CSS `width` e `height`. Então, antes de começar a desenhar com o seu código JavaScript, configure as propriedades `width` e `height` do objeto *canvas* para o número de pixels CSS vezes `window.devicePixelRatio`. Continuando com o exemplo anterior, essa técnica faz o canvas ser exibido em 100 × 100 pixels CSS, mas aloca memória para 200 × 200 pixels. (Mesmo com essa técnica, o usuário pode ampliar o *canvas* e encontrar elementos gráficos pixelados ou turvos. Os elementos gráficos SVG, por outro lado, permanecem nítidos em qualquer nível de *zoom* ou tamanho de tela.)

15.8.3 Atributos gráficos

O Exemplo 15-5 configura as propriedades `fillStyle`, `strokeStyle` e `lineWidth` no objeto contexto do *canvas*. Essas propriedades são atributos gráficos que especificam a cor a ser usada por `fill()`, a cor a ser usada por `stroke()` e a largura das linhas a serem desenhadas por `stroke()`. Observe que esses parâmetros não são passados para os métodos `fill()` e `stroke()`, mas em vez disso fazem parte do *estado gráfico* geral do *canvas*. Se você define um método que desenha uma forma e não configura essas propriedades, o chamador de seu método pode definir a cor da forma configurando as propriedades `strokeStyle` e `fillStyle` antes de chamar o método. Essa separação de estado gráfico dos comandos de desenho é fundamental para a API Canvas e é semelhante à separação da apresentação do conteúdo obtida pela aplicação de folhas de estilos CSS em documentos HTML.

Diversas propriedades (e alguns métodos) no objeto de contexto afetam o estado gráfico do *canvas*. Elas são detalhadas a seguir.

Estilos de linha

A propriedade `lineWidth` especifica a largura (em pixels CSS) das linhas desenhadas por `stroke()`. O valor padrão é 1. É importante entender que a largura da linha é determinada por `lineWidth` no momento em que `stroke()` é chamado e não no momento em que `lineTo()` ou outro método de construção de caminho é chamado. Para se entender completamente a propriedade `lineWidth`, é importante visualizar os caminhos como linhas unidimensionais infinitamente finas. As linhas e curvas desenhadas pelo método `stroke()` são centralizadas no caminho, com metade de `lineWidth` em cada lado.

Se você estiver traçando um caminho fechado e só quiser que a linha apareça fora do caminho, trace o caminho primeiro e, então, preencha com uma cor opaca para ocultar a parte do traço que aparece dentro do caminho. Ou, se você só quiser que a linha apareça dentro de um caminho fechado, chame os métodos `save()` e `clip()` primeiro e, então, chame `stroke()` e `restore()` (os métodos `save()`, `restore()` e `clip()` serão descritos posteriormente).

Quando desenhamos linhas com mais de dois pixels de largura, as propriedades `lineCap` e `lineJoin` podem ter um impacto significativo na aparência das extremidades do caminho e dos vértices em que dois segmentos de caminho se encontram. A Figura 15-9 ilustra os valores e a aparência gráfica resultante de `lineCap` e `lineJoin`.

O valor padrão para `lineCap` é "*butt*". O valor padrão para `lineJoin` é "*miter*". Observe, no entanto, que se duas linhas se encontram a um ângulo muito agudo, a *miter* resultante pode se tornar bastante longa e causar uma distração visual. Se a junção em determinado vértice for mais longa do que metade da largura da linha vezes a propriedade `miterLimit`, esse vértice será desenhado com uma junção chanfrada, em vez de uma junção alongada. O valor padrão para `miterLimit` é 10.

O método `stroke()` pode desenhar linhas tracejadas e pontilhadas assim como linhas contínuas, e o estado gráfico de um *canvas* inclui um *array* de números que funciona como "padrões de traços" ao especificar quantos pixels desenhar e depois quantos omitir. Ao contrário das outras propriedades de desenho de linha, o padrão de traços é configurado e consultado com os métodos `setLineDash()` e `getLineDash()` em vez de com uma propriedade. Para especificar um padrão de traços e pontos, você poderia usar `setLineDash()` da seguinte maneira:

```
c.setLineDash([18, 3, 3, 3]); // traço de 18px, espaço de 3px, ponto de 3px, espaço de 3px
```

Por fim, a propriedade `lineDashOffset` especifica a partir de que ponto no padrão tracejado o desenho deve começar. O padrão é 0. Os caminhos traçados com o padrão tracejado aqui começam com um traço de 18 pixels, mas se `lineDashOffset` é configurado para 21, o mesmo caminho começaria com um ponto seguido por um espaço e um traço.

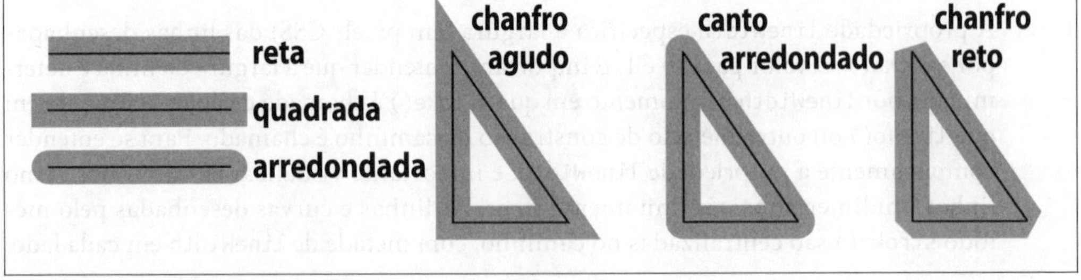

FIGURA 15-9 Os atributos lineCap e lineJoin.

Cores, padrões e degradês

As propriedades `fillStyle` e `strokeStyle` especificam como caminhos são preenchidos e traçados. A palavra "*style*" muitas vezes significa cor, mas essas propriedades também podem ser usadas para especificar um degradê ou uma imagem a ser usada para preenchimento e tracejamento (observe que desenhar uma linha é basicamente o mesmo que preencher uma região estreita em ambos os lados da linha e que preencher e tracejar são fundamentalmente a mesma operação).

Se você quiser preencher ou traçar com uma cor uniforme (ou uma cor translúcida), simplesmente configure essas propriedades para uma *string* de cor CSS válida. Nada mais é necessário.

Para preencher (ou traçar) com um gradiente de cor, configure `fillStyle` (ou `strokeStyle`) com um objeto CanvasGradient retornado pelos métodos `createLinearGradient()` ou `createRadialGradient()` do contexto. Os argumentos de `createLinearGradient()` são as coordenadas de dois pontos que definem uma linha (não precisa ser horizontal nem vertical) ao longo da qual as cores vão variar. Os argumentos de `createRadialGradient()` especificam os centros e raios de dois círculos (não precisam ser concêntricos, mas o primeiro círculo normalmente fica inteiramente dentro do segundo). As áreas dentro do círculo menor ou fora do maior serão preenchidas com cores uniformes: as áreas entre os dois serão preenchidas com um gradiente de cor.

Após criar o objeto CanvasGradient que define as regiões do *canvas* a serem preenchidas, você deve definir as cores do gradiente, chamando o método `addColorStop()` do CanvasGradient. O primeiro argumento desse método é um número entre 0,0 e 1,0. O segundo argumento é uma especificação de cor CSS. Você deve chamar esse método pelo menos duas vezes para definir um gradiente de cor simples, mas pode chamá-lo mais vezes. A cor em 0,0 vai aparecer no início do gradiente e a cor em 1,0 aparecerá no fim. Se você especificar mais cores, elas vão aparecer na posição fracionária especificada dentro do gradiente. Entre os pontos que você especificar, as cores serão interpoladas suavemente. Aqui estão alguns exemplos:

```
// Um gradiente linear, diagonalmente no canvas (supondo nenhuma transformação)
let bgfade = c.createLinearGradient(0,0,canvas.width,canvas.height);
bgfade.addColorStop(0.0, "#88f");  // Começa com azul-claro no lado superior esquerdo
bgfade.addColorStop(1.0, "#fff");  // Desbota para branco no lado inferior direito

// Um gradiente entre dois círculos concêntricos. Transparente no meio
// desbotando para cinza translúcido e depois de volta para transparente.
let donut = c.createRadialGradient(300,300,100, 300,300,300);
donut.addColorStop(0.0, "transparent");           // Transparente
donut.addColorStop(0.7, "rgba(100,100,100,.9)");  // Cinza translúcido
donut.addColorStop(1.0, "rgba(0,0,0,0)");         // Transparente outra vez
```

Um ponto importante a entender sobre os gradientes é que eles não são independentes da posição. Quando cria um gradiente, você especifica limites para ele. Então, se você tentar preencher uma área fora desses limites, obterá a cor uniforme definida em uma ou na outra extremidade do gradiente.

Além de cores uniformes e degradês, você também pode preencher e traçar usando imagens. Para isso, configure `fillStyle` ou `strokeStyle` para um CanvasPattern retornado pelo método `createPattern()` do objeto de contexto. O primeiro argumento do método deve ser um elemento `<img>` ou `<canvas>` que contém a imagem com a qual deseja preencher ou traçar (observe que o *canvas* ou imagem de fonte não precisa ser inserido no documento para ser usado dessa forma). O segundo argumento de `createPattern()` é a *string* "*repeat*", "*repeat-x*", "*repeat-y*" ou "*no-repeat*", que especifica se (e em quais dimensões) as imagens de fundo se repetirão.

Estilos de texto

A propriedade `font` especifica a fonte a ser usada pelos métodos de texto `fillText()` e `strokeText()` (consulte "Texto" na página 498). O valor da propriedade `font` deve ser uma *string* na mesma sintaxe do atributo CSS `font`.

A propriedade `textAlign` especifica como o texto deve ser alinhado horizontalmente com relação à coordenada X passada para `fillText()` ou para `strokeText()`. Os valores válidos são "*start*", "*left*", "*center*", "*right*" e "*end*". O padrão é "*start*", que para texto escrito da esquerda para a direita, significa o mesmo que "*left*".

A propriedade `textBaseline` especifica como o texto deve ser alinhado verticalmente em relação à coordenada *y*. O valor padrão é "*alphabetic*", e isso é adequado para caracteres latinos e similares. O valor "*ideographic*" é usado com caracteres ideográficos, como chinês e japonês. O valor "*hanging*" é destinado para uso com caracteres Devangari e similares (que são usados por muitos idiomas da Índia). As linhas de base "*top*", "*middle*" e "*bottom*" são puramente geométricas, baseadas no "quadrado eme" da fonte.

Sombras

Quatro propriedades do objeto contexto controlam o desenho de sombras projetadas. Se você configurar essas propriedades adequadamente, toda linha, área, texto ou imagem que desenhar receberá uma sombra projetada, a qual fará o item parecer estar flutuando acima da superfície do canvas.

A propriedade `shadowColor` especifica a cor da sombra. O padrão é preto totalmente transparente, sendo que as sombras nunca aparecem, a não ser que você configure essa propriedade com uma cor translúcida ou opaca. Essa propriedade só pode ser configurada com uma *string* de cor: padrões e degradês não são permitidos para sombras. Usar uma cor de sombra translúcida produz efeitos de sombra mais realistas, pois permite que o fundo apareça.

As propriedades `shadowOffsetX` e `shadowOffsetY` especificam os deslocamentos X e Y da sombra. O padrão para as duas propriedades é 0, o que coloca a sombra diretamente embaixo do desenho, onde ela não é visível. Se você configurar as duas propriedades com um valor positivo, as sombras aparecerão abaixo e à direita do que for desenhado, como se houvesse uma fonte de luz acima e à esquerda, iluminando o *canvas* de fora da tela do computador. Deslocamentos maiores produzem sombras maiores e fazem os objetos desenhados parecerem estar flutuando "sobre" o *canvas*. Esses valores não são afetados por transformações de coordenadas (Seção 15.8.5): a direção e a "altura" da sombra permanecem consistentes mesmo quando as sombras são giradas e mudam de escala.

A propriedade `shadowBlur` especifica o quanto as bordas da sombra são indistintas. O valor padrão é 0, o qual produz sombras nítidas. Valores maiores produzem mais indistinção, até um limite superior definido pela implementação.

Translucidez e composições

Se quiser traçar ou preencher um caminho usando uma cor translúcida, você pode configurar `strokeStyle` ou `fillStyle` usando uma sintaxe de cor CSS como "*rgba(...)*" que suporta transparência alfa. O "a" em "RGBA" significa "alfa" e é um valor entre 0 (totalmente transparente) e 1 (totalmente opaco). Mas a API Canvas oferece outra maneira de trabalhar com cores translúcidas. Se não quiser especificar explicitamente um canal alfa para cada cor, ou se quiser adicionar translucidez em imagens ou padrões opacos, você pode configurar a propriedade `globalAlpha`. Cada pixel desenhado terá seu valor alfa multiplicado por `globalAlpha`. O padrão é 1, o qual não adiciona transparência. Se configurar `globalAlpha` como 0, tudo que desenhar será totalmente transparente e nada vai aparecer no *canvas*. Mas se configurar essa propriedade como 0,5, os pixels que de outro modo seriam opacos vão ser 50% opacos e os pixels que seriam 50% opacos serão 25% opacos.

Quando você traça linhas, preenche regiões, desenha texto ou copia imagens, espera que os novos pixels sejam desenhados sobre os que já estão no *canvas*. Se está desenhando pixels opacos, eles simplesmente substituem os pixels que já existem. Se está desenhando com pixels translúcidos, o novo pixel ("origem") é combinado com o antigo ("destino") para que o pixel antigo apareça por baixo do novo, de acordo com sua transparência.

Esse processo de combinar novos pixels de origem (possivelmente translúcidos) com pixels de destino já existentes é chamado de *composição* e o processo de composição descrito anteriormente é a maneira padrão de a API Canvas combinar pixels. Configure a propriedade `globalCompositeOperation` para especificar outras maneiras de combinar pixels. O valor padrão é "*source-over*", ou seja, os pixels de origem são desenhados "sobre" os pixels de destino e combinados com eles se a origem for translúcida. Se você configura `globalCompositeOperation` como "*destination-over*", o *canvas* combina pixels como se os novos pixels de origem fossem desenhados sob os pixels de destino existentes. Se o destino é translúcido ou transparente, parte da cor (ou toda ela) do pixel de origem fica visível na cor resultante. Outro exemplo a considerar é o modo de composição "*source-atop*", que combina os pixels de origem com a transparência dos pixels de destino para que nada seja desenhado nas partes do *canvas* que já são totalmente transparentes. A propriedade `globalCompositeOperation` pode ter diversos valores válidos, mas a maioria tem apenas usos especializados e não serão abordadas aqui.

Salvando e restaurando o estado gráfico

Como a API Canvas define atributos gráficos no objeto contexto, você poderia ficar tentado a chamar `getContext()` várias vezes para obter vários objetos contexto. Se isso fosse possível, você poderia definir diferentes atributos em cada contexto. Então, cada contexto seria como um pincel diferente e pintaria com uma cor diferente ou desenharia linhas de espessuras diferentes. Infelizmente, não é possível usar o *canvas* dessa maneira. Cada elemento `<canvas>` tem somente um objeto contexto, e toda chamada de `getContext()` retorna o mesmo objeto CanvasRenderingContext2D.

Embora a API Canvas só permita definir um conjunto de atributos gráficos por vez, ela permite salvar o estado gráfico atual para que você possa alterá-lo e restaurá-lo facilmente. O método `save()` coloca o estado gráfico atual em uma pilha de estados salvos. O método `restore()` retira da pilha e restaura o estado salvo mais recente. Todas as propriedades descritas nesta seção fazem parte do estado salvo, assim como acontece com a transformação e com a região de recorte atuais (ambas explicadas posteriormente). É importante saber que o caminho atualmente definido e o ponto atual não fazem parte do estado gráfico e não podem ser salvos nem restaurados.

15.8.4 Operações de desenho do Canvas

Já vimos alguns métodos básicos de *canvas* – `beginPath()`, `moveTo()`, `lineTo()`, `closePath()`, `fill()` e `stroke()` – para definir, preencher e desenhar linhas e polígonos. Mas a API Canvas também inclui outros métodos de desenho.

Retângulos

CanvasRenderingContext2D define quatro métodos para desenhar retângulos. Todos esperam dois argumentos que especificam um canto do retângulo, seguidos de sua largura e altura. Normalmente, você especifica o canto superior esquerdo e, então, passa uma largura positiva e uma altura positiva, mas também pode especificar outros cantos e passar dimensões negativas.

`fillRect()` preenche o retângulo especificado com o `fillStyle` atual. `strokeRect()` traça o contorno do retângulo especificado usando o `strokeStyle` atual e outros atributos de linha. `clearRect()` é como `fillRect()`, mas ignora o estilo de preenchimento atual e preenche o retângulo com pixels pretos transparentes (a cor padrão de todos os *canvas* em branco). O importante sobre esses três métodos é que eles não afetam o caminho atual nem o ponto atual dentro desse caminho.

O último método de retângulo é chamado `rect()` e não afeta o caminho atual: ele adiciona o retângulo especificado (em seu próprio subcaminho) no caminho. Assim como outros métodos de definição de caminho, ele não preenche nem traça nada sozinho.

Curvas

Um caminho é uma sequência de subcaminhos, e um subcaminho é uma sequência de pontos conectados. Nos caminhos que definimos na Seção 15.8.1, os pontos eram conectados com segmentos de linha retos, mas nem sempre isso precisa ser assim. O objeto CanvasRenderingContext2D define vários métodos que adicionam um novo ponto no subcaminho e conectam o ponto atual a esse novo ponto com uma curva:

`arc()`
: Este método adiciona um círculo, ou uma porção de um círculo (um arco), ao caminho. O arco a ser desenhado é especificado com seis parâmetros: as coordenadas *x* e *y* do centro do círculo, o raio do círculo, os ângulos inicial e final do arco e a direção (horária ou anti-horária) do arco entre esses dois ângulos. Se há um ponto atual no caminho, o método conecta o ponto atual ao início do arco com uma linha reta (o que é útil quando desenhamos cunhas ou fatias de pizza) e, então, conecta o início do arco ao final dele com uma parte de um círculo, deixando a extremidade do arco como o novo ponto atual. Se não há ponto atual quando o método é chamado, ele apenas adiciona o arco circular ao caminho.

`ellipse()`
: Este método é bastante parecido com `arc()`, mas adiciona uma elipse ou parte de uma elipse ao caminho. Em vez de um raio, ela tem dois: um raio do eixo *x* e um raio do eixo *y*. Como elipses não têm simetria radial, o método recebe outro argumento que especifica o número de radianos pelos quais a elipse é girada em sentido horário em torno do seu centro.

`arcTo()`
: Este método desenha uma linha reta e um arco circular exatamente como o método `arc()`, mas especifica o arco a ser desenhado usando parâmetros diferentes. Os argumentos de `arcTo()` especificam pontos P1 e P2 e um raio. O arco adicionado ao caminho tem o raio especificado. Ele começa na tangente com a linha (imaginária) entre o ponto atual e P1 e termina no ponto tangente com a linha imaginária entre P1 e P2. Esse método aparentemente incomum de especificar arcos na verdade é muito útil para desenhar formas com cantos arredondados. Se você especifica um raio 0, esse método desenha apenas uma linha reta do ponto atual até P1. Entretanto, com um raio diferente de zero, ele desenha uma linha reta do ponto atual na direção de P1 e então curva essa linha em um círculo até que se dirija na direção de P2.

bezierCurveTo()

Este método adiciona um novo ponto P no subcaminho e o conecta ao ponto atual usando uma curva de Bezier cúbica. A forma da curva é especificada pelos dois "pontos de controle" C1 e C2. No início da curva (no ponto atual), ela vai na direção de C1. No final (no ponto P), a curva chega a partir da direção de C2. Entre esses pontos, a direção da curva varia ligeiramente. O ponto P se torna o novo ponto atual do subcaminho.

quadraticCurveTo()

Este método é como bezierCurveTo(), mas utiliza uma curva de Bezier quadrática, em vez de cúbica, e tem apenas um ponto de controle.

Esses métodos podem ser usados para desenhar caminhos como os da Figura 15-10.

O Exemplo 15-6 mostra o código usado para criar a Figura 15-10. Os métodos demonstrados nesse código são alguns dos mais complicados da API Canvas. Consulte a seção de referência para ver detalhes completos sobre os métodos e seus argumentos.

Exemplo 15-6 Adicionando curvas em um caminho

```
// Uma função utilitária para converter ângulos de graus para radianos
function rads(x) { return Math.PI*x/180; }

// Obtém o objeto de contexto do elemento canvas do documento
let c = document.querySelector("canvas").getContext("2d");

// Define alguns atributos gráficos e desenha as curvas
c.fillStyle = "#aaa";        // Preenchimento cinza
c.lineWidth = 2;             // Linhas pretas de 2 pixels (por default)
```

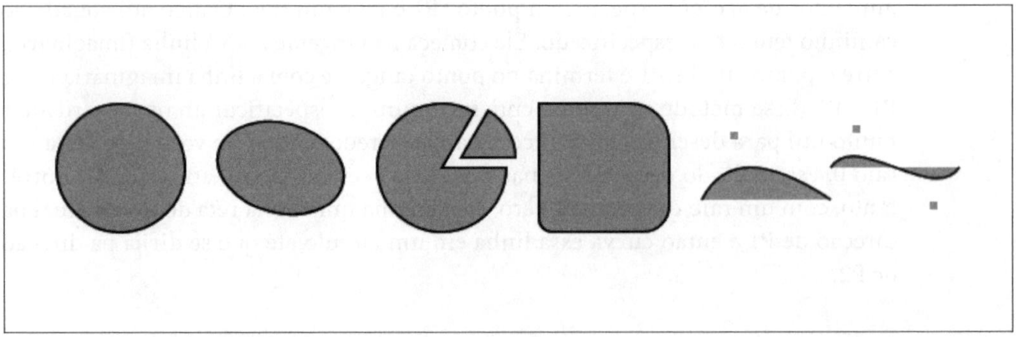

FIGURA 15-10 Caminhos curvos em um *canvas*.

```
// Desenha um círculo.
// Não há um ponto atual; portanto, desenha apenas o círculo sem uma linha reta a partir
// do ponto atual até o começo do círculo.
c.beginPath();
c.arc(75,100,50,            // Centraliza em (75,100), raio 50
     0,rads(360),false);    // Vai no sentido horário de 0 a 360 graus
c.fill();                   // Preenche o círculo
c.stroke();                 // Traça seu contorno.

// Agora desenha uma elipse da mesma forma
c.beginPath();              // Começa novo caminho não conectado ao círculo
c.ellipse(200, 100, 50, 35, rads(15),  // Centro, raios e rotação
          0, rads(360), false);        // Ângulo inicial, ângulo final, direção

// Desenha uma cunha. Os ângulos são medidos no sentido horário a partir do eixo x positivo.
// Note que arc() adiciona uma linha do ponto atual até o início do arco.
c.moveTo(325, 100);         // Começa no centro do círculo.
c.arc(325, 100, 50,         // Centro e raio do círculo
      rads(-60), rads(0),   // Começa no ângulo -60 e vai até o ângulo 0
      true);                // sentido anti-horário
c.closePath();              // Adiciona o raio de volta ao centro do círculo

// Cunha semelhante, ligeiramente deslocada, e na direção oposta
c.moveTo(340, 92);
c.arc(340, 92, 42, rads(-60), rads(0), false);
c.closePath();

// Usa arcTo() para cantos arredondados. Aqui, desenhamos um quadrado com
// o canto superior esquerdo em (400,50) e cantos de raios variados.
c.moveTo(450, 50);          // Começa no meio da borda superior.
c.arcTo(500,50,500,150,30); // Adiciona parte da borda superior e o canto superior direito.
c.arcTo(500,150,400,150,20); // Adiciona a borda direita e o canto inferior direito.
c.arcTo(400,150,400,50,10); // Adiciona a borda inferior e o canto inferior esquerdo.
c.arcTo(400,50,500,50,0);   // Adiciona a borda esquerda e o canto superior esquerdo.
c.closePath();              // Fecha o caminho para adicionar o restante da borda superior.

// Curva de Bezier quadrática: um ponto de controle
c.moveTo(525, 125);                      // Começa aqui
c.quadraticCurveTo(550, 75, 625, 125);   // Desenha uma curva até (625, 125)
c.fillRect(550-3, 75-3, 6, 6);           // Marca o ponto de controle (550,75)

// Curva de Bezier cúbica
c.moveTo(625, 100);                      // Começa em (625,100)
c.bezierCurveTo(645,70,705,130,725,100); // Curva até (725,100)
c.fillRect(645-3, 70-3, 6, 6);           // Marca os pontos de controle
c.fillRect(705-3, 130-3, 6, 6);

// Finalmente, preenche as curvas e traça seus contornos
c.fill();
c.stroke();
```

Texto

Para desenhar texto em um *canvas*, normalmente é usado o método `fillText()`, o qual desenha texto usando a cor (ou degradê ou padrão) especificada pela propriedade `fillStyle`. Para efeitos especiais em tamanhos de texto grandes, `strokeText()` pode ser usado para desenhar o contorno dos caracteres de texto individuais. Os dois métodos recebem o texto a ser desenhado como primeiro argumento e as coordenadas *x* e *y* do texto como segundo e terceiro argumentos. Nenhum deles afeta o caminho atual ou o ponto atual.

`fillText()` e `strokeText()` recebem um quarto argumento opcional. Se fornecido, esse argumento especifica a largura máxima do texto a ser exibido. Se o texto for mais largo do que o valor especificado quando desenhado usando a propriedade `font`, o *canvas* o fará caber, mudando sua escala ou usando uma fonte mais estreita ou menor.

Caso você mesmo precise medir o texto antes de desenhá-lo, passe-o para o método `measureText()`. Esse método retorna um objeto TextMetrics que especifica as medidas do texto quando desenhado com o valor de `font` atual. Quando este livro estava sendo escrito, a única "métrica" contida no objeto `TextMetrics` era a largura. Consulte a largura na tela de uma *string* como segue:

```
let width = c.measureText(text).width;
```

Isso é útil se você quiser centralizar uma *string* de texto em um *canvas*, por exemplo.

Imagens

Além dos elementos gráficos vetoriais (caminhos, linhas etc.), a API Canvas também suporta imagens de bitmap. O método `drawImage()` copia os pixels de uma imagem de origem (ou de um retângulo dentro da imagem de origem) no *canvas*, mudando a escala e rotacionando os pixels da imagem conforme necessário.

`drawImage()` pode ser chamado com três, cinco ou nove argumentos. Em todos os casos, o primeiro argumento é a imagem de origem a partir da qual os pixels serão copiados. Esse argumento imagem frequentemente é um elemento `<img>`, mas também pode ser outro elemento `<canvas>` ou mesmo um elemento `<video>` (do qual um único quadro será copiado). Se você especificar um elemento `<img>` ou `<video>` que ainda esteja carregando seus dados, a chamada de `drawImage()` não fará nada.

Na versão de `drawImage()` com três argumentos, o segundo e terceiro argumentos especificam as coordenadas *x* e *y* nas quais o canto superior esquerdo da imagem será desenhado. Nessa versão do método, a imagem fonte inteira é copiada no *canvas*. As coordenadas *x* e *y* são interpretadas no sistema de coordenadas atual e a imagem mudará de escala e será rotacionada se for necessário, dependendo da transformação do *canvas* em vigor no momento.

A versão de `drawImage()` com cinco argumentos acrescenta os argumentos `width` e `height` aos argumentos `x` e `y` descritos anteriormente. Esses quatro argumentos definem um retângulo de destino dentro do *canvas*. O canto superior esquerdo da imagem de origem fica em `(x,y)` e o canto inferior direito fica em `(x+width, y+height)`. Novamente, a imagem fonte inteira é copiada. Com essa versão do método, a imagem fonte mudará de escala para caber no retângulo de destino.

A versão de `drawImage()` com nove argumentos especifica um retângulo de origem e um retângulo de destino e copia somente os pixels dentro do retângulo de origem. Os argumentos de dois a cinco especificam o retângulo de origem. Eles são medidos em pixels CSS. Se a imagem fonte é outro *canvas*, o retângulo de origem usa o sistema de coordenadas padrão para esse *canvas* e ignora qualquer transformação que tenha sido especificada. Os argumentos de seis a nove especificam o retângulo de destino no qual a imagem é desenhada e estão no sistema de coordenadas atual do *canvas*, não no sistema de coordenadas padrão.

Além de desenhar imagens em um *canvas*, também podemos extrair o conteúdo de um *canvas* como uma imagem, usando o método `toDataURL()`. Ao contrário de todos os outros métodos descritos aqui, `toDataURL()` é um método do próprio elemento Canvas e não do objeto de contexto. Normalmente, você chama `toDataURL()` sem argumentos e ele retorna o conteúdo do *canvas* como uma imagem PNG, codificada como uma *string* usando um URL `data:`. O URL retornado é conveniente para uso com um elemento `<img>` e você pode tirar um *snapshot* estático de um *canvas* com código como o seguinte:

```
let img = document.createElement("img");  // Cria um elemento <img>
img.src = canvas.toDataURL();             // Configura seu atributo src
document.body.appendChild(img);           // Anexa-o no documento
```

15.8.5 Transformações de sistema de coordenadas

Conforme mencionado anteriormente, o sistema de coordenadas padrão de um canvas coloca a origem no canto superior esquerdo, tem as coordenadas *x* aumentando para a direita e as coordenadas *y* aumentando para baixo. Nesse sistema padrão, as coordenadas de um ponto são mapeadas diretamente em um pixel CSS (o qual, então, é mapeado diretamente em um ou mais pixels do dispositivo). Certas operações e atributos do *canvas* (como extrair valores brutos de pixel e configurar deslocamentos de sombra) sempre usam esse sistema de coordenadas padrão. Contudo, além desse sistema de coordenadas, todo *canvas* tem uma "matriz de transformação atual" como parte de seu estado gráfico. Essa matriz define o sistema de coordenadas atual do *canvas*. Na maioria das operações de *canvas*, quando as coordenadas de um ponto são especificadas, ele é considerado um ponto no sistema de coordenadas atual e não no sistema de coordenadas padrão. A matriz de transformação atual é usada para converter as coordenadas especificadas nas coordenadas equivalentes do sistema de coordenadas padrão.

O método `setTransform()` permite configurar a matriz de transformação de um *canvas* diretamente, mas as transformações do sistema de coordenadas normalmente são mais fáceis de especificar como uma sequência de translações, rotações e operações de mudança de escala. A Figura 15-11 ilustra essas operações e seus efeitos no sistema de coordenadas do *canvas*. O programa que produziu a figura desenhou o mesmo conjunto

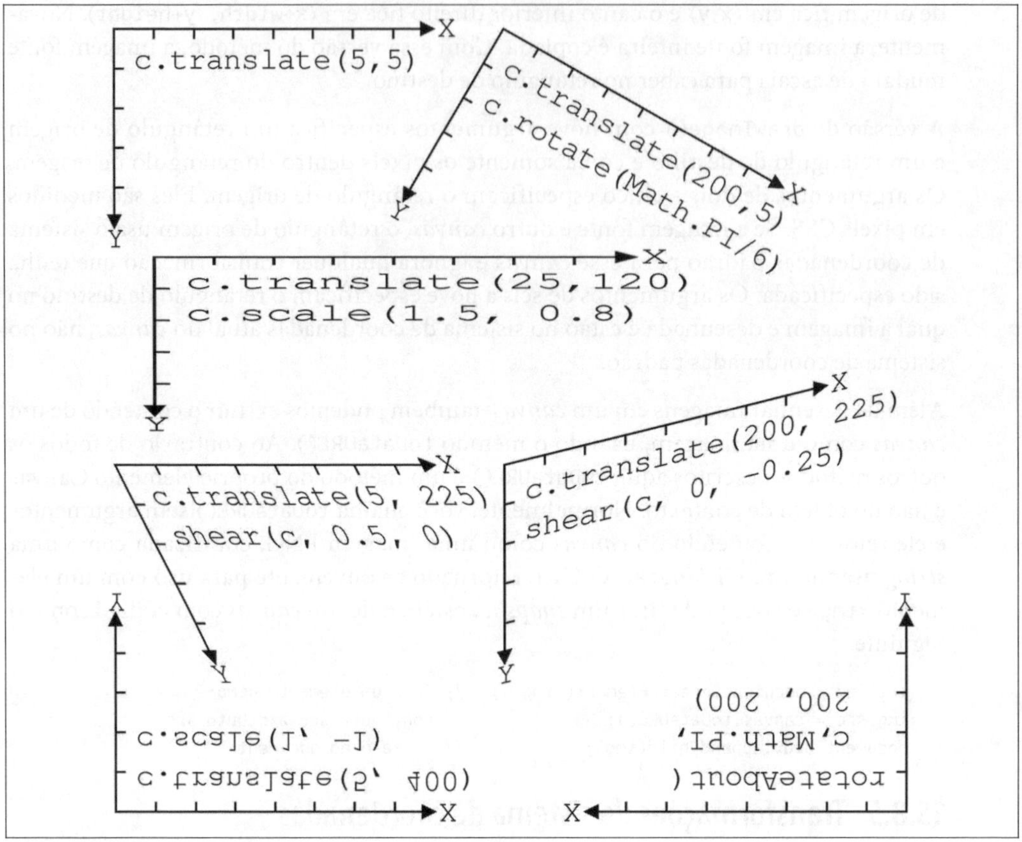

FIGURA 15-11 Transformações de sistema de coordenadas.

de eixos sete vezes seguidas. A única coisa que mudou a cada vez foi a transformação atual. Observe que as transformações afetam o texto e também as linhas desenhadas.

O método `translate()` simplesmente move a origem do sistema de coordenadas para a esquerda, para a direita, para cima ou para baixo. O método `rotate()` gira os eixos no sentido horário pelo ângulo especificado. (A API Canvas sempre especifica ângulos em radianos. Para converter graus em radianos, divida por 180 e multiplique por `Math.PI`.) O método `scale()` aumenta ou diminui distâncias ao longo dos eixos *x* ou *y*.

Passar um fator de escala negativo para o método `scale()` rebate esse eixo em torno da origem, como se fosse refletido em um espelho. Isso foi feito no canto inferior esquerdo da Figura 15-11: `translate()` foi usado para mover a origem para o canto inferior esquerdo do *canvas* e, então, `scale()` foi usado para rebater o eixo *y* de modo que as coordenadas *y* aumentassem à medida que subimos na página. Um sistema de coordenadas rebatido como esse é conhecido nos cursos de álgebra e pode ser útil para representar pontos de dados em gráficos. Note, entretanto, que ele torna o texto difícil de ler!

Entendendo as transformações matematicamente

Acho mais fácil entender as transformações geometricamente, considerando `translate()`, `rotate()` e `scale()` como uma transformação dos eixos do sistema de coordenadas conforme ilustrado na Figura 15-11. Também é possível entender as transformações algebricamente, como equações que mapeiam as coordenadas de um ponto `(x,y)` no sistema de coordenadas, transformado de volta para as coordenadas do mesmo ponto `(x',y')` no sistema de coordenadas anterior.

A chamada de método `c.translate(dx,dy)` pode ser descrita com as seguintes equações:

```
x' = x + dx;   // Uma coordenada X igual a 0 no novo sistema é dx no antigo
y' = y + dy;
```

As operações de mudança de escala têm equações igualmente simples. Uma chamada `c.scale(sx,sy)` pode ser descrita como segue:

```
x' = sx * x;
y' = sy * y;
```

As rotações são mais complicadas. A chamada `c.rotate(a)` é descrita pelas seguintes equações trigonométricas:

```
x' = x * cos(a) - y * sin(a);
y' = y * cos(a) + x * sin(a);
```

Observe que a ordem das transformações importa. Suponha que comecemos com o sistema de coordenadas padrão de um *canvas* e, então, o translademos e depois mudemos sua escala. Para mapear o ponto `(x,y)` no sistema de coordenadas atual de volta para o ponto `(x'',y'')` no sistema de coordenadas padrão, devemos primeiro aplicar as equações de mudança de escala para mapear o ponto em um ponto intermediário `(x',y')` no sistema de coordenadas transladado, mas sem mudança de escala, e então usar as equações de translação para mapear desse ponto intermediário até `(x'',y'')`. O resultado é este:

```
x'' = sx*x + dx;
y'' = sy*y + dy;
```

Se, por outro lado, chamássemos `scale()` antes de chamar `translate()`, as equações resultantes seriam diferentes:

```
x'' = sx*(x + dx);
y'' = sy*(y + dy);
```

O importante a lembrar ao se pensar algebricamente sobre as sequências de transformações é que você deve ir da última transformação (a mais recente) para a primeira.

Contudo, ao pensar geometricamente sobre eixos transformados, você vai da primeira transformação para a última.

As transformações suportadas pelo *canvas* são conhecidas como *transformações afins*. As transformações afins podem modificar as distâncias entre pontos e os ângulos entre linhas, mas linhas paralelas sempre permanecem paralelas após uma transformação afim – não é possível, por exemplo, especificar uma distorção de lente olho de peixe com uma transformação afim. Uma transformação afim arbitrária pode ser descrita pelos seis parâmetros a até f nas seguintes equações:

```
x' = ax + cy + e
y' = bx + dy + f
```

Você pode aplicar uma transformação arbitrária no sistema de coordenadas atual, passando esses seis parâmetros para o método `transform()`. A Figura 15-11 ilustra dois tipos de transformações – cisalhamentos e rotações em torno de um ponto especificado – que podem ser implementadas com o método `transform()` como segue:

```
// Transformação de cisalhamento:
// x' = x + kx*y;
// y' = ky*x + y;
function shear(c, kx, ky) { c.transform(1, ky, kx, 1, 0, 0); }

// Gira theta radianos no sentido anti-horário em torno do ponto (x,y)
// Isso também pode ser feito com uma sequência de translação, rotação, translação
function rotateAbout(c, theta, x, y) {
    let ct = Math.cos(theta);
    let st = Math.sin(theta);
    c.transform(ct, -st, st, ct, -x*ct-y*st+x, x*st-y*ct+y);
}
```

O método `setTransform()` recebe os mesmos argumentos que `transform()`, mas, em vez de transformar o sistema de coordenadas atual, ele ignora o sistema atual, transforma o sistema de coordenadas padrão e torna o resultado o novo sistema de coordenadas atual. `setTransform()` é útil para redefinir o *canvas* temporariamente em seu sistema de coordenadas padrão:

```
c.save();                       // Salva o sistema de coordenadas atual
c.setTransform(1,0,0,1,0,0);    // Reverte para o sistema de coordenadas padrão
// Efetua operações usando as coordenadas de pixel CSS padrão
c.restore();                    // Restaura o sistema de coordenadas salvo
```

Exemplo de transformação

O Exemplo 15-7 demonstra o poder das transformações de sistemas de coordenadas, usando os métodos `translate()`, `rotate()` e `scale()` recursivamente para desenhar um fractal de floco de neve de Koch. A saída desse exemplo aparece na Figura 15-12, que mostra flocos de neve de Koch com níveis de recursividade 0, 1, 2, 3 e 4.

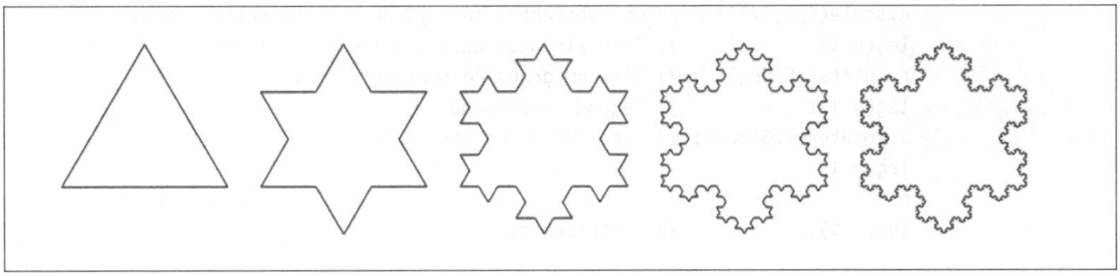

FIGURA 15-12 Flocos de neve de Koch.

O código que produz essas figuras é elegante, mas o uso de transformações recursivas de sistemas de coordenadas o torna um tanto difícil de entender. Mesmo que você não acompanhe todas as nuances, note que o código contém apenas uma chamada do método `lineTo()`. Todo segmento de linha na Figura 15-12 é desenhado como segue:

```
c.lineTo(len, 0);
```

O valor da variável `len` não muda durante a execução do programa, de modo que a posição, a orientação e o comprimento de cada um dos segmentos de linha são determinados por translações, rotações e operações de mudança de escala.

Exemplo 15-7 Um floco de neve de Koch com transformações

```
let deg = Math.PI/180;        // Para converter graus em radianos

// Desenha um fractal de floco de neve de Koch de nível n no contexto canvas c,
// com o canto inferior esquerdo em (x,y) e comprimento lateral len.
function snowflake(c, n, x, y, len) {
    c.save();                 // Salva a transformação corrente
    c.translate(x,y);         // Translada a origem para o ponto de partida
    c.moveTo(0,0);            // Inicia um novo subcaminho na nova origem
    leg(n);                   // Desenha o primeiro trecho do floco de neve
    c.rotate(-120*deg);       // Agora gira 120 graus no sentido anti-horário
    leg(n);                   // Desenha o segundo trecho
    c.rotate(-120*deg);       // Gira novamente
    leg(n);                   // Desenha o último trecho
    c.closePath();            // Fecha o subcaminho
    c.restore();              // E restaura a transformação original

// Desenha um trecho de um floco de neve de Koch de nível n.
// Esta função deixa o ponto atual na extremidade do trecho que
// desenhou e translada o sistema de coordenadas de modo que o ponto atual seja (0,0).
// Isso significa que você pode chamar rotate() facilmente após desenhar um trecho.
function leg(n) {
    c.save();                 // Salva a transformação atual
    if (n === 0) {            // Caso não recursivo:
        c.lineTo(len, 0);     // Desenha apenas uma linha horizontal
    }                         //                                      _ _
    else {                    // Caso recursivo: desenha 4 subtrechos como:  \/
```

```
            c.scale(1/3,1/3);    // Os subtrechos têm 1/3 do tamanho deste trecho
            leg(n-1);            // Recursividade para o primeiro subtrecho
            c.rotate(60*deg);    // Gira 60 graus no sentido horário
            leg(n-1);            // Segundo subtrecho
            c.rotate(-120*deg);  // Gira 120 graus para trás
            leg(n-1);            // Terceiro subtrecho
            c.rotate(60*deg);    // Gira de volta para a nossa direção original
            leg(n-1);            // Subtrecho final
        }
        c.restore();             // Restaura a transformação
        c.translate(len, 0);     // Mas translada para fazer o final do trecho (0,0)
    }
}
let c = document.querySelector("canvas").getContext("2d");
snowflake(c, 0, 25, 125, 125); // Um floco de neve de nível 0 é um triângulo
snowflake(c, 1, 175, 125, 125); // Um floco de neve de nível 1 é uma estrela de 6 lados
snowflake(c, 2, 325, 125, 125); // etc.
snowflake(c, 3, 475, 125, 125);
snowflake(c, 4, 625, 125, 125); // Um floco de neve de nível 4 parece um floco de neve!
c.stroke();                     // Traça esse caminho muito complicado
```

15.8.6 Recorte

Após definir um caminho, você normalmente chama `stroke()` ou `fill()` (ou ambos). Você também pode chamar o método `clip()` para definir uma região de recorte. Uma vez definida uma região de recorte, nada será desenhado fora dela. A Figura 15-13 mostra um desenho complexo produzido usando-se regiões de recorte. A faixa vertical do meio e o texto ao longo da parte inferior da figura foram traçados sem região de recorte e então preenchidos depois que a região de recorte triangular foi definida.

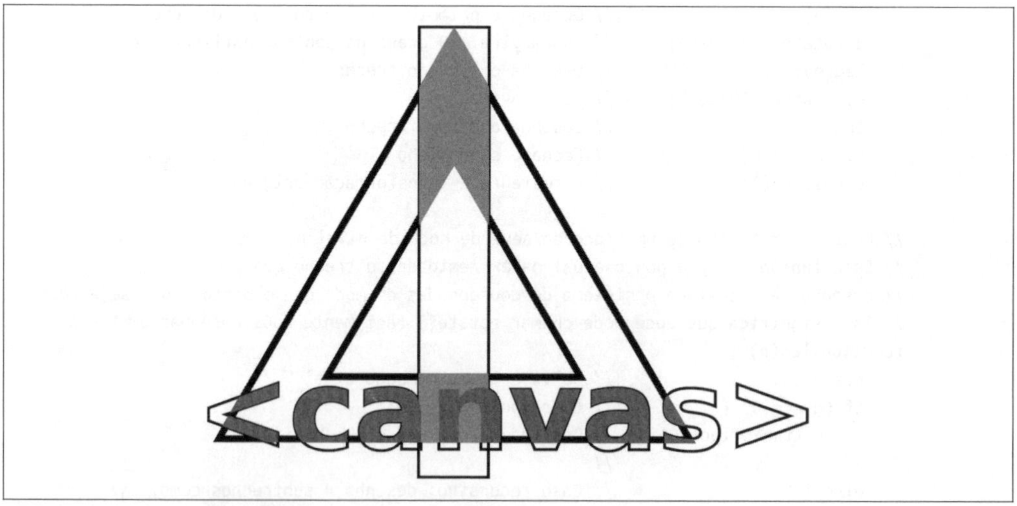

FIGURA 15-13 Traços não recortados e preenchimentos recortados.

A Figura 15-13 foi gerada com o método polygon() do Exemplo 15-5 e o código a seguir:

```
// Define alguns atributos de desenho
c.font = "bold 60pt sans-serif";       // Fonte grande
c.lineWidth = 2;                       // Linhas estreitas
c.strokeStyle = "#000";                // Linhas pretas

// Contorna um retângulo e algum texto
c.strokeRect(175, 25, 50, 325);        // Uma faixa vertical no meio
c.strokeText("<canvas>", 15, 330);     // Note strokeText(), em vez de fillText()

// Define um caminho complexo com um interior que está fora.
polygon(c,3,200,225,200);              // Triângulo grande
polygon(c,3,200,225,100,0,true);       // Triângulo menor invertido dentro

// Torna esse caminho a região de recorte.
c.clip();

// Traça o caminho com uma linha de 5 pixels, inteiramente dentro da região de corte.
c.lineWidth = 10;     // Metade dessa linha de 10 pixels será cortada
c.stroke();

// Preenche as partes do retângulo e o texto que estão dentro da região de recorte
c.fillStyle = "#aaa";                  // Cinza-claro
c.fillRect(175, 25, 50, 325);          // Preenche a faixa vertical
c.fillStyle = "#888";                  // Cinza mais escuro
c.fillText("<canvas>", 15, 330);       // Preenche o texto
```

É importante notar que, quando você chama clip(), o próprio caminho atual é recortado na região de recorte atual e, então, esse caminho recortado se torna a nova região de recorte. Isso significa que o método clip() pode reduzir a região de recorte, mas nunca aumentá-la. Não há um método para redefinir a região de recorte; portanto, antes de chamar clip(), normalmente você deve chamar save() para que depois possa restaurar (com restore()) a região recortada.

15.8.7 Manipulação de pixels

O método getImageData() retorna um objeto ImageData representando os pixels (como componentes R, G, B e A) brutos (não pré-multiplicados) de uma região retangular de seu *canvas*. Você pode criar objetos ImageData em branco e vazios, com createImageData(). Os pixels de um objeto ImageData são graváveis, de modo que você pode configurá-los como quiser e depois copiá-los de volta no *canvas*, com putImageData().

Esses métodos de manipulação de pixels fornecem acesso de nível muito baixo ao *canvas*. O retângulo passado para getImageData() está no sistema de coordenadas padrão: suas dimensões são medidas em pixels CSS e ele não é afetado pela transformação atual. Quando você chama putImageData(), a posição especificada também é medida no sistema de coordenadas padrão. Além disso, putImageData() ignora todos os atributos gráficos. Ele não faz composição, não multiplica pixels por globalAlpha e não desenha sombras.

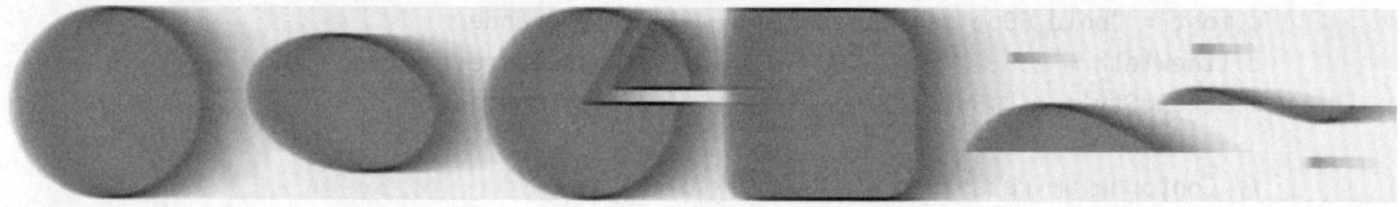

FIGURA 15-14 Efeito de *motion* blur criado por processamento de imagem.

Os métodos de manipulação de pixels são úteis para implementar processamento de imagens. O Exemplo 15-8 mostra como criar um *motion blur* simples, ou efeito de "borrão", como aquele mostrado na Figura 15-14.

O código a seguir demonstra `getImageData()` e `putImageData()` e mostra como iterar pelos valores de pixel e modificá-los em um objeto ImageData.

Exemplo 15-8 *Motion blur* com ImageData

```
// Borra os pixels do retângulo à direita, produzindo um
// tipo de motion blur, como se os objetos estivessem indo da direita para a esquerda.
// n deve ser 2 ou mais. Valores maiores produzem borrões maiores.
// O retângulo é especificado no sistema de coordenadas padrão.
function smear(c, n, x, y, w, h) {
    // Obtém o objeto ImageData que representa o retângulo de pixels a borrar
    let pixels = c.getImageData(x, y, w, h);

    // Esse borrão é feito no local e exige apenas o ImageData de origem.
    // Alguns algoritmos de processamento de imagens exigem um ImageData adicional
    // para armazenar valores de pixels transformados. Se precisássemos de um buffer de
    // saída, poderíamos criar um novo ImageData com as mesmas dimensões, como segue:
    //   let output_pixels = c.createImageData(pixels);

    // Obtém as dimensões da grade de pixels no objeto ImageData
    let width = pixels.width, height = pixels.height;

    // Este é o array de bytes que contém os dados de pixel brutos, da esquerda para a
    // direita e de cima para baixo. Cada pixel ocupa 4 bytes consecutivos na ordem
    // R,G,B,A.
    let data = pixels.data;

    // Cada pixel após o primeiro em cada linha é borrado por ser substituído por
    // 1/n-ésimo de seu próprio valor, mais m/n-ésimos do valor do pixel anterior
    let m = n-1;

    for(let row = 0; row < height; row++) {  // Para cada linha
    let i = row*width*4 + 4;// O deslocamento do segundo pixel da linha
```

```
            for(let col = 1; col < width; col++, i += 4) { // Para cada coluna
                data[i] = (data[i] + data[i-4]*m)/n;        // Componente de pixel vermelho
                data[i+1] = (data[i+1] + data[i-3]*m)/n;    // Verde
                data[i+2] = (data[i+2] + data[i-2]*m)/n;    // Azul
                data[i+3] = (data[i+3] + data[i-1]*m)/n;    // Componente alfa
            }
        }

        // Agora copia os dados da imagem borrada de volta na mesma posição na tela de desenho
        c.putImageData(pixels, x, y);
    }
```

15.9 APIs de áudio

As *tags* HTML `<audio>` e `<video>` permitem que você inclua facilmente sons e vídeos em suas páginas Web. São elementos complexos, com APIs significativas e interfaces com o usuário não triviais. Você pode controlar a reprodução de mídia com os métodos `play()` e `pause()`. É possível configurar as propriedades `volume` e `playbackRate` para controlar o volume de áudio e a velocidade de reprodução. E você pode saltar para determinado instante de tempo dentro da mídia com a configuração da propriedade `currentTime`.

No entanto, não abordaremos as *tags* `<audio>` e `<video>` em mais detalhes aqui. As subseções a seguir demonstram duas maneiras de adicionar efeitos sonoros às suas páginas Web por meio de *scripts*.

15.9.1 A construtora Audio()

Não é necessário incluir uma *tag* `<audio>` no seu documento HTML para incluir efeitos sonoros nas suas páginas Web. Você pode criar elementos `<audio>` dinamicamente com o método normal DOM `document.createElement()` ou, como atalho, simplesmente usar a construtora `Audio()`. Não é preciso adicionar o elemento criado ao seu documento para reproduzi-lo, basta chamar seu método `play()`:

```
// Carrega o efeito sonoro previamente para que esteja pronto para ser usado
let soundeffect = new Audio("soundeffect.mp3");

// Reproduz o efeito sonoro sempre que o usuário clica no botão do mouse
document.addEventListener("click", () => {
    soundeffect.cloneNode().play();    // Carrega e reproduz o som
});
```

Observe o uso de `cloneNode()`. Se o usuário clica com o *mouse* rapidamente, queremos ser capazes de ter múltiplas cópias sobrepostas do efeito sonoro reproduzidas ao mesmo tempo. Para isso, precisamos de múltiplos elementos Audio. Como os elementos Audio não são adicionados ao documento, eles são eliminados pela coleta de lixo quando a reprodução termina.

15.9.2 A API WebAudio

Além da reprodução de sons gravados com elementos Audio, os navegadores Web também permitem a geração e reprodução de sons sintetizados com a API WebAudio. Usar essa API é como ligar um sintetizador eletrônico de antigamente usando *patch cords*. Com WebAudio, você pode criar um conjunto de objetos AudioNode, que representam fontes, transformações ou destinos de formas de onda, e então conectar esses nós em uma rede para produzir sons. A API não é particularmente complexa, mas uma explicação completa exigiria um entendimento sobre conceitos de música eletrônica e de processamento de sinais que vai além do escopo deste livro.

O código a seguir usa a API WebAudio para sintetizar um acorde curto que desaparece gradualmente durante cerca de um segundo. O exemplo a seguir demonstra o básico da API WebAudio. Se você se interessar, pode obter muito mais informações sobre essa API na Internet:

```
// Primeiro cria um objeto audioContext. O navegador Safari ainda nos obriga
// a usar webkitAudioContext em vez de AudioContext.*
let audioContext = new (this.AudioContext||this.webkitAudioContext)();

// Define o som básico como uma combinação de três ondas senoidais puras
let notes = [ 293.7, 370.0, 440.0 ];   // Acorde Ré maior: Ré maior, Fá sustenido e Lá

// Cria nós osciladores para cada uma das notas que queremos reproduzir
let oscillators = notes.map(note => {
    let o = audioContext.createOscillator();
    o.frequency.value = note;
    return o;
});

// Controla o volume do som ao longo do tempo para moldá-lo.
// Começando no tempo 0, aumenta rapidamente até o volume máximo.
// Depois, começando no tempo 0,1, lentamente diminui até 0.
let volumeControl = audioContext.createGain();
volumeControl.gain.setTargetAtTime(1, 0.0, 0.02);
volumeControl.gain.setTargetAtTime(0, 0.1, 0.2);

// Vamos enviar o som para o seu destino padrão:
// os alto-falantes do usuário.
let speakers = audioContext.destination;

// Conecta cada nota de origem ao controle de volume
oscillators.forEach(o => o.connect(volumeControl));

// E conecta a saída do controle de volume para os alto-falantes.
volumeControl.connect(speakers);
```

*N. de R.T. Desde 2025, isto não é mais assim. O Safari agora suporta AudioContext de forma nativa.

```
// Agora começa a reproduzir os sons e os executa por 1,25 segundos.
let startTime = audioContext.currentTime;
let stopTime = startTime + 1.25;
oscillators.forEach(o => {
    o.start(startTime);
    o.stop(stopTime);
});

// Se queremos criar uma sequência de sons, podemos usar rotinas de tratamento de evento
oscillators[0].addEventListener("ended", () => {
    // Esta rotina de tratamento é chamada quando a nota para de ser reproduzida
});
```

15.10 Localização, navegação e histórico

A propriedade `location` de objetos Window e Document se refere a um objeto Location, o qual representa o URL corrente do documento exibido na janela, e também oferece uma API para carregar um novo documento na janela.

O objeto Location é muito parecido com um objeto URL (Seção 11.9) e é possível usar propriedades como `protocol`, `hostname`, `port` e `path` para acessar as diversas partes do URL do documento atual. A propriedade `href` retorna todo o URL como uma *string*, assim como faz o método `toString()`.

As propriedades `hash` e `search` do objeto Location são interessantes. A propriedade `hash` retorna a parte do "identificador de fragmento" do URL, caso haja um: um sinal numérico (#) seguido de uma identificação de elemento. A propriedade `search` é semelhante. Ela retorna a parte do URL que começa com um ponto de interrogação: frequentemente algum tipo de *string* de consulta. Em geral, essa parte de um URL é usada para parametrizá-lo e oferece uma maneira de incorporar argumentos nele. Embora esses argumentos normalmente se destinem à execução de *scripts* em um servidor, não há razão para não poderem também ser utilizados em páginas com JavaScript ativada.

Os objetos URL têm uma propriedade `searchParams` que é uma representação analisada da propriedade `search`. O objeto Location não tem uma propriedade `searchParams`, mas se quiser analisar `window.location.search`, você pode simplesmente criar um objeto URL a partir do objeto Location e então usar a `searchParams` do URL:

```
let url = new URL(window.location);
let query = url.searchParams.get("q");
let numResults = parseInt(url.searchParams.get("n") || "10");
```

Além do objeto Location ao qual você pode se referir como `window.location` ou `document.location`, e a construtora `URL()` que usamos anteriormente, os navegadores também definem uma propriedade `document.URL`. Curiosamente, o valor dessa propriedade não é um objeto URL e sim apenas uma *string*. A *string* contém o URL do documento atual.

15.10.1 Carregando novos documentos

Se você atribui uma *string* para `window.location` ou para `document.location`, essa *string* é interpretada como um URL e o navegador a carrega, substituindo o documento atual por um novo:

```
window.location = "http://www.oreilly.com"; // Vá comprar alguns livros!
```

Também é possível atribuir URLs relativos a `location`. Eles são usados em relação ao URL corrente:

```
document.location = "page2.html";            // Carrega a próxima página
```

Um identificador de fragmento simples é um tipo especial de URL relativo que não faz o navegador carregar um novo documento, mas simplesmente rolar para que o elemento de documento com `id` ou `name` que corresponde ao fragmento fique visível no alto da janela do navegador. O identificador `#top` é um caso especial que faz o navegador pular para o início do documento (supondo que nenhum elemento tenha um atributo `id="top"`):

```
location = "#top";                           // Pula para o início do documento
```

As propriedades individuais do objeto Location podem ser gravadas, e configurá-las altera o URL do local e faz o navegador carregar um novo documento (ou, no caso da propriedade `hash`, navegar dentro do documento corrente):

```
document.location.path = "pages/3.html";     // Carrega uma nova página
document.location.hash = "TOC";              // Rola até o sumário
location.search = "?page=" + (page+1);       // Recarrega com nova string de consulta
```

Também é possível carregar uma nova página passando uma nova *string* para o método `assign()` do objeto Location. Isso é o mesmo que atribuir a *string* à propriedade `location`, no entanto, então não é particularmente interessante.

O método `replace()` do objeto Location, por outro lado, é bastante útil. Quando você passa uma *string* para `replace()`, ela é interpretada como um URL e faz o navegador carregar uma nova página, assim como faz `assign()`. A diferença é que `replace()` substitui o documento atual no histórico do navegador. Se um *script* no documento A configura a propriedade `location` ou chama `assign()` para carregar o documento B e o usuário clica no botão voltar, o usuário volta para o documento A. Se, em vez disso, você usa `replace()`, o documento A é apagado do histórico do navegador; quando o usuário clicar no botão Voltar, o navegador voltará para o documento que foi exibido antes do documento A.

Quando um *script* carrega um novo documento incondicionalmente, o método `replace()` em geral é uma escolha melhor do que `assign()`. Caso contrário, o botão Voltar levaria o navegador de volta ao documento original e o mesmo *script* carregaria o novo documento novamente. Suponha que você tem uma versão com JavaScript da sua página e uma versão estática que não usa JavaScript. Se você determinar que o navegador do usuário não suporta as APIs da plataforma Web que quer utilizar, você poderia usar `location.replace()` para carregar a versão estática:

```
// Se o navegador não suporta as APIs de JavaScript de que precisamos,
// redireciona para uma página estática que não usa JavaScript.
if (!isBrowserSupported()) location.replace("staticpage.html");
```

Observe que o URL passado para `replace()` é relativo. Os URLs relativos são interpretados em relação à página na qual aparecem, exatamente como aconteceria se fossem usados em um *hiperlink*.

Além dos métodos `assign()` e `replace()`, o objeto Location também define `reload()`, que faz o navegador recarregar o documento.

15.10.2 Histórico de navegação

A propriedade `history` do objeto Window se refere ao objeto History da janela. O objeto History modela o histórico de navegação de uma janela como uma lista de documentos e estados de documento. A propriedade `length` do objeto History especifica o número de elementos na lista do histórico de navegação, mas por motivos de segurança os *scripts* não podem acessar os URLs armazenados (se pudessem, qualquer *script* poderia bisbilhotar seu histórico de navegação).

O objeto History tem métodos `back()` e `forward()` que se comportam como os botões Voltar e Avançar do navegador: eles fazem o navegador retroceder ou avançar um passo no histórico de navegação. Um terceiro método, `go()`, recebe um argumento inteiro e pode pular qualquer número de páginas para a frente (para argumentos positivos) ou para trás (para argumentos negativos) na lista do histórico:

```
history.go(-2);    // Retrocede 2, como clicar no botão Voltar duas vezes
history.go(0);     // Outro modo de recarregar a página atual
```

Se uma janela contém filhos (como os elementos `<iframe>`), os históricos de navegação das janelas filhas são intercalados cronologicamente com o histórico da janela principal. Isso significa que chamar `history.back()` (por exemplo) na janela principal pode fazer uma das janelas filhas navegar de volta para um documento exibido anteriormente, mas deixe a janela principal em seu estado atual.

O objeto History descrito nesta seção remonta aos primeiros dias da Web, do tempo em que os documentos eram passivos e todo cálculo era feito no servidor. Hoje, os aplicativos Web com frequência geram ou carregam conteúdo dinamicamente e exibem novos estados sem carregar novos documentos. Aplicativos como esses precisam fazer seu próprio gerenciamento de histórico, caso queiram que o usuário possa usar os botões Voltar e Avançar (ou movimentos equivalentes) para navegar de um estado para outro do aplicativo de maneira intuitiva. Há duas maneiras de fazer isso, descritas nas duas próximas seções.

15.10.3 Gerenciamento de histórico com eventos *hashchange*

Uma das técnicas de gerenciamento de histórico envolve `location.hash` e o evento "*hashchange*". Você precisa conhecer alguns fatos importantes para entender a técnica:

- A propriedade `location.hash` configura o identificador de fragmento do URL e é tradicionalmente usada para especificar a identificação de uma seção do documento para a qual se vai rolar. Mas `location.hash` não precisa ser uma identificação de elemento: você pode configurá-la com qualquer *string*. Desde que nenhum elemento tenha essa *string* como identificação, o navegador não rolará quando você configurar a propriedade `hash` dessa forma.
- Configurar a propriedade `location.hash` atualiza o URL exibido na barra de endereços e, o que é muito importante, adiciona uma entrada no histórico do navegador.
- Sempre que o identificador de fragmento do documento muda, o navegador dispara um evento "*hashchange*" no objeto Window. Se você configura `location.hash` explicitamente, o evento "*hashchange*" é disparado. E, como mencionamos, essa mudança ao objeto Location cria uma nova entrada no histórico de navegação do navegador. Assim, se o usuário clica no botão Voltar, o navegador volta ao URL anterior, antes de você ter configurado `location.hash`. Mas isso significa que o identificador de fragmento mudou de novo, então outro evento "*hashchange*" é disparado. Isso significa que, desde que você possa criar um identificador de fragmento único para cada estado possível do seu aplicativo, eventos "*hashchange*" o notificarão caso o usuário volte ou avance no seu histórico de navegação.

Para usar esse mecanismo de gerenciamento de histórico, será preciso poder codificar as informações de estado necessárias para renderizar uma "página" do seu aplicativo em uma *string* de texto relativamente curta, apropriada para uso como identificador de fragmento. E será preciso escrever uma função para converter o estado da página em uma *string* e outra função para analisar a *string* e recriar o estado da página que ela representa.

Depois que escreveu essas funções, o resto é fácil. Defina uma função `window.onhashchange` (ou registre um receptor "*hashchange*" com `addEventListener()`) que lê `location.hash`, converte a *string* em uma representação do seu estado do aplicativo e, então, executa as ações necessárias para exibir o novo estado do aplicativo.

Quando o usuário interage com o seu aplicativo (clica em um link, por exemplo) de uma maneira que faria com que o aplicativo entrasse em um novo estado, não renderize o novo estado diretamente. Em vez disso, codifique o novo estado desejado como uma *string* e configure `location.hash` para essa *string*. Isso dispara um evento "*hashchange*", e sua rotina de tratamento para esse evento exibe o novo estado. Usar essa técnica indireta garante que o novo estado será inserido no histórico de navegação para que os botões Voltar e Avançar continuem a funcionar.

15.10.4 Gerenciamento de histórico com pushState()

A segunda técnica para gerenciar o histórico é um pouco mais complexa, mas é menos gambiarra do que usar o evento "*hashchange*". Essa técnica mais robusta de gerenciamento de histórico se baseia no método `history.pushState()` e no evento "*popstate*". Quando um aplicativo Web entra em um novo estado, chama `history.pushState()` para adicionar um objeto que representa o estado no histórico de navegação. Se o usuário clica no botão Voltar, o navegador dispara um evento "*popstate*" com uma cópia do objeto de estado salvo e o aplicativo usa esse objeto para recriar seu estado anterior. Além do objeto de estado salvo, os aplicativos também podem salvar um URL com cada estado, o que é importante se você quer que os usuários consigam salvar favoritos e compartilhar links para os estados internos do aplicativo.

O primeiro argumento de `pushState()` é um objeto que contém todas as informações de estado necessárias para restaurar o estado atual do documento. Esse objeto é salvo usando o algoritmo de *clone estruturado* do HTML, que é mais versátil do que `JSON.stringify()` e pode suportar objetos Map, Set e Date, assim como *arrays* tipados e ArrayBuffers.

O segundo argumento deveria ser uma *string* de título para o estado, mas a maior parte dos navegadores não o suporta, e você deve apenas passar uma *string* vazia. O terceiro argumento é um URL opcional que será exibido na barra de endereços imediatamente e também se o usuário voltar a esse estado usando os botões Voltar e Avançar. Os URLs relativos são resolvidos em relação ao local atual do documento. Associar um URL a cada estado permite que o usuário salve como favoritos os estados internos do seu aplicativo. Lembre-se, no entanto, de que se o usuário salvar um favorito e o visitar no dia seguinte, você não receberá um "*popstate*" em relação à visita: será preciso analisar o URL para restaurar o estado do aplicativo.

O algoritmo de clone estruturado

O método `history.pushState()` não usa `JSON.stringify()` (Seção 11.6) para serializar dados de estado. Em vez disso, ele (e outras APIs de navegador que encontraremos mais tarde) usa uma técnica de serialização mais robusta conhecida pelo nome de algoritmo de clone estruturado, definida pelo padrão HTML.

O algoritmo de clone estruturado pode serializar tudo que `JSON.stringify()` pode, mas, além disso, permite a serialização da maioria dos outros tipos de JavaScript, incluindo Map, Set, Date, RegExp e *arrays* tipados, e pode tratar estruturas de dados que incluem referências circulares. O algoritmo de clone estruturado *não* serializa funções ou classes, no entanto. Quando clona objetos, ele não copia o objeto protótipo, métodos *getter* e *setter* ou propriedades não enumeráveis. Embora o algoritmo de clone estruturado consiga clonar a maior parte dos tipos internos de JavaScript, ele não copia tipos definidos pelo ambiente hospedeiro, como os objetos Element do documento.

Isso significa que o objeto de estado que você passa para `history.pushState()` não precisa se limitar aos objetos, *arrays* e valores primitivos que `JSON.stringify()` suporta. Observe, no entanto, que se você passa uma instância de uma classe que definiu, essa instância é serializada como um objeto JavaScript normal e perde seu protótipo.

Além do método `pushState()`, o objeto History também define `replaceState()`, que recebe os mesmos argumentos, mas substitui o estado do histórico atual, em vez de adicionar um novo estado no histórico de navegação. Quando um aplicativo que usa `pushState()` é carregado inicialmente, muitas vezes é uma boa ideia chamar `replaceState()` para definir um objeto de estado para esse estado inicial do aplicativo.

Quando o usuário navega para estados de histórico salvos usando os botões Voltar ou Avançar, o navegador dispara um evento "*popstate*" no objeto Window. O objeto evento associado ao evento tem uma propriedade chamada `state`, a qual contém uma cópia (outro clone estruturado) do objeto de estado passado para `pushState()`.

O Exemplo 15-9 é um aplicativo Web simples – o jogo de adivinhação de números ilustrado na Figura 15-15 – que usa `pushState()` para salvar seu histórico, permitindo ao usuário "voltar" para rever ou refazer seus palpites.

Exemplo 15-9 Gerenciamento de histórico com pushState()

```
<html><head><title>I'm thinking of a number...</title>
<style>
body { height: 250px; display: flex; flex-direction: column;
       align-items: center; justify-content: space-evenly; }
#heading { font: bold 36px sans-serif; margin: 0; }
#container { border: solid black 1px; height: 1em; width: 80%; }
#range { background-color: green; margin-left: 0%; height: 1em; width: 100%; }
#input { display: block; font-size: 24px; width: 60%; padding: 5px; }
#playagain { font-size: 24px; padding: 10px; border-radius: 5px; }
</style>
</head>
<body>
<h1 id="heading">I'm thinking of a number...</h1>
<!-- uma representação visual dos números que não foram rejeitados -->
<div id="container"><div id="range"></div></div>
```

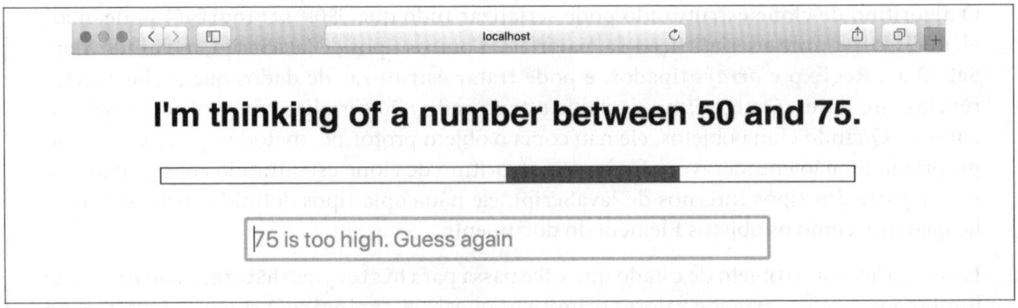

FIGURA 15-15 Um jogo de adivinhação de números.

```
<!-- Onde o usuário digita seus palpites -->
<input id="input" type="text">
<!-- Um botão que recarrega sem string de pesquisa. Oculto até o jogo terminar. -->
<button id="playagain" hidden onclick="location.search='';">Play Again</button>
<script>
/**
 * Uma instância dessa classe GameState representa o estado interno do nosso
 * jogo de adivinhação de números. A classe define métodos fábrica estáticos para
 * inicializar o estado do jogo de fontes diferentes, um método para
 * atualizar o estado com base em um novo palpite e um método para modificar o
 * documento com base no estado atual
 */
class GameState {
    // Esta é uma função fábrica para criar um novo jogo
    static newGame() {
        let s = new GameState();
        s.secret = s.randomInt(0, 100);   // Um inteiro: 0 < n < 100
        s.low = 0;             // Palpites devem ser maiores do que este valor
        s.high = 100;          // Palpites devem ser menores do que este valor
        s.numGuesses = 0;      // Quantos palpites foram dados
        s.guess = null;        // Qual foi o último palpite
        return s;
    }

    // Quando salvamos o estado do jogo com history.pushState(), é apenas
    // um objeto JavaScript simples que é salvo, não uma instância de GameState.
    // Assim, esta função fábrica recria um objeto GameState com base no
    // objeto simples que obtivemos de um evento popstate.
    static fromStateObject(stateObject) {
        let s = new GameState();
        for(let key of Object.keys(stateObject)) {
            s[key] = stateObject[key];
        }
        return s;
    }

    // Para permitir a criação de favoritos, precisamos poder codificar o
    // estado de qualquer jogo como um URL, o que é fácil com URLSearchParams.
    toURL() {
        let url = new URL(window.location);
        url.searchParams.set("l", this.low);
        url.searchParams.set("h", this.high);
        url.searchParams.set("n", this.numGuesses);
        url.searchParams.set("g", this.guess);
        // Note que não podemos codificar o número secreto no URL ou
        // isso entrega o segredo. Se o usuário salva a página nos favoritos com
        // estes parâmetros e então volta a ela, simplesmente escolhemos um
        // novo número aleatório entre o baixo (low) e o alto (high).
        return url.href;
    }

    // Esta é uma função fábrica que cria um novo objeto GameState e
    // o inicializa a partir do URL especificado. Se o URL não contém os
```

```
    // parâmetros esperados ou se são malformados, apenas retorna null.
    static fromURL(url) {
        let s = new GameState();
        let params = new URL(url).searchParams;
        s.low = parseInt(params.get("l"));
        s.high = parseInt(params.get("h"));
        s.numGuesses = parseInt(params.get("n"));
        s.guess = parseInt(params.get("g"));

        // Se o URL não tem qualquer um dos parâmetros de que precisamos ou se
        // não são analisados como números inteiros, retorna null;
        if (isNaN(s.low) || isNaN(s.high) ||
            isNaN(s.numGuesses) || isNaN(s.guess)) {
            return null;
        }

        // Escolhe um novo número secreto no intervalo certo cada vez que
        // restauramos um jogo a partir de um URL.
        s.secret = s.randomInt(s.low, s.high);
        return s;
    }

    // Retorna um número inteiro n, min < n < max
    randomInt(min, max) {
        return min + Math.ceil(Math.random() * (max - min - 1));
    }

    // Modifica o documento para exibir o estado atual do jogo.
    render() {
        let heading = document.querySelector("#heading");   // O <h1> no topo
        let range = document.querySelector("#range");  // Exibe um intervalo de palpites
        let input = document.querySelector("#input");  // Campo de entrada do palpite
        let playagain = document.querySelector("#playagain");

        // Atualiza o cabeçalho e o título do documento
        heading.textContent = document.title =
            `I'm thinking of a number between ${this.low} and ${this.high}.`;

        // Atualiza o intervalo visual de números
        range.style.marginLeft = `${this.low}%`;
        range.style.width = `${(this.high-this.low)}%`;

        // Certifica-se de que o campo de entrada esteja vazio e com o foco.
        input.value = "";
        input.focus();

        // Exibe feedback com base no último palpite do usuário. O espaço reservado
        // para a entrada aparece porque deixamos o campo de entrada vazio.
        if (this.guess === null) {
            input.placeholder = "Type your guess and hit Enter";
        } else if (this.guess < this.secret) {
            input.placeholder = `${this.guess} is too low. Guess again`;
```

```
        } else if (this.guess > this.secret) {
            input.placeholder = `${this.guess} is too high. Guess again`;
        } else {
            input.placeholder = document.title = `${this.guess} is correct!`;
            heading.textContent = `You win in ${this.numGuesses} guesses!`;
            playagain.hidden = false;
        }
    }

    // Atualiza o estado do jogo com base no palpite do usuário.
    // Retorna true se o estado foi atualizado, false se não foi.
    updateForGuess(guess) {
        // Se é um número e está no intervalo correto
        if ((guess > this.low) && (guess < this.high)) {
            // Atualiza o objeto de estado com base nesse palpite
            if (guess < this.secret) this.low = guess;
            else if (guess > this.secret) this.high = guess;
            this.guess = guess;
            this.numGuesses++;
            return true;
        }
        else {  // Um palpite inválido: notifica o usuário mas não atualiza o estado
            alert(`Please enter a number greater than ${
                  this.low} and less than ${this.high}`);
            return false;
        }
    }
}
// Com a classe GameState definida, fazer o jogo funcionar é uma simples questão
// de inicializar, atualizar, salvar e renderizar o objeto de estado
// nos momentos apropriados.

// Quando carregamos inicialmente, tentamos obter o estado do jogo a partir do URL e se
// isso não dá certo, começamos um novo jogo. Assim, se o usuário salva como favorito
// um jogo, este pode ser restaurado a partir do URL. Mas se carregamos uma página
// sem parâmetros de consulta, simplesmente obtemos um novo jogo.
let gamestate = GameState.fromURL(window.location) || GameState.newGame();

// Salva esse estado inicial do jogo no histórico do navegador, mas usa
// replaceState em vez de pushState() para essa página inicial
history.replaceState(gamestate, "", gamestate.toURL());

// Exibe esse estado inicial
gamestate.render();

// Quando o usuário dá um palpite, atualiza o estado do jogo com base no palpite
// e então salva o novo estado no histórico do navegador e renderiza o novo estado
document.querySelector("#input").onchange = (event) => {
    if (gamestate.updateForGuess(parseInt(event.target.value))) {
        history.pushState(gamestate, "", gamestate.toURL());
    }
    gamestate.render();
};
```

```
// Se o usuário volta ou avança no histórico, obtemos um evento popstate
// no objeto janela com uma cópia do objeto de estado que salvamos com
// pushState. Quando isso acontece, renderiza o novo estado.
window.onpopstate = (event) => {
    gamestate = GameState.fromStateObject(event.state);  // Restaura o estado
    gamestate.render();                                   // e exibe-o
};
</script>
</body></html>
```

15.11 Conexão em rede

Sempre que você carrega uma página Web, o navegador faz requisições de rede (usando os protocolos HTTP ou HTTPS) para um arquivo HTML e as imagens, fontes, *scripts* e folhas de estilo dos quais o arquivo depende. Mas além de conseguir fazer requisições de rede em resposta às ações do usuário, os navegadores Web também disponibilizam as APIs JavaScript para conexões em rede.

Esta seção abrange três APIs de rede:

- O método `fetch()` define uma API baseada em Promises para fazer pedidos HTTP e HTTPS. A API `fetch()` simplifica os pedidos GET básicos, mas tem um conjunto abrangente de recursos que também suporta praticamente todos os casos de uso de HTTP possíveis.
- A API Server-Sent Events (ou SSE) é uma interface baseada em eventos e é conveniente para técnicas de "*long polling*" via HTTP em que o servidor Web mantém a conexão de rede aberta para que possa enviar dados ao cliente sempre que quiser.
- WebSockets é um protocolo de rede que não é HTTP, mas foi projetado para ser interoperável com HTTP. Ele define uma API de passagem de mensagens assíncrona na qual clientes e servidores podem enviar e receber mensagens uns dos outros de modo semelhante aos soquetes de rede TCP.

15.11.1 fetch()

Para pedidos HTTP básicos, usar `fetch()` é um processo dividido em três passos:

1. Chama `fetch()`, passando o URL cujo conteúdo você quer recuperar.
2. Obtém o objeto de resposta retornado assincronamente pelo passo 1 quando a resposta HTTP começa a chegar e chama um método desse objeto de resposta para solicitar o corpo da resposta.

3. Obtém o objeto corpo retornado assincronamente pelo passo 2 e processa-o como você quiser.

A API `fetch()` é totalmente baseada em Promises, e há mais dois passos assíncronos aqui, então normalmente você espera duas chamadas `then()` ou duas expressões `await` quando usa `fetch()` (e se esqueceu o que elas são, sugiro reler o Capítulo 13 antes de continuar com esta seção).

Observe como fica um pedido `fetch()` quando usamos `then()` e esperamos que a resposta do servidor seja formatada como JSON:

```
fetch("/api/users/current")          // Faz uma requisição HTTP (ou HTTPS) GET
    .then(response => response.json())  // Analisa seu corpo como um objeto JSON
    .then(currentUser => {           // E então processa o objeto analisado
        displayUserInfo(currentUser);
    });
```

A seguir, vemos um pedido semelhante, feito usando as palavras-chave `async` e `await`, para uma API que retorna uma *string* simples em vez de um objeto JSON:

```
async function isServiceReady() {
    let response = await fetch("/api/service/status");
    let body = await response.text();
    return body === "ready";
}
```

Se você entende esses dois exemplos de código, então sabe 80% do que precisa saber para usar a API `fetch()`. As subseções a seguir demonstram como fazer pedidos e receber respostas um pouco mais complexas do que as mostradas anteriormente.

Tchau, XMLHttpRequest

A API `fetch()` substitui a API XMLHttpRequest, que é barroca e tem um nome enganoso (ela não tem relação alguma com XML). Você ainda vai encontrar XHR (como costuma ser abreviada) em código antigo, mas não há motivo para usá-la em código novo e ela não está documentada neste capítulo. Há um exemplo de XMLHttpRequest neste livro, entretanto, e você pode consultar a Seção 13.1.3 se quiser ver um exemplo de conexões em rede de JavaScript antiga.

Códigos de *status*, cabeçalhos de resposta e erros de rede HTTP

O processo de `fetch()` em três passos mostrado na Seção 15.11.1 omite todos os códigos de tratamento de erro. Aqui vemos uma versão mais realista:

```
fetch("/api/users/current") // Faz uma requisição HTTP (ou HTTPS) GET.
    .then(response => {     // Quando obtemos uma resposta, antes verifica se tem
        if (response.ok &&  // um código de sucesso e o tipo esperado.
```

```
            response.headers.get("Content-Type") === "application/json") {
            return response.json();  // Retorna uma Promise para o corpo.
        } else {
            throw new Error(          // Ou lança um erro.
                `Unexpected response status ${response.status} or content type`
            );
        }
    })
    .then(currentUser => {  // Quando a Promise response.json() é resolvida,
        displayUserInfo(currentUser);     // faz algo com o corpo analisado.
    })
    .catch(error => {        // Ou se algo deu errado, apenas registra o erro.
        // Se o navegador do usuário está offline, fetch() em si é rejeitada.
        // Se o servidor retorna uma resposta ruim, lançamos um erro acima.
        console.log("Error while fetching current user:", error);
    });
```

A Promise retornada por `fetch()` é resolvida como um objeto Response. A propriedade `status` desse objeto é o código de *status* HTTP, como 200 para pedidos de sucesso ou 404 para respostas "Not Found" (`statusText` fornece o texto em inglês padrão que acompanha o código de *status* numérico). Convenientemente, a propriedade `ok` de um Response é `true` se `status` é 200 ou qualquer código entre 200 e 299 e `false` para qualquer outro código.

`fetch()` resolve sua Promise quando a resposta do servidor começa a chegar, assim que o *status* HTTP e os cabeçalhos de resposta estão disponíveis, mas normalmente antes de o corpo inteiro da resposta ter chegado. Embora o corpo ainda não esteja disponível, você pode examinar os cabeçalhos nesse segundo passo do processo *fetch*. A propriedade `headers` de um objeto Response é um objeto Headers. Use seu método `has()` para testar a presença de um cabeçalho ou use seu método `get()` para obter o valor de um cabeçalho. Os nomes de cabeçalho HTTP não diferenciam maiúsculas de minúsculas, então você pode passar nomes de cabeçalho em minúsculas ou de caixa mista para essas funções.

Se um dia você precisar fazer isso, o objeto Headers também é iterável:

```
fetch(url).then(response => {
    for(let [name,value] of response.headers) {
        console.log(`${name}: ${value}`);
    }
});
```

Se um servidor Web responde ao seu pedido `fetch()`, a Promise que foi retornada será cumprida com um objeto Response, mesmo que a resposta do servidor tenha sido um erro 404 Not Found ou um 500 Internal Server Error. `fetch()` apenas rejeita a Promise que retorna se não consegue contatar o servidor Web de forma alguma. Isso pode acontecer se o computador do usuário estiver *off-line*, se o servidor não responder ou se o URL especificar um nome de *host* que não existe. Como essas coisas podem acontecer com qualquer solicitação de rede, é sempre uma boa ideia incluir uma cláusula `.catch()` sempre que faz uma chamada `fetch()`.

Configurando parâmetros de requisição

Às vezes, você quer passar parâmetros adicionais junto com o URL quando faz uma requisição. Isso é possível adicionando pares nome/valor no fim de um URL após um ?. As classes URL e URLSearchParams (que vimos na Seção 11.9) facilitam a construção de URLs nessa forma, e a função `fetch()` aceita objetos URL como seu primeiro argumento, de modo que é possível incluir parâmetros de requisição em um pedido `fetch()` do seguinte modo:

```
async function search(term) {
    let url = new URL("/api/search");
    url.searchParams.set("q", term);
    let response = await fetch(url);
    if (!response.ok) throw new Error(response.statusText);
    let resultsArray = await response.json();
    return resultsArray;
}
```

Configurando cabeçalho de requisição

Às vezes, é preciso configurar cabeçalhos nas suas requisições `fetch()`. Se está fazendo pedidos para APIs Web que exigem credenciais, por exemplo, então você precisa incluir um cabeçalho Authorization que contém essas credenciais. Para tanto, você pode usar a versão de `fetch()` com dois argumentos. Assim como antes, o primeiro argumento é uma *string* ou um objeto URL que especifica o URL a ser buscado. O segundo argumento é um objeto que pode fornecer opções adicionais, incluindo cabeçalhos de requisições:

```
let authHeaders = new Headers();
// Não use autenticação básica a menos que por meio de uma conexão HTTPS.
authHeaders.set("Authorization",
                `Basic ${btoa(`${username}:${password}`)}`);
fetch("/api/users/", { headers: authHeaders })
    .then(response => response.json())        // Tratamento de erro omitido...
    .then(usersList => displayAllUsers(usersList));
```

Diversas outras opções podem ser especificadas no segundo argumento de `fetch()`, e o veremos de novo posteriormente. Uma alternativa a passar dois argumentos para `fetch()` é, em vez disso, passar os mesmos dois argumentos para a construtora `Request()` e, então, passar o objeto Request resultante para `fetch()`:

```
let request = new Request(url, { headers });
fetch(request).then(response => ...);
```

Analisando corpos de resposta

No processo `fetch()` de três passos que demonstramos, o segundo passo termina com a chamada dos métodos `json()` ou `text()` do objeto Response e o retorno do objeto Promise que esses métodos retornam. O terceiro passo começa quando a Promise é resolvida com o corpo da resposta analisado como um objeto JSON ou simplesmente como uma *string* de texto.

Estes provavelmente são os dois cenários mais comuns, mas não são as únicas maneiras de obter o corpo de uma resposta de servidor Web. Além de `json()` e `text()`, o objeto Response também tem os seguintes métodos:

`arrayBuffer()`
: Este método retorna uma Promise resolvida como um ArrayBuffer. Isso é útil quando a resposta contém dados binários. Você pode usar o ArrayBuffer para criar um *array* tipado (Seção 11.2) ou um objeto DataView (Seção 11.2.5) do qual pode ler os dados binários.

`blob()`
: O método retorna uma Promise resolvida como um objeto Blob. Este livro não entra em detalhes sobre Blobs, mas o nome é um acrônimo de "*binary large object*" ("objeto binário grande"), e eles são úteis quando esperamos grandes quantidades de dados binários. Se você pedir pelo corpo da resposta como um Blob, a implementação do navegador pode enviar os dados de resposta continuamente para um arquivo temporário e então retornar um objeto Blob que representa esse arquivo temporário. Os objetos Blob, portanto, não permitem acesso aleatório ao corpo da resposta como ocorre com um ArrayBuffer. Depois que você tem um Blob, pode criar um URL que se refere a ele com `URL.createObjectURL()` ou pode usar a API FileReader baseada em eventos para obter assincronamente o conteúdo do Blob como uma *string* ou um ArrayBuffer. Na época da redação deste livro, alguns navegadores também definiam métodos `text()` e `arrayBuffer()` baseados em promises que ofereciam um caminho mais direto para obter o conteúdo de um Blob.

`formData()`
: Este método retorna uma Promise resolvida como um objeto FormData. Use este método se você espera que o corpo do objeto Response esteja codificado em formato "multipart/form-data". O formato é comum em requisições POST feitas para um servidor, mas raro em respostas de servidores, de modo que o método não é usado com frequência.

Transmissão contínua de corpos de resposta

Além dos cinco métodos de resposta que retornam assincronamente alguma forma de corpo de resposta completo, também há a opção de transmitir continuamente o corpo de resposta, que é útil quando é preciso realizar algum tipo de processamento nos blocos do corpo de resposta à medida que são enviados pela rede. Mas a transmissão contínua (*streaming*) da resposta também é útil se você quiser exibir uma barra de progresso para que o usuário possa observar o progresso do *download*.

A propriedade `body` de um objeto Response é um objeto ReadableStream. Se você chamou um método de resposta como `text()` ou `json()`, que lê, analisa e retorna o corpo, `bodyUsed` será `true` para indicar que o fluxo de `body` já foi lido. Se `bodyUsed` for `false`, no entanto, o fluxo ainda não foi lido. Nesse caso, você pode chamar `getReader()` em `response.body` para obter um objeto leitor de fluxo e usar o método `read()` desse objeto leitor para ler assincronamente blocos de texto do fluxo. O método `read()` retorna uma Promise que é resolvida como um objeto com propriedades `done` e `value`. `done` será `true` se todo o corpo tiver sido lido ou se tiver sido fechado. E `value` será o próximo bloco, como um Uint8Array, ou `undefined` se não houver mais blocos.

Essa API de transmissão contínua é relativamente simples se você usa `async` e `await`, mas surpreendentemente complexa se tentar usá-la com Promises brutas. O Exemplo 15-10 demonstra a API com a definição de uma função `streamBody()`. Imagine que você queira baixar um arquivo JSON grande e informar o progresso do *download* para o usuário. Não é possível fazer isso com o método `json()` do objeto Response, mas pode com a função `streamBody()` (supondo que uma função `updateProgress()` é definida para configurar o atributo `value` em um elemento HTML `<progress>`):

```
fetch('big.json')
    .then(response => streamBody(response, updateProgress))
    .then(bodyText => JSON.parse(bodyText))
    .then(handleBigJSONObject);
```

A função `streamBody()` pode ser implementada como mostrado no Exemplo 15-10.

Exemplo 15-10 Transmissão contínua do corpo de resposta de um pedido fetch()

```
/**
 * Uma função assíncrona para a transmissão contínua do corpo de um objeto Response
 * obtido de um pedido fetch(). Passa o objeto Response como o primeiro
 * argumento, seguido por duas callbacks opcionais.
 *
 * Se você especifica uma função como o segundo argumento, essa callback reportProgress
 * será chamada uma vez para cada bloco que for recebido. O primeiro
 * argumento passado é o número total de bytes recebidos até então. O segundo
 * argumento é um número entre 0 e 1 que especifica quanto do download está completo.
 * O objeto Response não tem um cabeçalho "Content-Length", no entanto, então
 * esse segundo argumento será sempre NaN.
 *
 * Se você quiser processar os dados em blocos à medida que chegam, especifique uma
 * função como o terceiro argumento. Os blocos serão passados, como objetos Uint8Array,
 * para essa callback processChunk.
 *
 * streamBody() retorna uma Promise que é resolvida como uma string. Se uma callback
 * processChunk foi fornecida, essa string é a concatenação dos valores
 * retornados pela callback. Caso contrário, a string é a concatenação dos
 * valores de bloco convertidos em strings UTF-8.
 */
async function streamBody(response, reportProgress, processChunk) {
    // Quantos bytes estamos esperando, ou NaN se não há cabeçalho
    let expectedBytes = parseInt(response.headers.get("Content-Length"));
    let bytesRead = 0;       // Quantos bytes recebemos até agora
    let reader = response.body.getReader();  // Lê bytes com esta função
    let decoder = new TextDecoder("utf-8");  // Para converter bytes em texto
    let body = "";           // Texto lido até aqui
```

```
    while(true) {                              // Itera até sairmos abaixo
        let {done, value} = await reader.read(); // Lê um bloco
        if (value) {                           // Se recebemos um array de bytes:
            if (processChunk) {                // Processa os bytes se
                let processed = processChunk(value); // uma callback foi passada.
                if (processed) {
                    body += processed;
                }
            } else {                           // Caso contrário, converte bytes
                body += decoder.decode(value, {stream: true}); // em texto.
            }

            if (reportProgress) {              // Se uma callback progress foi
                bytesRead += value.length;     // passada, chama-a
                reportProgress(bytesRead, bytesRead / expectedBytes);
            }
        }
        if (done) {                            // Se este é o último bloco,
            break;                             // sai do laço.
        }
    }

    return body;  // Retorna o texto do corpo que acumulamos
}
```

Essa API de transmissão contínua era uma novidade na época da redação deste livro e espera-se que evolua com o tempo. Em especial, planeja-se que os objetos ReadableStream sejam iteráveis assincronamente para que possam ser usados com laços `for/await` (Seção 13.4.1).

Especificando o método e o corpo da requisição

Em todos os exemplos de `fetch()` mostrados até aqui, fizemos uma requisição GET HTTP (ou HTTPS). Se você quiser usar um método de requisição diferente (como POST, PUT ou DELETE), basta usar a versão de dois argumentos de `fetch()` e passar um objeto Options com um parâmetro `method`:

```
fetch(url, { method: "POST" }).then(r => r.json()).then(handleResponse);
```

Os pedidos POST e PUT normalmente têm um corpo de requisição que contém os dados a serem enviados para o servidor. Desde que a propriedade `method` não seja configurada para `"GET"` ou `"HEAD"` (que não suportam corpos de requisição), você pode configurar a propriedade body do objeto Options para especificar um corpo de requisição:

```
fetch(url, {
    method: "POST",
    body: "hello world"
})
```

Quando você especifica um corpo de requisição, o navegador adiciona automaticamente um cabeçalho "Content-Length" apropriado ao pedido. Quando o corpo é uma *string*, como no exemplo anterior, o navegador usa "text/plain;charset=UTF-8" como padrão para o cabeçalho "Content-Type". Pode ser preciso cancelar esse padrão se você especificar um corpo de *string* de um tipo mais específico, como "text/html" ou "application/json":

```
fetch(url, {
    method: "POST",
    headers: new Headers({"Content-Type": "application/json"}),
    body: JSON.stringify(requestBody)
})
```

A propriedade `body` do objeto opções `fetch()` não precisa ser uma *string*. Se você tem dados binários em um *array* tipado, um objeto DataView ou um ArrayBuffer, você pode configurar a propriedade `body` para esse valor e especificar um cabeçalho "Content-Type" apropriado. Se tem dados binários em forma de Blob, pode simplesmente configurar `body` para o Blob. Os Blobs têm uma propriedade `type` que especifica seu tipo de conteúdo, e o valor dessa propriedade é usado como valor padrão do cabeçalho "Content-Type".

Com requisições POST, é relativamente comum passar um conjunto de parâmetros nome/valor no corpo da requisição (em vez de codificá-los na parte de consulta do URL). Há duas maneiras de fazer isso:

- Você pode especificar seus valores e nomes de parâmetro com URLSearchParams (que vimos anteriormente nesta seção e que está documentado na Seção 11.9) e então passar o objeto URLSearchParams como o valor da propriedade `body`. Se fizer isso, o corpo será configurado para uma *string* que se parece com a parte de consulta de um URL, e o cabeçalho "Content-Type" será configurado automaticamente para "application/x-wwwform-urlencoded;charset=UTF-8".
- Se, em vez disso, você especificar seus valores e nomes de parâmetro com um objeto FormData, o corpo usará uma codificação em múltiplas partes mais prolixa e "Content-Type" será configurada para "multipart/form-data; boundary=...", com uma *string* de limite única que corresponde ao corpo. Usar um objeto FormData é particularmente útil quando os valores que você deseja enviar são longos ou são objetos File ou Blob que podem ter seu próprio "Content-Type". Os objetos FormData podem ser criados e inicializados com valores pela passagem de um elemento `<form>` para a construtora `FormData()`. Mas você também pode criar corpos de requisição "multipart/form-data" com a chamada da construtora `FormData()` sem argumentos e inicializar os pares nome/valor que representa usando os métodos `set()` e `append()`.

Upload de arquivo com fetch()

Fazer *upload* de arquivos do computador do usuário para um servidor Web é uma tarefa comum e que pode ser realizada com um objeto FormData como corpo da requisição. Uma forma comum de obter um arquivo File é exibir um elemento `<input type="file">` na sua página Web e captar eventos "*change*" nesse elemento. Quando um evento "*change*" ocorre, o *array* `files` do elemento de entrada deve conter ao menos um objeto File. Os objetos File também estão disponíveis pela API de arrastar e soltar do HTML. Essa API não é trabalhada neste livro, mas você pode obter os arquivos do *array* `dataTransfer.files` do objeto de evento passado para um receptor de evento para eventos "*drop*".

Lembre-se também de que os objetos File são um tipo de Blob, e pode ser útil fazer *upload* de Blobs em algumas ocasiões. Suponha que você tenha escrito um aplicativo Web que permite ao usuário criar desenhos em um elemento `<canvas>`. Você pode fazer *upload* dos desenhos do usuário na forma de arquivos PNG usando o seguinte código:

```
// A função canvas.toBlob() é baseada em callbacks.
// Este é um empacotador baseado em Promises para ela.
async function getCanvasBlob(canvas) {
    return new Promise((resolve, reject) => {
        canvas.toBlob(resolve);
    });
}

// É assim que fazemos upload de um arquivo PNG de um canvas
async function uploadCanvasImage(canvas) {
    let pngblob = await getCanvasBlob(canvas);
    let formdata = new FormData();
    formdata.set("canvasimage", pngblob);
    let response = await fetch("/upload", { method: "POST", body: formdata });
    let body = await response.json();
}
```

Requisições de várias origens

Na maioria das vezes, `fetch()` é utilizado por aplicativos Web para solicitar dados do seu próprio servidor Web. Pedidos como esse são conhecidos como requisições de mesma origem, pois o URL passado para `fetch()` tem a mesma origem (protocolo mais nome de *host* mais porta) que o documento contendo o *script* que faz o pedido.

Por motivos de segurança, os navegadores Web normalmente proíbem (embora haja exceções para imagens e *scripts*) as requisições de várias origens. Contudo, o Cross-Origin Resource Sharing (CROSS) permite o uso seguro de requisições de várias origens. Quando `fetch()` é usado com uma URL desse tipo, o navegador adiciona um cabeçalho "Origin" à requisição (e não permite que seja anulado com o uso da propriedade `headers`) para notificar o servidor Web que a requisição veio de um documento com uma origem diferente. Se o servidor responde à requisição com um cabeçalho "Access-Control-Allow-Origin" apropriado, a requisição procede. Caso contrário, se o servidor não permite a requisição explicitamente, a Promise retornada por `fetch()` é rejeitada.

Cancelando requisições

Às vezes, você pode querer abortar uma requisição `fetch()` que já enviou, talvez porque o usuário clicou em um botão Cancelar ou porque a requisição está demorando demais. A API de *fetch* permite que requisições sejam abortadas usando as classes AbortController e AbortSignal (essas classes definem um mecanismo de cancelamento genérico que também pode ser utilizado por outras APIs).

Se você quiser ter a opção de abortar uma requisição `fetch()`, crie um objeto AbortController antes de iniciar a requisição. A propriedade `signal` do objeto controlador é um objeto AbortSignal. Passe esse objeto de sinal como o valor da propriedade `signal` do objeto opções que você passa para `fetch()`. Com isso, você pode chamar o método `abort()` do objeto controlador para abortar a requisição, o que faz os objetos Promise relacionados à requisição de *fetch* serem rejeitados com uma exceção.

Vejamos um exemplo de como usar o mecanismo AbortController para impor um limite de tempo em requisições *fetch*:

```
// Esta função é como fetch(), mas adiciona suporte para uma propriedade timeout
// no objeto opções e cancela a fetch se não é completada
// dentro do número de milissegundos especificado pela propriedade.
function fetchWithTimeout(url, options={}) {
    if (options.timeout) {  // Se a propriedade timeout existe e não é zero
        let controller = new AbortController();         // Cria um controlador
        options.signal = controller.signal;  // Configura a propriedade signal
        // Inicia um timer que enviará o sinal de cancelamento após o
        // número especificado de milissegundos. Observe que nunca cancelamos
        // o timer. Chamar abort() após fetch estar completa
        // não surte efeito.
        setTimeout(() => { controller.abort(); }, options.timeout);
    }
    // Agora apenas realizamos uma fetch normal
    return fetch(url, options);
}
```

Opções de requisição diversas

Vimos que um objeto Options pode ser passado como o segundo argumento para `fetch()` (ou como o segundo argumento para a construtora Request()) a fim de especificar o método de requisição, cabeçalhos de requisição e corpo de requisição. Ele também suporta diversas outras opções, incluindo:

`cache`

Use esta propriedade para anular o comportamento de *cache* padrão. A *cache* de HTTP é um tema complexo e está além do escopo deste livro, mas se você sabe algo sobre como ela funciona, pode usar os seguintes valores válidos de `cache`:

`"default"`

Este valor especifica o comportamento de *cache* padrão. Respostas atualizadas na *cache* são servidas diretamente da *cache*, respostas desatualizadas são revalidadas antes de serem servidas.

`"no-store"`

Este valor faz o navegador ignorar sua *cache*. Não se busca correspondências na *cache* quando a requisição é feita e a *cache* não é atualizada quando a resposta chega.

`"reload"`

Este valor diz ao navegador para ignorar a *cache* e sempre fazer uma solicitação de rede normal. Quando a resposta chega, no entanto, ela é armazenada na *cache*.

`"no-cache"`

Este valor (com nome enganoso) diz ao navegador para não servir valores atualizados da *cache*. Valores em *cache* atualizados ou desatualizados são revalidados antes de serem retornados.

`"force-cache"`

Este valor diz ao navegador para servir respostas da *cache* mesmo que sejam desatualizadas.

`redirect`

Esta propriedade controla como o navegador trata respostas de redirecionamento do servidor. Os três valores válidos são:

`"follow"`

Este é o valor padrão e faz com que o navegador siga redirecionamentos automaticamente. Se você usar este padrão, os objetos Response obtidos com `fetch()` podem nunca ter `status` no intervalo de 300 a 399.

`"error"`

Este valor faz `fetch()` rejeitar sua Promise retornada caso o servidor retorne uma resposta de redirecionamento.

`"manual"`

Este valor significa que você quer tratar respostas de redirecionamento manualmente e a Promise retornada por `fetch()` pode ser resolvida como um objeto Response com `status` no intervalo de 300 a 399. Nesse caso, você precisa usar o cabeçalho "Location" do objeto Response para seguir o redirecionamento manualmente.

`referrer`

Você pode configurar esta propriedade para uma *string* que contém o URL relativo para especificar o valor do cabeçalho HTTP "Referer" (que, historicamente, é soletrado erroneamente com três Rs em vez de quatro). Se você configura esta propriedade para uma *string* vazia, o cabeçalho "Referer" é omitido da requisição.

15.11.2 Eventos *server-sent*

Um recurso fundamental do protocolo HTTP que serve de base para a Web é que os clientes iniciam as requisições e os servidores respondem a essas requisições. Contudo, para alguns aplicativos Web, é útil que o servidor envie notificações quando eventos ocorrem. Isso não é natural no HTTP, mas foi elaborada uma técnica na qual o cliente faz uma requisição ao servidor e nenhum dos dois, cliente ou servidor, fecha a conexão. Quando o servidor tem algo a informar ao cliente, ele grava dados na conexão, mas a mantém aberta. O efeito é como se o cliente fizesse uma requisição de rede e o servidor respondesse de forma lenta e em picos, com pausas significativas entre os picos de atividade. Conexões de rede como essa não costumam ficar abertas para sempre, mas se o cliente detecta que a conexão foi fechada, ele pode simplesmente fazer outra requisição para reabrir a conexão.

Esta técnica para permitir que os servidores enviem mensagens aos clientes é surpreendentemente eficaz (embora possa ser dispendiosa no lado do servidor, pois este deve manter uma conexão ativa com todos os seus clientes). Por ser um padrão de programação útil, JavaScript do lado do cliente o suporta com a API EventSource. Para criar esse tipo de conexão de requisição duradoura com um servidor Web, simplesmente passe um URL para a construtora `EventSource()`. Quando o servidor grava dados (corretamente formatados) na conexão, o objeto EventSource os traduz em eventos que você pode captar:

```
let ticker = new EventSource("stockprices.php");
ticker.addEventListener("bid", (event) => {
    displayNewBid(event.data);
}
```

O objeto evento associado a um evento message tem uma propriedade `data` que contém a *string* enviada pelo servidor como carga útil desse evento. O objeto evento também tem uma propriedade `type`, como acontece com todos os objetos evento, que especifica o nome do evento. O servidor determina o tipo de evento gerado. Se o servidor omite um nome de evento nos dados que grava, o tipo de evento padrão é "*message*".

O protocolo Server-Sent Event é simples. O cliente inicia uma conexão com o servidor (quando cria o objeto `EventSource`) e o servidor mantém essa conexão aberta. Quando ocorre um evento, o servidor escreve linhas de texto na conexão. Uma transmissão de um evento possível poderia ser como segue, se os comentários forem omitidos:

```
event: bid     // configura o tipo do objeto evento
data: GOOG     // configura a propriedade data
data: 999      // anexa uma nova linha e mais dados
               // Uma linha em branco marca o fim do evento
```

Existem alguns detalhes adicionais no protocolo que permitem fornecer identificações para os eventos e, a um cliente que esteja restabelecendo a conexão, dizer ao servidor qual era a identificação do último evento que recebeu, para que um servidor possa reenviar qualquer evento que ele tenha perdido. Contudo, esses detalhes são invisíveis no lado do cliente e não são discutidos aqui.

Uma aplicação óbvia para Server-Sent Events é em colaborações entre múltiplos usuários, como o *chat on-line*. Um cliente de *chat* pode usar fetch() para postar mensagens na sala de bate-papo e se inscrever no fluxo de conversa com um objeto EventSource. O Exemplo 15-11 demonstra como é fácil escrever um cliente de bate-papo como esse com EventSource.

Exemplo 15-11 Um cliente de *chat* simples, usando EventSource

```
<html>
<head><title>SSE Chat</title></head>
<body>
<!-- A interface com o usuário para chat é apenas um campo de entrada de texto -->
<!-- Novas mensagens de chat serão inseridas antes desse campo de entrada -->
<input id="input" style="width:100%; padding:10px; border:solid black 2px"/>
<script>
// Cuida de alguns detalhes da interface com o usuário
let nick = prompt("Enter your nickname");          // Obtém o apelido do usuário
let input = document.getElementById("input"); // Localiza o campo de entrada
input.focus();                                       // Configura o foco do teclado

// Registra para notificação de novas mensagens usando EventSource
let chat = new EventSource("/chat");
chat.addEventListener("chat", event => {          // Quando uma mensagem de chat chega
    let div = document.createElement("div"); // Cria um <div>
    div.append(event.data);                         // Adiciona texto da mensagem
    input.before(div);                               // E adiciona div antes de input
    input.scrollIntoView();                          // Garante que o elemento input seja visível
});

// Posta as mensagens do usuário no servidor usando fetch
input.addEventListener("change", ()=>{ // Quando o usuário pressiona return
    fetch("/chat", {                         // Inicia uma requisição HTTP para este URL
        method: "POST",                      // Faz uma requisição POST com corpo configurado
        body: nick + ": " + input.value // para o apelido e entrada do usuário.
    })
    .catch(e => console.error);          // Ignora resposta, mas registra qualquer erro
    input.value = "";                      // Limpa a entrada
});
</script>
</body>
</html>
```

O código do lado do servidor para esse programa de *chat* não é muito mais complexo do que o código do lado do cliente. O Exemplo 15-12 é um servidor Node HTTP simples. Quando um cliente solicita o URL raiz "/", ele envia o código de cliente de *chat* mostrado no Exemplo 15-11. Quando um cliente faz uma requisição GET solicitando o URL "/chat", ele usa o corpo da requisição como mensagem de bate-papo e o grava, usando o formato "text/eventstream" em cada objeto de resposta salvo. O código do servidor recebe na porta 8080; portanto, após executá-lo com Node, você apontaria seu navegador para `http://localhost:8080` a fim de conectar e começar a bater papo consigo mesmo.

Exemplo 15-12 Um servidor de *chat* dos eventos Server-Sent

```
// Isto é JavaScript do lado do servidor para execução com NodeJS.
// Implementa uma sala de chat muito simples e completamente anônima.
// Posta (com POST) novas mensagens em /chat ou obtém (com GET) um fluxo de texto/
// eventos de mensagens do mesmo URL. Fazer uma requisição GET para / retorna um
// arquivo HTML simples
// contendo a interface com o usuário de chat do lado do cliente.
const http = require("http");
const fs = require("fs");
const url = require("url");

// O arquivo HTML para o cliente de chat. Usado a seguir.
const clientHTML = fs.readFileSync("chatClient.html");

// Um array de objetos ServerResponse para o qual vamos enviar eventos
let clients = [];

// Cria um novo servidor e escuta na porta 8080.
// Conecta em http://localhost:8080/ para usá-lo.
let server = new http.Server();
server.listen(8080);

// Quando o servidor recebe uma nova requisição, executa esta função
server.on("request", (request, response) => {
    // Analisa o URL solicitado
    let pathname = url.parse(request.url).pathname;

   // Se o pedido foi para "/", envia a interface com o usuário de chat do lado do cliente.
    if (pathname === "/") {  // Um pedido para a interface com o usuário de chat
        response.writeHead(200, {"Content-Type": "text/html"}).end(clientHTML);
    }
    // Caso contrário, envia 404 para qualquer requisição que não seja "/chat" ou para
    // qualquer método que não seja "GET" e "POST"
    else if (pathname !== "/chat" ||
            (request.method !== "GET" && request.method !== "POST")) {
        response.writeHead(404).end();
    }
```

```
        // Se a requisição /chat era um GET, um cliente está se conectando.
        else if (request.method === "GET") {
            acceptNewClient(request, response);
        }
        // Caso contrário, a requisição /chat é um POST de uma nova mensagem
        else {
            broadcastNewMessage(request, response);
        }
    });

    // Isto trata requisições GET para a extremidade /chat que são geradas quando
    // o cliente cria um novo objeto EventSource (ou quando EventSource
    // se reconecta automaticamente).
    function acceptNewClient(request, response) {
        // Lembra o objeto resposta para que possamos enviar futuras mensagens para ele
        clients.push(response);

        // Se o cliente fecha a conexão, remove o objeto
        // resposta correspondente do array de clientes ativos
        request.connection.on("end", () => {
            clients.splice(clients.indexOf(response), 1);
            response.end();
        });

        // Configura cabeçalhos e envia um evento de chat inicial para apenas este cliente
        response.writeHead(200, {
            "Content-Type": "text/event-stream",
            "Connection": "keep-alive",
            "Cache-Control": "no-cache"
        });
        response.write("event: chat\ndata: Connected\n\n");

        // Observe que intencionalmente não chamamos response.end() aqui.
        // Manter a conexão aberta é o que faz Server-Sent Events funcionar.
    }

    // Esta função é chamada em resposta a requisições POST para a extremidade /chat
    // que clientes enviam quando usuários digitam uma nova mensagem.
    async function broadcastNewMessage(request, response) {
        // Primeiro, lê o corpo da requisição para obter a mensagem do usuário
        request.setEncoding("utf8");
        let body = "";
        for await (let chunk of request) {
            body += chunk;
        }

        // Depois que lemos o corpo, envia uma resposta vazia e fecha a conexão
        response.writeHead(200).end();

        // Formata a mensagem no formato fluxo de texto/eventos, prefixando cada
        // linha com "data: "
        let message = "data: " + body.replace("\n", "\ndata: ");
```

```
    // Dá aos dados da mensagem um prefixo que a define como um evento "chat"
    // e lhe dá um sufixo de nova linha duplo que marca o fim do evento.
    let event = `event: chat\n${message}\n\n`;

    // Agora envia esse evento para todos os clientes que estiverem recebendo
    clients.forEach(client => client.write(event));
}
```

15.11.3 WebSockets

A API WebSocket é uma interface simples para um protocolo de rede complexo e poderoso. WebSockets permitem que código JavaScript no navegador troque mensagens de texto e binárias facilmente com um servidor. Assim como ocorre com Server-Sent Events, o cliente deve estabelecer a conexão, mas depois que a conexão está estabelecida, o servidor pode enviar mensagens assincronamente ao cliente. Ao contrário dos SSE, mensagens binárias são suportadas, e mensagens podem ser enviadas em ambos os sentidos, não apenas do servidor para o cliente.

O protocolo de rede que permite que WebSockets funcionem é uma espécie de extensão do HTTP. Embora a API WebSocket lembre os soquetes de rede de baixo nível, as extremidades da conexão não são identificadas por endereço IP e porta. Em vez disso, quando quer se conectar a um serviço usando o protocolo WebSocket, você especifica o serviço com um URL, assim como faria para um serviço Web. No entanto, URLs WebSocket começam com `wss://` em vez de `https://` (os navegadores geralmente limitam WebSockets para funcionarem apenas em páginas carregadas por conexões seguras `https://`).

Para estabelecer uma conexão WebSocket, o navegador primeiro estabelece uma conexão HTTP e envia ao servidor um cabeçalho `Upgrade: websocket` solicitando que a conexão seja trocada do protocolo HTTP para o protocolo WebSocket. Isso significa que, para usar WebSockets em JavaScript do lado do cliente, você precisa estar trabalhando com um servidor Web que também usa o protocolo WebSocket e será necessário escrever código do lado do servidor para enviar e receber dados usando o protocolo. Se seu servidor é configurado dessa maneira, esta seção explica tudo que você precisa saber para tratar a extremidade da conexão do lado do cliente. Se o seu servidor não suporta o protocolo WebSocket, considere usar Server-Sent Events (Seção 15.11.2).

Criando, conectando e desconectando WebSockets

Se quer se comunicar com um servidor habilitado para WebSockets, crie um objeto WebSocket, especificando o URL `wss://` que identifica o servidor e o serviço que deseja utilizar:

```
let socket = new WebSocket("wss://example.com/stockticker");
```

Quando você cria um WebSocket, o processo de conexão começa automaticamente. Mas um WebSocket recém-criado não será conectado quando for retornado pela primeira vez.

A propriedade `readyState` do soquete especifica em qual estado está a conexão. A propriedade pode ter os seguintes valores:

`WebSocket.CONNECTING`
: Este WebSocket está se conectando.

`WebSocket.OPEN`
: Este WebSocket está conectado e pronto para comunicação.

`WebSocket.CLOSING`
: Esta conexão WebSocket está sendo fechada.

`WebSocket.CLOSED`
: Este WebSocket foi fechado e nenhuma comunicação adicional é mais possível. Esse estado também pode ocorrer quando a tentativa de conexão falha.

Quando um WebSocket passa do estado CONNECTING para o OPEN, ele dispara um evento "*open*" e você pode captá-lo com a configuração da propriedade `onopen` do WebSocket ou com a chamada de `addEventListener()` no objeto.

Se ocorre um erro de protocolo ou outro tipo de erro para um WebSocket, o objeto WebSocket dispara um evento "*error*". Você pode configurar `onerror` para definir uma rotina de tratamento ou então usar `addEventListener()`.

Quando termina de usar um WebSocket, você pode fechar a conexão chamando o método `close()` do objeto WebSocket. Quando um WebSocket muda para o estado CLOSED, ele dispara um evento "*close*" e você pode configurar a propriedade `onclose` para captá-lo.

Enviando mensagens por um WebSocket

Para enviar uma mensagem ao servidor na outra extremidade de uma conexão WebSocket, simplesmente chame o método `send()` do objeto WebSocket. `send()` espera um único argumento de mensagem, que pode ser *string*, Blob, ArrayBuffer, *array* tipado ou objeto DataView.

O método `send()` armazena no *buffer* a mensagem especificada a ser transmitida e retorna antes de a mensagem ser enviada de fato. A propriedade `bufferedAmount` do objeto WebSocket especifica o número de *bytes* armazenados no *buffer* que ainda não foram enviados (surpreendentemente, WebSockets não disparam nenhum evento quando esse valor atinge 0).

Recebendo mensagens de um WebSocket

Para receber mensagens de um servidor através de um WebSocket, registre uma rotina de tratamento de evento para eventos "*message*", seja configurando a propriedade `onmessage` do objeto WebSocket, seja chamando `addEventListener()`. O objeto associado com um evento *"message"* é uma instância de MessageEvent com a propriedade `data` que contém a mensagem do servidor. Se o servidor enviou texto codificado em UTF-8, `event.data` será uma *string* que contém esse texto.

Se o servidor envia uma mensagem composta de dados binários em vez de texto, a propriedade `data` será (por padrão) um objeto Blob que representa esses dados. Se preferir receber mensagens binárias como ArrayBuffers em vez de Blobs, configure a propriedade `binaryType` do objeto WebSocket como a *string* *"arraybuffer"*.

Diversas APIs Web usam objetos MessageEvent para trocar mensagens. Algumas delas usam o algoritmo de clone estruturado (consulte "O algoritmo de clone estruturado" na página 513) para permitir que estruturas de dados complexas sejam a carga útil da mensagem. WebSockets não é uma dessas APIs: mensagens trocadas por um WebSocket podem ser apenas uma única *string* de caracteres Unicode ou uma única *string* de *bytes* (representada como um Blob ou um ArrayBuffer).

Negociação de protocolos

O protocolo WebSocket permite a troca de mensagens de texto e binárias, mas não nos diz nada sobre a estrutura ou o significado dessas mensagens. Aplicativos que usam WebSockets devem construir seu próprio protocolo de comunicação sobre este mecanismo simples de troca de mensagens. O uso de URLs `wss://` nos ajuda com isso: cada URL normalmente tem suas próprias regras relativas à troca de mensagens. Se você escrever código para se conectar a `wss://example.com/stockticker`, então provavelmente sabe que receberá mensagens sobre preços de ações.

Protocolos tendem a evoluir, entretanto. Se um protocolo hipotético de cotação de ações é atualizado, você pode definir um novo URL e se conectar ao serviço atualizado como `wss://example.com/stockticker/v2`. Contudo, o versionamento baseado em URLs não é sempre suficiente. Com protocolos complexos que evoluíram com o passar do tempo, você pode acabar com vários servidores instalados que suportam múltiplas versões do protocolo e clientes que suportam um conjunto diferente de versões do protocolo.

Por antecipar essa situação, o protocolo WebSocket e a API incluem um recurso de negociação de protocolos no nível do aplicativo. Quando você chama a construtora `WebSocket()`, o URL `wss://` é o primeiro argumento, mas também é possível passar um *array* de *strings* como o segundo argumento. Se fizer isso, você vai especificar uma lista de protocolos de aplicativo que você sabe como tratar e pedirá ao servidor que escolha um. Durante o processo de conexão, o servidor vai escolher um dos protocolos (ou falhar com um erro se não suportar nenhuma das opções do cliente). Depois que a conexão foi estabelecida, a propriedade `protocol` do objeto WebSocket especificará qual versão do protocolo o servidor escolheu.

15.12 Armazenamento

Os aplicativos Web podem utilizar APIs de navegador para armazenar dados de forma local no computador do usuário. Esse armazenamento no lado do cliente fornece uma memória para o navegador Web. Os aplicativos Web podem armazenar preferências do usuário, por exemplo, ou até seu estado completo, para que possam retomar exatamente a partir de onde você estava no final de sua última visita. O armazenamento no lado do cliente é separado por origem, de modo que as páginas de um *site* não podem ler os dados armazenados pelas páginas de outro. Mas duas páginas do mesmo *site* podem compartilhar o armazenamento e utilizá-lo como mecanismo de comunicação. A entrada de dados em um formulário de uma página pode ser exibida em uma tabela de outra página, por exemplo. Os aplicativos Web podem escolher a vida útil dos dados que armazenam: os dados podem ser armazenados temporariamente para que sejam mantidos apenas até que a janela feche ou o navegador seja encerrado, ou podem ser salvos no disco rígido e armazenados permanentemente, para que estejam disponíveis meses ou anos depois.

Existem várias formas de armazenamento no lado do cliente:

Web Storage
: A API Web Storage consiste nos objetos `localStorage` e `sessionStorage`, que são basicamente objetos persistentes que mapeiam chaves de *string* em valores de *string*. É muito fácil usar Web Storage. A API é conveniente para armazenar grandes volumes de dados (mas não enormes).

Cookies
: Os *cookies* são um antigo mecanismo de armazenamento no lado do cliente, projetados para uso por *scripts* no lado do servidor. Uma complicada API JavaScript torna possível escrever *scripts* de *cookies* no lado do cliente, mas eles são difíceis de usar e só servem para armazenar pequenos volumes de dados textuais. Além disso, qualquer dado armazenado como *cookie* é sempre transmitido para o servidor com toda requisição HTTP, mesmo que o dado só interesse para o cliente.

IndexedDB
: IndexedDB é uma API assíncrona para um banco de dados de objeto que suporta indexação.

Armazenamento, segurança e privacidade

Os navegadores Web frequentemente se oferecem para lembrar de senhas para você, e as armazenam com segurança na forma criptografada no dispositivo. Mas nenhuma das formas de armazenamento de dados no lado do cliente descritas neste capítulo envolve criptografia: você deve pressupor que tudo que seus aplicativos Web salvam fica no dispositivo do usuário na forma não criptografada. Portanto, os dados armazenados ficam acessíveis a usuários curiosos que compartilham o acesso ao computador e a *software* mal-intencionado (como um *spyware*) que possa existir no dispositivo. Por isso, nenhuma forma de armazenamento no lado do cliente deve ser utilizada para senhas, números de conta bancária ou outras informações sigilosas.

15.12.1 localStorage e sessionStorage

As propriedades `localStorage` e `sessionStorage` do objeto Window se referem a objetos Storage. Um objeto Storage se comporta como objetos JavaScript normais, exceto que:

- Os valores de propriedade de objetos Storage devem ser *strings*.
- As propriedades armazenadas em um objeto Storage persistem. Se você configura uma propriedade do objeto localStorage e então o usuário recarrega a página, o valor que salvou nessa propriedade ainda está disponível para o seu programa.

Você pode usar o objeto localStorage da seguinte forma, por exemplo:

```
let name = localStorage.username;          // Consulta um valor armazenado.
if (!name) {
    name = prompt("What is your name?");   // Faz uma pergunta ao usuário.
    localStorage.username = name;          // Armazena a resposta do usuário.
}
```

Você pode usar o operador `delete` para remover propriedades de `localStorage` e de `sessionStorage` e pode usar um laço `for/in` ou `Object.keys()` para enumerar as propriedades de um objeto Storage. Se quiser remover todas as propriedades de um objeto Storage, chame o método `clear()`:

```
localStorage.clear();
```

Os objetos Storage também definem métodos `getItem()`, `setItem()` e `deleteItem()`, que você pode usar em vez do acesso direto à propriedade e do operador `delete` se quiser.

Tenha em mente que as propriedades de objetos Storage somente armazenam *strings*. Se quiser armazenar e recuperar outros tipos de dados, você mesmo vai ter de codificá-los e decodificá-los.

Por exemplo:

```
// Se você armazena um número, ele é convertido automaticamente em uma string.
// Não se esqueça de analisá-lo, ao recuperá-lo do armazenamento.
localStorage.x = 10;
let x = parseInt(localStorage.x);

// Converte um objeto Date em uma string ao configurar e analisa-o, ao obter
localStorage.lastRead = (new Date()).toUTCString();
let lastRead = new Date(Date.parse(localStorage.lastRead));

// JSON tende a resultar em uma codificação conveniente para qualquer estrutura
// primitiva ou de dados
localStorage.data = JSON.stringify(data);    // Codifica e armazena
let data = JSON.parse(localStorage.data);    // Recupera e decodifica.
```

Vida útil e escopo do armazenamento

A diferença entre `localStorage` e `sessionStorage` envolve a vida útil e o escopo do armazenamento. Os dados armazenados por meio de `localStorage` são permanentes: eles não expiram e continuam armazenados no computador do usuário até que um aplicativo Web os exclua ou o usuário peça para que o navegador (por meio de alguma interface com o usuário específica do navegador) os exclua.

`localStorage` tem como escopo a origem do documento. Conforme explicado em "A política da mesma origem" na página 424, a origem de um documento é definida por seu protocolo, nome de *host* e porta. Todos os documentos com a mesma origem compartilham os mesmos dados de `localStorage` (independentemente da origem dos *scripts* que realmente acessam `localStorage`). Eles podem ler os dados uns dos outros e podem sobrescrever os dados uns dos outros. Mas documentos com origens diferentes nunca podem ler nem sobrescrever os dados uns dos outros (mesmo que ambos estejam executando um *script* do mesmo servidor externo).

Note que o escopo de `localStorage` também é definido pela implementação do navegador. Se você visita um *site* usando Firefox e depois o visita novamente usando Chrome (por exemplo), os dados armazenados durante a primeira visita não estarão acessíveis durante a segunda visita.

Os dados armazenados por meio de `sessionStorage` têm vida útil diferente dos dados armazenados por meio de `localStorage`: eles têm a mesma vida útil que a janela de nível superior ou guia do navegador em que o *script* que os armazenou está sendo executado. Quando a janela ou guia é fechada permanentemente, os dados armazenados por meio de `sessionStorage` são excluídos. (Note, entretanto, que os navegadores modernos têm a capacidade de reabrir guias fechadas recentemente e restaurar a última sessão de navegação, de modo que a vida útil dessas guias e da `sessionStorage` associada pode ser mais longa do que parece.)

Assim como `localStorage`, o escopo de `sessionStorage` é a origem do documento, de modo que documentos com origens diferentes nunca vão compartilhar `sessionStorage`. Mas o escopo de `sessionStorage` também é definido de acordo com a janela. Se um usuário tem duas guias do navegador exibindo documentos da mesma origem, essas duas guias têm dados de `sessionStorage` separados: os *scripts* em execução em uma guia não podem ler nem sobrescrever os dados gravados por *scripts* na outra guia, mesmo que as duas guias estejam visitando exatamente a mesma página e executando exatamente os mesmos *scripts*.

Eventos de armazenamento

Quando os dados armazenados em `localStorage` mudam, o navegador dispara um evento de armazenamento em todos os outros objetos Window nos quais esses dados estão visíveis (mas não na janela que fez a alteração). Se um navegador tem duas guias abertas para páginas de mesma origem e uma dessas páginas armazena um valor em `localStorage`, a outra guia recebe um evento de armazenamento.

Para registrar uma rotina de tratamento de eventos de armazenamento, configure `window.onstorage` ou chame `window.addEventListener()` com o tipo de evento "storage".

O objeto evento associado a um evento de armazenamento tem algumas propriedades importantes:

`key`
: O nome ou chave do item que foi configurado ou removido. Se o método `clear()` foi chamado, essa propriedade será `null`.

`newValue`
: Contém o novo valor do item, se houver. Se `removeItem()` foi chamado, a propriedade não está presente.

`oldValue`
: Contém o valor antigo de um item existente que mudou ou foi excluído. Se uma nova propriedade (sem valor antigo) é adicionada, esta propriedade não está presente no objeto de evento.

`storageArea`
: O objeto Storage que mudou. Em geral é o objeto `localStorage`.

`url`
: O URL (como uma *string*) do documento cujo *script* fez a alteração no armazenamento.

Por fim, note que `localStorage` e o evento de armazenamento podem servir como mecanismo de transmissão por meio do qual um navegador envia uma mensagem para todas as janelas que estão visitando o mesmo *site*. Se um usuário pede para que um *site* pare de fazer animações, por exemplo, o *site* pode armazenar essa preferência em `localStorage` para que possa respeitar isso em visitas futuras. E ao armazenar a preferência, ele gera um evento que permite às outras janelas que estão exibindo o mesmo *site* também respeitarem o pedido.

Como outro exemplo, imagine um aplicativo de edição de imagens baseado na Web que permite ao usuário exibir paletas de ferramenta em janelas separadas. Quando o usuário seleciona uma ferramenta, o aplicativo usa `localStorage` para salvar o estado atual e para notificar as outras janelas de que uma nova ferramenta foi selecionada.

15.12.2 Cookies

Um *cookie* é uma pequena quantidade de dados nomeados, armazenados pelo navegador Web e associados a uma página Web ou a um *site* em especial. Os *cookies* foram projetados originalmente para programação no lado do servidor e, no nível mais baixo, são implementados como uma extensão do protocolo HTTP. Os dados de um *cookie* são transmitidos automaticamente entre o navegador Web e o servidor Web, de modo que *scripts* do lado do servidor possam ler e gravar valores de *cookie* armazenados no cliente. Esta seção demonstra como os *scripts* do lado do cliente também podem manipular *cookies* usando a propriedade `cookie` do objeto Document.

Por que "cookie"?

O nome "*cookie*" não tem muito significado, mas não é usado à toa. No início da história da computação, o termo "*cookie*" ou "*magic cookie*" era usado para se referir a uma pequena quantidade de dados, especialmente dados privilegiados ou sigilosos, semelhantes a uma senha, que verificavam uma identidade ou permitiam um acesso. Em JavaScript, os *cookies* são usados para salvar um estado e podem estabelecer um tipo de identidade para um navegador Web. Entretanto, em JavaScript eles não usam qualquer tipo de criptografia e não são seguros (embora transmiti-los por meio de uma conexão `https:` ajude).

A API para manipular *cookies* é muito antiga e enigmática. Não há métodos envolvidos: os *cookies* são consultados, configurados e excluídos pela leitura e gravação da propriedade `cookie` do objeto Document, usando-se *strings* especialmente formatadas. A vida útil e o escopo de cada *cookie* podem ser especificados individualmente com atributos do *cookie*. Esses atributos também são especificados com *strings* especialmente formatadas, configuradas na mesma propriedade `cookie`.

As subseções a seguir explicam como consultar e configurar valores e atributos de *cookie*.

Lendo cookies

Quando você lê a propriedade `document.cookie`, ela retorna uma *string* contendo todos os *cookies* que se aplicam ao documento atual. A *string* é uma lista de pares nome/valor separados uns dos outros por um ponto e vírgula e um espaço. O valor do *cookie* é apenas o valor em si e não inclui nenhum dos atributos que podem estar associados com ele (veremos os atributos a seguir). Para usar a propriedade `document.cookie`, normalmente você deve chamar o método `split()` a fim de decompô-la nos pares nome/valor individuais.

Uma vez que tenha extraído o valor de um *cookie* da propriedade `cookie`, você deve interpretar esse valor com base no formato ou na codificação utilizada pelo criador do *cookie*. Você poderia, por exemplo, passar o valor do *cookie* para `decodeURIComponent()` e depois para `JSON.parse()`.

O código a seguir define uma função `getCookie()` que analisa a propriedade `document.cookie` e retorna um objeto cujas propriedades especificam o nome e os valores dos *cookies* do documento.

```
// Retorna os cookies do documento como um objeto Map.
// Presume que os valores de cookie são codificados com encodeURIComponent().
function getCookies() {
    let cookies = new Map();      // O objeto que vamos retornar
    let all = document.cookie;    // Obtém todos os cookies em uma única string enorme
    let list = all.split("; ");   // Decompõe em pares nome/valor individuais
    for(let cookie of list) {     // Para cada cookie na lista
```

```
        if (!cookie.includes("=")) continue;  // Pula se não há sinal =
        let p = cookie.indexOf("=");          // Localiza o primeiro sinal =
        let name = cookie.substring(0, p);    // Obtém o nome do cookie
        let value = cookie.substring(p+1);    // Obtém o valor do cookie
        value = decodeURIComponent(value);    // Decodifica o valor
        cookies.set(name, value);             // Lembra o nome e valor do cookie
    }
    return cookies;
}
```

Atributos de cookie: vida útil e escopo

Além de um nome e um valor, cada *cookie* tem atributos opcionais que controlam sua vida útil e escopo. Antes de descrevermos como configurar *cookies* com JavaScript, precisamos explicar os atributos dos *cookies*.

Os *cookies* são transientes por padrão; os valores que armazenam duram enquanto a sessão do navegador Web durar, mas são perdidos quando o usuário encerra o navegador. Se quiser que um *cookie* dure além de uma sessão de navegação, informe ao navegador por quanto tempo (em segundos) você gostaria de manter o *cookie*, especificando um atributo `max-age`. Se você especificar uma vida útil, o navegador vai armazenar os *cookies* em um arquivo e excluí-los somente quando expirarem.

A visibilidade do *cookie* tem escopo imposto pela origem do documento (como acontece com `localStorage` e `sessionStorage`) e também pelo caminho do documento. Esse escopo pode ser configurado por meio dos atributos de *cookie* `path` e `domain`. Por padrão, um *cookie* é associado e está acessível na página Web que o criou e a partir de todas as outras páginas Web no mesmo diretório ou em qualquer subdiretório desse diretório. Se a página Web *example.com/catalog/index.html* cria um *cookie*, por exemplo, esse *cookie* também está visível para *example.com/catalog/order.html* e para *example.com/catalog/widgets/index.html*, mas não para *example.com/about.html*.

Muitas vezes, esse comportamento de visibilidade padrão é exatamente o que se quer. Às vezes, contudo, você quer usar valores de *cookie* em todo o *site*, independentemente da página que criou o *cookie*. Por exemplo, se o usuário digita seu endereço de correspondência em uma página de um formulário, talvez você queira salvar esse endereço para usar como padrão na próxima vez que ele retornar à página e também como padrão em um formulário totalmente não relacionado em outra página, onde ele é solicitado a digitar um endereço para cobrança. Para permitir essa utilização, você especifica um atributo `path` ("caminho") para o *cookie*. Então, qualquer página Web do mesmo servidor Web cujo URL comece com o prefixo de caminho que você especificou, pode compartilhar o *cookie*. Por exemplo, se um *cookie* configurado por *example.com/catalog/widgets/index.html* tem seu caminho configurado como "/catalog", esse *cookie* também é visível para *example.com/catalog/order.html*. Ou então, se o caminho é configurado como "/", o *cookie* é visível para qualquer página no domínio *example.com*, o que dá ao *cookie* um escopo semelhante ao de `localStorage`.

Por padrão, o escopo dos *cookies* é a origem do documento. No entanto, *sites* grandes talvez queiram compartilhar *cookies* entre subdomínios. Por exemplo, o servidor em *order.example.com* talvez precise ler valores de *cookie* configurados em *catalog.example.com*. É aí que o atributo `domain` ("domínio") entra em ação. Se um *cookie* criado por uma página em *catalog.example.com* configura seu atributo `path` como "/" e seu atributo `domain` como ".example.com", esse *cookie* está disponível para todas as páginas Web de *catalog.example.com*, *orders.example.com* e qualquer outro servidor no domínio *example.com*. Note que não é possível configurar o domínio de um *cookie* como um domínio que não seja o domínio pai de seu servidor.

O último atributo de *cookie* é um valor booleano chamado `secure` ("secure") que especifica como os valores de *cookie* são transmitidos pela rede. Por padrão, os *cookies* são inseguros, ou seja, são transmitidos por uma conexão HTTP insegura normal. Contudo, se um *cookie* é marcado como seguro, ele é transmitido somente quando o navegador e o servidor estão conectados via HTTPS ou outro protocolo seguro.

Limitações dos cookies

Os *cookies* se destinam a armazenar pequenas quantidades de dados por meio de *scripts* no lado do servidor e esses dados são transferidos para o servidor sempre que um URL relevante é solicitado. O padrão que define os *cookies* estimula os fabricantes de navegador a permitirem números ilimitados de *cookies* de tamanho irrestrito, mas não exige que os navegadores mantenham mais de 300 *cookies* no total, 20 *cookies* por servidor Web ou 4 KB de dados por *cookie* (o nome e o valor contam para esse limite de 4 KB). Na prática, os navegadores permitem muito mais do que 300 *cookies* no total, mas o limite de tamanho de 4 KB ainda pode ser imposto por alguns deles.

Armazenando cookies

Para associar um valor de *cookie* transiente ao documento atual, basta configurar a propriedade `cookie` com uma *string* `name=value`. Por exemplo:

```
document.cookie = `version=${encodeURIComponent(document.lastModified)}`;
```

Na próxima vez que você ler a propriedade `cookie`, o par nome/valor armazenado estará incluído na lista de *cookies* do documento. Os valores de *cookie* não podem conter pontos e vírgulas, vírgulas ou espaços em branco. Por isso, talvez você queira usar a função global básica de JavaScript `encodeURIComponent()` para codificar o valor antes de armazená-lo no *cookie*. Se fizer isso, terá de usar a função `decodeURIComponent()` correspondente quando ler o valor do *cookie*.

Um *cookie* escrito com um par nome/valor simples dura a sessão de navegação na Web atual, mas é perdido quando o usuário encerra o navegador. Para criar um *cookie* que possa durar entre sessões de navegador, especifique sua vida útil (em segundos) com um atributo `max-age`. Isso pode ser feito configurando-se a propriedade `cookie` com uma *string* da forma: `name=value; maxage=seconds`. A função a seguir configura um *cookie* com um atributo `max-age` opcional:

```
// Armazena o par nome/valor como cookie, codificando o valor com
// encodeURIComponent() para fazer o escape de pontos e vírgulas, vírgulas e espaços.
// Se daysToLive é um número, configura o atributo max-age de modo que o cookie
// expire após o número especificado de dias. Passe 0 para excluir um cookie.
function setCookie(name, value, daysToLive=null) {
    let cookie = `${name}=${encodeURIComponent(value)}`;
    if (daysToLive !== null) {
        cookie += `; max-age=${daysToLive*60*60*24}`;
    }
    document.cookie = cookie;
}
```

Da mesma forma, os atributos `path` e `domain` de um *cookie* podem ser configurados anexando-se *strings* com o formato `;path=value` ou `;domain=value` em uma *string* que você configura na propriedade `document.cookie`. Para configurar a propriedade `secure`, basta anexar `;secure`.

Para mudar o valor de um *cookie*, configure seu valor novamente, usando os mesmos nome, caminho e domínio, junto com o novo valor. Você pode alterar a vida útil de um *cookie* ao mudar seu valor, especificando um novo atributo `max-age`.

Para excluir um *cookie*, configure-o novamente usando os mesmos nome, caminho e domínio, especificando um valor arbitrário (ou vazio) e um atributo `max-age` igual a 0.

15.12.3 IndexedDB

Tradicionalmente, a arquitetura de aplicativos Web contém HTML, CSS e JavaScript no cliente e um banco de dados no servidor. Talvez você se surpreenda ao descobrir, portanto, que a plataforma Web inclui um banco de dados de objetos simples com uma API JavaScript para armazenamento persistente de objetos JavaScript no computador do usuário e para a sua recuperação quando necessário.

IndexedDB é um banco de dados de objetos e não um banco de dados relacional, sendo muito mais simples do que os bancos de dados que suportam consultas SQL. Contudo, é mais poderoso, eficiente e robusto do que o armazenamento de chave/valor fornecido por `localStorage`. Assim como `localStorage`, o escopo dos bancos de dados IndexedDB é a origem do documento contêiner: duas páginas Web com a mesma origem podem acessar os dados uma da outra, mas páginas Web de origens diferentes, não podem.

Cada origem pode ter qualquer quantidade de bancos de dados IndexedDB. Cada um tem um nome que deve ser exclusivo dentro da origem. Na API IndexedDB, um banco de dados é simplesmente uma coleção de *armazéns de objetos* nomeados. Conforme o nome indica, um armazém de objetos armazena objetos. Os objetos são serializados no armazém de objetos usando o algoritmo de clone estruturado (consulte "O algoritmo de clone estruturado" na página 513), o que significa que os objetos que você armazena podem ter propriedades cujos valores são Maps, Sets ou *arrays* tipados. Cada objeto deve ter uma *chave*, por meio da qual pode ser classificado e recuperado do armazém. As chaves devem ser exclusivas – dois objetos no mesmo armazém não podem ter a mesma chave – e ter uma ordem natural para que possam ser classificadas. *Strings*

JavaScript, número e objetos Date são chaves válidas. Um banco de dados IndexedDB pode gerar automaticamente uma chave exclusiva para cada objeto inserido no banco de dados. Muitas vezes, contudo, os objetos inseridos em um armazém de objetos já têm uma propriedade conveniente para uso como chave. Nesse caso, você especifica um "caminho de chave" para essa propriedade, ao criar o armazém de objetos. Conceitualmente, um caminho de chave é um valor que diz ao banco de dados como extrair a chave de um objeto.

Além de recuperar objetos de um armazém de objetos pelo valor de sua chave primária, talvez você queira pesquisar com base no valor de outras propriedades do objeto. Para fazer isso, você pode definir qualquer quantidade de *índices* no armazém de objetos. (A capacidade de indexar um armazém de objetos explica o nome "IndexedDB".) Cada índice define uma chave secundária para os objetos armazenados. Esses índices geralmente não são exclusivos e vários objetos podem corresponder a um único valor de chave.

A IndexedDB fornece garantia de atomicidade: as consultas e atualizações no banco de dados são agrupadas dentro de uma *transação* para que todas sejam bem-sucedidas juntas ou todas falhem juntas e nunca deixem o banco de dados em um estado indefinido, parcialmente atualizado. As transações na IndexedDB são mais simples do que em muitas APIs de banco de dados; vamos mencioná-las novamente a seguir.

Conceitualmente, a API IndexedDB é muito simples. Para consultar ou atualizar um banco de dados, você primeiro abre o banco de dados desejado (especificando-o pelo nome). Em seguida, você cria um objeto transação e usa esse objeto para pesquisar onde o objeto desejado está armazenado dentro do banco de dados, também pelo nome. Por fim, você pesquisa um objeto chamando o método `get()` do armazém de objetos ou armazena um novo objeto chamando `put()` (ou chamando `add()`, se não quiser sobrescrever objetos já existentes).

Se quiser pesquisar os objetos de um intervalo de chaves, crie um objeto IDBRange que especifica os limites máximo e mínimo do intervalo e passe-o para os métodos `getAll()` ou `openCursor()` do armazém de objetos.

Se quiser fazer uma pesquisa usando uma chave secundária, pesquise o índice nomeado do armazém de objetos e então chame o método `get()`, `getAll()` ou `openCursor()` do objeto índice, passando uma única chave ou um objeto IDBRange.

Contudo, a simplicidade conceitual da API IndexedDB é complicada pelo fato de que a API é assíncrona (para que os aplicativos Web possam utilizá-la sem bloquear a *thread* da interface com o usuário principal do navegador). IndexedDB foi definida antes de Promises serem amplamente suportadas, então a API é baseada em eventos em vez de ser baseada em Promises, o que significa que não funciona com `async` e `await`.

Criar transações e pesquisar armazéns de objetos e índices são operações síncronas fáceis. Mas abrir um banco de dados, atualizar um objeto armazenado e consultar um armazém de objetos ou índice são operações assíncronas. Todos esses métodos assíncronos retornam o objeto requisitado imediatamente. O navegador dispara um evento *success* ou *error* no objeto requisitado, quando o pedido é bem-sucedido ou falha, sendo que você pode definir rotinas de tratamento com as propriedades `onsuccess` e `onerror`. Dentro de uma rotina de tratamento de `onsuccess`, o resultado da operação está disponível como a propriedade `result` do objeto requisitado. Outro evento útil é o evento "*complete*" despachado em objetos de transação quando uma transação é completada com sucesso.

Uma característica conveniente dessa API assíncrona é que ela simplifica o gerenciamento de transações. A API IndexedDB o força a criar um objeto transação para obter o armazém de objetos no qual você pode realizar consultas e atualizações. Em uma API síncrona, seria de esperar uma marcação explícita do final da transação com a chamada de um método `commit()`. Mas com IndexedDB, as transações são efetivadas automaticamente (se você não as aborta explicitamente) quando todas as rotinas de tratamento de evento `onsuccess` foram executadas e não há mais solicitações assíncronas pendentes que se referem à transação.

Há mais um evento importante para a API IndexedDB. Quando você abre um banco de dados pela primeira vez, ou quando incrementa o número de versão de um banco de dados existente, IndexedDB dispara um evento "*upgradeneeded*" no objeto requisitado retornado pela chamada de `indexedDB.open()`. A função da rotina de tratamento de eventos "*upgradeneeded*" é definir ou atualizar o esquema para o novo banco de dados (ou a nova versão do banco de dados existente). Para bancos de dados IndexedDB, isso significa criar armazéns de objetos e definir índices nesses armazéns. E, na verdade, a única vez em que a API IndexedDB permite que você crie um armazém de objetos ou um índice é em resposta a um evento "*upgradeneeded*".

Tendo em mente essa visão geral de alto nível da IndexedDB, agora você deve ser capaz de entender o Exemplo 15-13. Esse exemplo usa IndexedDB para criar e consultar um banco de dados que mapeia códigos postais (zipcodes) nas cidades dos Estados Unidos. Ele demonstra muitos (mas não todos) dos recursos básicos da IndexedDB. O Exemplo 15-13 é longo, mas tem muitos comentários.

Exemplo 15-13 Um banco de dados IndexedDB de códigos postais dos EUA

```
// Esta função obtém o objeto banco de dados de forma assíncrona (criando e
// inicializando o banco de dados, se necessário) e passa-o para a callback.
function withDB(callback) {
    let request = indexedDB.open("zipcodes", 1); // Solicita v1 do banco de dados
    request.onerror = console.error;   // Registra qualquer erro
    request.onsuccess = () => {         // Ou chama isto ao terminar
        let db = request.result;        // O resultado da requisição é o banco de dados
        callback(db);                   // Chama a callback com o banco de dados
    };

    // Se a versão 1 do banco de dados não existe ainda, então esta rotina
    // de tratamento de eventos será disparada. Ela é usada para criar e inicializar
    // armazéns de objetos e índices quando o banco de dados é criado ou modificá-los
    // quando alternamos de uma versão do esquema de banco de dados para outra.
    request.onupgradeneeded = () => { initdb(request.result, callback); };
}
```

```
// withDB() chama essa função se o banco de dados ainda não foi inicializado.
// Configura o banco de dados e o preenche com dados; em seguida, passa o banco de
// dados para a função callback.
//
// Nosso banco de dados de códigos postais inclui um armazém de objetos que contém
// objetos como este:
//
//   {
//     zipcode: "02134",
//     ity: "Allston",
//     state: "MA",
//   }
//
// Vamos usar a propriedade "zipcode" como chave de banco de dados e criar um índice
// para o nome da cidade.
function initdb(db, callback) {
    // Cria o armazém de objetos, especificando um nome para ele e
    // um objeto options que inclui o "caminho da chave", especificando o
    // nome de propriedade do campo de chave desse armazém de objetos.
    let store = db.createObjectStore("zipcodes", // armazena o nome
                                     { keyPath: "zipcode" });

    // Agora indexa o objeto armazenado pelo nome da cidade e também pelo código postal.
    // Com esse método, a string do caminho da chave é passada diretamente como um
    // argumento obrigatório, em vez de como parte de um objeto options.
    store.createIndex("cities", "city");

    // Agora obtém os dados com os quais vamos inicializar o banco de dados.
    // O arquivo de dados zipcodes.json foi gerado a partir de dados com licença CC de
    // www.geonames.org: https://download.geonames.org/export/zip/US.zip
    fetch("zipcodes.json")                 // Faz uma requisição HTTP GET
    .then(response => response.json())     // Analisa o corpo como JSON
    .then(zipcodes => {                    // Obtém 40 mil registros de códigos postais
        // Para inserir dados de código postal no banco de dados, precisamos de um
        // objeto de transação. Para criá-lo, precisamos especificar
        // quais armazéns de objetos vamos usar (temos apenas
        // um) e precisamos informar que vamos realizar gravações no
        // banco de dados e não apenas leituras:
        let transaction = db.transaction(["zipcodes"], "readwrite");
        transaction.onerror = console.error;

        // Obtém nosso armazém de objetos a partir da transação
        let store = transaction.objectStore("zipcodes");

        // A melhor parte da API IndexedDB é que os armazéns de objetos são *realmente*
        // simples. Aqui está como adicionamos (ou atualizamos) nossos registros:
        for(let record of zipcodes) { store.put(record); }

        // Quando a transação é completada com sucesso, o banco de dados
        // é inicializado e está pronto para ser usado, então podemos chamar a
        // função callback passada originalmente para withDB()
        transaction.oncomplete = () => { callback(db); };
    });
}
```

```
// Dado um código postal, usa a API IndexedDB para procurar assincronamente a cidade
// com esse código postal e passá-lo para a callback especificada ou passar null se
// uma cidade não for encontrada.
function lookupCity(zip, callback) {
    withDB(db => {
        // Cria um objeto transação somente de leitura para essa consulta.
        // O argumento é um array de armazéns de objetos que precisaremos usar.
        let transaction = db.transaction(["zipcodes"]);

        // Obtém o objeto armazenado a partir da transação
        let zipcodes = transaction.objectStore("zipcodes");

        // Agora solicita o objeto correspondente à chave zipcode especificada.
        // As linhas anteriores eram síncronas, mas esta é assíncrona.
        let request = zipcodes.get(zip);
        request.onerror = console.error;  // Registra erros
        request.onsuccess = () => {       // Ou chama esta função em caso de sucesso
            let record = request.result;  // Este é o resultado da consulta
            if (record) { // Se encontramos uma correspondência, passa-a para
                          //  a função callback
                callback(`${record.city}, ${record.state}`);
            } else {  // Caso contrário, informa à função callback que falhamos
                callback(null);
            }
        };
    });
}

// Dado o nome de uma cidade, usa a API IndexedDB para procurar assincronamente
// os registros de código postal de todas as cidades (em qualquer estado) que têm
// esse nome (diferenciando maiúsculas e minúsculas).
function lookupZipcodes(city, callback) {
    withDB(db => {
        // Como acima, criamos uma transação e obtemos o armazém de objetos
        let transaction = db.transaction(["zipcodes"]);
        let store = transaction.objectStore("zipcodes");

        // Desta vez, obtemos o índice da cidade do armazém de objetos
        let index = store.index("cities");

        // Solicita todos os registros coincidentes no índice com o nome da
        // cidade especificado e, quando os obtemos, os passamos para a callback.
        // Se esperamos mais resultados, podemos usar openCursor() em vez disso.
        let request = index.getAll(city);
        request.onerror = console.error;
        request.onsuccess = () => { callback(request.result); };
    });
}
```

15.13 Threads worker e mensagens

Uma das características fundamentais de JavaScript do lado do cliente é o fato de ter uma só *thread*: um navegador nunca vai executar duas rotinas de tratamento de evento ao mesmo tempo e nunca vai disparar um *timer* enquanto uma rotina de tratamento de evento estiver em execução, por exemplo. Atualizações concomitantes no estado do aplicativo ou no documento são simplesmente impossíveis e os programadores do lado do cliente não precisam pensar sobre programação concorrente (nem mesmo entender disso). Um corolário é que as funções JavaScript no lado do cliente não devem executar por muito tempo: caso contrário, vão travar o laço de eventos e o navegador Web vai parar de responder às entradas do usuário. É por isso que `fetch()` é uma função assíncrona, por exemplo.

Os navegadores Web relaxam muito cuidadosamente esse requisito de *thread* única com a classe Worker: instâncias dessa classe representam *threads* executadas concomitantemente com a *thread* principal e o laço de eventos. Os *workers* ficam em um ambiente de execução independente, com um objeto global totalmente independente e acesso ao objeto Window ou Document. Os *workers* se comunicam com a *thread* principal somente por meio de passagem de mensagem assíncrona. Isso significa que modificações concomitantes do DOM ainda são impossíveis, mas também significa que você pode escrever funções de execução longas que não interrompem o laço de eventos e não travam o navegador. Criar um novo *worker* não é uma operação peso-pesado, como abrir uma nova janela do navegador, mas os *workers* também não são peso-mosca, sendo que não faz sentido criar novos *workers* para executar operações triviais. Pode ser útil criar dezenas de *workers* para aplicativos Web complexos, mas é improvável que um aplicativo com centenas ou milhares de *workers* seja viável.

Workers são úteis quando seu aplicativo precisa executar tarefas que usam muito poder computacional, como processamento de imagens. Usar um *worker* retira tarefas como essa da *thread* principal, de modo que o navegador não para de responder. E *workers* também oferecem a possibilidade de dividir o trabalho entre múltiplas *threads*. Mas *workers* também são úteis quando você precisa executar cálculos de intensidade moderada com grande frequência. Suponha, por exemplo, que está implementando um editor de código simples que funciona dentro do navegador e quer incluir realce de sintaxe. Para acertar o realce, você precisa analisar o código em cada toque de tecla. Se fizer isso na *thread* principal, entretanto, é provável que a análise do código impeça rotinas de tratamento de evento que respondem aos toques de tecla de serem executadas rapidamente e a experiência de digitação do usuário ficará arrastada.

Assim como qualquer API de *threads*, a API Worker tem duas partes. A primeira é o objeto Worker: é como um *worker* aparece de fora para a *thread* que o cria. A segunda é o WorkerGlobalScope: é o objeto global de um novo *worker* e é como uma *thread worker* aparece internamente, para si mesmo.

As seções a seguir abrangem Worker e WorkerGlobalScope e também explicam a API de passagem de mensagens que permite que os *workers* se comuniquem com a *thread* principal e entre si. A mesma API de comunicação é usada para trocar mensagens entre um documento e os elementos `<iframe>` contidos nele, o que também será abordado nas próximas seções.

15.13.1 Objetos Worker

Para criar um novo *worker*, chame a construtora `Worker()`, passando um URL que especifique o código JavaScript que o *worker* deve executar:

```
let dataCruncher = new Worker("utils/cruncher.js");
```

Se você especifica um URL relativo, ele é solucionado em relação ao URL do documento que contém o *script* que chamou a construtora `Worker()`. Se você especifica um URL absoluto, ele deve ter a mesma origem (mesmos protocolo, *host* e porta) do documento contêiner.

Uma vez que você tenha um objeto Worker, você pode enviar dados para ele com `postMessage()`. O valor passado para `postMessage()` será clonado usando o algoritmo de clone estruturado (consulte "O algoritmo de clone estruturado" na página 513) e a cópia resultante será enviada ao *worker* por meio de um evento "*message*":

```
dataCruncher.postMessage("/api/data/to/crunch");
```

Aqui ele passa uma mensagem de uma única *string*, mas você também pode usar objetos, *arrays*, *arrays* tipados, Maps, Sets e assim por diante. Você pode receber mensagens de um *worker* captando eventos "*message*" no objeto Worker:

```
dataCruncher.onmessage = function(e) {
    let stats = e.data;  // A mensagem é a propriedade de dados do evento
    console.log(`Average: ${stats.mean}`);
}
```

Assim como todos os alvos de evento, os objetos Worker definem os métodos padrão `addEventListener()` e `removeEventListener()`, sendo que você pode usá-los em lugar das propriedades `onmessage`. Além de `postMessage()`, o objeto Worker tem apenas outro método, `terminate()`, o qual obriga uma *thread worker* a parar de executar.

15.13.2 O objeto global em workers

Ao criar um novo *worker* com a construtora `Worker()`, você especifica o URL de um arquivo de código JavaScript. Esse código é executado em um ambiente de execução JavaScript novo em folha, isolado do *script* que criou o *worker*. O objeto global desse novo ambiente de execução é um objeto WorkerGlobalScope. Um WorkerGlobalScope é mais do que o objeto global básico de JavaScript, mas menos do que um objeto Window completo do lado do cliente.

O objeto WorkerGlobalScope tem um método `postMessage()` e uma propriedade de tratamento de evento `onmessage` que são iguais aos do objeto Worker, mas funcionam na direção oposta: chamar `postMessage()` dentro de um *worker* gera um evento mensagem fora dele e as mensagens enviadas de fora do *worker* são transformadas em eventos e enviadas para a rotina de tratamento `onmessage`. Como WorkerGlobalScope é o objeto global para um *worker*, `postMessage()` e `onmessage` parecem uma função global e uma variável global para o código do *worker*.

Se você passa um objeto como segundo argumento para a construtora `Worker()`, e se esse objeto tem uma propriedade `name`, o valor da propriedade se torna o valor da propriedade `name` no objeto global do *worker*. Um *worker* poderia incluir esse nome em todas as mensagens que imprime com `console.warn()` ou `console.error()`.

A função `close()` permite que um *worker* termine a si mesmo e tem efeito prático semelhante ao método `terminate()` de um objeto Worker.

Como WorkerGlobalScope é o objeto global para *workers*, ele tem todas as propriedades do objeto global básico de JavaScript, como o objeto JSON, a função `isNaN()` e a construtora `Date()`. Além disso, contudo, WorkerGlobalScope também tem as seguintes propriedades do objeto Window do lado do cliente:

- `self` é uma referência ao objeto global em si. WorkerGlobalScope não é um objeto Window e não define uma propriedade `window`.
- Os métodos de *timer* `setTimeout()`, `clearTimeout()`, `setInterval()` e `clearInterval()`.
- Uma propriedade `location` que descreve o URL passado para a construtora `Worker()`. Essa propriedade se refere a um objeto Location, exatamente como a propriedade `location` de um objeto Window faz. O objeto Location tem propriedades `href`, `protocol`, `host`, `hostname`, `port`, `pathname`, `search` e `hash`. Em um *worker*, contudo, essas propriedades são somente de leitura.
- Uma propriedade `navigator` que se refere a um objeto com propriedades como as do objeto Navigator de uma janela. O objeto Navigator de um *worker* tem propriedades `app Name`, `appVersion`, `platform`, `userAgent` e `onLine`.
- Os métodos usuais de alvo de evento `addEventListener()` e `removeEventListener()`.

Por fim, o objeto WorkerGlobalScope contém importantes APIs de JavaScript do lado do cliente, incluindo o objeto Console, a função `fetch()` e a API IndexedDB. WorkerGlobalScope também inclui a construtora `Worker()`, o que significa que *threads worker* podem criar seus próprios *workers*.

15.13.3 Importando código para um worker

Os *workers* eram definidos em navegadores Web antes de JavaScript ter um sistema de módulos, então os *workers* têm um sistema exclusivo para incluir código adicional. WorkerGlobalScope define `importScripts()` como uma função global à qual todos os *workers* têm acesso:

```
// Antes de começarmos a trabalhar, carregamos as classes e os utilitários de que precisaremos
importScripts("utils/Histogram.js", "utils/BitSet.js");
```

`importScripts()` recebe um ou mais argumentos de URL, cada um dos quais deve se referir a um arquivo de código JavaScript. Os URLs relativos são solucionados em relação ao URL passado para a construtora `Worker()` (não em relação ao documento que o contém). `importScripts()` carrega sincronamente e executa esses arquivos um após o outro, na ordem em que foram especificados. Se o carregamento de um *script* causa um erro de rede ou se a execução lança um erro de qualquer tipo, nenhum dos *scripts* subsequentes é carregado ou executado. Um *script* carregado com `importScripts()` pode ele mesmo chamar `importScripts()` para carregar os arquivos de que depende. Note, entretanto, que `importScripts()` não tenta monitorar quais *scripts* já foram carregados e não faz nada para evitar ciclos de dependência.

`importScripts()` é uma função síncrona: ela não retorna até que todos os *scripts* tenham carregado e executado. Você pode começar a usar os *scripts* que carregou assim que `importScripts()` retornar: não há necessidade de uma função *callback*, rotina de tratamento, método `then()` ou `await`. Quando você tiver acostumado à natureza assíncrona de JavaScript do lado do cliente, poderá parecer estranho voltar novamente para a programação síncrona simples. Mas esse é o encanto das *threads*: você pode usar uma chamada de função com bloqueio em um *worker* sem bloquear o laço de eventos na *thread* principal e sem bloquear os cálculos que estão sendo efetuados concomitantemente nos outros *workers*.

Módulos em workers

Para usar módulos em *workers*, é preciso passar um segundo argumento para a construtora `Worker()`. Esse segundo argumento deve ser um objeto com uma propriedade `type` configurada para a *string* "*module*". Passar uma opção `type:"module"` para a construtora `Worker()` é parecido com usar o atributo `type="module"` em uma *tag* HTML `<script>`: isso significa que o código deve ser interpretado como um módulo e que declarações `import` são permitidas.

Quando um *worker* carrega um módulo em vez de um *script* tradicional, WorkerGlobalScope não define a função `importScripts()`.

Observe que, até o início de 2020, o Chrome era o único navegador que suportava módulos de verdade e declarações `import` em *workers*.

15.13.4 Modelo de execução de worker

As *threads worker* executam seu código (e todos os módulos ou *scripts* importados) de forma síncrona, de cima para baixo, e então entram em uma fase assíncrona, na qual respondem a eventos e *timers*. Se um *worker* registrar uma rotina de tratamento de evento "*message*", não será encerrado enquanto houver uma possibilidade de que ainda possam chegar eventos desse tipo. Mas se um *worker* não capta mensagens, será executado até que não existam mais tarefas pendentes (como Promises `fetch()` e timers) e todas as funções *callback* relacionadas a tarefas sejam chamadas. Uma vez que todas as funções *callback* registradas sejam chamadas, não há uma maneira de um *worker* iniciar uma nova tarefa; portanto, o encerramento da *thread* é seguro; ele ocorre automaticamente. Um *worker* também pode encerrar a si mesmo explicitamente chamando a função global `close()`. Observe que não há propriedades ou métodos no objeto Worker que especificam se uma *thread worker* ainda está em execução ou não, de modo que os *workers* não devem encerrar a si mesmos sem alguma forma de coordenar essa ação com a sua *thread* pai.

Erros em workers

Se ocorre uma exceção em um *worker* que não é capturada por nenhuma cláusula `catch`, um evento "*error*" é disparado no objeto global do *worker*. Se esse evento é tratado e a rotina de tratamento chama o método `preventDefault()` do objeto evento, a propagação do erro para. Caso contrário, o evento "*error*" é disparado no objeto Worker. Se `preventDefault()` é chamado aqui, a propagação termina. Caso contrário, uma mensagem de erro é impressa na *console* do desenvolvedor e a rotina de tratamento *onerror* (Seção 15.1.7) do objeto Window é chamada.

```
// Trata erros de worker não capturados com uma rotina de tratamento dentro do worker.
self.onerror = function(e) {
    console.log(`Error in worker at ${e.filename}:${e.lineno}: ${e.message}`);
    e.preventDefault();
};

// Ou trata erros de worker não capturados com uma rotina de tratamento fora do worker.
worker.onerror = function(e) {
    console.log(`Error in worker at ${e.filename}:${e.lineno}: ${e.message}`);
    e.preventDefault();
};
```

Assim como janelas, *workers* podem registrar uma rotina de tratamento a ser chamada quando uma Promise é rejeitada e se não há uma função `.catch()` para tratá-la. Dentro de um *worker*, você pode detectar isso se definir uma função `self.onunhandledrejection` ou se usar `addEventListener()` para registrar uma rotina de tratamento global para eventos "*unhandledrejection*". O objeto evento passado para essa rotina de tratamento tem uma propriedade `promise` cujo valor é o objeto Promise que foi rejeitado e uma propriedade `reason` cujo valor é o que teria sido passado para uma função `.catch()`.

15.13.5 postMessage(), MessagePorts e MessageChannels

O método `postMessage()` do objeto Worker e a função global `postMessage()` definida dentro de um *worker* funcionam com a chamada dos métodos `postMessage()` de um par de objetos MessagePort que são criados automaticamente junto com o *worker*. JavaScript do lado do cliente não pode acessar diretamente esses objetos MessagePort criados automaticamente, mas pode criar novos pares de portas conectadas com a construtora `MessageChannel()`:

```
let channel = new MessageChannel;                  // Cria um novo canal.
let myPort = channel.port1;                        // Ele tem duas portas
let yourPort = channel.port2;                      // conectadas uma à outra.

myPort.postMessage("Can you hear me?");            // Uma mensagem postada em uma será
yourPort.onmessage = (e) => console.log(e.data);   // recebida na outra.
```

Um MessageChannel é um objeto com propriedades `port1` e `port2` que se referem a um par de objetos MessagePort conectados. Um MessagePort é um objeto com um método `postMessage()` e uma propriedade de tratamento de evento `onmessage`. Quando `postMessage()` é chamado em uma porta de um par conectado, um evento "*message*" é disparado na outra porta do par. Para receber esses eventos "*message*", configure a propriedade `onmessage` ou use `addEventListener()` para registrar um receptor para eventos "*message*".

As mensagens enviadas a uma porta são enfileiradas até a propriedade `onmessage` ser definida ou até o método `start()` ser chamado na porta. Isso impede que uma extremidade do canal perca as mensagens enviadas pela outra extremidade. Se você usar `addEventListener()` com um MessagePort, não se esqueça de chamar `start()` ou nenhuma mensagem jamais será entregue.

Todas as chamadas de `postMessage()` que vimos até aqui recebiam um único argumento de mensagem, mas o método também aceita um segundo argumento opcional. Esse segundo argumento é um *array* de itens que devem ser transferidos para a outra extremidade do canal em vez de fazermos com que uma cópia seja enviada através dele. Os valores que podem ser transferidos em vez de copiados são MessagePorts e ArrayBuffers. (Alguns navegadores também implementam outros tipos transferíveis, como ImageBitmap e OffscreenCanvas. Estes não têm suporte universal, no entanto, e não são abordados neste livro.) Se o primeiro argumento de `postMessage()` inclui um MessagePort (aninhado em qualquer lugar dentro do objeto mensagem), então esse MessagePort também deve aparecer no segundo argumento. Se você fizer isso, o MessagePort ficará disponível na outra extremidade do canal e imediatamente deixará de funcionar na sua. Suponha que você tenha criado um *worker* e queira ter dois canais para se comunicar com ele: um canal para troca de dados normal e um canal para mensagens de alta prioridade. Na *thread* principal, você poderia criar um MessageChannel e então chamar `postMessage()` no *worker* para passar para ele um dos MessagePorts:

```
let worker = new Worker("worker.js");
let urgentChannel = new MessageChannel();
```

```
let urgentPort = urgentChannel.port1;
worker.postMessage({ command: "setUrgentPort", value: urgentChannel.port2 },
                   [ urgentChannel.port2 ]);
// Agora podemos receber mensagens urgentes do worker assim
urgentPort.addEventListener("message", handleUrgentMessage);
urgentPort.start(); // Começa a receber mensagens
// E envia mensagens urgentes assim
urgentPort.postMessage("test");
```

MessageChannels também são úteis se você cria dois *workers* e quer permitir que se comuniquem diretamente entre si em vez de exigir que o código na *thread* principal transmita mensagens entre eles.

A outra utilidade do segundo argumento para `postMessage()` é transferir ArrayBuffers entre *workers* sem ter que copiá-los. É uma melhoria de desempenho importante para ArrayBuffers grandes, como aqueles usados para guardar dados de imagem. Quando um ArrayBuffer é transferido por um MessagePort, o ArrayBuffer deixa de ser utilizável na *thread* original, então não há possibilidade de acesso concomitante ao seu conteúdo. Se o primeiro argumento de `postMessage()` inclui um ArrayBuffer, ou qualquer valor (como um *array* tipado) que tem um ArrayBuffer, então esse *buffer* pode aparecer como um elemento de *array* no segundo argumento de `postMessage()`. Se aparece, então ele é transferido sem ser copiado. Se não, o ArrayBuffer é copiado em vez de ser transferido. O Exemplo 15-14 demonstra o uso dessa técnica de transferência com ArrayBuffers.

15.13.6 Troca de mensagens entre origens com postMessage()

Há outro caso de uso para o método `postMessage()` em JavaScript do lado do cliente. Ele envolve janelas em vez de *workers*, mas as semelhanças são fortes o suficiente entre os dois casos para que descrevamos o método `postMessage()` do objeto Window aqui.

Quando um documento contém um elemento `<iframe>`, este age como uma janela incorporada, mas ainda independente. O objeto Element que representa o `<iframe>` tem uma propriedade `contentWindow` que é o objeto Window para o documento incorporado. E para *scripts* executados dentro do *iframe* aninhado, a propriedade `window.parent` se refere ao objeto Window circundante. Quando duas janelas exibem documentos que têm a mesma origem, os *scripts* em cada uma delas têm acesso ao conteúdo da outra janela. Mas quando os documentos têm origens diversas, a política da mesma origem do navegador impede que o JavaScript em uma janela acesse o conteúdo da outra.

Para *workers*, `postMessage()` oferece uma maneira segura de duas *threads* independentes se comunicarem sem compartilhar memória. Para janelas, `postMessage()` oferece uma forma controlada para duas origens independentes trocarem mensagens com segurança. Mesmo que a política da mesma origem impeça seu *script* de enxergar o conteúdo de outra janela, ainda é possível chamar `postMessage()` nessa janela. Isso dispara um evento *"message"* nessa janela, onde fica visível para as rotinas de tratamento de evento nos *scripts* da janela.

O método `postMessage()` de um Window é um pouco diferente do método `postMessage()` de um Worker, no entanto. O primeiro argumento ainda é uma mensagem arbitrária que será copiada pelo algoritmo de clone estruturado, mas o segundo argumento opcional que lista os objetos que serão transferidos em vez de copiados se torna um terceiro argumento opcional. O método `postMessage()` de uma janela recebe uma *string* como segundo argumento obrigatório. Esse segundo argumento deve ser uma origem (um protocolo, hostname e porta opcional) que especifica quem você espera que receberá a mensagem. Se você passa a *string* "https://good.example.com" como segundo argumento, mas a janela na qual está postando a mensagem na verdade contém conteúdo de "https://malware.example.com", então a mensagem que você postou não será entregue. Se estiver disposto a enviar sua mensagem para conteúdo de qualquer origem, você pode passar o curinga "*" como segundo argumento.

O código JavaScript executado dentro de uma janela ou `<iframe>` pode receber mensagens postadas nessa janela ou *frame* pela definição da propriedade `onmessage` dessa janela ou pela chamada de `addEventListener()` para eventos *"message"*. Assim como com *workers*, quando você recebe um evento *"message"* para uma janela, a propriedade `data` do objeto evento é a mensagem que foi enviada. Além disso, no entanto, os eventos *"message"* entregues para janelas também definem propriedades `source` e `origin`. A propriedade `source` especifica o objeto Window que enviou o evento, e você pode usar `event.source.postMessage()` para enviar uma resposta. A propriedade `origin` especifica a origem do conteúdo na janela de origem. Não é algo que o remetente da mensagem possa falsificar, e quando você recebe um evento *"message"*, normalmente quer confirmar que veio da origem que você espera.

15.14 Exemplo: o conjunto de Mandelbrot

Este capítulo sobre JavaScript do lado do cliente culmina com um longo exemplo que demonstra o uso de *workers* e mensagens para paralelizar tarefas que usam muito poder computacional. Contudo, esse exemplo foi escrito para ser um aplicativo Web interessante e que teria uso no mundo real, além de demonstrar diversas das outras APIs apresentadas neste capítulo, incluindo gerenciamento do histórico, uso da classe ImageData com um `<canvas>` e uso de eventos de teclado, cursor e redimensionamento. Ele também demonstra recursos básicos importantes de JavaScript, incluindo geradores e o uso sofisticado de Promises.

O exemplo é um programa para exibir e explorar o conjunto de Mandelbrot, um fractal complexo que inclui lindas imagens como a da Figura 15-16.

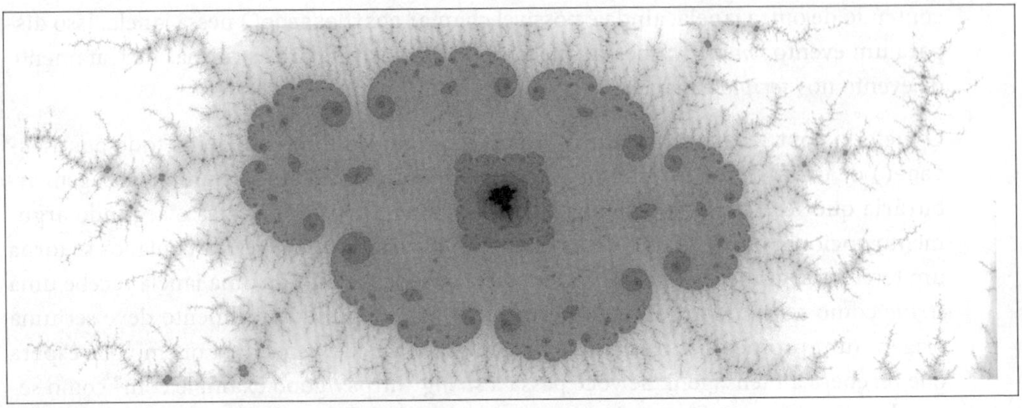

FIGURA 15-16 Uma porção do conjunto de Mandelbrot.

O conjunto de Mandelbrot é definido como o conjunto de pontos no plano complexo que, quando passa por um processo repetido de multiplicações e adições complexas, produz um valor cuja grandeza continua limitada. Os contornos do conjunto são de uma complexidade surpreendente, e calcular quais pontos pertencem ao conjunto e quais não pertencem é uma tarefa que exige muito poder computacional: para produzir uma imagem de 500x500 do conjunto de Mandelbrot, é preciso calcular individualmente a participação de cada um dos 250.000 pixels na sua imagem. E para confirmar que o valor associado a cada pixel continua limitado, pode ser necessário repetir o processo de multiplicação complexa 1.000 vezes ou mais (mais iterações fornecem limites mais claros para o conjunto; menos iterações produzem limites menos nítidos). Com até 250 milhões de passos de aritmética complexa para produzir uma imagem de alta qualidade do conjunto de Mandelbrot, é fácil entender por que usar *workers* é uma técnica valiosa. O Exemplo 15-14 mostra o código *worker* que vamos utilizar. O arquivo é relativamente compacto: é apenas o músculo computacional bruto para o programa maior. Duas observações são importantes, no entanto:

- O *worker* cria um objeto ImageData para representar a grade retangular de pixels para a qual calcula participação no conjunto de Mandelbrot. Mas, em vez de armazenar os valores de pixel reais em ImageData, ele usa um *array* tipado personalizado para tratar cada pixel como um número inteiro de 32 *bits*. Ele armazena o número de iterações necessário para cada pixel no *array*. Se a magnitude do número complexo calculado para cada pixel for maior do que quatro, então é matematicamente certo que crescerá de forma ilimitada além disso e dizemos que "escapou". Assim, o valor que esse *worker* retorna para cada pixel é o número de iterações antes do valor escapar. Informamos ao *worker* o número máximo de iterações que deve tentar para cada valor, e os pixels que atingirem esse número máximo serão considerados pertencentes ao conjunto.
- O *worker* transfere o ArrayBuffer associado com o ImageData de volta para a *thread* principal, de modo que a memória associada a ele não precise ser copiada.

Exemplo 15-14 Código do worker para calcular regiões do conjunto de Mandelbrot

```
// Trata-se de um worker simples que recebe uma mensagem da sua thread pai,
// realiza o cálculo descrito pela mensagem e então posta o
// resultado do cálculo de volta na thread pai.
onmessage = function(message) {
    // Primeiro, desempacotamos a mensagem que recebemos:
    // - tile é um objeto com propriedades width e height. Ele especifica o
    //   tamanho do retângulo de pixels para os quais calcularemos a
    //   participação no conjunto de Mandelbrot.
    // - (x0, y0) é o ponto no plano complexo que corresponde ao
    //   pixel superior esquerdo na peça.
    // - perPixel é o tamanho do pixel nas dimensões real e imaginária.
    // - maxIterations especifica o número máximo de iterações que
    //   realizaremos antes de decidir que um pixel está no conjunto.
    const {tile, x0, y0, perPixel, maxIterations} = message.data;
    const {width, height} = tile;

    // A seguir, criamos um objeto ImageData para representar o array retangular
    // de pixels, obtemos seu ArrayBuffer interno e criamos uma visualização de array
    // tipado do buffer para que possamos tratar cada pixel como um único número
    // inteiro e não quatro bytes individuais. Armazenaremos o número de iterações para
    // cada pixel nesse array de iterações (as iterações serão transformadas em
    // cores de pixel reais na thread pai).
    const imageData = new ImageData(width, height);
    const iterations = new Uint32Array(imageData.data.buffer);

    // Agora começamos o cálculo. Há três laços for aninhados aqui.
    // Os dois externos iteram sobre as linhas e colunas de pixels, e o
    // laço interno itera cada pixel para ver se ele "escapa" ou não. As diversas
    // variáveis de laço são:
    // - row e column são números inteiros que representam a coordenada do pixel.
    // - x e y representam o ponto complexo para cada pixel: x + yi.
    // - index é o índice no array de iterações para o pixel atual.
    // - n registra o número de iterações para cada pixel.
    // - max e min registram o maior e o menor número de iterações
    //   encontrados até aqui para cada pixel no retângulo.
    let index = 0, max = 0, min=maxIterations;
    for(let row = 0, y = y0; row < height; row++, y += perPixel) {
        for(let column = 0, x = x0; column < width; column++, x += perPixel) {
            // Para cada pixel, começamos com o número complexo c = x+yi.
            // A seguir, calculamos repetidas vezes o número complexo z(n+1) com
            // base na seguinte fórmula recursiva:
            //    z(0) = c
            //    z(n+1) = z(n)^2 + c
            // Se |z(n)| (o módulo de z(n)) é > 2, então o
            // pixel não é parte do conjunto e paramos após n iterações.
            let n;                  // O número de iterações até aqui
            let r = x, i = y;       // Começa com z(0) configurado como c
            for(n = 0; n < maxIterations; n++) {
                let rr = r*r, ii = i*i; // Calcula o quadrado das duas partes de z(n).
                if (rr + ii > 4) {      // Se |z(n)|^2 é > 4, então
                    break;              // escapamos e podemos parar de iterar.
                }
                i = 2*r*i + y;          // Calcula a parte imaginária de z(n+1).
```

```
                r = rr - ii + x;            // E a parte real de z(n+1).
            }
            iterations[index++] = n;        // Lembra # de iterações para cada pixel.
            if (n > max) max = n;           // Registra o número máximo que vimos.
            if (n < min) min = n;           // E o mínimo também.
        }
    }

    // Quando o cálculo termina, envia os resultados de volta para a thread pai.
    // O objeto imageData será copiado, mas o ArrayBuffer gigante que
    // ele contém será transferido para turbinar o desempenho.
    postMessage({tile, imageData, min, max}, [imageData.data.buffer]);
};
```

O aplicativo de visualização do conjunto de Mandelbrot que usa o código *worker* se encontra no Exemplo 15-15. Agora que você quase terminou este capítulo, a experiência desse longo exemplo serve de conclusão e ajuda a reunir diversos recursos importantes de JavaScript básica e do lado do cliente e das suas APIs. O código tem comentários completos e sugiro que você os leia com atenção.

Exemplo 15-15 Um aplicativo Web para exibir e explorar o conjunto de Mandelbrot

```
/*
 * Esta classe representa um sub-retângulo de um canvas ou uma imagem. Usamos Tiles para
 * dividir um canvas em regiões que podem ser processadas independentemente por Workers.
 */
class Tile {
    constructor(x, y, width, height) {
        this.x = x;                     // As propriedades de um objeto Tile
        this.y = y;                     // representam a posição e o tamanho
        this.width = width;             // do tile em um retângulo
        this.height = height;           // maior.
    }

    // Esse método estático é um gerador que divide um retângulo da
    // largura e altura especificadas no número especificado de linhas e
    // colunas e gera objetos Tile numRows*numCols para cobrir o retângulo.
    static *tiles(width, height, numRows, numCols) {
        let columnWidth = Math.ceil(width / numCols);
        let rowHeight = Math.ceil(height / numRows);

        for(let row = 0; row < numRows; row++) {
            let tileHeight = (row < numRows-1)
                ? rowHeight                          // altura da maioria das linhas
                : height - rowHeight * (numRows-1);  // altura da última linha
            for(let col = 0; col < numCols; col++) {
                let tileWidth = (col < numCols-1)
                ? columnWidth                        // largura da maioria das colunas
                : width - columnWidth * (numCols-1); // e última coluna
```

```
                    yield new Tile(col * columnWidth, row * rowHeight,
                                   tileWidth, tileHeight);
                }
            }
        }
    }

    /*
     * Esta classe representa um grupo de workers, todos executando o mesmo código.
     * O código de worker que você especifica deve responder a cada mensagem que recebe
     * realizando algum tipo de cálculo e então postando uma única mensagem com
     * o resultado do cálculo.
     *
     * Dado um WorkerPool e mensagem que representa o trabalho a ser realizado, apenas
     * chama addWork(), com a mensagem como argumento. Se há um objeto Worker
     * ocioso no momento, a mensagem é postada para esse worker
     * imediatamente. Se não há objetos Worker ociosos, a mensagem é
     * colocada na fila e postada para um Worker quando este ficar disponível.
     *
     * addWork() retorna uma Promise, que é resolvida com a mensagem recebida
     * do trabalho, ou rejeitada se o worker lançar um erro não tratado.
     */
    class WorkerPool {
        constructor(numWorkers, workerSource) {
            this.idleWorkers = [];       // Workers que não estão funcionando no momento
            this.workQueue = [];         // Trabalho que não está sendo processado no momento
            this.workerMap = new Map();  // Mapeia workers para resolver e rejeitar funções

            // Cria o número especificado de workers, adiciona rotinas de tratamento de
            // erro e mensagem e salva-os no array idleWorkers.
            for(let i = 0; i < numWorkers; i++) {
                let worker = new Worker(workerSource);
                worker.onmessage = message => {
                    this._workerDone(worker, null, message.data);
                };
                worker.onerror = error => {
                    this._workerDone(worker, error, null);
                };
                this.idleWorkers[i] = worker;
            }
        }

        // Esse método interno é chamado quando um worker termina de trabalhar,
        // mandando uma mensagem ou lançando um erro.
        _workerDone(worker, error, response) {
            // Pesquisa as funções resolve() e reject() para esse worker
            // e então remove a entrada do worker do mapa.
            let [resolver, rejector] = this.workerMap.get(worker);
            this.workerMap.delete(worker);
```

```
            // Se não há trabalho na fila, coloca o worker de volta na
            // lista de workers ociosos. Caso contrário, tira o trabalho da fila
            // e envia para esse worker.
            if (this.workQueue.length === 0) {
                this.idleWorkers.push(worker);
            } else {
                let [work, resolver, rejector] = this.workQueue.shift();
                this.workerMap.set(worker, [resolver, rejector]);
                worker.postMessage(work);
            }

            // Por fim, resolve ou rejeita a Promise associada com o worker.
            error === null ? resolver(response) : rejector(error);
        }

        // Esse método adiciona trabalho ao conjunto de workers e retorna uma Promise que
        // será resolvida com uma resposta de worker quando o trabalho terminar. O trabalho
        // é um valor a ser passado para um worker com postMessage(). Se há um
        // worker ocioso, a mensagem de trabalho é enviada imediatamente. Caso contrário,
        // é colocada na fila até um worker estar disponível.
        addWork(work) {
            return new Promise((resolve, reject) => {
                if (this.idleWorkers.length > 0) {
                    let worker = this.idleWorkers.pop();
                    this.workerMap.set(worker, [resolve, reject]);
                    worker.postMessage(work);
                } else {
                    this.workQueue.push([work, resolve, reject]);
                }
            });
        }
    }
    /*
     * Esta classe contém as informações de estado necessárias para renderizar um
     * conjunto de Mandelbrot.
     * As propriedades cx e cy fornecem o ponto no plano complexo que é o
     * centro da imagem. A propriedade perPixel especifica quanto as partes real e
     * imaginária desse número complexo mudam para cada pixel da imagem.
     * A propriedade maxIterations especifica o esforço necessário para calcular o conjunto.
     * Números maiores exigem mais cálculos, mas produzem imagens mais bem definidas.
     * Observe que o tamanho do canvas não é parte do estado. Dados cx, cy e perPixel,
     * simplesmente renderizamos a porção do conjunto de Mandelbrot que se encaixa
     * no canvas em seu tamanho atual.
     *
     * Objetos desse tipo são usados com history.pushState() e são usados para ler
     * o estado desejado de um URL salvo como favorito ou compartilhado.
     */
    class PageState {
        // Este método fábrica retorna um estado inicial para exibir todo o conjunto.
        static initialState() {
            let s = new PageState();
            s.cx = -0.5;
            s.cy = 0;
```

```
            s.perPixel = 3/window.innerHeight;
            s.maxIterations = 500;
        return s;
    }

    // Este método fábrica obtém o estado de um URL ou retorna null se
    // não foi possível ler um estado válido a partir do URL.
    static fromURL(url) {
        let s = new PageState();
        let u = new URL(url); // Inicializa o estado a partir dos parâmetros de busca do URL.
        s.cx = parseFloat(u.searchParams.get("cx"));
        s.cy = parseFloat(u.searchParams.get("cy"));
        s.perPixel = parseFloat(u.searchParams.get("pp"));
        s.maxIterations = parseInt(u.searchParams.get("it"));
        // Se obtemos valores válidos, retorna o objeto PageState; caso contrário, null.
        return (isNaN(s.cx) || isNaN(s.cy) || isNaN(s.perPixel)
                || isNaN(s.maxIterations))
            ? null
            : s;
    }

    // Este método de instância codifica o estado atual nos
    // parâmetros de pesquisa do local atual do navegador.
    toURL() {
        let u = new URL(window.location);
        u.searchParams.set("cx", this.cx);
        u.searchParams.set("cy", this.cy);
        u.searchParams.set("pp", this.perPixel);
        u.searchParams.set("it", this.maxIterations);
        return u.href;
    }
}

// Estas constantes controlam o paralelismo do cálculo do conjunto de Mandelbrot.
// Você precisa ajudá-las para otimizar o desempenho no seu computador.
const ROWS = 3, COLS = 4, NUMWORKERS = navigator.hardwareConcurrency || 2;

// Esta é a classe principal do nosso programa de conjunto de Mandelbrot. Basta chamar a
// função construtora com o elemento <canvas> no qual renderizar. O programa
// pressupõe que esse elemento <canvas> é estilizado de forma a sempre ter o mesmo tamanho
// que a janela do navegador.
class MandelbrotCanvas {
    constructor(canvas) {
        // Armazena o canvas, obtém seu objeto de contexto e inicializa um WorkerPool
        this.canvas = canvas;
        this.context = canvas.getContext("2d");
        this.workerPool = new WorkerPool(NUMWORKERS, "mandelbrotWorker.js");

        // Define algumas propriedades que usaremos depois
        this.tiles = null;           // Subregiões do canvas
        this.pendingRender = null;   // Não estamos renderizando no momento
        this.wantsRerender = false;  // Nenhuma renderização foi solicitada no momento
        this.resizeTimer = null;     // Nos impede de redimensionar com muita frequência
```

```
        this.colorTable = null; // Para converter dados brutos em valores de pixel.
        // Configura nossas rotinas de tratamento de evento
        this.canvas.addEventListener("pointerdown", e => this.handlePointer(e));
        window.addEventListener("keydown", e => this.handleKey(e));
        window.addEventListener("resize", e => this.handleResize(e));
        window.addEventListener("popstate", e => this.setState(e.state, false));

        // Inicializa nosso estado a partir do URL ou começa com o estado inicial.
        this.state =
            PageState.fromURL(window.location) || PageState.initialState();

        // Salva este estado com o mecanismo history.
        history.replaceState(this.state, "", this.state.toURL());

        // Dimensiona o canvas e obtém um array de peças que o cobre.
        this.setSize();

        // E renderiza o conjunto de Mandelbrot no canvas.
        this.render();
    }

    // Dimensiona o canvas e inicializa um array de objetos Tile. Este
    // método é chamado da construtora e também pelo método handleResize()
    // quando a janela do navegador é redimensionada.
    setSize() {
        this.width = this.canvas.width = window.innerWidth;
        this.height = this.canvas.height = window.innerHeight;
        this.tiles = [...Tile.tiles(this.width, this.height, ROWS, COLS)];
    }

    // Esta função muda o PageState e então rerrenderiza o
    // conjunto de Mandelbrot usando o novo estado. Também salva o novo estado com
    // history.pushState(). Se o primeiro argumento é uma função, esta
    // será chamada com o objeto de estado como argumento e deve
    // mudar o estado. Se o primeiro argumento é um objeto, simplesmente
    // copiamos as propriedades do objeto para o objeto de estado. Se o segundo
    // argumento opcional é falso, o novo estado não será salvo
    // (fazemos isso quando chamamos setSize em resposta a um evento popstate).
    setState(f, save=true) {
        // Se o argumento é uma função, chama-a para atualizar o estado.
        // Caso contrário, copia suas propriedades para o estado atual.
        if (typeof f === "function") {
            f(this.state);
        } else {
            for(let property in f) {
                this.state[property] = f[property];
            }
        }

        // Em ambos os casos, começa a renderizar o novo estado assim que possível.
        this.render();
```

```
        // Normalmente, salvamos o novo estado. Exceto quando o chamamos com
        // um segundo argumento de false, o que fazemos quando obtemos um evento popstate.
        if (save) {
            history.pushState(this.state, "", this.state.toURL());
        }
    }

    // Este método desenha assincronamente a porção do conjunto de Mandelbrot
    // especificada pelo objeto PageState no canvas. É chamado pela
    // construtora, por setState() quando o estado muda e pela
    // rotina de tratamento de evento resize quando o canvas é redimensionado.
    render() {
        // Às vezes, o usuário pode usar o teclado ou mouse para solicitar renderizações
        // mais rapidamente do que conseguimos realizá-las. Não queremos enviar todas
        // as renderizações para o grupo de workers. Em vez disso, se estamos renderizando,
        // apenas registramos que uma nova renderização é necessária; quando a
        // renderização atual é completada, renderizamos o estado atual, possivelmente
        // pulando múltiplos estados intermediários.
        if (this.pendingRender) {        // Se já estamos renderizando,
            this.wantsRerender = true;   // registra que deve rerrenderizar depois
            return;                      // e não faz mais nada por ora.
        }

        // Obtém nossas variáveis de estado e calcula o número complexo para o
        // canto superior esquerdo do canvas.
        let {cx, cy, perPixel, maxIterations} = this.state;
        let x0 = cx - perPixel * this.width/2;
        let y0 = cy - perPixel * this.height/2;

        // Para cada uma das nossas peças ROWS*COLS, chama addWork() com uma mensagem
        // para o código em mandelbrotWorker.js. Coleta os objetos Promise resultantes
        // em um array.
        let promises = this.tiles.map(tile => this.workerPool.addWork({
            tile: tile,
            x0: x0 + tile.x * perPixel,
            y0: y0 + tile.y * perPixel,
            perPixel: perPixel,
            maxIterations: maxIterations
        }));

        // Usa Promise.all() para obter um array de respostas a partir do array de
        // Promises. Cada resposta é o cálculo para uma das nossas peças.
        // Lembre-se de mandelbrotWorker.js que cada resposta inclui o
        // objeto Tile, um objeto ImageData que inclui contagens de iteração
        // em vez de valores em pixels e as iterações mínimas e máximas
        // para aquela peça.
        this.pendingRender = Promise.all(promises).then(responses => {

            // Primeiro, localiza as iterações max e min para todas as peças.
            // Precisamos desses números para podermos atribuir cores aos pixels.
            let min = maxIterations, max = 0;
```

```
for(let r of responses) {
    if (r.min < min) min = r.min;
    if (r.max > max) max = r.max;
}

// Agora precisamos de uma maneira de converter as contagens de iteração
// brutas dos workers em cores de pixels que serão exibidas no canvas.
// Sabemos que todos os pixels têm iterações entre min e max,
// então pré-calculamos as cores para cada contagem de iteração e as
// armazenamos no array colorTable.

// Se ainda não alocamos uma tabela de cores ou se não tem mais
// o tamanho certo, alocamos uma nova.
if (!this.colorTable || this.colorTable.length !== maxIterations+1){
    this.colorTable = new Uint32Array(maxIterations+1);
}

// Dados max e min, calcula valores apropriados na
// tabela de cores. Pixels no conjunto terão a cor preta totalmente opaca.
// Pixels fora do conjunto serão pretos translúcidos com contagens
// de iteração maiores, resultando em maior opacidade. Pixels com
// contagens de iteração mínimas serão transparentes e o fundo branco
// transparecerá, resultando em uma imagem em escala de cinza.
if (min === max) {                    // Se todos os pixels são iguais,
    if (min === maxIterations) {  // Torna todos pretos
        this.colorTable[min] = 0xFF000000;
    } else {                          // Ou todos transparentes.
        this.colorTable[min] = 0;
    }
} else {
    // No caso normal em que min e max são diferentes, usa uma
    // escala logarítmica para atribuir a cada contagem de iteração possível
    // uma opacidade entre 0 e 255 e então usa o operador de deslocar para a
    // esquerda para transformar a contagem em um valor em pixels.
    let maxlog = Math.log(1+max-min);
    for(let i = min; i <= max; i++) {
        this.colorTable[i] =
            (Math.ceil(Math.log(1+i-min)/maxlog * 255) << 24);
    }
}

    // Agora traduz os números de iteração no
    // ImageData de cada resposta em cores de colorTable.
    for(let r of responses) {
        let iterations = new Uint32Array(r.imageData.data.buffer);
        for(let i = 0; i < iterations.length; i++) {
            iterations[i] = this.colorTable[iterations[i]];
        }
    }

    // Por fim, renderiza todos os objetos imageData em suas
    // peças correspondentes do canvas usando putImageData().
    // (Antes, no entanto, remove quaisquer transformações CSS do canvas
```

```
            // que possam ter sido configuradas pela rotina de tratamento pointerdown.)
            this.canvas.style.transform = "";
            for(let r of responses) {
                this.context.putImageData(r.imageData, r.tile.x, r.tile.y);
            }
        })
        .catch((reason) => {
            // Se algo deu errado em qualquer uma de nossas Promises, registramos
            // um erro aqui. Isso não deveria acontecer, mas vai nos ajudar com a
            // depuração se acontecer.
            console.error("Promise rejected in render():", reason);
        })
        .finally(() => {
            // Quando terminamos de renderizar, limpa as flags pendingRender
            this.pendingRender = null;
            // E se pedidos de renderização chegaram enquanto estávamos ocupados,
            // rerrenderiza agora.
            if (this.wantsRerender) {
                this.wantsRerender = false;
                this.render();
            }
        });
    }

    // Se o usuário redimensiona a janela, esta função é chamada repetidamente.
    // Redimensionar um canvas e rerrenderizar o conjunto de Mandelbrot é uma operação
    // cara que não podemos realizar múltiplas vezes por segundo, então usamos um timer
    // para adiar o tratamento do redimensionamento até 200 ms terem se passado desde
    // que o último evento de redimensionamento foi recebido.
    handleResize(event) {
        // Se já estamos adiando um redimensionamento, limpa-o.
        if (this.resizeTimer) clearTimeout(this.resizeTimer);
        // E adia este redimensionamento no seu lugar.
        this.resizeTimer = setTimeout(() => {
            this.resizeTimer = null;  // Observe que o redimensionamento foi tratado
            this.setSize();           // Redimensiona canvas e peças
            this.render();            // Rerrenderiza no novo tamanho
        }, 200);
    }

    // Se o usuário pressiona uma tecla, esta rotina de tratamento de evento é chamada.
    // Chamamos setState() em resposta a diversas teclas, e setState() renderiza
    // o novo estado, atualiza o URL e salva o estado no histórico do navegador.
    handleKey(event) {
        switch(event.key) {
        case "Escape":        // Digite Escape para voltar ao estado inicial
            this.setState(PageState.initialState());
            break;
        case "+":             // Digite + para aumentar o número de iterações
            this.setState(s => {
                s.maxIterations = Math.round(s.maxIterations*1.5);
            });
            break;
```

```
            case "-":                // Digite - para diminuir o número de iterações
                this.setState(s => {
                    s.maxIterations = Math.round(s.maxIterations/1.5);
                    if (s.maxIterations < 1) s.maxIterations = 1;
                });
                break;
            case "o":                // Digite o para ampliar
                this.setState(s => s.perPixel *= 2);
                break;
            case "ArrowUp":          // Seta para cima para rolar para cima
                this.setState(s => s.cy -= this.height/10 * s.perPixel);
                break;
            case "ArrowDown":        // Seta para baixo para rolar para baixo
                this.setState(s => s.cy += this.height/10 * s.perPixel);
                break;
            case "ArrowLeft":        // Seta para a esquerda a fim de rolar para a esquerda
                this.setState(s => s.cx -= this.width/10 * s.perPixel);
                break;
            case "ArrowRight":       // Seta para a direita a fim de rolar para a direita
                this.setState(s => s.cx += this.width/10 * s.perPixel);
                break;
            }
        }

        // Este método é chamado quando obtemos um evento pointerdown no canvas.
        // O evento pointerdown pode ser o início de um gesto de zoom (um clique ou toque)
        // ou um gesto panorâmico (um arrasto). Esta rotina de tratamento registra rotinas
        // de tratamento para os eventos pointermove e pointerup para responder ao resto
        // do gesto (as duas rotinas de tratamento adicionais são removidas quando o gesto
        // termina com um pointerup).
        handlePointer(event) {
            // As coordenadas em pixels e de tempo do pointerdown inicial.
            // Como o canvas é do tamanho da janela, essas coordenadas de evento
            // também são coordenadas do canvas.
            const x0 = event.clientX, y0 = event.clientY, t0 = Date.now();

            // Esta é a rotina de tratamento para eventos move.
            const pointerMoveHandler = event => {
                // Quanto movemos e quanto tempo se passou?
                let dx=event.clientX-x0, dy=event.clientY-y0, dt=Date.now()-t0;

                // Se o cursor se moveu o suficiente ou se passou tempo o suficiente para que
                // que este não seja um clique normal, usa CSS para dar uma panorâmica na imagem.
                // Vamos rerrenderizá-la de fato quando chegarmos no evento pointerup.)
                if (dx > 10 || dy > 10 || dt > 500) {
                    this.canvas.style.transform = `translate(${dx}px, ${dy}px)`;
                }
            };

            // Esta é a rotina de tratamento para eventos pointerup
            const pointerUpHandler = event => {
                // Quando o cursor sobe, o gesto termina, então remove
                // as rotinas de tratamento move e up até o próximo gesto.
```

```
                this.canvas.removeEventListener("pointermove", pointerMoveHandler);
                this.canvas.removeEventListener("pointerup", pointerUpHandler);

                // Quanto o cursor se moveu e quanto tempo se passou?
                const dx = event.clientX-x0, dy=event.clientY-y0, dt=Date.now()-t0;
                // Desempacota o objeto de estado em constantes individuais.
                const {cx, cy, perPixel} = this.state;

                // Se o cursor se moveu o suficiente ou se passou tempo o suficiente, então
                // foi um gesto panorâmico e precisamos mudar o estado para mudar
                // o ponto central. Caso contrário, o usuário clicou ou tocou em um
                // ponto e precisamos centralizar e nos aproximar desse ponto.
                if (dx > 10 || dy > 10 || dt > 500) {
                    // O usuário deslocou a imagem por (dx, dy) pixels.
                    // Converte esses valores em deslocamentos no plano complexo.
                    this.setState({cx: cx - dx*perPixel, cy: cy - dy*perPixel});
                } else {
                    // O usuário clicou. Calcula por quantos pixels o centro se move.
                    let cdx = x0 - this.width/2;
                    let cdy = y0 - this.height/2;

                    // Usa CSS para ampliar rápida e temporariamente
                    this.canvas.style.transform =
                        `translate(${-cdx*2}px, ${-cdy*2}px) scale(2)`;

                    // Configura as coordenadas complexas do novo ponto central e
                    // amplia por um fator de 2.
                    this.setState(s => {
                        s.cx += cdx * s.perPixel;
                        s.cy += cdy * s.perPixel;
                        s.perPixel /= 2;
                    });
                }
            };

            // Quando o usuário começa um gesto, registramos rotinas de tratamento para os
            // eventos pointermove e pointerup subsequentes.
            this.canvas.addEventListener("pointermove", pointerMoveHandler);
            this.canvas.addEventListener("pointerup", pointerUpHandler);
        }
    }

// Por fim, vejamos como configuramos o canvas. Observe que esse arquivo JavaScript
// é autossuficiente. O arquivo HTML precisa apenas incluir esse <script>.
let canvas = document.createElement("canvas"); // Cria um elemento canvas
document.body.append(canvas);                  // Insere-o no corpo
document.body.style = "margin:0";              // Sem margem para o <body>
canvas.style.width = "100%";                   // Torna o canvas tão largo quanto o corpo
canvas.style.height = "100%";                  // e tão alto quanto o corpo.
new MandelbrotCanvas(canvas);                  // E começa a renderizar nele!
```

15.15 Resumo e sugestões de leituras adicionais

Este longo capítulo abrangeu os elementos fundamentais da programação JavaScript do lado do cliente:

- Como *scripts* e módulos JavaScript são incluídos em páginas Web e como e quando são executados.
- O modelo de programação orientado a eventos e assíncrono de JavaScript do lado do cliente.
- O Modelo de Documento por Objetos (DOM) que permite que código JavaScript inspecione e modifique o conteúdo HTML do documento no qual está incorporado. Essa API DOM está no cerne de toda a programação JavaScript do lado do cliente.
- Como código JavaScript pode manipular os estilos CSS que são aplicados ao conteúdo dentro do documento.
- Como código JavaScript pode obter as coordenadas dos elementos do documento na janela do navegador e dentro do próprio documento.
- Como criar "Componentes Web" de IU reutilizáveis com JavaScript, HTML e CSS usando elementos personalizados e APIs do Shadow DOM.
- Como exibir e gerar dinamicamente elementos gráficos com SVG e o elemento HTML `<canvas>`.
- Como adicionar efeitos sonoros em *scripts* (gravados e sintetizados) às suas páginas Web.
- Como JavaScript pode fazer o navegador carregar novas páginas, voltar e avançar no histórico de navegação do usuário e até mesmo adicionar novas entradas ao histórico de navegação.
- Como programas JavaScript podem trocar dados com servidores Web usando os protocolos HTTP e WebSocket.
- Como programas JavaScript podem armazenar dados no navegador do usuário.
- Como programas JavaScript podem utilizar *threads worker* para produzir uma forma segura de concomitância.

Este é, de longe, o capítulo mais comprido do livro. Ainda assim, ele não chega perto de abordar todas as APIs disponíveis para navegadores Web. A plataforma Web é gigantesca e não para de evoluir, e meu objetivo neste capítulo foi apresentar as APIs básicas mais importantes. Com o conhecimento que adquiriu com ele, você está preparado para aprender e usar novas APIs à medida que precisar delas. Mas você não tem como aprender sobre uma nova API se nem sabe que ela existe, então as breves seções a seguir encerram o capítulo com uma pequena lista de recursos da plataforma Web que você poderia pesquisar no futuro.

15.15.1 HTML e CSS

A Web se baseia em três tecnologias críticas: HTML, CSS e JavaScript, e há um limite para quanto o conhecimento de JavaScript pode ajudar o desenvolvedor Web, a menos que você desenvolva também seu conhecimento de HTML e de CSS. É importante aprender a usar JavaScript para manipular elementos HTML e estilos CSS, mas esse conhecimento é muito mais útil se você também sabe quais elementos HTML e quais estilos CSS usar.

Assim, antes de começar a explorar mais APIs de JavaScript, sugiro que você invista um pouco de tempo e domine as outras ferramentas no arsenal do desenvolvedor Web. Os elementos de entrada e formulário HTML, por exemplo, têm comportamentos sofisticados que é importante que entendamos, e os modelos de *layout flexbox* e de grade no CSS são incrivelmente poderosos.

Dois temas que merecem atenção especial nessa área são acessibilidade (incluindo atributos ARIA) e internacionalização (incluindo suporte para sistemas de escrita da direita para a esquerda).

15.15.2 Performance

Depois que você escreveu um aplicativo Web e o lançou no mundo, tem início a busca eterna por torná-lo mais rápido. É difícil otimizar o que não podemos medir, no entanto, então vale a pena se familiarizar com as APIs de Performance. A propriedade `performance` do objeto janela é o principal ponto de entrada para essa API. Ela inclui uma fonte de tempo de alta resolução `performance.now()` e também métodos `performance.mark()` e `performance.measure()` para marcar pontos críticos no seu código e medir o tempo decorrido entre eles. Chamar esses métodos cria objetos PerformanceEntry que você pode acessar com `performance.getEntries()`. Os navegadores adicionam seus próprios objetos PerformanceEntry sempre que o navegador carrega uma nova página ou busca um arquivo pela rede, e esses objetos PerformanceEntry criados automaticamente incluem detalhes granulares sobre o desempenho de rede do seu aplicativo em relação ao tempo. A classe relacionada PerformanceObserver permite que você especifique uma função a ser chamada quando novos objetos PerformanceEntry são criados.

15.15.3 Segurança

Este capítulo introduziu a ideia geral de como se defender contra vulnerabilidades de segurança para *cross-site scripting* (XSS) nos seus *sites*, mas não nos aprofundamos. O tema da segurança na Web é importante e pode ser uma boa ideia aprender mais sobre ele. Além do XSS, vale a pena aprender sobre o cabeçalho HTTP `Content-Security-Policy` e entender como o CSP permite que você peça ao navegador Web para limitar as capacidades que concede ao código JavaScript. Entender o CORS (Cross-Origin Resource Sharing) também é importante.

15.15.4 WebAssembly

WebAssembly (ou "*wasm*") é um formato bytecode de máquina virtual de baixo nível projetado para se integrar bem com interpretadores JavaScript em navegadores Web. Há compiladores que permitem que você compile programas C, C++ e Rust em bytecode WebAssembly e execute esses programas em navegadores Web em velocidade próxima à nativa sem prejudicar o modelo de segurança ou *sandbox* do navegador. WebAssembly pode exportar funções que podem ser chamadas por programas JavaScript. Um caso de uso típico para WebAssembly seria compilar a biblioteca de compactação zlib padrão da linguagem C para que o código JavaScript tenha acesso a algoritmos de compactação e descompactação de alta velocidade. Para mais informações, visite *https://webassembly.org*.

15.15.5 Mais recursos de Document e Window

Os objetos Window e Document têm diversos recursos que não foram abordados neste capítulo:

- O objeto Window define métodos `alert()`, `confirm()` e `prompt()` que exibem diálogos modais simples para o usuário. Esses métodos bloqueiam a *thread* principal. O método `confirm()` retorna sincronamente um valor booleano, enquanto `prompt()` retorna sincronamente uma *string* de entrada do usuário. Eles não são apropriados para uso em produção, mas podem ser úteis para projetos simples e protótipos.
- As propriedades `navigator` e `screen` do objeto Window foram mencionadas de passagem no início deste capítulo, mas os objetos Navigator e Screen aos quais fazem referência têm alguns recursos que não foram descritos e que você pode considerar úteis.
- O método `requestFullscreen()` de qualquer objeto Element solicita que esse elemento (um elemento `<video>` ou `<canvas>`, por exemplo) seja exibido em modo de tela cheia. O método `exitFullscreen()` do Document volta para o modo de exibição normal.
- O método `requestAnimationFrame()` do objeto Window recebe uma função como argumento e executa essa função quando o navegador estiver se preparando para renderizar o próximo quadro. Quando você faz mudanças visuais (especialmente repetidas ou animadas), empacotar seu código em uma chamada para `requestAnimationFrame()` pode ajudar a garantir que as mudanças serão renderizadas suavemente e de uma maneira otimizada pelo navegador.
- Se o usuário seleciona texto dentro do seu documento, você pode obter detalhes sobre essa seleção com o método `getSelection()` de Window e obter o texto selecionado com `getSelection().toString()`. Em alguns navegadores, `navigator.clipboard` é um objeto com uma API assíncrona para ler e configurar o conteúdo da área de

transferência do sistema para habilitar interações de copiar e colar com aplicativos externos ao navegador.

- Um recurso pouco conhecido dos navegadores Web é que os elementos HTML com um atributo `contenteditable="true"` permitem que o seu conteúdo seja editado. O método `document.execCommand()` permite recursos de edição *rich text* para conteúdo editável.

- Um MutationObserver permite que JavaScript monitore mudanças a ou sob um elemento especificado no documento. Crie um MutationObserver com a construtora `MutationObserver()`, passando a função *callback* que deve ser chamada quando mudanças ocorrerem. A seguir, chame o método `observe()` de MutationObserver para especificar quais partes do elemento devem ser monitoradas.

- Um IntersectionObserver permite que JavaScript determine quais elementos do documento estão na tela e quais estão próximos de estar na tela. Isso é particularmente útil para aplicativos que querem carregar conteúdo dinamicamente sob demanda à medida que o usuário rola a tela.

15.15.6 Eventos

A enorme quantidade e diversidade de eventos suportados pela plataforma Web pode ser assustadora. Este capítulo abordou diversos tipos de evento, mas a lista a seguir inclui mais alguns que podem ser úteis para você:

- Os navegadores disparam eventos "*on-line*" e "*off-line*" no objeto Window quando o navegador obtém ou perde uma conexão com a Internet.

- Os navegadores disparam um evento "*visibilitychange*" no objeto Document quando um documento se torna visível ou invisível (em geral porque um usuário alternou entre guias). JavaScript pode verificar `document.visibilityState` para determinar se o documento está "*visible*" ou "*hidden*" ("visível" ou "oculto") no momento.

- Os navegadores suportam uma API complexa para suportar interfaces com o usuário de arrastar e soltar e também a troca de dados com aplicativos fora do navegador. A API envolve diversos eventos, incluindo "*dragstart*", "*dragover*", "*dragend*" e "*drop*". É uma API complicada de usar corretamente, mas útil quando precisamos dela. É uma API importante de conhecer se você quer permitir que usuários arrastem arquivos do seu *desktop* para o seu aplicativo Web.

- A API Pointer Lock permite que JavaScript oculte o cursor do *mouse* e obtenha eventos de *mouse* brutos como quantidades de movimento relativas em vez de posições absolutas na tela. Isso geralmente é útil para jogos. Chame `requestPointerLock()` no elemento para o qual quer direcionar todos os eventos de *mouse*. Depois disso, os eventos "*mousemove*" entregues ao elemento terão propriedades `movementX` e `movementY`.

- A API Gamepad adiciona suporte para controles de jogos. Use `navigatorgetGamepads()` para obter objetos Gamepad conectados e capte eventos "*gamepadconnected*" no objeto Window para ser notificado quando um novo controle é conectado. O objeto Gamepad define uma API para consultar o estado atual dos botões do controle.

15.15.7 Progressive Web Apps e Service Workers

O termo *Progressive Web Apps* (PWAs) está na moda. É uma forma de descrever aplicativos Web que integram algumas tecnologias cruciais. A documentação cuidadosa dessas tecnologias exigiria o seu próprio livro e não as abordei neste capítulo, mas você precisa estar ciente de todas essas APIs. Vale observar que APIs modernas poderosas como estas normalmente são elaboradas para funcionar apenas através de conexões seguras HTTPS. Sites que ainda usam URLs `http://` não conseguirão aproveitá-las:

- Um ServiceWorker é um tipo de *thread worker* com a capacidade de interceptar, inspecionar e responder a pedidos de rede do aplicativo Web que "serve". Quando um aplicativo Web registra um *service worker*, o código desse *worker* se torna persistente no armazenamento local do navegador; quando o usuário visita o *site* associado novamente, o service *worker* é reativado. Os service *workers* podem armazenar na *cache* respostas de rede (incluindo arquivos de código JavaScript), ou seja, aplicativos Web que usam service *workers* podem, na prática, se instalar no computador do usuário para inicialização rápida e uso *off-line*. O *Service Worker Cookbook* em *https://serviceworke.rs* é um recurso valioso para quem quer aprender sobre *service workers* e suas tecnologias relacionadas.

- A API Cache foi projetada para uso por *service workers* (mas também está disponível para código JavaScript normal fora de *workers*). Ela funciona com os objetos Request e Response definidos pela API `fetch()` e implementa um *cache* de pares Request/Response. A API Cache permite que um *service worker* armazene na *cache* os *scripts* e outros ativos do aplicativo Web que serve, além de ajudar a habilitar o uso *off-line* do aplicativo Web (o que é particularmente importante para dispositivos móveis).

- Um Web Manifest é um arquivo em formato JSON que descreve um aplicativo Web que inclui um nome, um URL e links para ícones de diversos tamanhos. Se o seu aplicativo Web usa um *service worker* e inclui uma *tag* `<link rel="manifest">` que faz referência a um arquivo `.web manifest`, então navegadores (especialmente navegadores em dispositivos móveis) podem lhe dar a opção de adicionar um ícone para o seu aplicativo Web ao seu *desktop* ou tela inicial.

- A API Notifications permite que aplicativos Web exibam notificações usando o sistema de notificações nativo do sistema operacional em dispositivos móveis e desktops.

As notificações podem incluir uma imagem e texto, e seu código pode receber um evento se o usuário clica na notificação. O uso dessa API é complicado pelo fato de que antes é preciso solicitar a permissão do usuário para exibir notificações.

- A API Push permite que aplicativos Web que possuam um service *worker* (e que tenham a permissão do usuário) se inscrevam para receber notificações de um servidor e exibam essas notificações mesmo quando o aplicativo em si não está sendo executado. As notificações push são comuns em dispositivos móveis e a API Push aproxima os aplicativos Web e os aplicativos nativos em dispositivos móveis em relação a esse recurso.

15.15.8 APIs de dispositivos móveis

Diversas APIs Web são úteis principalmente para aplicativos Web executados em dispositivos móveis (infelizmente, diversas dessas APIs funcionam apenas em dispositivos Android e não nos dispositivos iOS).

- A API Geolocation permite que JavaScript (com a permissão do usuário) determine a localização física do usuário. Ela tem bom suporte em *desktops* e dispositivos móveis, incluindo dispositivos iOS. Use `navigator.geolocation.getCurrentPosition()` para solicitar a posição atual do usuário e use `navigator.geolocation.watchPosition()` para registrar uma *callback* para ser chamada quando a posição do usuário muda.
- O método `navigator.vibrate()` faz um dispositivo móvel (mas não iOS) vibrar. Muitas vezes, é permitido apenas em resposta a um gesto do usuário, mas chamar esse método permite que seu aplicativo forneça *feedback* silencioso de que um gesto foi reconhecido.
- A API ScreenOrientation permite que um aplicativo Web consulte a orientação atual da tela de um dispositivo móvel e também bloqueie a orientação retrato ou paisagem.
- Os eventos "*devicemotion*" e "*deviceorientation*" no objeto Window informam os dados do acelerômetro e do magnetômetro do dispositivo, nos permitindo determinar se o dispositivo está acelerando e como o usuário está orientando o dispositivo no espaço (ambos os eventos funcionam em iOS).
- A API Sensor ainda não tem suporte amplo além do Chrome em dispositivos Android, mas permite que JavaScript acesse todo o conjunto de sensores de um dispositivo móvel, incluindo acelerômetro, giroscópio, magnetômetro e sensor de luz ambiente. Esses sensores permitem que JavaScript determine para qual direção o usuário está virado ou detecta quando o usuário sacode o seu telefone, por exemplo.

15.15.9 APIs binários

Arrays tipados, ArrayBuffers e a classe DataView (todos abordados na Seção 11.2) permitem que JavaScript trabalhe com dados binários. Como descrito neste capítulo, a API `fetch()` permite que programas JavaScript carreguem dados binários através da rede. Os arquivos do sistema de arquivos local do usuário também são uma fonte de dados binários. Por motivos de segurança, JavaScript não pode simplesmente ler arquivos locais, mas se o usuário seleciona um arquivo para *upload* (usando um elemento de formulário `<input type="file>`) ou arrasta e solta um arquivo no seu aplicativo Web, JavaScript pode acessar esse arquivo na forma de um objeto File.

File é uma subclasse de Blob e, logo, é uma representação opaca de um bloco de dados. Você pode usar uma classe FileReader para obter assincronamente o conteúdo de um arquivo como um ArrayBuffer ou uma *string* (em alguns navegadores, você pode pular a FileReader e usar os métodos baseados em promises `text()` e `arrayBuffer()` definidos pela classe Blob, ou o método `stream()` para acesso contínuo ao conteúdo do arquivo).

Quando trabalhar com dados binários, especialmente fluxos de dados binários, você pode precisar decodificar os *bytes* em texto ou codificar o texto em *bytes*. As classes TextEncoder e TextDecoder ajudam com essa tarefa.

15.15.10 APIs de mídia

A função `navigator.mediaDevices.getUserMedia()` permite que JavaScript solicite acesso ao microfone e/ou câmera de vídeo do usuário. Uma solicitação de sucesso resulta em um objeto MediaStream. Os fluxos de vídeo podem ser exibidos em uma *tag* `<video>` (pela configuração da propriedade `srcObject` para *stream*). *Frames* do vídeo podem ser capturados em um `<canvas>` fora da tela com a função `drawImage()`, o que resulta em uma fotografia de relativamente baixa resolução. Os fluxos de áudio e vídeo retornados por `getUserMedia()` podem ser gravados e codificados em uma Blob com um objeto MediaRecorder.

A API WebRTC, mais complexa, permite a transmissão e recepção de MediaStreams através da rede, o que permite o uso videoconferência *peer-to-peer*, por exemplo.

15.15.11 Criptografia e APIs relacionadas

A propriedade `crypto` do objeto Window expõe um método `getRandomValues()` para obter criptograficamente números pseudoaleatórios. Outros métodos de encriptação, desencriptação, geração de chaves, assinaturas digitais e assemelhados estão disponíveis por meio de `crypto.subtle`. O nome dessa propriedade é um aviso a todos que usam esses métodos de que o uso adequado de algoritmos criptográficos é difícil e que você não deve utilizar esses métodos a menos que realmente saiba o que está fazendo. Além disso, os métodos de `crypto.subtle` somente estão disponíveis para código JavaScript executado em documentos carregados através de uma conexão segura HTTPS.

A API Credential Management e a API Web Authentication permitem que JavaScript gere, armazene e recupere credenciais de chave pública (e de outros tipos) e permite a criação de contas e *login* sem senhas. A API JavaScript consiste principalmente nas funções `navigator.credentials.create()` e `navigator.credentials.get()`, mas é preciso haver uma infraestrutura significativa no lado do servidor para garantir o funcionamento desses métodos. Essas APIs ainda não têm suporte universal, mas têm o potencial de revolucionar o modo como fazemos *login* em *sites*.

A API Payment Request agrega ao navegador suporte para pagamentos com cartão de crédito na Web. Ela permite que usuários armazenem suas informações de pagamento no navegador com segurança para que não precisem digitar o número do seu cartão de crédito todas as vezes que fazem uma compra. Os aplicativos Web que querem solicitar um pagamento criam um objeto PaymentRequest e chamam seu método `show()` para exibir a solicitação para o usuário.

CAPÍTULO 16

JavaScript do lado do servidor com Node

Node é JavaScript com vínculos com o sistema operacional subjacente, o que possibilita escrever programas JavaScript que leem e gravam arquivos, executam processos filhos e se comunicam pela rede. É o que torna o Node útil como:

- Alternativa moderna aos *scripts* de *shell* que não sofre da sintaxe esotérica do *bash* e de outras shells do Unix.
- Linguagem de programação de propósito geral para executar programas confiáveis sem sujeitá-los às restrições de segurança impostas pelos navegadores Web a código não confiável.
- Plataforma popular para escrever servidores Web eficientes e altamente concorrentes.

O maior diferencial do Node é sua concorrência baseada em eventos de *thread* única habilitada por uma API assíncrona por padrão. Se você já programou em outras linguagens, mas não muito em JavaScript, ou se é um programador com experiência em JavaScript do lado do cliente acostumado a escrever código para navegadores Web, usar o Node exigirá uma certa adaptação, como ocorre com qualquer novo ambiente ou linguagem de programação. Este capítulo começa com uma explicação sobre o modelo de programação do Node, com ênfase na concorrência, a API do Node para trabalhar com transmissão contínua de dados e o tipo Buffer do Node para trabalhar com dados binários. As seções seguintes destacam e demonstram algumas das APIs mais importantes do Node, incluindo aquelas para trabalhar com arquivos, redes, processos e *threads*.

Um capítulo não basta para documentar todas as APIs do Node, mas espero que este explique o suficiente dos fundamentos do sistema para torná-lo mais produtivo com o Node e lhe dê confiança para dominar todas as novas APIs de que precisar.

Instalando o Node

Node é *software* de código aberto. Visite *https://nodejs.org* para baixar e instalar o Node para Windows e MacOS. No Linux, você pode instalar o Node com o seu gerenciador de pacotes normal, ou pode visitar *https://nodejs.org/en/download* para baixar os arquivos binários diretamente. Se trabalha com *software* conteinerizado, as imagens Docker oficiais do Node se encontram em *https://hub.docker.com*.

Além de permitir que o Node seja executado, a instalação do Node também inclui o npm, um gerenciador de pacotes que facilita o acesso a um vasto ecossistema de ferramentas e bibliotecas JavaScript. Os exemplos neste capítulo usarão apenas os pacotes internos do Node e não exigirão o uso do npm ou de bibliotecas externas.

Por fim, não ignore a documentação oficial do Node, disponível em *https://nodejs.org/api* e *https://nodejs.org/docs/guides*. Na minha opinião, ela é bem-organizada e bem-escrita.

16.1 O básico da programação com Node

Começaremos este capítulo com um resumo da estrutura dos programas Node e como interagem com o sistema operacional.

16.1.1 Saída da *console*

Se você está acostumado à programação JavaScript para navegadores Web, uma das pequenas surpresas do Node é que `console.log()` não serve apenas para depuração – esta é a forma mais fácil do Node de exibir uma mensagem para o usuário ou, de forma mais geral, de enviar saída para o fluxo *stdout*. Observe o programa clássico “Hello World” no Node:

```
console.log("Hello World!");
```

Existem formas de mais baixo nível de escrever em *stdout*, mas nenhuma mais sofisticada ou mais oficial do que simplesmente chamar `console.log()`.

Nos navegadores Web, `console.log()`, `console.warn()` e `console.error()` normalmente exibem pequenos ícones na sua saída na *console* do desenvolvedor para indicar a variedade de mensagem de registro. O Node não faz isso, mas a saída exibida com `console.error()` é diferenciada da saída exibida com `console.log()`, porque `console.error()` escreve no fluxo *stderr*. Se você está usando o Node para escrever um programa que redirecione *stdout* para um arquivo ou um *pipe*, você pode usar `console.error()` para exibir texto na *console* onde o usuário o verá, embora o o texto impresso com `console.log()` esteja oculto.

16.1.2 Argumentos da linha de comando e variáveis de ambiente

Se no passado você escreveu programas em estilo Unix projetados para serem chamados a partir de um terminal ou de outra interface de linha de comando, sabe que normalmente a fonte primária de entradas desses programas são os argumentos da linha de comando e que as variáveis de ambiente são fontes secundárias.

O Node segue essas convenções do Unix. Um programa Node pode ler seus argumentos da linha de comando do *array* de *strings* `process.argv`. O primeiro elemento desse *array* é sempre o caminho do executável do Node. O segundo argumento é o caminho do arquivo de código JavaScript que o Node está executando. Os elementos restantes no *array* são argumentos separados por espaços que você passou para a linha de comando quando chamou o Node.

Por exemplo, suponha que você salve esse programa Node bem curtinho no arquivo *argv.js*:

```
console.log(process.argv);
```

Então você pode executar o programa e obter uma saída como a que vemos a seguir:

```
$ node --trace-uncaught argv.js --arg1 --arg2 filename
[
  '/usr/local/bin/node',
  '/private/tmp/argv.js',
  '--arg1',
  '--arg2',
  'filename'
]
```

Algumas observações importantes:

- O primeiro e o segundo elemento de `process.argv` serão caminhos do sistema de arquivos totalmente qualificados para o executável do Node e o arquivo de JavaScript sendo executado, mesmo que não os tenha digitado dessa forma.
- Os argumentos da linha de comando que são destinados para e interpretados pelo próprio executável do Node são consumidos pelo executável do Node e não aparecem em `process.argv` (o argumento da linha de comando `--trace-uncaught` não faz nada de útil de verdade no exemplo anterior, ele está ali apenas para demonstrar que não aparece na saída). Todos os argumentos (como `--arg1` e `filename`) que aparecem após o nome do arquivo JavaScript aparecerão em `process.argv`.

Os programas Node também recebem entradas de variáveis de ambiente de estilo Unix. O Node as disponibiliza por meio do objeto `process.env`. Os nomes de propriedade desse objeto são nomes de variáveis de ambiente, e os valores das propriedades (sempre *strings*) são os valores dessas variáveis.

Observe uma lista parcial de variáveis de ambiente no meu sistema:

```
$ node -p -e 'process.env'
{
  SHELL: '/bin/bash',
  USER: 'david',
  PATH: '/usr/local/bin:/usr/bin:/bin:/usr/sbin:/sbin',
  PWD: '/tmp',
  LANG: 'en_US.UTF-8',
  HOME: '/Users/david',
}
```

Você pode usar `node -h` ou `node --help` para descobrir o que os argumentos da linha de comando `-p` e `-e` fazem. Uma dica, no entanto: observe que você poderia reescrever a linha anterior como `node --eval 'process.env' --print`.

16.1.3 Ciclo de vida do programa

O comando `node` espera um argumento da linha de comando que especifica o arquivo de código JavaScript a ser executado. Esse arquivo inicial normalmente importa outros módulos de código JavaScript e pode também definir suas próprias classes e funções. Fundamentalmente, no entanto, o Node executa o código JavaScript no arquivo especificado de cima para baixo. Alguns programas Node são encerrados quando terminam de executar a última linha de código no arquivo. Com frequência, no entanto, um programa Node continua ativo muito depois de o arquivo inicial ter sido executado. Como veremos nas próximas seções, os programas Node muitas vezes são assíncronos e se baseiam em *callbacks* e rotinas de tratamento de evento. Os programas Node não são encerrados até que terminam de executar o arquivo inicial e até que todas as *callbacks* tenham sido chamadas e que não haja mais eventos pendentes. Um programa de servidor baseado no Node capta conexões de rede de entrada que teoricamente serão executadas para sempre, pois sempre estarão esperando por mais eventos.

Um programa pode forçar o seu encerramento com a chamada de `process.exit()`. Os usuários normalmente podem encerrar um programa Node digitando Ctrl-C na janela de terminal na qual o programa está rodando. Um programa pode ignorar o uso de Ctrl-C se registra uma função de rotina de tratamento de sinal com `process.on("SIGINT", ()=>{})`.

Se o código no seu programa lança uma exceção e nenhuma cláusula `catch` a captura, o programa imprime uma rotina de tratamento de evento e é encerrado. Devido à natureza assíncrona do Node, as exceções que ocorrem em *callbacks* ou rotinas de tratamento de evento devem ser tratadas localmente ou não ser tratadas de forma alguma, o que significa que tratar exceções que ocorrem nas partes assíncronas do seu programa pode ser um problema difícil. Se você não quer que essas exceções causem uma pane total do seu programa, registre uma função de tratamento global que será chamada no lugar da pane:

```
process.setUncaughtExceptionCaptureCallback(e => {
    console.error("Uncaught exception:", e);
});
```

Uma situação semelhante ocorre se uma Promise criada pelo seu programa é rejeitada e não há uma chamada de `.catch()` para tratá-la. Desde o Node 13, este não é um erro fatal que causa o encerramento do seu programa, mas ainda imprime uma mensagem de erro prolixa na *console*. Em alguma versão futura do Node, espera-se que rejeições de Promises não tratadas se tornem erros fatais. Se você não quer rejeições não tratadas nem a impressão de mensagens de erro ou o encerramento do seu programa, registre uma função de tratamento global:

```
process.on("unhandledRejection", (reason, promise) => {
    // O motivo é que o valor teria sido passado para uma função .catch()
    // promise é o objeto Promise que foi rejeitado
});
```

16.1.4 Módulos do Node

O Capítulo 10 documentou os sistemas de módulos de JavaScript, abordando os módulos do Node e os módulos da ES6. Como foi criado antes de JavaScript ter um sistema de módulos, o Node teve de criar o seu próprio. O sistema de módulos do Node usa a função `require()` para importar valores para um módulo e o objeto `exports` ou a propriedade `module.exports` para exportar valores de um módulo. Estas são partes fundamentais do modelo de programação do Node e foram abordadas em detalhes na Seção 10.2.

O Node 13 adiciona suporte para módulos ES6 padrão e para módulos baseados em require (que o Node chama de "CommonJS modules"). Os dois sistemas de módulos não são totalmente compatíveis, então trata-se de um processo relativamente complicado. O Node precisa saber, antes de carregar um módulo, se este usará `require()` e `module.exports` ou se usará `import` e `export`. Quando o Node carrega um arquivo de código JavaScript como um módulo CommonJS, ele automaticamente define a função `require()` junto com os identificadores `exports` e `module` e não habilita as palavras-chave `import` e `export`. Por outro lado, quando o Node carrega um arquivo de código como um módulo ES6, ele deve habilitar as declarações `import` e `export` e *não* pode definir identificadores adicionais como `require`, `module` e `exports`.

A forma mais simples de dizer ao Node que tipo de módulo está carregando é codificar essa informação na extensão de arquivo. Se você salva o seu código JavaScript em um arquivo que termina em *.mjs*, o Node sempre o carrega como um módulo ES6, espera usar `import` e `export` e não oferece uma função `require()`. E se você salva o seu código em um arquivo que termina com *.cjs*, Node sempre o trata como um módulo CommonJS, oferece uma função `require()` e lança um SyntaxError se você usa as declarações `import` ou `export`.

Para arquivos que não têm uma extensão *.mjs* ou *.cjs* explícita, o Node busca um arquivo chamado *package.json* no mesmo diretório que o arquivo e então em cada um dos diretórios que o contém. Depois que o arquivo *package.json* mais próximo é encontrado, o Node verifica a propriedade de alto nível `type` no objeto JSON. Se o valor da propriedade `type` é "module", o Node carrega o arquivo como um módulo ES6. Se o valor da propriedade é "commonjs", o Node carrega o arquivo como um módulo CommonJS.

Observe que não é preciso ter um arquivo *package.json* para executar programas Node: quando esse arquivo não é encontrado (ou quando é encontrado, mas não tem uma propriedade `type`), o Node usa módulos CommonJS como padrão. O truque do *package.json* só se torna necessário se você quer usar módulos ES6 com o Node e não quer usar a extensão de arquivo *.mjs*.

Como existe uma enorme quantidade de código Node que usa o formato de módulo CommonJS, o Node permite que os módulos ES6 carreguem módulos CommonJS usando a palavra-chave `import`. O inverso não é verdade, entretanto: um módulo CommonJS não pode usar `require()` para carregar um módulo ES6.

16.1.5 O gerenciador de pacotes do Node

Quando o Node é instalado, normalmente você também obtém um programa chamado npm. Este é o gerenciador de pacotes do Node (Node Package Manager), que o ajuda a baixar e gerenciar as bibliotecas das quais o seu programa depende. O npm registra essas dependências (e também outras informações sobre o seu programa) em um arquivo chamado *package.json* no diretório raiz do seu projeto. Esse arquivo *package.json* criado pelo npm é onde você adicionaria `"type":"module"` se quisesse usar módulos ES6 no seu projeto.

Este capítulo não aborda o npm em detalhes (mas consulte a Seção 17.4 para uma discussão um pouco mais aprofundada). Ele é mencionado aqui porque, a menos que escreva programas que não usam bibliotecas externas, é quase absolutamente certo que você usará npm ou uma ferramenta semelhante. Suponha, por exemplo, que você vai desenvolver um servidor Web e planeja usar o *framework* Express (*https://expressjs.com*) para simplificar a tarefa. Para começar, você poderia criar um diretório para o seu projeto e então, nesse diretório, digitar `npm init`. O npm vai solicitar seu nome de projeto, número de versão e assim por diante e então criará um arquivo *package.json* inicial com base nas suas respostas.

Para começar a usar o Express, você digitaria `npm install express`. Isso manda o npm baixar a biblioteca Express junto com todas as suas dependências e instalar todos os pacotes em um diretório local *node_modules/*:

```
$ npm install express
npm notice created a lockfile as package-lock.json. You should commit this file.
npm WARN my-server@1.0.0 No description
npm WARN my-server@1.0.0 No repository field.

+ express@4.17.1
added 50 packages from 37 contributors and audited 126 packages in 3.058s
found 0 vulnerabilities
```

Quando você instala um pacote com npm, este registra essa dependência (de que o seu projeto depende do Express) no arquivo *package.json*. Com essa dependência registrada em *package.json*, você poderia dar a outro programador uma cópia do seu código e seu *package.json* e ele poderia simplesmente digitar `npm install` para baixar e instalar automaticamente todas as bibliotecas de que o seu programa precisa para rodar.

16.2 O Node é assíncrono por padrão

JavaScript é uma linguagem de programação de propósito geral, então é perfeitamente possível escrever programas que fazem uso intensivo da CPU para multiplicar grandes matrizes ou realizar análises estatísticas complexas. Mas o Node foi projetado e otimizado para programas, como servidores de rede, que fazem uso intensivo de E/S. Em especial, o Node foi projetado para possibilitar a implementação fácil de servidores altamente concorrentes, capazes de tratar muitas solicitações ao mesmo tempo.

Ao contrário de muitas linguagens de programação, no entanto, o Node não usa *threads* para a concorrência. A programação com múltiplas *threads* tem a fama merecida de ser difícil de fazer corretamente e de depurar. Além disso, *threads* são uma abstração relativamente pesada, e, para quem quer desenvolver um servidor capaz de tratar centenas de solicitações concomitantes, usar centenas de *threads* pode consumir uma quantidade de memória proibitiva. Assim, o Node adota o modelo de programação em JavaScript de *thread* única usado pela Web, e essa enorme simplificação transforma a criação de servidores de rede em uma habilidade de rotina em vez de algo misterioso.

Paralelismo verdadeiro com Node

Os programas Node podem executar múltiplos processos do sistema operacional, e o Node 10 e versões posteriores suportam objetos Worker (Seção 16.11), que são uma espécie de *thread* emprestada dos navegadores Web. Se você usa múltiplos processos ou cria uma ou mais *threads Worker* e roda o seu programa em um sistema com mais de uma CPU, seu programa não tem mais *thread* única e realmente executa múltiplos fluxos de código em paralelo. Essas técnicas podem ser valiosas para operações que fazem uso intensivo da CPU, mas não são usadas com frequência para programas que usam muita E/S, como servidores.

Vale observar, entretanto, que os processos e Workers do Node evitam a complexidade típica da programação com múltiplas *threads*, pois a comunicação entre processos e entre Workers ocorre pela passagem de mensagens e eles não conseguem compartilhar memória facilmente entre si.

O Node produz altos níveis de concorrência ao mesmo tempo que mantém um modelo de programação de *thread* única porque sua API é assíncrona e sem bloqueio por padrão. O Node leva sua abordagem sem bloqueios muito a sério e a extremos que podem até surpreendê-lo. Você provavelmente espera que funções que leem da rede e gravam na rede sejam assíncronas, mas o Node vai além e define funções assíncronas sem bloqueio para ler e gravar arquivos do sistema de arquivos local. Isso faz sentido: a API do Node foi projetada na época em que discos rígidos giratórios ainda eram a norma e em que realmente havia milissegundos de "tempo de busca" de bloqueio enquanto esperávamos o disco girar até que a operação de arquivo pudesse começar. Nos *data centers* modernos, o sistema de arquivos "local" pode estar espalhado pela rede, com latências de rede se somando à latência do disco. Mas mesmo que ler um arquivo de forma assíncrona lhe pareça normal, o Node vai ainda mais longe: as funções padrão para iniciar uma conexão de rede ou buscar uma data de modificação do arquivo, por exemplo, também não têm bloqueio.

Algumas funções na API do Node são síncronas, mas sem bloqueio: elas são executadas até o final e retornam sem jamais precisarem de bloqueio. Mas a maioria das funções interessantes realiza algum tipo de entrada ou saída, e estas são assíncronas, então conseguem evitar até as menores quantidades de bloqueio. O Node foi criado antes de JavaScript ter uma classe Promise, então APIs assíncronas do Node são baseadas em *callbacks* (se ainda não leu ou já esqueceu do Capítulo 13, aproveite a oportunidade para voltar até lá). Em geral, o último argumento que você passa para uma função assíncrona do Node é uma *callback*. O Node usa *callbacks com erro primeiro (error-first)*, normalmente chamadas com dois argumentos. O primeiro argumento de uma *callback* assim normalmente é `null` no caso em que não ocorreu um erro, o segundo é o dado ou a resposta produzida pela função assíncrona original que você chamou. O motivo para priorizar o argumento do erro é que assim é impossível omiti-lo, e você sempre deve confirmar o uso de um valor não *null* nesse argumento. Se é um objeto Error, ou mesmo um código de erro inteiro ou mensagem de erro em *string*, algo deu errado. Nesse caso, o segundo argumento da sua função *callback* provavelmente é `null`.

O código a seguir demonstra como usar a função sem bloqueio `readFile()` para ler um arquivo de configuração, analisá-lo como JSON e então passar o objeto de configuração analisado para outra *callback*:

```
const fs = require("fs");   // Exige o módulo de sistema de arquivos

// Lê um arquivo de configuração, analisa seu conteúdo como JSON e passa
// o valor resultante para a callback. Se algo dá errado,
// imprime uma mensagem de erro no stderr e chama a callback com null
function readConfigFile(path, callback) {
    fs.readFile(path, "utf8", (err, text) => {
        if (err) {  // Algo deu errado na leitura do arquivo
            console.error(err);
            callback(null);
            return;
        }
        let data = null;
        try {
            data = JSON.parse(text);
        } catch(e) {  // Algo deu errado na análise do conteúdo do arquivo
            console.error(e);
        }
        callback(data);
    });
}
```

O Node é anterior à padronização de Promises, mas como é relativamente consistente em relação às suas *callbacks* com erro primeiro, é fácil criar variantes baseadas em *promises* das suas APIs baseadas em *callbacks* usando o empacotador `util.promisify()`. Observe como poderíamos reescrever a função `readConfigFile()` para retornar uma Promise:

```
const util = require("util");
const fs = require("fs");    // Exige o módulo de sistema de arquivos
const pfs = {                // Variantes baseadas em Promise de algumas funções fs
    readFile: util.promisify(fs.readFile)
};

function readConfigFile(path) {
    return pfs.readFile(path, "utf-8").then(text => {
        return JSON.parse(text);
    });
}
```

Também podemos simplificar a função baseada em Promises anterior usando `async` e `await` (mais uma vez, se ainda não leu o Capítulo 13, agora seria um bom momento para isso):

```
async function readConfigFile(path) {
    let text = await pfs.readFile(path, "utf-8");
    return JSON.parse(text);
}
```

O empacotador `util.promisify()` pode produzir uma versão baseada em Promises de muitas funções do Node. No Node 10 e em versões posteriores, o objeto `fs.promises` tem diversas funções baseadas em Promises predefinidas para trabalhar com o sistema de arquivos. Elas serão discutidas posteriormente neste capítulo, mas observe que, no código anterior, poderíamos ter substituído `pfs.readFile()` com `fs.promises.readFile()`.

Afirmamos anteriormente que o modelo de programação do Node é assíncrono por padrão. Contudo, para a conveniência do programador, o Node define variantes síncronas com bloqueio de muitas das suas funções, especialmente no módulo de sistema de arquivos. Em geral, essas funções têm nomes marcados claramente com `Sync` no final.

Quando um servidor está sendo inicializado e lê seus arquivos de configuração, ele ainda não trata solicitações de rede e a concorrência é impossível, ou praticamente impossível. Assim, nessa situação, não há necessidade alguma de evitar bloqueios e é seguro utilizar funções com bloqueio como `fs.readFileSync()`. Podemos eliminar `async` e `await` desse código e escrever uma versão puramente síncrona da nossa função `readConfigFile()`. Em vez de chamar uma *callback* ou retornar uma Promise, a função simplesmente retorna o valor JSON analisado ou lança uma exceção:

```
const fs = require("fs");
function readConfigFileSync(path) {
```

```
    let text = fs.readFileSync(path, "utf-8");
    return JSON.parse(text);
}
```

Além das suas *callbacks* de dois argumentos com erro primeiro, o Node também possui diversas APIs que utilizam a assincronia baseada em eventos, em geral para tratar fluxos de transmissão de dados. Abordaremos os eventos Node em mais detalhes posteriormente.

Agora que já vimos a API radicalmente sem bloqueio do Node, voltemos ao tema da concorrência. As funções sem bloqueio internas do Node usam a versão do sistema operacional de *callbacks* e de rotinas de tratamento de evento. Quando você chama uma delas, o Node age de modo a iniciar a operação, então registra algum tipo de rotina de tratamento de evento com o sistema operacional para ser notificado quando a operação for completada. A *callback* que você passou para a função do Node é armazenada internamente para que o Node possa chamar a sua *callback* quando o sistema operacional envia o evento apropriado para o Node.

Esse tipo de concorrência costuma ser chamada de concorrência baseada em eventos. Fundamentalmente, o Node tem uma única *thread* que roda um "laço de eventos". Quando um programa Node inicia, ele executa o código que você o mandou executar. Supõe-se que esse código chama ao menos uma função sem bloqueio, o que faz uma *callback* ou rotina de tratamento de evento ser registrada com o sistema operacional (se não, você escreveu um programa Node síncrono e o Node simplesmente encerra quando chega ao fim). Quando o Node atinge o fim do seu programa, ele bloqueia até um evento ocorrer, quando o sistema operacional o faz voltar a rodar. O Node mapeia o evento do sistema operacional na *callback* JavaScript que registrou e então chama essa função. Sua função *callback* pode chamar mais funções Node sem bloqueio, o que faz com que mais rotinas de tratamento de evento do sistema operacional sejam registradas. Depois que a sua função *callback* termina de ser executada, o Node volta a hibernar e o ciclo se repete.

Para servidores Web e outros aplicativos que fazem uso intensivo de E/S e que passam a maior parte do tempo esperando entradas e saídas, esse estilo de concorrência baseada em eventos é eficiente e eficaz. Um servidor Web pode tratar concomitantemente solicitações de 50 clientes diferentes sem precisar de 50 *threads* diferentes, desde que utilize APIs sem bloqueio e que haja algum tipo de mapeamento interno dos soquetes da rede para funções JavaScript a chamar quando ocorre uma atividade nesses soquetes.

16.3 Buffers

Um dos tipos de dados usados com mais frequência no Node, especialmente na leitura de dados de arquivos ou da rede, é a classe Buffer. Um Buffer é muito parecido com uma *string*, mas é uma sequência de *bytes* e não de caracteres. O Node foi criado antes de a JavaScript básica suportar *arrays* tipados (consulte a Seção 11.2) e não havia Uint8Array para representar um *array* de *bytes* sem sinal. O Node definiu a classe Buffer para preencher essa necessidade. Agora que Uint8Array é parte da linguagem JavaScript, a classe Buffer do Node é uma subclasse de Uint8Array.

O que diferencia o Buffer da sua superclasse Uint8Array é que foi elaborado para interoperar com *strings* JavaScript: os *bytes* em um *buffer* podem ser inicializados a partir de, ou convertidos em, *strings* de caracteres. Uma codificação de caracteres combina cada caractere em um conjunto deles a um número inteiro. Dada uma *string* de texto e uma codificação de caracteres, podemos *codificar* os caracteres de uma *string* em uma sequência de *bytes*. E dada uma sequência de *bytes* (codificada corretamente) e uma codificação de caracteres, podemos *decodificar* os *bytes* em uma sequência de caracteres. A classe Buffer do Node tem métodos que realizam a codificação e a decodificação, e reconhecemos esses métodos porque esperam um argumento `encoding` que especifica a codificação a ser utilizada.

As codificações no Node são especificadas por nome, como *strings*. As codificações suportadas são:

`"utf8"`
: É o padrão quando não se especifica uma codificação. É a codificação Unicode que você encontrará com mais frequência.

`"utf16le"`
: Caracteres Unicode de dois *bytes*, com ordenação *little-endian*. As posições de código acima de `\uffff` são codificadas como um par de sequências de dois *bytes*. A codificação `"ucs2"` é um alias.

`"latin1"`
: A codificação de um *byte* por caractere ISO-8859-1 que define um conjunto de caracteres apropriado para muitos idiomas da Europa Ocidental. Como há um mapeamento de um para um entre *bytes* e caracteres *latin-1*, essa codificação também é chamada de `"binary"`.

`"ascii"`
: A codificação ASCII de 7 *bits* apenas para o inglês, um subconjunto restrito da codificação `"utf8"`.

`"hex"`
: Esta codificação converte cada *byte* em um par de dígitos hexadecimais ASCII.

`"base64"`
: Esta codificação converte cada sequência de três *bytes* em uma sequência de quatro caracteres *ascii*.

O código de exemplo a seguir demonstra como trabalhar com Buffers e como convertê-los de e em *strings*:

```
let b = Buffer.from([0x41, 0x42, 0x43]);            // <Buffer 41 42 43>
b.toString()                                        // => "ABC"; padrão "utf8"
b.toString("hex")                                   // => "414243"

let computer = Buffer.from("IBM3111", "ascii");    // Converte string em Buffer
for(let i = 0; i < computer.length; i++) {         // Usa Buffer como array de bytes
    computer[i]--;                                  // Buffers são mutáveis
}
```

```
computer.toString("ascii")                  // => "HAL2000"
computer.subarray(0,3).map(x=>x+1).toString()     // => "IBM"

// Cria novos buffers "vazios" com Buffer.alloc()
let zeros = Buffer.alloc(1024);             // 1024 zeros
let ones = Buffer.alloc(128, 1);            // 128 uns
let dead = Buffer.alloc(1024, "DEADBEEF", "hex"); // Padrão repetido de bytes

// Buffers têm métodos para ler e gravar valores de múltiplos bytes
// de e em um buffer com qualquer deslocamento especificado.
dead.readUInt32BE(0)        // => 0xDEADBEEF
dead.readUInt32BE(1)        // => 0xADBEEFDE
dead.readBigUInt64BE(6)     // => 0xBEEFDEADBEEFDEADn
dead.readUInt32LE(1020)     // => 0xEFBEADDE
```

Se você escreve um programa Node que manipula dados binários, pode acabar usando bastante a classe Buffer. Por outro lado, se está apenas trabalhando com texto lido ou gravado em um arquivo ou na rede, pode encontrar Buffer apenas como uma representação intermediária dos seus dados. Diversas APIs do Node podem receber entradas ou retornar saídas como *strings* ou como objetos Buffer. Em geral, se passa uma *string* ou espera que uma *string* seja retornada de uma dessas APIs, você precisa especificar o nome da codificação de texto que deseja utilizar. E se faz isso, talvez você sequer precise utilizar um objeto Buffer.

16.4 Eventos e EventEmitter

Como foi descrito, todas as APIs do Node são assíncronas por padrão. Para muitas delas, essa assincronia assume a forma de *callbacks* de dois argumentos com erro primeiro que são chamadas quando a operação solicitada está completa. Mas algumas das APIs mais complexas são baseadas em eventos. Normalmente é o caso quando a API é projetada em torno de um objeto e não de uma função, ou quando uma função *callback* precisa ser chamada múltiplas vezes, ou quando há múltiplos tipos de funções *callback* que podem ser necessárias. Considere a classe `net.Server`, por exemplo: um objeto desse tipo é um soquete de servidor usado para aceitar conexões de clientes. Ele emite um evento "*listening*" quando começa a captar conexões, um evento "*connection*" todas as vezes que um cliente se conecta e um evento "*close*" quando foi encerrado e parou de captar.

No Node, objetos que emitem eventos são instâncias de EventEmitter ou uma subclasse de EventEmitter:

```
const EventEmitter = require("events"); // O nome do módulo não corresponde ao nome da classe
const net = require("net");
let server = new net.Server();          // cria um objeto Server
server instanceof EventEmitter          // => verdadeiro: Servers são EventEmitters
```

O principal recurso dos EventEmitters é que permitem que você registre funções de rotina de tratamento de evento com o método `on()`. Os EventEmitters podem emitir múltiplos tipos de evento, que são identificados por nome. Para registrar uma rotina de tratamento de evento, chame o método `on()` e passe o nome do tipo de evento e a função que deve ser chamada quando um evento desse tipo ocorre. Os EventEmitters podem chamar funções de rotina de tratamento com múltiplos números de argumentos, então você precisa consultar a documentação referente a um tipo específico de evento de um EventEmitter específico para saber quantos argumentos espera-se que você passe:

```
const net = require("net");
let server = new net.Server();          // cria um objeto Server
server.on("connection", socket => {  // Capta eventos "connection"
    // Eventos "connection" do servidor são passados para um objeto soquete
    // para o cliente que acaba de se conectar. Aqui enviamos dados
    // para o cliente e desconectamos.
    socket.end("Hello World", "utf8");
});
```

Se você prefere nomes de métodos mais explícitos para registrar ouvintes de eventos, você também pode usar `addListener()`. E você pode remover um ouvinte de evento registrado anteriormente com `off()` ou `removeListener()`. Em um caso especial, você pode registrar um ouvinte de evento que será removido automaticamente depois de disparado pela primeira vez se você chamar `once()` em vez de `on()`.

Quando um evento de determinado tipo ocorre para determinado objeto EventEmitter, o Node chama todas as funções de tratamento registradas atualmente nesse EventEmitter para eventos desse tipo. Elas são chamadas em ordem cronológica, da primeira que foi registrada até a última. Se houver mais de uma função de rotina de tratamento, elas são chamadas em sequência em uma única *thread* – lembre-se, o Node não tem paralelismo. E, o que é muito importante, as funções de tratamento de evento são chamadas de forma síncrona, não assíncrona. Isso significa que o método `emit()` não enfileira as funções de tratamento de evento que serão chamadas posteriormente. `emit()` chama todas as funções de tratamento registradas, uma após a outra, e não retorna até a última ter retornado.

Na prática, isso significa que, quando uma das APIs internas do Node emite um evento, ela está basicamente bloqueando suas funções de tratamento de evento. Se você escreve uma função de tratamento de evento que chama uma função com bloqueio como `fs.readFileSync()`, nenhum tratamento de evento adicional ocorrerá até a leitura síncrona do arquivo estar completa. Se o seu programa precisa ter capacidade de resposta (como um servidor de rede), então é importante manter suas funções de tratamento de evento sem bloqueio e rápidas. Se você precisa realizar muitos cálculos quando um evento ocorre, muitas vezes é melhor usar a função de tratamento para programar o cálculo assincronamente usando `setTimeout()` (consulte a Seção 11.10). O Node também define `setImmediate()`, que programa uma função para ser chamada imediatamente após todos os eventos e *callbacks* pendentes terem sido tratados.

A classe EventEmitter também define um método `emit()` que faz as funções de tratamento de evento registradas serem chamadas. Isso é útil se você define sua própria API baseada em eventos, mas não é comum que seja usada quando estamos apenas programando com APIs existentes. `emit()` deve ser chamada com o nome do tipo de evento como o primeiro argumento. Todos os argumentos adicionais que são passados para `emit()` se tornam argumentos das funções de tratamento de evento registradas. As funções de tratamento também são chamadas com o valor `this` configurado para o objeto EventEmitter em si, o que costuma ser conveniente. (Lembre-se, entretanto, de que as funções de seta sempre usam o valor `this` do contexto no qual foram definidas e não podem ser chamadas com qualquer outro valor `this`. Ainda assim, as funções de seta normalmente são a maneira mais conveniente de escrever funções de tratamento de evento.)

Qualquer valor retornado por uma função de tratamento de evento é ignorado. Se uma função desse tipo lança uma exceção, no entanto, ele se propaga a partir da chamada de `emit()` e impede a execução de qualquer função de tratamento registrada após aquela que lançou a exceção.

Lembre-se de que as APIs baseadas em *callbacks* do Node usam *callbacks* com erro primeiro, e é importante sempre verificar o primeiro argumento da *callback* para ver se um erro ocorreu. Com APIs baseadas em eventos, os eventos "*error*" são o equivalente. Como APIs baseadas em eventos muitas vezes são usadas para redes e outras formas de *streaming* de E/S, elas são vulneráveis a erros assíncronos imprevisíveis, e a maioria dos EventEmitters define um evento "*error*" que emitem quando um erro ocorre. Sempre que você usar uma API baseada em eventos, deve adotar o hábito de registrar uma função de tratamento para eventos "*error*". Esses eventos recebem tratamento especial pela classe EventEmitter. Se `emit()` é chamada para emitir um evento "*error*", e não há funções de tratamento registradas para esse tipo de evento, uma exceção é lançada. Como isso ocorre assincronamente, não há como tratar a exceção em um bloco `catch`, de modo que esse tipo de erro normalmente faz o seu programa ser encerrado.

16.5 Fluxos

Quando implementamos um algoritmo para processar dados, quase sempre é mais fácil ler todos os dados para a memória, realizar o processamento e então gravar os dados. Por exemplo, você poderia escrever uma função em Node para copiar um arquivo da maneira a seguir[1].

```
const fs = require("fs");

// Uma função assíncrona, mas não de fluxo (e, logo, ineficiente).
function copyFile(sourceFilename, destinationFilename, callback) {
    fs.readFile(sourceFilename, (err, buffer) => {
        if (err) {
            callback(err);
        } else {
            fs.writeFile(destinationFilename, buffer, callback);
        }
    });
}
```

[1] O Node define uma função `fs.copyFile()` que você usaria na prática.

Essa função `copyFile()` usa *callbacks* e funções assíncronas, então não bloqueia e é apropriada para uso em programas concorrentes, como servidores. Mas observe que você deve alocar memória suficiente para guardar todo o conteúdo na memória ao mesmo tempo. Isso pode não gerar problemas em alguns casos de uso, mas começa a falhar se os arquivos a serem copiados forem grandes demais, ou se o seu programa tem alta concorrência, e pode haver muitos arquivos sendo copiados ao mesmo tempo. Outra desvantagem dessa implementação de `copyFile()` é que não pode começar a gravar o novo arquivo até ter terminado de ler o antigo.

A solução para esses problemas é usar algoritmos de fluxo nos quais os dados "fluem" para o seu programa, são processados e então fluem para fora dele. A ideia é que o seu algoritmo processa os dados em pequenos blocos, e o conjunto completo de dados nunca fica armazenado na memória ao mesmo tempo. Quando soluções de fluxo são possíveis, elas tornam a memória mais eficiente e também podem ser mais rápidas. As APIs de rede do Node são baseadas em fluxos, e o módulo de sistema de arquivos do Node define APIs de fluxo para leitura e gravação de arquivos, então é provável que você use uma API de fluxo em muitos dos programas Node que vai escrever. Veremos uma versão de fluxo da função `copyFile()` em "Modo de fluxo", na página 598.

O Node suporta quatro tipos de fluxo básicos:

Readable
: Fluxos Readable são fontes de dados. O fluxo retornado por `fs.createReadStream()`, por exemplo, é um fluxo do qual o conteúdo de um arquivo especificado pode ser lido. `process.stdin` é outro fluxo Readable que retorna dados a partir da entrada padrão.

Writable
: Os fluxos Writable são sumidouros ou destinos para dados. O valor de retorno de `fs.createWriteStream()`, por exemplo, é um fluxo Writable: ele permite que dados sejam escritos nele em blocos e produz um arquivo especificado com todos esses dados.

Duplex
: Os fluxos Duplex combinam um fluxo Readable e um Writable em um objeto. Os objetos Socket retornados por `net.connect()` e outras APIs de rede do Node, por exemplo, são fluxos Duplex. Se você escreve em um soquete, seus dados são enviados pela rede ao computador ao qual o soquete está conectado, seja ele qual for. E se você lê de um soquete, pode acessar os dados gravados por esse outro computador.

Transform
: Os fluxos Transform também são legíveis e graváveis, mas diferem dos fluxos Duplex em um aspecto importante: os dados gravados em um fluxo Transform se tornam legíveis (em geral, em alguma forma transformada) a partir do mesmo fluxo. A função `zlib.createGzip()`, por exemplo, retorna um fluxo Transform que compacta (com o algoritmo *gzip*) os dados gravados nele. Da mesma forma, a função `crypto.createCipheriv()` retorna um fluxo Transform que encripta ou desencripta os dados gravados nele.

Por padrão, fluxos leem e gravam *buffers*. Se você chama o método `setEncoding()` de um fluxo Readable, ele retorna *strings* decodificadas em vez de objetos Buffer. E se você grava uma *string* em um *buffer* Writable, ele é codificado automaticamente usando a codificação padrão do *buffer* ou a codificação que você especificar. A API de fluxo do Node também suporta um "modo objeto", no qual os fluxos leem e gravam objetos mais complexos do que *buffers* e *strings*. Nenhuma das APIs básicas do Node usa esse modo objeto, mas você pode vir a encontrá-lo em outras bibliotecas.

Os fluxos Readable precisam ler seus dados de algum lugar, assim como os Writable têm que gravar seus dados em algum lugar, então todo fluxo tem duas extremidades: uma entrada e uma saída ou uma fonte e um destino. O que complica as APIs baseadas em fluxos é que as duas extremidades do fluxo quase sempre fluem a velocidades diferentes. Talvez o código lido de um fluxo queira ler e processar dados mais rapidamente do que os dados estão sendo gravados de fato no fluxo. Ou pode ocorrer o contrário: os dados são gravados no fluxo mais rapidamente do que podem ser lidos e tirados do fluxo na outra extremidade. As implementações de fluxo quase sempre incluem um *buffer* interno para conter dados que foram gravados, mas ainda não foram lidos. O uso do *buffer* ajuda a garantir que há dados disponíveis para leitura quando solicitados e que há espaço para conter os dados quando são gravados. Contudo, nenhuma dessas duas coisas jamais é garantida, e é da natureza da programação baseada em fluxos que os leitores às vezes precisem esperar que os dados sejam gravados (porque o *buffer* do fluxo está vazio) e os *writers* precisem esperar que os dados sejam lidos (porque o *buffer* do fluxo está cheio).

Em ambientes de programação que utilizam concorrência baseada em *threads*, as APIs de fluxo normalmente têm chamadas com bloqueio: uma chamada para ler dados não retorna até os dados chegarem no fluxo, e uma chamada para gravar dados bloqueia até que haja espaço suficiente no *buffer* interno do fluxo para acomodar os novos dados. Com um modelo de concorrência baseada em eventos, no entanto, chamadas com bloqueio não fazem sentido, e as APIs de fluxo do Node são baseadas em eventos e em *callbacks*. Ao contrário de outras APIs do Node, não há versões "Sync" dos métodos que serão descritos posteriormente neste capítulo.

A necessidade de coordenar a legibilidade (*buffer* não vazio) e gravabilidade (*buffer* não cheio) de fluxos por meio de eventos complica um pouco as APIs de fluxo do Node. Essa complicação é ainda maior porque essas APIs evoluíram e mudaram com o passar dos anos: para fluxos Readable, há duas APIs completamente diferentes que você pode utilizar. Apesar dessa complexidade, vale a pena entender e dominar as APIs de fluxo do Node, pois permitem E/S com alta taxa de transferência nos seus programas.

As subseções a seguir demonstram como ler e gravar a partir das classes de fluxo do Node.

16.5.1 Pipes

Às vezes, é preciso ler dados de um fluxo simplesmente para gravar os mesmos dados em um segundo fluxo. Imagine, por exemplo, que você esteja escrevendo um servidor

HTTP simples que serve um diretório de arquivos estáticos. Nesse caso, você precisa ler dados de um fluxo de entrada de arquivo e gravá-los em um soquete de rede. Mas em vez de escrever seu próprio código para tratar a leitura e gravação, você pode simplesmente conectar os dois soquetes como um "*pipe*" ("tubo" ou "cano") e deixar que o Node cuide das complexidades para você. Simplesmente passe o fluxo Writable para o método pipe() do fluxo Readable:

```
const fs = require("fs");

function pipeFileToSocket(filename, socket) {
    fs.createReadStream(filename).pipe(socket);
}
```

A função utilitária a seguir redireciona um fluxo para outro e chama uma *callback* quando termina ou quando um erro ocorre:

```
function pipe(readable, writable, callback) {
    // Primeiro, configura o tratamento de erros
    function handleError(err) {
        readable.close();
        writable.close();
        callback(err);
    }

    // A seguir, define o pipe e trata o caso de encerramento normal
    readable
        .on("error", handleError)
        .pipe(writable)
        .on("error", handleError)
        .on("finish", callback);
}
```

Fluxos de transformação são particularmente úteis com pipes e criam pipelines que envolvem mais de dois fluxos. Observe a função de exemplo a seguir, que compacta um arquivo:

```
const fs = require("fs");
const zlib = require("zlib");

function gzip(filename, callback) {
    // Cria os fluxos
    let source = fs.createReadStream(filename);
    let destination = fs.createWriteStream(filename + ".gz");
    let gzipper = zlib.createGzip();

    // Configura o pipeline
    source
        .on("error", callback)      // chama callback no erro de leitura
        .pipe(gzipper)
        .pipe(destination)
        .on("error", callback)      // chama callback no erro de gravação
        .on("finish", callback);    // chama callback quando gravação está completa
}
```

Usar o método pipe() para copiar dados de um fluxo Readable para um Writable é fácil, mas, na prática, muitas vezes é preciso processar os dados de alguma forma enquanto fluem pelo seu programa. Uma maneira de fazer isso é implementar o seu próprio fluxo Transform para realizar esse processamento, uma abordagem que evita a leitura e a gravação manuais dos fluxos. A seguir, por exemplo, vemos uma função que funciona como o utilitário grep do Unix: ela lê linhas de texto de um fluxo de entrada, mas grava apenas as linhas que correspondem a uma expressão regular especificada:

```
const stream = require("stream");

class GrepStream extends stream.Transform {
    constructor(pattern) {
        super({decodeStrings: false});   // Não converte strings de volta para buffers
        this.pattern = pattern;          // A expressão regular que queremos comparar
        this.incompleteLine = "";        // Qualquer resto do último bloco de dados
    }

    // O método é chamado quando há uma string pronta para ser
    // transformada. Ela deve passar dados transformados para a função
    // callback especificada. Esperamos uma entrada de string, então o fluxo deve
    // estar conectado apenas a fluxos legíveis nos quais
    // setEncoding() foi chamado.
    _transform(chunk, encoding, callback) {
        if (typeof chunk !== "string") {
            callback(new Error("Expected a string but got a buffer"));
            return;
        }
        // Adiciona o bloco a qualquer linha anteriormente incompleta e divide
        // tudo em linhas
        let lines = (this.incompleteLine + chunk).split("\n");

        // O último elemento do array é a nova linha incompleta
        this.incompleteLine = lines.pop();

        // Encontra todas as linhas correspondentes
        let output = lines                           // Começa com todas as linhas completas,
            .filter(l => this.pattern.test(l))  // filtra-as para correspondências
            .join("\n");                             // e as une de volta.

        // Se há alguma correspondência, adiciona um caractere de nova linha final
        if (output) {
            output += "\n";
        }

        // Sempre chama a callback, mesmo se não há saída
        callback(null, output);
    }

    // Isto é chamado logo antes do fluxo ser fechado.
    // É a nossa chance de gravar qualquer dado restante.
    _flush(callback) {
```

```
            // Se ainda temos uma linha incompleta e ela tem correspondência,
            // passa-a para a callback
            if (this.pattern.test(this.incompleteLine)) {
                callback(null, this.incompleteLine + "\n");
            }
        }
    }

// Agora podemos escrever um programa como 'grep' com esta classe.
let pattern = new RegExp(process.argv[2]); // Obtém um RegExp a partir da linha de comando.
process.stdin                              // Começa com entrada padrão,
    .setEncoding("utf8")                   // a lê como strings em Unicode,
    .pipe(new GrepStream(pattern))         // a redireciona para o nosso GrepStream
    .pipe(process.stdout)                  // e o redireciona para a saída padrão.
    .on("error", () => process.exit());    // Sai sem problemas se stdout for
                                           // encerrado.
```

16.5.2 Iteração assíncrona

No Node 12 e em versões posteriores, os fluxos Readable são iteradores assíncronos, o que significa que dentro de uma função async é possível usar um laço for/await para ler blocos de *strings* ou Buffers de um fluxo usando código estruturado como seria o código síncrono (consulte a Seção 13.4 para mais informações sobre iteradores assíncronos e laços for/await).

Usar um iterador assíncrono é quase tão fácil quanto usar o método pipe(), e provavelmente mais fácil quando você precisa processar cada bloco que lê de alguma forma. Observe como poderíamos reescrever o programa grep da seção anterior usando uma função async e um laço for/await:

```
// Lê linhas de texto do fluxo de origem e grava as linhas
// que correspondem ao padrão especificado no fluxo de destino.
async function grep(source, destination, pattern, encoding="utf8") {
    // Configura o fluxo de origem para ler strings, não Buffers
    source.setEncoding(encoding);

    // Configura uma função de tratamento de erro no fluxo de destino caso a saída padrão
    // seja encerrada inesperadamente (quando redireciona saída para `head`, por exemplo)
    destination.on("error", err => process.exit());

    // Os blocos que lemos tendem a não terminar com um caractere de nova linha, então
    // cada um provavelmente terá uma linha parcial no final. Registra isso aqui
    let incompleteLine = "";

    // Use um laço for/await para ler assincronamente blocos do fluxo de entrada
    for await (let chunk of source) {
        // Divide a extremidade do último bloco mais este em linhas
        let lines = (incompleteLine + chunk).split("\n");
        // A última linha está incompleta
        incompleteLine = lines.pop();
        // Agora itera pelas linhas e grava qualquer correspondência no destino
        for(let line of lines) {
            if (pattern.test(line)) {
```

```
                destination.write(line + "\n", encoding);
            }
        }
    }
    // Por fim, procura uma correspondência para texto à direita, se houver.
    if (pattern.test(incompleteLine)) {
        destination.write(incompleteLine + "\n", encoding);
    }
}

let pattern = new RegExp(process.argv[2]); // Obtém um RegExp a partir da linha de comando.
grep(process.stdin, process.stdout, pattern) // Chama a função assíncrona grep().
    .catch(err => {                          // Trata exceções assíncronas.
        console.error(err);
        process.exit();
    });
```

16.5.3 Gravando em fluxos e tratando *backpressure*

A função assíncrona `grep()` no exemplo de código anterior demonstrou como usar um fluxo Readable como iterador assíncrono, mas também demonstrou que é possível gravar dados em um fluxo Writable simplesmente passando-os para o método `write()`. O método `write()` recebe um *buffer* ou uma *string* como primeiro argumento (os fluxos de objeto esperam outros tipos de objeto, mas estão além do escopo deste capítulo). Se você passa um *buffer*, os *bytes* deste são gravados diretamente. Se passa uma *string*, esta é codificada em um *buffer* de *bytes* antes de ser gravada. Os fluxos Writable têm uma codificação padrão usada quando você passa uma *string* como único argumento de `write()`. A codificação padrão normalmente é "utf8", mas você pode configurá-la explicitamente chamando `setDefaultEncoding()` no fluxo Writable. Outra opção é que, quando você passa uma *string* como o primeiro argumento de `write()`, pode passar um nome de codificação como o segundo argumento.

`write()` recebe uma função *callback* como seu terceiro argumento opcional. Ela é chamada depois que os dados foram gravados e não estão mais no *buffer* interno do fluxo Writable. (Essa *callback* também pode ser chamada se um erro ocorre, mas isso não é garantido. Você deve registrar uma função de tratamento de eventos "*error*" no fluxo Writable para detectar erros.)

O método `write()` tem um valor de retorno muito importante. Quando você chama `write()` em um fluxo, ele sempre aceita e guarda no *buffer* o bloco de dados que você passou. Ele retorna `true` se o *buffer* interno ainda não está cheio. Caso o *buffer* fique cheio ou transborde, ele retorna `false`. Esse valor de retorno é informativo e você pode ignorá-lo – os fluxos Writable ampliam o seu *buffer* interno sempre que necessário se você continua a chamar `write()`. Mas lembre-se de que o motivo para usar uma API de fluxo é evitar o custo de manter muitos dados na memória ao mesmo tempo.

Um valor de retorno `false` do método `write()` é uma forma de *backpressure* (pressão contrária): uma mensagem do fluxo de que você gravou dados mais rapidamente do que é possível tratá-los. A resposta apropriada para esse tipo de *backpressure* é parar de chamar `write()` até o fluxo emitir um evento "*drain*", sinalizando que há espaço no *buffer* mais uma vez. Aqui, por exemplo, temos uma função que grava em um fluxo e então chama uma *callback* quando é possível gravar mais dados no fluxo:

```
function write(stream, chunk, callback) {
    // Grava o bloco especificado no fluxo especificado
    let hasMoreRoom = stream.write(chunk);

    // Verifica o valor de retorno do método write():
    if (hasMoreRoom) {                  // Se retornou true,
        setImmediate(callback);         // chama a callback assincronamente.
    } else {                            // Se retornou false,
        stream.once("drain", callback); // chama a callback no evento drain.
    }
}
```

O fato de que pode ser aceitável chamar `write()` múltiplas vezes em sequência e que às vezes é preciso esperar por um evento entre gravações leva à criação de algoritmos pouco elegantes. Este é um dos motivos para o uso do método `pipe()` ser tão atraente: quando você usa `pipe()`, o Node trata a *backpressure* para você automaticamente.

Se você está usando `await` e `async` no seu programa e está tratando os fluxos Readable como iteradores assíncronos, é simples e fácil implementar uma versão baseada em Promises da função utilitária `write()` anterior para tratar a *backpressure* corretamente. Na função assíncrona `grep()` que acabamos de analisar, não tratávamos a *backpressure*. A função assíncrona `copy()` no exemplo a seguir demonstra como isso pode ser feito corretamente. Observe que a função simplesmente copia blocos de um fluxo de origem para um de destino e que chamar `copy(origem, destino)` é muito parecido com chamar `source.pipe(destino)`:

```
// Esta função grava o bloco especificado no fluxo especificado e
// retorna uma Promise que será cumprida quando for possível gravar novamente.
// Como retorna uma Promise, pode ser usada com await.
function write(stream, chunk) {
    // Grava o bloco especificado no fluxo especificado
    let hasMoreRoom = stream.write(chunk);

    if (hasMoreRoom) {                      // Se o buffer não está cheio, retorna
        return Promise.resolve(null);       // um objeto Promise já resolvido
    } else {
        return new Promise(resolve => {     // Caso contrário, retorna uma Promise que
            stream.once("drain", resolve);  // é resolvida no evento drain.
        });
    }
}

// Copia dados do fluxo de origem para o fluxo de destino
// respeitando a backpressure do fluxo de destino.
// Isso é como chamar source.pipe(destination).
```

```
async function copy(source, destination) {
    // Configura uma função de tratamento de erro no fluxo de destino caso a saída padrão
    // seja encerrada inesperadamente (quando redireciona saída para `head`, por exemplo)
    destination.on("error", err => process.exit());

    // Use um laço for/await para ler assincronamente blocos do fluxo de entrada
    for await (let chunk of source) {
        // Grava o bloco e espera até haver mais espaço no buffer.
        await write(destination, chunk);
    }
}

// Copia a entrada padrão para a saída padrão
copy(process.stdin, process.stdout);
```

Antes de concluirmos esta discussão sobre a gravação em fluxos, observe mais uma vez que não responder à *backpressure* pode fazer o seu programa utilizar mais memória do que deveria quando o *buffer* interno de um fluxo Writable transborda e crescer cada vez mais. Mas se você está escrevendo um servidor de rede, isso gerar criar um risco de segurança que poderia ser explorado remotamente. Imagine que você escreveu um servidor HTTP que envia arquivos pela rede, mas não usou `pipe()` e não se deu ao trabalho de tratar a *backpressure* do método `write()`. Um invasor poderia escrever um cliente HTTP que inicia requisições para arquivos grandes (como imagens), mas nunca lê o corpo da requisição. Como o cliente não está lendo os dados através da rede e o servidor não responde à *backpressure*, os *buffers* no servidor vão transbordar. Com conexões concorrentes em quantidade o suficiente criadas pelo invasor, isso pode se transformar em um ataque de negação de serviço que desacelera ou até derruba o servidor.

16.5.4 Lendo fluxos com eventos

Os fluxos Readable do Node têm dois modos, cada um dos quais com a sua própria API para leitura. Se você não pode usar pipes ou iteração assíncrona no seu programa, precisa escolher uma dessas duas APIs baseadas em eventos para tratar os fluxos. É importante que você use apenas uma ou a outra e não misture as duas APIs.

Modo de fluxo

No *modo de fluxo*, quando dados legíveis chegam, estes são imediatamente emitidos na forma de um evento "*data*". Para ler de um fluxo nesse modo, simplesmente registre uma função de tratamento de evento para eventos "*data*" e o fluxo envia blocos de dados (*buffers* ou *strings*) assim que eles ficam disponíveis. Observe que não é necessário chamar o método `read()` no modo de fluxo: você precisa apenas tratar os eventos "*data*". Observe que os fluxos recém-criados não iniciam no modo de fluxo. Registrar uma função de tratamento de evento para "*data*" coloca o fluxo em modo de fluxo. Convenientemente, isso significa que um fluxo não emite eventos "*data*" até você registrar a primeira função de tratamento de evento para "*data*".

Se você está usando o modo de fluxo para ler dados de um fluxo Readable, processá-los e então gravá-los em um fluxo Writable, você pode precisar tratar a *backpressure* do fluxo Writable. Se o método `write()` retorna `false` para indicar que o *buffer* de gravação está cheio, você pode chamar `pause()` no fluxo Readable para interromper temporariamente os eventos `data`. Depois, quando recebe um evento "*drain*" do fluxo Writable, você pode chamar `resume()` no fluxo Readable para fazer os eventos "data" voltarem a fluir.

Um fluxo em modo de fluxo emite um evento "*end*" quando alcançamos o fim do fluxo. Esse evento indica que nunca mais serão emitidos eventos "data". E, como com todos os fluxos, um evento "*error*" é emitido se ocorre um erro.

No início desta seção sobre fluxos, mostramos uma função `copyFile()` que não era de fluxo e prometemos uma versão melhor. O código a seguir mostra como implementar uma função `copyFile()` de fluxo que usa a API de modo de fluxo e trata a *backpressure*. Teria sido mais fácil implementá-la com uma chamada de `pipe()`, mas é uma demonstração útil das múltiplas funções de tratamento de evento usadas para coordenar o fluxo de dados de um fluxo para o outro.

```
const fs = require("fs");

// Uma função de cópia de arquivo de fluxo, usando "modo de fluxo".
// Copia o conteúdo do arquivo de origem nomeado para o arquivo de destino nomeado.
// Em caso de sucesso, chama a callback com argumento null. Em caso de erro,
// chama a callback com um objeto Error.
function copyFile(sourceFilename, destinationFilename, callback) {
    let input = fs.createReadStream(sourceFilename);
    let output = fs.createWriteStream(destinationFilename);

    input.on("data", (chunk) => {          // Quando obtermos novos dados,
        let hasRoom = output.write(chunk);   // escreve-os no fluxo de saída.
        if (!hasRoom) {                    // Se o fluxo de saída está cheio,
            input.pause();                 // pausa o fluxo de entrada.
        }
    });
    input.on("end", () => {                // Quando chegamos ao fim da entrada,
        output.end();                      // diz ao fluxo de saída para terminar.
    });
    input.on("error", err => {             // Se obtemos um erro na entrada,
        callback(err);                     // chama a callback com o erro
        process.exit();                    // e fecha o programa.
    });

    output.on("drain", () => {             // Quando a saída não está mais cheia,
        input.resume();                    // retoma os eventos de dados na entrada
    });
    output.on("error", err => {            // Se obtemos um erro na saída,
        callback(err);                     // chama a callback com o erro
        process.exit();                    // e fecha o programa.
    });
```

```
        output.on("finish", () => {         // Quando a saída termina de ser gravada,
            callback(null);                 // chama a callback sem erro.
        });
    }

// Aqui temos um simples utilitário da linha de comando para copiar arquivos
let from = process.argv[2], to = process.argv[3];
console.log(`Copying file ${from} to ${to}...`);
copyFile(from, to, err => {
    if (err) {
        console.error(err);
    } else {
        console.log("done.");
    }
});
```

Modo pausado

Outro modo para fluxos Readable é o "modo pausado". É o modo no qual os fluxos começam. Se você nunca registra uma função de tratamento de evento "*data*" e nunca chama o método `pipe()`, o fluxo Readable permanece no modo pausado. Nele, o fluxo não envia dados para você na forma de eventos "*data*". Em vez disso, você chama explicitamente o método `read()` do fluxo para puxar dados dele. Não é uma chamada com bloqueio, e, se não há dados disponíveis para leitura no fluxo, ele retorna `null`. Como não há uma API síncrona para esperar pelos dados, a API do modo pausado também é baseada em eventos. Um fluxo Readable em modo pausado emite eventos "*readable*" quando os dados são disponibilizados para leitura no fluxo. Em resposta, seu código deve chamar o método `read()` para ler os dados. É preciso fazer isso em um laço, chamando `read()` repetidamente até retornar `null`. É necessário drenar completamente o *buffer* do fluxo dessa forma para acionar um novo evento "*readable*" no futuro. Se você para de chamar `read()` enquanto ainda há dados legíveis, você não obtém outro evento "*readable*" e seu programa provavelmente trava.

Os fluxos em modo pausado emitem eventos "*end*" e "*error*", assim como aqueles em modo de fluxo. Se você está escrevendo um programa que lê dados de um fluxo Readable e grava em um Writable, o modo pausado pode não ser uma boa opção. Para tratar a *backpressure* corretamente, você quer ler somente quando o fluxo de entrada for legível e o fluxo de saída não estiver acumulado. No modo pausado, isso significa ler e gravar até `read()` retornar `null` ou `write()` retornar `false` e então começar a ler ou gravar novamente após um evento `readable` ou `drain`. Não é elegante e você pode descobrir que o modo de fluxo (ou pipes) é mais fácil de usar nesse caso.

O código a seguir demonstra como você poderia calcular uma *hash* SHA256 para o conteúdo de determinado arquivo. Ele usa um fluxo Readable em modo pausado para ler o conteúdo de um arquivo em blocos e então passa cada bloco para o objeto que calcula o *hash* (observe que, no Node 12 e nas versões posteriores, seria mais simples ler essa função usando um laço `for/await`).

```
const fs = require("fs");
const crypto = require("crypto");
```

```
// Calcula um hash sha256 do conteúdo do arquivo nomeado e passa o
// hash (como string) para a função callback com erro primeiro especificada.
function sha256(filename, callback) {
    let input = fs.createReadStream(filename); // O fluxo de dados.
    let hasher = crypto.createHash("sha256");  // Para calcular o hash.

    input.on("readable", () => {           // Quando há dados para serem lidos
        let chunk;
        while(chunk = input.read()) {      // Lê um bloco, e se não é null,
            hasher.update(chunk);          // passa-o para o hasher
        }                                  // e continua a iteração até não ser legível
    });
    input.on("end", () => {                // No fim do fluxo,
        let hash = hasher.digest("hex");   // calcula o hash
        callback(null, hash);              // e passa-o para a callback.
    });
    input.on("error", callback);           // Em caso de erro, chama callback
}

// Aqui temos um simples utilitário da linha de comando para calcular o hash de um arquivo
sha256(process.argv[2], (err, hash) => { // Passa o nome de arquivo a partir da linha
                                         // de comando.
    if (err) {                           // Se obtemos um erro,
        console.error(err.toString());   // imprime-o como um erro.
    } else {                             // Caso contrário,
        console.log(hash);               // imprime a string hash.
    }
});
```

16.6 Detalhes do processo, CPU e sistema operacional

O objeto global Process tem diversas funções e propriedades úteis geralmente relacionadas ao estado do processo Node em execução. Consulte a documentação do Node para os detalhes completos, mas a seguir listamos algumas propriedades e funções que você deveria conhecer:

```
process.argv           // Um array de argumentos da linha de comando.
process.arch           // A arquitetura da CPU: "x64", por exemplo.
process.cwd()          // Retorna o diretório de trabalho corrente
process.chdir()        // Configura o diretório de trabalho corrente
process.cpuUsage()     // Informa a utilização da CPU.
process.env            // Um objeto de variáveis de ambiente.
process.execPath       // O caminho do sistema de arquivos absoluto até o executável
                       // do node.
process.exit()         // Encerra o programa.
process.exitCode       // Um código de número inteiro a ser informado quando o
                       // programa é encerrado.
process.getuid()       // Retorna a identificação do usuário do Unix do usuário atual.
process.hrtime.bigint() // Retorna um timestamp de "alta resolução" em nanossegundos.
process.kill()         // Envia um sinal para outro processo.
process.memoryUsage()  // Retorna um objeto com detalhes de utilização da memória.
process.nextTick()     // Como setImmediate(), chama uma função logo.
process.pid            // A identificação de processo do processo atual.
```

```
process.ppid              // A identificação do processo pai.
process.platform          // O sistema operacional: "linux", "darwin" ou "win32", por exemplo.
process.resourceUsage()   // Retorna um objeto com detalhes de utilização de recursos.
process.setuid()          // Configura o usuário atual, por identificação ou por nome.
process.title             // O nome de processo que aparece nas listagens `ps`.
process.umask()           // Configura ou retorna as permissões padrão para novos arquivos.
process.uptime()          // Retorna o tempo de atividade do Node em segundos.
process.version           // String de versão do Node
process.versions          // Strings de versão para as bibliotecas das quais o Node depende.
```

O módulo "os" (que, ao contrário de process, precisa ser carregado explicitamente com require()) dá acesso a detalhes de nível igualmente baixo sobre o computador e o sistema operacional no qual o Node está sendo executado. Talvez você nunca precise usar esses recursos, mas vale a pena saber que o Node os disponibiliza:

```
const os = require("os");
os.arch()                 // Retorna a arquitetura da CPU. "x64" ou "arm", por exemplo.
os.constants              // Constantes úteis como os.constants.signals.SIGINT.
os.cpus()                 // Dados sobre núcleos de CPU do sistema, incluindo tempos de
                          // utilização.
os.endianness()           // A ordem endian nativa da CPU, "BE" ou "LE".
os.EOL                    // O término de linha nativo do sistema operacional: "\n" ou "\r\n".
os.freemem()              // Retorna a quantidade de RAM livre em bytes.
os.getPriority()          // Retorna a prioridade de agendamento de um processo no
                          // sistema operacional
os.homedir()              // Retorna o diretório inicial do usuário atual.
os.hostname()             // Retorna o nome de host do computador.
os.loadavg()              // Retorna as médias de carga de 1, 5 e 15 minutos.
os.networkInterfaces()    // Retorna detalhes sobre conexões de rede disponíveis.
os.platform()             // Retorna o sistema operacional: "linux", "darwin" ou
                          // "win32", por exemplo.
os.release()              // Retorna o número de versão do sistema operacional.
os.setPriority()          // Tenta configurar a prioridade de agendamento para um processo.
os.tmpdir()               // Retorna o diretório temporário padrão.
os.totalmem()             // Retorna a quantidade de RAM total em bytes.
os.type()                 // Retorna o sistema operacional: "Linux", "Darwin" ou
                          // "Windows_NT", por exemplo.
os.uptime()               // Retorna o tempo de atividade do sistema em segundos.
os.userInfo()             // Retorna uid, username, home e shell do usuário atual.
```

16.7 Trabalhando com arquivos

O módulo "fs" do Node é uma API abrangente para trabalhar com arquivos e diretórios. Ele é complementado pelo módulo "path", que define funções utilitárias para trabalhar com nomes de arquivo e de diretório. O módulo "fs" contém um punhado de funções de alto nível para facilitar a leitura, gravação e cópia de arquivos. Mas a maior parte das funções no módulo são vínculos de baixo nível em JavaScript com chamadas de sistema Unix (e seus equivalentes no Windows). Se você já trabalhou com chamadas de baixo nível do sistema de arquivos antes (em C ou outras linguagens), a API do Node vai parecer familiar. Se não, talvez partes da API "fs" sejam concisas demais e pouco intuitivas. A função para excluir um arquivo, por exemplo, se chama unlink().

O módulo "fs" define uma API grande, principalmente porque, em geral, há múltiplas variantes de cada operação fundamental. Como discutimos no início do capítulo, a maioria das funções, como `fs.readFile()`, são sem bloqueio, baseadas em *callbacks* e assíncronas. Normalmente, no entanto, cada uma dessas funções tem uma variante síncrona com bloqueio, como `fs.readFileSync()`. No Node 10 e em versões posteriores, muitas dessas funções também têm uma variante assíncrona baseada em Promises, como `fs.promises.readFile()`. A maioria das funções "fs" recebe uma *string* como primeiro argumento, especificando o caminho (nome do arquivo mais nomes de diretório opcionais) do arquivo que sofrerá a operação. Mas algumas dessas funções também suportam uma variante que recebe um número inteiro "descritor de arquivo" como primeiro argumento em vez de um caminho. Essas variantes têm nomes que começam com a letra "f". Por exemplo, `fs.truncate()` trunca um arquivo especificado por caminho; `fs.ftruncate()` trunca um arquivo especificado pelo descritor de arquivo. Há um `fs.promises.truncate()` que espera um caminho e outra versão baseada em Promises implementada como um método de um objeto FileHandle (a classe FileHandle equivale a um descritor de arquivo na API baseada em Promises). Por fim, algumas funções no módulo "fs" têm variantes cujos nomes são prefixados pela letra "l". Essas variantes "l" são semelhantes à função básica, mas não seguem links simbólicos no sistema de arquivos e, em vez disso, operam diretamente nos próprios links simbólicos.

16.7.1 Caminhos, descritores de arquivos e FileHandles

Para trabalhar com arquivos usando o módulo "fs" , antes é preciso conseguir nomear o arquivo com o qual quer trabalhar. Os arquivos quase sempre são especificados pelo *caminho*, o que significa o nome do arquivo em si mais a hierarquia de diretórios na qual o arquivo aparece. Se um caminho é *absoluto*, isso significa que todos os diretórios até a raiz do sistema de arquivos estão especificados. Caso contrário, o caminho é *relativo* e apenas significativo em relação a algum outro caminho, geralmente o *diretório de trabalho atual*. Trabalhar com caminhos pode ser um pouco complicado, pois sistemas operacionais diferentes utilizam caracteres diferentes para separar nomes de diretório e é fácil acidentalmente duplicar esses separadores quando concatenamos caminhos; e também porque segmentos de caminho `../` (que indicam o diretório pai) precisam de tratamento especial. O módulo "path" do Node e alguns outros recursos importantes do Node ajudam:

```
// Alguns caminhos importantes
process.cwd()      // Caminho absoluto do diretório de trabalho corrente.
__filename         // Caminho absoluto do arquivo que contém o código atual.
__dirname          // Caminho absoluto do arquivo que contém __filename.
os.homedir()       // O diretório inicial do usuário.

const path = require("path");

path.sep                        // "/" ou "\", dependendo do seu sistema operacional

// O módulo de caminho tem funções de análise simples
let p = "src/pkg/test.js";      // Um exemplo de caminho
path.basename(p)                // => "test.js"
path.extname(p)                 // => ".js"
```

```
path.dirname(p)                  // => "src/pkg"
path.basename(path.dirname(p))   // => "pkg"
path.dirname(path.dirname(p))    // => "src"

// normalize() limpa caminhos:
path.normalize("a/b/c/../d/")    // => "a/b/d/": trata segmentos ../
path.normalize("a/./b")          // => "a/b": elimina segmentos "./"
path.normalize("//a//b//")       // => "/a/b/": remove / duplicado

// join() combina segmentos de caminho, adicionando separadores, então normaliza
path.join("src", "pkg", "t.js") // => "src/pkg/t.js"

// resolve() recebe um ou mais segmentos de caminho e retorna um caminho
// absoluto. Começa com o último argumento e retrocede, parando
// quando construiu um caminho absoluto ou é resolvido contra process.cwd().
path.resolve()                   // => process.cwd()
path.resolve("t.js")             // => path.join(process.cwd(), "t.js")
path.resolve("/tmp", "t.js")     // => "/tmp/t.js"
path.resolve("/a", "/b", "t.js") // => "/b/t.js"
```

Observe que `path.normalize()` é simplesmente uma função de manipulação de *string*, sem acesso ao sistema de arquivos real. As funções `fs.realpath()` e `fs.realpathSync()` realizam uma canonização ciente do sistema de arquivos: elas resolvem links simbólicos e interpretam caminhos de arquivo relativos em relação ao diretório de trabalho atual.

Nos exemplos anteriores, pressupomos que o código está sendo executado em um sistema operacional baseado em Unix e que `path.sep` é "/". Se você quer trabalhar com caminhos de estilo Unix mesmo em um sistema Windows, use `path.posix` em vez de `path`. Por outro lado, se quer trabalhar com caminhos Windows mesmo em um sistema Unix, `path.win32`, `path.posix` e `path.win32` definem as mesmas propriedades e funções que o próprio `path`.

Algumas das funções "fs" que abordaremos nas próximas seções esperam um *descritor de arquivo* e não um nome de arquivo. Os descritores de arquivo são números inteiros usados como referências no nível do sistema operacional para arquivos "abertos". Para obter um descritor para determinado nome, você chama a função `fs.open()` (ou `fs.openSync()`). Os processos somente têm permissão para abrir um número limitado de arquivos por vez, então é importante que chame `fs.close()` nos seus descritores de arquivos depois que termina de usá-los. Você precisa abrir arquivos se deseja usar as funções de mais baixo nível `fs.read()` e `fs.write()` que permitem que salte de um ponto para o outro em um arquivo, lendo e gravando partes diferentes dele em momentos diferentes. Outras funções no módulo "fs" usam descritores de arquivo, mas todas têm versões baseadas em nomes, e só faz sentido usar as funções baseadas em descritores se você já ia abrir o arquivo para lê-lo ou gravá-lo.

Por fim, na API baseada em Promises definida por `fs.promises`, o equivalente de `fs.open()` é `fs.promises.open()`, a qual retorna uma Promise que é resolvida como um objeto FileHandle. Esse objeto FileHandle serve ao mesmo propósito que um descritor de arquivo. Contudo, mais uma vez, a menos que precise utilizar os métodos de mais baixo nível `read()` e `write()` de um FileHandle, não há motivo para criá-lo. E se você criar um FileHandle, lembre-se de chamar o seu método `close()` depois que terminar de usá-lo.

16.7.2 Lendo arquivos

Node permite que você leia o conteúdo do arquivo de uma vez só, por meio de um fluxo, ou com uma API de baixo nível.

Se os seus arquivos são pequenos, ou se o desempenho e a utilização da memória não são as maiores prioridades, muitas vezes é mais fácil ler todo o conteúdo de um arquivo com uma única chamada. É possível fazer isso sincronamente, com uma *callback*, ou com uma Promise. Por padrão, você obtém os *bytes* do arquivo como um *buffer*, mas se especificar uma codificação, obtém uma *string* decodificada no seu lugar.

```
const fs = require("fs");
let buffer = fs.readFileSync("test.data");          // Síncrono, retorna buffer
let text = fs.readFileSync("data.csv", "utf8");     // Síncrono, retorna string

// Lê os bytes do arquivo assincronamente
fs.readFile("test.data", (err, buffer) => {
    if (err) {
        // Trata o erro aqui
    } else {
        // Os bytes do arquivo estão no buffer
    }
});

// Leitura assíncrona baseada em Promises
fs.promises
    .readFile("data.csv", "utf8")
    .then(processFileText)
    .catch(handleReadError);

// Ou usa a API Promise com await dentro de uma função async
async function processText(filename, encoding="utf8") {
    let text = await fs.promises.readFile(filename, encoding);
    // ... processa o texto aqui...
}
```

Se você consegue processar o conteúdo de um arquivo sequencialmente e não precisa guardar todo ele na memória ao mesmo tempo, ler o arquivo por um fluxo pode ser a abordagem mais eficiente. Trabalhamos os fluxos em detalhes: aqui vemos como você poderia usar um fluxo e o método `pipe()` para gravar o conteúdo de um arquivo na saída padrão.

```
function printFile(filename, encoding="utf8") {
    fs.createReadStream(filename, encoding).pipe(process.stdout);
}
```

Por fim, se você precisa de controle de baixo nível sobre exatamente quais *bytes* lê de um arquivo e quando os lê, você pode abrir um arquivo para obter o descritor de arquivo e então usar `fs.read()`, `fs.readSync()` ou `fs.promises.read()` para ler um número específico de *bytes* a partir de uma posição específica de origem do arquivo para um *buffer* especificado em uma posição de destino especificada:

```
const fs = require("fs");

// Lendo uma porção específica de um arquivo de dados
fs.open("data", (err, fd) => {
    if (err) {
        // Informa o erro de alguma forma
        return;
    }
    try {
        // Lê os bytes de 20 a 420 em um buffer recém alocado.
        fs.read(fd, Buffer.alloc(400), 0, 400, 20, (err, n, b) => {
            // err é o erro, se houver.
            // n é o número de bytes lidos de fato
            // b é o buffer no qual os bytes foram lidos.
        });
    }
    finally {                    // Usa uma cláusula finally para que sempre
        fs.close(fd);            // fechemos o descritor de arquivo aberto
    }
});
```

A API baseada em *callbacks* `read()` é complicada de usar se você precisa ler mais de um bloco de dados de um arquivo. Se você pode usar a API síncrona (ou a API baseada em Promises com `await`), fica mais fácil ler múltiplos blocos de um arquivo:

```
const fs = require("fs");

    function readData(filename) {
        let fd = fs.openSync(filename);
        try {
            // Lê o cabeçalho do arquivo
            let header = Buffer.alloc(12);    // Um buffer de 12 bytes
            fs.readSync(fd, header, 0, 12, 0);

            // Confirma o número mágico do arquivo
            let magic = header.readInt32LE(0);
            if (magic !== 0xDADAFEED) {
                throw new Error("File is of wrong type");
            }

            // Agora obtém o deslocamento e comprimento dos dados do cabeçalho
            let offset = header.readInt32LE(4);
            let length = header.readInt32LE(8);

            // E lê esses bytes do arquivo
            let data = Buffer.alloc(length);
```

```
            fs.readSync(fd, data, 0, length, offset);
            return data;
        } finally {
            // Sempre fecha o arquivo, mesmo se uma exceção foi lançada acima
            fs.closeSync(fd);
        }
}
```

16.7.3 Gravando arquivos

Gravar arquivos com o Node é muito parecido com lê-los, mas você precisa conhecer alguns detalhes adicionais. Um deles é que o modo como você cria um novo arquivo é simplesmente escrevendo em um nome de arquivo que ainda não existe.

Assim como na leitura, há três formas básicas de gravar arquivos no Node. Se você tem todo o conteúdo do arquivo em uma *string* ou em um *buffer*, pode gravar tudo em uma chamada com `fs.writeFile()` (baseada em *callbacks*), `fs.writeFileSync()` (síncrona) ou `fs.promises.writeFile()` (baseada em Promises):

```
fs.writeFileSync(path.resolve(__dirname, "settings.json"),
                 JSON.stringify(settings));
```

Se os dados que você está gravando no arquivo são uma *string* e se quiser uma codificação diferente de "utf8", passe a codificação como o terceiro argumento opcional.

As funções relacionadas `fs.appendFile()`, `fs.appendFileSync()` e `fs.promises.appendFile()` são semelhantes, mas quando o arquivo especificado já existe, elas anexam seus dados à extremidade em vez de sobrescrever o conteúdo do arquivo existente.

Se os dados que você quer gravar no arquivo não estão em um bloco, ou se não estão todos na memória ao mesmo tempo, usar um fluxo Writable seria uma boa abordagem, desde que você planeje gravar os dados do começo ao fim sem pular de um ponto a outro no arquivo:

```
const fs = require("fs");
let output = fs.createWriteStream("numbers.txt");
for(let i = 0; i < 100; i++) {
    output.write(`${i}\n`);
}
output.end();
```

Por fim, se você quer gravar dados em um arquivo em múltiplos blocos e quer poder controlar a posição exata dentro do arquivo na qual cada bloco é gravado, pode abrir o arquivo com `fs.open()`, `fs.openSync()` ou `fs.promises.open()` e então usar o descritor de arquivo resultante com as funções `fs.write()` ou `fs.writeSync()`. Essas funções estão disponíveis em formas diferentes para *strings* e *buffers*. A variante de *string* recebe um descritor de arquivo, uma *string* e a posição do arquivo na qual gravar essa *string* (com uma codificação como quarto argumento opcional). A variante de *buffer* recebe um descritor de arquivo, um *buffer*, um deslocamento e um comprimento que especifica um bloco de dados dentro do *buffer*, e uma posição no arquivo onde gravar os *bytes* desse bloco. E se você tem um *array* de objetos Buffer que quer gravar, pode fazer isso com uma única `fs.writev()` ou `fs.writevSync()`. Funções de baixo nível semelhantes existem para gravar *buffers* e *strings* usando `fs.promises.open()` e o objeto FileHandle que ela produz.

Strings de modo de arquivo

Vimos os métodos `fs.open()` e `fs.openSync()` quando usamos a API de baixo nível para ler arquivos. Naquele caso de uso, bastava passar o nome do arquivo para a função *open*. Quando você quer gravar um arquivo, no entanto, também deve especificar um segundo argumento de *string* que especifica como pretende utilizar o descritor de arquivo. Algumas das *strings* de *flag* disponíveis são:

"`w`"
Abre o arquivo para gravação

"`w+`"
Abre para gravação e leitura

"`wx`"
Abre para criação de um novo arquivo; falha se o arquivo nomeado já existe

"`wx+`"
Abre para criação e permite leitura; falha se o arquivo nomeado já existe

"`a`"
Abre o arquivo para anexação; o conteúdo existente não é sobrescrito

"`a+`"
Abre para anexação, mas também permite leitura

Se você não passa uma dessas *strings* de *flag* para `fs.open()` ou `fs.openSync()`, elas usam a *flag* padrão "r", o que faz o descritor de arquivo ser somente de leitura. Observe que também pode ser útil passar essas *flags* para outros métodos de gravação de arquivos:

```
// Grava no arquivo em uma chamada, mas anexa a tudo que já está nele.
// Funciona como fs.appendFileSync()
fs.writeFileSync("messages.log", "hello", { flag: "a" });

// Abre um fluxo de gravação, mas lança um erro se o arquivo já existe.
// Não queremos sobrescrever nada por acidente!
// Observe que a opção acima é "flag" e que é "flags" aqui
fs.createWriteStream("messages.log", { flags: "wx" });
```

Você pode cortar o final de um arquivo com `fs.truncate()`, `fs.truncateSync()` ou `fs.promises.truncate()`. Essas funções recebem um caminho como primeiro argumento e um comprimento como o segundo e modificam o arquivo para que tenha o comprimento especificado. Se você omite o comprimento, usa-se zero e o arquivo fica vazio. Apesar do nome dessas funções, elas também podem ser usadas para estender arquivos: se você especifica um comprimento maior do que o tamanho atual do arquivo, este é estendido com *bytes* zero até o novo tamanho. Se já abriu o arquivo que deseja modificar, você pode usar `ftruncate()` ou `ftruncateSync()` com o descritor de arquivo ou FileHandle.

As diversas funções de gravação de arquivo descritas aqui retornam ou chamam sua *callback* e resolvem sua Promise quando os dados foram "gravados" no sentido de que o Node os entregou para o sistema operacional. Mas isso não significa necessariamente que os dados já foram gravados de verdade no armazenamento persistente: ao menos parte dos seus dados ainda pode estar guardada no *buffer* em algum lugar do sistema operacional ou em um *driver* de dispositivo e espera para ser gravada no disco. Se você chama `fs.writeSync()` para gravar sincronamente dados em um arquivo, e se há uma queda de energia imediatamente após a função retornar, você ainda pode perder dados. Se quiser forçar seus dados para o disco e garantir que foram salvos com segurança, use `fs.fsync()` ou `fs.fsyncSync()`. Essas funções funcionam apenas com descritores de arquivo: não existe uma versão baseada em caminho.

16.7.4 Operações de arquivo

A discussão anterior sobre as classes de fluxo do Node inclui dois exemplos de funções `copyFile()`. Estes não são utilitários práticos que você usaria de fato, pois o módulo "fs" define seu próprio método `fs.copyFile()` (e também `fs.copyFileSync()` e `fs.promises.copyFile()`, é claro).

Essas funções recebem o nome do arquivo original e o nome da cópia como seus dois primeiros argumentos. Estes podem ser especificados como *strings* ou como objetos URL ou Buffer. Um terceiro argumento opcional é um número inteiro cujos *bits* especificam *flags* que controlam detalhes da operação copy. Em relação ao método baseado em *callbacks* `fs.copyFile()`, o argumento final é uma função *callback* que será chamada sem argumentos quando a cópia for completada, ou que será chamada com um argumento de erro se algo falhar. Observe alguns exemplos a seguir:

```
// Cópia de arquivo síncrona básica.
fs.copyFileSync("ch15.txt", "ch15.bak");

// O argumento COPYFILE_EXCL copia apenas se o novo arquivo ainda não
// existe. Impede as cópias de sobrescrever os arquivos existentes.
fs.copyFile("ch15.txt", "ch16.txt", fs.constants.COPYFILE_EXCL, err => {
    // Essa callback será chamada no final. Em caso de erro, err será não null.
});

// Este código demonstra a versão baseada em Promises da função copyFile.
// Duas flags são combinadas com o operador OR bit a bit |. As flags significam que
// os arquivos existentes não serão sobrescritos e que se o sistema de arquivos o suporta,
// a cópia será um clone com cópia sob demanda do arquivo original, ou seja,
// nenhum espaço de armazenamento adicional será necessário até que o original
// ou a cópia seja modificado.
fs.promises.copyFile("Important data",
                     `Important data ${new Date().toISOString()}"
                     fs.constants.COPYFILE_EXCL | fs.constants.COPYFILE_FICLONE)
```

```
    .then(() => {
        console.log("Backup complete");
    });
    .catch(err => {
        console.error("Backup failed", err);
    });
```

A função fs.rename() (junto com as variantes síncronas e baseadas em Promises tradicionais) move e/ou renomeia um arquivo. Chame-a com o caminho atual do arquivo e o novo caminho desejado do arquivo. Não há argumento *flags*, mas a versão baseada em *callbacks* recebe uma *callback* como terceiro argumento:

```
fs.renameSync("ch15.bak", "backups/ch15.bak");
```

Observe que não há uma *flag* para impedir que a renomeação sobrescreva um arquivo existente. Mantenha em mente também que arquivos somente podem ser renomeados dentro de um sistema de arquivos.

As funções fs.link() e fs.symlink() e suas variantes têm as mesmas assinaturas que fs.rename() e se comportam de forma parecida com fs.copyFile(), mas criam links físicos e links simbólicos, respectivamente, em vez de criarem uma cópia.

Por fim, fs.unlink(), fs.unlinkSync() e fs.promises.unlink() são as funções do Node para excluir um arquivo (o nome pouco intuitivo é herança do Unix, no qual excluir um arquivo é basicamente o contrário de criar um link físico para ele). Chame essa função com a *string*, o *buffer* ou o caminho do URL do arquivo a ser excluído e passe uma *callback* se estiver usando a versão baseada em *callbacks*:

```
fs.unlinkSync("backups/ch15.bak");
```

16.7.5 Metadados de arquivos

As funções fs.stat(), fs.statSync() e fs.promises.stat() permitem que você obtenha metadados para um arquivo ou diretório especificado. Por exemplo:

```
const fs = require("fs");
let stats = fs.statSync("book/ch15.md");
stats.isFile()          // => verdadeiro: este é um arquivo normal
stats.isDirectory()     // => falso: não é um diretório
stats.size              // tamanho do arquivo file em bytes
stats.atime             // data de acesso: Data em que foi lido pela última vez
stats.mtime             // data de modificação: Data em que foi gravado pela
                        // última vez
stats.uid               // a identificação do usuário proprietário do arquivo
stats.gid               // a identificação de grupo do proprietário do arquivo
stats.mode.toString(8)  // as permissões do arquivo na forma de uma string octal
```

O objeto Stats retornado contém outros métodos e outras propriedades, mais obscuros, mas o código anterior demonstra aquelas que você encontrará com mais frequência.

fs.lstat() e suas variantes funcionam como fs.stat(), exceto se o arquivo especificado for um link simbólico, então o Node retornará metadados para o link em vez de segui-lo.

Se você abriu um arquivo para produzir um descritor de arquivo ou um objeto FileHandle, então pode usar `fs.fstat()` ou suas variantes para obter informações de metadados para o arquivo aberto sem ter que especificar o nome do arquivo novamente.

Além de consultar metadados com `fs.stat()` e todas as suas variantes, também há funções para alterar metadados.

`fs.chmod()`, `fs.lchmod()` e `fs.fchmod()` (junto com as versões síncronas e baseadas em Promises) configuram o "modo" ou as permissões de um arquivo ou diretório. Os valores de modo são números inteiros nos quais cada *bit* tem um significado específico. É mais fácil pensar neles em notação octal. Por exemplo, para tornar um arquivo somente de leitura para o seu proprietário e inacessível para todos os outros usuários, use `0o400`:

```
fs.chmodSync("ch15.md", 0o400);     // Não o exclua por acidente!
```

`fs.chown()`, `fs.lchown()` e `fs.fchown()` (junto com as versões síncronas e baseadas em Promises) configuram o proprietário e o grupo (como IDs) para um arquivo ou diretório (estes são importantes porque interagem com as permissões do arquivo configuradas por `fs.chmod()`).

Por fim, você pode configurar a data de acesso e a data de modificação de um arquivo ou diretório com `fs.utimes()` e `fs.futimes()` e suas variantes.

16.7.6 Trabalhando com diretórios

Para criar um novo diretório no Node, use `fs.mkdir()`, `fs.mkdirSync()` ou `fs.promises.mkdir()`. O primeiro argumento é o caminho do diretório a ser criado. O segundo argumento opcional pode ser um número inteiro que especifica o modo (*bits* de permissões) para o novo diretório. Ou você pode passar um objeto com as propriedades opcionais `mode` e `recursive`. Se `recursive` é `true`, essa função cria os diretórios do caminho que ainda não existem:

```
// Garante que ambos dist/ e dist/lib/ existem.
fs.mkdirSync("dist/lib", { recursive: true });
```

`fs.mkdtemp()` e suas variantes recebem um prefixo de caminho que você fornece, adicionam alguns caracteres aleatórios a ele (o que é importante para a segurança), criam um diretório com esse nome e retornam (ou passam para uma *callback*) o caminho do diretório para você.

Para excluir um diretório, use `fs.rmdir()` ou uma de suas variantes. Observe que os diretórios devem estar vazios antes que possam ser excluídos.

```
// Cria um diretório temporário aleatório e obtém seu caminho, depois
// o exclui quando terminamos
let tempDirPath;
try {
    tempDirPath = fs.mkdtempSync(path.join(os.tmpdir(), "d"));
    // Faz algo com o diretório aqui
```

```
} finally {
    // Exclui o diretório temporário quando terminamos de usá-lo
    fs.rmdirSync(tempDirPath);
}
```

O módulo "fs" oferece duas APIs distintas para listar o conteúdo de um diretório. Primeiro, `fs.readdir()`, `fs.readdirSync()` e `fs.promises.readdir()` leem todo o diretório de uma só vez e fornecem um *array* de *strings* ou um *array* de objetos Dirent que especificam os nomes e tipos (arquivo ou diretório) de cada item. Os nomes de arquivo retornados por essas funções são apenas o nome local do arquivo, não todo o caminho. Observe os exemplos a seguir:

```
let tempFiles = fs.readdirSync("/tmp");  // retorna um array de strings

// Usa a API baseada em promises para obter um array Dirent, depois
// imprime os caminhos dos subdiretórios
fs.promises.readdir("/tmp", {withFileTypes: true})
    .then(entries => {
        entries.filter(entry => entry.isDirectory())
            .map(entry => entry.name)
            .forEach(name => console.log(path.join("/tmp/", name)));
    })
    .catch(console.error);
```

Se você espera ter que listar diretórios que podem ter milhares de entradas, a abordagem de fluxo de `fs.opendir()` e suas variantes pode ser preferível. Essas funções retornam um objeto Dir que representa o diretório especificado. Você pode usar os métodos `read()` ou `readSync()` do objeto Dir para ler um Dirent de cada vez. Se passar uma função *callback* para `read()`, ela chamará a *callback*. E se omitir o argumento da *callback*, retornará uma Promise. Quando não houver mais entradas de diretório, você obterá `null` em vez de um objeto Dirent.

A forma mais fácil de usar objetos Dir é como iteradores assíncronos com um laço `for/await`. Aqui, por exemplo, temos uma função que usa a API de transmissão para listar entradas de diretório, chama `stat()` em cada entrada e imprime os nomes e tamanhos dos arquivos e diretórios:

```
const fs = require("fs");
const path = require("path");

async function listDirectory(dirpath) {
    let dir = await fs.promises.opendir(dirpath);
    for await (let entry of dir) {
        let name = entry.name;
        if (entry.isDirectory()) {
            name += "/";  // Adiciona uma barra à direita aos subdiretórios
        }
        let stats = await fs.promises.stat(path.join(dirpath, name));
        let size = stats.size;
        console.log(String(size).padStart(10), name);
    }
}
```

16.8 Clientes e servidores HTTP

Os módulos "http", "https" e "http2" do Node são implementações completas dos protocolos HTTP em termos de recursos, mas de relativo baixo nível. Eles definem APIs abrangentes para implementar clientes e servidores HTTP. Como as APIs são de relativo baixo nível, não há espaço neste capítulo para abordarmos todos os seus recursos, mas os exemplos a seguir demonstram como escrever clientes e servidores básicos.

A forma mais simples de fazer uma requisição HTTP GET básica é com `http.get()` ou `https.get()`. O primeiro argumento dessas funções é o URL a buscar (se for um URL `http://`, é preciso usar o módulo "http"; se for um URL `https://`, é preciso usar o módulo "https"). O segundo argumento é uma *callback* que será chamada com um objeto IncomingMessage quando a resposta do servidor começa a chegar. Quando a *callback* é chamada, o *status* e os cabeçalhos HTTP ficam disponíveis, mas o corpo pode não estar pronto ainda. O objeto IncomingMessage é um fluxo Readable, e você pode usar as técnicas demonstradas anteriormente neste capítulo para ler o corpo da resposta a partir dele.

A função `getJSON()` no final da Seção 13.2.6 usava a função `http.get()` como parte de uma demonstração da construtora `Promise()`. Agora que você conhece os fluxos Node e o modelo de programação do Node de forma mais geral, vale a pena revisitar esse exemplo para ver como `http.get()` é usada.

`http.get()` e `https.get()` são variantes ligeiramente simplificadas das funções mais gerais `http.request()` e `https.request()`. A função `postJSON()` a seguir demonstra como usar `https.request()` para fazer um pedido HTTPS POST que inclui um corpo de pedido JSON. Assim como a função `getJSON()` do Capítulo 13, ela espera uma resposta JSON e retorna uma Promise que é cumprida como a versão analisada dessa resposta:

```
const https = require("https");

/*
 * Converte o objeto corpo em uma string JSON e então a envia por HTTPS POST para
 * a extremidade da API especificada no host especificado. Quando a resposta chega,
 * analisa o corpo da resposta como JSON e resolve a Promise retornada com
 * o valor analisado.
 */
function postJSON(host, endpoint, body, port, username, password) {
    // Retorna um objeto Promise imediatamente, então chama resolve ou reject
    // quando o pedido HTTPS tem sucesso ou falha.
    return new Promise((resolve, reject) => {
        // Converte o objeto corpo em string
        let bodyText = JSON.stringify(body);
```

```
// Configura o pedido HTTPS
let requestOptions = {
    method: "POST", // Ou "GET", "PUT", "DELETE" etc.
    host: host,     // O host ao qual se conectar
    path: endpoint, // O caminho do URL
    headers: {      // Cabeçalhos HTTP para o pedido
        "Content-Type": "application/json",
        "Content-Length": Buffer.byteLength(bodyText)
    }
};

if (port) {         // Se uma porta é especificada,
    requestOptions.port = port;    // usa-a para o pedido.
}
// Se credenciais são especificadas, adiciona um cabeçalho Authorization.
if (username && password) {
    requestOptions.auth = `${username}:${password}`;
}

// Agora cria o pedido com base no objeto de configuração
let request = https.request(requestOptions);

// Grava o corpo do pedido POST e encerra o pedido.
request.write(bodyText);
request.end();

// Falha em erros de pedido (como ausência de conexão de rede)
request.on("error", e => reject(e));

// Trata a resposta quando ela começar a chegar
request.on("response", response => {
    if (response.statusCode !== 200) {
        reject(new Error(`HTTP status ${response.statusCode}`));
        // Não nos importamos com o corpo da resposta neste caso, mas
        // não queremos que fique presa em algum lugar do buffer, então
        // colocamos o fluxo em modo de fluxo sem registrar
        // uma rotina de tratamento "data" para que o corpo seja descartado.
        response.resume();
        return;
    }

    // Queremos texto, não bytes. Estamos supondo que o texto terá
    // formato JSON, mas não nos damos ao trabalho de verificar o
    // cabeçalho Content-Type.
    response.setEncoding("utf8");

    // O Node não tem um analisador de fluxo de JSON, então lemos
    // todo o corpo da resposta em uma string.
    let body = "";
    response.on("data", chunk => { body += chunk; });
```

```
                // Agora tratamos a resposta quando está completa.
                response.on("end", () => {      // Quando a resposta termina,
                    try {                       // tenta analisá-la como JSON
                        resolve(JSON.parse(body)); // e resolve o resultado.
                    } catch(e) {                // Ou, se algo der errado,
                        reject(e);              // rejeita com o erro
                    }
                });
            });
        });
    }
```

Além de fazer pedidos HTTP e HTTPS, os módulos "http" e "https" também permitem que você escreva servidores que respondem a esses pedidos. A abordagem básica é a seguinte:

- Crie um novo objeto Server.
- Chame o seu método `listen()` para começar a captar pedidos na porta especificada.
- Registre uma rotina de tratamento para eventos "*request*", use-a para ler o pedido do cliente (especialmente a propriedade `request.url`) e escreva a sua resposta.

O código a seguir cria um servidor HTTP simples que serve arquivos estáticos a partir do sistema de arquivos local e também implementa um ponto extremo de depuração que responde ao pedido do cliente ecoando o pedido.

```
// Este é um servidor HTTP estático simples que serve arquivos de um diretório
// especificado. Também implementa um ponto extremo especial /test/mirror que
// ecoa o pedido que chega, o que pode ser útil quando depuramos clientes.
const http = require("http");      // Usa "https" se você tem um certificado
const url = require("url");        // Para analisar URLs
const path = require("path");      // Para manipular caminhos do sistema de arquivos
const fs = require("fs");          // Para ler arquivos

// Serve arquivos do diretório raiz especificado através de um servidor HTTP que
// ouve na porta especificada.
function serve(rootDirectory, port) {
    let server = new http.Server(); // Cria um novo servidor de HTTP
    server.listen(port);            // Ouve na porta especificada
    console.log("Listening on port", port);

    // Quando pedidos chegam, trata-o com esta função
    server.on("request", (request, response) => {
        // Obtém a parte do caminho do URL da requisição, ignorando
        // parâmetros de consulta anexados a ele.
        let endpoint = url.parse(request.url).pathname;

        // Se o pedido foi por "/test/mirror", envia a requisição de volta
        // literalmente.
        // Útil quando é preciso ver os cabeçalhos e o corpo da requisição.
        if (endpoint === "/test/mirror") {
```

```
        // Configura o cabeçalho da resposta
        response.setHeader("Content-Type", "text/plain; charset=UTF-8");

        // Especifica o código de status da resposta
        response.writeHead(200);    // 200 OK

        // Inicia o corpo da resposta com a requisição
        response.write(`${request.method} ${request.url} HTTP/${
                           request.httpVersion
                       }\r\n`);

        // Gera os cabeçalhos da requisição
        let headers = request.rawHeaders;
        for(let i = 0; i < headers.length; i += 2) {
            response.write(`${headers[i]}: ${headers[i+1]}\r\n`);
        }

        // Finaliza os cabeçalhos com uma linha em branco extra
        response.write("\r\n");

        // Agora precisamos copiar o corpo da requisição para o corpo da resposta
        // Como ambos são fluxos, podemos usar um pipe
        request.pipe(response);
    }
    // Caso contrário, serve um arquivo do diretório local.
    else {
        // Mapeia a extremidade para um arquivo no sistema de arquivos local
        let filename = endpoint.substring(1); // corta o / inicial
        // Não permite "../" no caminho porque seria um risco de
        // segurança servir qualquer coisa fora do diretório raiz.
        filename = filename.replace(/\.\.\//g, "");
        // Agora converte de nome de arquivo relativo para absoluto
        filename = path.resolve(rootDirectory, filename);

        // Agora adivinha o tipo de conteúdo do arquivo com base na extensão
        let type;
        switch(path.extname(filename)) {
        case ".html":
        case ".htm": type = "text/html"; break;
        case ".js": type = "text/javascript"; break;
        case ".css": type = "text/css"; break;
        case ".png": type = "image/png"; break;
        case ".txt": type = "text/plain"; break;
        default: type = "application/octet-stream"; break;
        }

        let stream = fs.createReadStream(filename);
        stream.once("readable", () => {
            // Se o fluxo se torna legível, configura o
            // cabeçalho Content-Type e um status 200 OK. Depois redireciona o
            // fluxo do leitor de arquivo para a resposta. O pipe
            // chama automaticamente response.end() quando o fluxo termina.
```

```
                response.setHeader("Content-Type", type);
                response.writeHead(200);
                stream.pipe(response);
            });

            stream.on("error", (err) => {
                // Em vez disso, se obtemos um erro tentando abrir o fluxo,
                // o arquivo provavelmente não existe ou não é legível.
                // Envia uma resposta em texto puro 404 Not Found com a
                // mensagem de erro.
                response.setHeader("Content-Type", "text/plain; charset=UTF-8");
                response.writeHead(404);
                response.end(err.message);
            });
        }
    });
}

// Quando somos chamados da linha de comando, chama a função serve()
serve(process.argv[2] || "/tmp", parseInt(process.argv[3]) || 8000);
```

Os módulos internos do Node são tudo o que você precisa para escrever servidores HTTP e HTTPS simples. Observe, no entanto, que os servidores de produção em geral não são construídos diretamente sobre esses módulos. Em vez disso, a maioria dos servidores não triviais é implementada com o uso de bibliotecas externas, como o *framework* Express, que fornecem "*middleware*" e outros utilitários de alto nível que os desenvolvedores Web do lado do servidor esperam encontrar nos sistemas.

16.9 Servidores e clientes de rede não HTTP

Os servidores e clientes Web se tornaram tão onipresentes que é fácil esquecer que é possível escrever clientes e servidores que não usam HTTP. Embora tenha a reputação de ser um bom ambiente para escrever servidores Web, o Node também oferece suporte completo para escrever outros tipos de servidores e clientes de rede.

Se você já sabe trabalhar com fluxos, as redes são relativamente simples, pois os soquetes de rede são simplesmente um tipo de fluxo Duplex. O módulo "net" define as classes Server e Socket. Para criar um servidor, chame `net.createServer()` e então chame o método `listen()` do objeto resultante para dizer ao servidor em qual porta captar conexões. O objeto Server gera eventos "*connection*" quando um cliente se conecta à porta, e o valor passado para o receptor de evento é um objeto Socket. Esse objeto é um fluxo Duplex e você pode usá-lo para ler dados do cliente e gravar dados no cliente. Chame `end()` no objeto Socket para desconectar.

Escrever um cliente é ainda mais fácil: passe um número de porta e um nome de host para `net.createConnection()` a fim de criar um soquete para se comunicar com o que o servidor estiver executando no host e captar na porta. A seguir, use o soquete para ler e gravar dados de e no servidor.

O código a seguir demonstra como escrever um servidor com o módulo "net". Quando o cliente se conecta, o servidor conta uma piada de toc-toc:

```
// Um servidor TCP que entrega piadas de toc-toc interativas na porta 6789.
// (O que o seis disse para o sete quando foi sequestrado por alienígenas? Sete, Oi, tô n'óvni!)
const net = require("net");
const readline = require("readline");

Cria um objeto Server e começa a captar conexões
let server = net.createServer();
server.listen(6789, () => console.log("Delivering laughs on port 6789"));

// Quando um cliente se conecta, conta uma piada de toc-toc.
server.on("connection", socket => {
    tellJoke(socket)
        .then(() => socket.end())  // Quando a piada termina, fecha o soquete.
        .catch((err) => {
            console.error(err);    // Registra qualquer erro que ocorreu,
            socket.end();          // mas ainda fecha o soquete!
        });
});
// Estas são todas as piadas que conhecemos.
const jokes = {
    "Boo": "Don't cry...it's only a joke!",
    "Lettuce": "Let us in! It's freezing out here!",
    "A little old lady": "Wow, I didn't know you could yodel!"
};

// Conta interativamente a piada de toc-toc pelo soquete, sem bloqueio.
async function tellJoke(socket) {
    // Escolhe uma das piadas aleatoriamente
    let randomElement = a => a[Math.floor(Math.random() * a.length)];
    let who = randomElement(Object.keys(jokes));
    let punchline = jokes[who];

    // Usa o módulo readline para ler a entrada do usuário, uma linha por vez.
    let lineReader = readline.createInterface({
        input: socket,
        output: socket,
        prompt: ">> "
    });

    // Uma função utilitária para produzir uma linha de texto para o cliente
    // e então (por padrão) exibir um prompt.
    function output(text, prompt=true) {
        socket.write(`${text}\r\n`);
        if (prompt) lineReader.prompt();
    }

    // As piadas de toc-toc têm uma estrutura de chamada e resposta.
    // Esperamos uma entrada diferente do usuário em estágios diferentes e
```

```
    // adotamos ações diferentes quando obtemos essa entrada em estágios diferentes.
    let stage = 0;

    // Começa a piada de toc-toc da maneira tradicional.
    output("Knock knock!");

    // Agora lê linhas do cliente assincronamente até a piada terminar.
    for await (let inputLine of lineReader) {
        if (stage === 0) {
            if (inputLine.toLowerCase() === "who's there?") {
                // Se o usuário dá a resposta certa no estágio 0,
                // conta a primeira parte da piada e vai para o estágio 1.
                output(who);
                stage = 1;
            } else {
                // Caso contrário, ensina o usuário a contar piadas de toc-toc.
                output('Please type "Who\'s there?".');
            }
        } else if (stage === 1) {
            if (inputLine.toLowerCase() === `${who.toLowerCase()} who?`) {
                // Se a resposta do usuário está correta no estágio 1,
                // conta o fim da piada e retorna, pois a piada terminou.
                output(`${punchline}`, false);
                return;
            } else {
                // Nos faz participar da brincadeira.
                output(`Please type "${who} who?".`);
            }
        }
    }
}
```

Servidores baseados em texto simples como este normalmente não precisam de um cliente personalizado. Se o utilitário nc (“*netcat*”) está instalado no seu sistema, você pode usá-lo para se comunicar com esse servidor da seguinte maneira:

```
$ nc localhost 6789
Knock knock!
>> Who's there?
A little old lady
>> A little old lady who?
Wow, I didn't know you could yodel!
```

Por outro lado, escrever um cliente personalizado no Node para o servidor de piada é fácil. Basta nos conectarmos ao servidor, depois redirecionar a saída para *stdout* e *stdin* para a entrada do servidor.

```
// Conecta à porta de piada (6789) no servidor nomeado na linha de comando
let socket = require("net").createConnection(6789, process.argv[2]);
socket.pipe(process.stdout);              // Redireciona dados do soquete para stdout
process.stdin.pipe(socket);               // Redireciona dados de stdin para o soquete
socket.on("close", () => process.exit()); // Encerra quando o soquete se encerra.
```

Além de suportar servidores baseados em TCP, o módulo "net" do Node também suporta comunicação entre processos por "soquetes de domínio Unix" identificados por um caminho no sistema de arquivos e não por um número de porta. Não vamos abordar esse tipo de soquete neste capítulo, mas a documentação do Node tem detalhes. Outros recursos do Node para os quais não temos espaço aqui incluem o módulo "dgram" para clientes e servidores baseados em UDP e o módulo "tls" que está para "net" como "https" está para "http". As classes `tls.Server` e `tls.TLSSocket` permitem a criação de servidores TCP (como o servidor de piadas toc-toc) que usam conexões com criptografia SSL da mesma forma que os servidores HTTPS.

16.10 Trabalhando com processos filhos

Além de escrever servidores de alta concorrência, o Node também funciona bem para escrever *scripts* que executam outros programas. No Node, o módulo "child_process" define diversas funções para executar outros programas como processos filhos. Esta seção demonstra algumas delas, começando pelas mais simples e avançando para as mais complexas.

16.10.1 execSync() e execFileSync()

A forma mais fácil de executar outro programa é com `child_process.execSync()`. Essa função recebe o comando de executar como seu primeiro argumento. Ela cria um processo filho, executa um *shell* nesse processo e usa o *shell* para executar o comando que você passou. A seguir, ela bloqueia até o comando (e o *shell*) ser encerrado. Se o comando é encerrado com erro, `execSync()` lança uma exceção. Caso contrário, `execSync()` retorna a saída que o comando grava no seu fluxo *stdout*. Por padrão, esse valor de retorno é um *buffer*, mas você pode especificar uma codificação em um segundo argumento opcional para obter uma *string*. Se o comando grava alguma saída em *stderr*, esta é simplesmente passada para o fluxo *stderr* do processo pai.

Assim, por exemplo, se você está escrevendo um *script* e não está preocupado com desempenho, poderia usar `child_process.execSync()` para listar um diretório com um comando de *shell* conhecido do Unix em vez de usar a função `fs.readdirSync()`:

```
const child_process = require("child_process");
let listing = child_process.execSync("ls -l web/*.html", {encoding: "utf8"});
```

O fato de `execSync()` chamar um *shell* Unix completo significa que a *string* que você passa para ela pode incluir múltiplos comandos separados por ponto e vírgula e pode utilizar recursos do *shell* como curingas em nomes de arquivo, pipes e redirecionamento da saída. Também significa que você deve tomar cuidado para nunca passar um comando para `execSync()` se qualquer parte desse comando for a entrada do usuário ou vier de uma fonte semelhante não confiável. É fácil subverter a sintaxe complexa dos comandos de *shell* para permitir que um invasor execute códigos arbitrários.

Se você não precisa dos recursos de um *shell*, pode usar `child_process.execFileSync()` para evitar a sobrecarga de iniciar um *shell*. Essa função executa um programa diretamente, sem chamar um *shell*. Como não envolve um *shell*, no entanto, ela não pode analisar uma linha de comando e é preciso passar o executável como o primeiro argumento e um *array* de argumentos da linha de comando como o segundo:

```
let listing = child_process.execFileSync("ls", ["-l", "web/"],
{encoding: "utf8"});
```

Opções de processos filhos

`execSync()` e muitas das outras funções `child_process` têm um segundo ou terceiro argumento opcional que especifica detalhes adicionais sobre como o processo filho deve ser executado. A propriedade `encoding` desse objeto foi usada anteriormente para especificar que queríamos que a saída de comando fosse gerada como uma *string* e não como *buffer*. Outras propriedades importantes que você pode especificar incluem (observe que nem todas as opções estão disponíveis para todas as funções de processos filhos):

- `cwd` especifica o diretório de trabalho para o processo filho. Se omiti-la, o processo filho herda o valor de `process.cwd()`.
- `env` especifica as variáveis de ambiente às quais o processo filho terá acesso. Por padrão, os processos filhos simplesmente herdam `process.env`, mas você pode especificar um objeto diferente se quiser.
- `input` especifica uma *string* ou *buffer* de dados de entrada que devem ser usados como entrada padrão do processo filho. Essa opção só está disponível para as funções síncronas que não retornam um objeto ChildProcess.
- `maxBuffer` especifica o número máximo de *bytes* de saída que serão coletados pelas funções `exec` (ela não se aplica a `spawn()` e a `fork()`, que usam fluxos). Se um processo filho produz mais saídas do que isso, ele é terminado e encerrado com um erro.
- `shell` especifica o caminho de um executável *shell* ou `true`. Para funções de processos filhos que normalmente executam comandos de *shell*, essa opção permite que você especifique qual *shell* usar. Para funções que normalmente não usam um *shell*, essa opção permite que você especifique que um *shell* deve ser usado (configura a propriedade como `true`) ou especifique exatamente qual *shell* usar.
- `timeout` especifica o número máximo de milissegundos durante os quais o processo filho deve poder ser executado. Se não foi encerrado antes de decorrido esse tempo, ele é terminado e encerrado com um erro (essa opção se aplica a funções `exec`, mas não a `spawn()` ou a `fork()`).
- `uid` especifica a identificação do usuário (um número) sob o qual o programa deve ser executado. Se o processo pai está sendo executado em uma conta privilegiada, essa opção pode ser usada para executar o filho com privilégios limitados.

16.10.2 exec() e execFile()

As funções `execSync()` e `execFileSync()` são, como seus nomes indicam, síncronas: elas bloqueiam e não retornam até o processo filho ser encerrado. Usar essas funções é semelhante a digitar comandos Unix em uma janela de terminal: elas permitem que você execute uma sequência de comandos, um de cada vez. Mas se está escrevendo um programa que precisa realizar diversas tarefas que não dependem uma da outra em nenhum sentido, talvez você queira paralelizá-las e executar múltiplos comandos ao mesmo tempo. É possível fazer isso com as funções assíncronas `child_process.exec()` e `child_process.execFile()`.

`exec()` e `execFile()` são como suas variantes síncronas, exceto que retornam imediatamente com um objeto ChildProcess que representa o processo filho em execução e recebem como argumento final uma *callback* com erro primeiro. A *callback* é chamada quando o processo filho é encerrado e, na verdade, é chamada com três argumentos. O primeiro é o erro, se houver; será `null` se o processo for encerrado normalmente. O segundo argumento é a saída coletada que foi enviada para o fluxo de saída padrão do filho. E o terceiro argumento é a saída enviada para o fluxo de erro padrão do filho, se houver.

O objeto ChildProcess retornado por `exec()` e `execFile()` permite que você encerre o processo filho e grave dados nele (que ele então pode ler a partir da sua entrada padrão). Abordaremos o ChildProcess em mais detalhes quando discutirmos a função `child_process.spawn()`.

Se você planeja executar múltiplos processos filhos ao mesmo tempo, pode ser mais fácil usar a versão "Promiseficada" de `exec()` que retorna um objeto Promise que, se o processo filho encerra sem erro, é resolvido como um objeto com propriedades `stdout` e `stderr`. Observe o exemplo seguinte, de uma função que recebe um *array* de comandos *shell* como entrada e retorna uma Promise que é resolvida como o resultado de todos esses comandos:

```
const child_process = require("child_process");
const util = require("util");
const execP = util.promisify(child_process.exec);

function parallelExec(commands) {
    // Usa o array de comandos para criar um array de Promises
    let promises = commands.map(command => execP(command, {encoding: "utf8"}));
    // Retorna uma Promise que preencherá um array com os valores de resolução
    // de cada uma das Promises individuais (em vez de retornar objetos
    // com propriedades stdout e stderr, apenas retornamos o valor de stdout).
    return Promise.all(promises)
        .then(outputs => outputs.map(out => out.stdout));
}

module.exports = parallelExec;
```

16.10.3 spawn()

As diversas funções exec descritas até aqui, tanto síncronas quanto assíncronas, foram projetadas para serem usadas com processos filhos executados rapidamente e que não produzem muitas saídas. Mesmo `exec()` e `execFile()` assíncronas não são baseadas em transmissão: elas retornam a saída do processo em um único lote e apenas após o processo ter encerrado.

A função `child_process.spawn()` permite que você tenha acesso contínuo à saída do processo filho enquanto este ainda está em execução. Ela também permite que você grave dados no processo filho (que verá esses dados como entrada no seu fluxo de entrada padrão): isso significa que é possível interagir dinamicamente com um processo filho, enviando a ele entradas baseadas nas saídas que gera.

`spawn()` não usa um *shell* por padrão, então é preciso chamá-lo como `execFile()`, especificando o executável a ser rodado e um *array* separado com os argumentos de linha de comando que deseja passar para ele. `spawn()` retorna um objeto ChildProcess assim como `execFile()`, mas não recebe um argumento *callback*. Em vez de usar uma função *callback*, você capta eventos no objeto ChildProcess e nos seus fluxos.

O objeto ChildProcess retornado por `spawn()` é um emissor de evento. Você pode captar o evento "*exit*" para ser notificado quando o processo filho é encerrado. Um objeto ChildProcess também possui três propriedades de fluxo. `stdout` e `stderr` são fluxos Readable: quando o processo filho grava nos seus fluxos *stdout* e *stderr*, essa saída se torna legível através dos fluxos de ChildProcess. Observe a inversão dos nomes nesse caso. No processo filho, "*stdout*" é um fluxo de saída Writable; no processo pai, entretanto, a propriedade `stdout` de um objeto ChildProcess é um fluxo de entrada Readable.

Da mesma forma, a propriedade `stdin` do objeto ChildProcess é um fluxo Writable: tudo que você escreve nesse fluxo é disponibilizado para o processo filho na sua entrada padrão.

O objeto ChildProcess também define uma propriedade `pid` que especifica a identificação do processo do filho. E ele define um método `kill()` que você pode usar para encerrar um processo filho.

16.10.4 fork()

`child_process.fork()` é uma função especializada para executar um módulo de código JavaScript em um processo filho do Node. `fork()` espera os mesmos argumentos que `spawn()`, mas o primeiro argumento deve especificar o caminho de um arquivo de código JavaScript e não um arquivo binário executável.

Um processo filho criado com `fork()` pode se comunicar com o processo pai por meio dos seus fluxos de entrada padrão e saída padrão, como descrito na seção anterior para `spawn()`. Mas `fork()` também permite outro canal de comunicação, muito mais fácil, entre os processos pai e filho.

Quando cria um processo filho com `fork()`, você pode usar o método `send()` do objeto ChildProcess retornado para enviar uma cópia de um objeto ao processo filho. E você pode captar o evento "*message*" no ChildProcess para receber mensagens do filho. O código executado no processo filho pode usar `process.send()` para enviar uma mensagem ao pai e pode captar eventos "*message*" em process para receber mensagens do pai.

A seguir, por exemplo, vemos um código que usa `fork()` para criar um processo filho, então envia uma mensagem para esse filho e aguarda uma resposta:

```
const child_process = require("child_process");

// Começa um novo processo Node rodando o código em child.js no nosso diretório
let child = child_process.fork(`${__dirname}/child.js`);

// Envia uma mensagem para o filho
child.send({x: 4, y: 3});

// Imprime a resposta do filho quando esta chega.
child.on("message", message => {
    console.log(message.hypotenuse); // Isto deve imprimir "5"
    // Como enviamos apenas uma mensagem, esperamos apenas uma resposta.
    // Após a recebermos, chamamos disconnect() para encerrar a conexão entre
    // pai e filho. Isso permite que ambos os processos sejam encerrados de forma limpa.
    child.disconnect();
});
```

E aqui está o código executado no processo filho:

```
// Aguarda mensagens do nosso processo pai
process.on("message", message => {
    // Quando recebemos uma, realiza um cálculo e envia o resultado
    // de volta para o pai.
    process.send({hypotenuse: Math.hypot(message.x, message.y)});
});
```

Iniciar processos filhos é uma operação dispendiosa, e o processo filho teria que realizar uma quantidade de computação de magnitude maior para que fizesse sentido usar `fork()` e comunicação entre processos dessa maneira. Se você está escrevendo um programa que precisa responder rapidamente a eventos de entrada e também precisa realizar cálculos demorados, considere usar um processo filho separado para realizar os cálculos de forma que estes não bloqueiem o laço de eventos e não reduzam a capacidade de resposta do processo pai (contudo, uma *thread* [consulte a Seção 16.11 pode ser uma opção melhor do que um processo filho nesse cenário).

O primeiro argumento de `send()` será serializado com `JSON.stringify()` e desserializado no processo filho com `JSON.parse()`, então você deve incluir somente valores suportados pelo formato JSON. `send()` tem um segundo argumento especial, no entanto, que permite que você transfira objetos Socket e Server (do módulo "net") para um processo filho. Os servidores de rede tendem a ser limitados pelas tarefas de E/S, e não CPU, mas se você escreveu um servidor que precisa realizar mais cálculos do que uma única CPU consegue, e se está executando esse servidor em uma máquina com múltiplas CPUs, então poderia usar `fork()` para criar múltiplos processos filhos para tratar as solicitações. No processo pai, você poderia captar eventos "*connection*" no seu objeto Server, então obter o objeto Socket desse evento "*connection*" e usar `send()` nele (usando o segundo argumento especial) para enviá-lo a um dos processos filhos a fim de que seja tratado. (Observe que esta é uma solução improvável para um cenário incomum. Em vez de escrever um servidor que divide processos filhos, provavelmente seria mais simples manter o seu servidor em uma *thread* única e implementar múltiplas instâncias dele em produção para lidar com a carga.)

16.11 *Threads worker*

Como explicado no início deste capítulo, o modelo de concorrência do Node é baseado em eventos e é de *thread* única. Mas na versão 10 e nas posteriores, o Node permite programação verdadeiramente com múltiplas *threads*, com uma API que reflete de perto a API Web Workers definida pelos navegadores Web (Seção 15.13). A programação com múltiplas *threads*, ou *multithreading*, tem a merecida reputação de ser difícil, mas isso é quase exclusivamente causado pela necessidade de sincronizar com muito cuidado o acesso à memória compartilhada por parte das *threads*. Contudo, as *threads* em JavaScript (tanto no Node quanto em navegadores) não compartilham memória por padrão, de modo que os perigos e as dificuldades de usar *threads* não se aplicam aos workers em JavaScript.

Em vez de usar memória compartilhada, as *threads worker* de JavaScript se comunicam por passagem de mensagens. A *thread* principal pode enviar uma mensagem para uma *thread worker* pela chamada do método `postMessage()` do objeto Worker que representa essa *thread*. A *thread worker* pode receber mensagens da sua *thread* pai captando eventos "*message*". E *workers* podem enviar mensagens para a *thread* principal com a sua própria versão de `postMessage()`, que a *thread* pai pode receber com a sua própria rotina de tratamento de evento "*message*". O código de exemplo deixa mais claro como isso funciona.

Há três motivos para querer usar *threads worker* em um aplicativo Node:

- Se o seu aplicativo realmente precisa usar mais poder de computação do que um núcleo de processador consegue tratar, as *threads* permitem que você distribua o trabalho entre múltiplos núcleos, o que se tornou comum nos computadores da atualidade. Se está realizando cálculos científicos, aprendizado de máquina ou processamento gráfico no Node, você pode querer usar *threads* simplesmente para dedicar mais poder computacional ao seu problema.

- Mesmo que o seu aplicativo não use toda a capacidade de uma CPU, você ainda pode querer usar *threads* para preservar a capacidade de resposta da *thread* principal. Considere um servidor que trata solicitações grandes, mas relativamente infrequentes. Suponha que ele receba apenas uma solicitação por segundo, mas precisa gastar cerca de meio segundo de computação (*CPU-bound* e com bloqueio) para processar cada uma. Em média, ele ficará ocioso 50% do tempo. Mas quando duas solicitações chegam com um intervalo de poucos milissegundos entre si, o servidor não consegue sequer começar uma resposta para a segunda até o cálculo da primeira estar completo. Em vez disso, se o servidor usa uma *thread* worker para realizar o cálculo, ele pode começar a resposta para ambas imediatamente e oferecer uma experiência melhor para os clientes do servidor. Pressupondo que o servidor tem mais de um núcleo de processador, ele também pode calcular o corpo de ambas as respostas em paralelo, mas mesmo que tenha apenas um núcleo, usar workers ainda melhora a capacidade de resposta.
- Em geral, workers nos permitem transformar operações síncronas com bloqueio em operações assíncronas sem bloqueio. Se você está escrevendo um programa que depende de código legado inevitavelmente síncrono, pode ser possível usar workers para evitar o bloqueio quando precisa chamar o código legado.

As *threads worker* estão longe de ter a potência dos processos filhos, mas não são tão leves. Em geral, não faz sentido criar um worker a menos que tenha trabalho significativo para ele realizar. E, também em linhas gerais, se seu programa não é *CPU-bound* e não está sofrendo com problemas de capacidade de resposta, você provavelmente não precisa de *threads worker*.

16.11.1 Criando workers e passando mensagens

O módulo do Node que define workers é conhecido como "worker_*threads*". Nesta seção, vamos nos referir a ele com o identificador `threads`:

```
const threads = require("worker_threads");
```

Este módulo define uma classe Worker para representar uma *thread* worker, e você pode criar uma nova *thread* com a construtora `threads.Worker()`. O código a seguir demonstra a prática usando essa construtora para criar um worker e mostra como passar mensagens da *thread* principal para o worker e vice-versa. Ele demonstra também um truque que permite colocar o código da *thread* principal e o código da *thread* worker no mesmo arquivo[2].

[2]Muitas vezes é mais simples e mais limpo definir o código worker em um arquivo separado. Mas esse truque de ter duas *threads* rodando seções diferentes do mesmo arquivo me deixou embasbacado quando o encontrei pela primeira vez para a chama de sistema `fork()` do Unix. E acho que vale a pena demonstrar essa técnica simplesmente pela sua estranha elegância.

```
const threads = require("worker_threads");

// O módulo worker_threads exporta a propriedade booleana isMainThread.
// Essa propriedade é true quando Node está executando a thread principal e
// false quando está executando um worker. Podemos usar esse fato para implementar
// as threads principal e worker no mesmo arquivo.
if (threads.isMainThread) {
    // Se estamos rodando na thread principal, tudo o que fazemos é exportar
    // uma função. Em vez de realizar uma tarefa intensiva em poder de
    // computação na thread principal, a função passa a tarefa para um worker
    // e retorna uma Promise que será resolvida quando o worker terminar.
    module.exports = function reticulateSplines(splines) {
        return new Promise((resolve,reject) => {
            // Cria um worker que carrega e executa esse mesmo arquivo de código.
            // Observe o uso da variável especial __filename.
            let reticulator = new threads.Worker(__filename);

            // Passa uma cópia de array splines para o worker
            reticulator.postMessage(splines);

            // E então resolve ou rejeita a Promise quando obtemos
            // uma mensagem ou erro do worker.
            reticulator.on("message", resolve);
            reticulator.on("error", reject);
        });
    };
} else {
    // Se chegamos aqui, isso significa que estamos no worker, então registramos uma
    // função de tratamento para receber mensagens da thread principal. Este worker
    // foi projetado para receber uma única mensagem, então registramos uma função de
    // tratamento de evento com once() em vez de on(). Isso permite que o worker
    // encerre naturalmente quando seu trabalho estiver completo.
    threads.parentPort.once("message", splines => {
        // Quando obtiver os splines da thread pai, itere
        // por eles e reticule todos.
        for(let spline of splines) {
            // Para este exemplo, suponha que os objetos spline normalmente
            // têm um método reticulate() que realiza muitos cálculos.
            spline.reticulate ? spline.reticulate() : spline.reticulated = true;
        }

        // Quando todos os splines foram reticulados (finalmente!),
        // passa uma cópia de volta para a thread principal.
        threads.parentPort.postMessage(splines);
    });
}
```

O primeiro argumento da construtora `Worker()` é o caminho de um arquivo de código JavaScript executado na *thread*. No código anterior, usamos o identificador predefinido `__filename` para criar um worker que carrega e roda o mesmo arquivo que a *thread* principal. Em geral, no entanto, você passa um caminho de arquivo. Observe que, se você especificar um caminho relativo, ele é relativo a `process.cwd()`, não ao módulo em execução atual. Se quiser um caminho relativo ao módulo atual, use algo como `path.resolve(__dirname, 'workers/reticulator.js')`.

A construtora `Worker()` também pode aceitar um objeto como segundo argumento, e as propriedades desse objeto permitem a configuração adicional do worker. Abordaremos algumas dessas opções posteriormente; por ora, observe que, se passar `{eval: true}` como o segundo argumento, o primeiro argumento de `Worker()` será interpretado como uma *string* de código JavaScript a ser avaliada em vez de um nome de arquivo:

```
new threads.Worker(`
    const threads = require("worker_threads");
    threads.parentPort.postMessage(threads.isMainThread);
`, {eval: true}).on("message", console.log); // Isso imprime "false"
```

Node faz uma cópia do objeto passado para `postMessage()` em vez de compartilhá-lo diretamente com a *thread* worker. Isso impede que a *thread* worker e a *thread* principal compartilhem memória. Seria de esperar que essa cópia seria feita com `JSON.stringify()` e `JSON.parse()` (Seção 11.6). Na verdade, Node toma emprestado dos navegadores Web uma técnica mais robusta, chamada de algoritmo de clone estruturado.

O algoritmo de clone estruturado permite a serialização da maioria dos tipos de JavaScript, incluindo objetos Map, Set, Date e RegExp e *arrays* tipados, mas, em geral, não copia tipos definidos pelo ambiente hospedeiro Node, como soquetes e fluxos. Observe, no entanto, que objetos Buffer são suportados parcialmente: se você passa um Buffer para `postMessage()`, este é recebido como um Uint8Array e pode ser convertido de volta em um Buffer com `Buffer.from()`. Leia mais sobre o algoritmo de clone estruturado em "O algoritmo de clone estruturado" na página 513.

16.11.2 O ambiente de execução de workers

De modo geral, o código JavaScript em uma *thread* worker do Node é executado da mesma forma que seria na *thread* principal do Node. Há algumas poucas diferenças que você deve conhecer, e algumas delas envolvem propriedades do segundo argumento opcional da construtora `Worker()`:

- Como vimos, `threads.isMainThread` é `true` na *thread* principal, mas sempre `false` em qualquer *thread* worker.
- Em uma *thread* worker, você pode usar `threads.parentPort.postMessage()` para enviar uma mensagem para a *thread* pai e `threads.parentPort.on` para registrar funções de tratamento de evento para mensagens da *thread* pai. Na *thread* principal, `threads.parent Port` é sempre `null`.
- Em uma *thread* worker, `threads.workerData` é configurado como uma cópia da propriedade `workerData` do segundo argumento da construtora `Worker()`. Na *thread* principal, essa propriedade é sempre `null`. Você pode usar essa propriedade `workerData`

para passar uma mensagem inicial ao worker que estará disponível assim que este iniciar para que o worker não tenha que esperar por um evento "*message*" antes de poder começar a realizar o trabalho.

- Por padrão, `process.env` em uma *thread* worker é uma cópia de `process.env` na *thread* pai. Mas a *thread* pai pode especificar um conjunto personalizado de variáveis de ambiente com a configuração da propriedade `env` do segundo argumento da construtora `Worker()`. Em um caso especial (e possivelmente perigoso), a *thread* pai pode configurar a propriedade `env` para `threads.SHARE_ENV`, o que faz duas *threads* compartilharem um único conjunto de variáveis de ambiente, de modo que a mudança em uma *thread* fica visível na outra.

- Por padrão, o fluxo `process.stdin` em um worker nunca tem dados legíveis. Você pode alterar esse padrão se passar `stdin: true` no segundo argumento para a construtora `Worker()`. Se fizer isso, a propriedade `stdin` do objeto Worker será um fluxo Writable. Qualquer dado que o pai grava em `worker.stdin` se torna legível em `process.stdin` no worker.

- Por padrão, os fluxos `process.stdout` e `process.stderr` no worker são simplesmente redirecionados para os fluxos correspondentes na *thread* pai. Isso significa, por exemplo, que `console.log()` e `console.error()` produzem saída em uma thread worker exatamente da mesma maneira que fariam na *thread* principal. Para anular esse padrão, você passa `stdout:true` ou `stderr:true` no segundo argumento da construtora `Worker()`. Se fizer isso, toda saída que o worker grava nesses fluxos se torna legível pela *thread* pai nas *threads* `worker.stdout` e `worker.stderr`. (Aqui ocorre uma inversão das direções dos fluxos que pode ser confusa. Vimos a mesma coisa com os processos filhos anteriormente neste capítulo: os fluxos de saída de uma *thread* worker são os fluxos de entrada da *thread* pai, e o fluxo de entrada de um worker é um fluxo de saída para o pai.)

- Se uma *thread* worker chama `process.exit()`, apenas a *thread* é encerrada, não todo o processo.

- As *threads worker* não podem mudar o estado compartilhado do processo do qual fazem parte. Funções como `process.chdir()` e `process.setuid()` lançam exceções quando chamadas de um worker.

- Sinais do sistema operacional (como `SIGINT` e `SIGTERM`) são entregues somente para a *thread* principal; eles não podem ser recebidos nem tratados nas *threads worker*.

16.11.3 Canais de comunicação e MessagePorts

Quando uma nova *thread* worker é criada, um canal de comunicação é criado junto com ela, o que permite que mensagens sejam passadas entre o worker e a *thread* pai. Como vimos, a *thread* worker usa `threads.parentPort` para enviar e receber mensagens de e para a *thread* pai; a *thread* pai usa o objeto Worker para enviar e receber mensagens de e para a *thread* worker.

A API da *thread* worker também permite a criação de canais de comunicação personalizados usando a API MessageChannel definida pelos navegadores Web e trabalhada na Seção 15.13.5. Se você leu aquela seção, já estará familiarizado com boa parte do material a seguir.

Suponha que um worker precise tratar dois tipos diferentes de mensagem enviados por dois módulos diferentes na *thread* principal. Esses dois módulos diferentes podem compartilhar o canal padrão e enviar mensagens com `worker.postMessage()`, mas seria mais limpo se cada módulo tivesse seu próprio canal privado para enviar mensagens ao worker. Ou considere o caso em que a *thread* principal cria dois workers independentes. Um canal de comunicação personalizado poderia permitir que os dois workers se comunicassem diretamente um com o outro em vez de precisarem enviar todas as suas mensagens através do pai.

Crie um novo canal de mensagens com a construtora `MessageChannel()`. Um objeto MessageChannel tem duas propriedades, `port1` e `port2`. Estas se referem a um par de objetos MessagePort. Chamar `postMessage()` em uma das portas faz um evento "*message*" ser gerado na outra com um clone estruturado do objeto Message:

```
const threads = require("worker_threads");
let channel = new threads.MessageChannel();
channel.port2.on("message", console.log); // Registra todas as mensagens que recebemos
channel.port1.postMessage("hello");        // Faz com que "hello" seja impresso
```

Você também pode chamar `close()` em qualquer uma das portas para interromper a conexão entre as duas portas e sinalizar que nenhuma mensagem será trocada depois disso. Quando `close()` é chamada em qualquer uma das portas, um evento "*close*" é entregue para ambas.

Observe que o exemplo de código anterior cria um par de objetos MessagePort e usa esses objetos para transmitir uma mensagem dentro da *thread* principal. Para usar canais de comunicação personalizados com workers, devemos transferir uma das duas portas da *thread* na qual foi criada para a *thread* na qual será usada. A próxima seção explica como fazer isso.

16.11.4 Transferindo MessagePorts e arrays tipados

A função `postMessage()` usa o algoritmo de clone estruturado e, como observamos, não pode copiar objetos como Sockets e Streams. Ela pode tratar objetos MessagePort, mas apenas como um caso especial, usando uma técnica especial. O método `postMessage()` (de um objeto Worker, de `threads.parentPort` ou de qualquer objeto MessagePort) recebe um segundo argumento opcional. Esse argumento (chamado `transferList`) é um *array* de objetos que devem ser transferidos entre *threads* em vez de ser copiados.

Um objeto MessagePort não pode ser copiado pelo algoritmo de clone estruturado, mas pode ser transferido. Se o primeiro argumento de `postMessage()` incluiu um ou mais MessagePorts (aninhados com profundidade arbitrária dentro do objeto Message), os objetos MessagePort também devem aparecer como membros do *array* passado como o segundo argumento. Isso informa ao Node que não precisa criar uma cópia de MessagePort e que pode, em vez disso, simplesmente entregar o objeto existente para a outra *thread*. O fato mais importante que você precisa entender sobre a transferência de valores entre *threads* é que, uma vez que o valor foi transferido, ele não pode mais ser usado na *thread* que chamou `postMessage()`.

Vejamos como você poderia criar um novo MessageChannel e transferir um dos seus MessagePorts para um worker:

```
// Cria um canal de comunicação personalizado
const threads = require("worker_threads");
let channel = new threads.MessageChannel();

// Usa o canal padrão do worker para transferir uma extremidade do novo
// canal para o worker. Suponha que, quando o worker recebe esta
// mensagem, ele imediatamente começa a captar mensagens no novo canal.
worker.postMessage({ command: "changeChannel", data: channel.port1 },
                   [ channel.port1 ]);

// Agora envia uma mensagem para o worker usando nossa extremidade do canal personalizado
channel.port2.postMessage("Can you hear me now?");

// E também capta respostas do worker.js
channel.port2.on("message", handleMessagesFromWorker);
```

Os objetos MessagePort não são os únicos que podem ser transferidos. Se você chama `postMessage()` com um *array* tipado como mensagem (ou com uma mensagem que contém um ou mais *arrays* tipados aninhados arbitrariamente dentro da mensagem), esse *array* tipado (ou mais de um deles) é simplesmente copiado pelo algoritmo de clone estruturado. Mas os *arrays* tipados podem ser grandes; por exemplo, se você está usando uma *thread* worker para realizar processamento de imagem em milhões de pixels. Assim, por uma questão de eficiência, `postMessage()` também nos dá a opção de transferir *arrays* tipados em vez de copiá-los. (As *threads* compartilham memória por padrão. As *threads worker* em JavaScript normalmente evitam a memória compartilhada, mas quando permitimos esse tipo de transferência controlada, ela pode ser realizada com alta eficiência). O que torna isso seguro é que, quando um *array* tipado é transferido para outra *thread*, ele deixa de ser utilizável na *thread* que o transferiu. No cenário de processamento de imagem, a *thread* principal poderia transferir os pixels de uma imagem para a *thread* worker, que por sua vez poderia transferir os pixels processados de volta para a *thread* principal depois que acaba. A memória não precisaria ser copiada, mas nunca estaria acessível por duas *threads* ao mesmo tempo.

Para transferir um *array* tipado em vez de copiá-lo, inclua o ArrayBuffer por trás do *array* no segundo argumento de `postMessage()`:

```
let pixels = new Uint32Array(1024*1024);    // 4 megabytes de memória

// Suponha que lemos os dados nesse array tipado e então transferimos os
```

```
// pixels para um worker sem copiá-los. Observe que não colocamos o array
// em si na lista de transferência e sim o objeto Buffer do array.
worker.postMessage(pixels, [ pixels.buffer ]);
```

Assim como MessagePorts transferidos, um *array* tipado transferido deixa de ser utilizável depois que é transferido. Não são lançadas exceções se você tenta usar um MessagePort ou *array* tipado que foi transferido; os objetos simplesmente param de fazer qualquer coisa quando você interage com eles.

16.11.5 Compartilhamento de arrays tipados entre threads

Além de transferir *arrays* tipados entre *threads*, é possível compartilhar um *array* tipado entre *threads*. Simplesmente crie um SharedArrayBuffer do tamanho desejado e então use esse *buffer* para criar um *array* tipado. Quando um *array* tipado baseado em um SharedArrayBuffer é passado por `postMessage()`, a memória subjacente é compartilhada entre as *threads*. Nesse caso, você não deve incluir o *buffer* compartilhado no segundo argumento de `postMessage()`.

Você não deveria fazer isso, entretanto, pois JavaScript não foi projetado com a segurança das *threads* em mente, e a programação com múltiplas *threads* é muito difícil de acertar (e é por isso que SharedArrayBuffer não foi abordado na Seção 11.2: é um recurso de nicho difícil de acertar). Mesmo o simples operador ++ não é seguro para *threads*, pois precisa ler um valor, incrementá-lo e gravá-lo de volta. Se duas *threads* incrementam um valor ao mesmo tempo, muitas vezes ele só é incrementado uma vez, como demonstra o código a seguir:

```
const threads = require("worker_threads");

if (threads.isMainThread) {
    // Na thread principal, criamos um array tipado compartilhado com
    // um elemento. Ambas as threads poderão ler e gravar
    // sharedArray[0] ao mesmo tempo.
    let sharedBuffer = new SharedArrayBuffer(4);
    let sharedArray = new Int32Array(sharedBuffer);

    // Agora cria uma thread worker, passando o array compartilhado para ela com
    // o seu valor workerData inicial para que não precisemos nos preocupar com
    // enviar e receber uma mensagem
    let worker = new threads.Worker(__filename, { workerData: sharedArray });

    // Espera o worker começar a rodar e então incrementa o
    // número inteiro compartilhado 10 milhões de vezes.
    worker.on("online", () => {
        for(let i = 0; i < 10_000_000; i++) sharedArray[0]++;

        // Depois que terminamos com nossos incrementos, começamos a captar
        // eventos message para saber quando o worker terminou.
        worker.on("message", () => {
            // Embora o número inteiro compartilhado tenha sido incrementado
            // 20 milhões de vezes, seu valor geralmente será muito menor.
```

```
            // No meu computador, o valor final normalmente é de menos de 12 milhões.
            console.log(sharedArray[0]);
        });
    });
} else {
    // Na thread worker, obtemos o array compartilhado de workerData
    // e então o incrementamos 10 milhões de vezes.
    let sharedArray = threads.workerData;
    for(let i = 0; i < 10_000_000; i++) sharedArray[0]++;
    // Quando terminamos de incrementar, informa a thread principal
    threads.parentPort.postMessage("done");
}
```

Um cenário em que seria razoável usar um SharedArrayBuffer é quando as duas *threads* operam em seções completamente separadas da memória compartilhada. Você poderia impor isso com a criação de dois *arrays* tipados que servem como visualizações de regiões não sobrepostas do *buffer* compartilhado e então fazer com que suas duas *threads* usem esses dois *arrays* tipados separados. Um *merge sort* paralelo poderia ser feito da seguinte forma: uma *thread* ordena a metade inferior do *array* e a outra ordena a metade superior, por exemplo. Ou alguns tipos de algoritmos de processamento de imagem também são apropriados para essa abordagem: múltiplas *threads* que trabalham em regiões disjuntas da imagem.

Se você realmente precisa permitir que múltiplas *threads* acessem a mesma região de um *array* compartilhado, você pode dar um passo no sentido da segurança das *threads* com as funções definidas pelo objeto Atomics. Atomics foi adicionado a JavaScript junto com SharedArrayBuffer para definir operações atômicas dos elementos de um *array* compartilhado. Por exemplo, a função `Atomics.add()` lê o elemento especificado de um *array* compartilhado, adiciona um valor especificado a ele e grava a soma de volta no *array*. Ele faz isso atomicamente, como se fosse uma única operação, e garante que nenhuma outra *thread* possa ler ou gravar o valor enquanto a operação está ocorrendo. `Atomics.add()` nos permite reescrever o código de incremento paralelo que acabamos de analisar e obter o resultado correto de 20 milhões de incrementos de um elemento de *array* compartilhado:

```
const threads = require("worker_threads");

if (threads.isMainThread) {
    let sharedBuffer = new SharedArrayBuffer(4);
    let sharedArray = new Int32Array(sharedBuffer);
    let worker = new threads.Worker(__filename, { workerData: sharedArray });

    worker.on("online", () => {
        for(let i = 0; i < 10_000_000; i++) {
            Atomics.add(sharedArray, 0, 1);  // Incremento atômico threadsafe
        }

        worker.on("message", (message) => {
            // Quando ambas as threads terminam, usa uma função threadsafe
            // para ler o array compartilhado e confirmar que tem o
```

```
                // valor esperado de 20.000.000.
                console.log(Atomics.load(sharedArray, 0));
            });
        });
    } else {
        let sharedArray = threads.workerData;
        for(let i = 0; i < 10_000_000; i++) {
            Atomics.add(sharedArray, 0, 1); // Incremento atômico threadsafe
        }
        threads.parentPort.postMessage("done");
    }
```

Essa nova versão do código imprime corretamente o número 20.000.000, mas é cerca de nove vezes mais lenta do que o código incorreto que substitui. Seria muito mais simples e muito mais rápido simplesmente realizar os 20 milhões de incrementos em uma única *thread*. Observe também que operações atômicas podem ser capazes de garantir a segurança da *thread* para algoritmos de processamento de imagens para os quais cada elemento do *array* é um valor completamente independente de todos os outros valores. Contudo, na maioria dos programas do mundo real, múltiplos elementos do *array* muitas vezes estão relacionados uns com os outros, e algum tipo de sincronização da *thread* de alto nível é necessário. As funções de baixo nível `Atomics.wait()` e `Atomics.notify()` podem ajudar com isso, mas uma discussão sobre o seu uso estaria além do escopo deste livro.

16.12 Resumo

JavaScript foi criado para rodar em navegadores Web, mas o Node transformou JavaScript em uma linguagem de programação de propósito geral. Ele é particularmente popular para a implementação de servidores Web, mas suas ligações profundas com o sistema operacional significam que também é uma boa alternativa aos *scripts* de *shell*.

Os tópicos mais importantes trabalhados neste longo capítulo incluem:

- As APIs assíncronas por padrão do Node e seu estilo de concorrência de *thread* única baseada em eventos e *callbacks*.
- Os *buffers*, fluxos e tipos de dados fundamentais do Node.
- Os módulos "fs" e "path" do Node para trabalhar com o sistema de arquivos.
- Os módulos "http" e "https" do Node para escrever clientes e servidores HTTP.
- O módulo "net" do Node para escrever clientes e servidores não HTTP.
- O módulo "child_process" do Node para criar e se comunicar com processos filhos.
- O módulo "worker_*threads*" do Node para programação verdadeiramente com múltiplas *threads* usando passagem de mensagens em vez de memória compartilhada.

CAPÍTULO 17

Ferramentas e extensões de JavaScript

Parabéns por chegar ao último capítulo deste livro. Se leu tudo até aqui, você agora possui um entendimento detalhado da linguagem JavaScript e sabe como usá-la no Node e nos navegadores Web. Este capítulo é uma espécie de presente de formatura: ele apresenta um punhado de ferramentas de programação importantes que muitos programadores JavaScript consideram úteis, e descreve duas extensões amplamente utilizadas da linguagem JavaScript básica. Independentemente de você escolher usar ou não essas ferramentas e extensões nos seus projetos, é quase certo que as verá utilizadas em outros projetos, então é importante, no mínimo, entender o que são.

As ferramentas e extensões da linguagem abordadas neste capítulo são:

- ESLint para encontrar possíveis *bugs* e problemas de estilo no seu código.
- Prettier para formatar seu código JavaScript de forma padronizada.
- Jest como solução integrada para escrever testes unitários em JavaScript.
- npm para gerenciar e instalar as bibliotecas de *software* das quais o seu programa depende.
- Ferramentas de empacotamento de código, como *webpack*, Rollup e Parcel, que convertem seus módulos de código JavaScript em um único pacote para uso na Web.
- Babel para traduzir código JavaScript que usa recursos totalmente novos da linguagem (ou que usa extensões da linguagem) em código JavaScript que pode ser executado nos navegadores Web da atualidade.
- A extensão da linguagem JSX (usada pelo *framework* React) que lhe permite descrever interfaces com o usuário usando expressões JavaScript que se parecem com marcação HTML.
- A extensão da linguagem Flow (ou a extensão semelhante TypeScript) que lhe permite anotar o seu código JavaScript com tipos e verificar a segurança de tipos do seu código.

Este capítulo não documenta essas ferramentas e extensões de forma abrangente. O objetivo é simplesmente explicá-las com profundidade suficiente para que você entenda por que são úteis e quando poderia querer utilizá-las. Tudo que é abordado neste capítulo é amplamente utilizado no mundo da programação JavaScript, e, se você decidir adotar alguma ferramenta ou extensão, encontrará bastante documentação e muitos tutoriais na Internet.

17.1 Linting com ESLint

Em programação, o termo *lint* se refere a código que, embora tecnicamente correto, está feio, tem possíveis *bugs* ou desvia do ideal de alguma forma. Um *linter* é uma ferramenta para detectar *lint* no seu código, e *linting* é o processo de executar um *linter* no seu código (e então consertar o código para remover o *lint* de forma que o *linter* pare de reclamar).

Atualmente, o *linter* mais utilizado para JavaScript é o ESLint (https://eslint.org). Se você o executa e se dedica a realmente corrigir os problemas que ele indica, seu código fica mais limpo e tende a ter menos *bugs*. Considere o código a seguir:

```
var x = 'unused';

export function factorial(x) {
    if (x == 1) {
        return 1;
    } else {
        return x * factorial(x-1)
    }
}
```

Se executar ESLint nesse código, o resultado seria uma saída mais ou menos assim:

```
$ eslint code/ch17/linty.js

code/ch17/linty.js
  1:1 error Unexpected var, use let or const instead          no-var
  1:5 error 'x' is assigned a value but never used            no-unused-vars
  1:9 warning Strings must use doublequote                    quotes
  4:11 error Expected '===' and instead saw '=='              eqeqeq
  5:1 error Expected indentation of 8 spaces but found 6      indent
  7:28 error Missing semicolon                                semi

✖ 6 problems (5 errors, 1 warning)
  3 errors and 1 warning potentially fixable with the `--fix` option.
```

Os linters podem ser minuciosos demais às vezes. Importa mesmo se usamos aspas simples ou duplas nas nossas *strings*? Por outro lado, acertar o recuo é importante para a legibilidade e usar === e `let` em vez de == e `var` o protege de *bugs* sutis. E variáveis não utilizadas são peso morto no seu código – não há por que preservá-las.

O ESLint define muitas regras de *linting* e possui um ecossistema de *plug-ins* que adicionam muito mais. Mas o ESLint é completamente configurável, e é possível definir um arquivo de configuração que ajusta o ESLint para aplicar exatamente as regras que você quer e mais nenhuma.

17.2 Formatação em JavaScript com Prettier

Um dos motivos para alguns projetos usarem linters é impor um estilo de codificação consistente. Assim, quando uma equipe de programadores trabalha em uma base de código compartilhada, os membros usam convenções de código compatíveis. Isso inclui regras sobre recuo, mas também pode incluir características como o tipo de aspa que terá preferência e se deve haver espaço entre a palavra-chave `for` e os parênteses de abertura que a seguem.

Uma alternativa moderna à aplicação de regras de formatação de código com linters é adotar uma ferramenta como o Prettier (https://prettier.io), que analisa e reformata todo o seu código automaticamente.

Suponha que você escreveu a seguinte função, que funciona, mas usa uma formatação não convencional:

```
function factorial(x)
{
          if(x===1){return 1}
            else{return x*factorial(x-1)}
}
```

Executar Prettier nesse código corrige o recuo, adiciona os pontos e vírgulas ausentes, adiciona espaços ao redor dos operadores binários e insere quebras de linha após { e antes de }, resultando em um código com uma aparência muito mais convencional:

```
$ prettier factorial.js
function factorial(x) {
    if (x === 1) {
        return 1;
    } else {
        return x * factorial(x - 1);
    }
}
```

Se você o chama com a opção `--write`, o Prettier simplesmente reformata o arquivo especificado no local em vez de imprimir uma versão reformatada. Se usa `git` para gerenciar seu código-fonte, você pode chamar o Prettier com a opção `--write` em um *hook* de *commit* para que o código seja formatado automaticamente antes de ser enviado para o repositório.

O Prettier é particularmente poderoso se você configura o seu editor de código para executá-lo automaticamente sempre que salva um arquivo. Tenho uma sensação de liberdade em poder escrever código desleixado e ver ele ser consertado automaticamente.

O Prettier é configurável, mas tem apenas algumas opções. Você pode selecionar o comprimento máximo da linha, o nível de recuo, se pontos e vírgulas devem ser usados, se *strings* devem ter aspas simples ou duplas e alguns outros parâmetros. Em geral, as opções padrão do Prettier são bastante razoáveis. A ideia é que você simplesmente adote o Prettier para o seu projeto e nunca precise pensar sobre formatação de código novamente.

Pessoalmente, gosto muito de usar Prettier em projetos JavaScript. Não o utilizei para o código neste livro, no entanto, porque em boa parte do meu código dependo da formatação manual cuidadosa para alinhar meus comentários verticalmente, e o Prettier os bagunça.

17.3 Testes unitários com Jest

Escrever testes é uma parte importante de qualquer projeto de programação não trivial. Linguagens dinâmicas como JavaScript suportam estruturas de teste que reduzem radicalmente o esforço necessário para escrever testes. Com elas, escrever testes é quase divertido! Há muitas ferramentas e bibliotecas de teste para JavaScript, e muitas são escritas de forma modular para que seja possível escolher uma biblioteca como executor de testes, outra para declarações e uma terceira para *mocking*. Nesta seção, entretanto, descrevemos o Jest (https://jestjs.io), um *framework* popular que inclui tudo o que você precisa em um único pacote.

Suponha que você escreveu a seguinte função:

```
const getJSON = require("./getJSON.js");

/**
 * getTemperature() recebe o nome de uma cidade como entrada e retorna
 * uma Promise que será resolvida como a temperatura atual da cidade
 * em graus Fahrenheit. Ela depende de um serviço Web (falso) que retorna
 * temperaturas mundiais em graus Celsius.
*/
module.exports = async function getTemperature(city) {
    // Obtém a temperatura em Celsius do serviço Web
    let c = await getJSON(
        `https://globaltemps.example.com/api/city/${city.toLowerCase()}`
    );
    // Converte para Fahrenheit e retorna esse valor.
    return (c * 5 / 9) + 32;  // PENDENTE: confirmar a fórmula
};
```

Um bom conjunto de testes para essa função verificaria se `getTemperature()` está buscando o URL certo e se está convertendo as escalas de temperatura corretamente. Poderíamos fazer isso com um teste baseado em Jest como vemos a seguir. Esse código define uma implementação simulada (*mock*) de `getJSON()` para que o teste não realize a solicitação de rede de fato. E, como `getTemperature()` é uma função assíncrona, os testes também são assíncronos – pode ser complicado testar funções assíncronas, mas o Jest faz com que seja relativamente fácil:

```
// Importa a função que vamos testar
const getTemperature = require("./getTemperature.js");
// E simula o módulo getJSON() do qual getTemperature() depende
jest.mock("./getJSON");
const getJSON = require("./getJSON.js");

// Diz à função getJSON() de mock para retornar uma Promise já resolvida
// com valor de cumprimento igual a 0.
getJSON.mockResolvedValue(0);

// Nosso conjunto de testes para getTemperature() começa aqui
describe("getTemperature()", () => {
    // Este é o primeiro teste. Estamos garantindo que getTemperature() chama
    // getJSON() com o URL que esperamos
    test("Invokes the correct API", async () => {
        let expectedURL = "https://globaltemps.example.com/api/city/vancouver";
        let t = await(getTemperature("Vancouver"));
        // Os mocks do Jest lembram como foram chamados, e podemos verificar isso.
        expect(getJSON).toHaveBeenCalledWith(expectedURL);
    });

    // Esse segundo teste confirma que getTemperature() converte
    // Celsius para Fahrenheit corretamente
    test("Converts C to F correctly", async () => {
        getJSON.mockResolvedValue(0);                    // Se getJSON retorna 0C
        expect(await getTemperature("x")).toBe(32);      // Esperamos 32F
        // 100C deve ser convertido para 212F
        getJSON.mockResolvedValue(100);                  // Se getJSON retorna 100C
        expect(await getTemperature("x")).toBe(212);     // Esperamos 212F
    });
});
```

Com o teste escrito, podemos utilizar o comando `jest` para executá-lo. Descobrimos que um dos nossos testes falha:

```
$ jest getTemperature
 FAIL ch17/getTemperature.test.js
  getTemperature()
    ✓ Invokes the correct API (4ms)
    ✕ Converts C to F correctly (3ms)

  ● getTemperature() › Converts C to F correctly

  expect(received).toBe(expected) // Igualdade Object.is

  Expected: 212
  Received: 87.55555555555556

  29 |           // 100C deve ser convertido para 212F
  30 |           getJSON.mockResolvedValue(100);  // Se getJSON retorna 100C
> 31 |           expect(await getTemperature("x")).toBe(212); // Esperamos 212F
     |                                             ^
```

```
    32 |     });
    33 | });
    34 |

  at Object.<anonymous> (ch17/getTemperature.test.js:31:43)

Test Suites:    1 failed, 1 total
Tests:          1 failed, 1 passed, 2 total
Snapshots:      0 total
Time:           1.403s
Ran all test suites matching /getTemperature/i.
```

Nossa implementação de `getTemperature()` está usando a fórmula errada para converter C em F. Ela multiplica por 5 e divide por 9 em vez de multiplicar por 9 e dividir por 5. Se consertamos o código e executamos o Jest mais uma vez, vemos que os testes dão certo. E, de bônus, se adicionamos o argumento `--coverage` quando chamamos `jest`, este calcula e exibe a cobertura de código para os nossos testes:

```
$ jest --coverage getTemperature
 PASS ch17/getTemperature.test.js
  getTemperature()
    ✓ Invokes the correct API (3ms)
    ✓ Converts C to F correctly (1ms)

------------------|--------|---------|---------|---------|------------------|
File              | % Stmts| % Branch|  % Funcs|  % Lines|Uncovered Line #s |
------------------|--------|---------|---------|---------|------------------|
All files         |   71.43|      100|    33.33|    83.33|                  |
getJSON.js        |   33.33|      100|        0|       50|                 2|
getTemperature.js |     100|      100|      100|      100|                  |
------------------|--------|---------|---------|---------|------------------|
Test Suites:    1 passed, 1 total
Tests:          2 passed, 2 total
Snapshots:      0 total
Time:           1.508s
Ran all test suites matching /getTemperature/i.
```

Executar nossos testes nos deu 100% de cobertura de código para o módulo que estávamos testando, o que é exatamente o que queríamos. Obtivemos cobertura apenas parcial para `getJSON()`, mas simulamos esse módulo e não estávamos tentando testá-lo, então esse resultado era esperado.

17.4 Gerenciamento de pacotes com npm

No desenvolvimento de *software* moderno, é comum que qualquer programa não trivial que você escreva dependa de bibliotecas de *software* de terceiros. Se você está escrevendo um servidor Web no Node, por exemplo, pode ser que use o *framework* Express. E se está criando uma interface com o usuário para ser exibida em um navegador Web, pode usar um *framework* de *frontend* como React, LitElement ou Angular. Um gerenciador de pacotes facilita o trabalho de localizar e instalar pacotes de terceiros como estes. Igualmente importante, o gerenciador de pacotes registra de quais pacotes o seu código depende e salva essas informações em um arquivo. Assim, quando outra pessoa quer tentar usar o seu programa, ela pode baixar o seu código e sua lista de dependências e, então, usar o seu próprio gerenciador de pacotes para instalar todos os pacotes de terceiros dos quais o seu código precisa.

npm é o gerenciador de pacotes que acompanha o Node e foi apresentado originalmente na Seção 16.1.5. Ele é tão útil para a programação JavaScript do lado do cliente quanto é para a programação do lado do servidor com o Node, entretanto.

Se você está tentando usar um projeto JavaScript de outra pessoa, uma das primeiras coisas que deve fazer após baixar o seu código é digitar `npm install`. Esse comando lê as dependências listadas no arquivo *package.json*, baixa os pacotes de terceiros dos quais o projeto precisa e salva-os em um diretório *node_modules/*.

Você também pode digitar `npm install <package-name>` para instalar um determinado pacote no diretório *node_modules/* do seu projeto:

```
$ npm install express
```

Além de instalar o pacote indicado, npm também registra a dependência no arquivo *package.json* do projeto. Registrar dependências dessa maneira é o que permite que outros simplesmente digitem `npm install` para instalar essas dependências.

Outro tipo de dependência é em ferramentas de desenvolvimento que são necessárias para desenvolvedores que desejam trabalhar no seu projeto, mas que não são realmente necessárias para executar o código. Se um projeto usa Prettier, por exemplo, para garantir a formatação consistente do código, isso significa que o Prettier é uma "dependência de dev" e você pode instalar e registrar uma destas com `--save-dev`:

```
$ npm install --save-dev prettier
```

Às vezes, você pode querer instalar ferramentas de desenvolvimento globalmente, para que estejam sempre acessíveis, mesmo para código que seja parte de um projeto formal com um arquivo *packages.json* e um diretório *node_modules/*. Nesse caso, você pode usar a opção `-g` (de "global"):

```
$ npm install -g eslint jest
/usr/local/bin/eslint -> /usr/local/lib/node_modules/eslint/bin/eslint.js
/usr/local/bin/jest -> /usr/local/lib/node_modules/jest/bin/jest.js
+ jest@24.9.0
+ eslint@6.7.2
added 653 packages from 414 contributors in 25.596s

$ which eslint
/usr/local/bin/eslint
$ which jest
/usr/local/bin/jest
```

Além do comando "*install*", npm suporta os comandos "*uninstall*" e "*update*", que fazem o que seus nomes dizem: desinstalar e atualizar. npm também possui um comando interessante, "*audit*", que você pode usar para localizar e consertar vulnerabilidades de segurança nas suas dependências:

```
$ npm audit --fix
                        === npm audit security report ===

found 0 vulnerabilities
in 876354 scanned packages
```

Quando você instala uma ferramenta como ESLint localmente para um projeto, o script eslint vai parar em *./node_modules/.bin/eslint*, o que dificulta executar o comando. Felizmente, npm é acompanhado de um comando chamado "npx", que você pode usar para executar ferramentas instaladas localmente com comandos como `npx eslint` ou `npx jest` (e se você usa npx para chamar uma ferramenta que ainda não foi instalada, ele a instala para você).

A empresa por trás do npm também mantém o repositório de pacotes *https://npmjs.com*, que contém centenas de milhares de pacotes de código-fonte aberto. Mas você não precisa usar o gerenciador de pacotes npm para acessar esse repositório. As alternativas incluem yarn (https://yarnpkg.com) e pnpm (https://pnpm.js.org).

17.5 Empacotamento de código

Se você está escrevendo um programa grande em JavaScript para executar em navegadores Web, provavelmente vai querer usar uma ferramenta de empacotamento de código caso utilize bibliotecas externas que são enviadas como módulos. Os desenvolvedores Web usam módulos ES6 (Seção 10.3) há anos, desde muito antes de as palavras-chave `import` e `export` serem suportadas na Web. Para tanto, os programadores usam uma ferramenta de empacotamento de código que começa no ponto de entrada principal (ou mais de um deles) do programa e segue a árvore de diretivas `import` para encontrar todos os módulos dos quais o programa depende. A seguir, ela combina todos os arquivos de módulos individuais em um único pacote de código JavaScript e reescreve as diretivas `import` e `export` para fazer o código funcionar nessa nova forma. O resultado é um único arquivo de código que pode ser carregado em um navegador Web que não suporta módulos.

Atualmente, os navegadores Web oferecem suporte quase universal para módulos ES6, mas os desenvolvedores Web ainda tendem a usar empacotadores de código, ao menos quando lançam código de produção. Os desenvolvedores acreditam que a experiência do usuário fica melhor quando um único pacote de código de médio porte é carregado durante a primeira visita do usuário ao *site* em comparação com o carregamento de muitos módulos pequenos.

> O desempenho na Web é um tema sabidamente complicado, e há muitas variáveis que precisam ser consideradas, incluindo melhorias contínuas por parte dos fornecedores de navegadores; então, a única maneira de garantir que o seu código será carregado da forma mais rápida possível é com testes completos e medições cuidadosas. Lembre-se de que uma variável está totalmente sob o seu controle: o tamanho do código. Menos código JavaScript sempre é carregado e executado mais rapidamente do que mais código JavaScript!

Há diversas ferramentas de empacotamento disponíveis para JavaScript. Os empacotadores mais utilizados incluem *webpack* (https://*webpack*.js.org), Rollup (https://rollupjs.org/guide/en) e Parcel (https://parceljs.org). Os recursos básicos dos empacotadores são mais ou menos os mesmos, e o que os diferencia é sua configurabilidade e a facilidade de uso. O *Webpack* existe há bastante tempo, tem um amplo ecossistema de *plug-ins*, é altamente configurável e suporta bibliotecas não modulares mais antigas. Por outro lado, ele pode ser complexo e difícil de configurar. Na outra ponta do espectro temos o Parcel, criado para ser uma alternativa de configuração zero que simplesmente faz a coisa certa.

Além de realizar o empacotamento básico, os empacotadores também oferecem outros recursos:

- Alguns programas têm mais de um ponto de entrada. Um aplicativo Web com múltiplas páginas, por exemplo, poderia ser escrito com um ponto de entrada diferente para cada página. Os empacotadores geralmente permitem que você crie um pacote por ponto de entrada ou então crie um único pacote que suporta múltiplos pontos de entrada.
- Os programas podem usar `import()` na sua forma funcional (Seção 10.3.6) em vez da sua forma estática para carregar módulos dinamicamente quando são necessários de fato em vez de carregá-los estaticamente quando o programa é inicializado. Muitas vezes, isso é uma boa maneira de melhorar o tempo de inicialização do seu programa. Os empacotadores que suportam `import()` podem ser capazes de produzir múltiplos pacotes de saída: um para carregar na inicialização e um ou mais que serão carregados dinamicamente quando forem necessários. Isso pode funcionar bem se o seu programa tem apenas algumas chamadas de `import()` e elas carregam módulos com conjuntos de dependências relativamente disjuntos. Se os módulos carregados dinamicamente compartilham dependências, pode ser difícil descobrir quantos pacotes produzir e é provável que você tenha que configurar o seu empacotador manualmente para resolver esse problema.
- Os empacotadores geralmente podem produzir um arquivo de *mapa de origem* que define um mapeamento entre as linhas de código no pacote e as linhas correspondentes nos arquivos de origem originais. Isso permite que as ferramentas de desenvolvimento do navegador exibam automaticamente os erros de JavaScript nos seus locais originais não empacotados.
- Às vezes, quando você importa um módulo para o seu programa, só precisa usar alguns dos seus recursos. Um bom empacotador consegue analisar o código para determinar quais partes não são utilizadas e podem ser omitidas do pacote. Esse recurso recebe o nome curioso de *tree shaking*, ou seja, "sacudir a árvore".
- Os empacotadores normalmente têm uma arquitetura baseada em *plug-ins* e suportam *plug-ins* que permitem a importação e o empacotamento de "módulos" que não são, de fato, arquivos de código JavaScript. Suponha que o seu programa inclui uma grande estrutura de dados compatível com JSON. Os empacotadores de código podem ser configurados para permitir que você mova essa estrutura de dados para um arquivo JSON separado e então importe-o para o seu programa com uma declaração como `import widgets from "./big-widget-list.json"`. Da mesma forma, os desenvolvedores Web que incorporam CSS aos seus programas JavaScript podem usar

plug-ins de empacotadores que permitem que importem arquivos CSS com uma diretiva `import`. Observe, no entanto, que se você importa qualquer coisa que não seja um arquivo JavaScript, você está usando uma extensão JavaScript não padrão e faz seu código depender do empacotador de código.

- Em uma linguagem como JavaScript, que não exige compilação, executar uma ferramenta de empacotamento de código parece um passo de compilação, e é frustrante ter que executar um empacotador após toda edição de código antes que você possa executar o código no navegador. Os empacotadores normalmente suportam monitores de sistemas de arquivos que detectam edições aos arquivos em um diretório do projeto e regeneram automaticamente os pacotes necessários. Com esse recurso ativado, você normalmente pode salvar o seu código e então recarregar a janela do navegador Web imediatamente para testá-lo.
- Alguns empacotadores também suportam um modo de "substituição de módulo a quente" (HMR, do inglês *hot module replacement*) para desenvolvedores no qual, sempre que um pacote é regenerado, ele é carregado automaticamente no navegador. Quando funciona, é uma experiência mágica para os desenvolvedores, mas envolve alguns truques nos bastidores para que dê certo e não é apropriado para todos os projetos.

17.6 Transpilação com Babel

Babel (https://babeljs.io) é uma ferramenta que compila JavaScript escrita usando recursos modernos da linguagem em JavaScript que não usa esses recursos. Como compila JavaScript em JavaScript, o Babel também é chamado de "transpilador". O Babel foi criado para que desenvolvedores Web pudessem usar os novos recursos de linguagem da ES6 e das versões posteriores e ainda escrevessem para navegadores Web que suportavam apenas a ES5.

Recursos de linguagem como o operador de exponenciação `**` e as funções de seta podem ser transformados com relativa facilidade em expressões `Math.pow()` e `function`. Outros recursos de linguagem, como a palavra-chave `class`, exigem transformações muito mais complexas; em geral, não se pretende que o código produzido pelo Babel seja legível para seres humanos. Assim como ferramentas empacotadoras, no entanto, o Babel pode produzir mapas de origem que indicam a correspondência entre os locais do código transformado e os locais da fonte original, o que ajuda muito quando trabalhamos com código transformado.

Hoje, os fornecedores de navegadores conseguem acompanhar melhor a evolução da linguagem JavaScript, e há muito menos necessidade de eliminar funções de seta e declarações de classe através da compilação. O Babel ainda pode ser útil quando você quer usar os recursos absolutamente mais recentes, como o uso de sublinhado para separadores em literais numéricos.

Assim como a maioria das outras ferramentas descritas neste capítulo, você pode instalar o Babel com npm e rodá-lo com npx. O Babel lê um arquivo de configuração *.babelrc* que o informa como você gostaria de transformar o seu código JavaScript. O Babel define "*presets*" (conjuntos predefinidos) que você pode escolher, dependendo de quais extensões da linguagem quer utilizar e do quanto quer transformar os recursos padrão da linguagem. Um dos *presets* interessantes do Babel é para a compactação do código por minificação (retirada de comentários e espaços em branco, renomeação de variáveis etc.).

Se você utiliza Babel e uma ferramenta de empacotamento de código, pode ser possível configurar a segunda para executar o Babel automaticamente nos seus arquivos JavaScript à medida que empacota o código para você. Nesse caso, pode ser uma opção conveniente, pois simplifica o processo de produzir código que possa ser executado. O *Webpack*, por exemplo, suporta um módulo "*babel-loader*" que você pode instalar e configurar para executar o Babel em cada módulo de JavaScript à medida que é empacotado.

Apesar de haver menos necessidade de transformar a linguagem JavaScript básica hoje em dia, o Babel ainda é usado com frequência para suportar extensões não padrão da linguagem. Descreveremos duas dessas extensões da linguagem nas seções a seguir.

17.7 JSX: expressões de marcação em JavaScript

JSX é uma extensão da JavaScript básica que usa uma sintaxe no estilo HTML para definir uma árvore de elementos. O JSX tem uma associação forte com o *framework* React para interfaces com o usuário na Web. No React, as árvores de elementos definidas com JSX são, em última análise, renderizadas em um navegador Web como HTML. Mesmo que você não planeje usar o React pessoalmente, sua popularidade significa que provavelmente vai encontrar código que usa JSX. Esta seção explica o que você precisa saber para entender o código (esta seção trata da extensão da linguagem JSX, não do React, e explica apenas o suficiente sobre o React para contextualizar a sintaxe do JSX).

Você pode pensar em um elemento JSX como um novo tipo de sintaxe de expressão JavaScript. As *strings* literais JavaScript são delimitadas por aspas, e literais de expressões regulares são delimitados por barras. Da mesma maneira, os literais de expressões JSX são delimitados por sinais de menor e maior. Vejamos um exemplo simples:

```
let line = <hr/>;
```

Se você usa JSX, precisa usar Babel (ou uma ferramenta semelhante) para compilar expressões JSX em JavaScript normal. A transformação é tão simples que alguns desenvolvedores optam por usar React sem usar JSX. Babel transforma a expressão JSX nessa instrução de atribuição em uma chamada de função simples:

```
let line = React.createElement("hr", null);
```

A sintaxe do JSX é parecida com a de HTML e, assim como elementos HTML, os elementos React podem ter atributos como os seguintes:

```
let image = <img src="logo.png" alt="The JSX logo" hidden/>;
```

Quando um elemento possui um ou mais atributos, estes se tornam as propriedades de um objeto passado como o segundo argumento de `createElement()`:

```
let image = React.createElement("img", {
              src: "logo.png",
              alt: "The JSX logo",
              hidden: true
            });
```

Assim como os elementos HTML, os elementos JSX podem ter *strings* ou outros elementos como filhos. Assim como os operadores aritméticos de JavaScript podem ser usados para escrever expressões aritméticas de complexidade arbitrária, os elementos JSX também podem ser aninhados arbitrariamente para criar árvores de elementos:

```
let sidebar = (
  <div className="sidebar">
    <h1>Title</h1>
    <hr/>
    <p>This is the sidebar content</p>
  </div>
);
```

Expressões de chamada de função JavaScript normais também podem ser aninhadas com profundidade arbitrária, e essas expressões JSX aninhadas podem ser traduzidas em um conjunto de chamadas aninhadas de `createElement()`. Quando um elemento JSX tem filhos, estes (que normalmente são *strings* e outros elementos JSX) são passados como o terceiro argumento e argumentos subsequentes:

```
let sidebar = React.createElement(
    "div", { className: "sidebar"},  // Esta chamada externa cria um <div>
    React.createElement("h1", null,  // Este é o primeiro filho do <div/>
                        "Title"),    // e seu próprio primeiro filho.
    React.createElement("hr", null), // O segundo filho do <div/>.
    React.createElement("p", null,   // E o terceiro filho.
                        "This is the sidebar content"));
```

O valor retornado por `React.createElement()` é um objeto JavaScript normal usado pelo React para renderizar a saída em uma janela do navegador. Como esta seção trata da sintaxe do JSX e não do React, não vamos entrar em detalhes sobre os objetos Element retornados ou sobre o processo de renderização. Vale observar que você pode configurar o Babel para compilar elementos JSX em chamadas de uma função diferente; então, se você acha que a sintaxe do JSX seria uma maneira útil de expressar outros tipos de estruturas de dados aninhadas, pode adotá-lo para os seus próprios usos que não envolvam React.

Um recurso importante da sintaxe do JSX é que você pode incorporar expressões JavaScript normais dentro das expressões JSX. Dentro de uma expressão JSX, o texto entre chaves é interpretado como JavaScript simples. Essas expressões aninhadas são permitidas como valores de atributos e como elementos filhos. Por exemplo:

```
function sidebar(className, title, content, drawLine=true) {
  return (
    <div className={className}>
      <h1>{title}</h1>
      { drawLine && <hr/> }
      <p>{content}</p>
    </div>
  );
}
```

A função `sidebar()` retorna um elemento JSX. Ela recebe quatro argumentos que usa dentro do elemento JSX. A sintaxe de chaves pode lembrá-lo dos literais de modelo que usam `${}` para incluir expressões JavaScript em *strings*. Como sabemos que as expressões JSX são compiladas em chamadas de função, não deve ser surpresa que expressões JavaScript arbitrárias possam ser incluídas, pois as chamadas de função também podem ser escritas com expressões arbitrárias. Esse exemplo de código é traduzido pelo Babel para a seguinte forma:

```
function sidebar(className, title, content, drawLine=true) {
  return React.createElement("div", { className: className },
                             React.createElement("h1", null, title),
                             drawLine && React.createElement("hr", null),
                             React.createElement("p", null, content));
}
```

Esse código é fácil de ler e de entender: as chaves sumiram e o código resultante passa os parâmetros de função de entrada para `React.createElement()` de forma natural. Observe o truque que utilizamos aqui com o parâmetro `drawLine` e o operador de curto-circuito `&&`. Se você chama `sidebar()` com apenas três argumentos, `drawLine` é `true` por padrão e o quarto argumento da chamada externa de `createElement()` é o elemento <hr/>. Mas se você passa `false` como o quarto argumento para `sidebar()`, então o quarto argumento da chamada externa de `createElement()` é avaliado como `false` e nenhum elemento <hr/> é criado. Esse uso do operador `&&` é uma forma idiomática usada no JSX para incluir ou excluir condicionalmente um elemento filho que depende do valor de alguma outra expressão (esse idioma funciona com o React porque simplesmente ignora filhos que são `false` ou `null` e não produzem nenhuma saída para eles).

Quando usa expressões JavaScript dentro de expressões JSX, você não está restrito a valores simples como os de *string* e booleanos do exemplo anterior. Qualquer valor JavaScript é permitido. Na verdade, é muito comum na programação em React usar objetos, *arrays* e funções. Considere a função a seguir, por exemplo:

```
// Dado um array de strings e uma função callback, retorna um elemento JSX
// que representa uma lista HTML <ul> com um array de elementos <li> como filho.
function list(items, callback) {
  return (
    <ul style={ {padding:10, border:"solid red 4px"} }>
      {items.map((item,index) => {
        <li onClick={() => callback(index)} key={index}>{item}</li>
      })}
    </ul>
  );
}
```

Essa função usa um objeto literal como o valor do atributo `style` no elemento `<ul>` (observe que é preciso usar chaves duplas aqui). O elemento `<ul>` tem um único filho, mas o valor desse filho é um *array*. O *array* filho é o *array* criado pelo uso da função `map()` no *array* de entrada para criar um *array* de elementos `<li>`. (Isso funciona com

React porque a biblioteca do React nivela os filhos de um elemento quando os renderiza. Um elemento com um *array* filho é o mesmo que esse elemento com cada um dos elementos do *array* como filhos.) Por fim, observe que cada um dos elementos `<li>` aninhados tem um atributo de tratamento de evento `onClick` cujo valor é uma função de seta. O código JSX é compilado no código JavaScript puro a seguir (que formatei usando o Prettier):

```
function list(items, callback) {
  return React.createElement(
    "ul",
    { style: { padding: 10, border: "solid red 4px" } },
    items.map((item, index) =>
      React.createElement(
        "li",
        { onClick: () => callback(index), key: index },
        item
      )
    )
  );
}
```

Outra utilidade das expressões de objeto em JSX é com o operador de espalhamento de objeto (Seção 6.10.4) para especificar múltiplos atributos ao mesmo tempo. Imagine que você esteja escrevendo muitas expressões JSX que repetem um conjunto de atributos em comum. Você poderia simplificar suas expressões se definisse os atributos como propriedades de um objeto e "espalhasse-as" para os seus elementos JSX:

```
let hebrew = { lang: "he", dir: "rtl" };   // Especifica linguagem e direção
let shalom = <span className="emphasis" {...hebrew}>שלום</span>;
```

Babel compila isso para usar uma função `_extends()` (omitida aqui) que combina esse atributo `className` com os atributos contidos no objeto `hebrew`:

```
let shalom = React.createElement("span",
                                 _extends({className: "emphasis"}, hebrew),
                                 "\u05E9\u05DC\u05D5\u05DD");
```

Por fim, há mais um recurso importante do JSX que ainda não abordamos. Como vimos, todos os elementos de JSX começam com um identificador imediatamente após o sinal de menor. Se a primeira letra desse identificador é minúscula (como foi em todos os exemplos aqui), o identificador é passado para `createElement()` como uma *string*. Se a primeira letra do identificador é maiúscula, este é tratado como um identificador de verdade e é o valor JavaScript do identificador que é passado como o primeiro argumento de `createElement()`. Isso significa que a expressão JSX `<Math/>` é compilada em código JavaScript que passa o objeto global Math para `React.createElement()`.

Para o React, essa capacidade de passar valores que não são *strings* como o primeiro argumento de `createElement()` permite a criação de *componentes*. Um componente é uma maneira de escrever uma expressão JSX simples (com um nome de componente que começa com letra maiúscula) que representa uma expressão mais complexa (usando nomes de tags HTML em minúsculas).

A forma mais simples de definir um novo componente em React é escrever uma função que recebe um "objeto props" como argumento e retorna uma expressão JSX. Um *objeto props* é simplesmente um objeto JavaScript que representa valores de atributo, como os objetos passados como o segundo argumento para `createElement()`. Aqui, por exemplo, temos outra versão da nossa função `sidebar()`:

```
function Sidebar(props) {
  return (
    <div>
      <h1>{props.title}</h1>
      { props.drawLine && <hr/> }
      <p>{props.content}</p>
    </div>
  );
}
```

Essa nova função `Sidebar()` é muito parecida com a função anterior `sidebar()`. Contudo, o nome da nova começa com uma letra maiúscula e recebe um único argumento de objeto em vez de argumentos separados. Isso faz com que seja um componente React e significa que pode ser usada no lugar de um nome de tag HTML em expressões JSX:

```
let sidebar = <Sidebar title="Something snappy" content="Something wise"/>;
```

Esse elemento `<Sidebar/>` é compilado assim:

```
let sidebar = React.createElement(Sidebar, {
  title: "Something snappy",
  content: "Something wise"
});
```

Esta é uma expressão JSX simples, mas quando React a renderiza, ela passa o segundo argumento (o objeto Props) para o primeiro argumento (a função `Sidebar()`) e usa a expressão JSX retornada pela função no lugar da expressão `<Sidebar>`.

17.8 Verificação de tipo com Flow

O Flow (https://flow.org) é uma extensão da linguagem que nos permite anotar o código JavaScript com informações de tipo e uma ferramenta para verificar o seu código JavaScript (com e sem anotações) em busca de erros de tipo. Para usar o Flow, comece a escrever o código usando a extensão da linguagem Flow para adicionar anotações de tipo. Depois, execute a ferramenta Flow para analisar o seu código e informar erros de tipo. Depois de consertar os erros e estar pronto para executar o código, você usa o Babel (talvez automaticamente, como parte do processo de empacotamento de código) para retirar as anotações de tipo do Flow do seu código. (Uma das vantagens da extensão da linguagem Flow é que não há uma sintaxe nova que o Flow precisa compilar ou transformar. Você usa a extensão da linguagem Flow para adicionar anotações ao código e tudo que o Babel precisa fazer é retirá-las para que o seu código volte ao padrão JavaScript.)

TypeScript *versus* Flow

TypeScript é uma alternativa muito popular ao Flow. TypeScript é uma extensão de JavaScript que adiciona tipos, além de outros recursos de linguagem. O compilador "tsc" do TypeScript compila programas TypeScript em programas JavaScript e, no processo, os analisa e informa erros de tipo da mesma forma que faz o Flow. O tsc não é um *plug-in* do Babel, ele é o seu próprio compilador independente.

Anotações de tipo simples em TypeScript normalmente são escritas de forma idêntica às mesmas anotações no Flow. Para o uso de tipos mais avançados, a sintaxe das duas extensões diverge, mas a intenção e o valor das duas extensões são os mesmos. Meu objetivo nesta seção é explicar os benefícios das anotações de tipo e da análise estática de código. Farei isso com exemplos baseados no Flow, mas tudo demonstrado a seguir também pode ser feito com TypeScript, dadas algumas mudanças de sintaxe relativamente simples.

TypeScript foi lançado em 2012, antes da ES6, quando JavaScript não tinha uma palavra-chave `class`, laços `for/of`, módulos ou Promises. O Flow é uma extensão da linguagem limitada que adiciona anotações de tipo ao JavaScript e nada mais. O TypeScript, por outro lado, foi absolutamente projetado como uma nova linguagem. Como o nome sugere, adicionar tipos ao JavaScript é o objetivo principal do TypeScript e é o motivo para ele ser usado na atualidade. Mas os tipos não são o único recurso que TypeScript adiciona a JavaScript: a linguagem TypeScript tem palavras-chave `enum` e `namespace` que simplesmente não existem em JavaScript. Em 2020, o TypeScript tinha melhor integração com IDEs e editores de código (especialmente VSCode, que, assim como TypeScript, foi desenvolvido pela Microsoft) do que o Flow.

Em última análise, este é um livro sobre JavaScript. Estou abordando Flow aqui em vez de TypeScript porque não quero tirar o foco de JavaScript, mas tudo que você aprende aqui sobre adicionar tipos a JavaScript poderá ser útil caso você decida adotar TypeScript para os seus projetos.

Usar o Flow exige comprometimento e, na minha experiência, em projetos de médio e grande porte, o esforço adicional vale a pena. Adicionar anotações de tipo ao seu código, executar o Flow sempre que você edita o código e consertar os erros de tipo que ele informa consome algum tempo. Em troca, o Flow impõe disciplina à codificação e não permite que você tome atalhos que poderiam levar a *bugs*. Quando trabalhei em projetos que usam Flow, fiquei impressionado com o número de erros que encontrei no meu próprio código. Ser capaz de resolver esses problemas antes de eles se transformarem em *bugs* é uma sensação incrível e me dá mais confiança de que meu código está correto.

Quando comecei a usar o Flow, descobri que podia ser difícil entender por que ele estava reclamando do meu código. Com um pouco de prática, entretanto, passei a entender as suas mensagens de erro e descobri que quase sempre é fácil fazer pequenas alterações ao meu código para torná-lo mais seguro e satisfazer o Flow[1]. Não recomendo usar o Flow se você ainda tem a sensação de que está aprendendo a utilizar JavaScript em si. Depois de ter confiança com a linguagem, entretanto, adicionar Flow aos seus projetos JavaScript será uma forma de turbinar as suas habilidades de programação. E esse é o grande motivo pelo qual estou dedicando a última seção deste livro a um tutorial de Flow: porque aprender sobre os sistemas de tipos do JavaScript nos dá uma prévia de outro nível, ou de outro estilo, de programação.

Esta seção é um tutorial e não tenta abordar o Flow de forma abrangente. Se decidir experimentar o Flow, é quase certo que acabará lendo a documentação disponível em *https://flow.org*. Por outro lado, não é necessário dominar o sistema de tipos do Flow antes de começar a utilizá-lo nos seus projetos: os usos simples do Flow descritos a seguir bastam para muitas aplicações.

17.8.1 Instalação e execução do Flow

Assim como as outras ferramentas descritas neste capítulo, você pode instalar a ferramenta de verificação de tipo Flow usando um gerenciador de pacotes, com um comando como `npm install -g flow-bin` ou `npm install --save-dev flow-bin`. Se você instala a ferramenta globalmente com `-g`, então pode executá-la com `flow`. Se a instala localmente no seu projeto com `-save-dev`, pode executá-la com `npx flow`. Antes de usar Flow para verificação de tipos, execute-o pela primeira vez como `flow --init` no diretório raiz do seu projeto para criar um arquivo de configuração `.flowconfig`. Talvez você nunca precise adicionar nada a esse arquivo, mas o Flow precisa saber onde fica a raiz do seu projeto.

Quando você executa o Flow, ele encontra todo o código-fonte JavaScript no seu projeto, mas apenas informa erros de tipo para arquivos que "optaram" pela verificação de tipo com a adição de um comentário `// @flow` no topo do arquivo. Esse comportamento opcional é importante porque significa que você pode adotar o Flow para projetos existentes e então começar a converter o seu código um arquivo por vez, sem se incomodar com erros e avisos em arquivos que ainda não foram convertidos.

O Flow pode encontrar erros no seu código mesmo que tudo o que você fez tenha sido optar por um comentário `// @flow`. Mesmo que não use a extensão de linguagem Flow e não adicione anotações de tipo ao seu código, a ferramenta de verificação de tipo Flow ainda pode fazer inferências sobre os valores no seu programa e alertá-lo quando os usar de maneira inconsistente.

Considere a seguinte mensagem de erro do Flow:

```
Error ┈┈┈┈┈┈┈┈┈┈┈┈┈┈┈┈┈┈┈┈┈┈┈┈┈┈┈┈┈┈┈┈┈┈┈┈┈┈┈┈┈┈┈┈┈┈┈┈┈ variableReassignment.js:6:3

Cannot assign 1 to i.r because:
```

[1] Se já programou com Java, você pode ter tido uma experiência como essa na primeira vez em que escreveu uma API genérica que usava um parâmetro de tipo. Na minha opinião, o processo de aprendizado para o Flow é incrivelmente parecido com a experiência que tive em 2004, quando genéricos foram adicionados ao Java.

```
• property r is missing in number [1].

    2| let i = { r: 0, i: 1 };    // O número complexo 0+1i
[1] 3| for(i = 0; i < 10; i++) {  // Opa! A variável de laço sobrescreve i
    4| console.log(i);
    5| }
    6| i.r = 1;                   // Flow detecta o erro aqui
```

Nesse caso, declaramos a variável `i` e atribuímos um objeto a ela. Depois, usamos `i` mais uma vez como variável de laço, sobrescrevendo o objeto. O Flow nota isso e destaca um erro quando tentamos usar `i` como se ainda contivesse um objeto (uma solução simples seria escrever `for(let i = 0;` para que a variável de laço seja local ao laço).

Aqui vemos outro erro que o Flow detecta mesmo sem anotações de tipo:

```
Error ------------------------------------------------------------ size.js:3:14

Cannot get x.length because property length is missing in Number [1].

     1| // @flow
     2| function size(x) {
     3| return x.length;
     4| }
 [1] 5| let s = size(1000);
```

O Flow vê que a função `size()` recebe um único argumento. Ele não sabe o tipo do argumento, mas pode ver que se espera que o argumento tenha uma propriedade `length`. Quando vê essa função `size()` chamada com um argumento numérico, ele marca isso corretamente como um erro, pois números não têm propriedades `length`.

17.8.2 Usando anotações de tipo

Quando você declara uma variável JavaScript, você adiciona uma anotação de tipo Flow a ela quando coloca dois pontos e o tipo depois do nome da variável:

```
let message: string = "Hello world";
let flag: boolean = false;
let n: number = 42;
```

Flow saberia os tipos dessas variáveis mesmo que você não as anotasse: ele enxerga e registra os valores que você atribui a cada variável. Se você adiciona anotações de tipo, no entanto, o Flow sabe o tipo da variável e também que você expressou a intenção de que a variável deve sempre ser desse tipo. Assim, se você usa anotações de tipo, o Flow marcará um erro se você atribuir um valor de um tipo diferente a essa variável. As anotações de tipo para variáveis também são particularmente úteis se você tende a declarar todas as suas variáveis no topo de uma função antes de serem utilizadas.

As anotações de tipo para argumentos de função são como anotações para variáveis: após o nome do argumento de função, coloque dois pontos e o nome do tipo. Quando anota uma função, você normalmente também adiciona uma anotação para o tipo de retorno da função. Este vai entre o parêntese de fechamento e a chave de abertura do corpo da função. As funções que não retornam nada usam o tipo `void` do Flow.

No exemplo anterior, definimos uma função `size()` que esperava um argumento com uma propriedade `length`. Observe como poderíamos mudar essa função para especificar explicitamente que ela espera um argumento de *string* e retorna um número. Observe que o Flow agora indica um erro se passamos um *array* para a função, apesar de que uma função funcionaria nesse caso:

```
Error -------------------------------------------------------- size2.js:5:18

Cannot call size with array literal bound to s because array literal [1] is
incompatible with string [2].

[2] 2| function size(s: string): number {
    3| return s.length;
    4| }
[1] 5| console.log(size([1,2,3]));
```

Usar anotações de tipo com funções de seta também é possível, mas pode transformar uma sintaxe normalmente sucinta em algo mais prolixo:

```
const size = (s: string): number => s.length;
```

É importante entender que o valor JavaScript `null` tem o tipo Flow `null`, mas o valor JavaScript `undefined` tem o tipo Flow `void`. Contudo, nenhum dos dois valores pertence a qualquer outro tipo (a menos que você os adicione explicitamente). Se você declara que um parâmetro de função deve ser uma *string*, então deve ser uma *string*, e é um erro passar `null` ou `undefined` ou omitir o argumento (que é basicamente o mesmo que passar `undefined`):

```
Error -------------------------------------------------------- size3.js:3:18

Cannot call size with null bound to s because null [1] is incompatible with string [2].

    1| // @flow
[2] 2| const size = (s: string): number => s.length;
[1] 3| console.log(size(null));
```

Se você quiser permitir que `null` e `undefined` sejam valores válidos para uma variável ou argumento de função, basta prefixar o tipo com um ponto de interrogação. Por exemplo, use `?string` ou `?number` em vez de `string` ou `number`. Se mudarmos nossa função `size()` para esperar um argumento do tipo `?string`, o Flow não reclamará quando passarmos `null` para a função. Contudo, agora ele tem outra reclamação:

```
Error -------------------------------------------------------- size4.js:3:14

Cannot get s.length because property length is missing in null or undefined [1].

    1| // @flow
[1] 2| function size(s: ?string): number {
    3| return s.length;
    4| }
    5| console.log(size(null));
```

O que o Flow nos diz aqui é que não é seguro escrever `s.length`, pois, nesse local no nosso código, `s` pode ser `null` ou `undefined`, e esses valores não têm propriedades `length`. É aqui que o Flow garante que não vamos tomar atalhos que não deveríamos. Se um valor pode ser `null`, o Flow insiste que realizemos uma verificação para esse caso antes de fazermos qualquer coisa que dependa de o valor não ser `null`.

Nesse caso, podemos resolver o problema se alterarmos o corpo da função da seguinte maneira:

```
function size(s: ?string): number {
    // Neste ponto do código, s poderia ser uma string, null ou undefined.
    if (s === null || s === undefined) {
        // Neste bloco, Flow sabe que s é null ou undefined.
        return -1;
    } else {
        // E neste bloco, Flow sabe que s é uma string.
        return s.length;
    }
}
```

Quando a função é chamada pela primeira vez, o parâmetro pode ter mais de um tipo; porém, ao adicionar o código de verificação de tipo, criamos um bloco dentro do código onde o Flow sabe com certeza que o parâmetro é uma *string*. Quando usamos `s.length` dentro do bloco, o Flow não reclama. Observe que o Flow não exige que você escreva um código prolixo como este. O Flow também ficaria contente se apenas substituíssemos o corpo da função `size()` por `return s ? s.length : -1;`.

A sintaxe do Flow permite um ponto de interrogação antes de qualquer especificação de tipo para indicar que, além do tipo especificado, `null` e `undefined` também são permitidos. Os pontos de interrogação também podem aparecer após um nome de parâmetro para indicar que o parâmetro em si é opcional. Assim, se alteramos a declaração do parâmetro `s` de `s: ?string` para `s? : string`, isso significaria que podemos chamar `size()` sem argumentos (ou com o valor `undefined`, que é o mesmo que omiti-lo), mas que se o chamarmos com um parâmetro que não `undefined`, esse parâmetro deve ser uma *string*. Nesse caso, `null` não é um valor válido.

Por ora, discutimos os tipos primitivos `string`, `number`, `boolean`, `null` e `void` e demonstramos como você pode usá-los com declarações de variável, parâmetros de função e valores de retorno de função. As subseções a seguir descrevem alguns dos tipos mais complexos suportados pelo Flow.

17.8.3 Tipos de classe

Além dos tipos primitivos, Flow também conhece as classes internas de JavaScript e permite que você use nomes de classe como tipos. A função a seguir, por exemplo, usa anotações de tipo para indicar que deve ser chamada com um objeto Date e um objeto RegExp:

```
// @flow
// Retorna true se a representação ISO da data especificada
// corresponde ao padrão especificado; caso contrário, false.
// Ex.: const isTodayChristmas = dateMatches(new Date(), /^\d{4}-12-25T/);
export function dateMatches(d: Date, p: RegExp): boolean {
    return p.test(d.toISOString());
}
```

Se você define suas próprias classes com a palavra-chave `class`, estas automaticamente se tornam tipos válidos de Flow. Para fazer com que isso funcione, no entanto, o Flow exige que você utilize anotações de tipo na classe. Em especial, cada propriedade da classe deve ter seu tipo declarado. Observe a demonstração em uma classe simples de número complexo:

```
// @flow
export default class Complex {
    // Flow exige uma sintaxe de classe estendida que inclui anotações de tipo
    // para cada uma das propriedades usadas pela classe.
    i: number;
    r: number;
    static i: Complex;

    constructor(r: number, i:number) {
        // Qualquer propriedade inicializada pela construtora deve ter as
        // anotações de tipo do Flow acima.
        this.r = r;
        this.i = i;
    }

    add(that: Complex) {
        return new Complex(this.r + that.r, this.i + that.i);
    }
}

// Essa atribuição não seria permitida pelo flow se não houvesse uma
// anotação de tipo para i dentro da classe.
Complex.i = new Complex(0,1);
```

17.8.4 Tipos de objeto

O tipo do Flow para descrever um objeto se parece muito com um objeto literal, exceto que os valores de propriedade são substituídos por tipos de propriedade. A seguir, por exemplo, vemos uma função que espera um objeto com propriedades numéricas x e y:

```
// @flow
// Dado um objeto com as propriedades numéricas x e y, retorna a
// distância da origem até o ponto (x,y) como um número.
export default function distance(point: {x:number, y:number}): number {
    return Math.hypot(point.x, point.y);
}
```

Nesse código, o texto `{x:number, y:number}` é um tipo do Flow, assim como `string` ou `Date`. Como acontece com qualquer tipo, você pode adicionar um ponto de interrogação à frente dele para indicar que `null` e `undefined` também devem ser permitidos.

Em um tipo de objeto, você pode colocar um ponto de interrogação após qualquer nome de propriedade para indicar que essa propriedade é opcional e pode ser omitida. Por exemplo, você poderia escrever o tipo para um objeto que representa um ponto bi ou tridimensional da seguinte forma:

```
{x: number, y: number, z?: number}
```

Se uma propriedade não é marcada como opcional em um tipo de objeto, ela é obrigatória, e o Flow informa um erro se a propriedade apropriada não está presente no valor real. Normalmente, entretanto, Flow tolera propriedades adicionais. Se você passasse um objeto com uma propriedade `w` para a função `distance()` mostrada anteriormente, o Flow não reclamaria.

Se você quer que Flow imponha estritamente que um objeto não pode ter propriedades além daquelas declaradas explicitamente no seu tipo, pode declarar um *tipo de objeto exato* com a adição de barras verticais às chaves:

```
{| x: number, y: number |}
```

Os objetos de JavaScript podem ser usados como dicionários ou como mapas de *strings* para valores. Quando usados dessa forma, os nomes de propriedade não são conhecidos de antemão e não podem ser declarados em um tipo do Flow. Se você usa objetos dessa forma, ainda pode usar Flow para descrever a estrutura de dados. Suponha que você tenha um objeto cujas propriedades são os nomes das maiores cidades do mundo e os valores dessas propriedades são objetos que especificam a localização geográfica dessas cidades. Você poderia declarar essa estrutura de dados assim:

```
// @flow
const cityLocations : {[string]: {longitude:number, latitude:number}} = {
    "Seattle": { longitude: 47.6062, latitude: -122.3321 },
    // TODO: se há outras cidades importantes, adicione-as aqui.
};
export default cityLocations;
```

17.8.5 Apelidos de tipo

Os objetos podem ter muitas propriedades, e o tipo do Flow que descreve esse objeto seria comprido e difícil de digitar. Mesmo tipos de objeto relativamente curtos podem ser confusos, pois se parecem muito com objetos literais. Depois de tipos simples como `number` e `?string`, muitas vezes é útil poder definir nomes para nossos tipos em Flow.

E, na verdade, Flow usa a palavra-chave `type` para fazer exatamente isso. Após a palavra-chave `type`, coloque um identificador, um sinal de igual e um tipo do Flow. Depois disso, o identificador passa a ser um apelido (alias) para o tipo. A seguir, por exemplo, vemos como poderíamos reescrever a função `distance()` da seção anterior com um tipo `Point` definido explicitamente:

```
// @flow
export type Point = {
    x: number,
    y: number
};

// Dado um objeto Point, retorna a sua distância em relação à origem
export default function distance(point: Point): number {
    return Math.hypot(point.x, point.y);
}
```

Observe que esse código exporta a função `distance()` e também o tipo `Point`. Outros módulos podem usar `import type Point from './distance.js'` se quiserem usar essa definição de tipo. Tenha em mente, no entanto, que `import type` é uma extensão da linguagem Flow e não uma diretiva de importação de verdade de JavaScript. As importações e exportações de tipo são usadas pelo verificador de tipo do Flow, mas, assim como todas as outras extensões da linguagem Flow, são eliminadas do código antes da sua execução.

Por fim, vale observar que, em vez de definir um nome para um tipo de objeto do Flow que representa um ponto, provavelmente seria mais simples e mais limpo simplesmente definir uma classe Point e usá-la como o tipo.

17.8.6 Tipos de array

O tipo do Flow que descreve um *array* é um tipo composto que também inclui o tipo dos elementos do *array*. A seguir, por exemplo, vemos uma função que espera um *array* de números e o erro que o Flow informa se você tenta chamar a função com um *array* que possui elementos não numéricos:

```
Error ----------------------------------------------------------- average.js:8:16

Cannot call average with array literal bound to data because string [1] is
incompatible with number [2] in array element.

[2] 2| function average(data: Array<number>) {
    3|     let sum = 0;
    4|     for(let x of data) sum += x;
    5|     return sum/data.length;
    6| }
    7|
[1] 8| average([1, 2, "three"]);
```

O tipo do Flow para um *array* é `Array` seguido pelo tipo do elemento entre colchetes. Para expressar um tipo de *array*, você também pode colocar colchetes de abertura e de fechamento após o tipo do elemento. Assim, nesse exemplo, poderíamos ter escrito `number[]` em vez de `Array<number>`. Prefiro a notação com sinais de menor e maior porque, como veremos, outros tipos do Flow também usam essa sintaxe com sinais de menor e maior.

A sintaxe do tipo *Array* mostrada funciona para *arrays* com um número arbitrário de elementos, todos os quais têm o mesmo tipo. Flow possui uma sintaxe diferente para descrever o tipo de uma *tupla*: um *array* com um número fixo de elementos, cada um dos quais pode ter um tipo diferente. Para expressar o tipo de uma tupla, basta escrever o tipo de cada um dos seus elementos, separados por vírgulas, e colocar todos entre colchetes.

Uma função que retorna um código de status e mensagem HTTP poderia ser como o exemplo a seguir:

```
function getStatus():[number, string] {
    return [getStatusCode(), getStatusMessage()];
}
```

É difícil trabalhar com funções que retornam tuplas a menos que você use uma atribuição de desestruturação:

```
let [code, message] = getStatus();
```

A atribuição de desestruturação, mais as capacidades do Flow de usar apelidos de tipo, facilita o suficiente trabalhar com tuplas para que você as considere como uma alternativa às classes para tipos de dados simples:

```
// @flow
export type Color = [number, number, number, number]; // [r, g, b, opacidade]

function gray(level: number): Color {
    return [level, level, level, 1];
}

function fade([r,g,b,a]: Color, factor: number): Color {
    return [r, g, b, a/factor];
}

let [r, g, b, a] = fade(gray(75), 3);
```

Agora que temos uma maneira de expressar o tipo de um *array*, vamos voltar à função `size()` e modificá-la para esperar um argumento de *array* em vez de um argumento de *string*. Queremos que a função seja capaz de aceitar um *array* de qualquer comprimento, então um tipo tupla não seria apropriado. Mas não queremos limitar nossa função para que funcione apenas para *arrays* cujos elementos têm todos o mesmo tipo. A solução é o tipo `Array<mixed>`:

```
// @flow
function size(s: Array<mixed>): number {
    return s.length;
}
console.log(size([1,true,"three"]));
```

O tipo de elemento `mixed` indica que os elementos do *array* podem ser de qualquer tipo. Se a nossa função realmente indexasse o *array* e tentasse usar qualquer um desses elementos, Flow insistiria que usássemos verificações `typeof` ou outros testes para determinar o tipo do elemento antes de realizar alguma operação insegura nele (se você está disposto a abrir mão da verificação de tipo, também pode usar `any` no lugar de `mixed`, pois permite que você faça o que bem entender com os valores do *array* sem garantir que os valores são do tipo esperado).

17.8.7 Outros tipos parametrizados

Vimos que, quando você anota um valor como `Array`, Flow exige que especifique também o tipo dos elementos do *array* entre sinais de menor e maior. Esse tipo adicional é conhecido como *parâmetro de tipo*, e *Array* não é a única classe de JavaScript parametrizada.

A classe Set de JavaScript é um conjunto de elementos, semelhante a um *array*, e você não pode usar `Set` como um tipo em si; é preciso incluir um parâmetro de tipo entre sinais de menor e maior para especificar o tipo dos valores contidos no conjunto (embora possa usar `mixed` ou `any` se o conjunto puder conter valores de múltiplos tipos). Vejamos um exemplo:

```
// @flow
// Retorna um conjunto de números com membros que são exatamente o dobro daqueles
// no conjunto de números de entrada.
function double(s: Set<number>): Set<number> {
    let doubled: Set<number> = new Set();
    for(let n of s) doubled.add(n * 2);
    return doubled;
}
console.log(double(new Set([1,2,3]))); // Imprime "Set {2, 4, 6}"
```

Map é outro tipo parametrizado. Nesse caso, há dois parâmetros de tipo que devem ser especificados; o tipo das chaves e os tipos dos valores:

```
// @flow
import type { Color } from "./Color.js";

let colorNames: Map<string, Color> = new Map([
    ["red", [1, 0, 0, 1]],
    ["green", [0, 1, 0, 1]],
    ["blue", [0, 0, 1, 1]]
]);
```

Flow também permite que você defina parâmetros de tipo para as suas próprias classes. O código a seguir define uma classe Result, mas parametriza a classe com um tipo Error e um tipo Value. Usamos os valores temporários `E` e `V` no código para representar esses parâmetros de tipo. Quando declara uma variável do tipo Result, o usuário dessa classe especifica os tipos reais para colocar no lugar de `E` e `V`. A declaração de variável ficaria assim:

```
let result: Result<TypeError, Set<string>>;
```

E é assim que a classe parametrizada é definida:

```
// @flow
// Esta classe representa o resultado de uma operação que pode
// lançar um erro tipo E ou um valor tipo V.
export class Result<E, V> {
    error: ?E;
    value: ?V;

    constructor(error: ?E, value: ?V) {
        this.error = error;
        this.value = value;
    }

    threw(): ?E { return this.error; }
    returned(): ?V { return this.value; }

    get():V {
        if (this.error) {
            throw this.error;
        } else if (this.value === null || this.value === undefined) {
            throw new TypeError("Error and value must not both be null");
        } else {
            return this.value;
        }
    }
}
```

E você pode até definir parâmetros de tipo para funções:

```
// @flow
// Combina os elementos de dois arrays em um array de pares
function zip<A,B>(a:Array<A>, b:Array<B>): Array<[?A,?B]> {
    let result:Array<[?A,?B]> = [];
    let len = Math.max(a.length, b.length);
    for(let i = 0; i < len; i++) {
        result.push([a[i], b[i]]);
    }
    return result;
}

// Cria o array [[1,'a'], [2,'b'], [3,'c'], [4,undefined]]
let pairs: Array<[?number,?string]> = zip([1,2,3,4], ['a','b','c'])
```

17.8.8 Tipos somente de leitura

O Flow define alguns "tipos utilitários" parametrizados especiais que têm nomes que começam com $. A maioria desses tipos têm casos de uso avançados que não abordaremos aqui. Dois deles, no entanto, são bastante úteis na prática. Se você tem um tipo de objeto T e quer criar uma versão somente de leitura desse tipo, basta escrever `$ReadOnly<T>`. Da mesma forma, pode escrever `$ReadOnlyArray<T>` para descrever um *array* somente de leitura com elementos do tipo T.

O motivo para usar esses tipos não é por oferecerem alguma garantia de que um objeto ou *array* não pode ser modificado (se quiser objetos somente de leitura verdadeiros, consulte `Object.freeze()` na Seção 14.2), e sim porque nos permitem capturar *bugs* causados por modificações acidentais. Se você escreve uma função que recebe um objeto ou *array* como argumento e não muda nenhuma das propriedades do objeto ou elementos do *array*, você pode anotar o parâmetro da função com um dos tipos somente de leitura do Flow. Se faz isso, Flow informa um erro caso você esqueça e modifique sem querer o valor de entrada. Vejamos dois exemplos:

```
// @flow
type Point = {x:number, y:number};

// Esta função recebe um objeto Point, mas promete não modificá-lo
function distance(p: $ReadOnly<Point>): number {
    return Math.hypot(p.x, p.y);
}

let p: Point = {x:3, y:4};
distance(p)  // => 5

// Esta função recebe um array de números que não modificará
function average(data: $ReadOnlyArray<number>): number {
    let sum = 0;
    for(let i = 0; i < data.length; i++) sum += data[i];
    return sum/data.length;
}

let data: Array<number> = [1,2,3,4,5];
average(data)  // => 3
```

17.8.9 Tipos de função

Vimos como adicionar anotações de tipo para especificar os tipos dos parâmetros de uma função e o seu tipo de retorno. Mas quando um dos parâmetros de uma função é ele próprio uma função, precisamos poder especificar o tipo desse parâmetro de função.

Para expressar o tipo de uma função com Flow, escreva os tipos de cada parâmetro, separe-os com vírgulas, coloque-os entre parênteses e então complete com uma seta e tipo de retorno da função.

Aqui temos um exemplo de função que espera que uma função *callback* seja passada. Observe como definimos um apelido de tipo para o tipo da função *callback*:

```
// @flow
// O tipo da função callback usada em fetchText() abaixo
export type FetchTextCallback = (?Error, ?number, ?string) => void;

export default function fetchText(url: string, callback: FetchTextCallback) {
    let status = null;
    fetch(url)
```

```
        .then(response => {
            status = response.status;
            return response.text()
        })
        .then(body => {
            callback(null, status, body);
        })
        .catch(error => {
            callback(error, status, null);
        });
}
```

17.8.10 Tipos de união

Voltemos mais uma vez à função `size()`. Não faz sentido ter uma função que nada faz além de retornar o comprimento de um *array*. Os *arrays* têm uma propriedade `length` perfeitamente aceitável para isso. Mas `size()` poderia ser útil se pudesse aceitar qualquer tipo de objeto de coleção (um *array*, um Set ou um Map) e retornar o número de elementos nele. No JavaScript normal sem tipos, seria fácil escrever uma função `size()` como essa. Com o Flow, precisamos de uma maneira de expressar um tipo que permite *arrays*, Sets e Maps, mas não permite valores de nenhum outro tipo.

Flow chama tipos como esse de *tipos de união* e nos permite simplesmente listar os tipos desejados e separá-los com caracteres de barra vertical para expressá-los:

```
// @flow
function size(collection: Array<mixed>|Set<mixed>|Map<mixed,mixed>): number {
    if (Array.isArray(collection)) {
        return collection.length;
    } else {
        return collection.size;
    }
}
size([1,true,"three"]) + size(new Set([true,false]))  // => 5
```

Os tipos de união podem ser lidos usando a palavra "ou" ("um *array* ou um Set ou um Map"), então o fato de essa sintaxe de Flow usar o mesmo caractere de barra vertical que os operadores OR de JavaScript é intencional.

Vimos anteriormente que colocar um ponto de interrogação antes de um tipo permite valores `null` e `undefined`. E agora vemos que um prefixo ? é simplesmente um atalho para adicionar um sufixo `|null|` `void` a um tipo.

Em geral, quando você anota um valor com um tipo Union, o Flow não permite que você use esse valor até ter realizado testes suficientes para descobrir qual é o tipo do valor real. No exemplo de `size()` que acabamos de analisar, precisamos verificar explicitamente se o argumento é um *array* antes de tentarmos acessar a sua propriedade `length`. Observe que não precisamos diferenciar um argumento Set de um argumento

Map, no entanto: ambas as classes definem uma propriedade `size`, de modo que o código na cláusula `else` é seguro desde que o argumento não seja um *array*.

17.8.11 Tipos enumerados e uniões discriminadas

Flow permite que você use literais primitivos como tipos compostos desse único valor. Se você escreve `let x:3;`, Flow não permite que você atribua qualquer valor à variável que não 3. Em geral, não é útil definir tipos que têm um único membro, mas uma união de tipos literais pode ser útil. Você provavelmente consegue imaginar uma utilidade para tipos como esses. Por exemplo:

```
type Answer = "yes" | "no";
type Digit = 0|1|2|3|4|5|6|7|8|9;
```

Se você usa tipos feitos de literais, precisa entender que apenas valores literais serão permitidos:

```
let a: Answer = "Yes".toLowerCase();  // Erro: não pode atribuir string a Answer
let d: Digit = 3+4;                   // Erro: não pode atribuir número a Digit
```

Quando verifica seus tipos, o Flow não realiza os cálculos de verdade, ele apenas verifica os tipos dos cálculos. Flow sabe que `toLowerCase()` retorna uma *string* e que o operador + em números retorna um número. Apesar de sabermos que esses cálculos retornam valores que estão dentro do tipo, o Flow não sabe disso e indica erros em ambas as linhas.

Um tipo de união de tipos literais como `Answer` e `Digit` é um exemplo de *tipo enumerado* ou *enum*. Um caso de uso canônico para tipos enum é para representar os naipes do baralho:

```
type Suit = "Clubs" | "Diamonds" | "Hearts" | "Spades";
```

Exemplos mais relevante seriam os códigos de *status* HTTP:

```
type HTTPStatus =
    | 200    // OK
    | 304    // Not Modified
    | 403    // Forbidden
    | 404;   // Not Found
```

Um dos conselhos que os novos programadores costumam escutar é que devem evitar o uso de literais no seu código e, em vez disso, definir constantes simbólicas para representar tais valores. Um motivo prático para isso é evitar o problema dos erros de digitação: se digitar errado uma *string* literal como "Diamonds", JavaScript pode nunca reclamar, mas o seu código não funcionará direito. Se errar o tipo de um identificador, por outro lado, JavaScript provavelmente lançará um erro que você notará. Com o Flow, esse conselho nem sempre se aplica. Se você anota uma variável com o tipo Suit e tenta atribuir um naipe digitado errado a ele, o Flow o alerta sobre o erro.

Outra utilidade importante para os tipos literais é a criação de *uniões discriminadas*. Quando você trabalha com tipos de união (compostos de tipos diferentes de fato, não de literais), você normalmente precisa escrever código para diferenciar entre os tipos possíveis. Na seção anterior, escrevemos uma função que poderia receber um *array* ou um Set ou um Map como argumento e precisamos escrever código para diferenciar a entrada de *array* da entrada de Set ou Map. Se você quiser criar uma união de tipos Object, pode facilitar a diferenciação desses tipos com o uso de um tipo literal em cada um dos tipos Object individuais.

Um exemplo deixará isso claro. Suponha que você esteja usando uma *thread worker* no Node (Seção 16.11) e usando `postMessage()` e eventos "*message*" para enviar mensagens baseadas em objetos entre a *thread* principal e a *thread worker*. Há múltiplos tipos de mensagem que o *worker* poderia querer enviar para a *thread* principal, mas gostaríamos de escrever um tipo Union do Flow que descreve todas as mensagens possíveis. Considere o código a seguir:

```
// @flow
// O worker envia uma mensagem desse tipo quando termina de
// reticular os splines que enviamos para ele.
export type ResultMessage = {
    messageType: "result",
    result: Array<ReticulatedSpline>, // Suponha que esse tipo é definido em outro lugar.
};

// O worker envia uma mensagem desse tipo se o código falhou com uma exceção.
export type ErrorMessage = {
    messageType: "error",
    error: Error,
};

// O worker envia uma mensagem desse tipo para informar estatísticas de utilização.
export type StatisticsMessage = {
    messageType: "stats",
    splinesReticulated: number,
    splinesPerSecond: number
};

// Quando recebemos uma mensagem do worker, esta é uma WorkerMessage.
export type WorkerMessage = ResultMessage | ErrorMessage | StatisticsMessage;

// A thread principal tem uma função de tratamento de evento para a qual é passado
// um WorkerMessage. Mas como definimos com cuidado cada um dos tipos de
// mensagem para ter uma propriedade messageType com um tipo literal, o
// tratamento de evento pode diferenciar facilmente entre as mensagens possíveis:
function handleMessageFromReticulator(message: WorkerMessage) {
    if (message.messageType === "result") {
        // Apenas ResultMessage tem uma propriedade messageType com esse valor,
        // então o Flow sabe que é seguro usar message.result aqui.
        // E o Flow reclama se você tenta usar qualquer outra propriedade.
        console.log(message.result);
```

```
        } else if (message.messageType === "error") {
            // Apenas ErrorMessage tem uma propriedade messageType com "error",
            // então ele sabe que é seguro usar message.error aqui.
            throw message.error;
        } else if (message.messageType === "stats") {
            // Apenas StatisticsMessage tem uma propriedade messageType com "stats",
            // então ele sabe que é seguro usar message.splinesPerSecond aqui.
            console.info(message.splinesPerSecond);
        }
    }
```

17.9 Resumo

JavaScript é a linguagem de programação mais utilizada do mundo na atualidade. É uma linguagem viva, que continua a evoluir e melhorar, cercada por um ecossistema pujante de bibliotecas, ferramentas e extensões. Este capítulo apresentou algumas dessas ferramentas e extensões, mas há muito mais para conhecermos. O ecossistema de JavaScript prospera porque a comunidade de desenvolvedores JavaScript é ativa e cheia de vida, repleta de colegas que compartilham seus conhecimentos em *blogs*, vídeos e palestras. Quando fechar este livro e começar a participar dessa comunidade, você verá que não faltam fontes de informações para mantê-lo engajado e continuar a aprender sobre JavaScript.

Boa sorte, David Flanagan, março de 2020

Índice

Símbolos

A

F

N

O

T

U

V